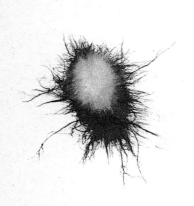

中國現代史叢書 11

張玉法　主編

中共與莫斯科的關係

（1920～1960）

楊奎松　著

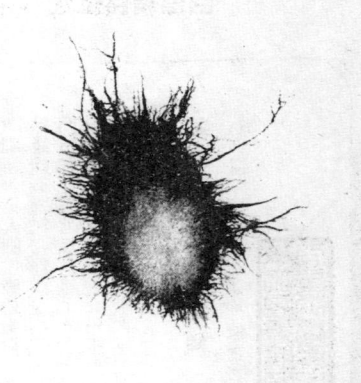

東大圖書公司

國家圖書館出版品預行編目資料

中共與莫斯科的關係（1920～1960）
／楊奎松著.--初版.--臺北市：東
大發行：三民總經銷，民86
　　　面；　　　公分.--（中國現代史
叢書）
ISBN 957-19-2068-1（精裝）
ISBN 957-19-2069-X（平裝）

1.中國－外交關係－俄國

644.8　　　　　　　　　　86001203

國際網路位址　http://Sanmin.com.tw

ⓒ 中共與莫斯科的關係
——（1920～1960）

著作人　楊奎松
發行人　劉仲文
產權人　東大圖書股份有限公司
著作財
發行所　東大圖書股份有限公司
　　　　地址／臺北市復興北路三八六號
　　　　電話／五○○六六○○
　　　　郵撥／○一○七一七五——○號
印刷所　東大圖書股份有限公司
總經銷　三民書局股份有限公司
門市部　復北店／臺北市復興北路三八六號
　　　　重南店／臺北市重慶南路一段六十一號
初版　　中華民國八十六年三月
編　號　E 62046
基本定價　拾元陸角
行政院新聞局登記證局版臺業字第○一九七號

有著作權·不准侵害

ISBN 957-19-2069-X（平裝）

主編者序

　　二十世紀在中國歷史上是一個變遷迅速的世紀。在二十世紀將要結束以前，回頭看看二十世紀初年的中國；或從二十世紀初年的中國，看看二十世紀將要結束的中國；不僅歷史學家會不斷檢討這一段的歷史總成績，走過這個時代的人或走不過這個時代的人，無論自己流過多少汗、多少淚、多少血，受過多少飢寒、多少苦難、多少折磨，還是犧牲過什麼、享受過什麼、獲得過什麼，站在二十世紀的盡頭，不能不對這一個世紀作些回顧、作些省思，然後勇敢地走向或走入二十一世紀。這是東大圖書公司出版「中國現代史叢書」、為讀者提供歷史資訊的最大旨趣。

　　二十一世紀是否為中國人的世紀？有人很關心，有人不關心。但在地球村逐漸形成的今日，不管是冷漠還是熱心，不管是不自願還是自願，都得住在這個村，並為這個村的一員。就中國現代史的研究而論，不僅臺海兩岸的歷史學者，多投入研究，或表示關懷，歐美及日本等地的歷史學者，不少亦研究中國現代史。這便是史學界的地球村。

　　中國現代史的起點，臺海兩岸的學者有不同的看法，一般說來，臺灣地區的學者，主張始於辛亥革命時期；大陸地區的學者，早年主張始於五四運動時期，近年又主張始於1949年中華人民共和國的成立。外國學者的看法，不出上述兩種。嚴格說來，臺海兩岸學者對現代史分期的看法，都受到政治的影響。許多學者以鴉片戰爭作為近代史的開端，也是受政治的影響；因為鴉片戰爭被視為反帝反封建起始

的年代。

　　為了擺脫政治的糾葛，可以從世界史的觀點來考慮中國歷史分期問題。梁啟超將中國歷史分為中國之中國、亞洲之中國、世界之中國三個時期，如果將在中國人在中國境內活動的歷史劃為上古史，將中國人向亞洲其他地區擴張的歷史劃為中古史，將中西接觸以後、中國納入世界體系為近代史，則中國近代史應該始於明末清初。明末清初的中國，不僅與歐洲、美洲進行海上貿易，而且歐洲帝國主義的勢力已經進入中國，譬如葡萄牙佔有澳門(1557)、荷蘭(1624)和西班牙(1626)佔有臺灣，俄國進入中國黑龍江流域(1644)。在葡人佔有澳門以後的二、三百年，中西之間有商業、文化、宗教交流，到1830年代以後，因通商、傳教所引起的糾紛日多，由於中國國勢不振，利權、領土不斷喪失，成為帝國主義國家的殖民對象，到1897～1898年的瓜分之禍達於頂點。1899年英美發佈「中國門戶開放政策」以後，中國免於被殖民瓜分的局勢始獲穩定。我們可以將1557～1899年的歷史定為近代史的範圍。1900年，中國在義和團的激情反帝國主義以後，開始進行教育、經濟、政治改革，革命運動亦大獲進展，將歷史帶入現代時期。

　　中國上古史為中國歷史文化的創建期，中古史為中國歷史文化的擴張期，近代史為中國歷史文化的收縮期，現代史為中國歷史文化的更新重建期。本叢書所謂中國現代史，即始於1900年，涵蓋整個二十世紀，如果中國更新重建的大方向不變，亦可能涵蓋二十一世紀及其以後。儘管由於政治的糾葛，「中國」一詞在近數十年的臺灣及海外各地已經變成模糊的概念，出現了歷史中國、文化中國、大陸中國、海洋中國等名詞，但中國畢竟是現在世界上歷史悠久、土地廣大、人口眾多的國家，不能因為它時常出現外力入侵、內部分裂，而忽視它

的歷史存在。而且自二次世界大戰結束以後，中國躍為世界五強之一，它在世界上的地位愈來愈重要。因此，檢討二十世紀的中國史，在世界史中也饒富意義。

現代史上的中國雖然災難重重，但亦有機會撥雲見日，這是中外史家對研究中國現代史有興趣的原因之一。但不可否認的，由於臺海兩岸長期缺乏學術自由，而臺海兩岸及世界各國有關學者，由於掌握材料的性質和多寡不同，許多現代史的著作，流於各說各話，這是學術上不易克服的困難，有些困難則是學術界的不幸。本叢書希望包羅一些不同國度、不同地區、不同觀點的學術著作，透過互相欣賞、批評，以達到學術交流的效果。收入本叢書的專著，儘管有不同的理論架構或觀點，但必須是實證的、避免主觀褒貶的。

傳統中國史學，有些持道德主義，主觀的褒貶性很強；近代中國史學，有些受作者個人信仰或好惡的影響，流於宣傳或謾罵；凡此都妨害歷史求知的客觀性。本叢書在選取稿件時，當在這方面多作考量。

承東大圖書公司大力支持，使本叢書得以順利出版，非常感謝。收入本叢書之十一的《中共與莫斯科的關係(1920～1960)》，係楊奎松先生為本叢書所寫的第二部新著。楊先生係中國社會科學院近代史研究所副研究員，四川重慶人，1953年生於北京，1982年畢業於中國人民大學，曾任編輯、大學講師，著有《海市蜃樓與大漠綠洲——中國近代社會主義思潮研究》、《共產國際和中國革命》（合著）、《失去的機會？——戰時國共談判實錄》、《中間地帶的革命——中國革命的策略在國際背景下的演變》、《馬克思主義中國化的歷史過程》、《西安事變新探——張學良與中共關係之研究》等書。《中共與莫斯科的關係(1920～1960)》主要探討莫斯科影響中共乃至中國革命的具體工作方式，以及莫斯科對中共的干預能力所受到的限制。論述的要點有三：

①莫斯科派駐中國的代表和機構的工作方式如何？他們在複雜多變的
國共關係中如何決策？他們著力於培養親蘇幹部和工人領袖的結果如
何？②不同的中共領導人如何對待來自莫斯科的幫助？這些幫助和援
助對中共的意義為何？③莫斯科與中共在那些問題上難以真正溝通？
毛澤東對斯大林為什麼又恨又愛？毛澤東如何走上與蘇聯分裂的道路？
楊奎松先生利用了前此少為人知的資料，分析了中蘇共關係的密辛，
可讀性甚高。特向讀者推薦。

張玉法

1997年1月10日

於中央研究院

蔣　序

(一)

　　楊奎松先生繼其在東大圖書公司「中國現代史叢書」之五的《西安事變新探》一書之後，以不到一年的時間，又完成一本新著《中共與莫斯科的關係》。這兩本著作，在付梓之前，筆者有幸，均能先睹其原稿，並為之序，這是筆者深感榮幸的事。

　　著者楊奎松先生是大陸改革開放後，出現的年輕一代學者。筆者以往讀到他的一些論文和專著，所得到的印象是：長於運用檔案資料和直接文獻，治學態度嚴謹，富有獨立思考判斷的能力。其論著多有創見或新的內容。本書《中共與莫斯科的關係》，尤能表現筆者以上的印象。

　　本書是探討中共從一九二〇年代到六〇年代初期與莫斯科方面共產國際及俄共的關係，由中共之創黨受到莫斯科方面的扶植，而至接受其援助和指導，終至走上對立和決裂，是一段極為曲折而複雜的過程，要想釐清其間的關係，確是一項艱鉅的工作。今見著者在書中的期許，重在依據新發現的史料，對中共與莫斯科關係發生變化過程中的各個關節點，進行深入的考察，它旨在客觀的說明，當年究竟發生了什麼，是什麼原因造成的，又產生了一些什麼樣的結果，如此而已。

　　中共與莫斯科這四十年關係的變化過程中，有那些關節點呢？有

沒有新發現的史料考察出新的問題呢?筆者首先持以此種期待的心情,來欣賞這本新著。由於筆者對此領域專業的素養有限,也只能就已接觸過的範圍,表示一點欣賞的意見。

(二)

　　一九二〇年代國共分合關係的研究或著作,長期以來成為熱門的話題,能夠運用到的資料,研究工作者無不盡力以赴。如今看了本書之後,有關這一問題的資料,仍非「山窮水盡」。著者不僅找出一些新發現的史料,且能深入考察作出客觀的說明。

　　對於二〇年代國共之合作,或孫中山的「聯俄容共」問題,過去一般論著,不外三種論點,一為「友誼論」,一為「陰謀論」,一為「利用論」。「友誼論」者常被視為附共之論,多充滿在大陸方面的著作中;「陰謀論」者則被視為反共之論,以在臺灣方面的著作中為多;「利用論」則被視為客觀的立場,以在國外學者的著作中為多,臺灣學者亦有持此論者。而著者的觀點是什麼呢?則是認為彼此的聯合,各為本身的需要,顯然屬於「利用論」。即如著者指出當年俄共及共產國際部分領導人之注重聯絡孫中山,大多基於中共之難成氣候,故雖主義相同,並不以中共為重。此亦證實了孫對俄國革命家對中共看法的判斷。孫的這個「判斷」是什麼呢?著者沒有伸引,因為這是大家習知而且常被引用的史料。過去「友誼論」者躲避這個史料;「陰謀論」者及「利用論」者各用這個史料來支持其觀點。但著者用了「新發現的史料」,這比過去的要生動而真切的多了。這是一九二四年十月三日鮑羅廷與中共廣州區委的聯席會議中,與中共人員譚平山一段談話紀錄。譚告訴鮑說:

孫博士（中山）同我們的韓麟符同志談話時公開講，中國共產黨在共產國際面前破壞國民黨的威信，說什麼國民黨是一個不好的黨。博士說：列寧本來是想要他（孫）當共產黨的創始人的，因為陳獨秀在民眾中沒有多大的影響；而他（孫）過去和現在都有很大影響。可是，中國共產黨人破壞了國民黨的威信，結果陳獨秀當了共產黨的創始人。

博士曾對國民黨人說：中國的共產黨完全不值一提，都是政治上沒有修養的年輕人，不值得重視，讓他們去鬧，不要管他們。國民黨人，包括博士本人，都看不起共產黨，根本不想同共產黨人一道工作。

鮑也坦率承認，他所了解的內幕情況，遠比譚平山說的嚴重得多，有些事情說出來，「會使你們（指中共）毛骨悚然」。

　　對於汪精衛一九二七年七月十五日武漢分共的原因，一般著作多是根據汪在這天所發表的〈容共政策之最近經過〉，以及同年十一月五日汪在廣州中山大學的演講〈武漢分共之經過〉，認為汪之分共的主要原因，是由於這年六月一日共產國際代表羅易(M. N. Roy)交給汪的一個秘密議決案，其中有五項內容，都是對國民黨的根本危害，故有分共的決定。但有比較深入的研究，認為這個秘密議決案，不過是汪之分共的藉口，而其實真的原因，是在內外反共勢力的壓迫下，所作出的退卻策略。真正的分共，那是中共八月一日南昌暴動以後的事。

　　本書對於汪之武漢分共的原因，提出新的史料和說明。謂汪在六月中與馮玉祥鄭州會議前後，尚無分共的想法。汪以為鄭州會議很成功，找到了有力的同盟者。此時羅易亦根據共產國際的「五月指示」（即秘密議決案）擬訂一項計劃，再度要求莫斯科提供一千五百萬盧布的援助，足以吸引更多的軍隊到武漢方面，並發動東征。但數天之後，馮、蔣徐州會議，馮公開反共，使汪進退維谷。斯大林在得知汪

之東征計劃後,希望能保持武漢這一基地,經與莫洛托夫(V. Molotov)反覆商量,只同意供給三至五百萬盧布,不同意早先答應過的數額(一千五百萬);更不同意為汪的東征提供援助。由於蘇聯自食其言,汪不能不作分共的決定。著者所據的資料,是斯大林致莫洛托夫的信件。可信度應較過去一般史料為高。

<h2 style="text-align:center">(三)</h2>

　　從一九二八年七月中共六全大會之後,在莫斯科的安排下,中共歷史上出現了一位工人出身的總書記向忠發。是一位爭議性的人物。過去在臺灣出版的郭華倫《中共史論》中曾指出:向忠發為一工人分子,頭腦簡單,知識毫無,故實際不啻傀儡,遇事畫押,大權則全在周恩來(中共中央軍事部長)、李立三(中共中央宣傳部長)之手。後來,李立三之所以能操縱中共中央,形成立三路線,其根源即在於此。郭華倫,即郭潛輝,曾為中共高級幹部,熟悉中共內幕,其說頗受重視。

　　但著者對於向忠發則有不同的評價。認為莫斯科方面安排這位工人做領導人,未必就比知識分子幹部馴服和堅定。這個人並不是四肢發達、頭腦簡單、只會人云亦云的人。他脾氣暴躁,思想方法也較執拗,根本就不大能夠聽進別人意見,遠不是那種可以輕易做別人傀儡、當掛名總書記的人。向接任總書記之初,雄心勃勃,敢於同共產國際對抗,李立三的「立三路線」是靠向忠發這個「炮筒子」打天下的。迨「立三路線」失敗,代以王明的反立三路線,向忠發仍然做總書記。但在中共黨內的作用,也就到此為止。一面看不上王明不可一世的樣子,一面不顧總書記的形象,用黨的經費,住洋房,養小老婆。周恩來說向這時「墮落」了。著者進一步指出:其實這期間「墮落」的又

何止一個向忠發？中共六屆中委共有三十六人，工人占了二十二個；而這二十二個中，向在一九三一年六月被捕變節，並有十四個相繼投降了國民黨，占整個中委的三分之一還多。嗣後共產國際再也不找工人來做中共的領導了。

　　著者之借向忠發來發揮其史論，旨在說明莫斯科當局當年干預的錯誤，把中國的革命當做俄國的「試驗田」。在實際完全不同的情況下，到頭來嘗盡苦頭的，多半只能是完全被牽著走的中共。這種關係，大致維持到三〇年代後期。

<h2 style="text-align:center">(四)</h2>

　　中共與莫斯科關係之產生變化，由完全被支配的地位，而逐漸走上「獨立自主」的地位，毛澤東的崛起，顯然是一個重要的關節點。著者對此問題，頗有深入的分析。而其最關鍵的一點，是認為毛之崛起，追根溯源，是他當年能夠冒險「落草」井崗山。毛之握有實權，是一九三五年冬竄到陝北以後的事。其初展示其「獨立自主」的跡象，筆者曾在一篇論文中指出，是中共對共產國際一九三六年八月十五日「聯蔣抗日」的指示，修改為「逼蔣抗日」的口號。此點著者在本書中亦有所申論。

　　中共與莫斯科關係改變的重要樞紐，是一九四一年初的皖南事變（或稱新四軍事件）。中共從對莫斯科的言聽計從，走到不聽號令，自行其事，充其量只是一個時間問題。這是著者在事變前後，根據毛和莫斯科之間頻繁通電的內容，所作出的判斷。從電文中可以看出皖南事變不僅是中共與莫斯科關係變化的關節點，也是抗戰時期國共之間可能形成內戰的一個關節點。過去我們對於新四軍事件問題，大多只

是表面的了解，忽略對中共的真實反應。今見本書所引用的電文，可以看出當年的國共內戰的可能性，真是「一髮千鈞」。毛澤東好戰的性格，暴露無遺。如無莫斯科方面一再而嚴厲的約束，中國抗戰，可能另是一種局面。這是一項頗為值得進一步研究的問題。

(五)

國共由合而分，由和而戰，終至敗於中共之手，前後糾葛，將近三十年的歷史。在國民黨謀求與中共合作或和好時，通常是先從「聯俄」著手，如早期由「聯俄」而「容共」；西安事變之解決；抗戰初期之聯俄與國共合作抗日，都是著重於莫斯科對中共的影響。一九四五年八月〈中蘇友好同盟條約〉的簽訂，雖受制於美蘇英三國的〈雅爾達協定〉，但國民政府亦想藉此協定以換取莫斯科對中共的約束。惟此期望，終於落空。這是因為中共羽翼已豐，毛澤東已有充分自主的力量，反而能將對其不利的影響轉變為有利的形勢。使蘇聯由原來支持國府的承諾，轉而支持中共推翻國府。最後更徹底宣佈「一面倒」的政策，藉著蘇聯的後盾，趕走美國在華的勢力。一九五〇年，毛之毅然「抗美援朝」，也是藉著蘇聯為後盾。五〇年代末期，鬥爭目標轉向莫斯科，赫魯雪夫才給毛加上一個「好鬥的公雞」的綽號。以上為筆者閱畢本書稿後所得的綜合印象。

總之，楊奎松先生這本新著《中共與莫斯科的關係》，是值得一讀的學術著作。

蔣永敬

一九九六年五月四日於臺北

自　序

　　研究中國現代史，不可不研究中國共產黨；研究中國共產黨，不可不研究中共與莫斯科的關係。毛澤東曾用「十月革命一聲炮響，給我們送來了馬克思列寧主義」這句話，來形容雙方關係的先後主次及其密切程度。所謂十月革命，指的是一九一七年十一月七日列寧領導的布爾什維克（即社會民主工黨多數派，以後改稱共產黨），在莫斯科發動的奪取政權的武裝暴動。這次暴動的成功，不僅創造了一個以社會主義為號召的蘇維埃俄國（後稱蘇聯），而且應運而生了一個以組織發動世界革命為職任的共產國際，從而在許多國家推進了共產黨的產生和共產黨領導的暴力革命。與俄國有著世界上最長的共同邊界線的中國，更是首當其衝。不僅共產黨，就連二十年代中期的國民黨也深得布爾什維克輸出革命之惠。俄國人不僅向中國輸出思想、組織，而且出錢（經費）、出人（顧問），出槍、出炮。從中共成立到國共合作，從西安事變到中國人民志願軍出兵朝鮮……，在二十年代到五十年代的整整三十年時間裡，中國政治舞臺上的一切重大事件，幾乎無一沒有莫斯科影響的痕跡。

　　自一九九一年蘇聯解體之後，許多人都在提出這樣的問題，即當年的俄國革命究竟是對還是錯？當年俄國人向外輸出革命對世界究竟是福還是禍？特別是一些俄國的研究者，他們陸續從前蘇共檔案中發現，當年列寧等人為了推動其他國家的，包括中國的革命，竟不惜變賣掉俄國國庫中的無數珍寶，其驚異、惋惜乃至怨恨之情，更是溢於

言表：「早知如此，何必當初?!」

　　其實，從歷史學的角度來探討這種問題可能毫無意義。歷史上任何一件事情的發生，都有其特定的背景、環境、條件和原因。它的發生與變化，絕不因我們今人的意志為轉移。不論我們今天的想法看上去多麼合理，歷史已經發生，當年的人只能在他們當年所處的特定條件下思維和行動。況且，世界上發生的任何一件事，不論是過去的，還是今天的，人們都可以從不同的角度、以不同的立場、依據不同的道德標準和價值標準來理解。被張三認為是壞的事情，在李四看來則未必不是好的。簡單地用對錯好壞來判斷過去，一萬個人就可能會有一萬種不同的看法。

　　對於過去的歷史，每個人都有權保持自己的看法，任何政府或政黨自然也會依照自己的理解從中尋找經驗總結教訓，因此，人們當然有權為了它的對與錯或好與壞而進行爭論。但是，有一點是不應當分歧，也不應當爭論的。那就是事實。不論我們討論什麼樣的經驗教訓或是非曲直，都必須是在同一個事實的基礎上進行。社會之需要歷史學家，大概也只是為此。因為只有他們，才能夠從專業的角度，儘量不帶主觀偏見地，把那些因時間過久而被湮沒、或因傳說、宣傳而遭扭曲的歷史事實，從故紙堆中發掘出來，整理成語言的形式，比較真實地「還原」給當今的讀者。

　　中國現代史上的一些爭論也存在著同樣的情況。特別是關係到像當年中共與莫斯科的關係這樣一個十分敏感，容易牽動不同立場同胞感情的問題，有關事實的釐清就顯得更加重要。在過去了很多年以後，一個極其引人注目的現象是，不論是大陸方面，還是臺灣方面，許多著作如今都站在民族主義的角度，極力否認當年莫斯科曾經極大地幫助和影響過自己，甚至異口同聲地批評莫斯科當年曾經有意或無意地

幫助了自己的敵人。事情的真相究竟如何？在過去，即在歷史檔案還
被塵封在莫斯科和北京的檔案館裡的情況下，即使不受當年政治情愫
的困擾，要想切實了解這段歷史的來龍去脈，也是無法想像的事情。
然而，在今天，俄國檔案大量公開，大陸也陸續公布相關文獻，我們
才真正開始有了近距離地研究和了解這段歷史的基本條件。

　　本書重在依據新發現的史料，對中共與莫斯科關係發生變化過程
中的各個關節點，進行深入的考察。它旨在客觀地說明，當年究竟發
生了什麼，是什麼原因造成的，又產生了一些什麼樣的結果，如此而
已。由於莫斯科和北京方面關於雙方歷史關係的檔案資料的發掘和公
布工作仍在繼續之中，詳細地介紹和說明雙方關係的每一個重要細節，
在目前實不相宜。但依據現有的種種新資料，有針對性地向讀者展開
某些至關重要，能夠反映雙方關係特點的歷史片段，同時盡可能將這
些片段串連起來，為讀者粗線條地，又比較真實地勾勒出雙方關係發
展變化的一個基本輪廓，讓讀者從中感受到這種關係的複雜性及其變
化的曲折性，仍舊是有益的。

　　本書的寫作同《西安事變新探——張學良與中共關係之研究》一
書一樣，同樣是在蔣永敬教授和張玉法教授的鼓勵與提攜之下成就的。
我謹在此表示衷心的感謝。

楊奎松
一九九五年聖誕日於北京翠微園

中共與莫斯科的關係(1920～1960)

目　次

主編者序

蔣　　序

自　　序

前　　言

第一編　信任磨合時期

第一章　黨內合作以屈求伸

第四章　蘇聯援助失之交臂

第五章　毛澤東崛起之謎

第三編　若即若離時期

第一章　獨立自主逼不得已

第二章　「國際派」折戟延安

前　言

　　沒有人能夠否認，中國共產黨之產生，同俄國人有關。甚至，還在一九一九年三月共產國際成立之初，俄國的布爾什維克就已經試圖組織中國的共產黨了。當時召開的共產國際第一次代表大會上，旅俄華工聯合會的領導人劉澤榮（又名劉紹周）等即以「中國社會主義工人黨」代表的名義出席了大會。會後，俄國人更進一步提議，將這個旅俄華工聯合會內原有的共產黨支部擴大到各個分會，並將它們統統「改組成共產黨黨團」。一年之後，在俄共指導下，旅俄華工中共產黨代表召開會議，終於宣告成立了旅俄中國共產黨。它的「組織章程」明確規定：旅俄中國共產黨的任務是要在中國組織無產階級，實行社會革命，中央組織局「將來須移至中國」❶。由此，足以見俄國人早有向中國輸出革命的設想。

　　但是，在中國建立共產黨之類的組織，並不只是這些俄國人的想法。中國共產黨的產生，又實在是那個時代的產物。既然那個時代進步的中國人大都在苦苦探尋救國方策，而鄰近的俄國人又神話般地創造了一個據說是反強權、反壓迫、奉行平等、正義的新社會、新國家，他們所憑藉的種種「武器」，自然會引起許多中國志士仁人的嚮往與效顰。因此，並非是靠俄國人的鼓動，十月革命之後不久，一些中國人自己就在那裡高唱社會主義和共產主義了。中國的無政府主義者不用

---

❶　轉見薛銜天、李玉貞：〈旅俄華人共產黨組織及其在華建黨問題〉，《近代史研究》，1989年第5期。

說了，就是孫中山旗下的《民國日報》，不也是連篇累牘地發表文章和社論，稱頌「中國似宜取以為法」的俄國革命，高呼「民生主義當拔幟以興」嗎❷？這也就難怪，在而今有關中國共產黨歷史的書中，經常能夠見到當年中共建立之初，孫中山麾下的戴季陶曾積極參與籌劃的記述。其實，若從可以查證的歷史文獻來看，在中國最早捲入所謂「共產黨」活動的人，並不是陳獨秀、李大釗一派人，卻真是張繼、戴季陶這些中華革命黨（國民黨）的幹將呢。還在一九一九年六月，俄國那邊的「中國共產黨」還沒有產生出來，漢口警察廳以及江蘇督軍公署參謀處就接連有報告說，孫中山等人與俄國及美國社會黨人來往密切，「目下共產黨在滬，秘密結社，積極進行。張繼、戴天仇等均為該黨首領，即舊國會議員亦有受運動者。」❸如此看來，孫中山後來講：因為他對中國民眾有很大影響，因此列寧當初曾要他來組建中國共產黨，也並非完全是信口開河❹。

目前已經很難考證清楚繼俄國革命之後，在中國自發湧現出來的「共產黨」究竟有多少家了。但已經找到有史料記載的「共產黨」至少也有五、六家之多。最早在一九一九年就試圖組織，卻未能成功的是所謂「無政府共產黨」，它的「告失敗書」記述了它所作過的努力❺。其次是此後不久出現的四川重慶的「中國共產黨」，在中共駐共產國際代表團檔案中保存下來的它在一九二一年初提交給共產國際的報告書說明，它「於一九二〇年三月十二日在重慶正式宣告成立」，曾經發展

---

❷　1918年5月27日，6月25～26，28～30日《民國日報》（社論）。

❸　中國第二歷史檔案館編，《中國無政府主義和中國社會黨》，江蘇人民出版社，1981年版，第28–29頁。

❹　〈中共廣東地區委員會會議記錄〉，1924年10月4日。

❺　前引《中國無政府主義和中國社會黨》，第29–30頁。

到大約一百位成員❻。再次是大約幾個月之後，由「五四」期間中國全國學生聯合會的領導人姚作賓等人組織的「中國共產黨」。同樣有幾件共產國際的檔案記錄了這個組織曾經存在的點滴情況。我們因此知道這個姚作賓在一九二〇年五月曾專門前往海參崴請求俄國人援助中國革命，得到承諾後即回國秘密組織共產黨，又轉赴莫斯科要求加入共產國際❼。下面一個是與姚作賓的「共產黨」幾乎同時出現的一個所謂「社會共產黨」。有關這個曾經在上海曇花一現的小組織的痕跡，是在它的參加者俞秀松保留下來的日記中透露出來的。俞在一九二〇年七月十日的日記中記述說：「經過前回我們所組織底社會共產黨，對於安那其主義和波爾雪佛克主義，都覺得茫無頭緒。」❽通過這句話似乎可以得出這樣的認識，即此前他曾和友人一度組織過一個「社會共產黨」，終因「茫無頭緒」而放棄了。再下來要算是由當時相當有名的國會議員胡鄂公（即胡南湖）等人創立起來的那個「共產主義同志會」了。前文所述北洋政府官文中提到的所謂「舊國會議員亦有受運動者」，不知是否就指的有他。他們早先在北京成立了一個馬克思學說研究會，並公開出版《今日》雜誌以為宣傳機關。而後他們又組織了這個叫作「共產主義同志會」的「共產黨」組織。他們的代表當年提交給共產國際的報告稱，這個組織正式成立於一九二二年二月十六日，中央執行委員會書記即為胡鄂公，正式會員有一萬人之多，遍及全國九個省

❻　〈關於四川重慶共產黨的報告〉，1921年。

❼　參見《聯共（布）、共產國際與中國：文獻，1920～1925》，莫斯科，1994年12月版，第49頁；〈中共代表俞秀松為姚作賓問題致共產國際遠東書記處聲明書〉，1921年9月28日；並見王覺源：《中國黨派史》，正中書局，1983年版，第94頁。

❽　《上海黨史》，1991年第7期。

市十二個地區，其最終目標在於「建立無產階級專政及世界共產主義共和國」。迄今仍然保存在莫斯科漢學圖書館的「共產主義同志會」的機關刊物《共產主義》月刊，清楚地顯示出了它的性質與實力❾。另外值得一提的，還有由旅法中國學生組織起來的「中國少年共產黨」，和在四川由前同盟會會員吳玉章等人建立起來的「中國青年共產黨」。關於這兩個共產黨組織的存在，也有不少的文獻可以證實❿。

在現今的中共黨史著作當中，大概沒有哪一本書提到過這許多曇花一現的「共產黨」。中國現代政治史，特別是中共黨史及其與莫斯科關係史當中的許多問題過去都被簡單化，甚至概念化了。記得六年前我第一次在文章中提到這些共產主義小組織的時候，立即就有兩位學者公開撰文批評我不該「僅僅根據它（們）『公開打出共產主義旗號』這一點，就斷定它（們）是『共產黨』組織，那意思是說，因為世界上只有一個代表中國無產階級階級利益的「中國共產黨」，除了它和已經「欽定」了的「共產主義小組」之外，應一概否定或免談，即使是打著引號來談也不行，否則勢必會造成人們觀念上的混淆⓫。於是，六年過去了，仍舊沒有人關心這些小組織的命運和它們存在過的意義。

---

❾ 參見〈中國共產主義同志會報告書〉，1922年；《共產主義》（月刊），1922年第一期。

❿ 前者據說由張申府串連趙世炎、周恩來等在法國發起，屬於青年團性質。後者據吳玉章回憶叫「中國青年共產黨」，初時參加者均以英文縮寫為「CY」，後見《赤心評論》，第一期，知其不久又改為「YC」，性質不明。見《共產主義小組》（下），第884–886，895–899頁；《楊闇公日記》，四川人民出版社，1979年版，第33頁。

⓫ 參見拙作：〈關於重慶「共產黨」及其他〉，《黨史研究資料》，1992年第12期。

而事實上，只要結合這些小組織的存在，認真地讀一下近年來公開的共產國際歷史檔案，我們就會發覺，一九二〇年出現的那幾個「共產主義小組」❶❷，與國內自發出現的那些共產主義小組織，最初其實也處在同一個水平上。

按照以往的說法，中共的產生過程十分簡單。即一九二〇年四月奉派來華的俄共黨員維經斯基(Voitinsky)等人開始與「南陳（獨秀）北李（大釗）」取得聯絡，五月陳獨秀等人即在上海組織馬克思主義研究會，經過幾個月的醞釀準備，在維經斯基等人的幫助與指導之下，陳獨秀等人在上海建立起中國共產黨上海發起組，然後分別聯絡北京、廣州、武漢、長沙等地激進知識分子，組建了各地共產主義小組。至一九二一年七月，他們最終召開代表會議，創立了中國共產黨❶❸。

然而，新的文獻資料告訴我們的情況卻複雜得多。綜合新的歷史資料，可知一九二〇年四月受俄共遠東局外國處派遣，前來中國的俄共工作人員是維經斯基、季托夫 (Titov) 和謝列布里亞科夫 (Shelipli-akov)三人。他們清楚地了解，在這個時候的中國存在著各式各樣的社會主義、共產主義，乃至無政府主義的激進小組織。而他們最初的計劃，也僅僅是想把中國同情俄國革命的社會主義者，包括無政府主義者，統統聯合起來，形成一股同情蘇俄的革命勢力。維經斯基來華僅三個月，就成功地在七月十九日召集了這樣一個聯合大會，建立了一個「社會主義者同盟」的統一戰線組織，並且親自組建了以他和陳獨

---

❶❷　臺北出版的中共黨史著作往往將這些「共產主義小組」稱之為中共「臨時中央」與各地「支部」，顯然不妥。參見《中共黨史大事年表》，人民出版社，1981年版，第2頁；王健民：《中國共產黨史稿》，中央圖書供應社，1978年增訂版，第29–34頁。

❶❸　同前引書。

秀、李漢俊等五人為核心的「社會主義者同盟」的中央工作機關——上海「革命局」，同時在鮑立維(Boliev)、斯托揚諾維奇(Steyarovky)、馬邁也夫(Mamaev)等人的參加下，分別在北京、廣州、漢口等地建立了相應的地方「革命局」❶。正是這些「革命局」如今被各種中共黨史著作描述成早期的共產主義小組。而實際上，由於這些「革命局」最初所具有的統一戰線性質，因此，它的成員開始時相當複雜。戴季陶、張東蓀以及大批無政府主義者積極參加籌備醞釀，甚至加入其中的，其實就是這些「革命局」❶。這也就是為什麼，一九二〇年參加這些組織的成員，一年以後當中共正式成立時，絕大多數都不在其中的緣故。

那麼，作為統一戰線組織的「革命局」，又是如何變成中共早期組織的呢? 在這方面起作用的，是維經斯基當時的領導者——威連斯基。還在維經斯基計劃召開社會主義者與無政府主義者聯合大會的時候，威連斯基就明確主張應當乘機把這個大會變成創立中國共產黨的代表會議。在大會召開前的七月初，威連斯基為此專門在北京召集維經斯基等在中國的俄共工作人員開會，提出了這一任務❶。但是，當維經斯基等人在聯合大會上提出這一議題之後，相當一部分與會者不能接受「共產黨」的名稱，會議只能在「社會黨」名義下達成妥協。因此，會後，作為上海「革命局」負責人的陳獨秀，一度只能以「社會黨」人自居❶。鑒於這一統一戰線式的組織成分複雜、意見分歧，與理想中的共產黨相距甚遠，威連斯基等不久即再度明確提出了組建中國共

---

❶　《聯共（布）、共產國際和中國》，第27–32頁。

❶　《聯共（布）、共產國際和中國》，第27–31頁。

❶　《聯共（布）、共產國際和中國》，第38–39頁。

❶　見陳獨秀9月發表的〈對時局的我見〉，轉見《共產主義小組》（上），中共黨史資料出版社，1987年版，第102頁。

產黨的任務。於是，在俄國人的幫助與指導之下，陳獨秀等開始致力於把「革命局」進一步轉變為共產黨。從一九二一年十一月維經斯基代為起草《中國共產黨宣言》，宣告「俄羅斯歷史發展的特徵，也是全世界歷史發展的特徵」之日起，直到一九二一年三月擁護成立俄國式共產黨的代表召開會議，正式宣布不承認無政府主義者及其他一切黨派為「同志」，「革命局」遂告壽終正寢，以陳獨秀為首的中國共產黨終於脫穎而出，獨樹一幟，最終成為俄國共產黨和共產國際在中國全力支持和扶助的對象❽。

弄清楚中共與莫斯科關係當中的一些重要細節，澄清以往說法中許多似是而非的東西，也許是當今的研究者們應當下功夫去做的一件事情。進入九十年代以來，隨著前蘇聯的解體和中國大陸有關檔案的解密，許多涉及中共與莫斯科關係問題的新資料湧現出來，它們為我們重新認識和探究過去的歷史提供了大量聞所未聞的史實和極其重要的線索。就像一九二〇年中共最初形成的背景和經過一樣，即使是這樣一件看上去並不十分引人注目的歷史事件，重新考察的結果，也有利於啟發我們的思路，深化我們對兩者關係性質及其變化規律的了解與理解。

比如，了解到當時諸多共產主義小組織形成和存在的事實，我們就可以對那種簡單地把中共的出現歸結為「俄人移植」的說法提出疑義。事情很清楚，在中國出現共產主義團體或政黨，在當時那種國際國內環境之下，無論有無俄國人的幫助與指導，都是一種必然的現象。

---

❽ 參見瞿秋白：〈中國共產黨歷史概論〉，中央檔案館編：《中共黨史報告選編》，中共中央黨校出版社，1980年版，第161頁；〈中國共產黨宣言〉，1920年11月，《中共中央文件選集》，第1卷，中共中央黨校出版社，1991年版，第547–550頁。

又比如，注意到當時中國各種共產主義或社會主義小組織都極力與俄共和共產國際建立聯繫，尋求支持，而其他一切沒有得到共產國際正式支持的共產主義小組織，最終都未能生存下來，可知中共的產生固然不需要俄國人來「移植」，但若無俄共和共產國際在旁援手，要想順利發展，也絕非易事。

由此可以得出的結論是顯而易見的：中國共產主義運動與莫斯科的關係從一開始就是一種有條件的依存關係。中共之所以需要莫斯科，從根本上說，是其基礎過於薄弱的緣故。不惟社會基礎薄弱，主義訓練不足，實踐經驗欠缺，初時幾乎每一步均有賴於共產國際手把手教，而且物質上、經濟上尤須仰賴於俄國人的援助。從目前所知的情況看，當年姚作賓、胡鄂公，以及自稱中國社會黨領袖的江亢虎等所以極力與共產國際建立聯繫，一個重要目的都是想要得到後者在經濟上的幫助。而陳獨秀的共產黨之所以能夠順利地存在下來，並且迅速地發展起來，一個不可忽視的重要原因也是因為他們能夠定期得到共產國際在經濟上的資助。畢竟，建立一個政黨，宣傳、組織等等費用極大，遠非陳獨秀等少數知識分子靠教書、寫文章的微薄收入所能應付者。何況自共產黨建立之始，他們中大部分人便轉而成為職業革命家，再無薪俸可拿，不靠莫斯科，維繫一個小組織恐怕都不可能。這也就難怪，一九二一年一月維經斯基一離開中國，中共立即「經費無著」，不僅各種宣傳工作暫告停頓，書刊出版被迫中斷，原計劃中的對工人的啟蒙教育工作「不得不停止」，就連派人南下彙報的工作的區區十餘元路費一時竟也拿不出來了 ⑲ 。

⑲　〈馬林給共產國際執委會的報告〉，1921年7月11日，中國社會科學院馬列所、近代史所編：《馬林與第一次國共合作》，光明出版社，1989年版，第62頁；包惠僧：〈我所知道的陳獨秀〉，1979年5月，《中共「一大」前

　　關於共產國際援助的經費對中共的生存發展究竟具有何種作用，我們只要看一看一九二二年六月三十日陳獨秀給共產國際報告中提到的幾個簡單數字，就可以得出一個大致清晰的印象。報告說：

> 黨費，自一九二一年十月起至一九二二年六月止，由中央機關支出一萬七千六百五十五元，收入國際協款一萬六千六百五十五元，自行募捐一千。用途：各地勞動運動約一萬元，整頓印刷所一千六百元，印刷品三千元，勞動大會一千元，其他約二千餘元。[20]

　　這個時候中共國內黨員總計約一百七十人左右，且多數尚有社會職業，故所費甚少，以「其他約二千餘元」為黨員消費計，每人平均尚不足十三元，並且還可「自行募捐一千元」。但由此已可看出，黨的經費約94%都是來自共產國際，僅各地工人運動一項就占去了大約60%的費用，其黨員自籌款只夠召開一次勞動大會的數目而已。很顯然，中共成立以後所以能很快在各地工人運動中發揮作用，並逐漸成為中國工運中之舉足輕重的指導力量，這是同共產國際為其大力提供經費幫助，同時它又將這筆錢大量投入工運分不開的。

　　不過，隨著中共組織逐漸發展，職業革命家日漸增多，黨的各種開銷日漸加大，自籌經費部分卻更加減少了。儘管中共在第二次代表大會上明確規定了徵收黨費的條款[21]，實際上自籌款數越來越少。據

　　　　後》（下），第383頁。

[20]　〈中共中央執委會書記陳獨秀給共產國際的報告〉，1922年6月30日，《中共中央文件選集》，第1卷，第47頁。

[21]　〈中國共產黨章程〉，1922年7月，《中共中央文件選集》，第1卷，第98

陳獨秀在中共第三次代表大會的政治報告稱：一九二二年「二大」以後，「黨的經費，幾乎完全是從共產國際領來的」，僅一九二三年頭八個月，就「從共產國際領到經費約一萬五千」❷。由於自一九二三年起黨的經費與工人運動的經費已經分開，由共產國際和赤色職工國際分別提供，因此一九二三年用於黨組織本身活動的費用的絕對數明顯增多。黨的經費的增加，一個直接的作用，就是擴大了中共的影響力，並且在組織上也有益於其發展。一九二三年國民黨之所以不得不同意以「容共」的方式來同中共進行合作，自然與其日漸活躍的發展勢頭不無關係。

有關共產國際的經濟援助對中共發展的意義，我們不妨以一九二一～二七年的數字製一張簡表，給讀者提供更宏觀一些的印象：

年　　代	1921.10～1922.6	1923.1～8	1924	1925	1926	1927.1～7
黨費總數	0.66萬元	1.5萬元	3.5萬元	約4萬元	約12萬元	18萬元
黨員總數	約170人	約380人	約700人	約980人	約1萬人	約5.8萬人
人平均開支	約40元	約40元	約50元	約40元	約12元	約4元

由上表可知,共產國際提供的黨費與中共的發展呈同步遞增狀態,後者對前者的依存關係顯而易見。不過，從趨勢上看,一個明顯的事

頁。

❷ 〈陳獨秀在中國共產黨第三次全國代表大會上的報告〉，1923年7月,《中共中央文件選集》，第1卷，第168頁。

實是，共產國際提供的經費的增長趕不上中共組織的發展。在一九二六年中共黨員人數大幅度增加以後，共產國際所提供的黨費數漸成日減之勢。儘管到一九二七年，中共自籌黨費數仍不足三千元，而這一年來自共產國際、赤色職工國際、少共國際、農民國際、濟難國際的黨費、工運費、團費、農運費、兵運費、濟難費、反帝費、特別費等等，總計幾有近百萬元之多，顯示中共對共產國際在經濟上及財政上的需要仍然相當之大，然而，此後不論中共如何要求，來自莫斯科的經費總數始終保持在這一水平上下沒有明顯增加，致使中共常常感到經濟窘迫，影響其活動和發展甚為明顯。到了一九三二～三三年中共活動基本轉入農村，中共中央也遷往江西蘇區，共產國際向中共固定提供活動經費的歷史更告中斷，中共遂不得不轉入自我發展時期。三十年代中期以後共產國際雖然也根據中共的要求，時有大數額經費接濟，但對中共的生存發展已不起決定作用。如此一來，中共對莫斯科依存的條件遂逐漸消失。中共既然已有自己的軍隊、政權、地盤和多年實踐之經驗，不必再依靠莫斯科在精神上和物質上的援助而生存和發展，它們之間的關係在三十年代後期逐漸改變，就是一種不可免的結果了。研究中共與莫斯科的關係史，似乎不能不注意到這種情況。

　　探討中共與莫斯科關係的歷史是一件相當困難的工作，因為許多關鍵事件的關鍵檔案都被塵封在大陸和俄國的檔案館裡。值得慶幸是，自從我開始從事這項工作以來，總是不斷有新的資料和檔案能夠被發掘和被公開，它使我的研究相對地變得容易了許多，也使我在接連做了十幾年的研究之後，至今仍然有可能利用新的檔案資料向讀者介紹那些長期以來被遺忘、被忽略、被誤解，甚至可能是被掩蓋了的歷史事實。

第一編

信任磨合時期

第一章　黨內合作以屈求伸

我國向有所謂「弱國無外交」之說。外交者，通常指政府間謀求國家利益的交往手段而已。說「弱國無外交」，其實就是說，一個弱國的政府是很難通過國與國之間的正常交往來維護和謀求本國利益的。弱國政府如此，弱國的革命者又何嘗不是如此。中國久為弱國，倍受列強欺凌，這種情況雖激起無數志士仁人欲求中國的獨立與解放，而近代以來欲成革命之勢者，又有哪一個能不借助某一強國之實力，甚或在某種程度上委屈求全地承認此強國在中國享有某些特殊權益的呢？所謂「以夷制夷」之策，幾乎人人得而用之❶。同樣，國民革命醞釀期間國共合作之實現，何嘗不是出於同樣的心理？國民黨之於共產黨，或者共產黨之於國民黨，不論其大小如何，最初又有哪一個自覺需要此種聯合？國共兩黨互不服氣，但同時因為都要借力於蘇俄而不得不委屈求全的結果，固然有助於他們各自目標的實現，卻也留下許多後遺症。

---

❶　如國共兩黨在外蒙古及中東路問題上先後贊同蘇俄擁有特殊權益的態度即是一例。但無論對外蒙古還是中東路，兩黨雖在不同時期都曾贊同過蘇方主張，但其不願獨立及必欲收回權益的心態，在各自取得政權後均表露無遺。

第一節　合作提議

　　二十世紀初期的中國需要用革命的方法來加以改造，關於這一點許多進步的中國人都贊成。但是，中國到底應當革誰的命，應當依照什麼模式來進行改造，在這個問題上人們始終眾說紛紜。孫中山領導的國民黨堅持只要革少數舊軍閥、舊官僚的命，把政權拿到「先知先覺」的革命者手裡來，按照三民主義和五權分立的原則，經過從軍政到訓政到憲政三個階段的改造過程，就可以把「後知後覺」，以及大批「不知不覺」的落後同胞，逐漸帶入到人類現代化的共同進程之中。因此，孫中山相信，中國的問題，說到底其實主要只是如何救貧和如何求富的問題，不存在西方國家中比比皆是的必須設法均貧富的問題❷。與孫中山不同，中共從成立之日起，就公開宣布「全世界可視為一個資本家的機關」，「俄羅斯歷史發展的特徵，也是全世界歷史發展的特徵」，因此，它主張以俄國的列寧主義為理論，以俄國十月革命和無產階級專政為張本，強調必須通過下層無產的勞動階級對整個上層富裕的有產階級進行徹底剝奪的激烈手段，來根本鏟除造成社會分配貧富不均的私有制度❸。

　　中共的主張雖然是蘇俄政治宣傳和啟發的結果，蘇俄也確實始終注意指導和幫助中共，甚至將其引入在俄共中央政治局直接領導下的

---

❷　中山大學歷史系孫中山研究室等編：《孫中山全集》，第1卷，中華書局，1985年版，第203頁；第8卷，第114頁。

❸　〈中國共產黨宣言〉，1920年11月，中國社會科學院現代史研究室等選編：《「一大」前後——中國共產黨第一次代表大會前後資料選編》，人民出版社，1985年版，第4–5頁。

共產國際，使它實際上成為自己一個國際支部。但是，這並不等於說，蘇俄在中國真的重視這個共產黨。直到一九二二年，蘇俄都沒有停止在中國的軍閥裡尋找適合於它的外交目標的合作伙伴❹，而十分明顯的是，莫斯科這時已經越來越看好在中國南方具有相當影響的國民黨了。這個時候幾乎所有來到中國的俄國人，都對國民黨抱以好感和期望。蘇俄外交代表越飛(A. A. Joffe)明確地「把孫博士看作一個真正的革命家」，他在給莫斯科的建議書中直截了當地主張：「俄國必須答應給國民黨以援助」，必須使國民黨強大起來，「必須立即著手把中國最大的、真正的政黨國民黨建設成為一個群眾性的政黨，不得給各派系那些專謀私利的領袖以任何援助。」 即使是直接負責指導中共的共產國際代表馬林 (Marling) 這時也認為：國民黨是一個各階級聯合的黨，完全可以容納其他政黨加入其中。況且，在整個中國，也只有國民黨控制和影響下的廣東地區才是實現蘇俄目標的大有作為和可能成功的地方。因此，如果不能同孫中山的國民黨聯合起來，俄國在中國將一事無成。至於中共這個當時只有百餘人的秘密小組織，如果不能在組織上同國民黨結合起來，更不會有多少前途❺。

　　正是出於這樣一種考慮，馬林還在一九二二年三月就在上海向國共兩黨領導人提出了讓中共和中國社會主義青年團整個加入國民黨的

❹　甚至在一九二三年初，即〈孫文越飛宣言〉發表之後，遠東共和國國防部長兼俄共中央遠東局委員的烏伯利維奇仍明確認為，在實現中國統一的問題上，孫中山不會有任何作為，因為他比吳佩孚弱得多。Tony Saich, *The Origins of the First United Front in China*, Netherlands, 1991, pp. 400–401.

❺　李玉貞編譯：《馬林與第一次國共合作》，光明日報出版社，1989年版，第62、75、100–101頁。

建議。國民黨方面對此表示歡迎，但中共領導人陳獨秀等堅決反對。四月初，馬林與陳獨秀、李大釗、張國燾、蔡和森等在杭州西湖開會，討論馬林的建議，中共領導人「一致反對此提議，其主要理由是，黨內聯合乃混合了階級組織和牽制了我們的獨立政策」❻。六日，陳獨秀寫信給自一九二〇年起就負責中國事務的共產國際遠東書記處的維經斯基(Voitinsky)，進一步強烈表示：「(一) 共產黨與國民黨革命之宗旨及所據之基礎不同。(二) 國民黨聯美國、聯張作霖、段祺瑞等政策和共產主義太不相容。(三) 國民黨未曾發表黨綱，在廣東以外之各省人民視之，仍是一爭權奪利之政黨，共產黨倘加入該黨，則在社會上信仰全失（尤其是青年社會），永無發展之機會。(四) 廣東實力派之陳炯明，名為國民黨，實則反對孫逸仙派甚烈，我們倘加入國民黨，立即受陳派之敵視，即在廣東亦不能活動。(五) 國民黨孫逸仙派向來對於新加入之分子，絕不能容納其意見及假以權柄。(六) 廣東北京上海長沙武昌各區同志對於加入國民黨一事，均已開會議決絕對不贊成，在事實上亦無加入之可能。」❼

　　中共中央提出了許多理由，其實關鍵的原因就是「共產黨與國民黨革命之宗旨及所據之基礎不同」，加入國民黨會混合兩黨之間的階級界限，甚至使自己受到國民黨政策的束縛。既然中共相信它是下層勞動階級的領袖，並且只能用階級鬥爭的方式來推翻上層有產階級的統治，要讓它贊同把自己同一個明顯地受到有產階級政治傾向影響的政

❻　陳獨秀：〈告全黨同志書〉，1929年12月10日，轉見中國人民解放軍政治學院黨史教研室編：《中共黨史參考資料》，第五冊，第394頁。

❼　〈陳獨秀致吳廷康（維經斯基）的信〉，1922年4月6日，中央檔案館編：《中共中央文件選集》，第1卷，中共中央黨校出版社，1991年版，第31-32頁。

黨捆在一起，當然是困難的。雖然，在一九二二年一月在莫斯科召開的遠東各國共產黨和革命黨代表大會結束之後，中共領導人已經了解到：中國革命要分兩步走，「第一個階段是爭取政治獨立的鬥爭，擺脫外國的枷鎖；第二個階段才是推翻資本主義」，為此必須準備同國民黨這樣的民族主義政黨進行合作。但是，他們也注意到，在這次大會上，共產國際領導人仍舊明白告誡參加會議的國民黨代表張秋白說：「我們現在支持、將來繼續支持你們的鬥爭」，然而我們對國民黨等所有民族革命運動的支持，都是「以它不反對無產階級運動為前提的」。國民黨不要試圖支配中國年輕的工人運動，「不要企圖使工人運動脫離正軌，用塗上蘇維埃色彩的激進民主思想取代其原有思想」。因為，「中國工人應該走自己的路，而不能把自己和民主黨派及其資產階級分子混在一起」❽。這顯然更符合中共領導人的想法。在一九二二年七月召開的沒有馬林參加的中共第二次代表大會上，中共中央一致通過了〈關於「民主的聯合戰線」的議決案〉，根據遠東大會上共產國際領導人的說法，明確提出：鑒於中國無產階級還不能單獨革命，扶助民主派起來共同打倒封建軍閥和國際帝國主義是必要的。「然亦只是聯合與援助，決不是投降附屬與合併」。在聯合國民黨的問題上，他們提出的具體辦法是：「先行邀請國民黨及社會主義青年團在適宜地點開一代表會議，互商如何加邀請其他各革新團體，及如何進行」❾。

　　國民黨能夠按照中共建議的這一方式與這個只有不足二百人的秘

❽　〈遠東共產革命黨第一次大會記事錄〉，1922年1～2月，莫斯科當代歷史文獻保管與研究中心檔案（以下簡稱中心檔案），全宗號495，目錄號154，卷宗號166。

❾　《中共中央文件選集》，第1卷，第65-66頁。

密小組織「互商」合作辦法嗎？至少，在莫斯科的那些俄共中央政治局的領導人是不相信的。在隨著蘇俄國內實行新經濟政策，其外交也全面開始轉向「更加務實」的「商業核算」方式之後，一九二二年的莫斯科越來越不重視革命的未來，而是更加看重蘇俄自身現實的利益需要❿。蘇俄政府這時在它的中國政策中主要想追求什麼目標呢？說到底就是牽制強國日本。它挖空心思地在西伯利亞地區成立一個所謂的「遠東共和國」，不失時機地派紅軍進駐外蒙古，千方百計地要求繼承沙皇俄國投資建設的滿洲中東鐵路的特權，歸根到底都是為了對付俄國在亞洲的宿敵日本。因為，還在一九〇四年，日本就曾經讓俄國軍隊威風掃地，它不僅迫使俄國讓出了苦心經營的南滿，丟掉了俄國好不容易爭得的太平洋上的出海口，而且一直虎視眈眈地盯著北滿、蒙古和俄國的遠東地區。一九一七年十月革命爆發，日本不僅藉各國干涉之機進兵中國北滿和俄國遠東地區，而且在各國撤兵之後，日本先是遲遲不退，好不容易退走後，仍占住庫頁島南部不走。所有這些，都極其強烈地刺激著蘇俄的領導人。由於這個時候的蘇俄還十分孤立和虛弱，因此，它只能通過秘密推動遠東中、朝、日三國革命的辦法，和極力扶植中國親蘇政權的辦法，來達到牽制日本的目的。面對這樣一種形勢，蘇俄當然不會情願等到中國共產黨的階級基礎充分發展之後再來推進中國的「十月革命」⓫。在馬林到莫斯科彙報了他與中共

❿　參見林軍根據蘇聯外交部歷史檔案管理局檔案撰寫的〈初期蘇聯對華政策的內部分歧〉一文，載《世界歷史》，1995年第2期。

⓫　畢竟，不論是在中國，還是在莫斯科，幾乎所有俄國人這時都知道：同歐洲和俄國相比，中國的階級分化還不明顯。比如，馬林和這時在華的蘇俄外交代表越飛都認為：在中國，「現代產業工人的人數甚少」。而共產國際主席季諾維也夫則明確講：在中國，「還沒有工業無產階級」。按

中央的爭論之後，俄共中央政治局和共產國際主席團毫不猶豫地站在了馬林的一邊。

馬林在一九二二年七月趕回到莫斯科，分別向俄共中央領導人以及共產國際執行委員會報告了他對中國問題的看法。俄共中央及共產國際對馬林的工作給予了相當高的評價，並就國共關係問題發出了明確指示，強調「共產黨人必須支持國民黨」，「必須在國民黨內和工會內組成從屬於自己的團體」，「他們應在未來的國民黨內組成核心」⓬。帶著這個指示，馬林很快於八月十二日趕回中國上海，開始做陳獨秀等人的工作，並與國民黨領導人孫中山和張繼等商定了改組國民黨的基本原則。接著，從八月二十八日至三十日，在馬林的建議下，中共領導人集中到杭州西湖舉行了秘密會議，「討論與國民黨合作問題」。多數與會者雖然不再反對聯合國民黨，但對馬林提出來的通過加入國民黨的方式來實現與國民黨合作的方法，明確表示不能同意。「最後，國際代表提出中國黨是否服從國際決議為言，於是中共中央為尊重國際紀律遂不得不接受國際提議，承認國民黨」⓭。回到上海之後，馬

照列寧主義的理論，共產黨的革命，是以現代資本主義制度下工業無產階級反對資產階級為主要內容的。沒有或者缺少這種現代的產業工人，自然不存在或者缺少像俄國一九一七年十月革命那樣的基礎。見前引《馬林與第一次國共合作》，第 61–62、99頁；中心檔案，全宗號495，目錄號154，卷宗號166。

⓬　轉引自楊雲若：〈共產國際和第一次國共合作的形成〉，《黨史通訊》，1987年第2期。

⓭　前引《馬林與第一次國共合作》，第 83–84 頁；陳獨秀：〈告全黨同志書〉；〈張國燾關於中國共產黨工作和中國工人運動的簡要報告〉，1922年12月9日。

林相繼與張繼和孫中山等具體討論決定了中共加入國民黨的方式問題，鑒於孫中山不同意中共集體加入國民黨，他最終進一步說服國共兩黨領導人同意：「以個人身份加入國民黨，同時保存共產黨」。當然，他私下裡向中共中央保證，中共中央有權對國民黨內的黨員的工作發出指示，有權獨立領導工會的組織工作。同時，他肯定中共現有團體繼續享有充分的活動自由，中共並保持獨立的宣傳手段和批評的權利，甚至可以「經常批評國民黨並努力促進國民黨加強反帝活動」。在這種情況下，陳獨秀表示妥協，「決定勸說全體黨員加入國民黨」。於是，馬林向共產國際報告說，「我們團體內沒有重要的反對意見」了。至於當時傾向於廣東軍閥陳炯明的中共廣東支部在這個問題上的頑強抵抗，最後則以開除其領導人陳公博和譚植棠兩個人了事❶。

在十一月召開的共產國際第四次代表大會上，包括陳獨秀在內的中共領導人再度就聯合國民黨的方式問題曲折地表示了他們的疑問。他們指出，國民黨雖然號稱有大約十萬黨員，但多數並不在國內，在國內者，除了基層的勞動群眾以外，大都是些鑽營政客和官僚。況且，這個黨既沒有綱領，也沒有章程，甚至連有形的組織也找不到，一切全靠孫中山個人的號召力和宣布的計劃行事，其理論上更不相信群眾，只迷信武力。因此，中共只能是「暫時支持國民黨」，因為他們理解，對民主派的這種支持，「只是為了達到（我們）目的的一種手段」，是為了中國革命的下一步，把國民黨內部有組織的工人爭取到自己這邊來，是因為這樣便利於在更廣泛的範圍內與國民黨爭奪群眾。他們相信：「我們能夠把群眾團結到我們周圍，並分化國民黨」❶。與此同時，

---

❶　前引《馬林與第一次國共合作》，第91–92頁；陳獨秀：〈在中國共產黨第三次全國代表大會上的報告〉，1923年6月，《中共中央文件選集》，第1卷，第169頁。

共產國際主席團在這次代表大會上通過的關於中共任務的決議案，也從一個側面支持了中共的這種傾向性。決議宣稱：中共在中國各派的政治鬥爭中，只應當同那些能夠給予中國工人運動發展自由，並且不和國內外反革命勢力相勾結的民主力量站在一起。中共必須為此而鬥爭，尤其應當把自己的主要注意力放到組織工人階級和建立強大的群眾性的共產主義政黨方面來❻。這樣一種基調，顯然與馬林的計劃有所不同。

第二節　「馬林路線」

一九二二年十二月二十三日，馬林再度回到莫斯科。他關於中共已經以個人身份加入國民黨，開始與國民黨實行黨內合作的報告，不僅得到了共產國際的肯定，而且，後者還在一九二三年一月十二日就中共與國民黨關係及其在國民黨內的任務問題，作了一個正式決議。決議的要點如下：

一、中國唯一重大的民族革命集團是國民黨，它既依靠自由資產階級民主派和小資產階級，又依靠知識分子和工人。

二、由於國內獨立的工人運動尚不強大，……共產國際執行委員會認為，國民黨與年輕的中國共產黨合作是必要的。

---

❺　〈陳獨秀在共產國際四大上關於中國政治形勢的報告〉等，1922年11月，中心檔案，全宗號514，目錄號1，卷宗號16；〈劉仁靜在共產國際四大關於中國形勢的報告〉，1922年11月，前引《共產國際有關中國革命的文獻資料》，第1輯，中國社會科學出版社，1981年版，第62頁。

❻　中心檔案，全宗號514，目錄號1，卷宗號24。

三、因此，在目前條件下，中國共產黨黨員留在國民黨內是適宜的。

四、但是，這不能以取消中國共產黨獨特的政治面貌為代價。黨必須保持自己原有的組織和嚴格集中的領導機構。中國共產黨重要而特殊的任務，應當是組織和教育工人群眾，建立工會，以便為強大的群眾性的共產黨準備基礎。……

五、在對外政策方面，中國共產黨應當反對國民黨同資本主義列強及其代理人——敵視無產階級俄國的中國督軍們的任何勾搭行為。

六、同時，中國共產黨應當對國民黨施加影響，以期將它和蘇維埃俄國的力量聯合起來，共同進行反對歐洲、美國和日本帝國主義的鬥爭。 ❼

　　引人注目的是，為了制定這個新的決議，馬林顯然與共產國際發生了某些意見分歧。他反覆強調他和越飛共同的看法，即在中國這樣的國家裡，階級分化還不充分，「單純進行黨的工作是不相宜的」，因此，在中國，最重要的工作是幫助中國實現統一，為此必須全力以赴地把國民黨建設成為一個群眾性的政黨，而不是現在就要「為強大的群眾性的共產黨準備基礎」 ❽。考慮到中共還只是一個只有二百五十人的小組織，它無疑應當使自己的工作服從於國民黨的目的，而不是去和國民黨爭奪群眾。馬林這時既是共產國際的代表，也一直在蘇俄

---

❼　〈共產國際執行委員會關於中國共產黨與國民黨的關係問題的決議〉，1923年1月12日，前引《共產國際有關中國革命的文獻資料》，第1輯，第76–77頁。

❽　前引《馬林與第一次國共合作》，第99–100頁。

外交代表越飛領導下從事爭取孫中山、張作霖等接受蘇俄對華要求的外交工作,這使他很自然地習慣於從蘇俄外交利益的角度來考慮問題。甚至,在莫斯科,俄共政治局領導人斯大林(Stalin)以及蘇俄外交委員會委員加拉罕(Karakhan)還特別就蘇俄方面爭取外蒙古和中東鐵路的堅決態度向他做了說明,並委託他以孫中山代表的名義去摸張作霖的底牌❶。這種情況更使他對共產國際加強中共自身組織發展的意圖表示異議。

　　然而,莫斯科這時存在著不同的工作系統,斯大林以及負責外交工作的俄共官員強調蘇俄外交利益,而負責共產國際工作俄共領導人卻較為重視共產國際的工作。因此,一方面,俄共中央政治局於一月四日通過決議,「接受外交人民委員部關於贊同越飛同志全力支持國民黨政策的提議,並建議外交人民委員部和我們在共產國際的代表要在這方面加緊工作」,準備向國民黨提供必要的援助❷,而另一方面,幾乎在同一時間舉行的共產國際執委會會議上,馬林與維經斯基對中共地位和作用的看法卻明顯發生分歧,不管馬林如何強調現在需要「革命的機會主義」,會議仍然支持了維經斯基的觀點,強調不能使中共成為國民黨的基層小組織,「黨應當真正成為中心組織」。因此,「如果中國民族革命是最重要任務的話,那麼對於我們黨來說『特別』重要的任務就是組織工人政黨」。結果,馬林的意見只得到了部分的採納❸。

---

❶　斯大林和加拉罕專門接見馬林,並委託其從莫斯科回中國時去瀋陽見張作霖的情況,可見前引 Tony Saich 書,第372頁;《馬林與第一次國共合作》,第119–120頁。

❷　《聯共(布)、共產國際與中國》,莫斯科,1994年版,第170–171頁。

❸　從俄國今天公布的共產國際執委會速記記錄看,馬林與維經斯基就共產黨和國民黨關係,特別是對中共態度的分歧,還在一九二二年七月就已

這種情況不能不引起馬林的疑惑。他於一月中旬剛一回到中國，就不無譏諷地在背後把中共中央和共產國際關於使中共變成群眾性政黨的計劃，說成是共產國際遠東局㉒維經斯基的「想入非非」。他聲稱：「在中國建立群眾性政黨，今後許多年內都只是一種幻想。」如果硬要在中國採取建立獨立的共產主義政黨的政策，既和國民黨一道工作，但又對其保持獨立，必然會使這個小團體成為一個毫無意義的小宗派㉓。

在對華政策上的這種矛盾，很快就顯現出來了。越飛在與北京政府始終無法就蘇俄的條件達成協議以後，轉而同孫中山在一九二三年一月二十三日簽訂了〈孫文越飛聯合宣言〉。宣言在一定程度上滿足了蘇聯㉔在外蒙古和中東鐵路問題上的要求，同時越飛也毫不含糊地代表蘇聯政府向孫中山保證：他「可以俄國援助為依賴也」，並且，因為「中國最要最急之問題，乃在民國的統一之成功，與完全國家的獨立之獲得」，所以，「共產組織，甚至蘇維埃制度，事實上均不能引用於中國」㉕。莫斯科方面很快批准了越飛與孫中山達成的協議，明確表

經出現了。見前引《聯共（布）、共產國際與中國》，第164–168，172–175頁。

㉒ 一九二三年一月共產國際決定設立遠東局，由維經斯基、片山潛和馬林三人組成，並要馬林前往設在海參崴的遠東局工作，但馬林始終表示拒絕。

㉓ 前引《馬林與第一次國共合作》，第131、146頁。

㉔ 一九二二年十二月三十日，「俄羅斯蘇維埃聯邦社會主義共和國」（蘇俄）宣布正式成立「蘇維埃社會主義共和國聯盟」，簡稱「蘇聯」。

㉕ 對於中東路，孫中山僅同意「維持現狀」，對於外蒙古，孫中山僅同意「俄國軍隊不必立時由外蒙撤退」。《孫中山全集》，第7卷，第52頁。

示贊成提供二百萬金盧布以及八千支步槍、十五挺機槍、四門炮和兩
輛裝甲車，幫助國民黨進行統一中國的準備工作和組建自己的軍事學
校❷。不過，在《真理報》上發表這個孫越宣言時，關於共產組織和
蘇維埃制度的一段話卻被抹去了。同時，共產國際東方部的領導人拉
狄克等還當著中共代表張國燾的面，對馬林過於強調國民黨、輕視共
產黨，表示了某種不同意見。這種情況說明，在莫斯科，俄國人的態
度確實不那麼一致。

　　馬林身為共產國際代表，卻對共產國際的對華政策方針十分不滿。
他在五月三十一日同時給共產國際執委會和蘇共中央政治局的布哈林
寫了兩封信。在前一封信裡，他拐著彎地批評共產國際關於建立群眾
性政黨的要求實際上是一種「夢想」。他聲稱：即使在中國黨內，也只
有領導工會工作的張國燾一個人存在著這種不切實際的「夢想」，「幾
乎所有的同志都認為現在這樣做將一無所獲」。因為，「我們的團體還
一直這麼小，談不上是一個政黨」，它名為共產黨，卻幾乎沒有工人黨
員，黨員大部分其實都是年輕學生。而在後一封信裡，他乾脆直截了
當地批評說：「共產國際執行委員會對中國問題的態度，仍然是沒有經
過深思熟慮的，仍然是不明確的。」「在共產國際執行委員會的東方部
裡，他們仍然幻想要在中國成立一個群眾性的黨，我們的黨」。事實上，
由於「中國極為落後，從經濟狀況看，要在目前建立一個共產黨，只
能是一種烏托邦」。在中國，只有首先發展國民黨，進一步發展革命的
國民運動，才有可能產生共產黨❷。不難看出，馬林的這種觀點，或
者勿寧說這條路線，與共產國際的路線明顯不同，因此，無論是在中
國，還是在蘇俄，它都會遇到眾多共產黨人的反對。

---

❷　前引《馬林與第一次國共合作》，第170–171頁。

❷　前引《馬林與第一次國共合作》，第190–196頁。

　　在隨後於一九二三年六月召開的中共第三次代表大會上，馬林與中共部分領導人之間再度就此發生爭論。在與馬林討論之後，經由陳獨秀起草的關於國民運動問題的決議草案，接受了馬林的意見，明確提出：因為中國產業落後，勞動階級還在極幼稚時代，工人運動尚未能強大起來成功一個獨立的社會勢力，以應中國目前革命之需要，「自然不能發生一個強大的共產黨」。可是，「依中國社會之現狀，宜有一個勢力集中的黨為國民革命運動之大本營，中國現有的黨，只有國民黨比較是一個國民革命的黨」，「因此，共產國際執行委員會議決中國共產黨須與中國國民黨合作，共產黨黨員應加入國民黨」。為此，「我們須努力擴大國民黨的組織於全中國，使全中國革命分子集中於國民黨，以應目前中國國民革命之需要」，即使在勞動階級中也應擴充國民革命的國民黨，只是那些「了解國民革命之必要更進而有階級覺悟的革命分子，當儘量加入我們自己的組織」。陳獨秀的說明在會上受到負責黨的理論宣傳工作的蔡和森和負責工會組織工作的張國燾，以及北方工會組織代表的明確反對。他們指出：「在中國沒有哪一支力量的發展速度能與工人力量的發展相比，海員和鐵路工人的罷工顯示了他們的重要作用。」況且「我們的黨在北方工人中占有主導地位」，「在許多地方我們可以控制工會工作，那裡沒有國民黨的影響」，「我們完全有機會發展我們自己的組織」。相反，「國民黨是資產階級的政黨，是我們的敵人，我們不能幫助他們，不能擴大他們的影響」。把工人置於國民黨的旗幟之下，這是違反共產國際決定的。因為共產國際只是強調與國民黨組成統一戰線，肯定已經加入國民黨的同志留在國民黨是適宜的。共產國際指示明確規定，中共應當把自己的主要注意力放在工人工作和把自己變成群眾性政黨方面，並且，「發展共產黨的唯一途徑是獨立行動，而不是在國民黨內活動」。必須注意到，我們沒有力量從內

部迫使國民黨改變它一貫的政策和政治傾向，如果我們因為不能改變國民黨與之衝突而被迫退出，那時中國革命不可避免地會受到損失。當然，張國燾建議，既然共產國際已經批准一些同志留在國民黨內，就不妨在國民黨內待上幾年，從那裡獲得一點兒東西，努力去改造國民黨，取得在南方活動的條件，同時在北方堅持發展自己的組織，但無論如何，「我們不要忘記，組織工人，提高他們的覺悟，乃是我們黨的特殊任務」，因此「不要把工會運動從我們手中轉到國民黨手中」去❷⑧。

在一九二三年二月七日發生吳佩孚武力鎮壓京漢鐵路工人罷工運動的嚴重事件之後，中共中央領導人中明顯地產生了一種較為悲觀的看法。因此，蔡和森和張國燾等人的主張這時在代表大會中沒有能夠得到積極的響應，多數與會者既然看不出全面恢復中共前此在北方工人運動中主導地位的樂觀前景，自然不會反對馬林所解釋的共產國際的「路線」。馬林的解釋很簡單，既然中共幾年之內都不可能成為一個群眾性的政黨，我們無論如何不能等到中共發展壯大之後再來進行國民革命。既然國民黨遠比共產黨強大得多，既然它具有國民革命的明顯傾向，既然蘇聯已經決定了與國民黨聯合的方針，中共當然責無旁貸的應當加入國民黨，利用自己的政治優勢，協助蘇聯幫助國民黨改組並推動它走向反帝革命。「我們不應怕加入國民黨有危險，而留在黨外」。同樣，加入國民黨就是為了發展國民黨，使它成為中國國民革命運動的中心，「如果我們現在不為國民黨工作，加入國民黨就毫無價值」。沒有必要擔心工人群眾會因為加入國民黨而被扼殺了革命精神，

❷⑧　前引《馬林與第一次國共合作》，第227–242頁；〈張國燾給維經斯基和其辛同志的信〉，1923年11月16日，中共中央黨史資料徵集委員會等編：《中共黨史資料》，1982年第3輯，第5–8頁。

恰恰相反，要想推動國民黨走向革命，就必須在國民黨大量充實革命分子，培養強有力的國民黨左派，從而克服國民黨的種種錯誤傾向。據此，中共三大決議規定：同意中共黨員加入國民黨，但「(1)在政治的宣傳上，保存我們不和任何帝國主義者任何軍閥妥協之真面目。(2)阻止國民黨集全力於軍事行動，而忽視對於民眾之政治宣傳，並阻止國民黨在政治運動上妥協的傾向，在勞動運動上改良的傾向。(3)共產黨黨員及青年團團員在國民黨中言語行動都須團結一致。(4)須努力使國民黨與蘇俄接近，時時警惕國民黨勿為貪而狡的列強所愚。」❷

　　中共三大的結果只是在一定程度上達到了馬林預期的目的。畢竟共產國際的指示寫得明明白白，因此三大決議中也仍舊或多或少地寫上了有關中共必須以發展工人運動為自己特殊任務的內容。它並且明確講：「我們加入國民黨，但仍舊保存我們的組織，並須努力從各工人團體中，從國民黨左派中，吸收真有階級覺悟的革命分子，漸漸擴大我們的組織，謹嚴我們的紀律，以立強大的群眾共產黨之基礎」。馬林對此頗有些耿耿於懷。在會後寫給共產國際的報告中，他再一次就此提出疑問，稱：「我不懂，為什麼共產國際執行委員會的策略是阻止國民革命的發展？」「莫斯科的意向是讓黨在共產主義旗幟下進行獨立的政治活動嗎？」他明確指出：「黨是個早產兒」，「是有人過早地製造出來的」，它的「整個工作幾乎都是依靠外國經費」，多數黨員沒有職業，所以黨同在職的工人、職員、教師等幾乎沒有聯繫。在這種情況下，「我希望共產國際執行委員會絕對不要改變我們從（一九二二年）八月以來在中國遵循的方針」。「我們要鼓勵同志們到國民黨中去，並把用這個辦法支持國民革命看做是中國共產黨人的主要任務」，「不應

---

❷　前引《馬林與第一次國共合作》，第232–234、238頁；《中共中央文件選集》，第1卷，第147–148頁。

憑想像去工作」。也就是說，我們組織工人運動應當主要保持在宣傳上，「絕對不要為此打出共產黨的旗幟，在很長一段時間內也不能在工會的宣傳中利用這面旗幟」。這是因為，第一，許多人「害怕共產主義」；第二，它會「削弱俄國同中國國民黨人的合作」。在他看來，「共產國際應保證蘇俄的存在」，這是最重要的。因此，共產國際執行委員會應當與蘇聯外交委員會的工作密切配合，中共也應當「儘量設法利用俄國對國民黨的援助」，並以促進兩者之間的合作為目的。「那些希望我們集中全力去建議群眾性共產黨的人」，恐怕「是完全忽略了事情的實際情況」❸⓿。

　　馬林既沒有能夠說服共產國際修正它的指示，也沒有能夠說服孫中山按照他所預想的步驟改造國民黨。相反，孫中山一心注重軍事行動和不顧蘇聯反對一味求助於與張作霖結盟的作法，甚至使蘇共政治局也注意到不能無條件支持孫中山國民黨的問題。據此，共產國際執委會東方部在這一年的四月就進一步得出結論，認為與其支持國民黨，不如大力支持隨著中國工人運動的興起而在「數量上和威望上必將迅速增長」的中共，考慮到馬林對中共的態度嚴重地妨礙著共產黨陣地的擴大和鞏固，它甚至已經提議：「必須增加對中共的物質援助」，使其發揮領導核心作用，而「不宜把我們黨的工作局限在國民黨的範圍之內，必須牢牢掌握共產黨領導下獨立自主的工人運動這一方針」。為此應「撤銷對馬林的委任」。很顯然，在不少俄國人看來，一面為越飛工作，一面又擔任共產國際代表的馬林，正在把中共變成蘇聯外交人

---

❸⓿　前引《中共中央文件選集》，第1卷，第147頁；《馬林與第一次國共合作》，第243–250頁。并見《聯共（布）、共產國際與中國》，第167–168頁。

民委員部機會主義政策的「奴僕」和「應聲蟲」。❸

　　值得注意的是，在馬林這一年七月不情願地被調離中國的時候，他看上去也對孫中山頗感失望，甚至情緒化地提出：「只要孫仍然堅持他的一個政黨的觀點，只要他不請共產黨人去工作，就不可能指望國民黨會現代化，不可能指望他們進行反帝宣傳」，與其拿二百萬元替孫中山去塞滿南方軍閥的腰包，倒不如「用二萬一千元幫助為數不多的共產黨從事國民黨的宣傳工作，看看他們在這方面會有什麼作為」❸。但是，馬林的這種轉變來得太晚了，由於蘇聯決定派加拉罕前往北京接替越飛的工作，而經過加拉罕挑選，由斯大林親自向政治局提名的鮑羅廷(Michael Borodin)前往廣東孫中山處擔任蘇聯方面的代表，莫斯科不再有人需要與這個個性十足的荷蘭人來討論中國問題了。

第三節　政策左轉

　　加拉罕外交使團是根據俄共中央政治局一九二三年七月間一次會議的決定派來中國的。根據這次會議的決定，加拉罕的首要任務仍是繼續前此外交使團的工作，促使北京政府接受蘇聯在外蒙古和中東鐵路問題上的條件，從而完成有關中蘇條約和建立邦交的談判。鮑羅廷是加拉罕外交使團的正式成員，在加拉罕直接領導下進行工作，儘管他的任務是前往幫助與北京政府立於敵對地位的廣州的孫中山，但蘇共政治局給他的使命十分明確，那就是：他的任務是「與蘇聯駐北京全權大使協調工作」，「而決不是以在中國建立共產主義為目的」。❸

---

❸　前引《聯共（布）、共產國際與中國》，第217–219，241–242頁。

❸　前引《馬林與第一次國共合作》，第295、297–299頁。

❸　前引《聯共（布）、共產國際與中國》，第239–240頁。

換句話來說，鮑羅廷的任務，在某種程度上其實是外交性的，甚至可以說是換了一個角度來向北京政府施壓而已。

十月六日，鮑羅廷持加拉罕的介紹信到達廣州。鮑羅廷到達之際，恰值孫中山因為軍費所累，試圖強行截留廣州海關的關稅餘款，與以英國為首的列強各國開始發生衝突之時。作為俄共黨員的鮑羅廷正好抓住機會向孫中山介紹俄國革命和它抵禦外國武裝干涉的成功經驗，引起孫中山莫大興趣。鮑羅廷到廣州不到二十天，孫中山就欣然決定設立包括中共領導人譚平山、李大釗在內的國民黨臨時中央執行委員會，並聘鮑羅廷為組織訓練員，負責指導國民黨改組事宜。到十二月中旬，中共中央已經得到報告說，「國民黨全國代表大會將在一九二四年一月二十五日召開，綱領和章程已經擬好（前者由鮑羅廷同志起草）付印，將在這次代表大會上通過」。據此，陳獨秀帶著一種比較滿意的口吻向共產國際報告說：「孫中山已不止一次地提到，蘇維埃俄國是中國唯一的朋友。像他這樣的人是沒有自己固定的主張的，但是值得注意的是，在我們反覆強調，再加上帝國主義的威迫之後，他現在被迫得出的這種認識卻是由衷之言」❸❹。

注意到鮑羅廷的外交使命，就不難想像，同馬林一樣，他也未必能同中共保持相同的立場。但是，要實現對國民黨的改組與監督，他同樣也離不開中共。還在馬林最初設計國民黨改組方案的時候，十二個中央職能部，兩個地方黨部的部長中十個都曾設想要由中共領導人擔任❸❺。鮑羅廷雖未必有如此奢望，但他同樣相信，只有依靠中共的

❸❹　〈陳獨秀關於中國目前政治形勢和中國共產黨的任務給共產國際執行委員會的報告〉，1923年12月21日。

❸❺　馬林當初設想除總理為孫中山、組織部長為張繼或廖仲愷外，其餘宣傳、出版、聯絡、通訊、工人、農民、軍事部以及廣州、上海黨部，均由陳

協助，才能完成他在廣州的使命。因此，按照他的說法：「我們不管幹什麼，總是先召開黨的廣州區委員會和青年團的聯席會議。如果在一般會議上所作的決定有了什麼問題，那麼，這些問題通常都由我和中央在廣州的代表譚平山同志共同解決」。包括「國民黨的綱領就是首先同中央代表一起制定的」。他看來同意陳獨秀對於十一月底在上海召開的第三屆第一次中央執行委員會會議決定的說明，即「(1)我黨所有還未加入國民黨的黨員，立即加入國民黨。(2)我黨所有黨員應全力在各地幫助國民黨發展。(3)我們的同志在國民黨內應以秘密支部形式進行國民黨的工作。(4)我們所有的同志，雖然要盡力爭取國民黨內的領導權，但做法要自然，不要暴露自己的用意」。對此，鮑羅廷只是特別強調中共黨員在國民黨內要有嚴格的組織性紀律性，認為這是影響國民黨的至關重要的一環。他明確提出：「黨中央必須把關於綱領的準備好的發言稿發給它的代表，而為了不使我們的計劃落空，我們的人必須有組織的發言。沒有中央的書面指示，發言甚至不應有任何修改」。考慮到他自身的使命，鮑羅廷極力勸說中共全力以赴地為國民黨工作。在談到這個話題時，他非常巧妙地借用陳獨秀的話說：「陳同志說過，現在中國不僅不能進行共產主義運動，就連民族主義運動也才剛剛開始」。因此，我們現在的任務「就是要使國民黨的工作面向群眾，面向人民」，首先進行民族主義的宣傳鼓動工作，使所有的工人、學生都迅速覺悟起來，加入國民黨，參加國民革命，同時我們可以把最革命的人吸收到共產黨內來。他解釋說，這樣做正是為將來建立群眾性的共產黨打基礎。我們所要做的，就是把國民黨變成革命的大熔爐，「從這個熔爐中提取我們自己的黨所需要的材料」❸。

___

獨秀、譚平山、張國燾、蔡和森、瞿秋白、張太雷和林伯渠等人來擔任。見前引《馬林與第一次國共合作》，第200–202頁。

利用中共來推動改組和督促國民黨革命化，不可避免地受到了來自國民黨內部的抵制。還在馬林離開中國之前，孫中山就曾對中共中央利用《嚮導》周報公開批評國民黨的軍事政治政策大發雷霆。馬林描述當時的情景說：那天孫中山突然大發脾氣，當著廖仲愷、胡漢民和他的面用英語激動地說：「像陳獨秀那樣在他的周報上批評國民黨的事再也不許發生。如果他的批評裡有支持一個比國民黨更好的第三黨的語氣，我一定開除他」。當時，廖仲愷和胡漢民「一個個噤若寒蟬」，「都悄悄地溜走了」。可見孫中山當時脾氣之大。孫中山都如此，其他國民黨人可想而知。十一月二十九日，參加改組工作的國民黨臨時中央執行委員鄧澤如領銜上書孫中山，指陳「俄人為這訂定之政綱政策，全為陳獨秀之共產黨所議定」，此「為蘇俄政府所給養」的共產黨，恐正「借國民黨之軀殼，注入共產黨之靈魂」。對此，孫中山再度嚴辭表示：以陳獨秀為首之「中國少年學生自以為是」，「初欲包攬俄國交際，並欲阻止俄國不與吾黨往來，而彼得以獨得俄助而自樹一幟與吾黨爭衡也」。其實，「俄國欲與中國合作者只有與吾黨合作，何有於陳獨秀？」但孫中山同時強調，政綱草案等「為我請鮑羅廷所起，我加審定」，陳獨秀並未與聞其事，「切不可疑神疑鬼」。「若我因疑陳獨秀而連及俄國，是正中陳獨秀之計，而助之得志矣」。至於陳獨秀等，「如不服從吾黨，吾必棄之」。當然，孫中山如此說，也不過是用來安慰國民黨內反對中共的那些領導人罷了。孫中山未必不清楚鮑羅廷與中共之間的關係。他之所以聯合中共，從一開始其實就是俄國人干預和勸說的結果。他又如何會不知道俄國人和中共之間的關係？聯

㊱　〈中國共產黨與青年團聯席會議記錄〉，1924年1月1日；〈國民運動進行計劃決議案〉，1923年11月，《中共中央文件選集》，第1卷，第200–201頁。

合中共，說來說去不過是為了取得蘇聯的援助而已。他在氣憤之時對馬林就曾一度講出過他的心裡話，這就是：「如果我能自由地把共產黨人開除出國民黨，我就可以不接受財政援助」。這句話清楚地反映出他在聯共問題上實在是別有苦衷❸。

　　鮑羅廷自然十分了解這種情況，但他看來並不為此感到擔心。他不僅始終在向孫中山灌輸反帝革命的思想，而且不遺餘力地利用他的特殊身份勸說孫中山把中共幹部提拔到國民黨中央的領導崗位上來。正是由於他的努力，在一九二四年一月下旬召開的國民黨第一次代表大會上，中共及青年團總人數雖然只占國民黨在冊黨員人數的百分之二，出席大會的代表人數只占百分之十，卻在國民黨新產生的中央執行委員會委員中占到了百分之二十五的比例，在國民黨中央黨部七個部中占據了兩個部長和三個秘書（相當於副部長）的席位，並在中央執行委員會常務委員會裡取得了三分之一的發言權。如此一來，再加上鮑羅廷已成為國民黨的政治總顧問，共產黨實際上在國民黨的決策層中已經成為舉足輕重的力量。不僅如此，由於共產黨員實際上控制了國民黨中央組織部，並且早在各地創立國民黨地方黨部，因此很快就使直隸、湖南、湖北、江西、浙江、山西等地的地方黨部也都在共

----

❸　關於孫中山對馬林所講的這段嚴厲批評中共話，在陳獨秀後來的文章中也可以找到，只是文字上略有不同。陳回憶說：「孫中山屢向國際代表說：『共產黨既加入國民黨，便應服從黨紀，不應該公開的批評國民黨，共產黨若不服從國民黨，我便要開除他們；蘇俄若袒護中國共產黨，我便要反對蘇俄。』」前引《馬林與第一次國共合作》，第294頁；陳獨秀〈告全黨同志書〉；〈中共廣東地區委員會聯席會議〉，1924年10月；〈鄧澤如等上孫文總理書〉，1923年11月29日；《孫中山全集》，第8卷，第458-459頁。

產黨員或左翼人士的領導之下。即使是在國民黨原有地方組織的廣州、上海和北京等地，國民黨部分區以下的組織也有相當一部分是在共產黨員的掌握之中。一時間，形勢的發展看起來對中共頗為有利，似乎只要中共再使一把勁兒，就可以實現共產國際和中共中央提出的「在未來的國民黨內組成核心」和「站在國民黨中心地位」的目標了。

　　但是，作為國民黨員，在國民黨內向國民黨奪權，這並不是中共中央最初政策的主要內容。在中共三大召開時，幾乎沒有人想到過在國民黨內取得支配地位的問題，它只是要求中共黨員及團員在言行上應當保持「團結一致」。及至三屆一次會議，維經斯基來到上海，明確提出中共在國民黨內地位問題，國民黨各地方組織創設過程又有相當多中共黨員取得領導地位，因此，會議始提出「盡力爭取國民黨內的領導權」問題，但中共中央同時又明確強調：這種事「做法要自然，不要暴露出自己的用意」，「事實上不可能時，斷不可強行之」。而當國民黨一大召開，中共中央得知反對中共加入國民黨之國民黨人逐漸增多時，它更進一步發出指示，告誡黨員：「本黨所以必須與國民黨合作，因就中國眼前之經濟狀況，必須經過民主主義的國民革命，這是國民黨對中國的歷史使命」。「今以國民黨明達領袖的決心，我們素所期待的改組國民黨的理想，竟一一開始進行，這實是中國革命前途的幸福。我們在國民黨改組以後更當以努力扶持他們，不可因他們以往的缺點，預存嫌惡藐視的心理」。「對他們中間極腐敗的分子，亦宜取敬而遠之的態度，須盡力避免不必要的衝突」；「對於國民黨比較不接近我們的分子，應多方加以聯絡，以逐漸改變他們的態度」。而「為求本黨同志與國民黨能圓滿的合作」，儘量避免國民黨內發生左右之分歧，「我們的同志，應站在國民黨立腳點上」，「以扶助督促其黨務之進行，自為應盡之職務」，不可勉強援引我們的同志擔任國民黨內各種職

務，尤不應包辦其黨務，以免「使國民黨黨務，及國民黨對於本黨的信任，俱受不良的影響」。甚至，會議還特別提出，在發展本黨組織時，亦須十分慎重，不應使國民黨「誤會我們有意拉去他們的黨員」。今後一切工作均「用國民黨名義，歸為國民黨的工作」，只有「國民黨不願用其名義活動的，仍作為本黨獨立的活動」❸。

　　事實上，在國民黨各級部門的中共黨員最初也確是按照中共中央的要求去做的。據阮嘯仙四月間報告稱，國民黨未改組之前，廣東同志常與國民黨發生糾紛。改組後，有些同志起初雖不願介紹工農群眾加入國民黨，擔心國民黨有群眾，而群眾又國民黨化，於階級鬥爭不利，但經過與鮑羅廷開聯席會議詳加討論，如今已完全解決。以至於今天，一般工人、農民只知我們是「好國民黨」「新國民黨」，而不知有共產黨。在國民黨內，雖有許多人害怕我們懷著什麼陰謀來利用國民黨，看見我們努力的成績暗生嫉妒，或因我們影響其升官道路而向我們攻擊，我們都以「忍辱負重」之精神，「為革命家唯一的信條」，不與之糾紛。同樣，在國民黨中央的中共人員也本此精神，堅持「不同他們競選，也不推薦一個工作人員，使他們並不認為我們在追求席位」。鑒於國民黨內狀告中共的案件日漸增多，尤其眾多黨員對中共黨員在國民黨一大輕易取得其中央高位不滿，經中共中央批准，譚平山和林伯渠等還主動辭去了國民黨中央執行委員會常務委員和國民黨中央黨部農民部部長等職，以示誠意。而為了「將所有的人送進國民黨」，中共區區四百多黨員更是全部投入了國民黨的組織發展當中，以至完全無力顧及自身的發展問題。譚平山報告說：我們在廣州的幹部總共只有三十多人，國民黨一大前，廣州十二個區只組織起十二個支部，而現在已成立了九個區委，六十四個支部，擁有黨員七千七百八十人

❸　前引《中共中央文件選集》，第1卷，第147、200–201、222–225頁。

之多，我們在五個區委和十三個支部中擔任重要工作，而幹部人數卻沒有增加，結果他們總是忙於大量事務性工作，抽不出時間做群眾工作，使我們失去了同工人群眾的聯繫，黨員的發展幾乎停頓❸。就全國範圍而言，一九二一年七月中共一大時，黨員五十餘人；一九二二年七月二大時，黨員一百九十五人，一年增加近四倍；一九二三年六月三大時，黨員四百三十二人，一年增加兩倍多，但此後至一九二四年五月中央擴大執行委員會召開，即國民黨改組前後幾乎一年時間，黨員不僅沒有增加，反而有所減少❹。

　　用犧牲共產黨的發展來換取國民黨的壯大，這在蘇聯外交人士看來是相當值得讚賞的。在鮑羅廷的頂頭上司加拉罕一九二三年二月九日給蘇聯外交委員會主席齊切林(G. V. Chicherin)的一封信中，可以看出鮑羅廷和加拉罕這時對中共能夠「嚴守紀律，不使用任何左的共產主義言詞」以及全力以赴地為國民黨工作的作法，都極為推崇❹。但

---

❸　〈譚平山與鮑羅廷的談話〉，1924年2月10日；〈阮嘯仙關於團粵區一年來的工作概況和經驗〉，1924年4月4日，《廣東革命歷史文件彙集》（1922～1924年）。

❹　以上數字多根據王健英編：《中國共產黨組織史資料彙編》，紅旗出版社，1983年版，第2、8、17頁。關於一九二四年五月擴大執委會時的數字，根據執委會各區報告統計，可知上海區原有五十六人，現有四十七人；漢口區有四十七人；漁區最多為一百四九人；京區七十五人；山東區十七人。這裡雖缺少廣東區的報告，但從譚平山與鮑羅廷的談話中已知廣東區這時也只有同志三十餘人。即使再加上江西、四川等地的少數黨員，總的人數也不過四百人左右。《中共中央文件選集》，第1卷，第256、262、266、275、277頁。

❹　〈加拉罕致齊切林的信〉，1924年2月9日。

是，在莫斯科，並非所有的人都這樣看問題。

在國民黨一大之後，國民黨迅速發展，中共功不可沒。對此，俄國人均無異議。甚至他們始終或多或少地相信，「國民黨所以必需共產黨者，以其可以藉手共產黨對於廣大群眾得以組織之、操持之」，「蓋國民黨之發展，純恃共產黨於其工作之中予以各種之協助也」❷。但是，國民黨的發展是否需要以共產黨發展的犧牲為代價呢？這個問題實際上仍是馬林與共產國際曾經爭論過的那個問題。在鮑羅廷開始在廣州工作之後，共產國際代表維經斯基就曾緊接著來到中國同中共領導人談話，明確表示共產國際不同意馬林的意見，堅持中共應當謀求獨立發展的道路，並應當爭取在國民黨內起支配作用❸，從而推動中共中央在三屆一次會議上提出了「盡力爭取國民黨內的領導權」的思想。到國民黨一大召開前夕，維經斯基又進一步向共產國際執委會提出：由於中共在國民黨內全力以赴地工作，國民黨得到了相當可觀的發展，改組工作十分順利。然而，近幾個月來，黨自身的發展工作卻受到影響。很明顯，關於工人階級究竟應當在國民黨的旗幟下成為民族革命力量，還是應當直接組織在共產黨的領導之下，這個長期爭論的問題應當盡快得到解決❹。而國民黨一大剛剛開過，注意到國民黨內反對中共的勢頭上揚,中共代表李大釗竟不得不在大會上公開聲明，

---

❷ 〈中國共產黨簡明歷史〉，京師警察廳編譯會編：《蘇聯陰謀文證彙編》（民國27年），轉見沈雲龍主編：《近代中國史料叢刊》三編，臺北文海出版社出版，第779、785頁。

❸ 參見張國燾：《我的回憶》，中國現代史料編刊社，1981年版，第307-308頁。

❹ 〈維經斯基關於共產國際執行委員會遠東局的工作報告〉，前引 Tony Saich書，第864-866頁。

中共決不是「借國民黨的名義作共產黨的運動而來的」,「我們留本黨一日,即當執行本黨的政綱,遵守本黨的章程及紀律,倘有不遵本黨政綱、不守本黨紀律者,理宜受本黨的懲戒」**⑮**,維經斯基更是感到不安。他並非不知道李大釗此舉乃是中共黨團為對付國民黨內反對勢力的一種策略,未必真有若何意義。但在緊接著發表的文章中,他仍舊明確地批評鮑羅廷在這個問題上的指導和態度。有什麼必要為國民黨制定嚴格紀律和集權化的章程呢?他為此寫道:考慮到國民黨內存在著各種階級的分子,包括部分地主、工業家和商業資本家的代表,「過於使黨集權化的章程,可能在將來對國民黨左派不利,如進一步發展,則可能使國民黨變成純資產階級的民族主義政黨」。而「我們中國共產黨同志們的任務,就是要在國民黨內爭得更多的民主,俾使國民黨左派有較大的迴旋餘地」。畢竟,共產黨不是國民黨,它需要實現無產階級的具有不同於其他階級的特殊使命,它不僅要促使國民黨走上反帝和民主化的道路,而且還要擔負共產國際所賦予的階級鬥爭的任務,幻想在國民黨內保持絕對的統一,而不發生左右派衝突,是不可能的。根據俄國革命的經驗,以及剛剛發生的土耳其革命的教訓,維經斯基明確認為,中共必須「善於把無產階級的階級鬥爭和國內的民族運動結合起來」**⑯**。

　　根據維經斯基的要求,共產國際批准他於一九二四年四月前往上

---

⑮　〈北京代表李大釗意見書〉,《李大釗文集》(下),人民出版社,1984年版,第104–106頁。

⑯　維經斯基:〈國民黨和中國革命〉,1924年4月1日,(俄)《布爾什維克》,1924年第1期。轉見中國社會科學院近代史研究所現代史研究室編譯:《維經斯基在中國的有關資料》,中國社會科學出版社,1982年版,第31–32頁。

海召開中共中央執行委員會擴大會議，幫助中共增強其對國民黨政策中的階級鬥爭色彩。

五月，中共中央在維經斯基指導下，召開了執委擴大會議。會議首次認定：第一，國民黨就其性質而言，是「資產階級性的民族主義和民主主義的政黨」，它必然趨於妥協，不能奮鬥到底，故其內部的左右派鬥爭不可避免。「國民黨的左派是孫中山及其一派和我們的同志」，而我們的同志實為左派的基本隊伍，「因此所謂國民黨左右派之爭，其實是我們和國民黨右派之爭」。第二，為鞏固國民黨左翼，減殺國民黨右翼勢力，必須避免盲目擴大國民黨的作法，並設法改變自己在國民黨改組問題上過於強調集中與一致的缺點，必須了解：「國民黨依他的社會成分（階級分子）及歷史上的關係看來，客觀上不能有嚴格的集中主義及明顯的組織形式」。因此，應努力在各種場合開展對右派的公開鬥爭，「迫令國民黨全體左傾」，絕不能「因為鞏固擴大國民黨起見而取調和左右派的政策」。第三，「產業的無產階級，是我們黨的基礎」，幫助國民黨組織上滲入產業無產階級「是一個很大的錯誤」，它不但使先進的無產階級內心擾入混亂的種子，而且使無產階級自己的階級鬥爭要發生很大的困難，因此，只能將半無產階級和小資產階級的群眾用國民黨的名義加以組織。在工會運動方面，必須由我們自己組織純粹階級鬥爭的工會，而不能幫助國民黨設立各種工會或將已經建立起來的工會全體加入到國民黨中去。第四，鑒於資產階級的妥協性，必須將階級鬥爭引入國民黨，因為「民主主義的政黨內，階級利益的調和不但不能增加民族解放運動的力量，而且足以使之減少」❹。

---

❹　此會通過的〈黨內組織及宣傳教育問題議決案〉稱國民黨為「資產階級性的民族主義和民主主義的政黨」，而蔡和森在《中國共產黨史的發展（提綱）》介紹此次會議時則稱，此會「謂國民黨是小資產階級的政黨」。

　　這時，恰值加拉罕使團與北京政府即將簽訂中蘇條約之時，全國各大城市的輿論圍繞著蘇聯必欲繼續在外蒙古駐軍和堅持其中東鐵路權益問題弄得沸沸揚揚，頗讓莫斯科感到不悅。在這個時候，國民黨人竟也加入其中，公開發表文章評論，對蘇聯堅持與北京政府締約建交，以及鼓動外蒙古自治問題大加抨擊，其中許多批評，更是把矛頭指向堅決站在蘇聯一邊，紛紛發表文章主張外蒙古自治乃至獨立，反對中國現政府收回外蒙古主權的共產黨人，譴責他們身為國民黨員，卻公開與國民黨唱反調，違反組織紀律，應加嚴懲❹。甚至，孫中山這時也對蘇聯即將與北京政府簽約一事頗有微辭。據這之前剛剛被鮑羅廷派往上海參加《民國日報》編輯工作的瞿秋白在一封給鮑羅廷的信中介紹說：

　　　　上海報刊一般都說加拉罕不同意從蒙古撤兵，是繼續實行沙皇俄國的帝國主義。我們的同志在《民國日報》的〈書報評論〉欄寫了反對這種觀點的文章。爾後，在全國學生聯合總會工作的國民黨（我們的同志）發表聲明支持承認蘇俄。恰好此時一則電訊報導了孫中山給鮑羅廷的答覆，孫說，在中國民眾和中國的革命黨取得勝利之前，俄國不應與非法的、未得到民眾承認的北京政府往來❹。

　　　　分別見《中共中央文件選集》，第1卷，第230–233、237、243–244、253頁。

❹　這一時期在上海《民國日報》副刊上發表贊成外蒙古自治和獨立的文章的有施存統、李春蕃、沈玄廬等。參見李雲漢：《從容共到清黨》，臺北中國學術著作獎助委員會，1973年版，第300–301頁。

❹　〈瞿秋白致鮑羅廷的信〉，1924年4月5日，《瞿秋白文集》，第2卷，人民

> 此外，我們收到了廣州的報紙，其中有一張報上說，《民國日
> 報》已經成了共產黨的報紙了，因為它在俄中談判時「維護俄
> 國人的利益」。 還說這是由於瞿秋白參加了編輯部，同時這張
> 報紙把我叫做「俄國共產黨在國民黨中的執行委員」❺。

　　國民黨人公開痛責蘇聯的情況，毫無疑問引起了包括鮑羅廷在內
的所有俄國人的不安。事實似乎已經清楚地證明了維經斯基的看法：
國民黨內確實存在著左右派之間的鬥爭，對右派絕不能採取調和的態
度。

　　其實，早在國共擬議合作之初，共產國際就一再議論過利用國民
黨內部派別衝突的問題，在國民黨一大前後，鮑羅廷也清楚地從國民
黨人不同的政治態度中意識到國民黨內部存在著左、中、右派，但開
始時，他們顯然比較樂觀。不但不擔心國共矛盾，而且相信「共產黨
員在國民黨地方組織內部活動能力越強，國民黨對共產黨的態度就越
好。」不但不懷疑孫中山國民黨有走上反共道路的可能，而且歡欣鼓舞
地自詡：「不論在印度，在土耳其，在波斯，都沒有一個像國民黨這
樣占有這大比重，這樣受到我們影響，這樣尊重和崇敬我們的威信，
聽從並接受我們的指示和共產國際決議的民族革命政黨」❺。直到國
共兩黨之間的衝突逐漸因為對中蘇條約問題的不同態度而公開化，鮑

　　　出版社1988年版，第521-522頁。

❺　〈瞿秋白致鮑羅廷的信〉，1924年5月6日，前引《瞿秋白文集》，第2卷，
　　　第539-540頁。

❺　〈鮑羅廷致維經斯基的信〉，1924年1月4日，〈卡拉漢致齊切林的信〉，
　　　1924年2月9日，前引《聯共（布）、共產國際和中國》，第357、371-376
　　　頁。

羅廷等人才真正意識到這個問題的嚴重性。六月間，隨著蘇聯不顧國
民黨人的抗議，於五月三十一日與北京政府正式簽訂「中俄解決懸案
大綱」，相互承認對方政府為一國之合法政府，這種鬥爭就更趨尖銳。
在上海，國民黨上海大學區分部書記周頌西在教學過程中，公開叫學
生做「蘇俄是國民黨的敵人」的試題，他並且在國民黨的會議上揚言：
廣州《民國日報》上就是這樣寫的，孫中山是支持這種看法的。最早
支持聯俄政策，並在相當長的一段時間裡代表孫中山與蘇俄代表接觸
的國民黨老資格黨員張繼等人，這時也一反過去的態度，聯名上書孫
中山，主張同蘇聯斷絕關係。甚至就在孫中山眼皮底下的廣州的國民
黨人方瑞麟等，也或打電報或發宣言，向蘇聯政府表示抗議。

　　圍繞著對中蘇條約的態度，要想迴避國共兩黨之間的裂痕實際上
也成為不可能了。因此，陳獨秀首先提出將派別鬥爭公開化的問題。
他通過瞿秋白向鮑羅廷徵求意見稱：「我黨中央暗示將提出『派別』鬥
爭的合法化問題，說得確切些，就是在國民黨內形成左翼派別。不過，
需要得到您那兒的情報」❷。面對這種情況，鮑羅廷也毫不猶豫地表
示贊同。剛一得到瞿秋白的來信，他就於六月二十五日在與張繼等人
的談話中，公開提出了左右派別鬥爭的問題。

　　身為國民黨中央監察委員的張繼與謝持，這次是為共產黨在國民
黨內非法組織派別團體（即所謂「黨團」）一事而來找鮑羅廷理論的。
張繼等開門見山地提出：「俄國對中國革命，究取何種態度」，是只支
持國民黨，還是同時堅持扶助共產黨「雙方並進」？而據他們觀察，中
共在國民黨內組織黨團，似乎全為蘇聯指揮，因「俄國對中國革命政
策，將由中國共產黨人加入中國國民黨以操縱左右也」。對此，鮑羅廷

----

❷　〈瞿秋白致鮑羅廷的信〉，1924年6月20日，《瞿秋白文集》，第2卷，第
　　602–603、607頁。

解釋說，國共兩黨原本即「互相利用」，「國民黨利用共產黨，共產黨利用國民黨，惟兩相利用之結果，國民黨更多得利益」。至於黨團問題，完全是由於國民黨自己不振作，中央執行委員會提不起來，又有許多右派分子加雜其中而引起的，並非蓄謀如此。而如今，「黨中分派，是不能免，黨之中央執行委員會，實際上不能作黨之中心，當然黨內發生小團體，有左派右派之分」。黨中分派，「誠可致國民黨死命」。但「國民黨已死，國民黨已不成黨，只可說有國民黨員，不可說有國民黨，加入新分子，如共產黨者，組織黨團，可引起舊黨員之競爭心，則黨可復活」。 他並且「希望右派左派相爭，發生一中央派，作黨之中心」 ❸ 。

這時，國民黨內向中監委控告共產黨人的案件已有二十件之多，連署黨員將近兩千人上下。在這種壓力下，孫中山也決心要找出個解決問題的辦法，因而決定在八月前後召開中央執行委員會全體會議，討論有關彈劾共產黨之案件。鑒於形勢嚴峻，而鮑羅廷也已在廣州將派別鬥爭公開化，中共中央迅速於七月發布黨內通告，一方面通知全黨，雖然國民黨大部分黨員對我們的排擠與攻擊日甚一日，但「我們為圖革命的勢力聯合計，決不願分離的言論與事實出於我方，須盡我們的力量忍耐與之合作」。只是，在策略上，今後必須公開譴責右派，並在國民黨內展開派別鬥爭。凡表示左傾的分子，不應介紹加入國民黨。另外，應當考慮萬一，努力爭取指揮工人、農民、學生、市民各團體的實權，在可能時即發起國民對外協會，以便不得已時取代舊國民黨而做「未來的新國民黨之結合」。 但另一方面，陳獨秀在隨後給

❸ 〈謝張兩監察委員與鮑羅廷問答紀要〉，1924年6月25日，孫武霞等編：《共產國際與中國革命資料選輯》(1919～1924年)，人民出版社，1985年版，第310–312頁。

維經斯基的信中，卻明確講：我們發現，所謂國民黨內的右派，其實都是些反共分子。如果說還有一些左派，他們不過是我們的同志罷了。過去認為孫中山和一些領導人算是左派，現在看來，他們也都只能算是中派，並非左派。因此，在現在這種情況下支持國民黨，只是支持國民黨的中派乃至右派罷了，因為他們控制著國民黨的全部機構，在他們的國內政策中有許多反勞工的東西，在他們的對外政策中則有許多反蘇聯的東西。他相信，繼續這樣支持國民黨，必將給遠東地區的革命帶來嚴重影響。他「希望共產國際據此制定新的政策」，「不應當毫無限制地支持國民黨了」❺❹。

　　陳獨秀的反應不論在哪一部分俄國人看來，都是過於激烈了。甚至，就在剛剛於七月二日致電加拉罕表示打算反攻之後不過四天時間，鮑羅廷自己又醒悟到這樣一種決定可能是「災難性的」，因為讓左派向右派開戰的結果，很可能不超過幾個月就會導致整個國民黨的滅亡。❺❺根據加拉罕的提議，為緩解國民黨人的疑慮，鮑羅廷開始考慮在國民黨政治委員會中提議成立一個「國際聯絡委員會」來處理共產國際與國共兩黨之間的有關事宜。據此，鮑羅廷開始緩和態度，並頻頻與孫中山等國民黨領導人進行商談，將上述辦法提交國民黨中央政治委員會討論，主張以國民黨與共產國際建立直接聯絡的辦法來解決國民黨對中共的不信任問題。剛剛應鮑羅廷之邀來到廣州參加國民黨中央政治委員會的瞿秋白得知這一情況後，立即通知了上海的中共中央。但中共中央對此反應強烈。它迅速作出決定，強硬提出：

　　（一）禁止在國民黨會議上進行任何有關共產黨問題的辯論，

❺❹　〈陳獨秀致維經斯基信〉，1924年8月13日。

❺❺　《聯共（布）、共產國際與中國》，第455–456頁。

　　　　　並對此辯論不予承認，禁止瞿秋白以黨的名義在國民黨
　　　　　的會議上發言。

　　（二）中共中央拒絕承認國民黨下屬的為解決國共兩黨間問題
　　　　　而設立的國際聯絡委員會。

　　（三）責成我們的同志在全會上對反革命分子採取進攻態勢，
　　　　　從防禦轉入進攻的時機已經到來。❺❻

　　瞿秋白等中共代表在國民黨一屆二中全會召開之前沒有能夠看到
中共中央的這一決定。因此，在八月二十一日的會議上，國民黨二中
全會順利地通過了政治委員會擬定的〈國民黨內共產黨派問題〉和〈中
國國民黨與世界革命聯絡問題〉兩項決議草案。決定在國民黨中央執
行委員會政治委員會內設國際聯絡委員會，負責「直接協商中國共產
黨之活動與本黨有關係者之聯絡方法」❺❼。此種結果不能不引起中共
中央的激烈反應。陳獨秀當即召回瞿秋白，斥責其「擅稱代表」。 瞿
秋白雖再三解釋此實「為哄騙右派之一種方法，事實上該項工作，殊
難實現」，但中共中央仍堅持認為這一組織難免不被國民黨今後利用來
作束縛中共的工具❺❽。陳獨秀在給維經斯基的信中宣稱：國民黨一屆
二中全會給了我們以沉重的打擊，孫中山和其他領導人繼續保持中派
態度，他們既不能開除我們，又不敢得罪右派和反動派，反而利用反
動派的壓力和宣傳來壓制我們，鮑羅廷卻要求我們向這種壓力屈服，

❺❻　〈中共中央致鮑羅廷、瞿秋白信〉，1924年8月27日。

❺❼　轉見榮孟源主編：《中國國民黨歷次代表大會及中央全會資料》（上），光
　　　明日報出版社，1985年版，第74–75頁。

❺❽　中央檔案館編：《中共中央政治報告選輯》(1921～1926)，中共中央黨校
　　　出版社，1982年版，第80頁。

接受國民黨的所謂國際聯絡委員會來解決兩黨關係問題。我們雖然為
此致電鮑羅廷，說明了其中的利害關係，以及我們的堅定態度，不幸
的是，在這次會議上仍舊這樣決定了下來。陳獨秀顯然對鮑羅廷感到
十分失望。他在信中說：「像我們這樣年輕的黨，很難很好地進行工作，
我們經常需要共產國際的正確建議和指示」，因此，我們「希望您向
共產國際建議並提醒鮑羅廷同志，同孫中山打交道時要特別謹慎，以
免再次陷入圈套，並要他經常與我們商量」❺❾。

　　中共中央的意見沒有能夠得到及時的答覆。他們很快發現，鮑羅
廷絲毫沒有改變妥協的態度。在九月發生的江浙戰爭問題上，中共中
央認為純屬軍閥爭奪地盤與國際帝國主義操縱中國政治的一種表現，
明令各級組織要公開反對，否則「一律以破壞本黨紀律論」。然而，
鮑羅廷卻屈從於孫中山的意志，在政治委員會上表示了贊同。在與此
同時發生的廣州印刷工人罷工鬥爭問題上，中共廣東區委領導人堅決
主張支持工人要求改善生活條件和爭取自身權益，鮑羅廷卻在廖仲愷
的強硬要求下，以孫中山已許諾實行改革並應服從戰爭大局為由，硬
是勸告中共廣東領導人說服工人停止了自己的罷工。所有這一切都讓
中共中央感到氣憤不已。中共中央連續召開會議，討論對策。他們幾
乎一致認為，要想改變孫中山和國民黨目前的錯誤方針，唯一的辦法
就是蘇聯停止在軍事方面為國民黨提供任何形式的援助，因為，只要
孫中山繼續堅持他的軍事方針，繼續從與軍閥的各種形式的聯盟尋找
出路，他就絕不可能真正左轉，國民黨也不可能走向革命，結果，「你
們（指蘇聯）的軍事援助等於是在武裝右派和中派來反對工人、農民
和我們」。在參加了中共中央的討論之後，瞿秋白告訴鮑羅廷說：一些
中共領導人甚至激烈地要求中共中央正式向共產國際控告您，「因為

❺❾　〈陳獨秀致維經斯基信〉，1924年9月9日。

您的政治路線是錯誤的，更主要的是因為您一向不把中央放在眼裡」❻。

　　為了設法抵制鮑羅廷的「錯誤路線」，中共中央於九月下旬專門派高尚德前往廣州坐陣，以便全面貫徹中共中央的有關決定。同時還要瞿秋白打電報「召請鮑羅廷同志前來上海進行政治磋商，如果鮑羅廷同志認為這是必需的而且他做得到的話」❻。但中共中央的這一系列決定來得頗不是時候。由於廣州商團事件的發生，中共中央與鮑羅廷之間的這場爭論，很快竟變得無足輕重了。

第四節　意外收穫

　　商團事件的發生，本與廣州商界乃至相當多數市民對廣東政府為維持龐大軍政開支長期橫征暴歛的積怨有關。但由於港英當局的挑撥和地方軍閥從中作梗，廣州商界領袖陳廉伯等由自行組織商民武裝自保，漸至走到因大批走私武器被政府扣留而與政府公然對抗的地步。對此，孫中山幾度曾打算妥協，故而又是許諾改革，撤換廣州市長，又是表示願意歸還被扣槍枝，但在注意到商團領袖同港英當局的關係和對廣東軍閥陳炯明的支持之後，鮑羅廷堅決建議孫中山採取強硬立場。可是，當激憤的孫科等人鼓動孫中山全面剝奪商人的財產，包括查封和沒收商人的糧倉、絲綢倉庫和銀行的時候，鮑羅廷退縮了。因為他發現不僅國民黨根本沒有一支能夠打敗商團和實行沒收行動的可靠的武裝，而且事實上正在同國民黨對抗的幾乎是整個廣州的居民。

---

❻　〈瞿秋白致鮑羅廷的信〉，1924年9月。

❻　〈瞿秋白致鮑羅廷的信〉，1924年10月8日，《瞿秋白文集》，第2卷，第648頁。

因此，他開始向孫中山、向譚平山等反覆鼓吹向居民靠攏，實踐改革許諾的種種提議，主張把鬥爭矛頭直接指向英帝國主義，以轉移居民的注意力。但鮑羅廷無法取得任何成果，因為在廣州政府名義下的各種軍閥武裝，即使不用來進行北伐，光是養活他們，就需要很多很多的錢。而這些錢，只能出在廣州的居民和周圍的農民身上。在十月一日與中共中央代表和中共廣東區委的聯席會議上，鮑羅廷顯得一籌莫展，他不得不轉而要求中共來組織群眾大會，舉行示威遊行，散發傳單，發布宣言，在一切工人和農民的組織中提出要求政府實現許諾的問題，促使孫中山下決心改變目前的被動局面，並利用這個機會向民眾表明中共才是群眾利益的擁護者。可是，這無疑也只是一廂情願罷了。

譚平山明確講：不論鮑羅廷提出的辦法對解決危局有無效力，事實上，只要共產黨員仍然和國民黨捆在一起，就一事無成。他舉例說，國民黨的工人部長參與鎮壓工人罷工，農民部長在工作時都要大抽其鴉片，你叫我們在工人部和農民部的黨員怎麼工作呢？他說，我已向中共中央多次報告過這種情況，中共中央的來信說得很堅決：共產黨員無論如何不得同國民黨中派一道去鎮壓罷工和壓迫工人，當國民黨中派領導人執意反對工農的時候，共產黨員可以退出工人部和農民部，同工人農民一道進行反對中派的鬥爭。因此，他建議，共產黨員先退出這幾個部，然後打出自己的旗幟來組織群眾鬥爭。面對如此糟糕的局面，鮑羅廷似乎也提不出充分的反對意見，他只是聲稱：「這個問題已經屬於中共中央的權限，在地方上不能解決。我們可以準備好一切有助於說明這種觀點的理由和材料，然後堅決地提交給中共中央」。不過，在第二天，當鮑羅廷與加拉罕直接就此通了電話之後，他就開始堅決反對任何試圖退出國民黨中央的提議了。

　　十月三日，鮑羅廷與中共廣州區委繼續舉行聯席會議，他開始明確反對退出國民黨中央的任何一個部。說：只要退出一個部，那就意味著退出國民黨。你們是否真的要退出國民黨呢？事實上，我們在國民黨內不是已經取得相當可觀的工作成績了嗎？他接著詳細列舉了共產黨員已經牢牢地站穩了腳跟的包括黃埔軍校在內的所謂「八個陣地」，以此來支持他的看法。圍繞著這個問題，雙方之間有一段十分引人注目的對話。

> 譚：鮑羅廷同志詳細地談到了八個陣地，說那是我們共產黨員的勢力範圍。但這並不符合實際情況。他所說的我們的每一個陣地，明天就可能不再是我們的了。何況，我們並不能肯定地說那些地方是我們的。……就拿黃埔軍校來說，那裡的指揮官幾乎全部都是無政府主義者，甚至負責訓練學員的首席教官也是無政府主義者。為什麼共產黨員不能當指揮官或教官呢？因為蔣介石和其他中派害怕。他們不把這樣的權力交給共產黨員，不把這樣的事情委託共產黨員來做。可以肯定，黃埔軍校也只是國民黨的一個工具，是他們用來為自己的事業騙我們錢，騙我們槍的。如果我們不提供資助的話，他們恐怕連瞧都不會瞧我們一眼。
>
> 鮑：黃埔軍校的指揮人員中有多少共產黨員？
>
> 譚：只有兩個排長，指揮官一個也沒有。
>
> 鮑：所有的共產黨員都在學習，他們不就是未來的指揮官嗎？
>
> 譚：再說工人糾察隊和農民自衛軍。他們到韶關是去領槍的，但什麼也沒有領到，孫博士什麼也沒有給他們。這也說明，

孫博士和國民黨人根本不願武裝將來可能成為國民黨左派的力量，因為這即是共產黨人的力量。……

再以農民協會為例。如果我們以國民黨中央的名義或者以普通國民黨的名義同農民談話，他們就不會建立農會。多數農民協會，估計占一半左右，是我們自己建立起來的，因為農民害怕「國民黨」這個名稱。再說工人部。廣州早就有工人運動，但不統一。國民黨改組以後，因為國民黨內有著各種不同的集團，各有各的打算，每一個集團都在影響工人，妨礙著工人運動的統一，我們也無法改變這種情況。以上情況都證明，（鮑羅廷同志）所說的每一個陣地都還談不上真是共產黨的勢力。我還可以告訴你們，按照我們自己的願望，我們當然不願意退出國民黨，即使是退出它的中央各部。我們希望在我們的目的達到之前，同國民黨肩並肩地進行工作。問題是，如果現實本身、事情本身迫使我們退出國民黨的話，那就必須退出。……孫博士同我們的韓麟符同志談話時公開講，中國共產黨人在共產國際面前破壞國民黨的威信，說什麼國民黨是一個不好的黨。博士說，列寧本來是想要他當共產黨的創始人的，因為陳獨秀在民眾中沒有多大的影響，而他過去和現在都有很大影響。可是，中國共產黨人破壞了國民黨的威信，結果陳獨秀成了共產黨的創始人。……在這樣的情況下，真的還能夠繼續同國民黨共事嗎？博士曾對國民黨人說，中國的共產黨完全不值一提，都是些在政治上沒有修養的年輕人，不值得重視，讓他們去鬧，不要管他們。國民黨人，包括博士本人，都看不起共產黨，根本不想同共產黨人一

道工作。這些事實表明，在不久的將來，我們很難同國民黨再繼續合作下去。我要說，我們最終只有兩條路：要麼消滅反革命的右派，根據國民黨的紀律把他們開除去，要麼建立一個新的國民革命黨。不這樣，反動勢力，即國民黨右派不僅不會被消滅，而且會日益壯大，會拖著國民革命向後倒退。即使國民革命能夠取得成功，也會出現土耳其那樣的局面，那裡的民族革命順利地實現了，但是共產黨也垮臺了，因為國民黨對共產黨人的壓迫並不比資本家好些，可以說是毫無區別。

　　由上面的對話中可以很容易地了解到當時國共關係當中存在的問題和中共自身之感受。與此同時也不難看出，鮑羅廷的俄國使命決定了他必須忽略這些問題，盡可能地把中共與國民黨捏在一起。儘管他坦率承認，他所了解內幕情況遠比譚平山說的嚴重得多，有些事情說出來「會使你們毛骨悚然」，他因此同國民黨中派領導人展開了「你死我活的鬥爭」，目前關係搞得很僵，但他仍然只能堅持「共產黨人的工作態度」，這就是，決不消極迴避任何鬥爭。他強調，對於國民黨中派的一切錯誤行為只能堅持鬥爭，即使被開除，也絕不能自己退出去❷。

　　在廣東舉行的這次會議沒有能夠就根本解決國共關係問題取得任何共識，鮑羅廷無法解除中共領導人因為在國民黨內工作而產生的種種苦悶與不安，譚平山、高尚德等也不能就退出國民黨問題作出任何決定，他們甚至不能判斷退出國民黨中央各部是否就能使事情變得好些。結果，中共廣東區委在這次會議上只是取得一項看得見的「勝利」，

---

❷　〈中共廣東區委聯席會議記錄〉，1924年10月1日、3日、6日，中心檔案，全宗號154，目錄號1，卷宗號311。

就是明確了他們沒有義務服從鮑羅廷的指令，雙方之間只有工作關係❸。而對當前形勢，中共完全沒有選擇的餘地。鮑羅廷說得好：「現政府儘管依靠的是軍閥，但它比以沙面、香港和倫敦為靠山的陳廉伯政府要好些。在許崇智支持的現政府下面，我們仍可以繼續進行我們既定的必要的大量合法的工作。陳廉伯上了臺，工會就將被消滅，我們的組織就將被消滅，我們自己也得轉入地下」。恰在這時，蘇聯援助的第一批武器彈藥運到黃埔，軍校學生得以全面裝備，國民黨終於有了可以用來保衛自己和進攻商團的武裝力量。於是，鮑羅廷立即興奮地勸說孫中山成立革命委員會，將已經落入右翼軍閥勢力手中的廣州政權奪回來，同時任命黃埔軍校校長蔣介石為聯合的軍事力量總司令，迅速發放武器武裝工人和農民，準備對商團發動進攻。於是，國民黨中央政治委員會一連幾天天天舉行會議，研究消滅商團的辦法。十月十四日，革命委員會終於宣告成立，孫中山就任主席，蔣介石被任命為軍事委員會主席，接著，對商團的武裝進攻於次日就全面開始了❹。

　　商團事件被一舉平定了。事件的平定緩和了鮑羅廷與國民黨領導人之間的關係。過去，在政治委員會上，鮑羅廷提出的每一項激進的

---

❸　會議決定：關於全國性的問題，鮑羅廷只能與中共中央代表商談，然後提交中共中央解決；關於地方性的問題，鮑羅廷只能以普通黨員的身分參加廣東區委的會議提出自己的意見。

❹　這次蘇聯運來了八千餘支配有刺刀的步槍和四百萬發子彈，可以裝備一個師，而黃埔軍校這時可以用來作戰的兵力只有三個連，因此孫中山同時裝備了吳鐵城領導的廣州市警察部隊和工人糾察隊。王柏齡：〈黃埔創始之回憶〉，《黃埔季刊》，第1卷第3期，1939年；C. Martin Wilbur, *Missionaries of Revolution—Soviet Advisers and Nationalist China, 1920~1927*, Harvard University Press 1989, pp. 497–498.

反帝反軍閥的主張，幾乎都受到反對。國民黨領導人很明白地告訴他，蘇聯許諾援助武器，至今未曾見到一槍一彈，既不援助武器，又慫恿國民黨去到處得罪列強和國內各派勢力，讓人無法接受。而如今，這樣的意見不見了，孫中山的腰桿兒也硬氣多了。國民黨不僅第一次有了自己的軍隊，第一次憑藉自己的力量消滅了曾經不可一世的商團武裝，而且由於蘇聯公開提供武器來裝備國民黨的學生軍，使廣州附近心懷鬼胎的各派軍閥一下子變得恭敬多了，孫中山確實感到揚眉吐氣。這也就難怪十月二十三日馮玉祥發動「北京兵變」成功，鮑羅廷依據加拉罕的指示力勸孫中山北上進京之後，孫中山不僅言聽計從，而且一路上竟一反常態地開始雄心勃勃地公開宣傳激進的反帝主張了。

　　中共中央看來不十分了解這件事的背景。他們對鮑羅廷的作法依然表現出強烈的抵觸心理。即使在商團事件平定前後，中共中央還是決定「採取進攻性的立場」。他們不僅公開批評國民黨右派，批評中派妥協和壓制工農運動，起勁兒地宣傳放棄軍事行動和廣州政權的必要性，聲稱：堅持軍事行動和廣州政權，只能不斷地造成「戰爭、苛稅、雜捐、開賭、拉夫……等等惡政」。「革命黨不拿政權則已，要拿便得拿一個全的，部分的政權不僅於革命黨無益，而且有害，前前後後的廣州革命政府便是鐵證」[65]。而且在上海圍繞著一系列問題與國民黨發生摩擦，甚至在公開場合與之衝突，出現了一名中共黨員被打死，數人被打傷嚴重事件之後，中共終於利用其在上海黨部中占據多數的條件，將與之對抗最激烈的葉楚傖等人開除了。與此同時，得到孫中山準備應段祺瑞、張作霖、馮玉祥之邀前往北京共商國是的消息後，中共中央也同樣出面反對，認為「北京發生的一切實質並無特別

---

[65]　蔡和森：〈商團擊敗後廣州政府的地位〉，《嚮導》，第88期，1924年10月24日。

意義，那不過是美國決定拋棄吳佩孚，代之以馮玉祥」，孫中山不應當到北京去與軍閥們搞在一起❻❻。而在得知已經當上俄國駐華大使的加拉罕，為了讓維經斯基相信有必要促使中共與鮑羅廷保持一致，竟私自介紹一名中共黨員前往海參崴報告中共情況時，中共中央更是怒不可遏。他們當即寫信給維經斯基，宣布：「這件事破壞了我黨的紀律」，要求轉告加拉罕，「請他今後不要再做這種有損於我黨的事情」❻❼。

　　中共中央的態度再一次得到了維經斯基的理解和支持。根據共產國際領導人關於在與國民黨的關係當中必須反對「階級合作」的傾向和「喪失獨立的階級面貌」的危險的指示❻❽，在一九二四年十二月初舉行的中共中央與共產國際代表的聯席會議上，維經斯基對中共未能「更加猛烈地」向國民黨右派進攻提出了批評。當中共領導人解釋說，鮑羅廷總是一味妥協，忽視黨的工作，妨礙中共積極進攻時，他卻認為，問題主要不在於鮑羅廷，而在於我們自己，不管鮑羅廷是否注意這些問題，關鍵是中共自己要能夠堅持自己獨立的階級面貌。對此，中共領導人反駁說：真正的問題實際上是因為：「鮑羅廷同志有兩個任務：一個是共產國際的任務，一個是蘇俄的任務。而他把主要的注意力都放在後一件工作上面了，自然忽視了共產黨員的和左派的工作」。維經斯基反問道：為什麼你們不能嚴格地並且是堅定地執行自己的階級路線，而要向鮑羅廷妥協呢？陳獨秀就此作了如下的答覆：

---

❻❻　轉見鮑羅廷：〈論國民黨〉，1924年12月。

❻❼　〈中共中央致共產國際遠東局書記維經斯基的信〉，1924年10月17日。

❻❽　〈曼努伊爾斯基在共產國際第五次代表大會上關於民族問題的講話〉，1924年6月30日，前引《共產國際有關中國革命的文獻資料》，第1輯，第85頁。

我們對鮑羅廷的態度也許太軟弱了，在這方面，我們可以承認我們自己做得不好。但是，我們給他送去了那麼多的決議，發去了那麼多的電報，他從來不答覆。這當然不是因為共產黨員沒有用，他在廣州非常清楚地知道，整個國民黨的工作都是由共產黨員在那裡推進著的。而他的理由是，在中國，在目前這個階段，即在國民運動時期，一切工作都必須經過國民黨。如果共產黨員想要進行工作，他們只需要在國民黨裡面做就行了。因此，他從來不談左派的工作問題。例如，他答應給張國燾一千元，竟也是通過孫博士來提供的。當然，也許鮑羅廷是對的，而我們是不對的。因為，看起來不僅鮑羅廷，就是共產國際也是這種觀點。這可以從一個事實中得到證明：我們只得到一千元來做中國的全部工作，而香港一家微不足道的報紙每月卻得到兩千元來寫文章罵我們。而且，據我們所知，光是蘇俄用於軍校和國民黨組織方面的費用，一年就達到二百萬元。

　　維經斯基自然無法否認這樣一種事實，但他堅持認為這並不是共產國際的過錯。他指出：共產國際對中共持何種態度有明確的文件，對此不應有所懷疑。至於對國共關係的看法，有時可能會受諸如鮑羅廷的意見的影響，有時則未必取決於他。重要的在於中國共產黨自己怎樣做，是否能夠堅持既定的路線進行工作，而不受鮑羅廷的干擾。他指出：「鮑羅廷無權不聽黨的意見」。像通過孫中山向共產黨發放工作經費這樣的事是絕對不能容許的，必須嚴肅地提出抗議。當然，國民革命是中國最重要的事情，「國民革命運動、一切軍事工作、外交工作等等，都不是由共產國際而是由蘇聯進行的，共產國際只與中共發生關係，這就是區別，這也就是鮑羅廷忽視左派工作的原因。但這並

不意味著我們應當容許他這樣做，我們應當隨時隨地堅定地進行自己
的工作」。「如果鮑羅廷做得不對，共產黨應當同他進行鬥爭」。他對
共產黨的影響遠遠小於國民黨的影響深感不安。他不無遺憾地談到：
世界上絕大多數人只知道國民黨在反抗帝國主義者，甚至在俄國，在
莫斯科的許多群眾大會上，聽眾也只知道國民黨是中國的革命的黨，
孫中山是中國唯一的愛國的革命者，在進行反對帝國主義者的鬥爭，
卻沒有人問，中國是否有共產黨，他們在幹什麼？為什麼我們自己不
能在反帝鬥爭中公開登上政治舞臺呢？他指出，如果認為我們的最低
綱領與國民黨的綱領沒有重要的差別，那是完全錯誤的。必須清楚地
認識到，當我們要做某件事的時候，我們是真心真意地從群眾的利益
出發的，而國民黨表示要做它的時候，「只是裝模作樣」。因此，我們
絕不應當等待國民黨出來做什麼，而應當公開地站出來進行自己的工
作，並迫使國民黨跟著我們做❸。

　　在緊接著於一九二五年一月召開的中共第四次代表大會上，中共
中央根據維經斯基的勸告，進一步明確地將黨的階級鬥爭路線寫進了
正式的文件中。它強調：(1)堅持徹底的反帝、反軍閥、反對侵犯工農
基本利益的立場。(2)對國民黨實行擴大左派，爭取中派，反對右派的
策略。(3) 建立獨立的工農組織，特別是把產業工人掌握在自己手中，
中共黨員及其領導下的產業工人，今後一般不再加入國民黨。大會同
時還明確提出了爭取無產階級在國民革命中的領導地位的設想❼。隨
著大會結束不久孫中山突然去逝，國民黨右派在北京成立「國民黨同
志俱樂部」，公然與廣州國民黨中央分庭抗禮，更有力地證明了在與國

---

❸　〈中共中央與共產國際代表聯席會議〉，1924年12月5日。中心檔案，全
　　宗號154，目錄號1，卷宗號313。

❼　前引《中共中央文件選集》，第1卷，第271–297頁。

民黨的統一戰線中開展階級鬥爭的極端重要性。面對這種情況，即使是一度建議召回在國民黨中央和政治委員會裡的共產黨員，以換取中派領導人同右派決裂的鮑羅廷，也發現他用不著做任何讓步就可以將國民黨右派驅除出國民黨了。

從堅決反對中共提議退出國民黨中央，到自己主動提議召回在國民黨中央的中共黨員，前後不過四個多月時間❼，這清楚地反映出鮑羅廷面對國民黨內洶湧而來的排共浪潮一時間也有些亂了方寸。但是，隨著三月國民黨中央與西山會議派❼的分裂已成事實；四月與北方馮玉祥商定國民軍接受蘇聯援助，與南方國民黨共同實行國民革命；五月蘇聯大批槍炮又一次成功運抵廣州，新成立之國民黨黨軍開始大舉收剿廣東各派軍閥武裝；緊接著上海「五卅」慘案及廣州「沙基慘案」發生，中國民眾反帝情緒又空前高漲，所有這一切都促使鮑羅廷處於高度亢奮之中。還在四五月間，中共中央就已經看準了孫中山逝世後國民黨群龍無首的情況，明確提出「擴大國民黨左派的宣傳和組織」，爭取「在該黨第二次全國代表大會中和右派中派競爭」❼。鮑羅廷這時也受到這種情緒的感染，認為中共當前的主要任務就是趕緊「把國民黨的所有地方組織統統抓到我們的手中」，並加速國民黨的分裂❼。

---

❼ 鮑羅廷在孫中山患病期間寫報告給共產國際，說明「不分裂是不行的」，問題是「既然共產黨員在國民黨中央委員會或政治委員會裡惹麻煩，我們準備召回這些黨員，中央機關裡沒有共產黨員，我們照樣可以生活得很好」。其態度與他在商團事件爆發前的說法完全是天壤之別。見〈鮑羅廷給共產國際執委會的報告〉，1925年2月14日。

❼ 此係因國民黨右翼黨員集中北京西山同組國民黨同志俱樂部而得名。

❼ 中央檔案館編：《中共中央文件選集》，第1卷，中共中央黨校出版社，1989年版，第328、332頁。

為此，他相信，促使孫中山逝世後明顯向蘇聯靠攏的汪精衛和蔣介石倒向左派，是關鍵的一環。八月，因廖仲愷被刺身亡，鮑羅廷自認為抓住了進一步向國民黨右翼勢力開刀的好機會。他因此毫不猶豫地推動汪精衛、蔣介石相繼解除了在廣東具有相當影響力的軍事領導人許崇智和政治領導人胡漢民的權力，將黨政軍大權統統集中到汪、蔣二人的手裡來了。這一結果，引起了包括維經斯基和中共中央的齊聲喝采。他們明確認為：「廣州這次政變後上臺執政的完全是國民黨左翼」，他們「實實在在在那裡代表中國民族的利益和英帝國主義奮鬥，代表中國人民的利益和反動的軍閥奮鬥」**⑦**。

　　共產國際一向把國民黨看成是由資產階級、小資產階級、無產階級和農民等四個階級聯合的黨，既然國民黨左派已經牢牢地掌握了政權，國民黨右派大都已經被驅逐出國民黨，那麼，從階級劃分的角度看，似乎可以說國民黨內的資產階級大部分已經不存在了。鑒於這種情況，對比俄國一九〇五年革命以後資產階級中途退出革命的情況**⑯**，中國資產階級似乎也已經喪失其革命作用了。尤其是在得到中共在國民黨內發揮著核心作用的消息之後，甚至一向對中共在國民黨

---

⑭ 鮑羅廷：《孫中山之死與國民黨》，1925年4月6日，《聯共（布）、共產國際與中國》，第543–544頁。

⑮ 〈維經斯基關於中共中央全會給共產國際的報告〉，1925年10月7日；陳獨秀：〈今年雙十節中之廣州政府〉，《嚮導》，第133期，1925年10月12日。

⑯ 俄國革命通常被分為一九〇五年革命、一九一七年二月革命和十月革命。在布爾什維克看來，資產階級和小資產階級最終都將退出革命。一九〇五年革命，標誌著資產階級不能成為徹底的民主革命的同盟者。而二月革命則標誌著小資產階級又退出了革命的統一戰線。

內的從屬地位表示理解的斯大林，這時也興奮地宣布，在中國，「共產黨人應當從民族統一戰線的政策轉而執行工人和小資產階級革命聯盟的政策」，國民黨就是這樣一種工人和小資產階級聯盟的政黨，或曰「工農政黨的形式」。既然斯大林已經斷言國民黨只是工人和小資產階級聯盟的政黨，那麼，在國民黨內排除資產階級更是理所當然的了。因此，陳獨秀明確宣布：「『殖民地半殖民地的資產階級不革命』這一公例」，已經「證實了」❼。

中國革命在一九二五年裡的空前高漲，使中共上上下下都深感振奮。維經斯基對此描述說：「黨充滿了革命精神」，「黨的自信心增強了，在黨的大多數骨幹中已經聽不到說什麼我們人數少、幹不出多少事情來，要等黨的隊伍擴大，我們不可能（在短期內）造就很多新黨員等等的說法了」。在這一年十月舉行的中共中央全會上，中共信心十足地提出了把自己變成一個群眾性的政黨的近期奮鬥目標。維經斯基顯然十分滿意，他認為：黨已經開始成熟了。在他一個多月前寫給俄共中央的信裡，他就曾對中國革命的喜人形勢作過說明。他特別提出

❼　關於斯大林對國共關係的了解十分閉塞的情況，可以從一九二五年四月二十二日維經斯基給加拉罕的信中了解到。維經斯基在信中講道，在他幾天前與斯大林談話時，他才發現，斯大林對中共在國民黨內的作用幾乎是一無所知，甚至一再對由於歷史條件造成的「共產黨員加入國民黨，不再有自己獨立的組織，備受國民黨欺凌」的情況，「深表遺憾」。只是維經斯基等人極力向他解釋之後，他才恍然明白事情並非如此，前引《聯共（布）、共產國際與中國》，第551頁，並見斯大林：〈論東方民族大學的政治任務〉，1925年5月18日，《斯大林全集》，第7卷，人民出版社，1954年版，第124頁；陳獨秀：〈中國民族運動中之資產階級〉，《嚮導》，第136期，1925年11月20日。

了把國民黨變成一個革命政黨，和借助鮑羅廷在廣州搞的「政變」，進
一步使共產黨人在國民黨和國民政府內取得支配地位的重要設想。他
顯然認為，事情已經走到了共產國際盼望已久的那一步，共產黨可以
通過國民黨來實現對中國國民革命的直接領導了。顯然，不僅是維經
斯基，鮑羅廷這時也正在與中共廣東地區的領導商量著如何乘國民黨
第二次代表大會召開之際，擴大共產黨人在國民黨內的實際發言權。
而引人注目的是，莫斯科的多數人對中國正在發生的一切，這時卻顯
得相當謹慎，甚至多少有些驚恐不安。

　　在接連得到維經斯基和鮑羅廷等人的報告之後，共產國際和蘇共
中央領導人分別寫信給維經斯基，表示對鮑羅廷在廣州的「政變」行
動和排除統一戰線中資產階級的計劃表示擔心。信中說：圍繞著中國
最近發生的種種問題，莫斯科已經開過多次會議，但始終沒有能夠達
成統一的看法。從鮑羅廷那裡來的幾乎每一條消息都是說明廣州的左
傾政策正在導致自我孤立和自我毀滅的新證據。儘管鮑羅廷的報告堅
持說那裡每天發生的事情都是不可避免的，但對於我們來說，無論如
何不能理解，我們的人和胡漢民、許崇智等領導人之間究竟發生了什
麼問題。要知道，你們關於中國資產階級已經不能成為統一戰線一部
分的說法，似乎只是在重複中國同志中以往那些左傾觀點。既然你們
也承認中國資產階級的工商階層還沒有完全離開民族革命，那麼有什
麼理由認為共產國際前此的政策應當修改？更何況，努力讓共產黨員
占據國民黨和國民政府中各種政權和軍事的重要職位的想法，也是完
全行不通的。就實現國民革命的目的而言，只有吸引更多的民主分子
加入到統一戰線中來才是最重要的。因此，必須要讓國民黨內的非共
產黨員來擔任領導職務，當然，首先應當設法讓國民黨內的左派分子
來占據這些位置。改變這一方針是危險的，任何試圖改變這一方針的

哪怕是極其微小的傾向，都可能割斷共產主義先鋒隊與廣大民主群眾之間的聯繫。特別是在右派勢力正在猖狂進攻的時候，即使是把我們的注意力過多地集中到工人階級的經濟鬥爭和階級鬥爭的任務上來，都會導致工人群眾和其他民主階層和民主力量之間的摩擦與對立，因而是危險的。據此，他們指示說：「中共中央應當緊急改變同國民黨相互關係的性質，領導國民黨的工作應當特別小心地進行，中共黨團不應以任何藉口進行指揮，中共不應設法用自己的黨員去取代所有政府的和軍事的領導職務，相反，它應當努力吸收大批非共產黨員的國民黨員參加領導工作。」**⑱**

於是，一個極其令人不解的現象發生了。剛剛在廣州遭廢黜的胡漢民在前往莫斯科之後像英雄般地受到了相當高的禮遇，他到處寫文章，發表講演，出席各種高層的和群眾性的集會，被授予種種榮譽性的職務，好像他真是廣州政府派到莫斯科來接受歡呼的特使一般。不難想見，莫斯科打算怎麼辦。很快，來自莫斯科的懷疑和批評改變了在中國的俄國人和中共中央正在積極推行的路線。事情漸漸朝著完全不同的方向發展下去了。

首先，在中共中央十月擴大會議上，維經斯基開始公開批評中共「過分強調了自己想奪取國民黨領導機構的意圖」，而黨本身卻沒有能夠利用客觀的革命形勢大大發展自己的組織基礎。根據維經斯基的提議，陳獨秀在新起草的關於共產黨和國民黨關係的提綱中，突出強調了「不謀求立即進入國民黨領導機關」、「不讓所有新入黨的黨員，特別是工人加入國民黨」的問題。而共產國際執委會幾乎同時的指示草

---

⑱　參見〈瓦西里耶夫致季諾維也夫的信〉，1925年9月21日，〈瓦西里夫致維經斯基的信〉，1925年10月2日，前引《聯共（布）、共產國際與中國》，第610、633–636頁。

案更明確地提出：

(1)對國民黨工作的領導應以最謹慎的方式進行；

(2)黨團不應發號施令；

(3)共產黨不應要求國家和軍隊職務必須由自己的成員擔任；

(4)相反，共產黨應力求廣泛吸收國民黨員（沒有加入共產黨的國民黨員），首先是左派分子參加國家民族解放鬥爭事業的領導工作。❼

　　緊接著，十一月下旬，國民黨中央執行委員和監察委員十四人在北京西山碧雲寺孫中山靈前召開所謂「國民黨一屆四中全會」，宣告開除共產黨加入國民黨之黨員黨籍，解除鮑羅廷顧問職務。仍在廣州國民黨圈子裡面的眾多國民黨要人也明裡暗裡地與其相互呼應，形勢立時顯得極其緊張。一切都被歸結到鮑羅廷過左行動的錯誤上來了。受莫斯科派遣，共產國際遠東局代表維經斯基等迅速北上，先是趕往上海，勸說陳獨秀等中共領導人了解事態的嚴重，接著在陳獨秀的陪同下，親自與在上海的國民黨要人孫科、邵元沖等進行會談，主動提出願意「把擔任國民黨中央委員的共產黨員人數限制到最底限度」，並主張廣州國民黨對西山會議派「不要實行打掉牙齒的政策」，即「應當對右派實行不過激的政策」。對於孫科等強烈反對鮑羅廷包辦國民黨中央事務，要求調走鮑羅廷，維經斯基也委婉地當場答覆道：鮑羅廷對廣州的情況已經相當熟悉，國民黨中央的工作一時還無法離開鮑羅廷的幫助，現在讓鮑羅廷走似乎不大容易，最好等一等，慢慢來。但調走鮑羅廷的問題他一定負責向莫斯科反映❽。

　　對鮑羅廷最具災難性的是維經斯基等人在廣州之行結束後給莫斯科的報告，和一九二六年一月蘇聯駐華南方軍事總顧問季山嘉(N. V.

❼　前引《聯共（布）、共產國際與中國》，第626–627頁。

❽　〈維經斯基關於北京國民黨委員會會議情況的報告〉，1925年12月14日。

Kuibyshev)給莫斯科的報告，這兩個報告都明確地提出了撤換鮑羅廷的問題。遠東局代表團的報告認為鮑羅廷在廣州的作法使統一戰線受到了嚴重的削弱，並且引起了他自己同相當多數國民黨人之間的緊張關係，已無法繼續有效地發揮作用。季山嘉的報告則嚴厲地批評鮑羅廷獨斷獨行的工作方式和毫無原則的處事方法，指出像解除許崇智軍隊武裝這樣重大的軍事政治決策，他也只是與蔣介石個人密商，負責行動的軍事顧問僅僅在行動前幾小時才得到通知[81]。報告認為，鮑羅廷的問題在於他既沒有參加過俄國的革命戰爭，也沒有參加過俄國的社會主義建設，入黨時間也不很長，受黨的訓練太少，在莫斯科沒有任何政治地位與影響，不具備擔負如此重要的領導工作的能力，更無法使廣州的俄國顧問們感到信服，因此報告要求莫斯科派一個地位較高的領導人前來代替鮑羅廷的工作。在得知這一系列直接針對自己而來的批評之後，鮑羅廷不得不向北京的加拉罕提出辭職。鮑羅廷早就同廣州的軍事顧問們發生過種種矛盾，特別是與前任軍事總顧問加倫（Galen, 亦即布留赫爾, Vasilii Konstantinov Bliukher）曾鬧得不可開交，但過去加拉罕一直袒護鮑羅廷，以致加倫被迫去職[82]。但這一次加拉罕也無可奈何了，他很快致電鮑羅廷，要他以回國述職的方式經北京返回莫斯科。於是，曾經一度雄心勃勃地準備在國民黨二大上大幹一番的鮑羅廷，參加過這次代表大會之後，於二月四日向國民黨中央政治委員會正式請假，心情憂鬱地離開了廣州。

不過，即便鮑羅廷在國民黨第二次代表大會過程中嚴格地遵守了

[81] C. Martin Wilbur and Juie Lien-ying How, *Missionaries of Revolution-Soviet Advisers and Nationalist China, 1920 ～ 1927*, Harvard University Press, 1989, pp. 523–525.

[82] 前引C. M. Wilber書，第523–524、564–573、574–583頁。

莫斯科提出的退讓原則，大會後共產黨人在國民黨中央的權力仍舊大大加強了。在中央執行委員會和中央監察委員會裡，中共黨員遵守了只占三分之一的許諾，但在國民黨中央黨部的八個部一個處裡，中共黨員卻占據了百分之七十七的領導職務。再加上在國民革命軍當中的中共黨員已達百人之多，第一、二、三、四、六各軍的政治部主任，蔣介石第一軍中三個師的黨代表，和九個團中七個團中的黨代表都是共產黨人，蘇聯顧問又是國民黨幾乎所有軍事部門的實際上的領導人，中共在廣東還掌握了兩千人工人武裝糾察隊和六千人的農民自衛軍，領導著大約十萬有組織的工人和六十萬參加了農會的農民，中共的力量仍舊對那些強烈地關心著國民黨未來命運的人構成嚴重的威脅❽。

---

❽　轉見楊天石：〈「中山艦」事件之謎〉，《歷史研究》，1988年第2期。

第二章　判斷錯誤進退維谷

　　俄國人之善於妥協，早年有一九一八年的〈布列斯特和約〉❶，以後有著名的一九三九年〈蘇德互不侵犯條約〉和一九四一年的〈蘇日中立條約〉，均可為證。革命之需要妥協，也有列寧的語錄為根據。這就是俄國外交家們早已爛記於心的那段有名的列寧的話，即所謂「要極精細、極留心、極謹慎、極巧妙地一方面利用敵人之間的一切裂痕，哪怕是最小的『裂痕』，並且利用各國資產階級之間以及本國資產階級各集團或各派別之間的一切利害衝突，另一方面要利用一切機會，哪怕是極小的機會，來獲得大量的同盟者，儘管這些同盟者是暫時的、動搖的、不穩定的、靠不住的、有條件的」❷。

　　從一九二三年到一九二六年初，蘇聯推進中國革命取得了意想不

---

❶　一九一七年俄國十月革命勝利時，正處於第一次世界大戰過程中，因為無力抵抗德國的進攻，蘇俄政府與德國於一九一八年三月三日曾被迫在布列斯特簽訂了一個屈辱的和平條約。該條約承認德國占有拉脫維亞、愛沙尼亞和波蘭，承認烏克蘭為德國的附屬國。俄國還必須向德國繳付巨額戰爭賠款並復員自己的軍隊。這個條約的簽訂使俄國新政權贏得了集聚力量的時間，隨著德國戰敗和蘇俄得以鞏固，條約即遭廢除。故此條約一向被俄國共產黨視為值得炫耀的外交策略的成功範例。參見葛羅米柯等主編，韓正文等譯：《蘇聯對外政策史》，上卷，中國人民大學出版社，1988年版，第47–72頁。

❷　《列寧全集》，第31卷，第52頁。

到的巨大成功，不意喜慶之餘，忽然晴天一聲霹靂，傳來三月二十日
蔣介石在廣州發動「中山艦」事變的惡耗。沒有誰會想到這位本來最
讓俄國顧問們放心的革命領袖，會突然間造起反來了。而整個事情的
起因，多半又是某些俄國人的過於傲慢與過事攬權所引起。面對如此
局面，進耶退耶？莫斯科很自然又想起了妥協。只是，這種妥協的代
價，遠非撤走幾個惹事顧問那麼簡單，連帶著受到損失的，是中共好
不容易在國民黨內成功地取得的重要地位和權力。

第一節　無妄之災

　　自一九二五年秋至一九二六年初，在蘇聯顧問的幫助下，蔣介石
率領以黃埔軍校學員為骨幹的國民革命軍第一軍肅清了廣東境內各敵
對軍閥武裝，成功地統一了整個廣東省。加上毗鄰的廣西省在李宗仁、
白崇禧控制之下，並表示願意聽從國民政府指揮，廣州國民政府這時
有了相當鞏固的革命根據地。其一向窘困的經濟形勢也已好轉，軍力
上因蘇聯幾度運來大批上好裝備，連同作戰勝利之繳獲，也已變得相
當強大。蔣介石因此在一九二六年一月舉行的國民黨第二次代表大會
上，雄心勃勃地報告說：「現在的國民革命軍，完全在政府管轄之下，
一個命令出來，可以動員的人數，有八萬五千人，槍械也有六萬桿。
兵士的餉額，有一定的預算，兵士的生活也較前改善，又有各學校陸
軍學生六千人，足抵一師之數，再用些精神，積極整頓，本黨的力量
就不難統一中國」。「我現在敢說一句，我們的政府已經確實有了力量，
來向外發展了」❸。在蔣介石看來，國民黨只要發動北伐，「即可將軍

---

❸　中國第二歷史檔案館編：《蔣介石年譜初稿》，檔案出版社，1992年版，
　　第510頁。

閣一概打倒，收復北京」，「在本年內，就可以統一」中國了❹。

　　蔣介石早年曾考入保定全國陸軍速成學堂，後轉讀日本振武學堂留學，在日本加入了孫中山的同盟會，參加過辛亥革命及孫中山隨後發動的「二次革命」，和以後的護法運動，並曾歷任滬軍團長、廣州軍政府粵軍司令部作戰科主任、粵軍第二軍司令、粵軍參謀長、國民黨軍事委員會委員兼大本營參謀長，還曾代表孫中山於一九二三年秋赴莫斯科考察和商談西北軍事計劃。但這一階段，蔣始終只是光桿兒一個，靠其軍事經驗和軍校資歷吃飯，再加上他個性過強，根本無法同孫中山必須借助的大小軍閥建立信任關係，反而因受不了那些實力派的白眼，動輒掛職他去。也因此之故，他在國民黨內始終沒有樹立起自己的鞏固地位和影響。

　　蔣之漸漸崛起，純粹受益於孫中山的聯俄政策。由於俄國的援助，國民黨得以建立起自己的黃埔軍校並以此為基礎組織起自己的黨軍。作為高級軍官，且嘗夠了無兵即無權的滋味，蔣一直渴望有自己的軍隊以為依靠，如今終於如願以償。同時，也是由於蘇聯顧問的幫助，蔣領導的國民革命軍第一軍不僅成為廣東地區兵力最多和最有戰鬥力的部隊，而且蔣本人也因此被屢屢賦予重任，最終得以執掌國民政府最高軍事權力。由此不難判斷，蔣介石這時在政治上必然站在左派立場，贊同聯俄聯共，對國民黨右派主張則持反對態度。

　　正是由於蔣介石在政治上表現較為左傾，無論是中共中央還是鮑羅廷等俄國顧問，對蔣介石這時都十分信任。這時前往莫斯科參加共產國際第六次執委擴大會議的中共中央代表蔡和森在給共產國際報告中明確講：「蔣介石是青年國民黨員，他的黨齡很短，在政治舞臺上很少出現，但其主要政治傾向是正確的，是令人滿意的」。鮑羅廷被迫

❹　同前引，第503頁。

辭職來到北京後，這時也向前來視察工作的蘇聯軍政代表團團長布勃諾夫(A. C. Bobonov)❺報告說：在汪精衛和蔣介石領導下的廣州政權目前相當統一和牢固，在國民革命軍的六個軍長裡面至少四個軍長「是可靠的」。鮑羅廷特別解釋了廣州政變的具體經過，詳細介紹了蔣介石值得信任的理由，尤其介紹了蔣的那些充滿革命熱情的激進的講演。在他看來，蔣介石固然有些令人擔心的傾向，但與其他將領相比，他仍應被視為左派❻。

既然中共中央和鮑羅廷等都對蔣介石抱以好感，並且對廣東的局勢充滿信心，他們自然對進一步發動北伐，推翻北方軍閥的統治，統一全中國也反應積極。還在一九二五年底，中共就曾多次提議進行北伐。在一九二六年二月下旬在北京召開的中共中央特別會議上，他們更明確作出決定稱：「最近將來黨在全國政治上第一的責任，是從各方面準備廣東政府的北伐」。因為無論從挽救目前時局的角度考慮，還是從擴大農民運動的角度考慮，廣東國民政府的北伐都是「第一等重要的問題」。並且，「廣東政府是中國國民革命唯一的根據地，只有他的勢力之發展，可以推動全國民眾及接近民眾的武力更加爆發革命的火焰，而且廣東政府也只有向北發展的北伐，煽動全國反帝國主義的暴動，才能增強自己的聲威，才能維持自己的存在」。當陳獨秀得知廣東一些領導人因擔心蔣介石擴張權力過快，對自身不利，因而對迅速北伐抱遲疑態度時，他並且親自寫信給汪精衛和蔣介石，詳述應當北伐

❺　布勃諾夫這時的身分是蘇共中央書記和蘇聯紅軍政治部主任。

❻　參見蔡和森：〈關於中國共產黨的組織和黨內生活向共產國際的報告〉，1926年2月10日，《中央檔案館叢刊》，1987年第3期；切列潘諾夫著，中國社會科學院近代史研究所翻譯室譯：《中國國民革命軍的北伐——一個駐華軍事顧問的札記》，中國社會科學出版社，1981年版，第316–317頁。

之種種理由，以表明中共中央的明確態度❼。

　　這時在中國工作的幾位最有地位的俄國人也是北伐的支持者。這時已經回國的前俄國顧問團團長加倫更是北伐計劃最早的提出者和最堅決的支持者。還在一九二五年夏天，加倫就已經幾次在軍事委員會裡提出過北伐的具體設想了。他明確主張：既然廣東國民黨的政治和軍事形勢已安然無虞，「現在應當及時提出國民黨向北方擴大勢力範圍，登上華中政治舞臺的問題，也就是說，應當及時把政治工作中心從廣東移到以漢口為中心的長江流域」。正是加倫提出：「這次北伐可能在一九二六年的下半年開始」。在離開廣州回國路經庫倫時，他更進一步寫出了一個關於一九二六年國民黨軍事工作的「大計劃」，其中更詳盡地說明了北伐的可行性和重要性。同樣，在這個問題上，鮑羅廷也持相當積極的態度。在離開廣州之前，他專門同蔣介石討論過北伐問題。在北京，他所強調的北伐的重要性，同中共中央的意見基本相似。他指出：「留在廣東而不準備北伐，實際上是不走國民革命運動的大道，這就意味著遲早會成為廣東新經濟政策的犧牲品，從而使我們的全部革命力量遭到瓦解」。而北伐不僅可以推翻北京軍閥政府，而且可以把廣東的革命推向全國，如果擬定一個革命的政治綱領和經濟綱領，還可以促進土地革命的發展，從而調動廣大農民的革命積極性❽。受到加倫和鮑羅廷的觀點影響，布勃諾夫一來到中國，也很快對北伐的設想抱以相當高的熱情。

　　但是，頗為奇怪的是，進入到一九二六年一月以後，在廣州的多

❼　〈中央特別會議文件〉，1926年2月21～24日；〈中央通告第七十九號〉，1926年3月14日，《中共中央文件選集》，第2卷，第57–59、81頁；陳獨秀：〈給蔣介石的一封信〉，1926年6月4日，《嚮導》，第157期。

❽　前引《中國國民革命軍的北伐》，第319–320頁。

數俄國軍事顧問卻相當明確地開始反對起北伐來了。以季山嘉為代理團長的軍事顧問團這時寫給莫斯科的報告聲稱：國民革命軍十萬人只有六萬五千支步槍，三百七十挺機槍和七十門大炮，不僅少兩萬支步槍，而且現有武器中至少還有百分之三十六的步槍需要更換，百分之七十的機槍需要修理，一半步槍需要配備刺刀，另外子彈貯備每槍僅數百發，大炮每炮也只有大約五十發炮彈。在這種情況下，要想迅速開始北伐是困難的。特別是國民黨中央目前缺乏團結和穩定，它的成員態度搖擺不定，軍隊缺乏完善的政治組織，將軍們個人擁有太大的權力，一旦氣候適宜，難免不發生異動。因此，鮑羅廷走後，蔣介石雖幾度試著與季山嘉等討論準備北伐的問題，這些俄國顧問卻「多主北伐從緩」，甚至「極陳北伐之不利」❾。

其實，在這個時候突然轉而反對北伐的，並不是廣州的這些軍事顧問，而是莫斯科的那些決策者。早在一九二五年初，俄國人就極力設法與北方各派軍事領袖取得聯繫，希望能夠利用他們牽制和打擊蘇聯一向視為眼中釘的奉系軍閥張作霖。本來，加拉罕通過中共北方領導人李大釗等與駐在河南的國民軍第二軍軍長胡景翼已達成協議，並派來軍事顧問團準備到第二軍開始工作。不料四月十日胡景翼突然患病去世，致使計劃告吹❿。值得慶幸的是，鮑羅廷在當月成功勸說馮玉祥同意接受蘇聯的軍事顧問及其軍火援助，而馮的國民軍第一軍這時正占據著北京及其周圍地區，是北方勢力較大的一支武裝。把控制

---

❾　前引Wilber書，第618–621頁；《蔣介石年譜初稿》，第539、545頁。

❿　據阿基莫娃回憶，在胡景翼去世前，已經有一個叫克利莫夫的俄國軍官在胡身旁作顧問工作了。見維什尼亞科娃—阿基莫娃著，王馳譯：《中國大革命見聞(1925～1927)》，中國社會科學出版社，1985年版，第56–57頁。

著中國首都的馮玉祥納入到自己的政治軌道之上，這使得莫斯科頗感興奮。加拉罕四月二十八日在北京蘇聯大使館向準備派往馮玉祥部隊的軍事顧問說明對馮策略時明確肯定：「馮軍為中國北方國民解放運動之柱石，應造成馮軍之戰鬥力使之強固持久」。努力造成馮軍之戰鬥力，在很大程度上是要推動馮軍反奉，關於此點，前往國民軍之蘇聯顧問也有清楚的認識，即所謂：「蓋奉張之勝利即守舊派之勝利，亦即帝國主義（亦以日本為最）之勝利，深足為蘇聯之危害。即不將奉張破壞，亦宜削弱之。此時奉張之重要敵人即係馮玉祥」⓫。因此，莫斯科迅速撥出步槍一萬八千支，機槍九十挺，大炮二十四門及相當數量的彈藥和飛機十架等，經外蒙古之庫倫提供給駐張家口的馮軍。與此同時，蘇共中央政治局中國委員會並曾多次討論了進一步向馮玉祥的國民軍提供兩千多萬盧布大規模援助計劃的可能性。其雄心之大，由此可見一斑⓬。

援助馮玉祥以打擊張作霖的計劃在一九二五年秋天前後成為莫斯科關注的焦點。特別是在十月十日浙江軍閥孫傳芳聯合皖、贛、蘇、閩數省組成五省聯軍起兵反奉，緊接著直系軍閥吳佩孚出山通電受十四省擁戴，就討賊聯軍總司令職，南方各省討奉軍蜂起，眼看奉軍前景不佳，莫斯科方面自然興奮異常。蘇共中央政治局於十月二十九日

⓫　〈任德江為對於馮玉祥聯絡情形及種種之觀察致蘇聯革命軍事會議會長福倫資函並抄送沃羅寧〉，1925年5月22日，前引《蘇聯陰謀文證彙編》，沈雲龍書，第43輯，第537–539頁。

⓬　蘇共中央政治局一九二五年十月正式批准給予馮玉祥的首批軍火價值為最初提出的計劃的四分之一。見格里高里也夫等編，馬貴凡譯：〈關於俄共（布）中央政治局中國委員會的新材料〉，《黨史研究資料》，1995年第3期。

正式討論並採納了蘇聯軍事委員會主席兼政治局中國委員會主席伏龍芝的建議，認定：中國「現階段國內戰爭的任務，應該是從軍事上和政治上徹底打垮張作霖。吳佩孚的行動會造成有利的局面，必須加以利用。國民軍應當採取行動，……國民軍的軍事行動要安排在能夠保證給予張作霖決定性打擊和建立馮玉祥以及其他國民黨軍隊對最重要的地理位置的實際控制的時候」。「有必要同吳佩孚聯合，聯合的結果應當是成立新的中國政府」。當然，蘇共中央政治局沒有忘記告誡它在中國的代表：「這種聯合不可能有什麼牢固性可言，所以在進行現階段的戰爭和成立新的政府的時候，必須從建立真正統一的中國必然要繼續進行戰爭的思想出發。不過這時已經是同吳佩孚及其追隨者的戰爭，戰勝張作霖之後的『獵物瓜分』和政治工作方針，不應忽視這一點」❸。

　　蘇聯不顧一切地急於採取超出正常外交方式之外的辦法搞垮張作霖是有原因的。除了張作霖長期以來背靠日本與蘇聯為敵以外，一九二五年春天張不顧蘇聯多次抗議，伙同日本開始動工修建可以連接南滿日本鐵路的北滿洮南至昂昂溪段的鐵路線。日本人堅持修建這條鐵路一方面是企圖削弱在蘇聯控制下的中東鐵路的重要經濟作用，同時也是日本將其勢力深入北滿，想要進一步逼近蘇聯遠東的一種重要嘗試。為了反制日本，加拉罕受命千方百計打擊張作霖。中國南方各省集力反奉，正好給了蘇聯打擊張作霖一個重要機會。於是，蘇聯外交人員四出活動，其代表不僅秘密與孫傳芳等南方軍閥進行接洽，為其提供軍火，加拉罕更通過各種關係暗中聯絡奉系郭松齡的老婆積極策反這位在奉軍頗有實力的年輕將軍。在這種情況下，莫斯科當然要鼓

---

❸　〈俄共（布）中央政治局會議記錄節錄〉（1927年10月29日）附錄〈伏龍芝的信摘錄〉，格盧寧編，馬貴凡譯：《黨史研究資料》，1995年第9期。

動馮玉祥起來奪取北京和直隸省，向張作霖開戰了。只不過，當馮玉祥真的起兵反奉，郭松齡真的起來造張作霖的反之後，面對北京城裡中共和國民黨所掀起的陣陣群眾示威狂瀾，和中共關於「全國革命的民眾，革命的國民黨，革命的軍人，其速起響應北京的暴動，推倒安福賣國政府，建立全國統一的國民政府，政權歸諸人民」的號召❶，斯大林明確告誡說：爭取同吳佩孚之流的建立聯合戰線是戰勝張作霖極其重要的保證，因此，「我們認為，現在建立純國民黨政府是不可能的。我們的看法是，我們的北京朋友採取了太左的方針。在我們看來，北京政府應當是有馮玉祥、國民黨人和其他較溫和的人參加的聯合政府」❶。

　　主張聯合一切力量，按照輕重緩急，各個擊破自己的對手，這是莫斯科決策者們最主要的想法。為了集中全力打垮張作霖，他們這時要求包括共產黨和國民黨在內的各方面都必須為此作出重要妥協。由於把打垮張作霖的任務看得比什麼都重要，因此，斯大林明確提出：第一，要實行在日本和英美之間加楔子的方針，不使列強在挽救張作霖的問題上聯合一致。第二，要設法離間日本與張作霖的關係，不僅要避免日本把矛頭指向蘇聯，而且要製造這樣的消息，聲稱張作霖之所以垮臺，也是因為他一直在激化蘇日關係。第三，「擬議中的廣州人北伐，在目前是不能允許的。建議廣州人把力量集中在內部鞏固上」。這顯然是因為，在南方各省反奉戰爭如火如荼的大好形勢下，一旦廣

<hr>

❶　〈中國共產黨中國共產主義青年團告全國民眾〉，1925年12月1日；〈中央通告第六十六號〉，1925年12月2日，《中共中央文件選集》，第1卷，第528–531頁。

❶　〈俄共（布）中央政治局會議記錄節錄〉，1925年12月3日，同前引《黨史研究資料》，1995年第9期。

州國民黨進行北伐，勢必要使南方軍閥腹背受敵，以致使反奉戰爭半途而廢，甚至導致這些軍閥重新與張作霖結合起來反對國民黨。因此，共產國際東方部部長明確寫信給維經斯基說：「我們強烈譴責北伐」。因為，我們必須讓反奉的南方軍閥了解：「如果這些軍閥待在自己的領地不動，他們可以預計南方（指廣州國民黨）和西方（指馮玉祥的國民軍）都不會有人觸及他們」**⓰**。由此可知，反對北伐的動議，完全是莫斯科的意見。

當然，廣州的軍事顧問在北伐問題上與鮑羅廷唱反調，也還有另外一層原因。這是因為，鮑羅廷在廣州的使命是加拉罕給的，他的工作主要只是對加拉罕負責，因此，他一向大權獨攬，獨斷獨行，很少與軍事顧問們具體商量和交換意見。而在廣州的俄國軍事顧問，一方面不滿意鮑羅廷壟斷與北京和莫斯科通訊的渠道，有事不與顧問團商量，另一方面也從心裡看不上鮑羅廷的資歷，雙方不僅搞不好關係，就是對許多事情的看法也大相徑庭。受此心態影響，性情本來就十分自負的季山嘉當然也看不上蔣介石。

俄國長期以來都屬於歐洲強國之列，儘管其經濟發達程度與歐洲較發達的國家相比未必怎麼樣，但對於週邊的弱國，俄國實際上可以算得上是一個奉行弱肉強食政策的殖民國家。因此，面對一般的中國人，俄國人通常表現得傲慢自大。那些充滿歷史優越感和征服欲，同時沒有外交經歷的俄國軍人，自然更是容易表現得不可一世。季山嘉就是這種俄國軍人的典型代表。他根本不把中國的將軍們放在眼裡。他一來中國，就聲稱中國的將軍根本不懂打仗，如何如何不行，說廣州的一切軍事工作離不開俄國顧問，因而極力把各種軍事權力統統集

⓰　〈拉斯科尼科夫給維經斯基的信（節錄）〉，1925年12月4日，前引《黨史研究資料》，1995年第9期。

中到俄國顧問的手裡來。就是對蔣介石，季山嘉在言談話語之間，也是動輒批評譏諷，不稍留情面。因此，在得到莫斯科反對北伐的指示後，他更加自信，相信鮑羅廷已喪失影嚮力，因而堅持反對蔣的北伐主張，對國民黨的政治軍事大加批評，甚至直接間接地以軍閥或土耳其凱末爾(Kemal)比擬蔣介石，「語多規諷」。

　　蔣介石何許人？俄國顧問們也並非毫無了解。在他們這時提交給莫斯科的各種報告中，除了認為「此人極端變化無常，十分孤僻」，「城府很深」，「不露心跡」，「天性多疑」以外，幾乎眾口一辭地肯定蔣「虛榮心很強（強到病態的程度)」，「虛榮心強得嚇人」，或「虛榮心特別重」。也就是說，他們都清楚地知道蔣介石有著極強的個性和自尊心，必不容他人稍加輕視與侮慢。但太過自負的季山嘉等，絲毫也不擔心蔣有反叛的可能。相反，他們在看待蔣介石對革命的忠誠問題上，與鮑羅廷這時並無太多差別。所有的報告都指出：蔣介石「在政治上是個左派，並正在往左發展」。季山嘉甚至親筆寫道：蔣介石是孫中山博士最忠誠的追隨者之一，也是廣州最革命的一分子，根據他的講話，或者可以把他看成是共產黨人。因此，他與我們的關係十分密切，從他一方面與我們破裂幾乎沒有可能❶。不過，應當承認，在一九二六年初鮑羅廷離開廣州之前，即使是在國民黨「二大」召開之後，蔣因其地位和權力仍處在上升過程中，雖在個別問題上，如對中共控制之青年軍人學會有所顧忌以外，一般尚未產生明顯的排俄排共的思想。其嚴重不滿和猜疑的誘發，確與季山嘉的言行密切關連。

　　季山嘉等發現蔣介石心存不滿，是在二月七日之後。六日，軍事委員會已議決黃埔軍校經費三十萬元，第一軍王懋功師之經費十二萬元，不意七日突然又通知蔣說軍校經費改為二十七萬元，三萬元改撥

❶　前引Wilber書，第608–609頁;《中國國民革命軍的北伐》，第367–372頁。

王師。王雖一直在蔣指揮之下，但頗有抱負，與俄國顧問來往密切，蔣對其相當警覺。此事之發生，在相當長時間受到鮑羅廷重視，並賦以大權的蔣介石看來，自然有被疑懼拋棄之感。他因此「心輒不樂」，憤憤不平地抱怨季山嘉等「傾信不專」，認為鮑羅廷走後，俄人「疑懼我之心，亦昭然若揭」，其內心迅速產生惡感。因為，在鮑羅廷走後，能夠改變軍委決議者，除季山嘉外決不可能有別人。為此，蔣專門前往季山嘉處談話，以詢究竟。不意在這次談話中，季山嘉更大談徹底改造中國軍事組織使之革命化的重要，認為現在的軍事權力結構不加以改造，仍舊無法改變中國政治現狀，即使北伐能夠勝利，最終也只是造成新的軍閥統治，以中國之大，軍隊之多，絲毫也不會有助於中國的統一。他特別以土耳其的凱末爾為例，指出凱末爾當年也是軍官出身，也曾得到蘇聯大量軍事援助，並且與共產黨合作反抗國際帝國主義的壓迫，然而在一九二三年夏天革命勝利，土耳其獲得獨立之後不久，就開始倒行逆施，並反對共產黨了。不論季山嘉本意如何，原本就心存疑懼的蔣介石立即開始懷疑俄國顧問有借助王懋功奪其兵，削其權之企圖，因而心情更加緊張。談話次日，蔣介石就向軍事委員會表示不就國民革命軍總監之職❶⑧，以顯示其並無獨裁野心。而後又負氣呈請辭去軍委委員和廣州衛戍司令等軍職，想進一步避開嫌疑。不料，季山嘉對蔣之舉動似乎並不十分重視，他甚至沒有意識到這個問題的嚴重性，連去向蔣介石當面解釋清楚，以釋其嫌的姿態都沒有做。他只是通過汪精衛轉告蔣介石，要蔣不要過分多心，說什麼：「我等俄國同志，若非十二分信服蔣校長，則我等斷不致遠萬里而來，即來之後，除了幫助蔣校長，再無別種希望」，「我等既意存幫助，則

---

⑱　國民政府軍事委員會二月一日鑒於蔣請辭國民革命軍第一軍軍長職，特宣布此一任命。

當知無不言，言無不盡，此正由十二分信服，故如此直言不隱。若蔣校長以為照此即是傾信不專，則無異禁我等不可直言矣」[19]。但此話中顯然沒有道歉之意，而且，若季山嘉真有誠意，何以要借汪精衛之口來轉述其意？鑒於此，蔣更加驚恐不安。

這時，由於諸多軍事權力掌握在俄國顧問手中，再加上汪精衛也站在俄國人一邊，軍隊內部又有許多對其不滿的共產黨人，蔣尚無造反之心，故對何去何從還頗多猶豫。其負氣辭去軍職，反映出他這時仍有一種無可奈何之感。然而，蔣並非不想有所作為。在意識到繼續受制於俄國顧問，將遺禍無窮之後，他開始嘗試著提出改組參謀團的建議了。十六日，他以在國民政府內由俄國人擔任管理指揮之職，容易引起外人指摘為由，主張撤換所有擔任政務的蘇聯顧問。此議之提出，在蔣純屬被迫與冒險，因而他極寄希望於汪精衛。不想，汪精衛對此頗不贊成，這使蔣對汪亦失去信任。在進一步注意到季山嘉有意疏遠自己之後，其內心更加疑懼反感，幾不能眠。終於，當國民政府於二十四日正式成立兩廣統一委員會，根據季山嘉建議在國民革命軍原有的六個軍之後空下一個第七軍的番號，將廣西軍隊改編為第八、九軍之後，蔣不得不破釜沈舟，冒險一搏了。因為，在蔣看來，季山嘉留下一個第七軍，明顯地是要將自己第一軍中的王懋功師拉走，獨立成軍。一旦王師被拉走，他的第一軍將受到極大削弱，自己辛辛苦苦建立起來的權力基礎必定很快瓦解。因此，他一不作二不休，於二十六日下令「奪王懋功師長職，並扣留之」。次日一早，蔣即前往汪精衛寓所報告此事，「及對季山嘉處置意見」。他斷言：季山嘉專橫矛盾，「如不免去，非惟為害黨國，且必牽動中俄邦交」[20]。

[19]　汪精衛：〈致蔣介石書〉，1926年2月8日，轉見前引楊天石文。

[20]　前引《蔣介石年譜初稿》，第536–540頁。

　　及時削去王懋功兵權，純為自己權力範圍內之事，不僅季山嘉，就連汪精衛也毫無問罪之舉。而乘勢逼迫季山嘉辭職，汪精衛也僅喏喏而已，提不出多少反對意見，這在蔣看來實在是一件大大的幸事。故其這時在日記中不無興奮地寫道：「凡事皆有要著，要著一破，則一切糾紛不解自決。一月以來，心坎憧擾時自提防，至此略定」。他由此開始意識到，對付季山嘉等，非用強制手段不可，「否則為害於黨國不可名狀也」。他並且由此感受到獨立自主之重要。他為此力勸汪精衛：「一切實權非可落外人之手，雖與第三國際取一致行動，要當不失自主地位」。但是，蔣介石雖已羽翼豐滿，這時卻並無反俄之心。他所以採取「強制手段」，這時主要還是對人而非對事，因此他曾寫長信給鮑羅廷，仍願意鮑羅廷能夠盡速回到廣東共同實現北伐之舉。他很清楚，國民黨要成就北伐大業還離不開蘇聯的援助，俄國顧問在軍隊中仍將起重要作用，而鮑羅廷助其成勢，尚屬可談之人。不料，蔣採取強制手段之後，很快即「有人以油印品分送，作反蔣宣傳」，而隨著蘇聯之布勃諾夫代表團此時來到廣州，汪精衛又趨之若鶩，並顯示有促蔣離穗之心，蔣再度懷疑季山嘉與汪精衛暗中串通中共對他不利，因而又有「四面皆敵，附腋受制，陷於重圍核心」之感，杯弓蛇影，終日惶惶不安。三月十九日晨，蔣往見汪精衛，再談北伐之事未得結果，汪曾問及蔣是否將回黃埔。蔣回到廣州東山寓所後，汪又來電話詢問其行止。此時恰巧得知擔任海軍局局長的中共黨員李之龍昨晚曾令中山艦前往黃埔，現又欲將該艦調回廣州，從而引起蔣介石的嚴重猜疑，懷疑中山艦之調動是衝著自己來的。由於懷疑此舉是季山嘉背後指使「共產黨陷害」，蔣當天下午氣急敗壞地「決赴汕（頭）避禍」。但行至半途，據蔣日記稱：「自忖為何必欲微行，予人以口實，氣骨安在？故決回東山，犧牲個人一切救黨國也，否則國魂銷盡矣。

終夜議事，四時詣經理處，下令鎮壓中山艦陰謀，以其欲擺布陷我也」**㉑**。

三月二十日晨，蔣介石突然指揮自己手下的軍隊在廣州全城實行戒嚴，逮捕了李之龍及國民革命軍第一軍中共黨員約五十名，包圍了省港罷工委員會和東山蘇聯顧問寓所，收繳了工人糾察隊和蘇聯顧問衛隊的槍械，同時占領了中山艦。隨後，蔣要求召開政治委員會，決議令季山嘉等人回國，撤換第一軍中全部黨代表**㉒**。至此，季山嘉與蔣介石個人之間的齟齬，終於引發了國民黨與蘇聯及中共關係出現全面的危機與倒退。

第二節　回天乏術

由於蔣介石用武力突然軟禁了俄國顧問團，囚禁了第一軍中的中共黨員，繳了工人糾察隊的槍械，俄國人和中共事實上最初都處於無可奈何的境地。當時，唯一能夠對蔣介石的這一小規模政變作出反擊的，只有汪精衛。顯然，汪精衛是不可能贊同蔣介石的行動的。不僅如此，一旦蔣之行動成功，汪精衛深知自己的地位必然不復存在，充

㉑ 參見前引楊天石文，並見《蔣介石年譜初稿》，第542-547頁。

㉒ 關於逮捕中共黨員問題，在《蔣介石年譜初稿》上所記與中共廣東區委三月二十九日報告內容及以後多種著作所說內容不甚一致。《初稿》記事變當日「捕獲李之龍及各軍黨代表多人」，二十二日政治委員會僅決議「第二師各黨代表撤回」。而中共報告稱蔣當天「派士兵逮捕了李之龍和第一軍的五十名共產黨員」，而二十二日會議決定「撤換第一軍的全部黨代表」。見前引《蔣介石年譜初稿》，第547-548頁；〈張萬和關於廣州政變真實情況的報告〉，1926年3月29日。

其量只能成為蔣介石的傀儡。因此，汪精衛的第一個反應就是拉上蔣軍以外的第二、三、四各軍軍長，「組反蔣聯盟，依靠聯盟的壓力，使蔣不能屈服於國民黨中反共派的要求」。而事變當天，隨著蔣介石下午被迫解除了對顧問團的包圍，第二、三軍軍長以及中共廣東區委領導人等均前往顧問團住地，與顧問團相商，都主張對蔣加以嚴厲懲罰。對此，季山嘉當場表示贊同。可是，由於蘇共中央書記兼紅軍政治部主任布勃諾夫注意到蔣介石已經撤退包圍，並「百方道歉」，因而明確表示反對。於是，對蔣反擊之議遂不了了之。二十二日，在蔣保證此次事變對人不對俄之後，布勃諾夫更力主接受蔣介石要求撤換季山嘉等人的條件。據事後布勃諾夫報告說，他曾與蔣談數小時，蔣強調事變的原因在於汪精衛試圖將他從廣州擠走，是汪精衛和季山嘉安排中山艦去黃埔，想逼迫他去莫斯科。布勃諾夫特地向蔣介石保證，此事與莫斯科並無關係，因莫斯科並不知道有蔣介石訪蘇的計劃。蔣聽後亦表示釋然，故雙方已經將問題解決。實際上，布勃諾夫此舉意味著接受了蔣介石的說法。這樣一來，不僅季山嘉是非走不可，就連汪精衛也再難與蔣共事了。汪精衛得知這種情況後，雖然內心不服，仍不得不按照布勃諾夫的要求主持了二十二日國民黨中央政治委員會會議，同意撤換季山嘉。汪精衛因此有口難辯，也只好請病假隱匿不出了❷❸。

　　布勃諾夫一行在事變發生後第四天，即三月二十四日就動身回國了，同時帶走了季山嘉等人。但布勃諾夫已經對事變發生的原因作出了基本的判斷，相信主要問題在於顧問團在政治領導和軍事工作方面犯有嚴重錯誤，並且過高地估計了廣州國民黨領導層內部的團結與力

---

❷❸　楊天石著：《尋求歷史的謎底》，北京師範學院出版社，1993年版，第454–458頁。

量，同時自己集中軍事權力和黨代表的權力太快，造成了將軍們的強烈反感。也就是說，解決事變主要需要從自己方面改正錯誤❷。根據布勃諾夫的態度，這時擔任蔣介石顧問的斯捷潘諾夫(Stepanoff)雖然對事變原因作了深入一步的分析，但基本精神仍然是妥協的。他在報告中稱，問題的關鍵除了在「集中陸軍權力過速」、「監督國民（革命）軍將領各機關之過甚」以外，「關於帝國主義問題、農民問題、共產主義問題在軍隊中之激烈宣傳，不盡適當」、　中共「不知盡力於組織國民黨默為轉移，只知以顯明的擴充共產黨為工作之總方針，欲在各處完全把持一切指揮之權」，以及「吾輩平時於中國人之習慣風俗及禮節不知注意」，　也是引起「無論何事不容與彼抗爭，無論何人不容其出頭」的蔣介石疑忌的重要原因。但是，由於並未發現蔣介石有過任何公開同情右派的表現，再加上他同加倫和鮑羅廷一樣，相信以現有的國民革命軍已不難統一中國，不應當利用這個問題擴大矛盾，妨礙北伐進行，因此，他力主對蔣介石這位有著「特著性格」的「特著人物」，採取利用的態度。據他說，只要俄國顧問和中共方面注意改正上述錯誤，同時同意蔣氏北伐主張，允其就總司令職，即「足以滿足其尊榮欲望」，倘再「對彼灌注一小部分之革命主義，並以左派之勇敢勢力包圍之，則可使三月二十日之事永遠不再發生」。　因此，報告明確認為，目前情況下，「雖對於蔣氏之政治要求為幾種之讓步，以為代價亦無不可」❷。

　　中共中央在上海直到事變發生一周後才得到確切消息，而這消息又主要是來自回國中途在上海停留的布勃諾夫等人的，這導致中共中

❷　前引《中國國民革命軍的北伐》，第372–375頁。

❷　斯切潘諾夫：〈關於三二〇事件的報告〉，1926年3月，轉見《共產國際和中國革命資料選輯》(1925～1927)，第115–121頁。

央只能採取基本相同的妥協立場，陳獨秀還為此急急忙忙寫了一篇文章，與布勃諾夫的談話同時刊登在最近一期的中共中央機關刊物《嚮導》上，稱贊「蔣介石是中國民族運動中的一塊柱石」，保證共產黨人決不會去陰謀推翻他。而中共中央在這時就事變詳情及對策給共產國際的各種報告中，自然同布勃諾夫一樣，把這件事說成是一種意外。甚至，由於中共中央一向相信蔣是左派，因此它還明確提出應當「拯救」蔣介石，擔心是事變發後蔣因為害怕共產黨而向右派靠攏，強調我們的任務就是說明「共產黨根本沒有反動派所說的那種意圖」，以解除蔣介石的疑懼心理。報告稱：

> 這次政變的主要原因是蔣介石軍隊中孫文主義學會的陰謀，儘管他們這些行動顯然是廣東右翼首領和香港帝國主義共同領導的。……蔣介石是一個徹頭徹尾的個人主義者，他通常對孫文主義學會比對共產黨員信任得多。遺憾的是，你們對這點注意得太少，我們和俄國同志在自己的工作中沒有發現蔣介石性格的缺點並採取相應的措施，因而才導致這類錯誤和反革命事件的發生。鮑羅廷離去以後，蔣介石對我們疑心很大。他很怕我們將來把他趕跑。這次中山艦突然開到黃埔來，蔣介石更認為自己的擔心有根據。……至於我們對這一事件的政策，很清楚，從黨和軍隊紀律的觀點來看，蔣介石的行動是極其錯誤的，但是，事情不能用簡單的懲罰蔣的辦法來解決，不能讓蔣介石和汪精衛之間關係破裂，更不能讓第二軍、第三軍和蔣介石軍隊之間發生衝突。因為，如果發生內訌，那只能對帝國主義有利。蔣至今還存有戒心，怕我們把他趕走。另一方面，他也覺察到大家對他魯莽和草率的行動不滿，因此想盡可能從這件事

上脫身。在這種情況下，他很可能會「消沈」下去。我們現在應該全力拯救他，將他從陷入的深淵中拉出來。「拯救」他的辦法首先是要找到反革命分子進行挑撥和搞陰謀詭計的證明，使他對這些反革命分子有所認識和了解，不再害怕我們，而是相信我們，相信我們是幫助他的。然後，在適當時候，我們可以推動他進行「清除反革命分子」的工作。同時，我們和俄國同志今後在廣東的工作中應當十分謹慎，要避免以前由於簡單和幼稚而產生的缺點。❷⑥

　　為了貫徹中共中央關於「拯救」蔣介石和改正自身缺點的方針，它很快派張國燾為代表前往廣州。不過，由於受布勃諾夫態度的影響，在廣州的中共領導人其實早已主動採取妥協行動了❷⑦。中共廣東區委領導人張太雷、周恩來等已幾度公開表示擁護汪精衛和蔣介石，稱：「我們廣東現在已有很好的革命領袖，但是我們還要使這領袖更團結，更強固，更有指揮能力」。廣東區委給國民黨中央、國民政府和國民革命軍及廣東人民的公開信更明確地保證：「共產黨始終是贊助國民黨、國民政府、國民革命軍與廣東人民，以與帝國主義、軍閥、買辦階級、地主豪紳貪官污吏奮鬥的」❷⑧。因此，在張國燾來到廣州之

---

❷⑥　〈張萬和關於廣州政變真實情況的報告〉，1926年3月29日；〈中央書記處書記王若飛致雅諾夫斯基的信〉，1926年4月3日。

❷⑦　布勃諾夫三月二十七日就已經在給鮑羅廷的信中明確講：「中國共產黨的領導人聽從了軍政代表團結論性意見，統一戰線終於得到保持」。由此可知代表團確對中共廣州地區的領導人進行過勸說工作。

❷⑧　太雷：〈怎樣鞏固革命基礎〉，《人民週刊》，第8期，1926年4月6日；〈中共廣東區委給國民黨中央國民政府國民革命軍及廣東人民的一封公開

後，廣東區委乾脆主動解散了促使國民革命軍內部國共兩黨關係高度緊張的青年軍人聯合會，向蔣表示誠意。❷

　　青年軍人聯合會是在中共人員領導之下，專門聯合軍隊內部具有激進思想的青年軍官的一個群眾性政治組織，它一直是中共在國民革命軍，特別是在黃埔軍校和蔣介石第一軍內部進行革命宣傳鼓勵的一個重要陣地。由於青年軍人聯合會較為活躍，入會的青年軍官亦明顯地思想激進並相互提攜，引起軍內不滿中共分子也組成一孫文主義學會與之抗衡，結果日漸形成兩派軍人之間嚴重的摩擦與衝突，雙方感情自然漸趨對立。蔣介石本來在軍隊控制方面就極其注意，容不得任何中共染指，因此他早就從中共在國民黨中央及地方黨部中占據要職一事，看出軍權旁落之危險，他對於青年軍人聯合會影響的不斷擴展，當然十分反感。還在一九二五年底，因第一師師長何應欽檢舉師黨代表、共產黨員李公俠有信洩露中共密謀，蔣就已經在斷言「黨禍急矣」，❸在黃埔軍校裡明確提出了限制共黨活動辦法兩項，包括：一、

信〉，《人民周刊》，第7期，1926年3月30日。

❷　〈青年軍人聯合會自行解散通電〉，1926年4月15日，《政治周刊》，第10期，1926年5月3日。孫文主義學會也於同日在《政治周刊》刊登通電宣告解散。

❸　被檢舉之李公俠致君偉信中有如下內容，即：「我已隨第一師到達石灘三日，尚未填具報告者，以四周都非同志，而又同居一至（師長、參謀長等），政治部雖自成一處，亦因雜有外人，遂使我無機會填具報告。……軍官方面，如何師長對政治工作頗能認識其必要與價值，故我們工作尚無妨礙，可暗中暢行及借機會宣傳我們的主張」。（偽）國民黨一屆四次中央全會，〈為取消共產黨派在本黨的黨籍告同志書〉，1925年11月，前引《中國國民黨歷次代表大會及中央全會資料》（上），第328頁。

校內准共產黨員活動，但其一切活動均應公開；二、本校不禁止黨員加入共產黨，惟加入時須向校特別黨部聲明並請准。一九二六年二月初，蔣又嘗試召開青年軍人聯合會和孫文主義學會聯席會議，企圖通過雙方協議，達到由自己來控制兩者之目的。會議根據蔣介石的建議，決定兩會在軍校及軍隊中之活動，和兩會之間的矛盾，均須接受蔣介石的指導與調處，同時團長以上高級幹部不得加入兩會。可是，由於中共廣東領導人始終對蔣有所不滿，並相信蔣此舉意在偏袒孫文主義學會，因此拒絕執行上述規定。黃埔軍校政治教官，中共黨員高語罕，甚至在學校內部就公開批評黃埔軍校不准革命，並聲稱要打倒北方的段祺瑞就先要打倒這裡的段祺瑞。而在國民黨二大前，中共廣東區委甚至還針對蔣介石屢屢限制中共活動的情況，將蔣視為中派，不僅力主在二大中執委選舉時排除右派，孤立中派，「使左派占絕對優勢」，而且曾設想削弱蔣介石的勢力，計劃「把我們的黨員完全從蔣介石部下撤出，另外與汪精衛成立國共兩黨合作的軍隊」，其辦法就是試圖把蔣之第一軍中王懋功師拉出來另外成立一個軍❸。不難想見，青年軍人聯合會的解散，再加上中共黨員退出第一軍，可以算得上是送給蔣介石的一件厚禮。

在向俄國人挑戰之後，蔣介石已經再無退路可尋，他只能一不作二不休地幹到底了。俄國人和中共主動讓步，以及汪精衛不辭而別，使得本來還有點兒心裡沒底的蔣介石更認為對方是「作賊心虛」，因而更加有恃無恐。由於汪自動離去，俄國人主張妥協，各將領見勢均隨聲附和，蔣介石以軍事委員會主席身分穩坐了廣州第一把交椅，他自然抓住機會全面奠定其權力基礎。他乾脆「建議中央，請整軍、肅

❸　前引《蔣介石年譜初稿》，第465、470–471、535、573頁；《周恩來選集》，上卷，人民出版社，1980年版，第118–119頁。

黨，准期北伐」，要求在一個月之內召集中央執行委員會全數會議，制
定限制共產黨人和俄國顧問活動與權力的具體辦法，尤其不許跨黨黨
員擔任軍職，不許中共黨員運動國民黨員加入共產黨，「一經檢舉，則
處以嚴律」。他具體提出：

甲、共產黨在本黨內應注意之點：
(一) 不能誣衊總理之人格；
(二) 盡忠於三民主義之工作；
(三) 共產黨在國民黨內一切秘密團體及一切秘密行動，完全
　　 取消（如犯此條者，輕則開除黨籍，重則另予制裁）；
(四) 共產黨對其黨員一切之訓令及其策略，應通知國民黨最
　　 高幹部；
(五) 在國民黨內之共產黨員，其名冊應通知國民黨最高幹部；
(六) 國民黨與共產黨應設聯席會議，處置一切困難問題；
(七) 共產黨員在中央執行委員會內之人數，不得過三分之一，
　　 除指明委員為共產黨員外，如有跨黨不報之委員，應另
　　 定條例，處以嚴刑；
(八) 中央黨部組織、宣傳二部長，其入黨年限，須在五年以
　　 上。
乙、蘇聯顧問之權限：
(一) 使共產黨員在國民黨內之工作，不分界限，注重於精神
　　 上之團結；
(二) 不宜把持要職，與希圖集中權力於顧問之舉；
(三) 使我中國革命有自動的能力，不限於被動的地位為宗旨；
(四) 辭去行政官職權，以顧問之資格，輔助中國革命之成功；

（五）對於國民黨及革命軍條例，如有貢獻，應以中國革命全
　　　體之利害為立足點❸。

　　四月之後，俄國人和中共中央都已注意到蔣有「欲蒙蔽反對派之
耳目而預備再舉」之可能，布勃諾夫隨後寫給莫斯科的報告也已明確
指出，這次事變「是不折不扣的、小小的造反行為，其矛頭指向俄國
顧問和中國的黨代表」。但是，他們仍舊相信：「革命的重要成果無一
受到損失」，現在的主要問題是設法保持統一戰線不使破裂。布勃諾
夫因此在到上海後，緊急寫信給北京，要鮑羅廷立即經外蒙古和海參
崴乘船重返廣州❸。當然，為預防萬一，中共中央認識到，應當「準
備獨立的軍事勢力」，為此，他們又派彭述之前往廣州去與俄國顧問
進行磋商。不過，從他們這時答覆莫斯科的電報中不難看出，他們並
不認為有採取對抗準備的任何必要。他們在電報中明確表示：「我們
不打算退出國民黨，左派和蔣介石也無意開除我們，他們只是想限制
我們在國民黨裡開展工作」。同俄國顧問這時給莫斯科的報告一樣，
他們十分重視蔣介石這時反對國民黨右派的一系列公開表示，強調目
前最重要的問題就是設法同蔣介石就兩黨問題達成具體妥協。他們告
訴共產國際，蔣介石已經寫信給陳獨秀，要求陳赴廣州解決兩黨關係
中那些引起爭論的問題，而陳相信最要緊的是鮑羅廷必須盡快到達廣
州，故只派彭述之帶著中央的意見前去會同張國燾先行與蔣介石交換
意見，爭取在國民黨中央執行委員會召開之前達成妥協。電報說：「假
如我們做到這一點，而且我們下一步策略是正確的話，那麼，蔣介石

❸　前引《蔣介石年譜初稿》，第555–557頁。

❸　卡圖諾娃著，中國社會科學院近代史研究所翻譯室譯：《加倫在中國》，
　　中國社會科學出版社，1983年版，第51–54頁。

就會向左轉，而不會向右轉」❸❹。

第三節　妥協代價

蘇聯的對華政策這時面臨著嚴重的考驗。這時因為蘇聯原來看好的反奉戰爭剛剛開始，就因郭松齡兵敗被殺而告結束。剛至十二月二十七日，馮玉祥見勢不妙，即告下野。三十一日吳佩孚宣布停止討奉。至一九二六年一月初，奉直兩派軍閥竟又轉而聯手進攻國民軍。至此，不僅打垮張作霖的計劃徹底告吹，而且馮玉祥的國民軍也迅速走向失敗之途。緊接著，張作霖公開下令逮捕了蘇聯在中東鐵路的代表伊萬諾夫(Ivanoff)，以向蘇聯報復。而日本軍艦也公然出面協助張作霖截獲了蘇聯運給馮玉祥部隊的價值二百萬美元武器彈藥，並且在大沽口直接向馮玉祥的國民軍發動進攻。俄國人是啞巴吃黃蓮，有苦說不出。可見，在這場名為馮玉祥與張作霖，實為俄國人與日本人的較量中，俄國人遭到了慘重的失敗❸❺。

馮玉祥國民軍的迅速失敗，再加上廣州「三二○」事變的發生，極大地影響了莫斯科對中國形勢的判斷。在四月一日蘇共中央政治局作出的針對中國和日本問題的政策決議中，斯大林等人明確主張要放慢中國革命的速度，這包括，由於目前「國際形勢對於中國革命來說，

---

❸❹　前引陳獨秀：〈告全黨同志書〉；〈中共中央致共產國際執行委員會東方
　　　部電〉，1926年4月28日；〈中共中央致共產國際執行委員會電〉，1926年
　　　5月11日。

❸❺　前引〈中央書記處書記王若飛致雅諾夫斯基的信〉；　貝斯朵夫斯基著，
　　　蔣廷黻編譯：〈鮑羅廷時代之蘇聯遠東政策〉，《獨立評論》，第六號，1932
　　　年6月26日。

是非常不利的」，因此，中國革命需要布列斯特和約絲毫不弱於當年的俄國。為此，應當建議中國革命力量採取機動靈活的策略，為阻止列強各國組成統一戰線，不僅有必要暫時對日本讓步，以孤立被視為中國獨立的主要敵人英國，鞏固「華南共和國」，而且「廣州政府，在目前時期應當堅決放棄進攻性的向外遠征的想法，放棄採取任何有可能促使帝國主義走上外部干涉道路的行動的想法」。決議並且建議，在國民軍長期不能奪回華北的情況下，無論廣州國民黨，還是馮玉祥國民軍，都應當「尋求同吳的妥協，以削弱他對英國的依賴性」。斯大林這時還專門召見即將赴日擔任駐日參贊的貝斯朵夫斯基(Bessedovsky)，告訴他：為中國革命著想，「你必須阻止英國與日本的連合干涉，隨便你用什麼手段」。因為，中國革命的成功與蘇聯的命運休戚相關。正是考慮到這一點，當政治局中國委員會研究鮑羅廷在庫倫與馮玉祥討論之後提出的，並得到加拉罕同意的規模更大的援助計劃時，針對李特維諾夫(Litvinov)等人所說的：馮玉祥對我們的忠誠毫無保證，即使我們幫助他取得了戰爭的勝利，「他將來唯一的目標不過是把我們逐出滿洲，甚至逐出濱海省」，斯大林態度堅決地解釋說：我們的目標是使中國蘇維埃化，援助馮玉祥不過是中國蘇維埃化的最初步驟。我們必須了解的是，「如果蘇維埃能在北京成功，就是放棄伊爾庫斯克以東的地帶，我們還能保證蘇聯的安全」，否則的話，我們將永遠處於日本人的威脅之中❸⑥。

斯大林的上述說法，十分清楚地反映出蘇聯這時中國政策的基本出發點。注意到這樣一種複雜背景，可以斷定，俄共中央政治局和共

---

❸⑥　格里戈里耶夫著，馬貴凡譯：〈聯共（布）和共產國際領導內部在中國政策問題上的鬥爭〉（1926～1927），《國外中共黨史研究動態》，1994年第1期；前引貝斯朵夫斯基文。

產國際對廣州的「三二〇」事變的反應同樣只能是妥協的。

隨著布勃諾夫等人回到莫斯科，以及有關廣州「三二〇」事變的報告紛至沓來，俄共政治局很快召開專門會議，基本上批准了布勃諾夫關於「三二〇」事變發生原因及其處理經過的報告，同時針對蔣介石要求召開國民黨中央執行委員會會議，制定限制俄國顧問和共產黨黨員權限有關辦法的情況，決定：重新將鮑羅廷和加倫派回廣州，設法緩和同蔣介石的關係，但在可能條件下，應盡可能說服國民黨領導人放棄立即進行北伐的計劃。與此同時，共產黨必須執行把共產黨員保留在國民黨內的路線，並且應當設法保持已經在國民黨內取得的各個重要陣地，使國民黨右派退出或被開除出國民黨[37]。

根據布勃諾夫三月二十七日信中的指示，由北京轉經庫倫—海參崴—上海，於四月二十九日匆忙趕回廣州的鮑羅廷，還在路上就已經了解到來自莫斯科的上述決定。一個十分明顯的證明是，蔣介石本來是希望鮑羅廷回來的，一個重要原因就是因為鮑羅廷一向支持北伐主張。同樣，鮑羅廷也十分清楚季山嘉與蔣介石衝突的主要原因之一就是反對蔣介石的北伐主張，他回來後按理說不應在這個問題上再度「冒犯」蔣。但鮑羅廷到廣州後第三天，即五月一日，即與蔣介石「對北伐問題多所爭執」。 同樣，對於蔣介石所提整理黨務辦法，鮑羅廷也百般辯解與駁難，並明告蔣，如此辦法有使中共全體退出之危險，對國民黨殊多不利，因而使蔣再度發覺「難題續出，糾紛日增」，「殊苦棘手」。 但蔣一向剛愎自用，且此時已大權在握，自認不難迫使蘇聯做出讓步。故自五月上旬至中旬國民黨中央執行委員會全體會議召開前後，蔣介石幾乎天天與鮑羅廷就限制共產黨的方案進行商談，不稍退讓，旨在「持靜敬二字，以待變化之來」。直至會議召開前一天，雙

---

[37] 參見《斯大林全集》，第九卷，人民出版社，1954年版，第201頁。

方仍舊相持不下。據蔣五月十四日日記記：當日續與鮑顧問磋商國共協定，鮑仍多持異議。公詳加解釋，並稱：「對共產黨提出條件雖苛，然大黨允許小黨在黨內活動，無異自取滅亡，余心實不願提此亡黨條件，但總理策略既在聯合各階級，故余不願違教分裂也」。話說到這步田地，連孫中山之容共政策也明確加以否定，鮑羅廷自然無話可說，只好「默然」。但當天下午，鮑羅廷重又表示異議，並拉上譚平山、張國燾等前來「絮聒」，使蔣「心甚難熬」。以致嘆曰：「余幾因此而病神經，黨國與本身存亡生死之際，其痛苦蓋有如此者」。十五日，全會召開，蔣明確提出整理黨務辦法，雖「全場相顧驚愕」，鮑羅廷卻未再爭辯與反駁。至十六日上午討論審查整理黨務各案時，鮑羅廷仍無表示。蔣介石連日來之「心神憧怔，痛苦倍嘗」，至此終於得以緩解。慶幸之餘，蔣不僅立即找鮑羅廷談話以示親近，而且當晚更興致勃勃地「旋詣鮑公館看影戲」❸。

其實，鮑羅廷的態度所以變化如此，仍舊是莫斯科的旨意在起作用。鮑羅廷於五月上旬即將蔣之方案上報加拉罕並轉莫斯科，而他明確表示對中共能否在此方案下繼續其在國民黨內的工作表示悲觀。然而，蘇共政治局在得知蔣整理黨務的具體方案之後，迅速作出決定：應當繼續爭取保持共產黨在國民黨內已經取得的各個重要陣地，但是，在絕對必要的情況下，不排除與國民黨討論在職務上進行某種分工，直至將眾所周知的共產黨員從國民黨一切組織機構中撤出來的可能性。決定明確強調，即使被迫撤出重要的共產黨員，也應注意不要撤出或暫不撤出那些尚未向國民黨公開的我們的同志。至於脫離國民黨的問題，只有在緊急情況下才是可以考慮的，現在絕對不希望發生這種情況。根據莫斯科的決定，鮑羅廷自然只能盡力而為。而在力爭不

❸　《蔣介石年譜初稿》，第586–588頁。

過的情況下，他只好同意：(一) 共產黨員不擔任國民黨中央黨部的部
長職務；(二) 將國民黨內的共產黨員名單交給國民黨中央執行委員
會主席；(三) 保證不運動國民黨員參加共產黨❸。

五月十七日，蔣介石提出的〈整理黨務案〉獲得通過。與蔣前此
提出的限制共黨活動的各條規定相比，只有「共產黨在國民黨內一切
秘密團體及一切秘密行動，完全取消 (如犯此條者，輕則開除黨籍，
重則另予制裁)」 一條，未得採納。其餘各條，均以各種形式「略加
修正」為會議所認可。根據全會通過之〈整理黨務案〉， 中共及中共
黨員必須遵守如下規定：

(一) 對於總理及三民主義不得加以懷疑或批評。

(二) 將加入國民黨之黨員名單交國民黨中央執行委員會主
席。

(三) 在國民黨各高級黨部任執行委員者，其數額不得超過該
黨部執委總數三分之一。

(四) 不得充任國民黨中央機關之部長。

(五) 不許在國民黨黨部許可之外，有任何以國民黨名義召集
之黨務集會。

(六) 非得有最高級黨部之許可，不得別有政治關係之組織及
行動。

(七) 中共給其黨員之訓令，應先交聯席會議通過。

(八) 國民黨黨員未受准脫黨以前，不得加入中共，凡加入中
共者，不得再入國民黨。 ❹

---

❸ 前引格里戈里耶夫文；布蘭特：《斯大林在中國的失敗》，第78頁；Wilber
書，第719頁。

〈整理黨務案〉的通過，不僅使中共陷於極端困窘的境地，就是對鮑羅廷，也不啻為一場災難。還在國民黨二大召開前夕，鮑羅廷就已經多少意識蔣介石具有強烈的獨裁傾向，因而贊同中共廣東區委關於削弱蔣介石力量的主張，準備在某種程度上對蔣介石給以打擊，以抑制其擴張權力的欲望。但是，來自莫斯科的指示，和來自維經斯基和季山嘉等人的指責，迫使他放棄了這種嘗試，並不得不踏上歸途。「三二〇」事變的發生，大大出乎他的意料之外，他無論如何想不到季山嘉的剛愎自用竟會用到蔣介石的頭上，而他尤其想不到的是，莫斯科竟會輕率地同意蔣介石的指責，明顯地傾向於接受事變所造成的既成事實，這使得他幾乎無法勸說汪精衛重新復出，並組織對蔣介石的必要的反擊。到廣州之後，面對蔣介石近乎最後通牒般的整理黨務之要求，鮑羅廷深信必須予以抵制，因而力主採取進攻的策略，並鼓動在廣東的中共領導人向中共中央建議：只有發動向國民黨右派的進攻，才能鞏固我們同左派的聯盟，因此，「我們不僅不應當容忍三月二十日事變，而且應當進行一個自己的三月二十日事變」。當然，鮑羅廷接到了莫斯科的指示，他作為莫斯科的代表只能按照這一指示行事。可是，他並不認為這樣做是明智的。他明白告訴中共在廣州的各位領導人，是否接受這個〈整理黨務案〉，要由你們自己來決定。

就在國民黨準備討論通過〈整理黨務案〉的最關鍵的大約一周時間裡，中共在廣州的領導人接連開會，爭論不休。據李立三事後報告稱：「鮑羅廷提出他堅決的意見，認為原則上不退出，但必須以退出相威嚇」，否則不足以逼迫蔣介石讓步。至少我們可以威脅性地將全體共產黨員從黃埔軍校中退出來，並明確表示今後將不再在國民黨的軍隊中承擔任何工作。「當時（張）國燾、（瞿）秋白是贊成這一意見，

❹　前引《中國國民黨歷次代表大會及中央全會資料》（上），第233–234頁。

可是中央派去的彭述之是始終說要研究，每次會議總是沒有結論，直到最後，由許多幹部負責簽字來提出這一意見」❹。在上海，中共中央得知消息後雖然極度憤慨，卻「堅決主張採取退守——讓步的策略」。陳獨秀的意見是：「共產黨和國民黨左派的力量，當時的確不能夠鎮壓蔣介石，況且蔣介石也還沒有公開地暴露自己的反革命面目，社會輿論也不會同意對他進行鎮壓」。因此，中共中央只好決定對國民黨的〈整理黨務案〉採取置之不理的消極態度。它為此公開致函國民黨中央委員會，宣布：「貴黨〈黨務整理案〉原本關係貴黨內部問題，無論如何決定，他黨均無權贊否。凡為貴黨黨員者，當然有遵守之義務，而於貴黨黨外之團體，則殊無所關涉。至於〈黨務整理案〉中，關於以後兩黨合作方式之問題，則吾兩黨本為革命聯盟中之友軍，可各自根據其黨之議決以相協商，文函會議皆可」❹。但是，明眼人一望即知，這段文字實際上等於宣布國民黨這一〈整理黨務案〉對自己具有約束力。因為，包括陳獨秀本人在內，幾乎所有共產黨員這時都是國民黨員，因此，除非一改國共黨內合作形式為黨外合作形式，否則，中共中央的這一聲明無異於表示承認自己對這個〈整理黨務案〉「當

❹　李立三〈黨史報告〉，1930年2月1日，《中共黨史報告選輯》，中央黨校出版社，1983年版，第233-234頁；另據周恩來說：當時「討論了七天，毫無結果。後來張國燾用了非常不正派的辦法要大家簽字接受」。見周恩來：〈關於一九二四至二六年黨對國民黨的關係〉，1943年春，《周恩來選集》，第123頁。

❹　〈陳獨秀在中國共產黨第五次全國代表大會上的報告〉，1927年4月29日，《中共黨史資料》，第2輯，第36頁；〈中國共產黨中央委員會致國民黨中央委員會信〉，1926年6月4日，《中共中央文件選集》，第2卷，第142-143頁。

然有遵守之義務」。

　　發表這樣一個模稜兩可、語義不清的公開信，充分表明了中共中央此時之無奈。鑒於兩年前他們激烈反對國民黨一屆二中全會成立國際聯絡委員會決定的態度，不難想見他們對這個〈整理黨務案〉在思想上會反對到何種程度。中共中央所以會採取如此之大的退讓政策，確是出自陳獨秀所說的，對力量對比的擔心。當六月八日張國燾回到上海之後，中共中央進一步發覺廣東的情況遠比自己想像的更複雜得多。它在第二天給湖南地方黨的領導人，同時報給共產國際的信中指出：「根據昨日從廣東返回的我們的同志的報告，廣東軍隊目前分為三派。第一派是蔣介石；第二派是以譚延闓、程潛和朱培德為首的湖南和雲南人。湘、滇二省的代表人物對蔣介石不滿，因此聯合起來；第三派是保定軍校畢業生，包括李濟深、陳銘樞、李宗仁、白崇禧、唐生智等人。到今年三月以前，蔣介石的兵力最多。第一軍有六個師，此外黃埔軍校也在他那裡，其人數相當於一個師。所以，蔣介石的兵力將近七個師。……但最近情況變了。……目前廣東軍隊中最強的已經不是第一軍，而是第四軍（因為第一軍改編後削弱了），因此保定派的力量在逐漸加強。現在的實際情況是，第四軍可以推翻蔣介石。第四軍保定派正在準備這樣幹」。「不久的將來，保定派很可能會結成中國西南部最強大的力量。假如它是革命的，那我們不會因為它推翻蔣介石而感到遺憾，但糟糕的是，李宗仁、唐生智比蔣介石還要壞。另外，李濟深和胡漢民的關係密切。如果李濟深在廣東得勢，胡漢民就可能重返廣東。……這對我們的革命前途是非常有害的」❸。這也就是說，不僅中共和所謂國民黨左派的力量遠不足以與蔣介石抗衡，即使可以推翻蔣介石，也必定會出現前門拒狼，後門進虎的更加危險的

---

❸　〈中央委員會的信〉，1926年6月9日。

局面。因此，對蔣妥協，甚至可能是最好的一種選擇。

　　不過，包括陳獨秀在內的中共中央領導人卻未必甘心這樣妥協。說來說去，國民黨用〈整理黨務案〉來限制共產黨，純粹只是因為共產黨員同時也是國民黨員這種奇特的結合。既然國共關係已經走到如此地步，為什麼不能考慮將黨內合作改為黨外合作的方式呢？如果說過去必須進行黨內合作，是因為共產黨力量過於弱小，如今共產黨已經發展到將近一萬二千人，又有了相當廣泛的群眾工作基礎，並且國民黨又通過了敵視中共的〈整理黨務案〉，如再不退出，「勢必不能執行自己的獨立政策，獲得群眾的信任」。在共產國際不久前剛剛來電嚴屬地詢問過中共中央對這個問題的態度之後，陳獨秀深知這個問題是莫斯科所不能同意的，但是，在得知國民黨〈整理黨務案〉通過之後，他仍舊一面在黨內勸告主張就此退出國民黨的幹部，接受妥協的事實，一面則以個人名義寫了一信給共產國際，陳述由黨內合作改為黨外聯盟的理由與主張，希望莫斯科能夠改弦更張，以符國共關係之實際。事情的結果可想而知。陳獨秀的意見不僅受到了共產國際領導人的嚴屬批評，共產國際還急急忙忙派維經斯基來上海，「矯正中共退出國民黨之傾向」❹。中共不得不再次放棄了自己的意見。

　　經過維經斯基在一九二六年七月中央全會上的一番「矯正」，中共中央只好相信：蔣介石是民族資產階級的代表，民族資產階級及其武裝已經成為國民革命非常重要的力量，「依現時世界政治環境，中國的國民革命若沒有資產階級有力的參加，必陷於異常困難或至於危險」，因此，「明知其為將來之敵人，或者即是一年或三年後之敵人，而現在卻不可不視為友軍，且為有力之友軍」，任何推翻蔣介石的計劃，或者因資產階級在國民黨內占了統治地位要求脫離國民黨的想法，都是錯

---

❹　前引陳獨秀：〈告全黨同志書〉。

誤的。正確的作法是，認識到廣東革命的領導權已經在某種程度上落到蔣介石手裡去了，同時明確地將爭取領導權的任務放到我們一切工作的首位❹。然而，這樣做的結果對中共來說卻意味著一種嚴重的失敗，儘管由於鮑羅廷的存在，實際上的損失也許並不很大，但事實上承認〈整理黨務案〉，意味著在道義上公開承認國民黨是一個獨立的政治實體，有其獨立的政治立場和組織體系。如此則不僅使蔣介石在擁有了一面足以團結和號召國民黨左右派的政治旗幟，極大地便利了國民黨的獨立與發展，而且自己也等於公開承擔了永遠在國民黨內居於客人地位的道義責任。在這種情況下，一面繼續保留在越來越具有獨立的政治形態和組織形態的國民黨內，一面又積極謀求爭取其領導權，只會使自己與國民黨的合作變得更加困難，使越來越多的國民黨人對自己抱以疑懼和反對的態度。

---

❹　〈陳獨秀關於中共中央全會情況的報告〉，1926年7月21日；〈中央政治報告〉，1926年7月，《中共中央文件選集》，第2卷，第167–169頁。

第三章　莫斯科難定輸與贏

　　任何一國政府在制定對他國政策的時候，都是以本國利益為出發點的。但是，對於具有不同政治文化背景和不同意識形態的政府來說，他們判斷國際關係和他國內部關係的角度有時是很不同的。蘇聯政府是一個具有特殊意識形態的政府，這種意識形態要求俄國人把世界上一切人區分成不同的階級，把世間一切矛盾衝突看成是階級與階級之間鬥爭的反映，把蘇聯看成是世界上最先進階級的祖國，把領導蘇聯的共產黨領袖看成是判斷世間一切是非善惡、真理與謬誤的裁判長，看成是引導被剝削階級推翻剝削階級，被壓迫階級消滅壓迫階級，最終邁向人間天堂的救世主。因此，如果我們在解釋蘇中關係的歷史時，只是籠統地用民族利益來解釋蘇共對華政策的動機的話，恐怕未必都能搔到癢處。對於蘇共領導人來說，國家利益和民族利益有時並不是其外交政策唯一的出發點。越在早期，這種傾向就表現得越明顯。共產國際的成立，當初很大程度上就是建立在一種世界革命的幻想上的。

　　在早期蘇共與中共的關係當中，「俄國第一，還是革命第一」的問題，也是莫斯科的決策者未能完全解決的一個問題。這不僅僅是因為蘇聯領導人習慣了階級鬥爭的思維方式，也不僅僅是因為那個時候俄國革命剛剛勝利，蘇共領導人還充滿了階級革命的神聖感與使命感，它同時也是因為，作為俄國革命之父的列寧連續幾年抱病並很快去世，一向習慣於受權威主義支配的俄國人這時尚未定於一尊，蘇共黨內權力鬥爭正酣，幾乎每一個覬覦最高權力的派別都漸漸注意到中國革命

是他們用來表現自己和指責對方的最佳話題。因此，每一個有權力插手中國事務的領導人都不可避免地對中國問題評頭品足，指手畫腳。一旦中國革命出現某些類似俄國革命的徵兆，中國勢必要成為俄國領導人爭相驗證其階級鬥爭經驗和展示其革命預見性的「試驗田」。 在中國革命的實際完全不同於俄國革命的情況下，到頭來嚐盡苦頭的多半只能是完全被牽著走的中共。

第一節　內部分歧

「三二〇」事件之後，隨著共產黨不再能夠擔任國民黨中央黨部領導職務，與俄國顧問和中共合作的唯一的國民黨「左派」領袖汪精衛遠避國外，其他國民黨軍事將領群龍無首，勢力相對弱小，國民黨的領導大權實際上已經落到蔣介石一個人手裡去了。除了國民黨中央執行委員會主席蔣讓給他的密友張靜江去做以外，略有實權的位置只有國民黨中央政治委員會的主席一職給了譚延闓，其他像國民黨中央軍事委員會主席、中央黨部常務委員會主席、中央組織部部長、軍人部部長、國民革命軍總司令等重要職務，蔣統統一肩挑了。正因為如此，在北伐開始之後，蔣即信心百倍地密函西山會議派主要領導人張繼稱：「三二〇」以前，「蘇俄同志，有為軍事上之政務官者，今且無之矣；五月十五日以前，跨黨同志有為中央黨部部長者，今亦無之矣。」「無論共產黨有否謀代國民黨之計劃，而弟以為必無可能之事，此弟所敢自信也。」 ❶

蔣介石獨掌廣東國民黨黨、政、軍大權的情況，不可避免地引起了莫斯科方面的嚴重關注。共產國際原定的方針是要通過蘇聯顧問和

---

❶　前引《蔣介石年譜初稿》，第624頁。

中共取得國民黨內的特殊地位，影響乃至左右國民革命的領導權的。在西山會議派「造反」之後，莫斯科雖然看到國民黨內反抗心理之嚴重，一度設想以控制中共在國民黨中央人數和扶持國民黨左派勢力掌權的辦法來緩和矛盾，但其根本意圖仍在保持對國民黨大政方針之影響，只是希望形式上比較容易讓人接受而已，不致處處給人攻擊「越俎代庖」的口實。而蔣介石突然間取得「獨裁」地位，這毫無疑問是莫斯科，或者說是共產國際中國政策的一次嚴重挫折。如何看待這次挫折，如何重新實現對中國革命的影響和控制，這很自然地成了中共黨內，特別是蘇共中央政治局內部爭論的焦點。

對於「三二〇」事件，共產國際最初的反應是嚴厲的。只不過，由於受到來自加拉罕和維經斯基等渠道的各種消息的影響，它開始時並不認為罪責在蔣介石身上，因而憤怒地把矛頭指向國民黨右派，強硬地指示中共中央：「必須做到使右派退出或被開除出國民黨」[2]。但很快，事情經過就一清二楚了。而問題是，斯大林的看法同在中國的大多數俄國顧問一樣，他看不出還有誰更適合與蘇聯合作。既然蔣介石已經成為廣州最強有力的領導人，反對蔣介石不僅意味著可能失去國民黨實力派，而且必然在廣州國民黨人中間造成嚴重分裂甚至衝突，再加上蔣本人這時信誓旦旦地保證：「中國革命必須承認共產國際的領導」[3]，斯大林自然不想冒前功盡棄，失去整個國民黨實力派的風險。而尤為重要的是，一九二五年底郭松齡倒戈反奉失敗，緊接著一九二六年初日本公然在大沽口炮擊國民軍，導致國民軍不敵張作霖而退出北京，馮玉祥被迫下野，使蘇共中央相信：「國際形勢對於中國革命來說，是非常不利的」。由於它始終把支持中國革命看成是它牽制日本和

---

[2] 　同前引《列寧斯大林論中國》，第301頁。

[3] 　見《國聞周報》，第4集，第15期，1927年4月24日。

英國的一種重要手段，因此，國民軍的失敗使蘇共中央更加看重廣州
國民黨的重要性。根據蘇共中央政治局四月通過的關於中國與日本關
係問題的決議案，可以看出，保存這一根據地，不使其因政策上的冒
進而成為帝國主義國家聯合打擊的下一個目標，已經成為莫斯科中國
政策這時考慮的重點。經過斯大林修改後的決議明確主張，廣州政府
應當集中力量加強自身的鞏固，「在目前時期應當堅決放棄進攻性的
向外遠征的想法，放棄採取任何有可能促使帝國主義走上外部干涉道
路的行動的想法」，為此，甚至應當考慮對內與吳佩孚合作反對張作
霖，對外同外國實行必要的妥協❹。面對這種情況，斯大林暫時選擇
繼續與蔣介石合作是不可避免的。而在斯大林看來，只要策略動用得
當，即使最後真的證明蔣介石確屬右派，也不難在合作過程中將其拋
棄。這也就是為什麼，共產國際剛剛決定「使右派退出或被開除出國
民黨」後，又再度發出指示，表示不妨暫時把那些尚未退出國民黨的
右派留在國民黨內。據說，這是可以利用他們的關係和經驗為革命服
務，實際上，這多半只是怕作出強硬的反應，會進一步引起國民黨內
部的矛盾衝突，致使兩年多來推動中國反帝革命的努力一朝付諸東
流❺。

　　在此之前，蘇共黨內始終存在著尖銳的派別鬥爭。先是斯大林聯
合季諾維也夫等反對托洛茨基(Trotsky)，而後是斯大林與布哈林聯合
起來反對季諾維也夫等人。這個時候，季諾維也夫突然和托洛茨基聯
合起來，組成了所謂聯合反對派，來同斯大林唱對臺戲。當廣州發生
事變的消息傳到莫斯科之後，托洛茨基和季諾維也夫先後提出了中共

❹　前引〈聯共（布）和共產國際領導內部在中國政策問題上的鬥爭〉。

❺　轉見斯大林：〈中國革命問題〉，1927年4月21日，《斯大林全集》，第9卷，
　　第201頁。

應當退出國民黨的建議。由於他們已屢遭打擊，在蘇共中央政治局和書記處都占少數，這些建議很快就被否定了。蘇共中央政治局四月二十九日的決定就此強調說：這種破裂是絕對不能允許的，至少在共產國際下次代表大會召開之前，任何組織關係上的變更都是不能允許的，不論對國民黨還是對共產黨，這樣做都是極端危險的❻。

　　一九二六年夏張作霖進入北京之後，反對派再度找到了向斯大林發難的理由。這是因為，長期以來，莫斯科始終在把堅持親日反蘇的張作霖當作它在中國的頭號敵人，必欲除之而後快。特別是在聯合了馮玉祥的國民軍之後，斯大林等人在一九二五年十月以後極力鼓動馮玉祥聯合吳佩孚等北方軍閥反對張作霖，並通過加拉罕策動了張作霖部下郭松齡起來造反，結果整個計劃很快歸於失敗，蘇聯同張作霖的矛盾以及同日本的關係都更加緊張。面對這種情況，莫斯科早已密示加拉罕與張作霖進行秘密接觸與談判，鮑羅廷在未返回廣州滯留北京期間，即曾參加這一談判。不想，鮑羅廷返回廣州不數月，加拉罕與張作霖的談判尚無結果，廣州國民政府即誓師北伐，張作霖自然遷怒於俄國人。先是張作霖獲知蘇聯秘密援助馮玉祥國民軍的大批軍火從外蒙運抵張家口，並有二十名蘇聯軍官轉往廣東參加國民黨發動的北

❻　斯大林在一九二七年八月一日召開的蘇共中央委員會和監察委員會聯席會議上曾談到這件事，稱這一建議很快就被蘇共中央政治局看成是「消滅中國革命運動」的路線而否定了。見《列寧斯大林論中國》，人民出版社，1954年版，第305頁。另見〈斯大林給莫洛托夫的信〉，1926年6月3日，信中說四月間季諾維也夫和拉狄克等曾向政治局提出過一個讓中共退出國民黨，以擺脫其右派控制的建議，但被政治局多數否定了。Edited by Lars T. Lih, Oleg V. Naumov, and Oleg V. Khlevniuk, *Stalin's Letters to Molotov*, Yale University Press, 1995, p. 111.

伐，惹得北京政府外交部向加拉罕提出強烈抗議。接著因注意到兩度作為加拉罕外交助手參加與奉天談判的鮑羅廷事實上正是廣州國民黨的政治總顧問，對國民黨北伐負有直接重大責任，北京政府進而指責加拉罕與鮑羅廷陰謀勾結國民黨，意圖推翻中國合法政府，以至於不僅公開宣布加拉罕為不受歡迎的人，要求蘇聯政府將其召回，甚至威脅要將實為蘇聯外交使團的成員鮑羅廷繩之於法❼。這種情況再度使反對派感到有進一步批評斯大林錯誤決策的充分理由。在七月舉行的蘇共中央執委和監委聯席會議上，托洛茨基等主張應當下決心採取實際步驟與張作霖緩和關係，提議向張作霖移交中東鐵路，並從中國召回加拉罕。他們指出，斯大林堅持與張作霖為敵，以及加拉罕密謀聯合北方各派力量推翻張作霖的方針是犯了一個錯誤。在張作霖已經占領北京並得到列強承認的情況下，有必要同他緩和關係。他們相信，對付張作霖的最好辦法是促使他在日本和蘇聯之間保持中立，而不是刻意將他推向日本。同時，注意到蔣介石不顧莫斯科的反對堅持發動北伐，以及可能出現的軍事獨裁局面，他們再度提出了中共退出國民黨的主張。反對派方面的中國問題專家拉狄克(Radek)並就此專門致信蘇共中央政治局，要求政治局就共產國際在「三二〇」事變之後的策略方針作出解釋。這包括：(1)共產國際究竟打算對正在走向軍事獨裁的蔣介石採取何種態度？(2)共產國際究竟怎樣看待國民黨要求共產黨放棄批評孫文主義的權利問題？(3)共產國際究竟怎樣總結國民黨的農民工作？(4)共產國際是否認為國民黨應當在無產階級當中進行工作？(5)共產國際究竟打算怎樣支持國民黨的左派分子？(6)共產國際究竟怎樣看待中共中央最近所表現出來的削弱階級鬥爭的半孟爾什維克傾向？在他們看來，必須使共產黨立即脫離國民黨那些反動條文的束縛，

---

❼　鮑羅廷前來中國時正式身份為蘇聯外交使團成員。

獨立地站出來組織和領導強大的工人運動和農民運動，形成自己的強大勢力❽。

對此，已經取代季諾維也夫擔任共產國際執委會主席的布哈林在會議上直截了當地進行了反擊。他斷言：「由於遇到困難和挑釁而建議歸還中長鐵路」，是不能接受的，必須了解，這條鐵路是一個「戰略大動脈，是我們伸向中國的革命指頭」。同樣，「由於報紙掀起反對加拉罕的宣傳運動而要召回加拉罕」，也是不妥的，因為恰恰是「加拉罕貫徹了我們面向民族革命運動的方針」。至於要求退出國民黨，這更是嚴重的錯誤。因為國民黨實際上代表的是中國小資產階級的民族革命運動，我們必須面對這樣的事實，況且，沒有任何根據說明因為「三二〇」事變，我們就不能在國民黨中起領導作用了。事實上，我們還在國民黨內起領導作用，並且還掌握著中國整個民族革命運動的領導權❾。會議因此通過決議，不僅表示完全贊同以斯大林為首的蘇共中央政治局前此所作出的各種決定，而且嚴厲批評托洛茨基等人的建議「簡直是投降主義的」，「反映了不可容忍的失敗主義情緒」❿。與此同時，鑒於國民黨的北伐戰爭已成事實，對張作霖已毫無辦法可想，斯大林也很快轉而支持北伐。這在很大程度上也使反對派處境艱尬。因為北伐戰爭從一開始就表現出強大的革命聲勢，並且所向披靡，勢

---

❽　轉見前引格里戈里耶夫著，馬貴凡譯：〈聯共（布）和共產國際領導內部在中國政策問題上的鬥爭〉；〈共產國際第八次全會上的中國問題〉，漢堡，1927年版，第121頁。

❾　中心檔案，全宗號17，目錄號2，卷宗號246。並見〈斯大林給莫洛托夫的信〉，1926年9月16日，斯大林這時認為：「加拉罕現在不應當被召回」。前引 *Stalin's Letters to Molotov*, p. 124.

❿　中心檔案，全宗號17，目錄號2，卷宗號246。

如破竹，北伐軍所經之處，工農運動也大規模興起，這不僅清楚地顯示出國民黨在中國的民族革命運動中具有突出作用，而且也有力地證明了斯大林暫時退卻的策略並非不利。反對派領導人因此再度很快失去了向斯大林挑戰的口實，以致在十月的蘇共中央會議上，托洛茨基等人竟被開除出政治局，而季諾維也夫也被解除了他在共產國際執委會的職務。

第二節　策略搖擺

斯大林雖然成功地壓制了對黨內反對派的批評與指責，但由於莫斯科支持的廣州國民黨大舉北伐而引起的蘇聯政府與北京政府之間的緊張關係，卻並不能因此得到絲毫舒緩。鑒於鮑羅廷係廣州政府政治顧問乃不可掩之事實，且遠在北京政府權力管轄之外，蘇聯政府自認不能也不必為鮑羅廷辯護，可是它卻不能不極力否認張作霖對加拉罕的指控。它在八月間通過各種方式向北京政府解釋說，加拉罕是蘇聯政府派駐中國的正式大使，向未參與反對廣州政府推翻北京政府的行動。若要蘇聯政府召回加拉罕，則無異於要求蘇聯政府撤回對中國政府的正式承認。至於鮑羅廷，其人雖參加廣州推翻北京政府的行動，但他是孫中山雇用的外國顧問，與蘇聯政府無關，故北京政府不應因鮑羅廷的個人行為而累及加拉罕和蘇聯政府❶。

自從張作霖控制了北京政府，蘇聯方面就已經感到相當被動。影響到莫斯科的對華政策，一度自然比較謹慎。在一九二六年六月雙方還在接觸談判的時候，維經斯基就受命來中國貫徹共產國際必須反對中共黨內左傾傾向的指示，要求中共正視現實的力量對比，全力鞏固

❶　參見前引周文琪等編：《特殊而複雜的課題》，第112頁。

和堅持與國民黨黨內合作的路線。在維經斯基指導下於七月召開的中央全會，全面貫徹了共產國際的這一意圖。儘管在會上不少人堅持「左派」觀點，主張聯合小資產階級而排除以蔣介石為代表的民族資產階級，但會議顯然否定這樣一些意見。據陳獨秀就這次會議所達成的基本共識向共產國際報告說，全會已經認識到，形式上中共領導著所有革命的力量，「但是實際情況要糟得多，不僅農民容易受民族改良主義的影響，就是在學生中也分成三個相互對立的集團」，「甚至在無產階級當中，資產階級也可以發生某種影響」。全國五百萬工人，只有一百二十五萬算是被組織起來了，但也只是局限在很少的幾個地方，他們的鬥爭在多數情況下還沒有越出自己本廠的活動範圍，多數還不能擺脫家長制關係和行會制的統治，因而不能起獨立的政治作用，特別是無產階級最重要的部分，礦工、鋼鐵工人、鐵路工人等，大部分還沒有組織起來。中共雖然表面上掌握著許多工會組織，事實上卻並沒有真正取得領導權。在這種情況下，民族資產階級在某種程度上奪得廣東革命的領導權是可以預料的。中共如果不能正視自己目前的處境，深刻了解自己目前的力量，勢必要走向左傾，「認為我們現在的任務不僅要反對帝國主義和軍閥，而且要直接反對資產階級，似乎它變成了反革命。」但是，陳獨秀強調指出：「問題的這種提法不適合於我們現在所處的中國革命階段，也不適合於我們的力量和在整個運動中的作用」。民族資產階級「不是反革命力量」。因此，「我們的策略不是在於推翻資產階級，而是要爭取國民運動的領導權」。具體目的則在於，「要排除民族資產階級對國民黨的領導，但同時要竭力使它成為自己的同盟者」；要爭取使自己真正成為小資產階級的領導者和同盟者，但同時「應當竭力使它團結在國民黨左派一類的政治活動家周圍」。據此，會議的基本結論是：「留在國民黨內，同時改變組織形式和改變我

們參加國民黨工作和參加領導的方法，同國民黨左派結成聯盟，加強他們的作用，並共同對中派採取靈活的策略，同右派進行公開的鬥爭」❿。

　　維經斯基在上海通過主持中共中央全會所取得的成效，要迅速反映到國民革命大本營的廣州去，並轉化為廣州共產黨人的直接行動，卻遇到了不小的阻力。這是因為，隨著北伐戰爭正式展開，蔣介石離開廣州政治中心，鮑羅廷在國民黨和國民政府裡面的地位再度變得舉足輕重，這使得鮑羅廷又有了施展拳腳的重要條件，其重新奪回失去的領導權的鬥爭情緒自然隨之高揚，廣州共產黨人自然也表現得躍躍欲試。因此，光是為了迫使鮑羅廷和廣州共產黨人停止自一九二五年「五卅」和「沙基」慘案❸以來持續了一年之久的省港大罷工，共產國際遠東局就枉費了不少筆墨。最後，不得不全體出動，前往廣州，名為考察工作，實際上是前去糾正鮑羅廷和廣州共產黨人中的左傾情緒。維經斯基等人的這種作法，其實也是基於莫斯科前一時期對鮑羅廷過左的印象。因此，包括維經斯基在內的這個代表團在「考察」之後，於十月二十二日寫信給莫斯科，對鮑羅廷的工作從五個方面進行了嚴厲的批評，明確認為鮑羅廷的作法不妥，這包括，培植國民黨左派勢力，以「迎汪復職」為口號，行「迎汪倒蔣」之目的，並且拉攏湖北軍閥唐生智來牽制蔣介石；極力鼓吹土地問題，試圖掀起土地革命來發動農民；繼續堅持省港罷工，通過各種形式武裝工人，以此來

❿　〈陳獨秀關於中共中央全會情況的報告〉，1926年7月21日。

❸　前者指一九二五年五月三十日上海公共租界英國巡捕排槍射殺因日本工頭槍殺中國工人而示威的遊行群眾一事；後者指同年六月二十三日廣州民眾為抗議英國人在上海槍殺中國人沿沙面租界河對岸的沙基遊行時再度遭到英法軍警野蠻射殺一事。

加強中共在廣州的影響。維經斯基等人在報告中明確認為，鮑羅廷沒有適應「三二〇」事件以後的情況，尤其是在對蔣的態度上，完全以倒蔣為目的，其煽動的「迎汪倒蔣」運動，促使十月份廣東國民黨中央各省聯席會議公開與蔣介石形成對立，這一行動不僅違反了共產國際和中共中央的有關決定，而且也嚴重激化了國民黨內部的矛盾衝突，因此應該堅決地撤換他❶。

　　共產國際糾左的態度，看上去至少持續到一九二六年十月份。在這個月裡，一份比較著名的由共產國際執委會簽發的電報指示明確告誡遠東局和中共中央說：無論如何，「在占領上海以前，暫時不應當加強土地運動」❶。同樣，也是在這個時候，持續了一年四個月之久的省港大罷工被停了下來。據加拉罕的解釋是，莫斯科已提供不起這筆開支，實際上自然是莫斯科不願在北伐軍向長江流域勝利開進的過程中，給英國人突然藉機從背後製造干涉的口實。這些都多少反映出其

❶　在這一時期共產國際遠東局和中共中央的許多文件中，都可以看到他們不同意以倒蔣為目的的指示。他們明確主張，迎汪不等於倒蔣，且須「維持蔣之中央軍事領袖地位」，如果蔣能執行左派政綱並成為左派，我們甚至沒有必要迎汪精衛回來。但鮑羅廷卻在暗中堅持推動迎汪倒蔣運動。據陳果夫回憶，在一九二六年十月以「迎汪」為宗旨的國民黨中央委員及各省特別市海外總支部代表聯席會議上，鮑羅廷實為幕後操縱者，其並明告張人傑、譚延闓說：「外間對蔣先生的空氣很壞，不如勸他辭去黨政工作，專理軍事」。〈中央通告第十七號〉，1926年9月17日；〈中央局關於最近全國政治情形與黨的發展的報告〉，1926年9月20日；〈中共中央給廣東的信〉，1926年9月22日，〈中共中央給粵區的信〉，1926年10月3日，《中共中央文件選集》，第2卷，第311、326、371頁；陳果夫：〈十五年至十七年間從事黨務工作的回憶〉。

❶　《斯大林全集》，第10卷，第17頁。

斯科這時還有些小心謹慎。

　　但是，在國民革命的力量進抵長江中下游，南方各省工農運動隨之廣泛興起之後，中國革命的形勢空前高漲，也極大地刺激著莫斯科對中國革命前途的估計。一個明顯的跡象是，當九月上旬莫斯科最終決定將加拉罕召回去的時候，竟給了加拉罕一個新任蘇聯政府代理外交人民委員的名義，這很顯然是對加拉罕前此在中國工作的肯定和褒獎。因此，當加拉罕取道上海回國之際，他竟公開發表演說宣稱，莫斯科希望看到中國實現統一，但它寄予希望的勢力，只有國民黨❶。事實上，在加拉罕回到莫斯科之後，他也確實仍被委派負責中國問題。

　　斯大林態度的進一步轉變看來是在長江沿岸最重要的通商口岸漢口被占領之後。隨著九月下旬北伐軍順利占領列強勢力比較集中的漢口，斯大林對形勢的估計顯然更加樂觀。他很快就得出結論說，國民黨應當以漢口為革命中心。他甚至為此告誡蘇共黨的領導人稱：革命中心的北移已是大勢所趨，「漢口不久將會成為中國的莫斯科」❶。維經斯基等人顯然意想不到，莫斯科對鮑羅廷正在採取的某些激進作法又開始給予支持了。像鮑羅廷所推動的迎汪抑蔣，莫斯科明顯地表示贊同。根據斯大林的旨意，蘇聯方面很快向滯留歐洲的汪精衛發出了願意支持他返回中國重掌政權的重要信息。在莫斯科的密談中，斯大林等蘇共領導人甚至明確許諾可以向汪精衛領導下的政府提供一千五

❶　加拉罕的演說稱：「我們不相信中國的任何領袖如吳佩孚、張作霖等可
　　以統一中國，只有擁有民眾力量，如國民黨者能統一中國」。因為「國民黨
　　是中國國民的政黨，他們的領導人是愛國者」。 轉見前引周文琪等編：
　　《特殊而複雜的課題》，第113頁。

❶　〈斯大林給莫洛托夫的信〉，1926 年 9 月 23 日，前引 *Stalin's Letters to*
　　Molotov, p. 130。

百萬盧布的巨額援助，目的自然在支持他對抗蔣介石❶。而與此同時，當遠東局要求撤換鮑羅廷的報告送到莫斯科，軍事總顧問加倫也提出獨立指揮軍事工作，不希望鮑羅廷插手的要求時，蘇共中央政治局也一一予以否定。莫斯科的電報強調，共產國際在中國做出的任何有關國民黨的決定，不論是政治上的，還是軍事上的，都必須經過鮑羅廷的同意。而負責中國事務的加拉罕甚至在革命軍事委員會轉來的加倫的信上明確批示說，加倫的要求是不適當的，這在現在的中國是不可能的。武漢現在已經是整個中國革命的中心，而加倫經常不在武漢，因此，鮑羅廷不僅應當負責一切政治上的決策，而且有權決定一切軍事工作及其細節。不難看出，莫斯科方面這時日漸對北伐所帶來的革命前景開始表現出極高的政治參與的熱忱。它的政策不可避免地要開始左轉了。

十一月二十二日，共產國際執委會開始召開第七次擴大全會。全會上，儘管有人仍舊按照先前的方針，主張限制農民革命，以便確保國民黨軍官的忠誠，但斯大林卻明確表態支持實行激進的土地革命綱領。他在中國委員會的會議上明確講：

「我知道在國民黨人中間，甚至在中國共產黨人中間，有些人認為不能在農村掀起革命，他們害怕把農民捲入革命以後會破壞反帝國主義的統一戰線。同志們，這是極端荒謬的。把中國農民捲入革命愈迅速愈徹底，中國反帝國主義的戰線就愈有力愈強大。」

「我知道在中國共產黨人中間，有些同志認為工人為改善他們

---

❶　參見〈斯大林給莫洛托夫的信〉，1927年6月24日、27日。前引 *Stalin's Letters to Molotov*, p. 136–137。

的物質生活狀況和法權地位而舉行的罷工是不應該的，勸告工人不要罷工。同志們，這是很大的錯誤。這是極端嚴重地低估了中國無產階級的作用和比重。……如果這樣，中國還要革命做什麼呢?」[19]

根據斯大林的指示於十二月發出的文件甚至直截了當地批評了他們在前此發出的指令。聲稱：目前形勢下，「如果無產階級不提出激進的土地綱領，它就不能吸引農民參加革命鬥爭，並將失去在民族解放運動中的領導權。」「如果不把土地革命和民族解放事業同等看待，廣州國民政府就不能在革命中保持政權，就不能完全戰勝外國帝國主義和本國反動派。」而這一切策略的依據則在於，會議相信目前國民黨二十五萬黨員中，除七萬士兵黨員以外，左派和共產黨員占到十五萬之多，而中派和右派據說只有不足三萬人，並且十分之九的國民黨地方組織仍然掌握在共產黨和左派領導之下。與會者大多估計，「國民黨中間派的社會基礎很薄弱，每一分鐘都有被左翼推翻的危險」，它必須依靠中共的支持才能站穩腳跟。這意味著，「國民黨的力量仍然掌握在左翼手中」，「三二〇」事件所造成的種種消極因素，都有克服和改變的可能。當然，也許應當注意，斯大林的這些主張，至少有相當一部分是用來應付反對派那些激進觀點的，他未必一心想把工農運動推向極端。他已經注意到以蔣介石為首的國民黨中派正在同不跟隨國民黨的資產階級聯合起來，阻止無產階級運動的進一步發展。因此，他特別提醒與會者說：應當「用一切方法使工人的鬥爭具有組織性，以免發生過火行為和冒進現象。特別是必須竭力把城市中的鬥爭引向反對大資產階級，首先是反對帝國主義者，使中國的中小資產階級盡可能

[19]　《斯大林全集》，第10卷，第18–19頁。

地留在反對共同敵人的統一戰線範圍內。」 據此，共產國際執委會第七次擴大全會的文件雖然明確提出了將來全部土地實行國有化的激進口號，對近期工作卻只提出了諸如減租減稅之類的溫和目標。會議的決議甚至告誡中共說：決不要想像目前「整個資產階級將要離開民族解放鬥爭的戰場」，恰恰相反，「當此時際，無產階級應該很廣泛的利用現時在事實上還作反帝國主義反軍閥的鬥爭的各種資產階級」，也就是說，會議要求中共繼續保持同蔣介石的統一戰線。它實際上主張由上至下地實行各種改革，既不主張立即發動農民起來廣泛造反奪權，也不馬上提出過激口號來打擊國民黨內部同農村統治階層有著密切聯繫的那些勢力。按照決議的說法，中共應當通過向國民黨政府機構不斷「滲透」來實現它對工、農及軍隊的影響❷。

　　一九二六年十二月，兩湖工農運動迅速進入高潮，在地方行政權力機構被北伐軍的軍事推進衝得七零八落的情況下，革命的號召和廣東工農運動的範例不可避免地在兩湖地區引發了一場激烈的自下而上的革命運動。由於舊有的法規和權力機關已經不復存在，而新的法規和權力機關又尚未建立起來，在北伐軍經過的兩湖地區和各中心城市，下層群眾不僅紛紛組織起來，爭取自身在經濟上和政治上的各種權益，而且紛紛自行提出和制定各種有利於自己的政策和口號。在不少城市，工人、店員無限制地要求增加工資，自動縮短工時至每日四小時以下，自行組織法庭，設立監獄，結成武裝糾察隊，動輒斷絕交通、沒收店

---

❷　《斯大林全集》，第9卷，第133頁；第10卷，第17–19頁；〈關於中國形勢問題的決議〉，1926年12月26日，《共產國際有關中國革命的文獻資料（1919～1928）》，中國社會科學出版社，1981年版，第183–185、253–259、281頁；布哈林：〈國際政策問題 —— 布哈林同志在聯共（布）中央第十五次委員會上的講話〉，《國際新聞通訊》，第131期，1926年11月1日。

鋪，甚至隨意捕人❷。而在相當一部分農村裡，下層農民也大興罰款、抄家、吃大戶、戴高帽、遊街示眾、隨意捕人關人、沒收土地乃至士兵匯款之風，更有甚者，許多地區的農民還不顧軍隊和城市居民的需要，實行阻禁穀米的運動❷。由此造成的政治和社會矛盾，越來越嚴重地擺在共產黨人的面前。就連開始時全力為此種造反精神叫好的毛澤東，也漸漸批評起不懂政策的行為來了❸。

　　對於工農運動不受控制的情況，中共中央最初很自然感到擔心。在北伐軍剛剛占領漢口不久，中共中央就在漢口召開特別會議，對「一方面民眾運動勃起之日漸向左，一方面軍事政權對於民眾運動之勃起而恐怖而日漸向右」的「嚴重傾向」深感不安。它這時還不了解共產國際第七次執委擴大全會決議的精神，因此還在按照共產國際前此的指示精神考慮問題，強調工人、店員「不便向廠主店東提出他們經濟力限制以上的過高要求，更不可輕取罷工手段」，不應「自由封閉生產」、「破壞秩序」、「隨便捉人」、「脅迫及侮辱商人」，致「侵及政府之司法權及警察權」，農民群眾也應將目前要求限制在「減租減息，組織自由，武裝自衛，反抗土豪劣紳，反抗苛捐雜稅」的水平上，不應馬上試圖解決土地問題。中共中央主張「扶助國民黨左派領袖獲得在

❷　劉少奇：〈關於大革命歷史教訓中的一個問題〉，《黨史研究資料》，1980年第5期。

❷　毛澤東：《湖南農民運動考察報告》，武漢長江書店，1927年4月版。

❸　毛澤東五月間在武漢國民政府土地委員會及軍事委員會上均發言批評湖南農運平分富農土地、侵犯軍人家屬、分配士兵寄款和哥老會把持農會的情況。參見《湖南農民運動資料選編》，人民出版社，1988年版，第689頁；《中國國民黨第一、二次全國代表大會會議史料》（下），江蘇古籍出版社，1989年版，第1232–1233頁。

政府及黨的領導地位，以推動國民黨的軍事政權向左，至少也不要繼續更向右」，同時要「在工農群眾實際爭鬥中勿存幻想（如手工業工人過高要求，工人糾察隊執行一部政權，實行耕地農有等）， 以防止我們過於向左，如此才能夠停止左右傾之距離日遠的危險」❷。然而，即使這時清楚地了解共產國際第七次執委擴大全會決議內容的蘇共中央機關報《真理報》，這時也仍舊專門發表社論，告誡中共：目前中國革命的「主要敵人仍然是國際帝國主義，因此，和帝國主義作不調和的鬥爭乃是革命的首要任務」，只有徹底解決這一任務，才有可能全面解決部分已經提上日程和必須要提到日程上來的更為宏偉的社會任務❷。這種情況表明，即使在莫斯科的許多人看來，共產國際第七次執委擴大全會決議中關於社會革命的說法，也還是應當首先服從民族革命的任務。

　　共產國際和中國黨在工農運動問題上的這種態度，和已經羽翼豐滿的蔣介石公開對抗中共及工農運動的嚴重情況，再度引起了蘇聯黨內反對派的注意。蔣介石明顯地是克倫斯基 (Kelunsky)❷式的人物，在北伐革命即將席捲全中國的情況下，繼續同蔣合作，並將自己混同於國民黨，這無論如何與俄國當年的革命經驗不合。既然共產國際第七次執委擴大會議已經公開提出了「越出資產階級民主的界限」的革命任務，並且認為中共應像俄共當年一樣，「竭盡全力爭取最終實現過渡到非資本主義發展軌道的這種革命前途」，建立「向非資本主義（社會主義）發展的過渡時期的反帝革命政府」 ❷，那麼，為什麼同時又

---

❷　《中共中央文件選集》，第2輯，第384–391、402–404頁。

❷　〈中國的革命和反革命〉，《真理報》，1926年12月5日。

❷　克倫斯基，俄國社會革命黨領導人，曾於一九一七年二月革命勝利執掌政權。

要限制工農運動的發展和阻止國民黨內可能的分裂呢？剛剛遭到沉重打擊的反對派，敏感地意識到斯大林等人正在中國問題上犯錯誤，他們當然不會放過這個向斯大林發難的好機會。一九二七年一月，拉狄克公開對共產國際的策略提出批評，聲稱：「中國革命的最終命運將在武漢而不在上海決定。對革命進程起決定作用的不是直接的軍事上的勝利，而是民族革命運動內部階級鬥爭的結局。蔣介石到處槍殺工農，準備進行最後決戰，國民黨左派和共產黨必須鼓起勇氣全力以赴地去驅逐右派，把運動的領導權掌握在自己的手中。為此目的，必須立即武裝工農，在國民革命軍中組建工農部，完成土地革命，用滿足工人要求來解決社會問題」，尤其必須切實爭得共產黨在政治上和組織上的獨立地位。當然，拉狄克雖然認為中共「留在國民黨內適足妨礙無產階級政黨之獨立」，但是他還並不認為目前是中共退出國民黨的理想時機❷❽。托洛茨基對此卻毫不猶豫，堅決主張：退出國民黨問題不應再延擱了，必須立即「由共產黨員公開坦白地提議，以兩黨底獨立及協定為基礎，重新考慮組織問題」❷❾。

三月二十二日，執意挺進上海的蔣介石終於如願以償地占領了這一中國最大的工商業中心。儘管，莫斯科的各大報刊對此熱烈歡呼❸⓿，但托洛茨基卻從蔣介石占領上海和北伐的進一步發展中，看到了新的

---

❷❼　前引《共產國際有關中國革命的文獻資料》，第1輯，第278–284頁。

❷❽　拉狄克在斯維爾德洛夫共產主義大學的報告，轉見《共產國際第八次全會上的中國問題》，第121–122頁。

❷❾　拉狄克：〈給托洛茨基的信〉；托洛茨基：〈給拉狄克的信〉，轉見托洛茨基：《中國革命問題》（中譯本），上卷，第1–2、4–5頁。

❸⓿　參見〈上海工人的勝利〉（社論），《真理報》，1927年3月22日；斯托林：〈中國的戰略形勢〉，《真理報》，1927年3月24日等。

國共危機產生的嚴重跡象。他指出：「國民政府領土愈擴大，國民黨愈變成政府黨，則國民黨底資產階級色彩將會愈明顯。在此關係上，上海為國民政府所占領，簡直有決定的意義」。可以斷定，財政的困難、階級的衝突，將促使國民黨領袖急遽地右傾，而帝國主義在中國的利益中心上海的占領，多半將要成為無產階級失敗和國共關係「轉變底時機」。鑒於「此乃中國無產階級之頭顱所關」的大問題，他極力主張立即提出退出國民黨的問題❸。他明確認為：「如果整個中國革命要求取消帝國主義列強的不平等條約，那麼中國無產階級必須取消對於它自己底資產階級的不平等條約」，否則，北伐或國民革命不僅絕不會給共產黨人帶來任何利益，相反，還會給共產黨人帶來災難❸。

　　後來的事情發展結果，證明托洛茨基這時的這種擔心和估計並不是沒有根據的。但中共退出國民黨是否就有很快獲勝的前途呢？包括斯大林等人在內，在看到蔣介石的軍事地位已強大到不受控制的程度之後，他們其實也未必願意讓共產黨繼續留在國民黨內。問題在於，中共靠什麼與蔣介石對抗呢？在國民黨內，他們還可以借助國民黨內部的派別衝突，特別是利用國民黨內軍事集團之間的利益衝突來抗衡、抑制、削弱，甚至推翻蔣介石；若離開國民黨，即使相當一部分工人、農民能夠擁護中共，依中共目前在南部少數省區的影響力，要取代國民黨，又豈是一朝一夕之事！因此，斯大林一派人毫不妥協地表示：在目前條件下，「共產黨不與國民黨合作，就談不上無產階級在革命中的領導作用」，「主張退出國民黨的說教，就是取消中國革命的說教」。共產國際的機關刊物在注意到上海的占領是工人起義與北伐軍密切配合的結果之後，甚至更加樂觀地聲稱：上海的勝利證明，目前階段「國

---

❸　托洛茨基：〈短簡〉，《中國革命問題》，上卷，第5頁。

❸　托洛茨基：〈致亞爾斯基的信〉，《中國革命問題》，上卷，第7-8頁。

民黨發生分裂，上海工人和革命士兵之間產生敵對情緒是完全不可能的」，並且，「像蔣介石這樣一個革命者是不會像帝國主義者所推測的那樣與反動分子張作霖同流合污，反對他至今為之奮鬥的解放運動的」❸。不管作為共產國際實際領導人的斯大林和布哈林這時怎樣了解上海這時正在發展著的嚴重危機，他們顯然還在對一九二五年伏龍芝提出的那個通過武裝上海工人，「在上海建立革命人民政權」的計劃抱有幻想❹。只不過，他們這時的設想是：爭取在上海建立工人和小資產階級國民黨左派人物合組的「上海革命民主的新政權──上海市民代表（會議）政府」❺。

第三節　孤注一擲

隨著得到莫斯科支持的迎汪抑蔣運動的日益推進，國民黨早已分成涇渭分明的兩大派。這分別跟隨蔣介石和跟隨鮑羅廷的兩派國民黨領導人，很快就開始了爭奪黨權與政權的針鋒相對的鬥爭。以鮑羅廷為首的一派率先來到武漢，組成了國民黨中央中央執委國民政府委員臨時聯席會議，主張遷都武漢；而以蔣介石為首的一派則齊集南昌，組成國民黨中央政治會議臨時會議，主張國民黨中央及國民政府暫遷南昌。在一九二七年一月三日蔣介石一派人決定國民黨中央黨部及國

---

❸ 〈中國的革命與反革命〉（社論），《真理報》，1927年3月16日；〈上海工人的勝利〉，《國際新聞通訊》，第33期，1927年3月25日。

❹ 〈伏龍芝的信摘錄〉，1925年10月。

❺ 〈中國共產黨為此次上海巷戰告全中國工人階級書〉，1927年3月28日；中共中央：〈關於上海工作的決議〉，1927年4月11日，《中共中央文件選集》，第3卷，第34-37頁。

民政府暫駐南昌之後，蔣介石曾親自前往武漢，試圖勸說臨時聯席會議一派人接受成議。不意不僅武漢一派國民黨領導人對蔣之勸告置之不理，而且更在公開場合向蔣示威，弄得蔣下不來臺。在十一日舉行的所謂歡迎總司令的萬人群眾大會上，一些人顯然有組織的質問蔣介石何時遷來武漢，鮑羅廷也利用大會講演之機，含沙射影地批評蔣介石搞個人獨裁，揚言國民黨必須努力提高黨權。此舉惹得蔣介石惱羞成怒，一下來就與鮑羅廷發生了口舌衝突。蔣怒斥鮑羅廷「跋扈橫行」，聲稱：「真正的國民黨員乃至於中國的人民，沒有一個不痛恨你的」；鮑羅廷也毫不示弱地威脅蔣說：「如果有壓迫農工反對CP的這種事情，我們無論如何，要想法子來打倒的」❸❻。儘管，考慮到蔣介石仍舊掌握著軍權和相當部分政權和黨權，鮑羅廷事後也立即「感到害怕」，「不知道做得對不對」，以致不得不趕緊寫信給蔣介石緩和修補關係❸❼，但蔣介石全不買賬。一回到南昌，他就聯合他一派國民黨領導人以國民黨中央政治會議的名義致電共產國際，強烈要求立即撤換鮑羅廷。

　　二月間，正式開始在武漢辦公的國民政府及其國民黨中央，與蔣介石領導的國民革命軍總司令部更成分庭抗禮之勢。在這種情況下，蔣介石更加堅定其反共態度。在其軍隊經過的各個地區，他漸漸開始有組織地清洗擁護武漢政權和由共產黨人控制的一切國民黨黨部和工會組織。面對這種情況，最感到緊張的無疑是中共中央。由於莫斯科和中共都十分重視上海的工作，幻想在這一中國最大的工商業中心上演當年俄國革命的場面，因此，陳獨秀等人對他們在上海秘密組織起來的工人武裝糾察隊的作用極為看重。在注意到蔣介石的軍隊向上海

❸❻　蔣介石：〈慶祝國府奠都南京歡宴會中講話〉，1927年4月8日。

❸❼　見納佐洛夫、弗基內、阿爾布雷希特：〈上海來信〉，1927年3月17日，前引《中國革命問題》，第407頁。

推進，並不斷製造反共事件之後，陳獨秀已明確提出：「中國革命如不把代表資產階級的武裝打倒，中國就不要想革命；同時只有把此武裝打倒，資產階級就（才）可以服從革命的力量」。雖然他清楚地了解只有少數武器的上海工人武裝遠不是蔣介石軍隊的對手，但他仍舊主張共產黨「要馬上動作」，準備在蔣介石軍隊占領上海並向工人糾察隊開刀時，堅決「與之決鬥」，「準備一個很大的防禦的流血的犧牲」。他雄心勃勃地表示：「此決鬥或許勝利，即失敗則蔣介石的政治生命(也)完全斷絕」❸。

　　莫斯科顯然也了解事態的嚴重性。共產國際這時曾發表社論肯定，中國革命的階級對抗日趨尖銳，大資產階級有可能很快脫離革命。布哈林也改變了他在共產國際七次全會上的說法，表示中共有必要立即在國民黨、群眾組織和軍隊內部實行新的統一戰線策略，這種策略的要害在於排除資產階級，「由工人、農民、城鄉小資產階級而不包括資產階級的聯盟」，來取代前此的工、農、小資產階級和反帝的資產階級的聯盟❸。但是，他們絕沒有陳獨秀那種打算與蔣介石拚命的想法。他們強調認為，中共對蔣介石，不可以像一九一七年二月革命之前俄國布爾什維克對克倫斯基的社會革命黨那樣公開進行挑戰，然後來一個十月革命，通過群眾起義將其推翻。在得知中共中央的「決鬥」態度之後，他們很快發來一連串的指示，要求中共方面要準備在上海採取守勢，不要用武力衝入租界，也不要把鬥爭矛頭指向蔣介石，甚至不要公開出面向右派鬥爭，工會亦應少談政治，努力隱蔽發展並保護

❸　〈特委會記錄〉，1927年3月25日；〈中共上海區委會議記錄〉，1927年3月26日。

❸　〈勝利革命的新階段〉(社論)，《共產國際》，第14期；布哈林：〈中國革命的前途〉，《共產國際》，第14期。

自己，一旦出現危險，則應把工人手中的武器埋藏起來，不要與軍隊進行拼死抗爭❹。在他們看來，中國革命的成功，還必須借助於國民黨，特別是國民黨的軍隊才有可能成功。既然蔣介石還掌握著大部分的軍權，還有相當的實力，當然應當利用他把北伐和統一的事業進行下去。這也就是為什麼，北伐軍占領上海前後，上海危機十分嚴重，而莫斯科的態度卻十分曖昧的原因。

十分明顯，在執政將近十年之後，斯大林對軍隊在奪取政權和鞏固政權當中的作用有了較前不同的認識。在俄國人的觀念中，本來奪取政權的革命都是純粹歐洲式的，即通過下層群眾的起義來奪取中心城市。但是，在這個時候，特別是在蘇聯的軍事援助成功地幫助國民黨組織起自己的軍隊，這支軍隊又成功地占領了小半個中國之後，他已經明確地得出結論說：通過中心城市群眾起義和暴動來奪取政權的歐洲式的奪權方式，在中國已經不適用了，中國革命將通過人民軍隊來取勝。這是因為，「在中國，和舊政府的軍隊相對抗的，不是沒有武裝的人民，而是以革命軍隊為代表的武裝的人民。在中國，是武裝的革命反對武裝的反革命。這是中國革命的特點之一和優點之一」。 不僅奪取政權要靠軍隊，甚至土地革命也可以靠軍隊來推動，不僅可以「通過軍隊來幫助農民反對地主」，而且可以「通過軍隊實行正確的農民政策」❹。因此，布哈林明確講：「今天必須為控制國民黨而鬥爭，必須動員一切力量，以保障國民黨的重心左移」❹。

對軍隊作用的高度重視，不可避免地要約束莫斯科推進中國革命

❹　〈中共上海區委主席團會議記錄〉，1927年3月28日；〈特委會記錄〉，1927年3月30日；《真理報》，1927年7月16日。
❹　轉見《共產國際有關中國革命的文獻資料》，第1輯，第266–267、271頁。
❹　前引布哈林：〈中國革命的前途〉。

的步伐。既然知道蔣介石控制著軍隊，又要利用軍隊來實現革命任務，就不可能不在實際上對蔣介石採取委屈求全的妥協態度。於是，人們不難發覺自己處於一種混亂之中。一方面是隨著共產國際第七次執委擴大會議的激進決議而高唱入雲的革命鼓噪，另一方面是每一個中國將軍的為所欲為。以致來到中國的俄國人都驚奇地發現，這裡絲毫也不像他們所經歷過的俄國革命，各種各樣的派別和勢力都在起作用，幾乎每個人的意見都不一樣，所謂革命幾乎完全是將軍們手中的玩物。赤色職工國際代表團團長就曾直言不諱地表示不滿說：「這算什麼革命？每個將領想怎麼幹就怎麼幹！」❸由此可以想見，莫斯科這時的指導可以說是一片混亂。在中國革命熱潮蓬勃高漲的現實面前，俄國人充滿了對革命的迷信與崇拜，可是對於阻礙著其革命進程的蔣介石，又毫無辦法。因此，它這時一方面默認鮑羅廷在武漢推行激進政策，縱容武漢國民黨人以中央執行委員會全會的名義，通過決議削去蔣介石的各種權力，激化國民黨內部的權力鬥爭，一方面又特別發布指示給上海的共產國際代表，要求他們轉告中共中央：目前階段「不求過早地同資產階級交手」，在蔣介石必欲壓制上海工人武裝的情況下，務必要設法避免使上海工人武裝與蔣介石的軍隊發生直接衝突，不得已時應把武器埋藏起來❹。其實，就連激烈反對蔣介石的鮑羅廷，這時也只是在賭博而已。他深知事到如今已經別無出路，或者與蔣能夠重

---

❸　見納佐洛夫、弗基内、阿爾布雷希特：〈上海來信〉，1927年3月17日，前引《中國革命問題》，第407頁。

❹　參見曼達蘭：〈中國革命的危急關頭〉，《國際新聞通訊》，第73-74期，1927年7月23、30日；陳獨秀：〈告全黨同志書〉，1929年12月10日；斯捷茨基：〈中國革命的轉折點〉，《國際新聞通訊》，第43期，1927年4月22日。

修舊好，或者必須造成軍隊內部的分裂，以奪取蔣介石的軍權。而前者在蔣介石決心下定之後，早已沒有可能了。維經斯基二月間根據莫斯科的指示曾一度前往南昌去充當和事佬，結果碰壁而回。剩下的只有政變奪權之一法了。但斯大林對此卻不同意。他的邏輯在今天看上去很好笑。他說：「國民黨是一種聯盟，一種由右派、左派和共產黨人組成的革命議會，如果我們擁有多數，右派又順從我們，為什麼要搞政變？為什麼要驅逐右派？」「目前我們需要右派，他們中有領導軍隊進行反帝鬥爭的有才幹的人。蔣介石可能並不同情革命，但他掌握著軍隊，正好可以作反帝鬥爭之用」。「我們要充分利用他們，就像擠檸檬汁那樣，擠乾以後再扔掉」 ⑮ 。

究竟誰在利用誰？這個問題隨著四月十二日蔣介石在上海發動清黨運動取得成功，迅速變得一目了然了。莫斯科幾乎被這個「政變」打蒙了。國民黨借助於莫斯科的援助，二十年裡第一次如此輕而易舉地把他們的勢力從海外、從廣州伸展到長江流域，並牢牢地控制了中國最富庶的江浙地區和中國最大的工商業中心上海，第一次有了奪取全中國的軍事實力。而俄國人充其量只是借助於共產黨在中國放了一把革命之火，火過之後究竟能夠得到什麼，還無從得知。面對「四一二」事變，莫斯科一時竟拿不出任何行之有效的反擊的措施，大批在蔣介石指揮下的軍隊裡的俄國顧問也得不到指示，應該怎麼辦？一方面共產黨人激烈主張武漢政權武裝討伐蔣介石，一方面蔣介石部隊中的俄國顧問卻仍舊不得不繼續為蔣賣力，其情形之尷尬，難以形容。唯一值得慶幸的，就是他們還保持了一個武漢政府，而願意在它旗幟下效命的還有幾位將軍。但是，斯大林又何嘗不知道，經過俄國人全

---

⑮　〈斯大林在莫斯科黨的積極分子大會上的講演〉，1927年4月6日，引自《共產國際第八次全會上的中國問題〉，第123–124頁。

面調教、訓練和裝備起來的黃埔軍校的軍人尚且會反叛，那些從來就與俄國人沒有多大干係的舊式軍閥，又如何能夠指望呢？處此嚴重關頭，新的爭論不能不再度發生了。

「四一二」事變發生後，蘇共黨內的反對派再度抬起頭來，藉機向斯大林等展開猛烈的進攻。為了揭露斯大林、布哈林等人在中國革命策略上所犯的「嚴重政治錯誤」，挽救中國革命，季諾維也夫於四月十五日正式向蘇共中央政治局遞交了他關於中國革命問題的意見書，明確提出：國民黨就其實質來說，充其量不過是一個小資產階級的政黨，決不是斯大林所說的什麼四個階級的聯盟。尤其是蔣介石及其將軍們手裡掌握著差不多無限的權力，國民黨及其政府事實上「乃是將軍們手中的一個工具」。因此，無論是右派領袖蔣介石起作用，還是左派領袖汪精衛起作用，以後的結果都是一個樣。鑒於此，他認為：「為了革命利益而利用一個將軍去反對另一個將軍是必要的，但玩弄將軍們之間的矛盾和敵對，不能代替階級路線」。在這方面，我們「需要一個獨立於國民黨左右二派的中國共產黨」，而不是現在這個負有不批評孫文主義義務，甚至不能批評國民黨的，純粹是國民黨底下一個附屬品的共產黨。他為此嚴厲批評共產國際首先推進國民革命，再進一步把共產黨分裂出來的「徹頭徹尾的門雪維克❹觀念」，強調「中國底國家統一必須為中國無產階級與國際無產階級底事業服務」，必須直接把資產階級的民主革命引向社會主義革命。即使在目前形勢下暫時不提出退出國民黨的口號，也應當首先而且必須提出成立工農勞動會議即

---

❹ 即孟爾什維克，俄語中為少數派的意思，指蘇聯共產黨的前身社會民主工黨中的一個派別，該派別當年與多數派，即列寧領導的布爾什維克分裂，反對列寧的激進革命主張，革命勝利後這一名詞即成為妥協派和革命取消派的代名詞。

蘇維埃❼的問題。因為,「只有蘇維埃能夠摧毀舊的資產階級的統治機關,開始造成新的(政權)」,而「這時機在中國已經到了」。因為在國民黨的軍隊及其首領們已經開始利用每一個機會鎮壓共產黨員的情況下,中國革命或者是走向資產階級專政,或者是掙脫地主資產階級軍人的束縛,把中國革命真正引上階級革命,實現工農民主專政,再沒有第三條道路可以選擇❽。

　　季諾維也夫的主張贏得了反對派的一致喝采。但是,斯大林和共產國際領導人面對中國革命的嚴重受挫卻毫無認錯之心。《真理報》公開載文宣稱:蔣介石的叛變是共產國際早就料到的,革命局部的失敗本來就不可避免。文章甚至認為:「只要蔣介石反對帝國主義和北方封建主義,組織軍隊同他們作鬥爭,領導北伐以擴大民族革命的基地,從軍閥統治下解放廣大地區和中國的重要工業區,他是在幹革命,中國共產黨就應當支持他的這種革命鬥爭」❾。

---

❼　「蘇維埃」,俄語為Cobét,原意為「會議」。它之成為一種特有的革命名詞,與早期的俄國革命有關。早年,它是俄國一九〇五年革命高潮中出現的作為罷工委員會組織起來的工人代表會議的一種簡稱,以後這種工人代表會議發展成為具有工人起義機關和工人自治政權性質的一種權力機構。一九一七年革命時,該組織再度出現,並成為對抗上層立憲議會和當時政府的一種事實上的政權機關,布爾什維克即利用它在該機構中逐漸取得的優勢地位,領導和組織了反政府的革命起義。因此,它在革命勝利以後,即以蘇維埃作為蘇聯權力機構形式和名稱。

❽　季諾維也夫:〈中國革命提綱〉,1927年4月15日,見托洛茨基:《中國革命問題》附錄,第99–128頁。

❾　斯捷茨基:〈中國革命的緊急關頭〉,《真理報》,1927年4月15日;斯捷茨基:〈鬥爭的辯證法〉,《真理報》,1927年4月21日。

　　四月二十一日，斯大林針對「四一二」事變和季諾維也夫的意見書，以蘇共中央的名義發表了〈給宣傳員的提綱〉進行反擊。他堅持認為，反對派完全混淆了中國革命的不同階段。在他看來，第一個階段，民族資產階級是和革命一同前進的，這時還是全民族聯合戰線的革命，「三二〇」事件固然反映出統一戰線中無產階級和資產階級之間的矛盾，但資產階級並未脫離革命，北伐的勝利進展和工農運動的迅猛發展就充分證明了共產國際路線的正確性。直到「四一二」事變發生，第一個階段才告結束，第二個階段方才開始，這個時候利用右派的策略才是不正確的。因為從第二個階段開始，全民族聯合戰線的局面將迅速轉變為千百萬工農群眾的革命，即土地革命，資產階級將不可避免地站在反對的方面，聯合資產階級，即利用國民黨中右派的策略將不再可能。但是，即使在這個階段，仍舊不能把中國一切旗幟中最受歡迎的國民黨的旗幟交給國民黨右派，相反，應當把右派逐出國民黨，「把國民黨全部政權集中於革命的國民黨」。因此，在這種時候，提出蘇維埃的口號是不適當的，它等於提出反對革命的國民黨的政權的起義口號，並有利於向中國革命的敵人提供中國在「人為地移植莫斯科的蘇維埃化」的口實❺⓿。

　　托洛茨基對斯大林的辯解完全不以為然。在他看來，斯大林並沒有從蔣介石接連發動的兩次嚴重事變中吸取足夠的教訓。他尖銳地指出：繼續按照斯大林的路線走下去，迷信武漢政府中的左派領袖和將軍們，多半還將釀成更悲慘的後果。事情很清楚，除非共產黨依靠自己的力量獨立自主地進行鬥爭，否則資產階級的國民黨領袖們必將進一步與工農運動發生衝突，並製造下一個「四一二」事變。他斷言：

<hr />

❺⓿　斯大林：〈中國革命問題——聯共（布）中央批准的給宣傳員的提綱〉，1927年4月21日，見《斯大林全集》，第9卷，第201-206頁。

「中國資產階級民主革命，如不將在蘇維埃形式中前進而勝利，則將完全失敗。」因為，被國民黨及其將軍們捆住手腳的共產黨，是絕不可能把中國革命真正引上階級革命的道路的[51]。可是，斯大林仍舊毫不含糊地聲稱，中國革命不會面臨新的失敗。他甚至公開宣布說：蔣介石的政變不是使革命高潮低落，而是「使國民黨洗去了污點，把國民黨的核心向左推移」，從而使革命「進入其發展的更高階段即土地運動階段」。他反對懷疑汪精衛等國民黨左派領袖和改造武漢政權成為工農專政的機關的可能性，強調中國革命只有兩種前途：「要就是張作霖和張宗昌之流的中國的墨索里尼們勝利，然後又被土地革命的浪潮推翻，要就是武漢勝利」，「力圖使自己保持在這兩個營壘之間的蔣介石及其幫手們一定要垮臺」，絕沒有其他的可能。據此，他強調認為：中國革命現階段的任務就是「以全力燃起土地革命的火焰，保證無產階級在這個革命中的領導權，鞏固武漢，把武漢變成和中國革命的各種各樣敵人作鬥爭的中心」。同時武裝工農，組成可靠的革命軍團，嚴防後方和前線的潰敗、投敵和叛變。在這個時候提出蘇維埃問題，另外組織革命的中心，以至形成事實上反對現存政權的起義機關，在他看來，是極其荒唐可笑的[52]。

如果說斯大林看上去胸有成竹，那多半也只是表象而已。在隨後舉行的共產國際第八次執委擴大會中國問題委員會的會議上，斯大林和布哈林顯然不像他們在與反對派辯論時那麼熱衷於講大話。他們雖

---

[51]　托洛茨基：〈中國革命與史大林底提綱〉；〈關於中國革命的第二次演講〉；〈覺悟與矯正的時期到了〉等，前引《中國革命問題》，第19、25、29、32、77–79頁。

[52]　斯大林：〈和中山大學學生的談話〉，1927年5月15日，《斯大林全集》，第9卷，第231–232、234頁。

然仍舊堅持認為「國民黨是最適合於並且最能適應中國特點的民族民主革命組織形式」,「武漢國民黨和武漢政府是資產階級民主革命運動的中心」,但面對中國兩湖地區農民自下而上地用暴力向土地所有者奪取土地,導致當地將軍們與農民之間發生嚴重對立的消息紛至沓來,他們的態度都明顯地處於一種矛盾之中。一方面,斯大林在會議上表示反對沒收和平分國民黨員和國民革命軍軍官的土地,理由是中國的將軍們與土地聯繫密切,而中國的軍隊又都是雇傭兵,如果不能設法保持其利益,一定會爆發內戰,而我們一定會被打垮。為此,斯大林明確建議中共採取靈活的政策,努力減輕武漢政府的困難。但另一方面,作為列寧主義的信奉者和十月革命的參加者,斯大林一派人也無法置反對派的激進觀點於不顧。鑒於國民黨的將軍們越來越多地走向反共,共產國際又孤注一擲地祭出了群眾革命的法寶。其五月下旬發出一系列電報指示明確主張:「沒有土地革命,就不可能勝利。沒有土地革命,國民黨中央委員會就會變成不可靠的將軍們的可憐的玩物」,因此,必須利用自下而上的土地革命把農民充分發動起來,「建立一支反對帝國主義及其走狗的廣泛而強大的政治和軍事大軍」,造成「革命和國民黨成功的基礎」。具體而言,他們要求中共中央:立即「動員兩萬左右的共產黨員,加上湖南、湖北約五萬的革命工農,編成幾個軍,用軍官學校的學生來充當指揮人員」,並「從下面吸收的新的工農領袖到國民黨中央委員會裡去」, 主張通過這種一廂情願的方法迅速改變現實力量對比 ❸。

---

❸　〈斯大林等人關於中國革命問題的一次討論〉, 1927年5月,《共產國際與中國革命資料選輯》(1925～1927), 第437–441頁;參見中國人民解放軍政治學院黨史教研室編:《中共黨史參考資料》,第4輯, 第554–555頁。

第四節　無可奈何

　　不僅看到軍隊的重要性，而且認識到共產黨要想控制國民黨就必須擁有自己的軍隊，這在斯大林來說，自然是一種進步。但這也清楚地顯示出斯大林等人這時並非像他們在與托洛茨基等人辯論中信誓旦旦地保證的那樣，真的相信在中國不會出現新的叛變與失敗。他們的內心其實很擔心。進入六月以來，《真理報》就已經在那裡向它的讀者吹風了，只是它的說辭比較巧妙而已。它輕描淡寫地告訴它的讀者說，「在中國目前群眾參加革命如此踴躍的情況下，個人甚至整個軍事集團脫離革命，叛變和出賣革命，對於革命來說都是不足懼的」❺❹。其實，假若真的出現「整個軍事集團脫離革命，叛變和出賣革命」的情況，豈能「不足懼」？聯繫到斯大林先前對中國革命中軍隊的特殊作用的評論，不難想見這種說法純粹是自欺欺人。事實上，還在共產國際發出鼓吹自下而上地發動土地革命的五月指示不久，布哈林就已經開始強調：「必須在對待小資產階級，也包括對待中等資產階級的態度上相機行事」，要設法保證他們的財產「完全不受侵犯」，以此來保證生產，並維持軍隊和財政開支等❺❺。言外之意，還不是希望共產黨人設法緩和工農運動對有產階級，特別是對軍人的衝擊！

　　莫斯科的指示含混其辭，又變來變去，不僅使它在中國的代表意見分歧，而且也極大地損害了汪精衛武漢政權對蘇聯政府的信任。

　　自一九二七年五月中旬至六月下旬，鮑羅廷、羅易和中共中央接

---

❺❹　謝苗諾夫：〈中國革命和社會力量的不斷分化〉，《真理報》，1927年6月15日。

❺❺　布哈林：〈共產國際執委會全體會議情況介紹〉，《真理報》，1927年6月18日。

連收到來自斯大林和共產國際執委會的電報指示。其中措辭最強硬的就是五月底由斯大林簽發的關於改變國民黨現存機構、組織工農新軍和革命軍事法庭的那份盡人皆知的重要電報**⑥**。在此之前，鮑羅廷與羅易之間已經圍繞著對國民黨應當採取什麼樣的策略這個問題爭得不可開交，影響到中共黨內也是意見分歧，相持不下。這種爭論的核心，說到底只是一個策略問題。中共政治局委員蔡和森後來把它概括為「深入廣出之爭」**⑦**，其實就是先革命再統一，還是先統一再革命的爭論。羅易的主張很明確，那就是：「擺在武漢小資產階級政府面前所需要做的事情，就是執行一項真正革命的政策，完成土地革命」。因為，「革命前途的唯一保證就是建立一個革命民主的基礎，而在中國，革命民主力量的核心就是農民」。如果繼續北伐，只能是便利某些軍事領導人「轉身逃跑，拋棄群眾」。事實上，再不能寄希望於諸如唐生智、馮玉祥之類的將軍們了，如果沒有工農民眾的壓力，「這些人很可能又變成新的蔣介石」，結果，共產黨人是「跳出油鍋又跌入火坑」。鮑羅廷的意見正好相反。他認為：如果我們不採取激烈的工農政策，「如果我們不在湖南實行一種由我們控制政權的政策，如果我們不製造像（查抄）佛教協會這類事件，我相信我們可以在這裡工作很長時間」，但這一切都發生了，而且難以使它不再發生。由於我們目前所利用的將軍們和大批軍官大都出身於兩湖地區的富裕家庭，充滿暴力的工農運動不可避免地會激起軍人們的惡感與反叛，要使他們不致於像蔣介石那樣與共產黨和工農運動翻臉，唯一的辦法是驅使他們繼續北伐，使他們遠離自己的家鄉，沒有辦法騰出手來打擊工農運動。同時，只要能與馮

⑥　《共產國際與中國革命資料選輯》，第1輯，第416-417頁。

⑦　蔡和森：〈黨的機會主義史〉，1927年9月，中央檔案館編：《中共黨史報告選編》，中共中央黨校出版社，1982年版，第99頁。

玉祥的國民軍匯合，打到北京、天津以至張家口，就可以從西北接通外蒙和蘇聯，從而像過去在廣州那樣，通過供應武器彈藥使將軍們獲得甜頭，再反回頭來收拾蔣介石。如果從謀略的眼光，鮑羅廷的辦法在這時對共產黨無疑更安全有利，但是，無論共產國際代表還是中共中央領導人，卻很少有人無條件地贊同鮑羅廷的觀點❸。這裡的原因說起來多少讓人有些不可思議，因為不少人認為，鮑羅廷的意見是「逃跑主義」❺。

　　堅持革命道路必須筆直又筆直，把任何一種曲折、迂迴和對規定路線或原則的些許偏離，都看成是對革命的背離，這在那些極力強調意識形態的共產黨人中間可以說是司空見慣的事情。在這個時候，蘇聯黨內的派別鬥爭還沒有演化為血腥的「肅反」❻，因此，鮑羅廷並不因羅易等人的指責而放棄自己的意見。相反，眼看四月十五日廣東李濟深部公開倒向蔣介石，夏斗寅部五月十二日在湖北宜昌反叛，許克祥部二十一日在長沙鎮壓工農，朱培德部二十九日開始在江西實行「分共」，六月初四川劉湘又接受蔣之委任並指揮楊森部進攻武漢，羅易其實也已經或多或少地看出他那套主張有點兒不切實際。儘管他還在那裡振振有詞地揚言：現在擺在共產黨人面前的「只有一條道路：

---

❸　〈中共中央與共產國際代表團聯席會議記錄〉，1927年4月13～15日。

❺　前引蔡和森：〈黨的機會主義史〉。

❻　蘇聯大規模的「肅反」運動發生於一九三五至一九三八年間，這場運動中總共牽連了大約五百萬人，其中四十萬人被處決，僅蘇共自己一九三四年第十七次代表大會選舉出來的一百三十九名中央委員和候補中央委員中就有九十八人被殺，兩人被迫自殺，軍事領導人中六名元帥中四人被殺，蘇軍一百九十五名師長中一百一十人被殺，二百二十名旅長中一百八十六人被殺。

我們必須進攻。」「在這種時刻，同小資產階級聯盟的問題已經失去其政治意義」，「共產黨必須站出來領導土地革命」，準備三個月時間，組織軍隊，武裝工農，自下而上地組織召開國民黨代表大會，「推翻國民黨現中央」❻，實際上，他仍不能不寄希望於武漢國民黨領導人汪精衛與莫斯科達成的默契。當六月二十一日徐州會議開過，馮玉祥轉而公開提議禮送鮑羅廷等蘇聯顧問出境回國，共產黨人下野，武漢南京兩政府合併遷寧，眼看曾經大量接受蘇聯軍事政治援助，俄國人這時最看好的馮玉祥也驟然翻臉，羅易再也沈不住氣了。他急忙致電莫斯科，要求火速答應早先向汪精衛作出的援助許諾，以取得汪精衛的信任❻。

汪精衛是一個再現實不過的人了。他深知自己只能在國民黨裡找出路。早些時候他之所以十分感念蘇聯，一來是因為他在國民黨內的政治地位要靠莫斯科來為其鋪墊和鞏固，二來也是因為斯大林的那個一千五百萬盧布援助的慷慨許諾。汪精衛一到武漢就告訴羅易說，在莫斯科時，「蘇聯政府和共產國際都答應給他以全力支持」。這正是他四月初回到上海後與陳獨秀共同發表聯合聲明，保證要與共產黨「相互尊重，事事開誠」的一個基本動力❻。這個時候的汪精衛，確實表現得很激進、很有信心。據羅亦農在中共上海區委活動分子會議上的報告可知，中共中央這時曾經專門向他介紹過共產國際第七次執委擴

---

❻　〈羅易在中共中央政治局會議上的發言〉，1927年6月9日，羅伯特‧浩思和津尼亞‧尤丁編著，王淇皮譯：《羅易赴華使命》，中國人民大學出版社，1981年版，第316–318頁。

❻　見《羅易赴華使命》，第116–117頁。

❻　〈汪精衛、陳獨秀聯合宣言〉，1927年4月5日，《革命文獻》，第16輯，第26–28頁。

大會議有關在中國必須開展土地革命、武裝工農，使中國走上革命的民主專政和非資本主義發展道路的指示精神，汪精衛聽說後，十分痛快地表示：「絕對贊同第三國際給我們的訓令」，他相信「與CP可以合作下去，甚至於到建設社會主義制度」 [64]。但是，在汪精衛來到武漢兩個月之後，他的想法不能不多少開始發生改變。據他後來的解釋是說，當他到武漢之後，發覺「其時武漢已成為共產黨把持的局面了」，工農運動也完全走到共產黨所主張的「沒收土地」、「沒收工廠」的極端，與國民黨的主張不同了，以致「一般忠實同志，痛心已極」 [65]。汪精衛畢竟與國民黨有著深厚的歷史淵源，他很清楚，離開了國民黨，他對蘇聯和中共多半不會有任何價值。因此，他很難容忍共產黨來支配國民革命的整個進程，更難以接受工農運動走向不受控制的局面。甚至，他也不願外界得出這樣的印象，好像武漢的國民黨和國民政府完全是在俄國人的操縱之下。這多半也就是為什麼，當張作霖在北京抄了蘇聯大使館，並接連公布國民黨得到蘇聯秘密援助的文件之後，武漢國民政府很快通過決定解除了鮑羅廷的顧問職務。

　　當然，在汪精衛等人與馮玉祥於六月中旬在鄭州開會前後的一段時間裡，他還沒有表現出要與共產黨人分手的急迫想法。因為這次會談似乎很成功，汪精衛一度以為自己找到一個贊同反蔣的強有力的同盟者。大約也是在這個時候，羅易曾根據共產國際的五月指示擬定了一個使汪精衛「能在武漢政府內重新建立有效領導權的具體行動計劃」，汪「同意此項計劃」，並再度要求莫斯科迅速提供「必需的援助」。這個計劃所需要的款項又是一個一千五百萬。汪精衛相信，只要莫斯

<hr />

[64]　《上海區委召開活動分子會議記錄》，1927年4月6日。

[65]　汪精衛：〈武漢分共之經過〉，1927年11月5日；汪精衛：〈分共以後〉，1927年11月11日。轉見《汪精衛集》，第3卷。

科能夠再給一千五百萬，他就足以吸引更多的軍隊到武漢方面來，並向蔣介石發動東征。但不過幾天之後，馮玉祥就在徐州與蔣介石達成妥協，公開表明反共立場，這種情勢使汪精衛進退維谷，十分困難。事情很明顯，或者要共產黨，或者要國民黨，二者必居其一。面對這種形勢，羅易走投無路，只好孤注一擲地將莫斯科的五月指示和盤托出，企圖藉此向汪精衛表明誠意並施加壓力。他聲稱：「雖然莫斯科沒有直接給他發電，但電報顯然為他發的，因為內容是重申他在莫斯科時對他本人許諾的保證」，「裡面就有要向他轉達的信息」。羅易斷言：「如果我能肯定保證必要的援助即將到來，他願意遵守協議」❻。但這多半也只是一廂情願而已。實際上，斯大林在得知汪精衛的東征計劃之後，甚至在了解到馮玉祥反叛，以及武漢政府六月十七日正式通知鮑羅廷解除了他顧問職務的情況之後，儘管非常擔心武漢方面會迅速歸順蔣介石的南京政府，希望能夠保持武漢這一根據地，但他與莫洛托夫等人商量來商量去，卻只同意給汪精衛區區三至五百萬盧布，既不同意照早先答應過那個數字提供款項，更不同意為汪精衛的東征提供援助❼。不難想見，這區區幾百萬盧布對汪精衛的武漢政府完全是杯水車薪，遠不足以被汪用來吸引他周圍的那些實力派領導人，它更不足以使汪精衛為此犧牲自己在國民黨中的聲望，轉過頭去與共產黨結為連理。面對構成其權力基礎的整個武漢國民黨可能四分五裂，而蘇聯自食其言，完全不足以依賴的嚴重情況，汪精衛不能不迅速做出了拋棄共產黨的重大政治決定。

　　還在一九二七年七月上旬，國共之間關係全面破裂的局面就已經確定了。但是，為了不讓反對派抓住把柄，斯大林堅持共產黨應當暫

---

❻　前引《羅易赴華使命》，第116–117頁。

❼　前引Stalin's Letters to Molotov, p.136–137。

時只退出國民政府，而不退出國民黨，也不能打出蘇維埃的旗幟。儘管他在私下裡告訴莫洛托夫說：「我相信，退出國民黨的問題不久就必須要提出來」❻❽。結果，為了堵住反對派的嘴，他硬是拖了兩個月時間，編了許多理由來證明他的策略一直是對的。直到九月中旬，他才最後同意中共退出國民黨，並打出更加激進的蘇維埃革命的旗號來。這個結果，或者說是這個所謂新階段和新政策的形成，很大程度上仍是根據俄國革命固有理論通過邏輯推演出來。它的命運如何，從一開始就讓人懷疑。事實上，在斯大林的觀念裡，這個任務也不是天生弱質的中共所能完成的。只要看一看他在武漢國民黨分共前的七月九日寫給莫洛托夫的信就可以知道了，斯大林已經從國民黨的成功裡得出了結論，即中共要想取得成功，就必須像蘇聯幫助國民革命軍那樣，由共產國際為它建立一整套顧問系統，這些顧問不僅要分派到中央的每一個部門，而且要分派到中共的每一個省委及其下屬的地方工作部門❻❾。僅僅是由於國民黨「清共」、「分共」來得過快，中共被迫轉入地下，這一設想才沒有能夠實現。

　　但斯大林等人畢竟清楚地了解，拿俄國的錢、俄國的武器，又派大批俄國的專家幫助其吸取俄國的經驗和知識，造出一個反蘇反共的國民黨政權，純粹是種橘得枳的結果，不僅有損於俄國的利益，而且也有損於俄國的顏面。因此，在一九二七年剩下的幾個月裡，莫斯科想方設法幫助和推動弱小的中共，起來推翻正在日益強大起來的國民黨的統治，實在也是逼不得已的事情。

---

❻❽　*Stalin's Letters to Molotov*, p. 143.

❻❾　*Stalin's Letters to Molotov*, p.142.

第四章　中國學生內爭初起

　　二十年代的中共，從理論到實踐，一切都是「以俄為師」。既是「以俄為師」，就不僅要把俄國人請到中國來，手把手地一步步教革命之策，尤其要把自己的人送到俄國去，直接接受俄國人的教育，把自己的人個個都培養成俄國式的革命家。

　　在整個二十年代和三十年代初，經過中共送到俄國去學習的人至少在千人以上，但絕大多數其實並沒有從事革命❶。之所以會出現這種情況，一個很重要的原因，是受內部鬥爭的影響。

　　俄國人是講階級鬥爭的。講階級鬥爭，就難免要把不同意見之爭看成是階級之間的鬥爭。因此，即使是其黨內的權力鬥爭，也很容易被一方引上階級鬥爭的軌道。中國學生來到莫斯科，恰好趕上其黨內鬥爭轉變為「階級鬥爭」的過程，部分人自然也就自覺不自覺地也學會了那些拉一派打一派的鬥爭手段，搞起了「窩裡鬥」。中國人本來就

---

❶　留俄學生之中雖有八十人擔任過中共高級幹部，有四十七人做過中央委員或候補中央委員，十五人曾任中共中央政治局委員，但至中共七大時，七十七名中央委員及候補委員中，僅餘六人。另據Alexander Pantsov統計，在這十多年間中國派到俄國去學習的至少在兩千一百人左右，除去一少部分純粹的國民黨人以外，大部分都是中共派去的學生。參見Alexander Pantsov, "From Students to Dissidents: The Chinese Trotskyists in Soviet Russia", *Issue and Studies*, vol. 30, no. 3, March 1994, Taipei, p. 110.

有自己的弱點，如省籍情結，文人相輕，一盤散沙，不易團結等等，俄國人的那一套在自己隊伍內部劃分三六九等和排除異己的作法，一到了中國人這裡也就愈發變本加厲地形成了自己人之間的「殘酷鬥爭，無情打擊」。結果，一九二七年國共剛剛分裂，莫斯科這邊的中共學生也立即鬥將開來，一切跟國民黨及其學生沾邊兒的人都成了懷疑對象，最後竟由不同省籍和派別之爭，演化為政治鬥爭。由一個小小的玩笑、幾封私信，竟鬧出一個莫須有的「江浙同鄉會」事件來。經過這個事件和愈演愈烈的黨內鬥爭，再能夠回到中國來的，自然不多。一些學生即使回來，也早磨滅了革命精神，或乾脆參加到反對派行列裡去，真正又歸到中共麾下的能有早先送去的十分之一也就不錯了。更何況，那些久經黨內鬥爭鍛煉的學生，就是回到國內來，又會給中共帶來些什麼呢？

第一節　派別緣起

「江浙同鄉會」事件的發生，嚴格說來並不是偶然的，它最初在很大程度上是同中國留俄學生中間的某種派別鬥爭聯繫在一起的。因此，要搞清楚所謂「江浙同鄉會」事件發生的經過，不了解或者忽略中國學生內部之間早期矛盾衝突和派別分歧不談，是不可能的。

中國學生中間的矛盾是怎樣形成的，最初的派別又是怎樣發展起來的呢？這還要從中共旅莫支部的問題說起。

在莫斯科中山大學成立以前，中國的留蘇學生人數有限，最初都是由中共早期組織從國內派送來的，他們集中在莫斯科東方勞動者共產主義大學「中國班」裡學習。至一九二二年十二月，中共旅莫學生中正式黨員和候補黨員總共只有十一人。至次年四月中國旅歐的學生

轉來東方大學中國班學習後，黨員才增加到二十三人。四月二十八日，在莫斯科的中共黨員正式組織了中共旅莫支部委員會，它從一開始就自行管理，獨立於聯共（布）黨之外，直接根據中共中央的指示行事。第一任書記是由國內派去的中共黨員羅亦農，至一九二五年一月羅奉調回國，王一飛接任，僅數月也奉調回國。自一九二五年六月起，旅莫支部改由從歐洲來的袁慶雲、劉伯堅等人負責。

　　從現有的關於中共旅莫支部的各種資料看來，在一九二五年上半年以前，中共旅莫支部的工作和存在似乎沒有發生什麼引人注目的問題。只是就這個旅莫支部的合法性問題上，俄國人和中共之間開始出現了一些分歧。據旅莫支部這時給中共中央的信說：「大學俄國共產黨支部委員會決定解散中國學生中早已成立的組織，代之以依照俄國黨的原則建立的新的組織。而我們認為，這種組織結構不利於今後進行我們自己的工作與相互的合作，我們請求黨中央通過共產國際東方部就此提出異議」。在接到這封信後，陳獨秀當即寫信給共產國際東方部，表示支持旅莫支部的意見。信稱：「我們不了解他們那裡組織結構的詳細情況，但是，根據實際情況和需要（要為學生開設特別的課程，要研究許多中國的特殊問題，新到的學生不懂外俄語等）， 我們認為，中國學生需要有特殊的、本民族的組織，這個組織應該在俄共大學黨支部的監督和領導之下，在中國學生中進行工作」❷。陳獨秀的信發生了一些作用，旅莫支部被暫時保留下來了。但是，中國人和俄國人之間的矛盾也可以由此看出一些端倪。

　　自一九二五年下半年起，情況開始有些不同了。造成這種情況的，主要是因為兩個原因。其一，自一九二四年下半年到一九二五年上半年，國內來東方大學學習的黨員幹部日漸其多，而旅莫支部的負責人

---

❷　〈陳獨秀致共產國際東方部的信〉，1924年10月18日。

卻換成了清一色的原旅歐支部的領導人，這些人大部分還是當年同赴法國和比利時勤工儉學的四川同鄉。緊接著，一九二五年底蘇聯政府為中國革命開辦的中山大學（即孫逸仙大學）正式宣告成立，同時東方大學中國班也開始招收一年級班，總計約數百名學生陸續到達莫斯科，國內來的學生更占絕對多數，其中甚至有相當一批黨齡較長，資歷較深的中共黨的幹部，包括中共中央指定帶隊來莫的俞秀松、董亦湘等人。但是，旅莫支部卻沒有考慮在新組建的中山大學旅莫支部中發揮這些來自國內的老幹部的作用，而是指定同一時間由歐洲轉來的原旅歐支部書記任卓宣❸擔任中山大學旅莫支部的組建工作❹。這個任卓宣同樣不依靠來自國內的幹部，由他選定的中山大學首屆旅莫支部的其他幾名負責人，也是他前此在旅歐支部中的親密同事。這種作法，不可避免地在人數較多的國內來的學生與人數較少的從歐洲轉來的學生之間，造成了某種人為的隔閡。其二，一九二五年底，旅莫支部由於相信大批國內來俄留學者成份複雜、思想混亂、組織紀律渙散、個人主義傾向嚴重❺，根據中共中央關於必須努力把留俄學生培養成

---

❸　任卓宣，即葉青，四川人。早年赴法勤工儉學，一九二二年加入中共。一九二五～二六年先後在莫斯科東方大學和中山大學擔任旅莫支部書記。一九二六年底回國，一九二七年底被國民黨逮捕，後遭槍斃未死。傷愈後向國民黨告發中共同事並投降。此後即以葉青為名從事反共宣傳工作。一九四九年以後隨國民黨退往臺灣，最後病死於臺灣。

❹　〈黨部召集新到同志談話〉，1925年11月6日，見莫斯科俄羅斯當代文獻保管與研究中心檔案（以下簡稱中心檔案），全宗號530，目錄號2，卷宗號1。

❺　有關這時來莫學生的政治素質及思想品質的報告，可詳見於一九二五年十一月六、七、十三、十七、二十四、二十八日〈黨部召集新到組長談

革命戰士的有關指示，擬定了一個〈關於訓練工作的具體方針〉，　明確規定：

「打破家庭鄉土民族觀念──無產階級沒有家庭地方國家的限制」。

「消滅感情的結合──感情上的結合就是小資產階級的結合──我們的感情是黨的利益上的」。

「除努力研究外還應注意俄文──絕對不要存先學俄文後研主義的錯誤觀點」。

「始終要絕對的維持團體在行動上的一致」。

「有意見應發表──隱藏意見不發表即是站在團體以外反革命的動機」。

「每次寫信不要忘了宣傳──宣傳是每個共產黨人最小限度的義務」。

「對外態度和行動要十分謹慎──洩露團體的秘密即是敵人的偵探的行為」。

「我們的生活和意志不要處在個人主義和個人意志的地位──

話會記錄）。　在這些談話會上，分批率隊前來莫斯科的各隊指導員、書記根據袁慶雲、劉伯堅等旅其支部負責人的要求，簡略彙報了同隊學員的社會出身、政治表現等。從彙報中可以看出，他們普遍認為學生素質不甚理想。對個人品行最多的評語是：「性燥」、「粗暴」、「個性強」、「有個人色彩」、「作事無條理」、「對團體認識不好」、「無政府主義色彩很重」等。俞秀松等十人為中共中央任命的指導員，共帶來一百二十八名學員，他對他們帶來的相當多數的中共黨員和青年團員的政治素質的批評尤其嚴厲。見中心檔案，全宗號530，目錄號2，卷宗號1。

在團體生活意志之下，我們的生活和意志要絕對的團體化群眾
化，絕對無個人生活和個人自由意志之可言」。

「要嚴格的批評同志錯誤，要虛心接受同志的批評——怕批評
或不接受批評和不批評同志都非共產黨員態度。一個共產黨員
無論何時何地，要以互相監督的關係（共產黨員互相的關係即
互相監督）批評同志監督同志——批評是達到培養我們成為鐵
一般的共產黨黨員的手段」。❻

根據這種頗有些極端的「訓練」計劃，東大和中大的旅莫支部堅
持在中共黨員和團員學生中貫徹思想改造的原則，強化黨內批評制度，
甚至鼓勵相互之間的揭發批判和打「小報告」。這種作法，更引起過
去幾乎從未過過集體生活的相當部分青年學生的不滿。反對旅莫支部
的情緒和鬥爭很快表面化，在幾次支部大會上，俞秀松、周達文、董
亦湘、盧貽松等公開與任卓宣等語言衝撞，一些中國學生更是接二連
三地致書中共中央和共產國際，要求對旅莫支部進行批評❼。終於，
俄國人有了充分的理由，很快出面將這個獨異於它的領導之外的中共
旅莫支部解散了。

確切地說，在大批國內學生來到莫斯科之後，由中共旅莫支部進
行管理的時間並不長。中山大學和東方大學中國班一年級到一九二一
年十二月底才正式開學，大批中國學生也只是在此之後才開始接受中
共旅莫支部的管理，而中共旅莫支部在四個月之後，就因學生反映強
烈和它的指導方針與學校相左，被蘇共中央明令解散，任卓宣、袁慶

❻ 〈旅莫中中國共產黨和中國社會主義青年團關於訓練工作具體的方針〉，
　　前引《蘇聯陰謀文證彙編》，第801–805頁。

❼ 參見中心檔案，全宗號530，目錄號1，卷宗號21。

雲、劉伯堅等也很快回國工作了。因此，一般中國學生與旅莫支部相處的時間，只有這短短的幾個月。但旅莫支部的解散，並沒有使中國學生中間的意見分歧就此消失。恰恰相反，由於按照蘇共組織原則新組織起來，並隸屬於蘇共區黨委的新的校總支部委員會，仍舊主要由前旅歐支部的負責人控制著，無論在東大，還是在中大，學生中間的意見分歧仍沒有根本解決。漸漸地，中國學生中間日益開始分裂出兩個派別。一派人過去同情旅莫支部的作法，現在擁護新的總支部委員會；一派人反對過去的旅莫支部，現在同樣對新的總支部委員會表示不滿。只不過，在整個一九二六年乃至一九二七年春，中山大學裡雖然存在著明顯的派別性質的意見分歧，但這種分歧尚未形成系統，派別界限也不十分明顯。

根據規定，東大和中大新成立的總支部委員會書記均由俄國人來擔任。在中大，新任總支部委員會書記為斯哥尼柯夫 (Skonikov)。由於這個斯可尼柯夫來校不久即與教務處主任阿戈爾(Agor)產生矛盾，從而很快都介入到中國學生原有的矛盾之中，並利用學生間的這種矛盾各自建立自己的系統，因而使中國學生中這種派別的界限日益明朗化。當然，這種派別的對立和鬥爭，這時只較多的存在於學生幹部之間，即表現在支部委員會系統和教務處系統的學生幹部之間。至於多數中國學生，他們既不滿意支部委員會動輒上綱上線，繼續保持旅莫支部的某些工作方法，又不滿意教務處指導下的脫離實際的教學方式，特別是不滿意俞秀松、董亦湘、周達文等把持翻譯工作，領取高額工資的情況。因此在兩派爭論中，多數學生的立場並不十分清楚。甚至，他們中許多人最初還往往站在支部委員會一邊，要求校方解除俞秀松、董亦湘等人翻譯工作，收回發給他們的薪水❽。

❽　可以查閱到的中大黨團學生集體反映所謂俞秀松、董亦湘、周達文問題

不過，反對旅莫支部的鬥爭，畢竟更具號召力。這是因為，一方面，隨著從國內來的擔任過高級職務、有過相當革命實踐的學員越來越多，學生中不滿總支部委員會掌握在毫無革命實踐經驗的前旅歐支部成員手中的人也就越多，這些人本能地會站在反對旅莫支部所謂「餘孽」的鬥爭的一邊；另一方面，旅莫支部的思想方法和工作方法，早就為多數中國學生深惡痛絕，蘇共中央解散旅莫支部，更使多數中國學生確信反對旅莫支部是正確的，因此新組成的支部委員會依舊保持著小團體傾向，而且或多或少地堅持旅莫支部的思想方法和工作方法，這不可避免地會使眾多學生繼續保持一種抵觸的，甚至是反抗的心理。特別是將近兩年以後，隨著中國革命的失敗，許多中國學生深惡痛絕的前中山大學旅莫支部負責人任卓宣投降了國民黨，這似乎更加證明旅莫支部不是好東西，因此反對旅莫支部更是迅速形成一種潮流。最後，就連共產國際也不得不加入到反對旅莫支部的鬥爭中來了。在一九二八年一月，共產國際曾專門派庫秋莫夫(Kuchumov)來中大進行調查，並根據調查結果通過了一個措辭嚴厲的決議。該決議認定旅莫支部在以下幾個方面存在著嚴重的政治錯誤：

(1)思想方面——旅莫支部是狹隘的民族觀念的產物，同時它與托洛茨基的觀點有許多相似之處。(懷疑研究列寧主義的必要，以為列寧主義僅僅是俄國革命的理論與實際；否認蘇聯

的信件有兩件，它們分別是一九二六年十一月二十二日〈第一班黨與團全體同志呈黨部委員會書〉，和一九二七年十二月十二日〈部分黨團員聯名致阿戈爾同志信〉，其中批評俞任宣傳部主席，董任翻譯委員會主席，俄語不好，卻利用他們的地位進入翻譯班，並把持翻譯工作，以不正當手法獲取高額薪水。見中心檔案，全宗號530，目錄號2，卷宗號23。

的革命性，斷定世界中心已移往中國，懷疑聯邦共產黨❾的指導作用；和否認聯邦共產黨有指導孫大中國共產黨員的可能與權利，反對聯邦共產黨支部及學校校長「官僚式」的指導等等。)

(2)組織方面——旅莫支部是企圖組織一個與聯邦共產黨支部分離的獨立的自治的組織。這個組織事實上是與聯邦共產黨支部並立的第二個黨的支部。這個第二個黨的（旅莫支部的）內部組織系統，是建立在「小團體式」的組織原則上的。同時，旅莫支部是非常堅決的為反對黨的領導的工人化而爭鬥。

(3)教育方面——旅莫支部對黨員的教育是把個人私德的問題提在第一位，因此，對於政治鬥爭的問題便很少注意。
在道德觀點上（如對於戀愛的觀點），旅莫支部是建築在禁欲與消極上面的。

(4)整個的講起來，旅莫支部的本身是小資產階級分子（流氓無產階級、半手工業者、知識分子與左派士紳等）對黨壓迫的結果。這些分子只是在資產階級革命時代所加入的。❿

　　從蘇共中央和共產國際最初只是乘機將旅莫支部解散，並不十分重視旅莫支部遺留的問題，到一九二八年一月不得不把旅莫支部問題

❾　又稱聯共或聯共（布），　即蘇共，因蘇俄於一九二二年改國名為蘇維埃社會主義共和國聯盟，簡稱蘇聯，故蘇共亦於隨後改稱為聯共。下同，不另注。

❿　〈對於庫秋莫夫同志關於「旅莫支部」問題報告的決議〉，　1928年1月，見中心檔案，全宗號530，目錄號2，卷宗號49。

上升為一個嚴重的政治問題，並上綱上線到如此程度，可以清楚地看出旅莫支部的問題確實是一個造成了嚴重後遺症的問題。只是，到這個時候再來進行嚴厲判決，為時已晚。因為東大和中大內部部分中國學生幹部之間的意見分歧乃至派別之對立，早已到了不可收拾的程度。

第二節　矛盾激化

莫斯科的中國學生之間的派別鬥爭逐漸激化，是在一九二七年蔣介石在上海發動「四一二」事變以後。由於「四一二」事變恰好發生在整個俄國都在熱烈歡呼中國革命迅猛發展，莫斯科的中國學生正充滿自豪地預言勝利之際，它給廣大中國學生心理上所帶來的打擊，可以想像是極其沉重的。事情很清楚，蔣介石的行動必將極大地改變中國革命的進程，甚至給中國革命投下失敗的陰影，幾乎沒有人能夠成功地解釋這一切究竟是為什麼，這自然會在廣大中國學生中間造成空前的思想混亂。多數學生不可避免地把失敗的責任歸結為中國黨領導機關的指導錯誤，而聯繫到學校工作，許多學生很自然地把總支部委員會視為中國黨錯誤領導的代言人。這種情況同學生中長期存在的意見分歧和派別傾向混合在一起，迅速引發了一場嚴重的派別之爭。在各種大小會議上，以支部系統幹部傅鐘、李俊哲、張聞天、沈澤民為一方，以教務處系統幹部俞秀松、董亦湘、周達明等為一方，雙方圍繞著許多問題開始了針鋒相對的鬥爭。

一九二七年六月二十四日晚，中山大學召開國民黨黨員大會，改選校國民黨執行委員會和監察委員會。因中大國民黨執監委實際上全在總支部委員會控制之下，俞秀松、董亦湘等基於對總支部委員會國民黨工作的不滿，當場發難，批評國民黨黨部對於國內政治問題毫不

注意，特別是宣傳部的工作完全失敗，致使一般黨員對中國革命遭受挫折毫無思想準備，思想陷於嚴重混亂。對於改選，俞秀松明確表示反對提名自己為國民黨執行委員，並根據國民黨組織原則拒絕會議組織者要求他參加國民黨工作的勸告。俞秀松等人的批評態度，自然立即遭到總支部委員會一派人的堅決反對。他們不僅在大會上進行辯駁，而且於次日聯名上書中大聯共總支部委員會，強烈要求給予俞秀松等以紀律處分。內稱：

(1)國民黨宣傳部的工作，每個同志都知道是在我黨指導下工作，……他們攻擊宣傳工作，無異於在群眾中攻擊我們的黨……；

(2)煽動的結果，使前屆國民黨工作的同志，完全失掉了一般同志的信仰，……破壞了我們造成「左派」、吸收「左派」參加工作的策略；

(3)俞秀松同志在國民黨內擔任工作，係我們黨的指派，……他反對他的工作，以民黨的「原則」來反對黨的「命令」，嚴重違反黨的紀律，務望委員會加以嚴刻的糾正！❶

緊接著發生的有關選派學生回國及進入軍事學校學習的問題，更進一步激化了雙方之間的矛盾。關於選送學生進軍事學校學習的問題，原本應該是由學校人事與黨務兩方面來決定。但這時原校長拉狄克(Radek)因反對派問題被免職，副校長米夫(Mif)前往中國尚未回來，副校長兼教務處主任阿戈爾同時兼校長職務，一方面大權在握，一方

---

❶　〈傅鐘等致孫大聯共總支部委員會書〉，1927年6月25日，見中心檔案，全宗號530，目錄號2，卷宗號41。

面又忙得不可開交。加上他與學校負責黨務的斯哥尼柯夫素來不和，平時工作上一向較多依靠俞秀松、周達文這些教務處領導下的學生幹部，而俞秀松等在他與拉狄克等反對派的鬥爭中，也鼎力相助，態度鮮明，更加贏得他的信任。故在這一重要人事問題上，他不去與總支部委員會商量，而是首先與俞秀松、周達明進行討論，然後再根據與俞秀松等討論的結果自行修改補充，最終確定了選送名單。儘管此一名單最後確實是照顧到了各方面，像支部委員會的幾個負責人傅鐘、李俊哲等，也都在人選名單上。但因最初名單並未公布，風傳甚多，斯哥尼柯夫立即利用此一機會大事煽動，批評阿戈爾寧肯相信俞秀松等普通學生，不肯相信黨的領導，總支部委員會一派人因此憤憤不平。這樣，雙方的關係更是劍拔弩張。終於，在國民黨黨員大會剛剛開完不久，兩派間的鬥爭完全公開化了。

　　七月初，即在放假前召開的二年級黨的積極分子會議上，一些學生就總支部委員會派（簡稱黨委員會派）與教務處派之間的矛盾提出質問，要求二年級支部書記顧谷宜給予說明。顧谷宜就此「作了答覆，並說出組織委員吳近與宣傳員郭壽華之間的衝突。吳近是黨委員會派的，後面有傅鐘等，郭壽華是代表教務處派的，後面有顧谷宜、董亦湘、俞秀松、周達明等。他們各方面都提出理由。教務處（派）的理由是：黨的指導能力薄弱，……黨委會（派）的理由是：黨應當指導教務處，而教務處脫離黨委員會，無論做什麼都不同黨部商議。」 ❷鑒於衝突已經公開，兩派人迅速開始在學生中間進行遊說，宣傳自己一方的觀點。「黨派說教務派把教務弄得一塌糊塗，教務派說黨派辦事無能力，各自宣傳，各自煽動」 ❸，從學校一直爭論到休養所，終

----

❷　〈88號同志發言〉，1928年7月14日，見中心檔案，全宗號495，目錄號154，卷宗號343。

於引起蘇共區黨委的重視，召開全體黨員大會，連續爭論了五天時間。其實，由於黨委員會派和教務派兩派幹部公開爭論，而多數學生既不滿意於支部委員會，又不滿意於學校的教學方式，因此一些人已經開始獨樹一幟，從而形成了一個極大地左右著多數學生情緒的、舉足輕重的所謂「第三派」。而在這個五天大會上，由於這一派人首先支持了支部委員會關於應當撤換教務處領導人及部分俄國教員的意見，因而很快促使蘇共區委在這場爭論中實際上站在了支部委員會一邊，宣布阿戈爾以及另外三名俄國教員應當受到批評，並離開中山大學。儘管無論是與會的多數中國學生，還是蘇共區委的代表，事實上都不曾把矛頭指向教務處派的學生幹部，可解除阿戈爾職務本身畢竟是對教務處派的一個沉重打擊。

輕而易舉地處罰了教務處領導人和俄國教員，黨委員會一派人看起來確實是有些樂不可支，他們顯然相信多數學生在支持自己。然而事實上，他們錯誤地估計了形勢，誤以為學生們反對學校教務處主任和部分俄國教員，就是反對俞秀松等人。其實，與黨委員會一派人相比，教務處一派人通常與一般學生接觸更多，也有人緣一些。更何況，大多數學生沒有也不可能忘記總支部委員會同旅莫支部之間所存在的那種藕斷絲連的關係。不少人早就在謀劃如何把總委員會一派搞下臺了。因此，處罰教務處領導人的大會剛剛開完不過一個多星期，所謂第三派人立刻就與教務處一派聯起手來。進而，在有蘇共區委參加的改選總支部委員會的大會上，鬥爭的矛頭一下子來了個一百八十度的大轉彎，出人意外地轉向了黨委員會派。據當事人胡建三事後不久描述當時的情況說：五天大會之後，群眾很快看出黨委員會派與旅莫支

---

⑬　〈胡建三致新中央負責諸同志〉，1928年7月14日，見中心檔案，全宗號495，目錄號154，卷宗號342。

部有關係，因而又掀起了反對旅莫支部的鬥爭。他說：

當時反對旅莫支部的理由大概有下面幾點：

1. 傅鐘、李俊哲是旅莫支部的主要人馬（他們現在在列寧格勒）。
2. 傅鐘是總委員會的組織部長，是四川人，而中山大學的重要工作，都是用四川人負擔……。只有同鄉關係，沒有同志關係，這是旅莫支部的表現。
3. 張聞天、沈澤民與傅鐘、李俊哲等聯合，欺騙群眾，在群眾中宣傳煽動，弄得中山大學滿城風雨。**❶❹**

　　說「群眾」只在五天大會之後才迅速看出黨委員會派與旅莫支部有關，轉而又來反對黨委員會派，多少讓人感到有些牽強。其實，下面兩個當事人事後不久描述情況可能更要接近事實一些。通過他們的描述，我們不難看出這個所謂第三派大致是怎樣一回事，以及他們如何能夠左右局勢。這兩個人，一個是王培吾，一位是蘇美一，兩位都是工人黨員，當時沒有明顯的傾向性。據他們說，還在暑假去休養所之前，第三派就已經開始做他們這些中間派的工作了。把教務處派拉下馬之後，他們立即就把矛頭指向了黨委員會派。王培吾講述說：

一九二七年上學期，中大的黨部實在是被一班旅莫支部的餘孽所把持著，當時的黨部委員是傅鐘、李俊哲、左權等；而在教務處方面，也被最壞的分子……如周達明、俞秀松、董亦湘等

---

❶❹　〈胡建三致新中央負責諸同志〉，1928年7月14日，見中心檔案，全宗號495，目錄號154，卷宗號342。

所把持，兩方互爭地盤，……這時大半的同志都對他們表示非常大的不滿意。同時，恰恰不久前曾有一部分失意的委員想用著這個機會企圖復辟，如劉漢清、黎本益、閻玉珍、焦有功、相玉梅、何尚志、余秀女、林登岳、胡建三等。於是他們就四出煽動。一日，劉漢清、黎本益二人在俱樂部找我談話，說現在有委員會派、教務處派，如何的壞，我們一定要反對他們，將兩派都打下臺。(中略)總委員會開改選會了，在大會上有一百多人簽名談話。在批評過去工作及旅莫支部餘毒的過程中，閻玉梅、劉漢清、焦有功、林登岳、千如常……等，都說由法國來的都是旅莫支部，還有由四川來的都是旅莫支部，理由是由於任卓宣、傅鐘是由法國來的，是四川人。同時說凡是懷疑有第三派的人都是旅莫支部的走狗。❶❺

蘇美一的說法與王培吾略有不同。在他看來，第三派與教務處派在反對黨委員會派問題上其實是站在一起的。他也提到：在放假前劉漢清就找過他，說了旅莫支部許多壞處，要他注意「現在我們中山大學還有旅莫支部哩！」而五天大會過後不幾天，

我就看見一件最奇怪的使我注意的事，就是被打倒的人忽然就同前幾天罵他最利害的人交頭接耳起來。……有很多同志，如林登岳、閻玉珍、焦有功、劉漢清等，到處宣傳，……在這種形勢之下，就指出了黨部的傅鐘、吳近是旅莫支部，張聞天、沈澤民也是旅莫支部。……在未開會前我又得到消息，聽說群

眾領袖有個進攻的計劃，第一步推主席團；第二步不讓黨委的
人發言，特別是張聞天、沈澤民；第三步要將會場空氣掀揚起
來。結果他們（的目的）通通都實現了。❻

　　應當指出，上述三人講述這些事情的時間已經到了追查所謂「江
浙同鄉會」的關鍵時期，他們說明這些情況的目的並不完全相同，三
個人的立場也有或多或少的差別，但他們所講述的基本情況還是大體
一致的。通過他們所講述的情況，可以很清楚地看出，黨委員會派和
教務處派鬥爭的結果，並沒有給任何一方帶來利益。教務處派首先受
到壓抑，緊接著黨委員會派也倒了臺。根據當時的記載，總支部委員
會改選大會一片混亂，前幾天還得意揚揚的總支部委員會一派的人，
在這次會議上被壓得幾乎抬不起頭來，會場上的氣氛十分激烈。又連
著開了三天會，最後蘇共區委的代表竟不得不宣布支持多數與會者對
上屆總支部委員會所做出的指責，宣布撤換前總支部委員會書記斯尼
柯夫和其他兩個從事黨務工作的俄國人，並且對群眾反映最強烈的張
聞天、沈澤民二人給予口頭批評，只是他們最終頂住了與會者關於處
罰二人的要求，建議將這個問題留給下屆總支部委員去考慮❼。很明
顯，蘇共區委對於教務處派和黨委員會派這場鬥爭的策略，實際上是
「和稀泥」，雙方各打五十大板了事。

　　在中大出現的這場鬥爭，幾乎很快地也同樣在東大發生了。只不
過這一次驚動了蘇共中央。但很顯然，蘇共中央對東大中國學生矛盾

❻　〈88號同志發言〉，1928年7月14日，見中心檔案，全宗號495，目錄號
　　154，卷宗號343。
❼　〈總支部委員會改選大會記錄〉，1927年8月，見中心檔案，全宗號530，
　　目錄號2，卷宗號47。

鬥爭的處理方式與結果，與蘇共區委對中大問題的處理幾乎沒有什麼兩樣。

　　東大中國學生中的矛盾，與中大如出一轍。雖然東大這時的支部委員會副書記是一九二五年從國內來莫的武胡景，但支部委員會中的其他三人全都是前青年團旅歐支部的負責人，即劉明儼、黃士嘉、宗錫鈞。由於這時絕大多數學生都是一九二六年下半年和一九二七年初從國內來的，其中相當一部分又是曾在國內擔任過重要職務的幹部，因此他們中許多人同樣對東大支部委員會的組織構成和工作方法看不慣，加上學校的教學內容脫離中國革命的實際，學生幾乎得不到有關中國黨的任何中文文件，而支部領導人及其屬下的翻譯們則對校方的作法一味袒護，因此支部委員會和部分學員之間不斷發生意見分歧乃至矛盾衝突。特別是一九二七年七月中國革命失敗前後有兩百多中國黨的幹部前來東大參加軍事班短訓，他們剛剛進行入東大就發覺自己已經完全與中國革命的實際脫節，不僅教學內容和教學方法無法適應，翻譯的態度和水平讓人不能接受，而且支部委員會竟連中共中央「八七」會議決議和十一月擴大會議決議都不予提供，這種情況迅速激化了東大內部的矛盾。

　　一九二七年十一月底，在一年一度的支部工作年度總結大會上，許多學生尖銳批評黨務和教務方面的工作脫離實際，指責支部領導人員從未接觸過中國的實際革命鬥爭，拿著高工資養尊處優，至今奉行的仍是旅莫支部那一套，可支部委員會卻反過來批評部分學生中存在嚴重的失敗主義情緒和自由主義傾向。總結大會的風波還未平息，十二月中國廣州公社暴動失敗，東大年輕學員馬員生向學校牆報投稿，題目是〈中國革命失敗了，我們怎麼辦？〉。在這篇短文中，馬員生宣稱：「馬克思在巴黎公社失敗後，因在巴黎倫敦圖書館仔細研讀，才完

成馬克思主義。列寧在一九〇五年俄國革命失敗後，也是在巴黎圖書館學習了一遍，因此才完成了列寧主義。所以我們應在國內同志前仆後繼犧牲頭顱的時候，硬著頭皮讀一點書」[18]。支部委員會立即抓住此文大做文章，專門組織了一期牆報，公開稱馬員生的觀點為「取消主義」。 此舉再度引發了中國學生之間的意見衝突，以李俠公、朱代傑、魯易、童庸生等曾擔任過國民革命軍高級黨代表等重要職務的一些學生迅速站出來，嚴厲批評支部委員會，並明確提出了反對旅莫支部殘餘的口號。

一波未平，一波又起。根據後來中共中央總書記向忠發的介紹，由於「旅莫支部餘毒的害處，中國的報紙不給看，秋白的小冊子不給看，一切的文件材料不能供給同志們的需要」，加上學校「黨內訓練和教育工作不積極，弄得同志們愈讀愈糊塗，學校教務更是形式的敷衍的（軍事班尤甚），無論教材、講師、翻譯，在質量上和數量方面都不能滿足一般需要，學校當局執迷不悟，反說是少數人故意煽動搗亂，不去根本改善，反而以消極的高壓蒙蔽欺騙應付了事」， 東大學生忍無可忍，紛紛上書俄共中央和共產國際提出質詢，而軍事班百餘學生更於一月中旬集體示威，「在無產階級專政國家到第三國際請願」[19]，弄得共產國際東方部束手無策，不得不請當時正在共產國際總部的向忠發出面調解。經向忠發以中共中央名義勸說之後，示威學生方才退去，同時派出代表正式反映東大中國學生的三條要求，即(1)肅清旅莫

---

[18]　〈胡大才致中央信〉， 1928年7月14日， 見中心檔案，全宗號495，目錄號 154，卷宗號342。

[19]　向忠發：〈江浙同鄉會〉，1928年7月14日，見中心檔案，全宗號495，目錄號 154，卷宗號343；向忠發：〈中國工農代表團來蘇聯經過報告〉，1928年9月14日。

支部；(2)改良教育方法，供給中文材料；(3)撤換一切翻譯**❷**。

　　結果，蘇共中央、共產國際東方部和中共代表團聯合組織了一個特別委員會，並派工作組到東方大學，調查處理此一事件。因東方大學校方堅持不承認自己工作上的錯誤，致使委員會的決議未能實行。最後蘇共中央解散了特別委員會，直接派人處理此事，其解決辦法是：「(一)撤換教務主任，以後注意供給各項材料；(二)黨的路線並無所謂機會主義，但在工作上確有缺點和錯誤，因此黨的負責人武胡景、黃士嘉、劉明儼、宗錫鈞同志均須調開東大；(三)群眾領袖如魯易、李俠公、馬員生、朱代傑、童庸生五位同志亦犯有錯誤，因此也須調開東大。但結果只是在表面上執行了這樁決議，事實上則完全不似一種處罰，直然是一種獎勵。魯、李、童三同志都送在（往）黨的最高學校——中央軍事政治學校，馬、朱兩同志亦升入列寧學院」。「至於黨的負責同志四人，本決定離開東大便送回中國，但……他們還留在蘇聯」**❷**。

第三節　節外生枝

　　在一九二七年暑假之後，包括俞秀松、盧貽松、蔣經國在內的中大二年級學生大多已經畢業離開學校，除少部分留校工作或就讀教員班、職員班外，多數學生都被分配到蘇聯各個軍事學校裡繼續深造。毫無疑問，一些學生在中大期間形成的親疏關係仍舊繼續保持著。這種關係的紐帶，有些是建立在同鄉關係的基礎上的，有些則是同過去在中大時的派別傾向聯在一起。顯然，正是這種情況的存在為一些人

---

❷　　向忠發：〈江浙同鄉會〉。

❷　　〈胡大才致中央信〉。

提出所謂「江浙同鄉會」問題提供了口實。

「江浙同鄉會」事件究竟是怎樣發生的？關於這一點，有必要看一看剛剛在中共六大上當選為總書記的向忠發一九二八年七月十四日向中共代表團所作的報告。

向忠發是一九二七年十月率中國工農代表團前來俄國參加十月革命十周年紀念活動的，當時他還只是政治局委員，因此來莫時組織部長李維漢還委託他對留俄中國學生政治及學習狀況進行考察並提出改進意見。在參加過十月革命慶祝活動之後，他就前往中大、東大及莫斯科各軍校向各校負責人了解中國學生的思想情況和學習情況。在與各校負責人座談的過程中，他第一次得知在中國學生中間存在著派別問題。十一月底，他特別「向此地一位中國同志問，此地中國同志中是不是有派別」。向忠發在報告中沒有提到這位「中國同志」的名字，但據他說，正是這位「中國同志」明確肯定了這一情況。同時還告訴他說：「有一個江浙同鄉會及儲金互助會，兩個是一個東西，參加者有四十多人。因為有謠言說步校只有三元錢，後陸大同學寄了幾十元來，由幾個人吃了中國飯。由此組織了小組，最初是公開的秘密，後來又由半公開形成一個秘密的組織」。「現在他們的組織及行動是絕對的秘密，比共產黨還神密（秘）。同時他們的分子不只是江浙人，有軍閥的子弟，有與第三黨有關係（者），有一部分是聯共的所謂反對派，有一部分是怕死怕回國的分子」❷。

本來，同鄉之間的感情聯絡，或者同學間經濟方面的友情互助，並不值得特別大驚小怪，更不應當當成一件什麼了不起的政治事件來追查一番。但這件事同向忠發正在調查的派別問題聯繫在一起，又得了一個秘密組織的印象，自然立即引起向忠發的高度警覺。他當即告

❷　向忠發：〈江浙同鄉會〉。

訴這位「中國同志」：「不要告訴別人，每個真（忠）實的黨員要去收集他們的證據交黨部來解決這個問題」。隨後，向忠發又「向東方部去說明這個東西有大的政治意義」❷❸。但是，在開始時，此事並沒有引起共產國際和蘇共方面的重視。

　　十二月中旬，向忠發率李震瀛、江浩等前往德國、比利時參加反帝大同盟委員會擴大會，之後轉往蘇聯南高加索黑海療養地休養。一九二八年一月中旬，向忠發得到共產國際要他和李震瀛代表中共中央參加共產國際第九次執委擴大會議的通知，再回莫斯科，正好趕上處理東大學潮。這時，向忠發再度得到一個消息，東大風潮剛一發生，列寧格勒的中國學生竟有人「開會祝勝」。據報，開會之人，恰為此前傳聞的「江浙同鄉會」中之人，為首者即為俞秀松、蔣經國、盧貽松等。而後得知的莫斯科炮校朱茂榛一月二十三日給蔣經國的信也證實了這一情況。信稱：

> 東大風潮擴大，大家都到共產國際去示威，共產國際因恐慌都答覆了他們的要求。在此運動中，軍事班只有曾肇時一人指導，政治班內指導人以後都軟化動搖了！當著中央委員會告訴他們不要再鬧，他們真正就不作聲。真是笑話！❷❹

　　從得知「江浙同鄉會」的消息至此已經將近兩個月，就連向忠發自己也把這件事放了一邊，但列寧格勒所發生的這一情況再度引起向忠發高度重視。向忠發後來說明了他因此而採取的行動過程。他說：

---

❷❸　向忠發：〈江浙同鄉會〉。

❷❹　〈朱茂榛致蔣經國信〉，1928年1月23日，見中心檔案，全宗號495，目錄號154，卷宗號341。

當著這個風潮起時，列寧格勒有同志開會祝勝，這就值得我們
注意了。於是（我）找米夫秘密的談話，他說我還（原）不大
清楚，但你們既然提出了，當然要注意。乃決定檢查他們的信
件。又找軍事學校由黨部中國同志負責去收集材料。❷

　　由上述情況可以看出，第一，所謂「江浙同鄉會」事件並非有人
蓄意「製造」，關於「江浙同鄉會」或「儲金互助會」的傳聞多半久已
有之，但在向忠發調查中國學生派別情況之前，此事僅僅是傳聞而
已❷。第二，把有關「江浙同鄉會」或「儲金互助會」的傳聞當成重
大政治事件，極力鼓動共產國際東方部追查者，實為向忠發，既非米
夫，也非陳紹禹（即王明）。不僅如此，既然米夫遲至一九二八年一月
底尚不了解有關「江浙同鄉會」的問題，可知作為米夫「親信」的陳
紹禹，也並非那個向向忠發介紹或者「製造」此傳聞的「中國同志」。
事實上，這位「中國同志」的名字叫鄭家康，周恩來後來曾提到過他
的名字，並指出他當時正在蘇聯格伯烏（蘇聯國家政治保衛局）工作，
專門負責華人方面的情報偵察工作，而他的妻子安娥正好又是中大學
生。這也就是為什麼他能夠最先了解這些情況，並把問題講得那樣嚴
重。

　　說到陳紹禹，後來確是這一「江浙同鄉會」事件的推波助瀾者。
不過，在這件事尚未爆發之前，他的態度卻未必十分明朗。這是因為，

---

❷　向忠發：〈江浙同鄉會〉。

❷　關於在中國學生中有一個以儲金互助會為基礎的小組織的風言風語，早
　　在向忠發到莫斯科之前就已經存在了。見〈屈武致中法、兆徵、晨因、
　　玉章、葉挺諸同志並轉代表團全體同志〉，1928年3月28日，中心檔案，
　　全宗號495，目錄號152，卷宗號342。

陳紹禹自入中大以來，就因迅速掌握俄文而與學校裡的蘇聯教員打得火熱，因此，他從一開始就對反對注重學習理論和俄文的旅莫支部抱以反感。相比之下，他同與蘇聯教員關係較好的教務處派的幹部反而更為接近。在中大黨部派與教務派鬥爭最為激烈之際，陳紹禹恰好隨米夫去了中國，暑假開始之後才回來。等二人來到休養所的時候，阿戈爾已經被宣布免職，教務處派剛剛被壓了下去，黨委員會派正在勢頭上，陳紹禹不加選擇地立即加入了正在秘密醞釀中的反對黨委員會派的行動。據胡建三說：「在反對旅莫支部的時候，即反對傅鐘、張聞天等的時候，米夫同陳紹禹兩同志都從中國回來，陳紹禹同志也是當時反對傅鐘、張聞天等最力的一個」❷他甚至在第三派和教務處派的合力推舉下，當上了總支部委員會改選大會主席團的主席，可見第三派和教務處派對他都頗為信任。難怪後來當上支部委員會副書記的陳原道明確說：當教務處派與黨委員會派較量失利後，「即組織了第三派，與另一派加名以旅莫支部」，要處罰黨委員會派之首領，「當時第三派（勢）力大」，「陳紹禹也是其中首領之一」❷。

　　當然，陳紹禹之加入反對支部委員會的行列，與教務處派或劉漢清等人目的並不完全相同，因此他們之間其實結合得並不緊密，陳紹禹未必真的可以說是什麼第三派的首領，只不過他作為學生公社的主席和能夠陪校長米夫出訪的幹部，地位特殊一些罷了。從王培吾下面這段說明裡可以清楚地看出這種情況。王培吾說：當時休養所裡到處都有人在遊說反對旅莫支部，陳紹禹也很活躍。有一日陳紹禹曾找他談話，問他對反對黨委員會派及教務處派的意見，他說：這兩派人我

❷　〈胡建三致新中央負責諸同志〉。

❷　〈代表團與中大支委的談話〉，1928年7月25日，見中心檔案，全宗號495，目錄號154，卷宗號342。

個人是絕對反對的，不過我們要注意一點，就是在反對這兩派的同時，一定要提防第三派得漁人之利。出乎他意料之外的是，「紹禹聽了這話，就大罵我，說我顧忌，不應該懷疑第三派起作用等」，搞得王培吾丈二和尚摸不著頭腦。直到王解釋說劉漢清、黎本益等曾如何如何鼓動他和他們一起聯合起來將兩派統統打倒之後，「陳紹禹才相信」❷。這件事很清楚地反映出陳紹禹當時對反對黨委員會派態度相當堅決，但與第三派的劉漢清等聯繫並不十分緊密。同時由於他多少有點心懷不軌，又生怕別人懷疑自己另有目的，因而顯得有些緊張，只是當他得知對方懷疑的不是他，而是與他並非一路的劉漢清等人時，這才鬆了一口氣。

陳紹禹作為大會主席團主席，頭幾天確實與反對黨委員會派配合默契，弄得黨委員會一派人幾乎沒有招架的機會。「結果，區委派來的代表認為他們（傅鐘、張聞天等）都有錯誤，犯錯誤的俄國同志撤職，中國同志交下屆委員會處理」❸。但在聯共（布）區委發話之後，陳紹禹和反對派的態度就開始明顯地出現分歧了。聯共（布）區委的代表宣布上述決定後，會場上一片反對之聲，多數發言認為對總支部委員會的人，特別是對張聞天、沈澤民「處罰很輕」，有些人甚至大呼小叫，主張「不應當用教育的方法，而應當槍斃，而應當開除，而應當充軍西伯利亞」。可「那時在主席團方面，陳紹禹已是盡力擁護區委決議了」。於是，有人「開始向陳紹禹進攻，說陳紹禹靠不住了，背叛了群眾」❹。因此，在選舉新的總支部委員會時，作為大會主席團主席的陳紹禹卻未能入選。

❷　〈王培吾致中委信〉。

❸　〈胡建三致新中央負責諸同志〉。

❹　〈88號同志發言〉。

　　暑期剛剛結束，俞秀松等參加討論的中大二年級學生選派軍校學習名單正式公布，共有七十餘名學生被派往各軍校。結果，俞秀松等人迅速引起中大眾多學生的好感。儘管俞秀松等隨後均離開中大，前往列寧格勒軍政學院或列寧學院深造，但其影響不但沒有減少，反而有擴大之勢。這種情況自然使中大眾多在校學生對原教務處派表示同情，而對繼續留在學校的張聞天、沈澤民等原黨委員會一派的代表人物頗有成見，繼續以「旅莫支部餘孽」視之。陳紹禹因轉而袒護張、沈二人，處境也頗顯尷尬。很快，新的總支部委員會組織委員何尚志再度提議處罰張聞天、沈澤民，以便清算旅莫支部的餘毒。但經過幾次大小會議的討論，張、沈二人分別承認了自己的錯誤，加上米夫出面干預，終於否決了處罰的意見。不料，當隨後共產國際派庫秋莫夫前來調查處理有關旅莫支部的問題時，張、沈二人竟利用牆報和總結大會重提暑期派別之爭，宣稱自己和旅莫支部毫不沾邊，而「反對旅莫支部的人，自己就是代表旅莫支部的餘毒」。這樣一來，爭論又起，大會小會十來次，你說我是旅莫支部，我說你是旅莫支部，陳紹禹再度偏向張、沈一邊，反對組織處理，又一次引起眾多學生的不滿，連陳紹禹一併被斥為旅莫支部「餘毒」。 這一次一直吵到一九二八年二月，再由米夫出面，一面批評張、沈二人重興意氣之爭，一面向黨員們擔保張、沈、陳都不是旅莫支部，禁止再行爭論。照胡建三的說法就是：「指出張、沈的錯誤，同時將群眾罵一頓了事」❷。根據米夫意見通過的總支部委員會的決議稱：

　　　一、　本委員會認為張、沈二同志在此次討論關於「旅莫支部」
　　　　　　報告的時期中做了許多錯誤，這些錯誤使關於問題原則上

---

❷　〈胡建三致新中央負責諸同志〉。

的討論，降低到了個人意氣爭論的水平線。……

二、本委員會在本年一月日委員會會議上曾經因張、沈二同志
　　在委員會上已承認自己的錯誤，故認為可以不採取某種處
　　罰。但在最近黨員大會上，張、沈二同志的談話，尤其是
　　張同志的談話，證明他們不誠懇，並不是完滿地把自己錯
　　誤的問題提出來，反而利用了說話的機會，以繼續攻擊他
　　人，以在大會上辯護自己，因此破壞了本委員會及本支部
　　積極分子會議的決議案。

三、張、沈二同志既犯了上述不可許可的行為，故委員會決定
　　對他們下以警告，且決定取消其一切黨的負責工作（即副
　　指導員與情報編輯的工作）。

四、同時，委員會要解釋參加討論的許多同志們，對張、沈二
　　同志不要用些不適當的名詞，如「反對派」、「旅莫支部的
　　人」等等。……本委員會認為，在本校沒有形成「旅莫支
　　部」的組織存在，故向本支部一切黨員提議，以後停止關
　　於這個問題的說話。❸❸

　　確切地說，這時中大多數學生並不在意米夫的意見怎樣，也不在
意總支部委員會通過了什麼樣的決議，其反對肅清旅莫支部「餘毒」
的熱情絲毫沒有減退。問題在於，在為張聞天、沈澤民問題作結論的
總支部委員會的會議上，米夫已經公開宣布，在中國留學生中間有一
個秘密組織，就是「江浙同鄉會」。他嚴厲斥責中大學生過分注重意氣
之爭，告誡他們：現在不要再揪住張、沈的問題不放，「張、沈不是

---

❸❸　〈孫大聯共支部關於張聞天、沈澤民二同志錯誤的決議〉，1928年2月，見
　　中心檔案，全宗號530，目錄號2，卷宗號49。

危險物，而危險物是江浙同鄉會，它是破壞黨的」❸❹。此論一出，像是拋下一顆炸彈，頓時把中大學生驚得目瞪口呆。一時間，學生們的一切注意力都轉到這個「江浙同鄉會」問題上來了。

第四節　事出有因

向忠發要求米夫秘密調查「江浙同鄉會」問題，是一九二八年一月底。將近一個月後，米夫公開宣布「江浙同鄉會」事件成立，這說明，米夫已經多少掌握了一些證據。這些證據從哪裡來的呢？從格伯烏（蘇聯國家政治保衛局）！

米夫這時已經做了中大校長，並且當上了共產國際東方部的副部長。最初，向忠發代表中共中央要求他出面調查「江浙同鄉會」時，他多少有些不以為然。但他仍舊通知了格伯烏，請其協助秘密偵察中國學生中的可疑分子並檢查他們之間的來往信件。沒想到，他很快就得到消息：格伯烏已經搜集到若干證據。證據之一，為秘密偵察到的盧貽松一九二七年九月致美（黃仲美）、師（張師）、山（劉宜山）、山（甘青山）、景（郭景純）、策（周策）、尤（尤赤）、壽（劉仁壽）、榛（朱茂榛）等人的信。內稱：

> 儲金互助會在莫斯科時已蒙你們登記，本會章程第一條首在會費，我與經國商量，本月會費應當多少繳點，事實上亦可能。因此地經濟部今晨來問我們八月份的零用錢領了沒有，這是一筆小小的例外。近接款後，李翔梧等回莫時你們或者可以收到我們的會費。❸❺

---

❸❹　〈代表團與中大支委的談話〉。

　　證據之二，同樣為秘密偵察到的劉宜山、張師、周策等人在九月十七日給胡世傑、劉仁壽、朱茂榛等人的信。內稱：

> 　　他們的名譽會員已經交納會費了，何以我們現在還未說起。在我們自然想作你們的名譽會員，但現在究竟怎樣，還未得到分文，實在焦灼得很。❸❻

　　格伯烏負責此項調查的米利斯(Menis)明確認為，這個名為「江浙同鄉會」或「儲金互助會」的秘密組織確實存在，他們有名稱、有章程、有會費，甚至還有正式會員與名譽會員之分。這時，恰是以斯大林為首的蘇共中央同黨內托洛茨基反對派尖銳鬥爭的時期，人們對黨內小組織格外警惕。面對這樣一些證據，米夫不能不相信確有其事，只是最初他還不能斷定，這個小組織究竟具有什麼樣的一種性質。因此，他和新來的總支部委員會書記別爾曼(Berman)商量後，於二月二十六日召開了中大黨的活動分子會議，動員黨員幹部協助查清此一組織的情況，並不顧格伯烏的反對，宣布成立一五人調查委員會，動員學生檢舉揭發，決定先靠自己的力量來追查此事。

　　要在矛盾重重的中大學生中間搞什麼檢舉揭發運動，不可避免地會與學生間的各種矛盾糾紛攪在一起。於是，追查「江浙同鄉會」的工作剛一開始，學生之間就你攻我，我攻你，你揭發我，我指責你，整個中大搞得像開了鍋似的，人人不得安寧。前一時期因一味迎合蘇

❸❺　〈盧貽松致美、師、山、山、景、策、尤、壽、榛信〉，1927年9月，見中心檔案，全宗號495，目錄號154，卷宗號343。

❸❻　〈劉宜山、張師、周策等致胡世傑、劉仁壽、朱茂榛等信〉，1927年9月17日，見中心檔案，全宗號495，目錄號154，卷宗號343。

聯上級機關的意見而受到學生指責的陳紹禹等人，這時變得異常活躍，到處找人談話，動員揭發。陳甚至公開在牆報上撰稿，第一個上綱上線，指責「江浙同鄉會」是一個由黨內一切反對和不滿意中國革命，準備脫離黨另找出路的人，組織起來的一個反革命集團，他們與第三黨保持著秘密聯繫。這一說法立即引起相當一部分學生的不滿，五人調查委員會委員之一董亦湘當眾批評陳紹禹不負責任，強調「江浙同鄉會」有無尚未調查清楚，即使存在充其量也不過是一個黨內教育問題。雙方因此爭論不休，你說我是「旅莫支部餘孽」，我說你是「第二條路線」。不幾天，就有人寫信揭發董亦湘本身就是「江浙同鄉會」的首領。結果，米夫和別爾曼又再度出面召集黨員大會，宣布「江浙同鄉會」確實存在，中大就是其大本營，它的正式成員有六十多人。「此種反黨的危險組織，有它的黨綱，有它的組織——中央與支部——此種組織必須打破它」。因此，關於它的性質也沒有必要進行爭論，它無疑是反黨、反革命的。性質如此，學校組織調查實屬不當，調查委員會即日解散，一切工作交格伯烏解決。隨後，向忠發又趕到中大，在學生大會上明確宣布「江浙同鄉會」已經基本上調查清楚了，兩周後即可公布調查結果。這個反革命的秘密小組織有中央、有支部、有章程、有正式會員與名譽會員，還有會費，與蔣介石、第三黨、聯共反對派都有聯繫，他們的領袖夠得上被槍斃。這件事再不許有什麼懷疑了，「誰懷疑誰就是反革命」❸。

　　米夫和向忠發之所以能夠迅速得出這樣的結論，毫無疑問是根據格伯烏的調查結果。三月二十四日，格伯烏第五部負責調查此一事件的米利斯就將近兩個月的調查提出了一個書面的結論。內稱，「江浙同鄉會」查實者至少有二十二個人，其首領是俞秀松、周達明和蔣經國

---

❸　向忠發：〈江浙同鄉會〉；〈胡建三致新中央負責同志〉等。

等。該組織有集中的指導，如中央委員會等，經常開代表會議，各個學校中都有他們的人組織的支部。其目的是要奪取在蘇聯境內的中國學生的指導權，幫助中共機會主義領袖陳獨秀、譚平山等。並稱它已經與蘇共黨內的反對派、國民黨右派發生了關係。按照米利斯的建議，這二十二個人（二十個在莫斯科和列寧格勒，兩個在海參崴）都應當馬上逮捕❸。但此一結論報到格伯烏總部後，未得批准，主張繼續調查進而報蘇共中央提請解決。

一周之後，當米夫專門請米利斯前來共產國際東方部向共產國際有關部門和中共代表團報告調查結果時，米利斯的報告又有變化。他宣布，根據他們目前掌握的情報，至少有一百十一至一百三十個中國學生參與了「江浙同鄉會」的活動，而他們搜集到的各種材料也已經有一百三十份之多。而當向忠發索要這些人員的名單時，米利斯卻一口回絕了，聲稱這並非一個簡單的問題，還有許多工作要做，多數人只是教育問題。最後，米利斯只提供了據說是證據確鑿的八個首要份子的名單。這就是：

1. 蔣經國（中央總書記）
2. 朱務善
3. 朱代傑
4. 盧貽松
5. 劉仁壽
6. 黃仲美
7. 周策

❸ 雅羅斯列夫斯基：〈關於所謂「江浙同鄉會」或「互助會」事件報告大綱〉，1928年8月10日，見中心檔案，全宗號495，目錄號154，卷宗號343。

8.陳啟科

「如何蔣經國做首領呢?」根據向忠發後來的解釋就是:「這個小孩子比較聰明，理論比較好些，經濟由其母親名義供給了七次之多」❸❾。

顯而易見，與格伯烏的前一名單相比，這個名單裡缺少了俞秀松和周達文兩人。事實上，格伯烏所有有關「江浙同鄉會」的材料，都是根據一個關於「儲金互助會」或「助金互助會」的傳言，結合以中大教務處派的成員演繹推理而來的。可是，這個「互助會」，俞秀松和周達文自始至終就沒有沾過邊。並且，當俞秀松得知盧貽松、蔣經國等在與莫斯科同學的來往信件中拿此事開玩笑，引起原中大學生的風言風語後，還立即寫信叮囑蔣經國、盧貽松:「以後寫信給中大要謹慎，不然要引起誤會」❹❶。因此，剛剛從中山大學傳來他們二人與「江浙同鄉會」或「儲金互助會」有關係的消息之後，他們二人就理直氣壯地上書米夫和共產國際東方部進行申辯，否認指責，並明確認為有人故意興風作浪。函稱:

> 近來聽說此間中國同志中有一種「互助會」或「江浙同鄉會」的組織，並傳說我們兩人間接或直接與此組織發生關係云云。為此，我們不得不鄭重聲明如下:
> 第一，我們對於此組織的詳情不甚清楚，無從下確切的斷語，但是我們認為我們黨內絕對不容許有任何小組織。……

---

❸❾　向忠發:〈江浙同鄉會〉。

❹❶　〈中共代表團書記周恩來致聯共中央政治局〉，1928年8月15日，見中心檔案，全宗號495，目錄號154，卷宗號342。

第二，我們兩人鄭重聲明，我們絕對沒有和小組織發生任何關係。現在孫大一部分負責同志沒有對我們兩人的事情查調清楚，任同志們公然在黨的群眾中宣傳，我們認為完全不對的。……

第三，我們認為此問題……黨部應審慎查調辦理，不能根據一部小數同志的私見，……他們以私人為出發點，有意的蒙蔽黨部，造出種種謠言，誣害同志的，……此風一長，則黨的前途將不堪設想了❹。

　　但是，究竟有沒有過一個所謂的「儲金互助會」呢？看起來，這也並非完全是空穴來風。

　　自米夫、向忠發在中大放炮點火之後，不僅中大內部而且在幾乎所有前中大同志中都迅速掀起了一場揭發檢舉和坦白交代「江浙同鄉會」的運動。陳紹禹、沈澤民、李竹聲等人迅速成為追查運動的骨幹，上竄下跳，唯恐天下不亂。經他們加油添醋地到處散布消息之後，許多多少沾過「儲金互助會」的邊的人，很快就沈不住氣了。於是，越來越多的人主動出來解釋或交代事情的經過。從這些解釋或交代的情況可以看出，「儲金互助會」確有其影子。三月，因中大風傳陸軍大學的屈武同「江浙同鄉會」有關，屈武曾專門寫信給向忠發、蘇兆徵等，解釋自己與「儲金互助會」的關係。其中清楚地說明了這個「儲金互助會」究竟是怎麼一回事。內稱：

　　儲金互助會的來源──當我們去年暑假中野營軍事訓練完結

回來，回到炮兵學校共處一室，軍委當日就把派往各軍事學校的名單公布出來，共分政治軍事大學、陸大、飛機，及步、炮、工六校。但步、炮、工三校就當時所知，生活方面非常苦，每月聽說只發一兩個盧布，並且飯也不大好。……當隨便聊天的時候，前兩校的同志（我也在內）提議假若這兩校的薪水很多，則每人每月應拿出幾分之幾送給他們三校同志去吃中國飯。當時就有那個同志（大約是炮兵學校的）說，好罷，我們就組織一個儲金互助會，你們把錢拿來，我們去吃飯好了。並且同時陸大和軍政大學兩校的全體同學（共十人）同意願將尚未領得之八月份薪水……完全先給炮兵學校全體同學去吃中國飯（但此薪水後來並未領下）。這是當時的實在情形。後來因為他們生活改善了（除吃中國飯外，每月當發給三十個盧布），所以後來誰也再未曾提起以前的話。我回想當時的談話，實因生活的不平，同志間親善關係自然的表現，絲毫莫含有其他的作用。❷

同樣，在莫斯科的步、炮兩校學生胡世傑、朱茂榛、郭景純、周策、劉仁壽等也幾乎在同一時間上書中共代表團並轉中大調查委員會，說明的確是他們提議「助金互助」的。原因很簡單，他們聽說自己今後每月只有二個半盧布左右的生活費，自然就想到請陸軍大學、軍政大學和飛機學校中「感情較好的同志幫助我們改善生活」，因為據說他們的月薪分別在一百盧布和六十盧布以上。

於是就有同志在炮兵學校及別處，公開的談說這個提高生活的

❷ 〈屈武致中法、兆徵、晨因、玉章、莫挺諸同志並轉代表團全體同志〉。

好方法。……並有同志在玩笑中稱此為「助金委員會」，大家都希
望他們（陸大等校）發錢以後能夠請我們吃幾次中國飯。所以
當時我們彼此的信札中多是些「敲竹槓」的玩笑話。後來陸大
同志……因為要做軍服與買各種日常用具，而沒有多剩餘的錢
可以請我們吃東西。列寧城軍事政治大學同志領了兩個月的薪
水，而且有剩餘的錢，可以給我們用的，因此那時盧貽松和蔣
經國就託李翔梧同志轉給朱茂榛四十個盧布……拿去吃中國
飯。又經過幾天，軍事委員會已決定每人月給盧布三十個，於
是我們的生活程度不僅沒有減低，而且稍較前提高。當時我們
致信各校，宣告「我們的生活獨立」。……這些開玩笑的和敲
竹槓的話從此消失。❸

那麼，什麼會員、章程、會費之類的，又是怎麼一回事呢? 顯然，
所有這些名詞，最早都是在一向愛開玩笑的盧貽松給莫斯科軍校同學
的信中發現的。因此，看看盧貽松關於這個問題的解釋是必要的。這
時，盧貽松也從列寧格勒寫信給中共代表團，說明了這件事的原委。
他在講述了當時在炮兵莫斯科軍校的同志提出成立一個儲蓄會，叫列
寧格勒同志寄錢來之後，寫道:

當時我曾說，只要我們領得生活費比你們多，你們的中國飯是
有希望的。日後，我來到列城，他們就寫訊來要價（飯）錢，
在我復訊時我記得就寫上了會費不久寄來這類的玩笑話。正因

❸ 〈胡世傑、朱茂榛、郭景純、周策、劉仁壽致中國代表團諸同志並請向
忠發同志轉調查委員會〉，1928年3月15日，見中心檔案，全宗號495，
目錄號154，卷宗號342。

為過去在同志中說慣了這類的無聊的玩笑話，亦未曾碰過釘子，因為寫得來幾個字，提起筆來覺得無多話可說，亦就弄上點花色，因此而發生這樣大的誤會，（這）自然是下次提筆時一大教訓。❹

在中山大學也好，東方大學也好，中國學生之間的矛盾摩擦不可謂不多，派別之間的分歧與鬥爭也不可謂不激烈，但爭來鬥去，充其量不過是誰對誰錯，誰臺上誰臺下，還從來沒有鬧到今天這種地步，同學之間，因為幾句玩笑話，竟可能轉瞬之間變成你死我活的敵人！然而，這卻是活生生的事實。不論那些明裡暗裡被指為「反革命」的學生們怎樣解釋和爭辯，他們的處境卻越來越險惡了。

第五節　查無實據

一九二八年四月中旬，共產國際東方部米夫召集中共代表向忠發、蘇聯軍委代表和格伯烏代表開會，再度聽取格伯烏代表說明調查取證情況。格伯烏代表明確提出一個十二人的名單，包括蔣經國、盧貽松、陳啟科、左權、尤赤、胡世傑、劉仁壽、郭景純、朱茂榛、周策、張師、甘青山，肯定這十二名軍校學生都是「江浙同鄉會」的骨幹。緊接著，在第二次會議上，聯席會議正式決定：

(1)開除蔣經國等十二人的黨籍和團籍，其中蔣經國、劉仁壽、朱茂榛和周策四名首要分子交格伯烏拘押審查。

---

❹ 〈盧貽松致中共代表團諸同志〉，1928年3月，見中心檔案，全宗號495，目錄號154，卷宗號343。

(2)共產國際東方部與中共代表團聯名寫信給列寧學院黨部，請
　　其對俞秀松、周達明（文）等中國學生進行審查。**⑮**

　　會議通過了中共代表團提出的一項決議。值得注意的是，該項決
議竟出自陳紹禹的手筆。這是因為，這一時期，陳紹禹正做向忠發的
俄文翻譯，不僅陪同向忠發出席各種重要會議，擔任翻譯工作，而且
事實上也在解決「江浙同鄉會」等問題上扮演著參謀和秘書的角色。
決議宣稱：

（一）承認在蘇聯有一反黨的小組織存在，其名稱為聯合會(互
　　　助會)。其分子為軍校與大學學生中的青年團同志和黨員。
　　　該組織雖帶有表面上工會的名義，但是毫無疑義的含有
　　　政治上的性質。

（二）認為參加該組織的分子未表現很明顯的政治目的，但傾
　　　向於擁護中共以前的機會主義的指導。……

（三）該組織現已吸收那些最動搖的少共團員和黨員（特別是
　　　對於中國問題和聯共問題為反對派的分子)加入其內，
　　　甚至不拒絕與右派國民黨員發生直接的關係。

（四）認為用黨的純粹教育性質的方法，對於該組織已用盡了。
　　　這些同志未曾利用黨部給他們的可能，以公開承認自己
　　　的錯誤，停止活動，解散組織，……因此本會認為必須
　　　經過相當的機關，採用組織上與法律上的辦法，以達肅
　　　清此組織之目的。

（五）委任米夫和米利斯二同志起草一詳細信致中國學生所在

---

⑮〈中共代表團書記致聯共中央政治局〉。

學校的黨部，該信中應說明該組織的歷史和行動，及其
有害的性質。……同時委任米夫同志與相當機關發生
關係，採取相當辦法以肅清該組織。

（六）黨部根據此信除相當機關的組織辦法以外，應依自身方
面的路線採取辦法以肅清該聯合會在學生中的影響，且
對各個參加者為黨紀上的處罰。❹❻

這是自「江浙同鄉會」事件發生以來，共產國際、中共代表團和
蘇俄有關部門正式提出的第一次處理意見和為事件定性的決議。由於
會議明確認為「江浙同鄉會」是一個秘密的反黨性質的小組織，因此
它所採取的處置方法，不僅僅是黨紀上的，而且還準備動用專政機關
給以制裁。此種態度之嚴厲，可以想像。

但會議剛剛結束不久，米夫就感覺到這次會議的決議不盡成熟。
他親自調閱了一些所謂的證據，卻發現在眾多格伯烏認為確鑿的證據
中，沒有一件可以直接證明這個組織事實上的存在與它的性質的。他
隨後又專門就此詢問了米利斯，問他是否找到了「江浙同鄉會」的章
程或者其他文件？米利斯告訴他說：「炮兵學生孫發立及王長熙看見朱
茂榛那裡藏著一個秘密同鄉會的『黨綱』（互助會的章程），內中有很
多條文。」而且，另外也有中大同學看到同鄉會的會員輪流抄寫一個
同鄉會的「工作計劃」，米利斯認為這實際上就是同鄉會的章程或文件。
根據格伯烏提供的線索，米夫親自布置調查了此事。不想，「當著一
個學生如獲珍寶似的拿給了米夫，以為這就可以破獲一切『同鄉會』
的罪人。米夫將這件東西拿給翻譯一看，原來是一九二六年黨部支部

❹❻　〈關於處理「江浙同鄉會」問題決議〉，1928年4月，見中心檔案，全宗
號495，目錄號154，卷宗號343。

委員會的工作計劃」 **❹**。這件事讓米夫深感困惑。結果,「東方部未通知(中共)代表團就停止了這一決定」, 把處理「江浙同鄉會」的事情暫時放到一邊去了 **❹**。

火是向忠發和米夫放的,如今米夫忽然住了手,這不能不讓向忠發大感不解。向忠發因此再三以中共代表團的名義要求米夫和東方部迅速實行決議,卻得不到米夫的任何答覆。迫不得已,中共代表團正式致書蘇共中央和共產國際東方部,詳細說明「江浙同鄉會」的反黨性質和嚴重危害,要求立即解決此一問題。函稱:

(1)江浙同鄉會或互助會之反黨的特性,不僅因為它的一切行動絕對秘密,而且因為:

A.它的成分是: 反對派、擁護中共機會主義者的人、有各種形式的取消派和先鋒主義 (傾向) 的人, 並且與黨外的反共產黨成份有關係;

B.它的目的: 口頭上要推翻中共現在的領導, 事實上從內部和外部破壞和消滅共產黨;

C.它的形成時期是: 中共八月會議以後, 即中共機會主義者正脫離黨之時;

D.它的工作內容是: 在蘇聯各共產大學及軍事學校分裂共產黨員的隊伍, 對共產國際、聯共中央及中共作種種造謠與誹謗, 幫助和慶祝東大軍事班向共產國際的示威行動等等。

因此, 這種小組織絕對與普通在吾黨內因發生某種爭論而形

---

❹ 雅羅斯列夫斯基: 〈關於所謂「江浙同鄉會」或「互助會」事件報告大綱〉。

❹ 〈中共代表團書記致聯共中央政治局〉。

成的小組織完全不同。

(2)中國現時鬥爭之劇烈與殘酷，不僅在反革命與革命之間，黨內鬥爭也表現特殊激烈的形式。如廣東同志反對機會主義者而採取恐怖手段，開除一切知識分子；及北方同志被害事件，……等等。這個小組織的行動早已超出黨的範圍以外了。試舉數例為證：

A.它集中一切力量和精神在軍事學校工作，欲依靠軍事力量為基礎而採取所謂「誰有力量些，誰即勝利」的手段。

B. 它經過自己的東大全權代表曾昭示領導軍事班反國際示威，而它的會員就在列寧格勒開慶祝會。

C.它的會員劉宜山、黃仲美在海參崴工作，即利用無產階級專政的光榮機關（國家政治局）及黨的機關，驅逐和壓迫非它們組織內和不同意它的宣傳和煽動的同志。

毫無疑義的，如果這組織到中國去活動，則其危害於中國黨更甚百倍，或者成為中共的敵人。所以絕不能如有些同志的意見，以為它的行動是未超出黨的範圍以外。

(3)無論何時我們未曾設想過（現在也還未如此設想）這組織中的每一個人已成為共產黨不可容納的仇敵，……但是我們以為他們各個人單獨行動對黨的危害總比他們還保存著整個的黨內小組織來活動為小。

(4)因此，我們提議用下列方法解散這個反黨的組織：

A.對於這組織的首領及最積極的活動分子，不僅採取黨的組織路線，並且根據國家政治局現有的材料，對各個人分別給以黨以外的路線的辦法。

B.對於這組織的一般會員，按其對於這組織的關係如何等而採

　　　　取黨內組織的和教育的方法。

　　(5)我們提議盡可能的趕快解決這個問題。 ❹

　　比較聯席會議通過的決議和中共代表團這時再度提出的提議，可以看出，中共代表團對這個「江浙同鄉會」的性質的估計，正在進一步升溫。根據紛至杳來的各種各樣的揭發檢舉材料，中共代表團漸漸認定：這個「江浙同鄉會」「在孫大占多數，東大少些，開會在炮兵學校占多些，步兵學校少些。」「他們也有中央，也有支部，大本營在中山大學，中央在另外地方，孫大是總交通的地方」❺。為此，向忠發一再要求米夫徹查中大學生派別的歷史及其現在的聯繫，以便進一步深入獲取該組織的核心機密。同時，向忠發也幾次指令陳紹禹等務必以中大為突破口，查出更可靠的材料，以便促使米夫迅速解決問題。然而，自六月以後，因中共「六大」在莫斯科召開，中共領導人包括中共代表團的成員，甚至中大清查活動的主要骨幹，全部集中精力於「六大」的工作，進一步清查「江浙同鄉會」的工作不得不停頓下來。結果，正當中共「六大」召開之際，米夫忽然在中大宣布：清查「江浙同鄉會」的工作在中大已經結束了！

　　這件事首先發生在六月二十六日，在中大黨務報告會上，米夫突然提到「江浙同鄉會」問題，稱清查「江浙同鄉會」並不是學校黨支部的責任，它是共產國際的事情，而共產國際東方部已經就此得出了結論，即：

---

❹　〈中共代表團致共產國際東方部關於解決蘇聯境內中國黨員團員中的反黨小組織問題的提議〉，1928年5月，見中心檔案，全宗號495，目錄號154，卷宗號343。

❺　向忠發：〈江浙同鄉會〉。

(1)江浙同鄉會是一小組織，是有危險的——它會在無產階級專
　　政之下，在將來中國黨內增加困難，所以我們必須破壞這種
　　小組織；

(2)同鄉會的領袖是必須要加以組織上的處罰的；

(3)被影響的同志，我們應當加以解釋，不加以處罰。

　　米夫聲稱：「江浙同鄉會」的「組織已經解散了，本校沒有他們的
會員」，不能說中大是江浙同鄉會的大本營，甚至「在我們的學校內，
我們不能說有江浙同鄉會的基礎，因此我們學校裡用不著很急的解決
這個問題。」他明確要求中國學生要停止關於這個問題的爭吵，迅速停
止互相猜疑和揭發檢舉，務必著手改善同志關係❺❶。

　　米夫的發言當即引起一些學生的異議。有人大聲喊道：「你是不是
說這個問題已經解決了，對於這些反黨分子不再追查了？」米夫當場答
道：「江浙同鄉會問題已解決了，這個組織已不存在了，他們的首領
僅僅在軍事學校和列寧學院，可是已經開除了。在中大是沒有首領，
沒有組織，不過有少數同志曾受了一點影響，所以對於中大這部分同
志是僅僅採取教育方法，不用再處罰」。對於有人提出「忠發同志曾說
江浙同鄉會的大本營在中大，難道忠發同志說謊嗎？」這一問題，米夫
竟回答說：「向同志的話我沒有聽到，我想他不是這樣說的。他一定是
說江浙同鄉會的首領是中大過去的學生。至於中大，是沒有它的首領，
非它的大本營」❺❷。

---

❺❶　〈米夫在黨務報告會上的發言〉，1928年6月26日，見中心檔案，全宗號
　　530，目錄號2，卷宗號63。

❺❷　參見〈張國燾致韶玉並轉中共代表蘇、向諸親愛的同志〉，1928年7月8
　　日，見中心檔案，全宗號495，目錄號154，卷宗號342；〈中共代表團書

　　米夫本來就對是否存在一個「江浙同鄉會」的組織持一種將信將疑的態度，格伯烏的材料一度使他多少相信確有其事，但他仍然注意到，沒有一件材料能夠證實這個組織是否仍然存在，和它除了經濟互助以外是否真的具有其他的政治目的。在幾個月揭發檢舉仍毫無進展的情況下，米夫已開始相信，事實上不可能找到這個組織，即使真的存在這樣一個小組織，也無法給它戴上反黨或反革命的帽子，否則必然要在長期存在派別紛爭的中國學生中間引起難以想像的後果。為此，東方部通過了上述決議，並決定迅速平息由於此一事件在中國學生中間引起的政治風波。作為中大校長，米夫顯然已經注意到這種情況的嚴重性。他在一份書面材料中寫道：目前的清查已經「破壞了許多同志的關係及相互的信仰，因此發生了許多相互猜忌及無根據的謠言，要求槍斃「互助會」的參加者等等」❸。

第六節　人人自危

　　清查「江浙同鄉會」，究竟在中國學生中造成了什麼樣的後果，對於經歷過文化大革命的中國人來說，應該是很容易想像的。開始的時候，一些受嫌疑的學生還曾極力抗爭，像最初被懷疑的軍校學生胡世傑、朱茂榛、周策等人，就曾多次寫信要求上級領導注意「野心家」的陰謀。他們宣稱：

　　　　我們希望黨能於最近發現在政治上及黨組織上有危險性的

　　　　記致聯共中央政治局〉。
❸　雅羅斯列夫斯基：〈關於「江浙同鄉會」或「互助會」事件的報告大綱〉。

「助金互助會」以及其他政治組織的集團。我們並且希望黨一方面對於這問題急速的解決，把黨的這種野心家——小組織不僅以黨紀對於之，而且對這種反叛的組織必須以蘇維埃革命的法律處罰之。……但要是有同志以捕風捉影的方法，離間同志關係，把玩笑的過程當作撼動波浪的材料，把事實塗抹替上惡意以欺騙黨，魚目混珠的牽涉到我們過去玩笑中所說的「助金互助會」來破壞同志相互的關係，自然我們希望上級……徹底露暴出那些借端造謠欺掩事實的企圖。如果一旦這種情形發露時，我們以為對於這些野心家不僅應以黨紀處之，而且應該詳察其野心之所以發生的原因，及其已有的事實與將來的傾向。❺❹

　　但是，這樣的抗爭很快就變得毫無意義了。用學生自己的話來說，整個形勢迅速變得「天昏地暗，陰霾四布」，學生們「整天在『滿城風雨』中過不安的生活」。❺❺不少學生寫給中共代表團的信中講述了這種恐怖的氣氛。其中一封信說：

　　自去年「暴露江浙同鄉會」的聲浪高唱入雲以後，中大就充滿著恐怖的不自安的空氣。……不但江浙的一般同志不敢談論

❺❹ 〈胡世傑、朱茂榛、郭景純、周策、劉仁壽致中共代表團諸同志轉調查委員會〉；〈郭景純、胡世傑、劉仁壽、朱茂榛、周策致中國共產黨代表團同志〉。

❺❺ 〈方紹原致代表團諸同志〉，1928年7月30日，見中心檔案，全宗號495，目錄號154，卷宗號343；〈邵世桂致代表團〉，1928年8月17日，見中心檔案，全宗號495，目錄號154，卷宗號342。

其事,低頭不敢講黨委的工作和黨的生活,即許多各省的同志,也個個自危。同志間互相猜疑,互相嫉視,同志關係變為非同志的互相暗裡偵察的關係。❺❻

　　在另一封信中,一個學生在表示他對這種追查不滿的同時,也說明了此事所造成的後果如何嚴重。信稱:關於「江浙同鄉會」的問題早就應該解決了,再繼續這樣拖下去,恐怕「可以影響到大部分同志的政治生命」。可惜的是,這件事

　　　遷延到這麼長久,使同志相互的懷疑、猜想、傾陷、挑撥,不斷地發展和增加,這樣繼續下去,將達到什麼地步!……據向忠發同志的報告說得怎樣嚴重,如說要槍斃他們的首領等等;如沈澤民、陳紹禹同志向同志們中的宣傳說他們的組織怎樣嚴密,他們的人數如何之多,如中山大學有一百餘人,而炮兵學校、東方大學、列寧格勒到處都有他們的組織。忽而同鄉會,忽而儲金互助會,捕風捉影,弄得風雨滿城,許多同志犯了嫌疑不能參加一切學習和工作,許多同志犯了嫌疑開除黨籍和遣派回國。❺❼

　　這裡說「許多同志犯了嫌疑」,甚至說「大部分同志的政治生命」受到影響,絲毫不帶一點兒誇大的色彩。這是因為,幾乎所有的人都

❺❻　〈余貫真、梁荊山等致代表團諸同志〉,1928年8月14日,見中心檔案,全宗號495,目錄號154,卷宗號343。

❺❼　〈嚴明杰致中國共產黨參加國際第六次世界大會的全體同志〉,1928年8月31日,全宗號495,目錄號154,卷宗號343。

明白，這個所謂的「江浙同鄉會」究竟指的是那些人。清查剛一開始不久，有人就揭發說：「要知道中山大學的名單，最好是去找去年暑假時擁護周達文、俞秀松兩人的人名單，和今年三月在黨大會上擁護第二條路線，反對黨委員會的人名單」❸。一些人則更直截了當：「以前所謂教務處派，現在就是江浙同鄉會的領導了；以前所謂第三派，就是現在同鄉會的雛型」❺。因此，過去所有教務處派的人，所有在暑期休養所第二次大會上因參加反對黨委員會派而被視為第三派的人，包括與俞秀松等人關係較好，或者在三月中大黨員大會上一度傾向董亦湘等人意見的人，這時統統都成了被懷疑的對象。而且隨著清查的不斷「深入」，這個名單還不斷地擴大，今天是我揭發你，明天是他揭發我，後天又有人揭發他。幾乎每個人都在懷疑別人，而且每個人都在提防別人。同學之間過去有過的那種親密關係蕩然無存，就連上廁所時都得小心，因為確實有不少人任何一點蛛絲馬跡都不放過，到處打小報告，連同學們在廁所裡講的一句無關痛癢的話，也要拿去彙報一下。一些好事者還主動地根據捕風捉影的小道消息寫出所謂的「江浙同鄉會」的調查報告，別出心裁地提出不僅要搞清楚該組織的「正式會員」、「名譽會員」，而且還要搞清楚它的「同情者」。按照這個報告繪製的「江浙同鄉會」組織系統表，這個秘密組織的成員無論如何要在百人以上❻。查最初中大總支部委員會提交的可疑人員名單，只

---

❸　竺廷璋：〈關於江浙同鄉會的材料〉，1928年3月，見中心檔案，全宗號495，目錄號154，卷宗號343。

❺　〈王培吾致中委信〉。

❻　報告稱「江浙同鄉會」的中央機關為「中央幹事會」，下設三個部，即「組織部」、「宣傳部」、「宣傳煽動部」，並直轄四個組，即「偵探組」、「軍事組」、「翻譯組」和「交通組」。另組織部下設「黨部」和「黨團組」，

有二十六人被認定為「主要者」，十九人列為「次要者」，四人列為「懷疑者」。到第二次提交的名單即達到七十一人，而且全無主次可疑之分。綜合已經查閱到的中大總支和中共代表團幾次提交的可疑人員名單，可以看出，至少有大約一百五十名學生曾被列為嫌疑對象。

　　如此之多的學生在嫌疑之列，並且被懷疑者還在與日俱增，怎麼能不使多數中國學生感到人人自危?! 何況，那些鼓動者和揭發者又往往表現得比向忠發更革命、更仇恨反革命，喊殺之聲不絕於耳，這又怎麼能不讓人心驚膽戰? 其實，就像一位學生這時所反映的：「在莫斯科的同志，他如果頭上被人加上了『幌子』(『帽子』)，如什麼主義、或什麼傾向，⋯⋯特別是犯了江浙同鄉會的嫌疑的同志，他根本就失丟了大部分的政治生命，可說是沒有工作的可能! 這是多麼的嚴重而可怕呀!」❻ 即使是生命沒有危險，因為政治上犯了錯誤，一生的前途也就葬送了，這在許多被嫌疑者看來，恐怕是最殘酷不過的了。當何尚志聽到蘇兆徵、張國燾說，同鄉會的名單中有自己的名字，他的第一個反應就是：「好像自己的黨的政治的生命死亡了似的」❷。軍校學生張師因受懷疑被派送回國之前寫信給中共代表團，也明確表示：我不怕回國，希望回國參加戰鬥，「我從未曾在資產階級白色恐怖的屠斧前畏縮不前」，「我已準備好一切! 準備著與我們階級的敵人作殊死戰!」 但問題是，我不希望這樣回國。請告訴我，我「是不是因為江浙派的關係而被停止學習派回國? 倘若是，請將我參加江浙派的證據

管理「各校支部」及支部下的「各小組」。見〈江浙同鄉會的調查報告〉，見中心檔案，全宗號495，目錄號154，卷宗號343。
❻　〈嚴明傑致中國共產黨參加國際第六次世界大會的全體同志〉。
❷　〈何尚志致兆徵、國燾二同志及代表團諸同志〉，1928年8月4日，見中心檔案，全宗號495，目錄號154，卷宗號342。

公開宣布」❸。同時受到懷疑的軍校學生傅汝霖給代表團的信則明顯地給人一種求生不能，求死不成的感覺。當他被蘇俄軍方連同幾位被開除的中國學生集中在一起，準備送回國之際，他接二連三地寫信給中共代表團，大呼冤枉，一方面要求代表團當面詢問揭發人，是不是搞錯了。「如其證明我亦參與其謀，則請照以前向忠發同志的說法，准予槍斃」。一方面又請求不要把他和這些「小組織」的人放在一起，因為兩邊的人都不信任他，「真是難過」。日後「縱使回國，定請不要派我同他們一路，免受意外的危險」❹。

　　當然，更多的受懷疑學生的反應是極力證明自己的無辜。蔣經國給調查委員會和共產國際東方部的信在反覆解釋同學們搞「助金互助」的經過之後，一再說明自己和國民黨以及他的父親蔣介石已沒有任何關係。他承認自己和一些同學關係較好，「過於著重同鄉的情誼有些封建的」色彩，但他明確認為自己在忠實於中國革命和忠實於中國共產黨方面「從不後人」，因此他「堅決提議處罰任何參加小組織的同志」❺。在這方面屈武的態度更具典型。他在寫給中共領導人的信中一面申辯自己與小組織無關，有時只是「太相信同志了」，一面明確提議：「趕快的解決，公布調查結果，凡參加小組織的同志一律嚴重處罰，以免同志間相互猜疑」。而「為了表明」他的「積極的態度」，他特別「提出下列幾個口號」：

❸　〈張師致第三國際第六次大會中國共產黨代表團〉，1928年7月23日，見中心檔案，全宗號495，目錄號154，卷宗號342。

❹　〈傅汝霖致中共代表團〉，1928年7月31日；8月15日，見中心檔案，全宗號495，目錄號154，卷宗號342。

❺　〈蔣經國致調查委員會〉，1928年3月30日，見中心檔案，全宗號530，目錄號2，卷宗號59。

1. 一切小組織從布爾什維克的黨中滾開去!
2. 國民黨是我們的死敵!
3. 要與第三黨拼命到底!
4. 共產黨是我的家室!
5. 共產主義是我的生命!
6. 為生命與家室和敵人決戰而死是我的職責! ⑯

　　那些被無辜懷疑參加了反革命組織的學生們的感覺,幾乎不是用言語所能形容的。但無論抗爭也好,申辯也好,在那樣一種形勢之下,無論自覺或不自覺,那些處身事外的同學,往往並不理解那些被懷疑的同學的心情。不僅如此,當米夫和別爾曼公開宣布中大不存在所謂的「江浙同鄉會」問題之後,許多學生竟紛紛告狀,質問中共代表團:「對中大的江浙同鄉會會員僅用教育的方法……是否能完全消滅它的組織?」「留些敵人在黨內……將來這種責任應當誰負?」他們因此大罵米夫「鼠首兩端,實有意作惡,他直是不為中國共產黨的前途與中國革命的前途著想」,強烈要求中共代表團不要妥協,追查到底,斷言「此等反黨的危險組織,有他的黨綱,有他的組織——中央與支部——此種組織必須打破它」。「這個反革命組織不徹底地解決」,不僅中大的工作將長期壞下去,而且「我們無產階級的先鋒隊,領導者——中國共產黨與中國革命,不難葬送在他們手裡!」 主張「黨應當不姑息的將調查的結果嚴屬執行黨的紀律及無產階級國家的紀律」, 要「斬草除根」⑰。

---

⑯　〈屈武致中法、兆徵、晨因、玉章、葉挺諸同志並代表團全體同志〉。

⑰　〈張國庶致韶玉並轉中共代表蘇、向諸親愛的同志〉;〈李桂林、張永生、顏世彬、王貴祥、周學金、信金平、康永順、萬振和、沈德明致代表

　　可是，所有這些態度激烈的學生是不是真的掌握了什麼具體的罪證呢？其實，在絕大多數學生看來，最關鍵的證據只有一條，就是上級領導人的「證詞」，既然米夫和向忠發都肯定了這個秘密組織的存在，還能錯嗎？至於究竟誰是這個組織的成員，誰可能是這個組織的同情者，那就完全看各個人的判斷力和想像力如何了。但有一點，只要過去反對過總支部委員會的，即教務處派和第三派的學生及其同情者，都可以大膽懷疑。因此，許多揭發純粹只是一種邏輯推理或大膽想像。試舉幾例：

　　(1)一則揭發董亦湘的材料所舉的證據，只是董在一次黨員大會上的發言，因為他在發言中曾批評說：「現在領導中國革命的，都是旅莫支部餘孽，中國革命失敗，就是這班人弄糟了！」「這樣的中國共產黨根本有改造的必要」。

　　(2)一則揭發蔣經國的材料，完全是道聽途說，把蔣經國母親那裡寄來的錢當成是從父親那裡得來的，因而斷言：「蔣經國現在還秘密地保存著父子的關係，曾有鈔票來，數約千餘元」。

　　(3)幾則揭發胡建三、胡錫奎和黎本益、林登岳、相玉梅、郭瑩珊、營爾斌、閻玉珍、林啟鐸、張玉符的材料純粹是想像，原因只是因為他們看上去「對於江浙同鄉會的問題，不特不積極的反對，而且抱著一種對於黨的處置不滿及辯護的態度」；因為「每天晚上他們回來睡覺很晚」，成天三個五個地一起往人少處去。

　　(4)一則揭發何尚志的材料同樣武斷，它的根據只是在於「當馮弗

團〉，1928年7月；〈吳近、周任難等致中共代表團〉，1928年7月，見中心檔案，全宗號495，目錄號154，卷宗號343；〈郭壽華致中央委員會〉，1928年7月14日；〈李竹生致代表團〉，1928年8月10日；〈屈武致中法、兆徵、晨因、玉章、葉挺諸同志並代表團全體同志〉，卷宗號342。

能、趙顯亭二個女子要回國時，何尚志寫給他們上海黨部的負責人地址。馮、趙是國民黨的人，是馮玉祥的親戚女兒，是反革命的人，何尚志竟這樣的勾結他！」

(5)一則揭發材料更是離奇，它的根據只是有過一個國民黨學生曾經給蔣介石寫過信，而一個叫潘錫朋的黨員與這個國民黨學生關係較好，由此推論潘多半是江浙同鄉會的，再進而推論江浙同鄉會與蔣介石有關，說什麼：「我固然不能肯定的證明這些人們（指「江浙同鄉會」的會員──引者）已經與蔣介石有了什麼具體的關係，然而我可以斷言他們是在企圖與蔣勾結」。❻❽

第七節　孰是孰非

「江浙同鄉會」事件鬧到如此翻天覆地的地步，毫無疑問是向忠發一手促成的。米夫的點火之後又熄火，看來也擋不住向忠發必欲追查到底的決心。七月十一日，在莫斯科召開的中共六大宣告閉幕，向忠發出人意外地在隨後舉行的六屆一中全會上當選為中央政治局兼中央常務委員會主席。而他做了中共最高領袖之後放的第一炮，就是公開向中共代表團宣布「江浙同鄉會」的存在，和中央查處此一反黨秘密組織的決心。

七月十四日，向忠發召集代表團開會，當眾宣布了這一事件發生經過及最初的處理過程，要求「同志們絕對不要懷疑，這完全是一個

---

❻❽　竺廷璋：〈關於江浙同鄉會的材料〉；〈江浙同鄉會的調查〉；〈王崇吾致中共中央代表團〉，1928年，見中心檔案，全宗號495，目錄號154，卷宗號343；〈何尚志致代表團諸同志〉，1928年7月28日；〈王崇吾、曾鐘鑒、李運楄致中央政治局〉，前引出處，卷宗號342等。

事實的東西」。此一報告立即在與會者中引起強烈的反響，大家紛紛要求「嚴重調查確實」，然後將這些小組織分子「一個一個地鏟除出去」❻❾。有人甚至明確主張對這些人應當：

1. 唯一的領袖──槍決；
2. 二等領袖──坐格伯烏；
3. 三等分子──放逐；
4. 四等分子──用教育方法訓練他。❼⓿

　　值得注意的，向忠發的報告更多的只是說明情況，而陳紹禹在這一天會議上的發言，則儼然成為對「江浙同鄉會」蓋棺論定的系統結論。陳的發言分為五個方面，即(1)江浙同鄉會的來源；(2)江浙同鄉會的實質；(3)江浙同鄉會的行動；(4)江浙同鄉會的前途；(5)我們對江浙同鄉會應採的辦法。

　　關於「江浙同鄉會」的來源，陳紹禹明確認為它起源於中大前此的派別鬥爭，即所謂「教務處派」和「黨委員會派」之爭。「江浙同鄉會」的基礎，就是教務處派。俞秀松等參與派遣學生學習軍事的分配工作，就是對於組織「江浙同鄉會」的一種重要步驟。按照他的說法，「如果說江浙同鄉會組織成功的直接原因是軍營中為互助開玩笑，但其歷史根源則是與周達文、俞秀松、董亦湘等派人學軍事時之準備工作有很大的關係」。而他提出的處理辦法是：「首要者除用黨紀制裁外，還須採用其他辦法，次要者用黨的組織辦法解決，一般會員用黨

❻❾　向忠發：〈江浙同鄉會〉；〈87號的意見〉，1928年7月14日，見中心檔案，全宗號495，目錄號154，卷宗號342。

❼⓿　〈王培吾致中委信〉。

的教育方法解決」**❼**。會後提出的〈對於江浙同鄉會的意見〉，除了在處理辦法上與陳紹禹的意見有區別外，顯然在很大程度上接受了陳紹禹的看法。此項〈意見〉明確認為：

1.主觀上的來源：

(1)一九二七年暑假時孫大發生「教務處派」和「黨委員會派」的鬥爭，結果教務處派被打下去，由是蛻化形成「第三派」，這是以後江浙同鄉會的雛型。

(2)一九二七年暑假後，東孫兩大分派學生到各軍校學習同志，多是周達文、俞秀松接近的人，所以在各軍校都有江浙同鄉會的會員，在野營中以互助為開玩笑，從中有人利用而形成組織。

2.客觀上的形成原因：

(1)它是中國革命失敗的反映；

(2)它是中共「八七」反機會主義的反響；

(3)它是聯共黨內反對派的破產。

二、江浙同鄉會的性質：

1.江浙同鄉會會員的成份：

(1)在實際工作中繼續旅莫支部方法而招黨員群眾反對的老黨員；

(2)剛從國民黨加入CY的分子，右派的國民黨員，反對黨的領導的先鋒主義者；

(3)反對派分子；

---

❼　〈陳紹禹發言〉，1928年7月14日，見中心檔案，全宗號495，目錄號154，卷宗號342。

(4)一部分不注意政治問題而專作個人意氣鬥爭、時時想取得委
　　員地位的分子，企圖利用同鄉會的勢力，結果反為同鄉會所
　　利用；

(5)一切對反對共產國際、聯共中央、中共中央政策表示滿意的
　　人……。

　2.他們的理論：

(1)中國黨過去是機會主義的領導，現在的領導不力；

(2)誰有力量誰就戰勝。

　3.他們的組織：

(1)有章程；(2)按期繳納會費；(3)有正式會員和名譽會員；(4)有
　中央有支部；(5)在黨內秘密組織和行動；(6)秘密開會……

　　因此，江浙同鄉會是一切反對和不滿意共產國際、聯共中央，及
「八七」後中共中央的政策的分子的集團；它是有政治作用的、破壞
黨的組織，有反中國黨（甚至是反蘇聯黨）的危險性，在客觀上它是
反革命性的❼。

　　由中共中央總書記主持制定的這個文件，無疑是中共中央關於「江
浙同鄉會」問題的一項正式文件，並且不可避免地成為新中央解決所
謂「江浙同鄉會」問題的基本依據。但是，在這時的中共內部，也存
在著完全不同的看法。李立三在七月十四日會議的討論中當時就對所
謂「江浙同鄉會」有理論、有目的的說法表示懷疑。而這時最尖銳地
否定「江浙同鄉會」事件的，恐怕要數曾長期與項英、許白昊、劉少

❼　〈對江浙同鄉會的意見〉，1928年7月，見中心檔案，全宗號495，目錄號
　　154，卷宗號342。（此項意見中關於「解決辦法」一項只提出盡快提交
　　名單給新中央，爭取於最近期間內加以解決，沒有提出具體處理辦法。）

奇、林育南等一同在武漢工作的方紹原了。方到中山大學學習還不足一年，但他已經注意到，中大內部同志關係極不正常。他極其尖銳地指出：中大「黨的生活、同志間的關係，只見勾心鬥角、爾虞我詐的互相拉攏、互相攻訐、互相猜忌，甚至資產階級社會中自好者所不屑有的行動，而我們的同志居然行之若素，毫不以為可恥。此種現象，在孫東兩大裡，蓋已成為很普遍的公開的秘密了」。因此，他明確認為「江浙同鄉會」根本就不存在。他認為，之所以鬧出這樣一場政治風波，根本上只是由於「孫大同志間過去的歷史關係」和米夫、向忠發兩人不負責任的煽風點火。他在寫給中共代表團的信中要求代表團務必格外注意中山大學學生內部歷史形成的種種矛盾，說：

> 孫大同志間的關係，向來是盤散沙，毫無黨的整體利益的結合，只有利用封建式的私人情感的聯絡，不過往往在某一種利害相同的情形之下，各個派別同欲推翻其唯一仇視的一派，暫時才有互相結合的趨勢。但時間一過，彼此都依然恢復原狀，你攻訐我，我攻訐你，你想推倒我當領袖，我要取消他賣風情，明槍暗戰，舌劍唇刀，鬧得不可開交了。關於這樣的事實，孫大四年內不知要鬧了幾多回了（東大裡也是一樣）。什麼反黨路線派啊，旅莫支部派啊，反旅莫支部派啊……鬧到現在的江浙同鄉會上，那一次不是因私人得失才引起來的同志糾紛？……很明顯的，江浙同鄉會這個名稱，就是幾個黨部負責的造謠生事的主要分子，故意把它煽動擴大起來，準備一網打盡反對他們的同志的一個例子。

據此，他聲稱：「江浙同鄉會，我現在敢斷定的說，不但黨部造謠

生事的主要分子將手足無措地拿不出證據來，就是大部分被誣指為江浙同鄉會會員的同志，還不明白他們自己究竟為什麼會得到這樣的一個被大眾所攻擊的惡名詞」 ❼ 。

　　根據新中央的決定，「江浙同鄉會」的問題，委託中共參加共產國際「六大」的代表團負責。中共代表團毫無疑問只能根據中共中央的關於「江浙同鄉會」問題的決定（即〈意見〉）來認識和處理此一問題。因此，方紹原或者其他懷疑者的信件事實上不可能產生任何效果。到是六月二十九日陳啟科、左權、胡世傑、尤赤、郭景純等軍校被開除學生寫給蘇共中央監察委員會的信，迅速起了作用。七月二十二日，胡世傑等再度前往克林姆林宮求見斯大林和莫洛托夫，斯大林等因參加共產國際「六大」不在，蘇共中央監察委員會主席雅羅斯列夫斯基親自接見了這幾位中國軍事學生。雅羅斯列夫斯基告訴他們，他已經收到他們的來信，但他過去並不知道關於開除中國軍事學生的事，也不知道關於「江浙同鄉會」的問題，他當時即打電話給共產國際東方部負責人，要求後者提供有關情況並決定調閱全部材料 ❼ 。兩天後，蘇共監察委員會即分別從共產國際東方部和格伯烏收到了有關的資料。

　　這時中共代表團的書記為周恩來，主要負責人有瞿秋白、蘇兆徵和張國燾。恰好，他們這時也正前往格伯烏要求查閱有關材料，剛看過一次即得到通知，知道所有此一事件的資料要被調往蘇共中央監委。到監委後，他們又得知監委已經決定接受中國學生的申訴，於近期內

---

❼　〈方紹原致項英並請提交代表團公啟〉，　1928年7月31日，見中心檔案，全宗號495，目錄號154，卷宗號342。

❼　胡世杰、尤赤、郭景純致中國共產黨代表團諸同志〉，1928年7月25日，見中心檔案，全宗號495，目錄號154，卷宗號342。

召集有關各方人員開聯席會議，重新調查解決這一問題。監委並準備為此成立一個「江浙同鄉會」事件委員會，以雅羅斯列夫斯基(Yaroslevsky)為主席，包括共產國際、蘇聯軍委和格伯烏的負責人。鑒於此，中共代表團不得不立即著手同有關學校黨部進行討論，以便準備材料。而中大黨部陳原道、李劍如等反映相當強烈，明確認為代表團不能妥協，「中共代表團不將江浙同鄉會根本解決了，則對黨的前途非常危險。首領應槍決，活動分子應開除」。周恩來等則當場解釋說，不能認為代表團有妥協，事實上問題十分複雜，秘密的文件尚未得到，名單也成問題，因為這涉及到對人的問題，而「對人的問題非常重要」。因此，他要求中大總支部委員會能夠協助提供一個確切的「江浙同鄉會」人員名單❼。

清查了半年多的時間都不能確定「江浙同鄉會」會員的名單，要在幾天之內搞出一個「確切的名單」， 這當然是做不到的。雖然中大支部委員會很快就提供出一個七十一人的名單，俞秀松、周達文等首當其衝，然而在雅羅斯列夫斯基於七月二十七日召集的聽取俞秀松、周達文等人關於自己與所謂「江浙同鄉會」關係的聲明書的聽證會上，中共方面的代表周恩來、瞿秋白、陳道原等人幾乎拿不出任何證據來證明俞秀松、周達文的申辯與事實不相符合❼。

<hr>

❼　〈代表團與中大支委的談話〉。

❼　〈關於江浙同鄉會事件的聽證會〉，1928年7月27日，見中心檔案，全宗號495，目錄號154，卷宗號342。

第八節　無效裁判

七月二十七日，「江浙同鄉會」事件委員會正式組成，中共正式代表為瞿秋白與周恩來（而後中共代表團曾一度建議暫由蘇兆征、關向應二人代替，最後主要由周恩來負責，瞿秋白因病未參加）。八月一日，雅羅斯列夫斯基通知委員會有關委員：自當日起到八月六日止，所有委員都應到監察委員會看材料，並有權向任何與此事件有關的同志提出問題，調查工作由此開始。經過前後近兩周的工作，閱讀材料、聽取證詞、與各方面負責人談話等，雅羅斯列夫斯基於八月十日正式向委員會聯席會議提出了〈關於所謂「江浙同鄉會」或「互助會」事件的報告大綱〉，根本上否定了所謂「江浙同鄉會」的存在及其反革命性質。報告說：

> 我很詳細地研究了所有的材料，與好多與此事有關的中國學生的談話，與我談話的還有許多其他的同志，如格伯烏的負責者庫馬羅，還有皮亞尼茨基、布哈林、米夫、中國代表團等，使我覺得多數中國同志所提出來的罪名是沒有根據的。……我很相信，江浙同鄉會之所以造成的基礎，是由於中國學生中間為爭奪影響之各派互相的鬥爭，從中國送來的學生成份和其他在國內所受的革命教育都不甚佳。他們有地方主義的色彩。但對於部分與「江浙同鄉會」有嫌疑的同志，最大的罪過（只是）：一方面有互助會的組織，另一方面他們這樣組織並沒有通知黨部，沒有用適當的方法來反對這樣沒有監督的公共組織的存在。

　　報告接著詳細說明了以俞秀松、周達文、董亦湘為代表的一派人在反對旅莫支部和反對托洛茨基反對派問題上的積極作用，肯定了他們在擁護與幫助阿戈爾及教務處反對拉狄克的鬥爭中盡到了一個黨員所應盡的義務。同時，報告根據大量的信件，說明在軍校同學之間確實存在著一次關於互助問題的議論，因而「斷定組織互助會的企圖是存在的」。但報告指出：「關於這個會的組織上的存在是絕沒有確實證明的，也更無有材料可以證明它現在仍然存在」。報告接著對格伯烏和中共代表團所提出的關於「江浙同鄉會」的章程、組織、反革命行動、幫助反動派等等所謂「證據」，逐一進行了剖析。在關於所謂「江浙同鄉會」的章程問題裡，報告做了如下的分析：

　　　　章程是任何人都沒有看著的。盧貽松的信中曾有章程第一條是繳納會費這一句話。盧貽松自己現在解釋說，這完全是一個笑話。許多其他的同志也這樣說過的。李沛澤給委員會的聲明書中說，王長熙曾看見章程的。但將李沛澤喚到監察委員會我問她的時候，她說王長熙是看見了一封信，這封信上說了章程的。格伯烏回答我問題的時候，曾說了以下一個關於有章程的事實。他說：「炮兵學生孫發立及王長熙看見了朱茂榛那裡藏著一個秘密同鄉會的『黨綱』（互助會的章程），內中有很多條文」。王長熙及孫發立看見了什麼，關於這，一點材料也沒有。假使再來看格伯烏的答覆，則他又說：「暑假的前幾天，張式沅曾看見了一個同鄉會的會員，他在抄寫一本小書，書面叫做『工作計劃』，有很多條文，很小的字」。……米夫同志曾調查了這件事的，當著一個學生如獲珍寶似的拿給了米夫，以為這就可以破獲一切「同鄉會」的罪人，米夫將這件東西拿給翻譯一看，

原來是一九二六年黨支部委員會的工作計劃。這就是所謂秘密
章程，這就是張式沅看見的！我請問這個委員會的委員，以及
各負責的同志：一個一百五十人的組織，存在了一年多，格伯
烏以及中國代表團關於這件事得了許多報告，格伯烏由「同鄉
會」的會員也得著了許多的材料（據格伯烏七月十三日調查），
而任何人都不知道章程是什麼樣，這個道理是否講得過去？我
請問：一個秘密的政治組織，他有政治的目的（照格伯烏的結
論說），是要奪取中國共產黨及軍事中的領導，而他的章程的第一
條偏偏是說的會費，這個道理是否講得通？我敢斷定，誰人也
沒看見章程，章程是沒有的，互助的企圖是有的，不是到處都
有組織，這些同志沒有任何政治目的。

至於所謂「江浙同鄉會」的成員問題，報告分析說：

在材料中間的所有調查，有許多自相衝突的地方。同是一個人，
又是「同鄉會」中間的積極分子，而又出來很積極的反對他(何
尚志)。 甚至於中共中央委員也有被說成與江浙同鄉會有嫌疑
的。有一個調查上說瞿秋白道：這是「一個政治投機者，在中
國共產黨分化的時候，奪取了總書記的位置，他想組織自己的
一派，來用以進攻其他的負責人」。而在底下又說：「為使同鄉
會發展起見，必要與瞿秋白這一部分發生部分的關係」。 在這
一個「同鄉會」中間，內中有俞秀松、周達文、劉仁靜、彭澤
湘，但是稍為比較接近（熟悉）一點的同志都知道，前兩個與
後兩個中間，都是時常不斷的衝突的。為什麼做出了這樣的調
查？這僅僅是根據著個人的傾軋、猜忌、仇恨吧？

結論：這些消息（是）不能相信的，所根據的都不是事實，而是猜想、謠言、不正確的報告。

報告在逐項否定了格伯烏和中共代表團的指認後,最後明確提出,這個問題僅僅是一個組織紀律的問題，是一個思想認識的問題，因此解決這件事的正確辦法應當是，對於企圖組織互助性質的小組織而未向黨報告的黨團員，「進行必要的黨的教育」。同時：

　　1.組織一個委員會,其成分以(1)皮亞尼茨基、(2)國際監委、(3)中國代表團、(4)雅羅斯列夫斯基、(5)米夫（構成）。委託委員會起草一個告蘇聯境內中國學生書，要向他們解釋在現在中國共產工作困難與白色恐怖之下，雖有一點小的黨內鬥爭，小的派別，小的紀律的破壞，雖有一點組織秘密團體之小的企圖，雖然為的互助等等，他都可以對於整個中國共產黨有非常之大的危害。要號召同志們堅決起來肅清到處同志關係中之不健全的地方，加緊理論與實際的工作，認清這種工作是中國共產黨預備革命工作的一部分。 2.在各校中國同志大會中宣讀這封信，要與同志們談話，要完全肅清同志中間之相互不信任的空氣，警告蘇聯境內之中國學生，雖然（如果）有了小的派別，相互的鬥爭、傾軋、無根據的毀謗……，都要受黨之適當的組織的制裁。 3.肅清格伯烏關於「同鄉會」的材料。 ⓱

雅羅斯列夫斯基的報告輕而易舉地說服了絕大多數與會者，甚至格伯烏的領導人也主動承認米利斯等負責此一工作的人員存在著嚴重

⓱　雅羅斯列夫斯基：〈關於「江浙同鄉會」或「互助會」事件的報告大綱〉。

的失誤。只有與會的中共代表周恩來、蘇兆徵兩人根據中共中央的意見，堅持了自己對於這一事件的看法。為了說服中共的代表，會議幾乎是不間斷地進行了十一個小時，最後，會議放棄了這種努力，通過了蘇共監委提出的決議。對此，周恩來和蘇兆徵當場表示，他們不能同意雅羅斯列夫斯基的報告和聯席會議上其他同志的態度，尤其不能接受這一決議，因為在如此短的時間內通過這樣一種重大的結論，無論如何「過於倉卒」，只不過，他們目前不打算繼續在這次會上提出另外的提議，他們將以代表團的名義向蘇共中央政治局說明他們的看法。

聯席會議的決議明確肯定：「一九二七年之『同鄉會』是一種蘇聯境內各校之中國學生企圖組織物質上之互助團體，其他的政治目的是沒有的」。並且，聯席會議「沒有確鑿的材料可以斷定它已經有了成形的組織」。所有關於參加互助的中國學生與反黨反革命的右派、第三黨相勾結，企圖奪取中國共產黨的領導的說法，「都是沒有根據的」。凡因此而受到嫌疑被派遣回國或受到處分的學生，一律重新審查。一切有關這一組織的材料均停止生效。並且今後蘇聯境內任何中國黨員團員的反革命罪名，均應由中央監委和國際監委立案審定❼。

幾天之後，周恩來根據中央前此文件和代表團意見起草了給蘇共中央政治局的信。八月十五日，代表團正式討論和通過了這封信。在這封信裡，周恩來宣稱：中共代表團一直認為此事應該由中共與蘇共兩黨共同組織委員會進行討論，但沒有想到「辦理此事的中共代表團差不多僅僅站在一個與聞的地位來參加討論，並沒有一貫地負過什麼共同解決的責任」。中共代表團確信：「依照中央監委的決議，只有使

❼ 聯共中央監委、共產國際監委、蘇聯內務人民委員部、中共中央代表團聯席會議：〈江浙同鄉會決議〉，1928年8月10日，見中心檔案，全宗號495，目錄號154，卷宗號343。

群眾更加憤懣，同志的關係更將無法改善」。因為，不僅代表團，而且多數中國同志都確信「江浙同鄉會」是存在的。信中再次列舉了盧貽松等關於「本會章程第一條首在會費」的信件，肯定「江浙同鄉會或是互助會已經存在，它並有名稱、會章、會費、會員和登記手續等等」。並且批評雅羅斯列夫斯基關於一個政治組織的章程第一條不可能是講會費的說法，說「假如我們從追究這個秘密組織著眼，又烏知他們這種秘密組織不會故意將會費列在第一條?」至於該組織同反革命黨派的關係問題，信中一方面說「關於這一點我們也還無材料可以證明」，另一方面又舉出蔣經國一九二七年八月還得到其母親所寄的三百元錢，和潘錫朋袒護過國民黨右派分子，董亦湘曾主張吸收後來成為國民黨右派的鄧毅生入黨的事，說這幾件事都表明，「江浙同鄉會的個別分子的確與其他黨派還有些牽連的關係，這在客觀上是要有反革命的嫌疑的」。

　　但是，在蘇共中央監委以及格伯烏等各蘇聯有關部門已經根本上否定了這一事件之後，中共代表團自己要想單方面的繼續追查下去，或是堅持對上百名受嫌疑的學生進行處罰，顯而易見是不大可能的。何況，通過雅羅斯列夫斯基的報告和聯席會議的討論，周恩來等人也清楚地意識到，前此向忠發等人和格伯烏用來為所謂「江浙同鄉會」及其嫌疑者定案的種種證據，確實很難完全成立。自己無論如何不能指望，蘇共中央政治局會支持自己建立在過去那些「證據」基礎上所得出來的結論。因此，中共代表團不能不在兩方面作出重要的妥協。

　　其一，既然前此絕大多數的指控都只是建立在推測和派別觀念的基礎上，如今只好放棄對眾多學生的這種指控。結果，代表團相信有根據可以指認的「江浙同鄉會」分子，只剩下了十二個人，因為這十二個人的通信中都明明白白地提到過「互助會」的事情。於是，由於

找不到類似的證據，周達文乾脆被排除在外了。至於俞秀松，因為是
教務處派的首領，又曾對盧貽松、蔣經國說過寫信要小心，畢竟仍值
得懷疑，但也只能列入「嫌疑」之中了。信中就此說道：

> 我們現在提到他的分子，只能依據實際的材料指出：蔣經國、
> 盧貽松、朱茂榛、周策、劉仁壽、胡世傑、劉宜山、張師、尤
> 赤、郭景純、甘青山、黃仲美十二人是有直接證據參加互助會
> 的秘密組織的。俞秀松則是犯有重大嫌疑的。曾肇時、薛萼
> 果❼❾（在東大翻譯室會談的事便是指他的地方，薛當時回答是
> 在他那裡燒雞吃）、陳啟科（李沛澤所見的會談地方便是在陳啟科
> 處）、董亦湘、西門中華、潘錫朋是犯有嫌疑的。

　　其二，根據中共中央通過的決定，代表團自然不能放棄對「江浙
同鄉會」的存在及其反黨性質的嚴重懷疑，但既然找不到任何直接的
證據可以證明這個組織的存在和它具有政治目的，他們已不能指望蘇
聯專政機關會繼續參與對此事的處理，只能把它當作自己內部的問題
來定性和處置。在中共代表團向蘇共中央政治局提交的，由他們起草
的新的決議草案中，可以清楚地看出他們已經從原有的決定上大大後
退了。草案稱：

> 1.根據現在所有的材料，證明在蘇聯境內有一部分中國學生的
> 黨員團員於一九二七年秋季曾開始組織了「互助會」（或名江
> 浙同鄉會）這一對黨秘密的組織。它有名稱、會章、會員、
> 會費及登記手續等等。

---

❼❾　即後來成為中共經濟學家的孫冶方。

2.因為過早公開了這個問題，所以未能繼續發現這個組織的章
　程內容和其他更嚴重的材料，以致對於這個組織整個的一定
　的政治綱領和目的，現在還是不能確實判定。

3.但這個組織……絕非純粹的「互助」或「同鄉」性質的組織，
　必然要有政治意義的，至少也已存在了黨內小組織的派別。

4.對於已經證實參加這種秘密組織的分子和嫌疑人，須分別加
　以組織上的紀律制裁，前次關於十二個軍事學生黨員的決
　定，也在這個條件下重新審查。❽

　　八月十七日，中共代表團在向蘇共中央政治局提交了上述文件之
後，也向蘇共中央監委提交了它們的複本。次日，雅羅斯列夫斯基也
向蘇共中央政治局提交了一份有關情況的說明，再度指出，有關「江
浙同鄉會」問題上，格伯烏的調查人員根據「沒有證實還不十分可靠
的材料」即草率得出結論，明顯地是錯誤的，米夫和向忠發「根據還
未證實的消息，在學生群眾中間作了那麼嚴重的報告」，同樣地犯有錯
誤。他不能理解，在包括中共代表團在內的各有關方面重新全面核對
了所有事件材料之後，在所有與會的委員「一致同意」中央監委所提
出的報告和決議的情況下，中共代表團仍舊根據那些幾乎不能成立的
材料堅持要處罰俞秀松等同志。他尤其不能理解的是，中共代表團堅
持要處罰的多數同志，事實上恰恰是「比在蘇聯學習的一般的中國黨
團員要好些的同志」，為什麼一定要把他們視為「反革命」❽？

　　八月下旬，蘇共中央政治局受理了中共代表團的來信，並派出代

❽　〈中共代表團書記周恩來致聯共中央政治局〉。

❽　〈雅羅斯列夫斯基致聯邦共產黨中央委員會政治局〉，1928年8月18日，
　　見中心檔案，全宗號495，目錄號154，卷宗號342。

表參加有蘇共中央監委、格伯烏和中共代表團參加的聯席會議，聽取幾方面的意見。但蘇共中央政治局調和蘇共監委與中共代表團分歧的努力，顯然沒有取得實質性的進展。

這時，蘇共中央監委已經起草了一份告蘇聯境內中國學生及黨團員書，指出中國部分學生只是「企圖組織」一種物質上的互助團體，並「把能夠引起嚴重而且有危害的結果的東西當作開玩笑」，肯定「沒有證據來確切地斷定這種互助會的組織曾經存在過」，但強調這種行動仍舊是錯誤的，只是「我們對於犯了這種錯誤的同志們應採取黨的教育方法」。而中共代表團明顯地不同意這一文件，經過周恩來修改之後，「企圖組織」變成了「曾經組織過」；「……當作開玩笑」變成了「……當作開玩笑來掩飾對黨秘密的組織」；「沒有證據來確切的斷定這種互助會的組織曾經存在過」，變成了「黨沒有證據來確切的斷定這種互助會的組織現在還存在沒有，但根據黨內現有的材料，卻能指出這種組織過去曾存在過且是對黨秘密的，故黨必須對於這種組織給以堅決的裁判」；「我們對於犯了這種錯誤的同志們應採取黨的教育方法」，變成了「我們對於犯了這種錯誤的同志們主要的是採取教育方法，然而，同志們應該了解，如果黨的教育方法顯出不足時，則黨對於不通知黨而參加在黨的機關監督之外，由蘇聯境內中國學生所構成的這種互助會組織以及其他任何派別或組織的同志們，不能不採取最後的組織辦法」[82]。

應當指出，周恩來事實上仍舊再度作出了妥協。因為它已經不再

---

[82]　〈告蘇聯境內孫大及其他各校之中國學生、聯共、中共、蘇聯少共、中國少共的正式或候補的黨員書〉，1928年8月；〈中共代表團提出的修改意見〉（此修改件為周恩來親筆），1928年8月，見中心檔案，全宗號495，目錄號154，卷宗號343。

堅持該組織「必然要有政治意義」和必須對其成員「加以組織上的紀律制裁」。但他仍舊堅持：(1)「江浙同鄉會」事實上存在過；(2)它的性質至少是黨內以同鄉或親友為基礎的秘密派別組織,「這種組織的發展前途有不只限於互助同鄉的性質, 而成為政治性質的可能」; (3)對其成員必要時仍須訴諸組織辦法加以制裁❽。

　　顯然, 周恩來等人已經讓無可讓了, 再讓, 總書記向忠發過去的一切說法和中共中央就此得出的結論, 必將全部推翻。結果, 不僅有可能影響新中央的威信, 而且可能使眾多因此一事件受到影響的中國學生和前此懷疑他們的其他中國學生, 特別是各校黨部, 形成嚴重的對立。面對這一極為複雜微妙的情況, 蘇共中央政治局的代表也很快放棄了公開解決這一事件的努力。九月初舉行的聯席會議一致通過了蘇共中央政治局代表提出的建議, 中共代表團必須停止利用前此一切與此事有關的材料, 放棄追查「江浙同鄉會」的一切努力和處罰有關學生的任何嘗試。同時, 聯席會議也須停止就此一事件做出公開結論, 以免進一步惡化中國學生之間已經極不正常的關係。為了解決中國學生之間的矛盾, 聯席會議決定發表一告蘇聯境內中國學生書, 要求中國學生必須把一切精力集中到學習列寧主義理論和研究蘇俄及中國革命經驗上來, 必須加強黨的紀律的教育, 根本改變因經濟落後而盛行的地方主義情緒, 放棄一切無原則的同鄉觀念乃至派別傾向❽。

❽　〈中共代表團提出的修改意見〉。

❽　〈告蘇聯境內孫大及其他各校之中國學生書〉, 1928年, 見中心檔案, 全宗號495, 目錄號154, 卷宗號342。

第九節　陰雲難消

「江浙同鄉會」事件，由此不了了之。但「江浙同鄉會」到底是有，還是沒有？這個問題，在多數中國學生中間卻沒有解決。一些列席聯席會議的受嫌疑學生回校以後眉飛色舞，奔走相告，而那些認定存在著一個反黨的秘密小組織的學生或黨部，則側目而視，怒不可遏。於是，一邊認為有，一邊認為沒有，中國學生中間很快分裂成兩大對立的派別，雙方劍拔弩張，互不相讓，逢會必吵，情緒對立日趨激烈。由於學校總支部委員會仍大權在握，並且上級亦無人為過去受嫌疑者公開洗刷罪名，因此，事實上各校中，特別是中大內受嫌疑學生及其同情者仍占少數，甚至繼續受到政治歧視。面對這種情況，在暑假休養期間，他們不僅公開遊說，而且私下串連，徵集簽名，準備致信共產國際監委和蘇共中央監委，要求立即公布有關「江浙同鄉會」的調查結論，為受嫌疑學生恢復名譽。結果，這件事為部分工人學生所偵知，並在中大黨支部一些人的暗中支持下，以查找所謂「反對派文件」為名，演出了一幕強行搜查同學寢室，雙方大打出手的「全武行」。於是，受嫌疑學生的聯名信沒寄出去，到引來一個中央調查委員會來解決中國學生之間的打架問題。

中央調查委員會如何解決這一打架事件，嚴格說來並不重要。既然蘇共中央政治局已經與中共代表團等各方面達成了協議，這件事的解決也只能就事論事，它不會給受嫌疑學生帶來他們所期望的結果。但在這次調查過程中，調查委員會曾召開過學校各個方面的座談會，通過這些會議，我們可以很清楚地看出這時中國學生之間究竟存在著一些什麼樣的矛盾，「江浙同鄉會」事件究竟在他們中間留下了怎樣嚴

重的後遺症。

在調查委員會第一次召集的黨內同志談話會上，兩種意見就針鋒相對。一種意見明確認為：「江浙同鄉會」問題是造成此次打架事件的根源，不解決「江浙同鄉會」問題，就不能根本解決同志彼此之間的猜疑和對立。而「江浙同鄉會」問題，其實是兩部分同志造成的，一方面是學校領導，如米夫、別爾曼等輕聽輕信所做的不負責任的報告，把事情說得無比嚴重，另一方面是黨支部委員會和一些學生幹部，如陳原道、陳紹禹等，搞無原則的鬥爭，藉機蓄意宣傳，上綱上線，無根據的鼓動學生們互相在公開和背後揭發檢舉，造成同學之間的互相猜疑和感情對立。然而陳紹禹、秦邦憲、何子述等人卻針鋒相對地表示：他們所進行的鬥爭，都是原則上的鬥爭；領導者說「江浙同鄉會」有反革命的性質，「完全是這些小組織的同志們的錯誤，而不是領導者的罪過」。「要是米夫不報告出來，現在恐怕已經成為事實了」[85]。

在調查委員會召集的中大教員班和職員班學員談話過程中，以西門中華、薛萼果等為一方，以陳紹禹、李竹聲、盛忠亮等為一方，雙方又再次發生面對面的爭吵。西門中華明確認為：「江浙同鄉會」問題，是「指導機關的大錯誤」，不僅是學校指導機關，而且也是黨支部委員會的原則上的錯誤，它在同志之間造成了非常惡劣的影響，完全破壞了同志關係。直到現在，黨支部委員會仍舊不做自我批評。「休養所之事，收（搜）查不是偶然的，而是支部有組織有系統的準備的，目的在於妨礙自我批評」。陳紹禹等立即反唇相譏，稱：什麼自我批評，還不是「有一部分同志要在自我批評的口號之下來煽動反黨」？休養所事件，說到底就是「聯合幾個同志專門反對黨的決議」。陳甚至明確指

---

[85] 〈二年級黨員幹部座談會〉，1928年10月5日，見中心檔案，全宗號530，目錄號2，卷宗號54。

責西門中華為「先鋒主義的代表」，理由是他身為青年團支部書記卻一再與黨支部唱對臺戲，不接受黨的領導，公然懷疑黨所決定的清查「江浙同鄉會」的工作。他再次宣稱：「如果沒有米夫和向的宣言，這個組織有到反革命組織的可能」。對此，薛萼果等當場反問：請你說明「江浙同鄉會」「是誰組織的?」你說「黨的爭鬥都是有原則的，一般的是對的，但江浙同鄉會有什麼政治意義和理論呢? 沒有。不是政治性質的嘛。可是領導機關不能引導爭論，卻在大會上宣言是反革命的等等，這是正確的嗎?」而且，最先在牆報上說這個組織是反革命，說它與第三黨有關係的不是陳紹禹嗎? 米夫和向忠發還說在陳的後頭，陳紹禹又是根據什麼呢? 現在米夫又說「江浙同鄉會」不存在了，你們怎麼解釋呢? 對此，陳紹禹等當場群起而攻之，斥責薛萼果等繼續為「江浙同鄉會」辯護，是嚴重的「反對黨的決議」。薛萼果毫不示弱，稱：「江浙同鄉會」問題根本就是一種無原則的鬥爭，是黨部為壓制批評而挑起的政治糾紛，「支部口頭上說贊成自我批評，實際上批評了就說他是第二條路線或江浙（同鄉）會」**❾**。

　　從以上的談話過程中可以清楚了解的一點是，陳紹禹的地位確實不同一般，他已開始成為中大裡相當有影響的人物，並正在形成自己的派別。顯而易見，所有這一切，都得益於這場反「江浙同鄉會」的事件。這一事件最初固然不是他所挑起，但因為他可以接近米夫，因為他一度作為向忠發的俄文翻譯早早了解到格伯烏掌握的各種材料，從而便利了他在中大這場反「江浙同鄉會」運動中充當一種未卜先知、呼風喚雨的角色，迅速提高了自己的政治地位。也正因為如此，陳紹禹不僅不會輕易承認這場鬥爭的錯誤，並且還要千方百計地把自己的

---

❾　〈中央審查委員會的委員與本校教員班、職員班談話記錄〉，1928年10月5日，見中心檔案，全宗號530，目錄號2，卷宗號54。

這種角色演下去。可以肯定，蘇共中央政治局「和稀泥」的決定和中共代表團繼續認定「江浙同鄉會」為秘密小組織的情況，便利了陳紹禹繼續充當反對「江浙同鄉會」領袖的角色。與此同時，學校裡多數工人出身的學生與小知識分子出身的學生之間矛盾的存在，也為陳紹禹一派提供了某些群眾基礎。

　　在中大，第一屆學生中工人學生非常少，第二屆則明顯增多，但在第二屆學生的總數中仍占絕對少數。因此，在前兩屆學生當中，工人學生與一般小知識分子出身的學生之間，一般看不出明顯的矛盾。但在中大的派別鬥爭之中，由於工人學生通常較為靠近黨組織，守紀律，加上自己在理論及俄語學習等方面往往跟不上學習進度，對教務處工作及俄國教員，特別是拿著高薪的翻譯的工作不滿意，因此，他們多半傾向於黨支部委員會一派，事實上多反對教務處一派。只是，因為這時工人學生人數相對較少，所起作用還不十分明顯。可是，到了第三屆，情況就完全不同了。這一屆學生的成份恰好相反，工人學生已占到了整個學生人數的將近四分之三。這些學生自來校之日起，就與小知識分子出身的同學在許多方面存在著矛盾。由於他們到校之後，第一屆學生多數已經畢業離校，因此他們在學校中的作用自然舉足輕重。當清查「江浙同鄉會」的鬥爭來到時，他們理所當然地站到了黨支部委員會一邊，必欲清算所謂教務處派和第三派。這樣一來，陳紹禹更是如魚得水，他的觀點在一年級學生當中頗有市場。而這次強行搜查並打架，也正是一年級的工人學生幹出來的。

　　要了解一年級工人學生這時的心態和傾向，只要看一看十月五日一年級關於打人事件的討論會就可以了。在這次會議上，他們明顯地占據著壓倒的優勢，不僅不承認自己有什麼錯誤，而且理直氣壯地認為自己做得對。稱：「江浙派竭力宣傳，反對學校當局，暗中串連，並

有宣傳品」，為什麼不能搜查？當有發言者講：「我們有黨，應用黨的紀律解決一切問題，不應當打人；我們是共產黨員，應當展開批評，不應當互相搜查，而應用教育的方法，……對同志不應當加以政治帽子」時，其他人則大聲鼓噪：「他們宣傳不應該搜索他們，試問我們應當反對他不？他們要反共、反蘇聯啊！」「工人同志打人，因我們缺乏知識」，可對於「江浙同鄉會」的存在，「我們有證明文件」，誰讓他們「說我們造謠的」！況且「每次開會都是亂七八糟，都是反對派挑撥，不是江浙派是誰？」當有人發言說應該尊重事實，「不能不考察事實就亂放炮，說有江浙派」。一些發言者則大呼小叫：江浙派是有的，反黨行為、第二條路線都是有的，這些「我們工人看得清楚，他們有知識，來造反對派，我們工人都應該起來與他們奮鬥」，「打倒這些王八蛋們！」有些工人發言更坦率：我們沒有知識，不會說話，來蘇聯是想跟大家學習，將來也可以提高地位，但「來此一看，不然了！高等的、中等的、低等的，不平等了」，「你們也有一百多元的，二百多元的，你們要革窮人的命嗎？」「在預備班提出打倒教員的口號，這是誰提出來的？他們想謀害我們工人同志，不叫我們學習，他們學習得多，他們回國可拿大皮包，我們給他們拿槍。他們只想他們知識階級學習，不使我們學習」❽。

不難想像，一個小小的調查委員會是不能解決中國學生中這許多問題的。事實上，他們前後只進行了不到十天的調查，就草草地宣告調查結束，結論是：「休養所事件，有同志搜查同志文件，以為這是很好的事情，被搜查者則以武力相抗，這只有在中共的大學中才會發生。搜查的同志是不對的，是呆的，即使有同志是反對派，或者反革命，

---

❽　〈第一年級年級會議〉，1928年10月5日，見中心檔案，全宗號530，目錄號2，卷宗號63。

可以由格伯烏或黨檢委去辦，所以搜查的同志是不正確的。當然，被搜查的以武裝方法來反抗也是不對的。」但是，對於學生中反應強烈的「江浙同鄉會」問題呢？調查委員會的報告一個字也沒有提到。只不過，在報告會上，當有人繼續指責休養所中一些人秘密徵集簽名為「江浙同鄉會」事件翻案是「反黨行為」時，報告人還講了一句公道話，他說：「向上級寫信反映意見是有權利的」⑧。問題僅僅在於，當各個中央已經決定放棄公開解決和評價「江浙同鄉會」事件之後，這種權利實際上是不受重視的。

　　當然，還是得慶幸受到「江浙同鄉會」事件牽連的這些中國學生趕上了一個好時候。這個時候斯大林還沒有變得像後來那樣多疑，蘇聯也尚未開始搞肅反，對反對派也還未大開殺戒，因此，蘇共領導人看上去比中共領導人還要清醒許多，從而使得這次被懷疑和處分的那些中國學生，包括俞秀松等，一時多半都得到了解脫。但既然沒有人宣布「江浙同鄉會」事實上並不存在，中共代表團既然拒絕為一切嫌疑分子解除嫌疑恢復名譽，陳紹禹一派整人者仍可以而且必須要利用這根大棒子打人，在其視力範圍所及的那些被嫌疑者也就永遠也脫不了干係。一旦有個風吹草動，或新的運動來臨，他們必將首當其衝。後來，「江浙同鄉會」之所以被說成是什麼托陳分子⑨的秘密組織，俞秀松、周達明、董亦湘等人之所以被說成是「中國的托洛茨基匪徒」⑩，並先後受此牽連而被捕冤死，又何嘗不是由於這個倒霉的「江

---

⑧　〈第一年級年級會議〉，1928年10月5日，見中心檔案，全宗號530，目錄號2，卷宗號63。

⑨　即所謂托洛茨基和陳獨秀分子。

⑩　參見王明：〈中共五十年〉，中國現代編刊社，1981年版，第137頁；康生：〈鏟除日寇偵探民族公敵的托洛茨基匪徒〉，《解放》第30期，1938

浙同鄉會」事件？其實，不要說涉嫌「江浙同鄉會」的學生，就是中大那些曾經擁護教務處派、第三派，或同情俞秀松一派的仍在蘇聯的中國學生，後來又有幾個不曾受到迫害的呢**⑨**？

　　中共之黨內鬥爭，此其端也。

　　年2月8日；〈海參崴華僑中的托洛茨基派〉，轉見《青運史資料與研究》，
　　第3期，第278–280頁。

⑨　在整個「江浙同鄉會」事件被懷疑人中，唯一沒有受到嚴重政治迫害的，
　　可以說只有蔣經國一個人。從蘇聯檔案中可以看出，蔣經國不僅曾被視
　　為「江浙同鄉會」的首惡，而且蘇聯當局還清楚地知道他曾積極參與過
　　莫斯科中國學生中反對派的活動。但考慮到他的特殊背景及可能的用
　　途，俄國人只是在他沒有太大用處時將他下放到偏僻地區去，始終沒有
　　動過他一個指頭。因此，甚至在蘇聯開始肅反以後，蔣經國被要求回國
　　之前，他還在向共產國際最高領導人申請將其由聯共預備黨員轉為正式
　　黨員呢！見中心檔案，全宗號495，目錄號74，卷宗號278。

第五章 工人領袖難當重任

共產黨，按照列寧的理論，應當是無產階級的先鋒隊組織。這裡的所謂「無產階級」，並非是泛指那些一貧如洗的窮人，而是特指在資本主義現代化大工業下從事有組織的體力勞動的工人。中國二十年代積貧積弱，純粹還是一個落後的農業國，談不上有什麼資本主義大工業，當然也就沒有多少夠格兒的無產階級，這也就難怪像馬林那樣一些歐洲國家的共產黨人認為中國這時根本就不配成立共產黨。事實上，俄國人雖然支持在中國成立共產黨，但是，在他們的眼裡，中共也只夠「預備」的資格罷了 ❶。因此，當一九二七年國共破裂，中共暴動奪權不成之後，共產國際很自然地把這一切錯誤與失敗，都歸因於中共自身的階級基礎過於薄弱，強調中共最致命的缺點，「就是本黨的領導幹部並非工人，甚至於非貧農，而是小資產階級的知識分子的代表」，主張根本「改造」中共中央領導機關，「將工農分子的新幹部替換非

❶ 一個最明顯的例子就是，在蘇共取消了中共旅莫支部，將留在蘇聯學習的中共黨員歸入蘇共領導之後，所有在蘇聯的中共黨員只能取得蘇共預備黨員的資格。甚至直到四十年代，莫斯科的蘇聯領導人仍舊尖銳批評中共中央工人成分太少（11%），並且在背後把中共稱作「人造奶油式的共產黨」。見〈共產國際執委會主席團關於中國問題的決議〉，1940年3月11日，《中共黨史研究》，1988年第3期；並見瓦・崔可夫著，萬成才譯：《赴華使命》，新華出版社，1980年版，第39頁；赫伯特・菲斯著，林海等譯：《中國的糾葛》，北京大學出版社，1989年版，第159頁。

無產階級的知識分子之幹部」，「使指導幹部工人化」 ❷ 。

於是，在俄國人的干涉下，中共歷史上出現了一位工人出身的總書記。但是，這似乎不是一個正確的選擇，因為這位工人領導人未必就比知識分子幹部馴服和堅定。

<h1 style="text-align:center">第一節　起家工運</h1>

向忠發，一八八〇年生於上海，出身貧寒，小學五年級時輟學。隨父母遷回湖北原籍，十四歲入漢陽兵工廠當學徒，十六歲轉入漢陽造幣廠學徒。工廠倒閉後去江西一家大戶做傭人，三年後因受東家賞識介紹進入輪船公司，僅四個月即升任二副，兩年後再升大副。以後幾經波折，在當時國內規模較大的漢冶萍公司屬下的輪船上做事，並日漸因其識字較多，活動能力較強和熱心助人而被吸收參加當時的漢冶萍工會工作。幾年之後，即一九二一年，他已經成為擁有上千名會員的漢冶萍工會的副委員長。次年，中共黨員許白昊發展其加入了中國共產黨。

在中國共產黨的早期歷史上，有四名黨員是從早年土生土長的工人運動領袖中發展而來的。他們就是鄧培、向忠發、王荷波和蘇兆徵。鄧培是一九二一年入的黨，向忠發和王荷波晚鄧培一年，而蘇兆徵更晚他們三年，是一九二五年入的黨。但就黨內地位而言，向忠發和蘇兆徵最初遠不如王荷波和鄧培。王荷波和鄧培是最早成為中央委員的，

<hr>

❷ 〈共產國際執行委員會關於中國革命目前形勢的決定〉，1927年7月；中央臨時政治局擴大會議：〈中國現狀與黨的任務決議案〉；〈最近組織問題的重要任務決議案〉，1927年11月，《中共中央文件選集》，第3卷，第628、466、469–470頁。

在中共三大與四大時，他們先後被選為中央執行或候補執行委員。他們在中共的工會工作中，也曾占據著相當突出的地位。直到一九二五年省港大罷工時，蘇兆徵才開始成為中共工運的重要領導人之一。而向忠發則只是在武漢地區成為革命中心之後，才開始引人注目。因此，只是在中共五大時，即一九二七年四月底至五月初，由於鄧培在廣州遇害，王荷波改任中央監察委員，蘇兆徵和向忠發才取代鄧培和王荷波而異軍突起，同時當選中央委員，開始進入中共中央領導層。

說向忠發在黨內嶄露頭角很大程度是中國革命的中心北移武漢的結果，並不等於說在這個時候這個地方，只要有了工人領袖這塊金字招牌，誰都可以取得重要地位。向忠發這時的崛起，靠的還是其不同尋常的突出表現。

當國民政府的北伐軍剛剛攻克岳陽，湖北區執委機關為準備北伐軍進攻武漢，一度移往武昌，漢口只剩下向忠發、許白昊等四人。在一個多月的時間裡，由於北伐軍將至，漢口的工人運動驟然高漲，作為漢口當時共產黨和工會系統的最高負責人，他與許白昊等全力以赴，廢寢忘食，成功地領導了漢口此起彼伏的罷工鬥爭，很快成立了湖北省總工會，把武漢地區的工人運動迅速統一了起來，支援了北伐軍的戰爭。在總工會成立之後，二十七天裡武漢三鎮的工會從最初的十三個猛增到二百七十個之多，有組織的工人迅速達到數十萬。加上具有執法隊性質的幾千工人糾察隊的組成，湖北總工會一時間叱咤風雲，呼風喚雨，成了武漢地區舉足輕重的政治力量，作為總工會委員長的向忠發自然也功不可沒。隨著中共中央和國民政府均移到武漢，向忠發作為令人矚目的工人運動領袖而入選中共中央，可以說也是情理中之事。

當然，向忠發這時在黨內的地位，還不能與作為中華全國總工會

中央執行委員會委員長的蘇兆徵相比。蘇兆徵在中共五大不僅入選中共中央委員會，而且一步進入中共中央領導核心，成為中央政治局的候補委員。然而，有誰能夠想到，正是由於這一步之差，後來中共中央總書記的大印竟與蘇兆徵失之交臂，轉而落入向忠發的手中。這是因為，當時的武漢政府邀請中共入閣，中共中央政治局特地選派在共產國際專門研究過農民問題的政治局委員譚平山去擔任農政部部長，選派政治局候補委員、工人運動領袖蘇兆徵去擔任勞工部部長。結果，不僅在兩黨合作期間，他們領導的「農政部及勞工部與其他官僚機關並沒有什麼區別」，「在群眾面前消失（了）共產黨的面貌」，而且當一九二七年七月國共關係破裂在即，蘇兆徵進一步因為與譚平山一道未能按照共產國際的電令公開抗議武漢政府的政策並聲明退出，而是遞交了一紙被共產國際稱之為「毫無原則的和怯懦的『請假』」書❸，使其工人領袖形象在共產國際那裡大大打了折扣。與此相反，因此時以陳獨秀為代表的中共中央實際上並不特別重視向忠發之流的工人領袖，向忠發在武漢地區雖有相當實力和影響，並已經當選中央委員，與中共中央近在咫尺，卻不能與聞中央之事，致使向內心頗不平衡。故當中共中央為避免國共破裂而設法抑制兩湖地區的工農運動時，作為湖北省總工會委員長的向忠發更是常常怒形於色，公開表示對中央政策的不滿。特別是在中共中央下令解散工人糾察隊之際，向忠發幾乎怒不可遏，不顧一切地專程前往武昌找中共中央辯論。此種情況，自然給了在武漢的俄國人以不同凡響的印象。向忠發雖然在中共五大當上了中共中央委員，但他畢竟仍舊是一省工會系統負責人，不僅離

---

❸　關於共產國際和八七會議之後臨時中央對此事的嚴厲批評，見《中共中央文件選集》，第3卷，第281–282、627頁。有關此事的情形還可參見劉繼增等：《武漢國民政府史》，湖北人民出版社，1986年版，第511頁。

中共中央甚遠，而且連中共湖北省委的領導工作也很少能夠涉足。向忠發的突然得勢，顯然得益於共產國際一九二七年七月十四日一紙電令。該電令稱：中共中央領導機關已經由於其對國民黨的種種妥協政策而表現出嚴重的機會主義傾向，中共全體黨員必須堅決與黨的領導的種種機會主義傾向作鬥爭，改造中共中央。而這種改造的基本任務，就是「要使工人和農民組織的領袖以及在內戰時長成的黨員，在黨的中央內取得決定的影響」❹。

　　機會主義錯誤是怎樣產生的？按照共產國際的邏輯，中共一九二七年八月七日在漢口召開的緊急會議認定，這是由於「黨的指導機關裡極大多數是知識分子及小資產階級的代表」。根據這樣一種認識和共產國際的明確要求，「八七」會議當然要設法「將幾個工人加入指導機關」。而黨內現成的「工人和農民組織的領袖」還能有誰呢？那只有三個人，這就是蘇兆徵、向忠發、王荷波❺。結果，經過投票，蘇兆徵、向忠發均以僅有的兩個全票（二十票）當選中共臨時中央政治局委員，王荷波則以多數票（十七票）當選臨時中央政治局委員❻。值得注意的是，與蘇兆徵、王荷波不同，向忠發由於過去在武漢太引人注目，因而已於武漢政府公開分共之後被安排藏匿於漢口法租界，之後又轉到湖南鄉下，沒有能夠出席此次會議。其能在缺席的情況下以僅有的兩個全票之一當選政治局委員，當然不僅僅是因為共產國際

❹　《中共中央文件選集》，第3卷，第628頁。

❺　確切地說，這時被當作工人補入中共中央指導機關的還有一個顧順章。但顧順章其實只能算是半個工人，因為其本人雖早年當過工人，但後來已做了職員。並且，顧順章過去也並非工會組織的領袖，他只是在中共的領導下擔任過上海工人糾察隊的負責人。

❻　〈「八七」中央緊急會議記錄〉，《中央檔案館叢刊》，1987年第2期。

有選舉工人的指示，它在相當程度上也同向忠發這時在黨的領導層中已經給人留下比較好的印象有關。

當然，「八七」會議並不能使向忠發一步登天。在中共高層領導人內部，多數人對向忠發遠不如對蘇兆徵和王荷波熟悉。加上向忠發事實上不能參加武漢的臨時中央政治局的工作，因此，新來的共產國際代表羅明那茲並沒有特別重視向忠發的作用問題。不僅如此，羅明那茲對共產國際關於把工農領袖充實到黨的核心領導機關去，並使他們在黨的中央取得決定性影響的指示，這時也沒辦法給予特別重視。他甚至遠不如中共中央其他知識分子領導人那樣重視新中央的工人成份問題。當「八七」會議上許多與會知識分子出身的中共領導人主動要求「選出工人同志來作領導」時，他甚至不以為然，斷言「此會無權改選中央」，並表示，即使選出工人同志也還要「調查一下是否他能執行此新政策」，因為他無法判斷這些工人是否能夠勝任中央領導工作。由此可知，在這一緊急時期，他所重視的仍舊是工作的能力和對中央工作的熟悉問題。在他提議下組成的政治局常委和實際參加常委工作的四個人中，工人成份的只有蘇兆徵一個，其餘三人瞿秋白、李維漢以及羅亦農仍是知識分子。此後，王荷波被安排去北方政治分局任書記，由共產國際代表和瞿秋白共同領導的中共中央對向忠發根本不重視，竟一個多月沒有安排工作。到九月下旬，他們才決定「調向忠發到上海去搞工人運動」，但卻既不給他具體任務，也不給他某種必要的名義❼。因此，向忠發的政治局委員這時其實也只是名義上的。他不僅一次也沒有參加過「八七」會議後中共中央在武漢（從八月～九月）和上海（十月上旬）開過的二十多次常委會議和四次政治局會議，而且自國共關係破裂以後幾乎就沒有接到過具體的任務。由此可知，在

---

❼　中心檔案，全宗號514，目錄號1，卷宗號811。

三位工人領袖中，向忠發這時在黨內的實際地位仍舊是最低的。

　　一方面成為中共中央政治局委員，一方面卻又得不到共產國際代表和中共中央領導人的重視，這自然又要讓向忠發心存某種程度的不快。他當然知道共產國際主張發揮他這種工人領袖的領導作用，但自己為什麼得不到重用呢？他不能不開始懷疑，黨的領導機關的改造遠沒有達到共產國際的要求，黨的領導層知識分子仍舊占據著支配地位，這是中國共產黨產生各種問題的主要癥結❽。值得注意的是，這種認識在相當程度竟也正是中共中央領導人的比較一致的看法。這時的中共領導人本身大都出身於知識分子，他們卻不僅真誠地相信應當由工人同志來作領導，而且在實際工作中大量提拔工人，堅定地主張否定知識分子的革命性，甚至宣稱知識分子的革命作用已經完結，明確決定今後原則上不再派一個知識分子去莫斯科學習，一面把一切可能提升的工人黨員統統提升到領導位置上來，一面卻又毫不猶豫地把成百成百的革命學生和知識分子放到部隊裡去當兵，直至最後損失殆盡❾。意識形態影響人們對價值觀的變化能有多大，由此可見一斑。有誰能說他們不重視黨的工人成份？看來，他們與向忠發這時的區別僅僅在於，他們多半很少意識到，否定知識分子其實也正是在否定他們自己。

第二節　目標明確

　　共產國際幾乎同向忠發一樣，不那麼滿意「八七」會議的改造結果。這種情況很容易理解，新的中共中央領導核心幾乎只是舊中央的

❽　〈向忠發關於中共黨內問題致彼得羅夫轉布哈林的信〉，1928年2月15日。

❾　參見《周恩來選集》上卷，第180–181頁。

翻版。新中央實際上的總書記瞿秋白是典型的知識分子，並且是陳獨秀中央時的重要成員；另一位常委李維漢與瞿秋白一樣，而他在一九二七年五月二十一日許克祥部在長沙發動反共事變之後甚至阻止過農民對長沙的反攻，這件事更讓共產國際感到不滿。常委中雖然也充實了一位工人領袖，但又是眾所周知在退出武漢政府問題上表現軟弱的蘇兆徵，這當然不符合共產國際理想中的工人領袖標準。因此，進一步選拔合適的工人領袖擔任中共中央領導責任，並且大規模地充實工人成份到中共中央來，不能不成為共產國際這一時期反覆強調的問題。只是，連共產國際領導人自己也很清楚，目前要找到合適的工人領袖來擔任中共中央的領導責任，還不那麼容易。

　　機會終於送到向忠發手上來了。那是一九二七年十月初的事。當時共產國際在上海的代表從蘇聯在上海領事館得到莫斯科的指示，要求中共中央組織一個工農代表團秘密前往蘇聯參加十月革命十周年的大型慶祝活動。這時，南昌暴動剛剛失敗，相當一批中共中央領導成員還在廣東、香港不能回來，瞿秋白、蘇兆徵以及李維漢等又正在從武漢前來上海的途中，且中央工作無法離開，加上各地工作同樣極其緊張，難有合適的中央一級人選抽調，讓剛來上海不久的工人領袖、政治局委員向忠發充當這個工農代表團的領導人，當然是再合適沒有了。因此，共產國際代表很快就通知向忠發為此進行必要的準備，以便趕在十月中旬由上海組團出發。

　　十月上旬，中共中央常委到達上海，向忠發向中央組織部長李維漢通報了此一情況，並商定了代表團的基本構成。李維漢同時表示向忠發可以以中央委員身份作中共駐國際代表，負責轉達雙方的有關信息❿。

───────────────

❿　在向忠發關於《中國工農代表團來蘇聯經過的報告》中，曾說明他離開

十月十五日，向忠發與湖北省工委負責人李震瀛一道，帶兩個武漢工人和五個上海工人乘蘇輪安迪吉號由上海前往蘇聯海參崴，然後再乘火車赴莫斯科。十一月初，代表團達到莫斯科，受到熱烈歡迎。向忠發十月革命節當天又是參加莫斯科紅場的慶祝活動，又是在電臺發表廣播講話。之後接連參加在莫斯科舉行的東方民族兄弟大會、國際蘇聯兄弟大會，在德國和比利時舉行的反帝同盟擴大會議和反對中國白色恐怖委員會會議等，以中國工人運動領袖和中國共產黨代表名義到處作報告，當委員，可謂風頭出盡。而向忠發的報告，包括他在共產國際和赤色職工國際所作的關於中國革命和中國工人運動狀況的報告，確實也給共產國際領導人留下了較好的印象❶。共產國際東方部很快就樂於讓向忠發參加處理一切有關中國的具體事務問題。而向忠發也確在處理一些連共產國際東方部都感到棘手的問題上，表現出某種程度的果斷與魄力❷。這不僅迅速奠定了向忠發在共產國際領導

上海前李維漢同意他「以中央委員和政治局委員的資格」在共產國際進行工作，但在向忠發走後的一份中央常委會議記錄上，卻寫明駐國際代表應「以中央委員身份」進行工作。這裡從後者。

❶　參見向忠發《中國工農代表團來蘇聯經過報告》，1928年9月14日；見中心檔案，全宗號495，目錄號18，卷宗號917。

❷　向忠發處理問題的能力給共產國際領導人留下較深印象的，這時最主要就是關於莫斯科東方大學軍事班中國學生的學潮問題。此一風潮發生於一九二八年一月間，一百多名中國學生結隊在共產國際辦公大樓前示威，共產國際東方部負責人勸說無效，不得不請向忠發出面解決。向很快使事情平息下來，並提出了具體的解決辦法。此事之最後解決，基本上是按照向忠發的提議辦的。參見中心檔案，全宗號495，目錄號154，卷宗號343。

人心目中的地位，而且也刺激了向忠發乘機提高自己政治地位的某種慾望。

　　一九二七年十一月，中共中央臨時政治局在上海召開了擴大會議。會議根據共產國際的指示精神，突出強調了黨的領導機關的工人成份問題，明確提出：「中國共產黨最重要的組織任務是——將工農分子的新幹部替換非無產階級的知識分子之幹部」，絕不能使黨的指導工作保持在「小資產階級出身的分子手中」，從支部、到區、縣、市、省的各級領導機關，「必須大多數是工人同志或貧農同志」⓭。但是，會議卻沒有提到對中央一級領導機關的改造問題。恰恰相反，由於此時王荷波被捕遇害，會後又決定派蘇兆徵前往蘇聯擔任駐共產國際代表並出席赤色職工國際第四次代表大會，中共中央領導核心內幾乎不再有工人成份，新補入中央常委會的周恩來和羅亦農，照舊是知識分子出身。

　　一九二八年一月，向忠發被共產國際從休養地召回莫斯科，準備代表中共中央出席共產國際九次執委擴大全會。他同時得到了中共中央十一月會議的各項決議和羅明那茲在蘇共第十五次代表大會上受到批評的消息。這立即給了向忠發發難的理由。二月上旬，九次執委擴大全會期間組織了關於中國問題的小委員會，斯大林、布哈林與向忠發、李震瀛等都是這個委員會的成員。向忠發敏感地意識到他的機會來了。當然，向忠發很聰明，他並不指望能夠在中國問題委員會的會議上當著中國同事的面向中共中央發難，而是接連寫了兩封信給共產國際和蘇共中央領導人。在這些信裡，他非常強烈地表明了他的不滿。

　　在這兩封信裡，他巧妙地利用了中共十一月會議決議的說法，宣稱：這個決議在評價中國黨的領導成份時是完全正確的，即我們黨的領導成員大都是些小資產階級知識分子，而他們「僅僅受著最初一時

⓭　《中共中央文件選集》，第3卷，第469–472頁。

期革命高潮的衝動，並未經過馬克思列寧主義理論的鍛煉，並不知道國際無產階級運動的經驗，並且是站在工人貧民的階級鬥爭之外的。他們不但沒有能改造成徹底的無產階級革命家，反而將自己的政治上不堅定、不徹底、不堅決的態度，不善於組織的習性，以及其他種種非無產階級的小資產階級革命者所特有的習性、習氣、成見、幻想……帶到中國共產黨裡來」。　問題在於，決議並沒有指出這種情況同樣嚴重地存在於中共中央領導機關內部。政治局委員蔡和森與前任順直省委書記彭述之間存在著嚴重爭論，蔡和森與羅亦農與總書記瞿秋白有矛盾，政治局委員周恩來不僅思想上右傾而且政治上不那麼堅定，長江局負責人之一陳喬年擅自改組長江局各級組織，原政治局委員譚平山已公開與黨分裂，原黨的總書記陳獨秀正在與譚平山合流。「類似這樣不服從中央領導的動搖分子還可以舉出許多」。他斷言，中國黨近來種種失敗，多半都是由於這些領導者的無能，因此「對他們必須採取相應的措施」❹。

　　向忠發的信立即引起了斯大林和布哈林的重視，因為這恰恰也正是他們所擔心的問題。二月二十一日，斯大林、布哈林等人在中國委員會討論期間，又再次聽了向忠發的有關報告。儘管，向忠發的這個報告其實是代表中共中央做的，但他仍舊花了相當的篇幅來批評現在的中共中央。他斷言，黨內現在的矛盾鬥爭，純粹是小資產階級知識分子的特性所致。而基本的原因在於：第一，中國共產黨不是在激烈的階級鬥爭中產生的，既缺乏理論準備，也缺少群眾的基礎，結果早期幾乎沒有工人黨員，只是一小部分知識分子在進行活動；第二，這些知識分子基本上是由各個不同的進步組織中產生出來的，雖然在共產黨形成之後，這些組織不復存在，但這些組織的成員之間的感情依

---

❹　〈向忠發致布哈林的信〉，1928年2月15、20日。

舊存在，不同組織之間的矛盾也必然在黨內有所反映；第三，由於黨在理論方面相當欠缺，近些年來先後從莫斯科回國，經過相當理論訓練的同志，正在日益占據黨的領導地位，結果，他們不可避免地與那些缺乏馬列主義理論訓練，但有實際工作經驗、原來握有重要權力的知識分子幹部產生矛盾。因此，當前中國黨內的最大問題在於：(1)存在著動搖不定的機會主義領導者；(2)帶有小資產階級色彩的黨的高級領導人互相之間爭奪權力。他強調，解決這種問題的最主要方法，就是「建立工人階級的領導並鞏固它」。 但他並不主張採取過於激烈的組織措施，而是主張「鞭笞這樣的黨，但不要大張旗鼓」❶。

向忠發想幹什麼，在今天，或者在當年中國黨的領導人看來，應該很容易了解。但在當年，特別是在像斯大林、布哈林這樣一些本質上不信任知識分子，一心試圖尋找工人領袖來領導中國黨的外國人看來，就完全不同了。這個報告雖然在文字上或者邏輯結構上不那麼讓人滿意，但作者分析問題的能力十分明顯地給斯大林和布哈林留下了好的印象。更何況，向忠發這時也並沒有表現出那種讓人生疑的政治野心，他不僅沒有攻擊政治局常委瞿秋白和李維漢，儘管他們也是知識分子出身，而且很明確地批評黨在理論方面的欠缺，贊成由莫斯科訓練出來的具有馬列主義理論知識的幹部出任領導工作。這說明，向忠發並非完全沒有自知之明，他這時恐怕更多的只是想排斥黨的高層領導機關內部的部分知識分子幹部，讓自己在政治局裡的地位名符其實而已。

一九二七年十一月中共中央臨時政治局擴大會議之後，政治局常委很快即作出決定，向共產國際派駐自己的全權代表，以便更及時和

❶　〈向忠發關於中共黨內問題致彼得羅夫轉布哈林的信〉，1928年2月15日；〈中央書記同斯大林、布哈林等談話紀要〉，1928年2月21日。

更直接地反映自身所遇到的各種重大問題。本來，政治局委員向忠發已經在莫斯科，並且已經開始起中共中央代表的作用，但政治局顯然不相信幾個月來始終沒有參加過政治局會議的向忠發能夠準確地反映中國革命的實際需要。為此，他們特別決定派政治局常委蘇兆徵來擔任這一職務。當然，在中共中央政治局給共產國際的正式函件中，中共中央具體說明：中共中央決定以蘇兆徵、向忠發和李震瀛三人組成中共中央駐共產國際代表團，以蘇兆徵、向忠發為全權代表，而以蘇兆徵為書記，李震瀛為秘書。因此，當一九二八年三月七日，蘇兆徵正式通知共產國際東方部他已到任❶之後，向忠發也開始名正言順地以中共中央駐共產國際全權代表的身份進行工作了。

　　不用說，在國內領導幹部極其缺乏的情況下，不讓已經在莫斯科的向忠發擔任中共中央駐共產國際的發言人，卻把蘇兆徵派來擔任中央駐莫斯科的主要代表，這並不符合向忠發的願望。但讓向忠發感到滿意的是，共產國際顯然仍舊喜歡與他而不是與蘇兆徵打交道。當然，向忠發未必了解共產國際對同樣是工人領袖的蘇兆徵不甚滿意的具體原因，但經過三月份舉行的赤色職工國際第四次代表大會，幾乎人人都可以發現，蘇兆徵至少不如向忠發那樣機敏活躍和善於言辭❷。因此，儘管根據主次順序，中共代表團在內部分工上，蘇兆徵應當負責共產國際方面的工作，向忠發則負責赤色職工國際方面的工作，實際上，共產國際東方部卻仍舊要求向忠發繼續他原來在共產國際的工作。結果，蘇兆徵雖然身為代表團書記，並在各種正式文書中掛名於前，

---

❶　中心檔案，全宗號495，目錄號18，卷宗號771。

❷　蘇兆徵秉性沉穩、不善言辭，共產國際東方部其實早就了解。因為在中共中央定期送給共產國際的中央會議記錄中，可以很清楚地看出，儘管中共中央常委會議十分頻繁，但蘇兆徵實際上從來都很少發言。

而實際上在共產國際工作的卻仍舊是向忠發，而不是蘇兆徵。

事情就此發生了最根本性的變化。三月下旬，共產國際作出決定，不惜冒極大風險、花大量金錢，把一百至一百一十名中國共產黨的代表偷渡到莫斯科來，在共產國際的直接指導下，召開第六次代表大會，徹底改組中共中央的領導機關 ❶。此舉意味著，共產國際對於全面改造中共中央已經有了相當的信心。這種信心從何而來？考慮到此前共產國際始終未能確定此會的召開地點和時間，可以很清楚地看出，它一方面顯示出莫斯科再也不能容忍小資產階級知識分子在中共中央占統治地位的情況存在了，一方面也是因為共產國際這時終於選中了具有中國工人領袖「金字招牌」的向忠發，決心把他推到中共中央的最高領導地位上來。毫無疑問，即使對於共產國際和蘇共中央來說，這也是一個極其重大的政治步驟和組織步驟。通過外力的作用把一個在中國黨內並不十分出眾的工人，推到最高領袖的地位上來，如果沒有對這個工人政治活動能力的相當信任，無論如何是不可想像的。當然，這時對於斯大林和布哈林等人來說，判斷一個中國的政治領袖的能力畢竟是兩方面的，首先是他堅持共產國際所規定的階級路線的堅定性和革命的徹底性，其次才是他為實現這一階級路線的主要目標而進行組織、鼓動，以及調度指揮全黨團結鬥爭的能力。對於中國黨，斯大林等人這時最關心的，顯然是它能否擺脫小資產階級知識分子的影響，使其領導權真正保持在無產階級手中。必欲找一個工人出身的領導人來擔任中共的最高領導職務，正是為了這一目的。向忠發是工人出身，這是最重要的；而他又確實較其他共產國際所了解的中國工人領袖更有組織和指揮能力，這在斯大林等人看來，多半也就足夠了。至於他的教育程度，以及受此影響綜合能力如何，都不甚重要，因為凡是大

---

❶　見中心檔案，全宗號495，目錄號18，卷宗號931。

的問題，都有莫斯科在指導把關呢。

那麼，向忠發的反應如何呢？從已有的資料可以清楚地看出，他甚至到中共第六次代表大會正式開幕的前三天仍不了解事態的這種變化過程。也就是說，他事前並沒有想到他會如此輕易地一步登天。還在一九二八年六月十五日，即中共六大開幕之前三天，這位未來的總書記在布哈林召集的政治談話會上，第一次發言就講了幾句顯然不符合其未來身份的自謙的話。他說：「第一，我離開中國很久，很多實際情況缺乏了解；第二，我對於黨的理論也知之不多，正如斯大林所說，還缺少馬克思主義的觀察力」。不過，向忠發的發言一上來就與眾不同。當時幾乎所有與會者都把批評的矛頭指向以前的中共中央和前中央的某些領導人，而向忠發則聲稱：第一，中國共產黨的機會主義錯誤的產生，最主要的是它的小資產階級社會基礎；第二，中央的錯誤要批評，但不能站在個人的立場上，更不能不顧事實，把所有問題都說成是中央的❿。向忠發的這種與眾不同的態度始終堅持到六大的結束，按照周恩來後來的評價，說他當時的這種作法是「左右開弓」，既反對會議中以瞿秋白為代表的「左」的傾向，又反對以張國燾為代表的右的傾向。向忠發之所以有如此表現，很顯然是他這幾個月在共產國際耳熏目染的結果。只是，這些看法有些是來自於國際，如他批評瞿秋白政治報告受到羅明那茲理論的影響，顯然是因為羅明那茲的觀點早在蘇聯受到公開批評；他強調黨的小資產階級社會基礎，也正是共產國際內部判斷的中國革命失敗原因的基本結論之一。但他不同意把一切問題都歸結到中共中央，批評張國燾反對農村割據和自發鬥爭的觀點等，也確有一些自己的思考，並不純粹是照搬共產國際的說法❷。

---

❿　《中國共產黨第六次代表大會會議記錄》，1928年6月。

❷　《中國共產黨第六次代表大會會議記錄》，1928年6月。

　　沒有資料說明向忠發什麼時候開始確切知道或者清楚地意識到他的政治生命將出現重大轉折。但從會議代表的成份上，已經可以清楚地看出共產國際要改造中共中央的決心有多大。兩年前，即一九二七年中共五大時，代表八十二人，工農分子僅十一人，其餘七十一人均為知識分子。而這一次，由共產國際審定的六大代表八十四人，工農分子即占五十人，知識分子只有三十四人，以致周恩來後來憤憤不平地稱這次的代表中其實是「暴徒一大堆」❷。可以想像，經常參加共產國際工作的向忠發應當了解，全面加強工農分子，尤其是工人分子在中共中央的地位，正是共產國際召開這次大會重要目的之一。至於共產國際領導人準備安排向忠發擔任什麼樣的黨內工作，在六月十七日分發的由共產國際審定的會議日程安排上，可以說已經初露端倪了。根據這一日程安排，向忠發被明確指定為大會開幕式和閉幕式的主持人。雖然僅僅通過這一通常更具榮譽性質的會議職務，人們一時很難看出向忠發將來在黨內的地位如何，但到七月十日，即大會閉幕的前一天，就很少有人不了解共產國際的意圖了。因為，共產國際代表米夫這一天正式提出了中央委員候選名單，在這個三十六人的名單裡，工人就占到了二十二個，而且，向忠發的名字頭一次被排在了第一名。在隨後召開的六屆一中全會上，中央委員們已經不再需要共產國際代表的提示了，他們幾乎不約而同地推舉向忠發擔任會議主席。緊接著，向忠發當選中央政治局委員，中央政治局兼中央常務委員會主席，正式做了中國共產黨第一任也是唯一一任工人出身的總書記❷。

---

❷　這些工人代表大多是從當時的暴動分子中挑出來的，多半只是看其勇敢與否。故周恩來有如此說法。另外，周恩來在一次回憶中提到的代表人數有所不同，稱，六大時代表七十五人，工人占到四十一個。

❷　有關情況可參見《黨史研究》，1983年第2期，第39頁注釋；1985年第1期，

第三節　雄心勃勃

　　做了總書記的向忠發當然不會再做駐共產國際的中共代表。他很快將代表工作交代給新的中共代表瞿秋白和張國燾，然後與新的政治局委員蔡和森，政治局候補委員李立三先行轉道歐洲回國工作。

　　八月底，向忠發到達上海，並於九月二日開始正式主持中共中央的日常工作。

　　上臺伊始，向忠發就做了幾件頗值一提的事情。一件事是開除了剛剛選出的新的政治局常委蔡和森的政治局常委和委員的職務。開除的原因只是因為蔡和森出席六大前曾一度接手順直省委工作，因思想左傾且經驗欠缺，造成順直黨盲動主義問題嚴重，而黨內又出現極端民主化傾向和對中央的嚴重不滿情緒。根據劉少奇和陳潭秋的九月十日的報告，蔡和森於十五日正式承認了自己的錯誤，並主動申請免除自己的政治局常委和政治局委員職務。儘管與會者在蔡和森等人的處分問題上均表示了看法，但大主意顯然要向忠發來拿。對此，向忠發毫不客氣，斷言順直黨的錯誤大部分應由蔡和森負責，主張「對他的處罰同意本人的意見，即公布錯誤，退出政治局」。同時認為：「此事不好好解決，新中央的生命就要斷送一半」❷❸。會議當即根據向忠發的意見做出了一系列有關的決議。

　　另一件事就是指示秘書潘問友起草和發布《中國共產黨中央委員會告全體同志書》。在這一根據向忠發意見起草的長達九千字之多的

　　第53頁；第4期，第67–70頁。

❷❸　〈中央常委會記錄〉，1928年10月15日。

文件中，他一方面強調應當反對種種不正確的觀念，包括過於重視合法運動，或者害怕群眾產生幻想，反對一切合法鬥爭；忽視農民的革命作用，或者專注鄉村工作，受農民意識所支配；輕視反帝運動，或者把發動群眾的工作純粹寄託在反帝運動上，主張以反帝運動來掩護階級鬥爭等等。另一方面，他也突出強調了必須堅決反對黨內小資產階級意識的問題。他所列舉的黨內小資產階級意識的表現有：極端民主化傾向、小組織傾向、以個人意氣、個人攻擊代替反機會主義鬥爭的傾向、雇傭革命的傾向、消極怠工的傾向，以及機械地規定指導機關工人成份的比例，甚至盲目反對一切知識分子的傾向等。其意顯然在宣示自己的施政綱領㉔。

再有一件事就是提議中央兼江蘇省委的工作。在逐漸熟悉了中共中央各方面的工作之後，向忠發明顯地希望能夠儘快地做出成績來。為此，他大膽地提出了一系列組織上變革的設想。像總工會併工委、宣傳部併農委、軍部取消併組織部，政治局下設軍事委員會，甚至中央兼江蘇省委的工作等等。這些建議基本上都得到了其他中共中央領導人的贊同，然而以中共中央來兼江蘇省委的工作，在國民黨嚴密統治的上海畢竟具有極大的冒險性，因此受到一些中共領導人的懷疑，尤其是受到中共六大前負責江蘇工作的項英的反對。但向忠發聲稱：「我們受了六次大會的重大委託，我們如何來實行？新中央工作至數月但有多少成績呢？我們深深感到組織上是一個問題，的確感到工作方式之錯誤。我們每天都要喊中心工作，全中國的政治經濟中心是上海，……中央兼江蘇可給一般同志以很好的影響，同時群眾的情緒可以很快的反映到中央來」。因此，他一意堅持，根本不聽項英的意見，並當面指責項英對江蘇的問題總是帶有感情色彩，斷言江蘇的工作要

㉔　《中共中央文件選集》，第4卷，第695–710頁。

有起色，「中央兼江蘇才是唯一的辦法」。由於向忠發的這一提議，江蘇省委與中共中央發生了尖銳的矛盾，以致中共中央不得不接連開了十幾次大小會議加以解決。而向忠發的意見，也只是在周恩來從外地回來後提出了極為充分的反對理由，並得到幾乎所有領導人的支持之後，才極不情願地放棄了。不過，他仍舊相當固執地表示：「放棄我的主張是可以的，但並不是豪（即周恩來——引者注）說服了我」❷。

　　顯然，這些事情比較典型地反映了向忠發的工作作風和政治局成員對向忠發的態度。從中可以清楚地看到，向忠發並不是一個四肢發達、頭腦簡單、只會人云亦云的人。這個人脾氣暴躁、思想方法也較執拗，根本就不大能夠聽得進他人意見，遠不是那種可以輕易做別人傀儡、當掛名總書記的人。不僅如此，他也確有一定的政治觀察力，有相當程度的語言表達能力和組織協調能力，做事決斷，很想做出點成績來。因此，政治局多數領導成員雖然是知識分子出身，對他也還是比較尊重的。即使是同樣工人出身，同樣不大藏得住火的項英，事實上也得讓他三分。即使是對通常被後人視為向忠發的主心骨的李立三，他也一樣不稍客氣。如一九二九年一月底李立三起草過一個中央通告，說明當前政治形勢與黨的主要任務，公開提出了他幾個月來一直宣傳的一個觀點，即認為，南京政府代表民族資產階級，而美國因為與英日兩國有矛盾，正在極力支持南京政府保持和平與穩定，因此中國資產階級的統治正趨於暫時穩定，軍閥戰爭不會馬上到來，在這種情況下，目前黨必須把如何戰勝改良主義的問題放在重要的位置上。對於李立三的這種看法，向忠發一直持有異議，因此當即宣稱：李立三的說法有很大的毛病，美國同樣是帝國主義，不能說它與英、日有什麼區別，中國資產階級雖然有穩定的企圖，卻絕沒有穩定的可能，

❷　〈中央常委會議〉，1929年1月3、13日。

即使暫時的穩定也不可能。雖然此一通告因其他領導人基本贊同，向忠發不能不批准下發，但他實際上並不服氣。結果，兩個月後，共產國際二月指示信對中共黨內的這種觀點提出了明確的批評，向忠發立即大翻其案，批評李立三過高估計美帝國主義和中國的民族資產階級，「是右傾的危險」，並且聲稱中國同志在政治分析上普遍存在一種缺點，往往因為統治階級修了一條馬路，就對統治階級作過高的估計，認為改良主義很厲害❷。不難看出，說向忠發是李立三的傀儡，完全不著邊際。

當然，李立三在向忠發作總書記期間確實起過極為重要作用。只是，李立三之所以有如此機會，也還有向忠發的作用。原來，李立三在六大時不僅不是政治局常委，而且不是政治局委員，他只是政治局的候補委員。是向忠發作出了開除了蔡和森的政治局常委和委員職務的決定，為李立三迅速晉升開闢了道路。並且，當一九二八年十月四日政治局會議正式追認九月十五日常委會關於解除蔡和森的職務的決定後，又是向忠發提議由李立三遞補因蔡和森退出政治局出現的政治局常委及委員的缺額❷。於是，在周恩來等政治局委員回國後，李立三就正式接替蔡和森成了中國黨內舉足輕重的四位常委之一，擔任宣傳部長兼黨報委員會主任。

李立三早年留學法國，政治活躍，思想敏銳，文字及講話能力均較強。他從一九二二年起就長期從事中共領導的工人運動，擔任過各種黨和群眾組織的領導工作，有相當的實際工作經驗。但李立三一向較為偏激，一九二五年「五卅」運動中作為上海總工會負責人的他，

---

❷　〈共產國際執委會給中共中央的信〉，1929年10月26日；〈中央政治局會議〉，1929年3月26日。

❷　〈中央常委會議〉，1928年10月4日。

就曾因激烈地主張發動武裝起義而受到過指責❷。一九二七年十二月廣州暴動失敗之後，他作為中央代表，在處理暴動善後工作中又因嚴屬打擊知識分子幹部，不顧事實地堅持要搞第二次廣州起義而受到批評，影響了他在六大中當選中委❷。基於這些情況，李立三在初任政治局常委職務時，還比較注意務實。他之所以能夠得出諸如美國對華政策與英、日不同，南京政府代表民族資產階級，而民族資產階級一年多來在經濟上和政治上正在取得明顯進展之類的觀點，正是這時觀察問題比較實際的結果。但想不到又被總書記批評為過高地估計統治階級，因而帶有右傾的危險。共產國際對向忠發的看法的事實上的肯定，促使他重新走向偏激，認為：中共六大所強調的反對盲動主義的任務已經完結，中國黨的盲動主義客觀上已經失去其存在的基礎，已經到了不動的程度，現在我們所面臨的是「如何消滅右傾危險」，甚至「不能既反左又反右」了❸。

　　共產國際在一九二九年也提出了「反右傾」的任務，但那是七月份的事了，正式傳達到中國更是四個月之後的事了。而向忠發提出必須把反右傾當作唯一的任務，則是在一九二九年三月間，可算是有先見之明。作為黨的總書記，極力反對所謂黨內的右傾危險，甚至宣布說左傾盲動傾向已經不復存在，其結果自然只能使黨的領導層日益左轉。說李立三是在這種條件下日益左傾，當不為過。當然，所謂「立三路線」的形成，向忠發還有更直接的作用。向忠發率先提出反右傾，這本來可以成為一種政治資本。卻不料，當十一月底共產國際關於「反右傾」的決定傳達到中國之後，共產國際駐上海的遠東局竟通過了一

❷　見鄧中夏：《中國職工運動簡史》，第181頁。

❷　參見唐純良：《李立三傳》，黑龍江人民出版社，1984年版，第74–76頁。

❸　〈中央政治局會議〉，1929年3月26日。

個決議，指責中共中央還左得不夠，因此犯了右傾的錯誤。這真是天大的冤枉❸。向忠發知道後，立即強烈地批評遠東局「是一貫的右傾的錯誤，吹毛求疵來指責中央，掩飾他們的錯誤」。在與遠東局接連三次面對面的爭論不得結果之後，中共中央當即提出了書面的抗議。但在處理與遠東局的爭論問題上，向忠發自知不僅自身能力不及李立三，即使周恩來也不如李立三能言善辯。於是，中共政治局作出決定，將一切有關與遠東局爭論的問題統統委託李立三去處理。緊接著，因政治局確信「國際對中國的情況有些隔膜」，又派周恩來於一九三〇年二月底前往莫斯科彙報工作，組織部工作亦交給李立三代管，從而使李立三有了充分展現其才能的條件。

當然，立三路線要想形成，還需要共產國際「批准」。向忠發一心想做出點兒石破驚天的大事業來，因此他早就在主張盡快地「動」起來了。共產國際關於「反右傾」的決定，正合向忠發口味。恰巧中共中央討論如何貫徹「反右傾」精神之際，共產國際一九二九年十月指示信又到了。這封信中關於中國革命已經開始進入高潮，「已經可以而且應當」立即開始準備實行奪取政權的革命行動的說法，確實更使人熱血沸騰。沒有什麼可猶豫的了，不進則退，不左則右。李立三很快提出了一整套令人眼花繚亂的關於中國革命進程的設想。這一套革命設想的基本內容就是，中國革命已經到了通過一省數省的首先暴動奪取全國勝利的階段，而中國革命的勝利必然緊接著世界革命的爆發。因此，不僅共產國際應當批准中共立即開始發動奪取武漢的總暴動，而且蘇聯和共產國際也要準備採取進攻路線，配合中國革命❷。

❸　〈共產國際遠東局致中共中央的信〉，1929年12月。

❷　李立三：《新的革命高潮前面的諸問題》，1930年5月15日；《中共中央致共產國際主席團電》，1930年6月12日。

　　不過，如果說立三提出的這一整套進攻路線的要害是「左」的話，那麼這時最「左」卻未必真的是李立三。因為事情很清楚，至少最早在中央裡面主張消滅右傾危險的，並不是李立三，而是向忠發。儘管在構制革命宏偉藍圖方面，向忠發的想像力與李立三比確實相形見絀，但在過高估計革命力量而不是過高估計敵人力量方面，向忠發畢竟從不後人。當李立三還在那裡含糊其辭地說什麼：「革命高潮一天一天接近來到我們面前」時，向忠發則直截了當：「如果明天有幾萬人上街，就可說是革命高潮到了」；當李立三還在那裡主張要在文件上肯定存在著革命發展不平衡的情況，以免下級發生「左」傾時，向忠發則明確主張：「取消『鬥爭發展不平衡』一句」，事實上到處都有勝利可能；當李立三強調現在實際上只是農村存在明顯的革命高潮時，向忠發更是表示「我絕對不同意」，稱「這樣說足以使一般同志觀念動搖，將革命分作兩個東西，忽略城市無產階級領導，只簡單看見了幾個槍桿子、赤衛隊」。中國革命早已不是李自成、張獻忠和洪秀全的時代，「如果特別看重農村，那和洪秀全時代有何區別？」必須指出：「農村與城市不是兩個東西」，由於無產階級鬥爭之興起並正在發揮領導作用，因此城市鬥爭更尖銳❸。

　　向忠發和李立三究竟誰走得更遠，不是一目了然嗎？

　　一九三〇年六月初，所謂「立三路線」已經在向忠發的鼓勵和推動下基本形成，中共中央甚至開始從中央到各省區，一概取消正常的工作機構，組織各級所謂的行動委員會，積極準備實行十月革命式的一擊而中的全國暴動計劃，打算以進攻武漢為中心，分別組織南京、上海等中心城市的暴動和罷工。不想，這時恰恰傳來消息，說是共產

---

❸　關於共產國際文件上提到的「革命高潮」的定義問題，中共中央曾反覆討論，最後得出的結論就是：「革命高潮」＝「直接革命形勢」。

國際懷疑中共所設想的以進攻武漢為中心的暴動計劃，周恩來在莫斯科則接受了關於在中國首先建立蘇維埃根據地的思想。這等於說，中國革命並沒有到全國勝利的可能，革命的發展仍然嚴重不平衡。中共中央對此極為不滿，緊急致電共產國際主席團，明確表示「不同意建立蘇維埃根據地等類的割據觀念」，要求國際批准他們奪取全國政權的計劃。隨後，他們迅速於一九三〇年六月十一日通過了關於「新的革命高潮與一省或幾省首先勝利」的決議，準備迅速動員全黨展開奪權鬥爭❸❹。

　　六月十一日決議從一開始就受到了共產國際遠東局的堅決反對。他們強調，共產國際正在就中國革命問題制定系統的政策文件，而且決議在全國平行布置奪取政權的工作，反對建立根據地的作法十分不妥，目前只應當集中一切力量爭取一省或幾省的勝利。對此，負責與遠東局交涉的李立三明確表示，中國革命已經到關鍵時刻，「我們要對國際負責，同時也要對中國革命負責」。向忠發立即給予支持，聲稱遠東局總是拿些雞毛蒜皮的小問題來進行刁難，對於這種純粹「強奸式的批評，我們絕不能接受」，「一定要來一個政治上的抗議」。同時還要向寫信給周恩來和共產國際說明情況。隨後，向忠發很快寫信給周恩來，大談革命形勢如何高漲，奪取全國政權的方針如何正確，嚴厲指責遠東局當時的臨時負責人羅伯特「總是在許多細小的技術問題上吹毛求疵，搞得中央不勝其煩」。斷言羅伯特「把一切力量集中於一省或幾省來奪取政權的觀點，是一種露骨的地方割據的觀點，表面上很激進，但實際上是對客觀情勢估計不足」，「是一條極其錯誤的路線，而且是徹頭徹尾的右傾機會主義路線」。在現在這種革命形勢下，如果不能堅決貫徹這樣一條路線，「就是對革命的犯罪，就是阻撓革

❸❹　見《中共中央文件選集》，第6卷，第122–123、136頁。

命」⑤。

　　否認革命發展不平衡，批評有根據地的發展的觀點為右傾機會主義的「割據」觀念，斷言中國革命在一省數省的首先勝利必然引起統治階級全面圍攻，因而非有全國範圍的革命勝利不能鞏固，結果只能得出中國革命的勝利必然引起世界範圍的帝國主義干涉，中國革命非有蘇聯的直接援助和世界革命的全面爆發不能真正勝利的觀點。七月，隨著中共中央關於平行組織南京士兵暴動、上海總同盟罷工，而以武漢暴動為中心建立全國蘇維埃政權的計劃正式出臺，李立三不能不開始設想蘇聯援助和世界革命的保障問題。但這樣一來，不僅立即引起以陳紹禹、博古為代表的留蘇回國學生的公開反對，而且再度造成與遠東局的激烈爭執。

　　七月底，紅軍乘虛攻下湖南省會長沙，消息傳來，使正在緊鑼密鼓地準備布置奪取全國政權工作的中共中央歡欣鼓舞。誰知這時共產國際又來一電，斷言中國革命主觀力量太弱，全國暴動計劃純屬盲動。對此，中共中央自然難以接受。八月一日和八月三日，政治局接連召開會議，情緒激昂，人人批評國際不能了解中國革命的實際。李立三甚至氣憤地說出「如果我們對總的路線動搖了，對國際的來電是忠實了，但對中國革命則是罪惡」的話來。他明確主張：「國際必須迅速採取進攻的路線」，蘇聯必須立即開始準備進攻滿洲，外蒙必須立即開始準備出兵中國華北，不這樣做，就「不能在中國革命中掀動全世界的大革命，作最後的階級決戰。這一問題非常嚴重，絲毫不能延緩。中國黨應負起責任，求得國際了解」，「根據實際與國際力爭」。 向忠發更是直截了當，聲稱：國際的幾次來電都表現出「還不能了解中國實際情形」，國際事實上提出了一條與前不同的不正確的路線，這「證明

---

⑤　《向忠發致周恩來的信》，1930年6月25日。

國際的錯誤」,「證明我們不僅充分執行了國際的路線,並且給國際以很多的幫助」。當然,由於周恩來沒有能夠讓國際切實了解中國革命的實際情況,他在政治上也負有「嚴重責任」,「暴露他右傾的危險」。因此,向忠發堅持認為中央前此的路線是正確的,「如果中央機械的忠實的執行國際的電報,不僅是機會主義,而且使黨成為敵人奴隸的黨」,成為「革命的罪人」❸。

作為共產國際一個支部的領導人,懷疑甚至批評共產國際,揚言要幫助共產國際,這無異於「犯上作亂」。李立三和向忠發由此給自己惹了大禍。只不過,遠東局領導人對於共產國際欣賞的這位工人出身的總書記還不敢大張撻伐。儘管在按規定送給共產國際的中共中央會議記錄裡,向忠發所表現出來的對共產國際的不敬絲毫不比李立三好一些,但遠東局還是把矛頭指向了這位有系統理論的知識分子出身的領導人。在八月五日致中共中央的信中,遠東局聲稱李立三犯有反對共產國際的嚴重錯誤,並開始在下面找團中央和總工會的幹部搜集反對李立三的材料❸。對此,向忠發同樣毫不含糊地挺身而出,與遠東局大吵,指責遠東局挑撥中國黨的糾紛,破壞黨的統一。

八月六日,雙方開聯席會。向忠發一上來就連珠炮般地發問:遠東局是否認為中共中央政治局仍然存在?是否承認是中共中央政治局在領導中國革命?是否認為中共中央在政治上已經破產?如果承認,為什麼要越過政治局在中國黨內搞小動作,煽動其他黨員來反對政治局?如果不承認,那就乾脆宣布停止中共中央政治局的工作好了。但羅伯特並不示弱,嚴厲批評李立三不應當與共產國際的路線相對抗,中共中央政治局任何重要決定都必須與共產國際共同作出,在共產國

---

❸　〈中央政治局會議〉,1930年8月3、5日。

❸　〈共產國際遠東局致中共中央政治局信〉,1930年8月5日。

際新的指示到來之前，一切暴動計劃必須延遲進行。對此，向忠發越聽越氣。當遠東局秘書杰克(Jack)威脅說，共產國際可以開除任何像李立三這種敢於反對共產國際並試圖削弱共產國際威信的人時，向忠發不禁大發脾氣，衝著杰克嚷道：「這裡沒有你說話的資格！」雙方當即吵了起來。向忠發因此站起來大聲告訴遠東局負責人羅伯特：「我是以國際執行委員和中共中央總書記的資格來這裡討論工作的，不是來討論這些無原則的爭論的，更不是來聽那些不負責同志的發言的」。「今天或者遠東局宣布解散中央政治局並解散中共中央，否則我們還是要繼續執行我們的計劃，直到我們被停止工作為止」❸。會議就此不歡而散。

　　對共產國際的代表大發雷霆，此事非同小可。在次日的政治局會議上，向忠發承認「這是犯了政治上的錯誤，特別對遠東局不應如此」。但他同時亦表示，遠東局本來只是一個傳達機構，並非指導機關，卻總是在枝節問題上找麻煩，如今又提出中央反國際，並專門挑出李立三個人來攻擊，甚至挑動中國黨的幹部反對黨的領導，這實在難以忍耐。他明確表示，中共中央向來是集體指導，絕不能同意遠東局把李立三同政治局分開來批評。既然遠東局不信任李立三，今後向遠東局匯報工作的責任就改由鄧中夏來擔任。同時，政治局會議迅速通過正式決議、政治局致遠東局的信、政治局覆遠東局八月五日信關於李立三同志發言的材料等等，為李立三辯護。向忠發起草並屬名的政治局決議稱：「遠東局來信所引立三同志在八一與八三兩次政治局會議上說話，完全是斷章取義，而且全非原意」，政治局嚴重抗議遠東局的來信，「在政治上堅決反對說中國黨有以冒險代替革命領導與有反國際鬥爭的危險的結論，以及拋開政治局的集體指導指摘政治局個人，破

---

❸　〈中央政治局會議〉，1930年8月7日。

壞中央政治局兩年來一貫集體指導的精神」。當然，為了設法緩和與遠東局的緊張關係，向忠發在「要求遠東局以後不應在枝節問題上吹毛求疵」的同時，也主動「要求遠東局派人參加中央政治局的重要政治討論的會議」，以便在目前工作異常緊張和困難的環境中，與中共中央「共同負起政治上的責任」❸。

僅僅設法緩和與遠東局的關係並不能真正解決問題。為此中共中央特別勸說遠東局聯名急電共產國際，請其重新討論中共中央政治局提出的暴動計劃。向忠發並親自寫信給斯大林，仔細說明整個革命形勢的進展情況和中共的暴動計劃，說明儘管國際主席團已覆電反對，但「我覺得國際主席團未得到中國最近革命猛烈發展的實際情況的詳細報告，故有這樣的指示。因此除由中央將實際情形報告國際請求批准中央的決定外，特將目前嚴重形勢告訴你，請求你的指示，並望在聯共中央提出，予我們以切實的援助」。他特別強調：「這一嚴重形勢不只是中國革命的關鍵，而且是異常嚴重的世界問題，請你迅速的答覆」。❹

斯大林真的不了解情況嗎？事實上，有關中國問題的主要政策，這時恰恰都是根據斯大林的意見制定的。因此，向忠發的申訴當然不會有任何他所期望的結果。

第四節　走向「墮落」

共產國際幾次電報，中共中央卻仍舊頑強地堅持自己的意見，這迫使共產國際下決心派瞿秋白和周恩來回國貫徹國際指示。一九三〇

❸　〈中共中央政治局關於遠東局八月五日來信的決議〉，1930年8月7日。

❹　〈中共中央致斯大林同志的信〉，1930年8月8日。

年八月十九日，周恩來先行回到上海，並於二十二日向政治局傳達了共產國際的指示。由於周、瞿回國之際，共產國際尚未得到中共中央政治局八月初的兩次會議記錄，因此指示只集中於說明建立蘇維埃中央政權問題、肯定根據地和紅軍發展的重要意義、強調革命發展不平衡的必然性等等，不僅沒有否認中共中央政治局的政治路線，甚至沒有根本否定中共中央關於以武漢為中心的暴動布署。以至政治局聽了周恩來的報告後，反而認為：國際「不是根本反對武漢南京的暴動，而是要我們更積極的準備武裝暴動」。直至六屆三中全會召開，向忠發的領導地位，包括李立三的政治局常委職務，均無任何改變，因此，中共中央不僅沒有把問題看得很嚴重，而且斷定自己與國際之間的分歧，其實只是一些「誤會」，現在已經解決了。所以，當遠東局說明共產國際決定調李立三去莫斯科時，向忠發仍舊敢於表示反對，「不同意在目前工作中調立三同志去」，直到共產國際再來電報堅持，向忠發才不得不表示同意，但仍要求國際應讓李立三在兩個月後即趕回國內❹。這件事清楚地反映出，中共中央領導人這時對冒犯共產國際和蘇共領導的嚴重後果，還缺乏深刻的了解。

　　十一月中旬以後，情況全然改變了。先是陳紹禹等留蘇學生預先得到俄國人大發雷霆的消息，開始公開反對李立三，要求撤銷他們因批評李立三的主張而受到的處分。對此，作為中共總書記的向忠發竟還蒙在鼓裡，以至於他還敢在十一月十七日的宣傳工作人員會議上藉著批評留蘇學生沈澤民，把陳紹禹等痛罵了一頓。但當天中共中央就看到了共產國際關於立三路線問題給中共中央的信。這封信根據從遠東局得到關於李立三反對共產國際的有關報告和中共中央八月初兩次會議記錄，斷言李立三和其他幾個政治局同志已經形成了一條與共產

❹　〈中央政治局會議〉，1930年9月29日。

國際對立的反列寧主義的政治路線❷。這種情況使向忠發極為尷尬。在十一月十八日的會議上,向忠發心情沉重地宣讀了共產國際的來信。在二十二日與團中央舉行的聯席會議上, 他被迫開始承認自己負有主要責任。到十二月六日, 他更是完全屈服了, 過去那點打抱不平的勁兒消失得無影無蹤了。他甚至開始畏畏縮縮地想把自己摘個乾淨, 說什麼: 「我缺乏理論, 過去對立三錯誤不能說服他, 不能與他爭辨」, 加上「我不能寫, 沒有幫手, 使我自己覺得立三不對也不能反抗, 這是我過去的責任——助長立三路線。」 當然, 他這時還不了解陳紹禹等留蘇學生背後有俄國的大手在撐腰, 因此還是咬著牙不收回過去對陳紹禹等人的處分決定, 並且不能容忍陳紹禹等人對中央的態度, 堅持要「與之鬥爭」。 然而到十二月十六日, 即共產國際東方部負責人米夫來到上海, 並與向忠發談過話之後, 向忠發徹底老實了。他進而極其消極地提出:「中央政治局有改選的必要。因我工作能力不夠, 同時在立三路線時代我應負很重大的責任, 對我個人, 希望允許我到下層去做工作。我的態度亦有很不好的地方, 亦可影響到政治上去, 並且我的病體亦不能擔任這一工作」。

　　向忠發的請辭沒有得到任何人的贊同, 瞿秋白第一個反對, 肯定向忠發自六大以來領導政治局做了很多工作。在緊接著於一九三〇年十二月二十九日米夫和遠東局為六屆四中全會擬定的改選政治局委員的名單上, 李立三自然被刪掉了, 而與立三路線完全不沾邊的瞿秋白莫名其妙地成了三中全會「調和路線」的責任者, 也因為在莫斯科時一度與米夫作對而被刪掉了, 再一個被刪掉的是李維漢, 實際上只是在六屆三中全會上才補選為中央委員和政治局候補委員的他, 卻成了國際來信中所提到的那個支持立三路線的「其他政治局委員」的代表,

---

❷　《中共中央文件選集》, 第6卷, 第644–655頁。

唯獨「立三路線」的最高主持人向忠發歸然不動。不僅如此，在一九三一年一月七日召開的六屆四中全會上，幾乎所有的原政治局領導成員都不同程度地受到與會者的批評指責，並被要求退出政治局，就連人們這時所公認的在黨內工作能力最強的周恩來也不能倖免，卻沒有一個人向這位總書記發難。雖然人人都知道，李立三很大程度上是靠向忠發這個「炮筒子」打天下的，向忠發也再度表示：「政治局本身的錯誤，我個人要負特別的責任」，仍沒有人把矛頭指向向忠發。這裡的原因大概只有一個，那就是：向忠發是個工人。正像參加會議的國際代表所說的，周恩來犯錯誤，「自然應該打他的屁股」，但向忠發等人「是工人同志」。言外之意，因為是工人，因此不僅「決不讓他們滾蛋」，就連屁股也不用打。甚至國際代表直截了當地說：什麼叫真正的反立三路線？就是要「吸引工人幹部，提（高）他的政治水平，教育他訓練他，到指導機關為黨工作，這才是真正的反立三路線」。結果，新改選的政治局委員中，「十六人中十人是工人出身」[43]。

　　雖然向忠發仗著工人出身的金字招牌保住了總書記的位置，但反覆公開地承認錯誤並把自己說得幾乎一無是處，結果使他明顯不再像過去那樣爭強好勝了。他開始把寶押在陳紹禹的身上，極力想讓剛剛當上中央委員和政治局委員的陳紹禹進入政治局常委，來幫助把關。因為他這次政治上的嚴重挫折使他清楚地意識到自己再不能像過去那樣逞英雄了，他幾次提出需要有個「幫手」。而這個幫手最好就是陳紹禹。其實他早就知道，陳紹禹是共產國際東方部米夫的最得力的幹將。但過去他過於自信，竟沒有把陳紹禹放在眼裡。如今他翻然悔悟。雖然米夫和遠東局最初並不同意讓陳紹禹迅速進入常委工作，但他還是

---

[43]　〈中共六屆四中全會〉，1931年1月7日；《中共中央文件選集》，第7卷，第38–39、129頁。

每每必定拉上陳紹禹來開會，並且一反過去那股從不服輸的勁頭兒，即使是陳紹禹當面頂撞他，他也儘量不動肝火，好長一段時間裡，每逢開會，他只是喏喏而已。

不過，四中全會以後，向忠發還是做過兩件對中共歷史有重要影響的決定。第一件是不讓張國燾到江西蘇區去擔任蘇區中央局的書記。四中全會結束後，遠東局立即提出加強蘇區中央局的領導問題，並建議派將要從莫斯科回國的張國燾（六屆四中全會選舉的政治局常委之一）來擔任書記。對此，向忠發極力反對，稱張國燾長期不在國內，對國內工作不熟悉，同時與江西蘇區的毛澤東過去在一些問題上有矛盾，難以合作，在蘇區工作剛剛走上正軌之際派張國燾去擔任領導職務，對整個工作是不利的。遠東局雖然堅持認為張國燾與毛澤東之間不會產生嚴重問題，但最終還是同意向忠發關於張國燾應暫時留在中央熟悉工作的意見。從以後張國燾到鄂豫皖蘇區後大搞一言堂的情況來看，這個決定顯然為毛澤東減去一個具有重要威脅的政治對手。

再一件事是讓毛澤東來做即將成立的中華蘇維埃共和國中央政府的主席。本來，在六屆三中全會以前，中共中央曾經決定過建立中國蘇維埃中央政府的名單，向忠發作為中共中央最高領導人，自然也被規定為蘇維埃政府的主席。但在四中全會之後，遠東局建議即將成立的蘇維埃政府名單不必過於注重形式，群眾還不熟悉者不必排在名單裡。因此，關於政府主席應當是否有必要由中共中央主席來擔任的問題，在政治局會議上引起了爭論。有人認為向忠發做政府主席「沒有必要」；有人則認為蘇維埃主席需要全國有威信的，儘管由在上海中央的向忠發來做個掛名的主席未必好，但「除特生（即向忠發）外，沒有別的人」更有威信來做這個主席了。張國燾則明確主張：「在全國威信上，還是特生好」。而向忠發卻提出：自己在上海，又不能到蘇區

去，沒有必要擔任這個主席職務，「我覺澤東可做主席」❹。顯然，想到應當並且可以由毛澤東來做這個主席的，這時也就是向忠發了。由於這一意見最終得到了會議和共產國際的批准，毛澤東也就真的當上了蘇維埃政府的主席。向忠發的這一提議，很明顯為毛澤東以後在政治上的發展創造了一個十分有利的條件。

　　但是，向忠發在中共黨內的作用，無論是積極的，還是消極的，也就到此為止了。中共六屆四中全會之後，根據共產國際的意見，全黨的工作重點已經開始轉到蘇區、紅軍和蘇維埃政權建設問題上去了，大批的幹部和工人黨員被先後送到各個紅軍根據地去，向忠發原來所熟悉的城市工作，特別是工人運動的工作不可避免地受到了削弱。更有甚者，四中全會的召開由於違反了黨的幾大工會系統黨團幹部的意願，因而引起了強烈的反抗，先是以何孟雄為代表的二十五名重要幹部在開會反對四中全會時，被人告密全部犧牲，接著又是以羅章龍為代表的一批工會幹部另立中央，分庭抗禮。結果，包括上海在內的諸多城市工作及工會工作嚴重受損，從此幾乎一蹶不振。面對這種情況，向忠發再也鼓不起過去那種急於想成就一番大事業的雄心了。他的總書記固然並非完全虛置，但他可以考慮和可以用心去籌劃的工作畢竟越來越少了。理論上有王明等一大批留蘇學生，實際工作上有周恩來等，他的工作只剩下一周向遠東局代表彙報一次工作，參加一兩次中央政治局會議或常委會議，聽幾個報告，發兩次言而已。漸漸地，向忠發越來越消沈了。他一面因看不上王明不可一世的樣子，動不動就和王明大吵，使得遠東局一度為兩人的關係磨破了嘴皮；一面不顧總書記形象，用黨的經費，住洋房，養小老婆，雙棲雙宿，不僅弄得負責其安全和生活的周恩來等人好一段神經緊張，而且搞得部分領導人

❹　中心檔案，全宗號514，目錄號1，卷宗號821。

對此議論紛紛。因此，周的評價是，向忠發這時「墮落」了。

　　其實，這期間「墮落」的又何止一個向忠發。據周恩來回憶，根據莫斯科意圖改造後產生的六大中央委員總共有三十六個，其中工人占了二十二個，而這二十二個工人委員中，除了向忠發於一九三一年六月二十二日被捕變節以外，相繼投降了國民黨的就有十四個，占整個中央委員三分之一還多❹。這也就難怪，當向忠發被捕並被殺後，曾有另一位工人出身的政治局委員盧福坦明確表示想要接替向忠發做總書記，卻不被共產國際所考慮。繼向忠發之後，共產國際寧肯找一些自己信得過的，即使是毫無經驗的留蘇學生來維持中共中央的工作，再也不提找工人來做中共領袖的事了。

---

❹　參見周恩來：〈關於黨的「六大」研究〉，1944年3月3～4日，《周恩來選集》，上卷，第185頁。（本文收入此選集時曾做了較多的刪改）

第二編

矛盾初起時期

第一章　牛蘭事件與遠東局

在一九二七年革命失敗後，中共在幾乎毫無準備的情況下突然由公開轉入地下，由主要進行宣傳工作和民眾組織工作轉為主要進行武裝鬥爭，其在組織上必然要有一個時期處於嚴重依賴共產國際和蘇聯的境況之中，是可以想像的。除了把大批人員送到莫斯科去學政治、學軍事、學各種特殊技能，除了依靠俄國人制定大政方針，安排中央人事，提供幾乎全部活動經費以外，共產國際還派出了一個專門機構長期駐在中共中央所在地上海，就近幫助、指導並監督中共中央的工作。它就是共產國際東方部指導下的遠東局（簡稱遠局）。關於這方面的情況，外界多半只是在一九三一年一個名叫牛蘭的外國秘密共產黨人在上海被捕之後，才發現的。當時警方從牛蘭的住處搜出了大量中共和週邊國家共產黨組織的秘密文件，從而得知中共方面的幾乎一切重要文件，包括政治局會議記錄，都要通過這個機構報送莫斯科。這個重大秘密的發現，使中國的輿論界一時間議論紛紛，不僅有關中共的一些重要文件被逐件披露報章，而且還盛傳這個牛蘭是什麼「第三國際在滬最高機關領袖」，誤以為由此便破獲了共產國際在上海的這個專門機構❶。其實，這只是一個誤傳。牛蘭事件的發生，絲毫沒有影響到這個機構的存在和運行。關於這個遠東局究竟是一個什麼樣的組織，它的成員有些什麼人，負責人是誰，有過怎樣的變動，它對中共幫助怎樣，這些都還是些幕後的東西。

❶　《國聞周報》，第8卷第32期，1931年8月17日。

第一節　遠局變遷

　　莫斯科早在一九二〇年就開始同中國共產主義者建立聯繫，並指導他們建立起自己的共產黨。當時負責這一工作的主要機構是俄共遠東局外國處，作為這個外國處的工作人員，維經斯基曾經率領過一個俄共小組前來中國，到處物色合適的發展對象。在同中國的，並且通過中國上海與朝鮮、日本等國共產主義者建立起固定聯繫之後，俄共正式決定在伊爾庫茨克成立了共產國際遠東書記處，負責領導包括中國在內的遠東國家的共產黨活動，向他們提供經費和發布有關的指示。這個書記處事實上仍歸俄共西伯利亞局領導，因此西伯利亞局的負責人舒米亞茨基(Shumiarsky)也即是書記處的領導人，書記處的主要成員有維經斯基、達林(Dalin)等，它下面還設立了日本、中國、朝鮮支部，中國部的負責人是維經斯基，張太雷、張國燾等人先後擔任過中國部的工作人員❷。

　　一九二〇年六月，共產國際召開第二次代表大會，提出世界革命重心東移，應當加強對東方落後國家和民族的革命宣傳工作。會後，曾經在印度尼西亞從事過革命鼓動工作的荷蘭共產黨人馬林被共產國際執委會派赴中國上海，「研究遠東各國的運動，與之建立聯繫並就共產國際是否需要和可能在遠東建立一個辦事處，做一些調查」。馬林在一九二一年三月成行，六月到上海，很快被指定為遠東書記處的成員，並被要求代表書記處留在上海。因此，馬林與幾乎同時到達的伊爾庫

---

❷　賈比才著，張靜譯：《中國革命與蘇聯顧問》，中國社會科學出版社，1981年版，第62頁；達林著，侯均初譯：《中國回憶錄(1921～1927)》，中國社會科學出版社，1981年版，第2930頁。

茨克遠東書記處的代表尼柯爾斯基(Nikorsky)一起出席了中共第一次
代表大會，並與尼柯爾斯基一同代表共產國際遠東書記處與中共保持
聯繫。但是，這個時候共產國際與中共的聯繫還比較鬆散並缺少章
法❸。

　　一九二二年一月，隨著共產國際在莫斯科召開遠東各國共產黨和
革命代表大會，遠東革命的問題提上議事日程，同時在俄共西伯利亞
局領導下的共產國際遠東書記處在處理朝鮮共產黨的問題上表明這個
機構設置不甚合理❹，共產國際決定取消遠東書記處，直接成立在共
產國際執委會組織局領導下的遠東部，由維經斯基負責，不再受俄共
西伯利亞局領導。緊接著，馬林回到莫斯科，他的匯報，特別是他同
國共兩黨的聯繫引起了共產國際的重視，從而決定直接派馬林作為共
產國際和赤色職工國際的代表「在中國南方同黨中央委員會聯繫，並
代表我們（指共產國際執委會）同南方國民革命運動領導人合作」❺。
從這時起，共產國際才算是確定了通過個人代表對中共進行指導和幫
助的工作方式。

　　馬林是共產國際執行委員會任命的第一位駐中國的代表。但在共
產國際第四次代表大會召開後，一九二二年秋天共產國際成立了以書
記處副書記庫西寧(Kussnin)為部長的東方部之後，設於海參崴的遠東
部又改名為遠東局，馬林旋又於一九二三年一月被任命為遠東局委員，
並再由遠東局正式任命為駐中國的代表。只是，馬林在中國只待到了

---

❸　前引《馬林與第一次國共合作》，第59–61頁。

❹　當時西伯利亞方面和上海方面的俄國人，各自扶植了一個朝鮮共產黨，
　　引起了兩派朝鮮共產主義者的激烈鬥爭。

❺　前引《馬林與第一次國共合作》，第78頁。

這一年的七月就回了莫斯科，從此再沒有回來❻。

　　由此可知，共產國際在一九二二年底之後，已經初步形成了對中國的組織管理機構。除了俄共中央政治局這一最高領導機構以外，作為共產國際支部之一的中共最上級的領導機關是共產國際執行委員會，執行委員會之下負責領導整個東方國家共產黨工作的是東方部，東方部以下中共的頂頭上司是設在海參崴的遠東局。這也就是說，共產國際通過其遠東局指導中共的歷史，至少在一九二三年就已經開始了。

　　由於馬林已經是共產國際駐中國的代表，因此遠東局成立後派駐中國的第一任代表實際上也是馬林。但在馬林離華，蘇聯大使加拉罕派鮑羅廷代表蘇俄政府長駐廣州後，鮑羅廷很快就被賦予共產國際的任務，事實上承擔起了共產國際駐華南代表的工作。在這種情況下，領導中共的工作被分割成兩部分。一方面，根據莫斯科的指令，共產國際有關國民黨問題的任何指令，都要經過鮑羅廷的同意並在鮑羅廷指導下來實行，因此，中共在南方國民黨地區的各項工作，事實上都處於鮑羅廷的領導之下。而另一方面，鮑羅廷並不曾被賦予指導整個中共工作的明確任務，因此中共中央自身的工作仍舊要向共產國際遠東局負責並接受遠東局的指導。因此，為了解決這兩重交叉領導所造成的種種矛盾，一九二六年春剛剛改組的共產國際遠東書記處於這一年的夏天決定派維經斯基等人作為駐中國的代表，並在上海設立遠東局。不過，由於國民革命軍很快北伐到武漢和上海，共產國際為了貫徹其進一步的方針，又直接派以羅易為首的共產國際代表團前來中國武漢參加中共第五次代表大會並負責領導中共，維經斯基作為共產國際的代表只工作了不過兩個月左右的時間。隨後，維經斯基與羅易及鮑羅廷作為共產國際執委會和蘇共中央在中國的最高代表工作到六

❻　前引《馬林與第一次國共合作》，第77、110–112頁。

月，而後被調回莫斯科。遠東局則因為鮑羅廷——羅易——維經斯基這三位一體的新的最高代表形式的出現而逐漸失去作用。

一九二七年七月，眼看國共關係破裂在即，莫斯科相信整個問題在於共產國際代表指導上保守妥協，因而撇開鮑羅廷和羅易，徑直選派羅明那茲作為共產國際代表前來中國貫徹其激烈革命的方針。不料羅明那茲到中國後，又表現出盲動冒進的情況，使中共力量遭受更大損失，並未能給中國革命帶來任何轉機。鑒於這種情況，莫斯科不得不在一九二七年底將其調回，且在一年多時間未再向中國派駐任何正式代表。直至一九二八年六月中共六大召開時，根據中共代表的要求，斯大林才表示願意重新考慮派代表到中國的問題。

斯大林一度不再考慮派代表前往中國，是因為一九二七年十二月中共廣州暴動失敗後，中蘇關係破裂，俄國人在中國的活動變得十分困難。同時，前此派駐中國的歷任代表，也已經被事實證明犯過許多嚴重的錯誤，似乎不能起到代表共產國際執行委員會的作用。但不向中國派駐代表，也確實使中共中央與共產國際和蘇共中央之間在政治溝通以及組織聯絡方面產生明顯的困難。因此，幾經磋商之後，斯大林最終還是接受了中共中央的建議，同意共產國際繼續向中國派駐自己的代表，只是他顯然不希望俄國人直接捲入這樣一種容易引起嚴重政治糾紛的國際行動，並且擔心以後的共產國際代表難免會像他們的前任一樣，犯有這樣或那樣的錯誤。因而斯大林提議，派駐中國的代表通常不應當是俄國人，今後的代表並且應當與以前的代表有所不同，即第一，他們不宜再採取以往的個人代表負責制，而應採行集體工作和集體負責的形式；第二，他們不宜再負有明確的領導責任，主要應取幫助工作性質，起上傳下達的聯絡作用。依據這一原則，一九二八年底，共產國際東方部才又抽調歐美國家的共產黨人組織遠東局，並

於一九二九年二月將這時設在海參崴的遠東局移到上海，建立起了共產國際派駐中國的常設秘密機構，以具體幫助中共中央，同時負責與遠東各國共產黨組織保持聯絡❼。

第二節　內部分工

關於一九二九年在上海的共產國際遠東局在與中共的關係中究竟起了什麼樣的作用，還是一個頗難回答的問題。這當然是目前有關檔案在俄國還沒有完全公開的緣故。但從已經公開的和可以找到的有關資料和相關人員的回憶錄看，這個遠東局有著遠較早先那個遠東局更為複雜和神秘的工作系統。可以肯定的是，遠東局在與中共的關係當中至少擔負著以下這些任務：

1. 代表共產國際同中共中央具體討論每一項工作預算並加以審核，轉報共產國際批准。在共產國際核發經費後，再向中共中央轉交各項經費，並負責審核提供因臨時特殊需要而申請的特別經費。

2. 幫助中共中央建立國際乃至國內秘密交通線，負責轉遞中共中央有關報告和各項工作記錄，傳達共產國際給中共的有關

---

❼　關於遠東局在上海組成的時間，在一九二九年十二月十日中共中央政治局給共產國際的報告中有過清楚的說明。報告開篇即指出：「遠東局在上海開始其工作，已經九個月了」。在一九二九年十二月上旬說遠東局已經在上海工作了九個月，這說明遠東局開始在上海工作的時間應當是一九二九年三月初。〈中共中央政治局給共產國際的報告〉，1929年12月10日。

指示，包括協助中共在莫斯科——海參崴——上海之間轉送
各種人員。

3. 定時聽取中共中央、青年團中央以及全國總工會等機關負責
人的有關報告，與中共政治局商討各項重大決策和重要指
示，幫助中共中央起草和審定有關文件，對中共中央作出的
各項決定進行監督，對其中違反共產國際指示精神的決定隨
時予以提醒並促其糾正。

考慮到遠東局上述工作任務，不難想像其組織上必然要有明確的
分工。有關遠東局內部分工的情況，此前能夠找到的一份最直接的資
料，就是佐爾格(Richard Sorge)在日本被捕後的筆錄口供。

佐爾格，是蘇聯最有名的間諜之一，三十年代曾經在中國上海為
蘇聯紅軍總參情報部從事過秘密情報的工作，這期間與共產國際遠東
局有過某種重要的合作關係。以後他受命前往日本，潛入德國駐日本
大使館，曾最先探知德國計劃進攻蘇俄的確切情報，並及時向莫斯科
報告，卻由於斯大林不予採信而功虧一簣。佐爾格在太平洋戰爭爆發
之後不久，在日本被捕並被處以死刑。但在佐爾格被處死之前，他曾
於受審期間作了大量筆錄口供，已被保留下來的這些筆供中曾經講述
了共產國際在上海的遠東局內部分工情況❽。

佐爾格供稱，遠東局實際上分為兩個多少獨立的部門，一部分為
「政治部」，一部分為「組織科」。前者的任務主要是傳達共產國際各
種政策指示，幫助中共制定各種政策文件，轉達中共的各種建議和要

❽　參見 F. W. Dekin: *The Case of Richard Sorge* (New York, 1966)，中文版
由聶崇厚譯，名為《佐爾格案件》，由（北京）群眾出版社，1983年6月
出版。此書中引用了大量佐爾格在日本被捕後所作的筆供內容。

求，並研究中國的各種政策性問題向共產國際提出報告；而後者的任
務則主要是給中共轉發經費，並與中共中央保持聯繫，為共產國際人
員和中共中央領導人舉行重要會議尋找安全地點，保證莫斯科與中共
之間的人員來往，雙方間文件和書信的傳送，無線電通訊以及組織秘
密交通線等。因此，後者「特別保密」❾。作為具有相當地位的蘇聯
紅軍原駐上海情報機關負責人，佐爾格的說法應當是可信的。

　　考慮到佐爾格一九三二年底就離開了上海，並且他與遠東局並沒
有直接的組織上的關係，因此，他的說明中還不能使人對遠東局有一
個完整的印象。事實上，遠東局的工作並非僅僅局限於政治和組織方
面，它還負有一項極為重要的使命，即指導中共的軍事工作。雖然，
一九二七年中共開始武裝暴動之際，莫斯科就曾派一名法國人前來負
責指導中共的軍事工作，但這一工作卻是從一九三〇年以後才逐漸走
上軌道的。只是在一九三〇年以後，共產國際才派遣專門的軍事代表
常駐上海，就近對當時在南方偏僻地區創造農村根據地的紅軍進行包
括部隊正規化和游擊戰術在內的各種指導。最先派來中國的軍事代表
是格里斯(Garis)，這是一名一隻胳膊有殘疾的蘇聯紅軍軍官，直接受
蘇軍總參謀部情況部第四局局長皮爾金(Bergin)的領導。他是在斯大
林於一九三〇年夏天突出強調中國紅軍的作用之後，第一個直接利用
蘇聯的軍事經驗前來中國幫助中共制定各種軍事訓令的俄國人。他在
莫斯科時就曾幫助共產國際起草過這方面的文件。到上海後，中共中
央對其依靠更多，幾乎所有有關紅軍的訓令都是由他起草的。在他之
後來到中國擔任軍事代表職務的是弗雷德(Flate)。這位來自德國的中
校所起的作用看來較格里斯要更明顯❿。眾所周知，一九三三年秋天

❾　見《佐爾格案件》(中文版)，第82-83頁。

❿　據李德回憶，這位軍事代表到達上海的時間是一九三三年春天。他的名

派去江西中央蘇區，並成為紅軍軍事顧問的德國共產黨人李德（即奧托‧布勞恩，Otto Braun），就是在弗雷德的領導下工作的。整個一九三三至三四年中國南方紅軍與國民黨軍隊之間的激烈戰鬥，很大程度上都曾受到這位德國軍人的遙控指揮。甚至，紅軍與一度樹起「福建人民政府」的造反旗幟的國民黨第十九路軍之間的合作談判，也是在他的直接參與下進行的。只不過，弗雷德來華後似乎不僅向蘇聯紅軍總參謀部第四局負責，而且還接受了共產國際聯絡部的任務❶。也許是由於這種原因，佐爾格在其筆供中曾斷定蘇聯軍事情報小組由於無法完成任務，於一九三一年就離開了上海❷。不過，從已知的情況看，蘇聯此後仍舊派有軍事情報小組在上海工作。一九三五年在所謂「神秘西人案」中被捕的「神秘西人」，就是這個小組的負責人約瑟夫‧華爾頓(Joseph Holton)❸。

　　另外，佐爾格對遠東局內部分工的說明也還需要進行更具體的解

字叫曼弗雷德‧施特恩，簡稱弗雷德，以後曾參加西班牙內戰，以克勒貝爾將軍著稱。根據法租界警務部檔案記載，弗雷德到達的時間應在一九三三年六月十五日，化名為魯道夫‧赫爾曼‧柯尼希。見李德：《中國紀事(1932～1939)》，中國現代史料編刊社，1989年版，第35頁；上海檔案館藏法租界警務部政務部檔案，106–1–7。

❶ 共產國際檔案記載，弗雷德一九三四年以後也受聯絡部領導。中心檔案，全宗號495，目錄號19，卷宗號54。

❷ 一九三○年以前，照佐爾格的說法，蘇軍方曾派出過一個小組駐在上海，「它的任務是與中國紅軍聯繫，搜集有關情報」。「這個小組由於無法完成任務，於一九三一年離開了上海」。前引《佐爾格案件》，第77頁。

❸ 這個約瑟夫‧華爾頓因被捕後堅持不開口說話，故有「神秘西人」之說。一九三七年國民黨當局將其釋放，經新疆返回蘇聯。

釋。這是因為，在對中共的關係上，遠東局本身雖然存在著兩個工作部門，但它的負責人畢竟只能是一個人，那就是由共產國際東方部派出，並得到共產國際執行委員會正式任命的共產國際政治代表。換句話來說，所謂「政治部」的負責人其實也就是遠東局的負責人。然而，需要說明的是，這個「政治部」與所謂「組織科」又各受共產國際不同部門的領導，因而兩者並非完全是那種垂直領導的關係。在一個小小的遠東局裡，為什麼會有兩個大致上平行的工作部門呢？這多半是由於遠東各國共產黨的政治、組織，以及聯絡、經費等項工作，在共產國際內部是分別由東方部和聯絡部兩個部門負責的緣故。東方部的部長這時仍是共產國際書記處書記庫西寧，而實際上負責的是東方副部長米夫；至於聯絡部這時的負責人則是權力很大的共產國際副總書記，人稱「老板」的皮亞尼茨基 (Pianitsky)。根據共產國際第五次代表大會規定，聯絡部負責討論決定各種組織及財政問題，因此，聯絡部的工作既複雜，又關鍵，其秘密性也極高。在聯絡部之內，負責各國共產黨之間聯絡和轉發有關經費的，是其下屬的國際交通處，主任是阿布拉莫夫 (Abramov)，遠東局「組織科」的負責人其實就是在這個阿布拉莫夫手下的一名重要聯絡官員。只不過，具體到其遠東局內部的具體分工，情況還要略微複雜一些。

在這時中共領導內部，對這些共產國際的代表有過兩種稱謂方法。最初是按身份稱呼，後來則較多地按國籍稱呼。比如一九二七年直到一九二八年，他們把共產國際的代表分別按照不同的分工，稱為「黨毛子」或「大毛子」（即共產國際政治代表）、「小毛子」（即少共國際的代表）、「工毛子」（即赤色職工國際的代表）、「太平洋毛子」（即太平洋產業工人聯合會的代表）等。但一九二九年遠東局成立後，他們雖然也還使用「小毛子」、「太平洋毛子」、「軍事毛子」，或者「國際代

表」、「赤工國代」（赤色職工國際的代表）、「少共國代」（少共國際的代表）等分門別類的稱呼，但更多地卻開始按照國籍來稱呼了，比如稱「俄國毛子」、「德國毛子」、「波蘭毛子」、「美國毛子」等。之所以會有這樣的變化，除了共產國際的代表多數已經不是俄國人，而是歐美各國的共產黨人，用國名冠之比較容易區別以外，很大程度上就是因為除了共產國際軍事代表之外，共產國際遠東局中的一些人員已開始把共產國際眾多附屬機構的工作任務分別承擔起來了，以致有的代表有了多重身分，有時難以簡單地以一種身份稱之。作為遠東局的重要成員，後來被上海公共租界逮捕的那個牛蘭，就被發現同時還是太平洋產業工人聯合會秘書處駐中國辦事處的主任[14]。

第三節　牛蘭之謎

　　牛蘭在上海被捕一事發生於一九三一年六月十五日。根據當時上海有關報紙報導，牛蘭的身分被公共租界的英法巡捕發現，是由於六月一日新加坡的英國警察逮捕了一名在馬來西亞從事秘密活動的法國共產黨人，發現他的文件中有一個電報地址和上海郵政信箱號碼。上海公共租界的巡捕根據這一發現，很快將牛蘭抓獲。在搜查牛蘭夫婦掌握著的幾處房子時，搜得有共產國際遠東局一九三○～三一年的帳冊，太平洋產業工人聯合會秘書處中國辦事處的帳冊，上海各銀行的存摺，以及大批文件，其中既有共產國際給遠東局與包括中國在內的東亞各國共產黨的指示，也有遠東局和中共中央給共產國際的報告。由於牛蘭是在中國被捕的第一位共產國際的工作人員，而從他那裡搜得的共產黨文件又如此之多，因此他的被捕迅速成為轟動一時的新聞。再

[14]　前引《佐爾格案件》，第79-80頁。

加上蘇聯很快下大力氣動員了中國當時的著名人士宋慶齡、蔡元培、魯迅、林語堂等，以及國際著名人士愛因斯坦(Einstein)、杜威(Dewey)、羅曼·羅蘭(Romain Rolland)、德萊塞(Dreser)等，以各種方式要求南京國民政府釋放牛蘭，包括國民黨當局和公共租界巡捕房理所當然地認為，牛蘭應當是共產國際在中國的最高負責人無疑。

因牛蘭夫婦被捕後始終堅不吐口，直至一九三二年八月十九日國民政府江蘇最高法院正式判決二人無期徒刑，國民黨也未能得到任何口供，故關於牛蘭的確切身分，一直未能搞清楚。到一九三七年七月抗日戰爭爆發，中蘇聯兩國重又開始在抗日問題上進行合作，國民政府很快以「驅逐出境」為名，釋放了牛蘭夫婦。於是，牛蘭一案更成了一個難解的謎。

早先見到的有助於對牛蘭身分進行判斷的，只有兩件中共領導人的口供。一件是中共政治局委員，負責交通系統的顧順章一九三一年四月二十四日被捕後主動向國民黨交代的口供。據說，顧順章在其供詞中有如下一段話，即:「共產國際派遣代表九人來上海，即係國際遠東局，大多數是俄人，也有波蘭人、德國人，姓名住址不太知道。遠東局主任，名叫牛蘭，我們都叫他老毛子。他有一個妻子，非常厲害，名字不詳」❺。另一件來自中共中央總書記處向忠發被捕後的供詞。內中說:「共產國際駐上海之東方部負責人，前為米夫，現已回國。刻由一波蘭人負責，但自稱是比國人，聞已被捕，押在英租界捕房中」❻。但是，這兩件供詞看起來都不十分確切。

顧順章是中央政治局委員，又是中共交通和特科系統的具體負責

❺　轉引自經盛鴻文。

❻　轉見王健民著:《中國共產黨史稿》，第二卷，香港中文圖書供應社，1974年版，第160頁。

人，理應與共產國際遠東局「組織科」的負責人有較多來往，但事實上，顧順章在供詞中不僅沒有能夠提供任何有價值的情報，而且還有明顯的錯誤，比如稱遠東局九人中「大多數是俄人」云云就與事實不符，因為當時遠東局成員絕大多數都是歐美國家的共產黨人。造成這種情況的原因可能有兩個。首先是當時顧順章更多地負責的只是國內交通線，國際交通線是由遠東局自己負責，兩線交接一般也只是由特定交通人員具體負責，領導人一般不直接參與。同時，遠東局交通聯絡方面的工作秘密性較高，通常採用單線固定人員聯繫，雙方高層領導人之間的接頭一般也是專門的聯絡員，或由雙方的秘書直接接頭安排進行，並不通過顧順章，因此，顧順章與遠東局領導人事實上並無太多接觸。再加上顧順章名為政治局委員，事實上更多地只是負責技術性工作，在政治問題上很少參與，故中共中央政治局與遠東局領導人之間的聯席會議亦從未參加過，遠東局成員又常用各種假名，他要了解遠東局內部情況自然頗為困難。他所以指認牛蘭，而不提供地址，就他這個中共交通系統的負責人來說，充其量也只是顯示他個人對牛蘭較熟，非指認不可吧。其次，也不能排除顧順章有不願惹惱俄國人的心理。顧順章雖然可能對遠東局的具體人員分工及多數人員的住址不甚了了，但他絕不可能只知道牛蘭一個人的名字，畢竟顧曾負責多年秘密工作，不可能不知道遠東局成員的化名及某些聯絡地點和用於交通的信箱等，特別是這時化名維爾海姆(Wilhelm)的共產國際東方部領導人米夫仍在上海，所有政治局成員和在上海的重要領導人對此都知道得一清二楚，而顧順章在這時的供詞中在這方面卻一條有價值的情報都沒有交代，這多少有些令人費解。事實上，從遠東局六月十日給共產國際的報告可知，顧順章的供詞的確有意隱瞞許多重要的秘密。據報告稱：

我們在南京秘密工作同志向莫斯克濕（即周恩來）報告，在四月二十六日有一共黨在漢口被捕，旋經證明係中央政治局委員，並負責特務工作者。他願意見蔣介石及南京國民黨秘密工作負責者，並告訴一切，並預備為南京政府工作。這個消息我們朋友在四月二十八日所得到的。

起初，我們不大相信此人有反叛之可能。其後又以為顧某似乎不致立刻全盤托出，所以整個星期是在談話及謠言之中，而不能決此事之確否。此種反叛極為可慮，因顧某不但知道所有中國同志之住所，而且還知道克蘭莫及坡托歇夫斯基之住宅。幾天以內，我們望著警察們到這些地方來，同時作著必要的防備。直至現在，還未見警察巡捕來到。中國同志盡可能的立刻搬家，但是如果這位朋友將真確的地點告知警察，我們負責同志很可能的將全數被捕。但是，結果未曾發生。❼

據報告說，在特科紅隊（紅色恐怖隊）搜查顧順章家時，找到了顧順章寫給蔣介石的一封沒有發出去的信。信中說：他「已覺悟，承認共產主義之差誤，並預備與（為）南京工作，去誘捕國際代表、黨總書記，並全體中央政治局委員及其他人物」。這封信表明，顧祝同早先是有過將共產國際代表和中共中央和盤托出的想法的。但為什麼顧順章在供詞中表示他只知道一個人叫牛蘭，而對於遠東局其他人員的名字和住址一概不知呢？唯一能夠用來加以解釋的理由，大概就是顧被捕後對出賣俄國人變得多少有些顧慮了。因此，顧除了供出了周恩來和另外兩名中央委員過去的住宅以外，最嚴重的危害只是帶著國民

---

❼　〈遠東局給共產國際的報告〉，1931年6月10日。這裡所說的克蘭莫和坡托歇夫斯基，其中應有一人是牛蘭在黨內的用名。

黨特務人員巡視南京各監獄，指認中共分子，致使惲代英等化名被捕而未被重判的一批共產黨人被處死或判重刑。顯然，顧順章曾負責過中共特別行動科的工作，知道特科紅隊的手段。他要防備紅隊報復已經很困難，要防備俄國人報復自然更難，因為特科的許多技術手段本來就是俄國人傳授的。他之反叛，自然是想活命，在紅隊略施警告後，顧順章將其所知道遠東局成員的名字和地址統統隱瞞起來，只說了一個無關痛癢的牛蘭的名字，連中共領導人經常開會的地點和秘密文件存放處都未講出，多半可以認為是其心有餘悸的一種表現⓲。

　　至於向忠發，說來也多少有些蹊蹺。他貴為總書記，從遠東局建立到他被捕前不久，曾不斷與遠東局有關人員開聯席會議和討論工作。僅一九三一年他被捕前半年裡，已知其與遠東局人員會面就有近十次之多。何況，留俄學生，曾經成為向忠發秘書的潘問友，更是直接負責向忠發與遠東局代表之間的聯絡工作，無論如何不能說他不了解遠東局的情況，更不能說他不知道遠東局當時的負責人是誰，但他在供詞中卻一個字也沒有提到遠東局，也沒有供出他多次接觸過的遠東局幾個重要成員的名字。他有意含混其辭地把共產國際東方部和遠東局、把米夫和牛蘭攪在一起，說什麼「共產國際駐上海之東方部負責人，前為米夫，現已回國。刻由一波蘭人負責，但自稱是比國人，聞已被

⓲　已知剛一得知顧順章叛變消息，周恩來就受命負責處理此案。他曾親自指揮紅隊深夜潛入顧順章家中全面搜查。參加搜查的聶榮臻在其回憶錄雖然沒有提到其全家被處死一事，但從當時報紙就此事的報導和法租界以謀殺罪名通緝周恩來看，中共當時確曾以此懲戒顧順章。中共以後沒有進一步下決心除掉顧順章，估計也與顧順章沒有像預想的那樣對中共造成更大的破壞這種情況有關。參見《周恩來年譜》，第210頁；聶榮臻著：《聶榮臻回憶錄》（上），第127頁。

捕，押在英租界捕房中」❶。這句話亦真亦假，似是而非，粗看上去確實容易讓不明真相者發生誤解，以為共產國際此前在上海的負責人是米夫，他回國後就是牛蘭負責，因為被關英租界捕房裡的那個自稱「比國人」的就是牛蘭。但仔細分析一下卻不然。第一，向忠發這裡說的是「共產國際……東方部負責人」是米夫，並非說米夫是遠東局負責人；第二，向忠發提到有一個波蘭人現在在上海負責，他也非常清楚被關在英租界的那個遠東局成員叫牛蘭，但他卻刻意避免在「波蘭人」和「牛蘭」之間直接劃上一個等號，不說牛蘭就是那個波蘭人，不說牛蘭就是遠東局現在的負責人。向忠發為什麼如此遮遮掩掩，確實應該讓人多問一個為什麼。

　　需要了解的是，向忠發自一九三〇年六月二十二日上午被捕後，到下午才供出自己小老婆的住址，夜裡才供出中共中央機要處的所在地，以後寫了一個「供詞」，裡面也只提供了兩個並不十分重要，而且已經變更了的中共領導人的具體住址（即青年團書記秦邦憲和中央婦女部部長周秀珠兩人過去的住址）。一到關鍵之處，或者裝做不知道（如他所熟知的中共中央政治局常委開會的地點、總工會、鐵路工會、海員工會、團中央、濟難會、江蘇省委的秘密機關、遠東局成員及其組織情況等，均未交代）；或者半真半假，吞吞吐吐（如中共中央交通主任的住址、與遠東局接頭地址，均只交代街道，而不交代具體門牌號碼；又如提到自己以前的秘書余昌生押在監獄，並了解許多重要機關的秘密，卻有意隱瞞其人真實姓名，把余被捕時的化名李金弟寫成李金生，把四月五日被捕說成是「前星期內」被捕，從而使余昌生最終得以脫險）❷。甚至，他一句也沒有提到當時已經在獄中，但尚

❶　前引王健民書，第160頁。

❷　前引王健民書，第164頁。向忠發在四月七日與遠東局代表的談話中曾

未被國民黨發現的中共政治局重要成員關向應的名字，就連因為他的交代而被捕的五名同案犯，包括青年團中央書記任弼時夫人陳琮英、中共中央機要處幹事張紀恩等，他也沒有進一步交代這些人的政治身份，以致使得這些人均先後得以脫險 ❹。考慮到這些情況，不難看出，根據向忠發的口供簡單地認定那個「波蘭人」就是牛蘭，未必妥當的。不難判斷，向忠發恰恰是因為知道國民政府已經把牛蘭看成是「第三國際在滬最高機關領袖」，才有意含混其辭地把「負責」的「波蘭人」同一周前發生的英租界的那件眾所周知的案件聯繫在一起的。

　　向忠發這樣做，其實也沒有什麼可奇怪的。如果了解中共大批自首人員的心理，就不難理解向忠發如此作供的動機。曾經負責過中共與共產國際通訊聯絡工作的中共中央重要成員黃平這樣解釋過他作供時的想法，他說：「我想如果打得半死，把中央和國際的代表供出來，那就後果嚴重了，我就供出了北京三四個接頭地址，和劉少奇在上海的住處。至於中央機關，政治局開會的地點（趙雲家——即康生家，引者注），國際代表的地址，地下電臺的情況——我都隻字沒提」❷。

　　特別說明，余昌生被捕所造成的危險極其嚴重，因為余知道的秘密機關太多，為此向忠發不得不親自布置了三十多個重要機關和負責人的秘密轉移工作。由此可知向忠發很清楚這些秘密機關和負責人的秘密地址。〈向忠發等與遠東局談話記錄〉，1931年4月7日。

❹　參見張紀恩的回憶文章，載（上海）《黨史資料叢刊》，1979年第1期。張特別提到，當時中共政治局重要成員關向應也因事被捕，但未被上海淞滬警備司令部識破，向忠發此前與周恩來等曾多次討論過營救關的措施，清楚地知道此事。但向被捕後卻沒有像顧順章告發當時因同樣情況陷於獄中的惲代英那樣，將此事交代出來。可見向忠發的交代與顧順章的又有不同。

一方面怕酷刑拷打，怕被槍斃，不得不自首和交代，一方面又絞盡腦汁想提供一些讓人相信卻又不致造成太大破壞的情況，甚至保住一些重要機密，以此來為自己的交代找到某種合理的解釋，這常常是中共多數自首人員保持心理平衡的一種方法。向忠發的情況恐怕也不出其右。在中共作了整整三年（從一九二八年六月到一九三一年六月）的總書記，向忠發所了解的核心機密實在太多，而他所供出來的卻實在太少。純粹以他的那有意含混不清的口供作為判斷牛蘭身份的依據，當然不可信。

說向忠發的口供含混不清，當然不是說他的口供完全是假的。他很清楚，完全提供一些假口供國民黨方面也不會相信。因此，他的口供自然只能變得亦真亦假，吞吞吐吐，而在關鍵地方「打埋伏」。 那麼，向忠發在談到遠東局的問題上，除了米夫的情況以外，還有沒有與事實相符的交代呢？有。那就是關於遠東局負責人是個波蘭人的說法。

確切地說，遠東局這時的負責人叫任斯基（當時又譯為日稅斯基，Rendsky）。自一九二九年初遠東局在上海組成之後，直到一九三一年八月，即牛蘭被捕之後，遠東局基本上都是由任斯基負責的。關於這一點，自一九二九年以後長期負責與遠東局的聯絡工作的周恩來後來曾明確說明：「日稅斯基——波蘭毛子，六大後到四中時在中國」。一九三一年，因「顧（順章）、向（忠發）的叛變影響了許多人，到八月波蘭毛子要離開上海」，同時「要我們提出臨時中央名單」，以便周恩來等原中共中央領導人也盡快撤離上海（周恩來這裡所說的「六大」，即指一九二八年六～七月在莫斯科召開的中共第六次代表大會。「四中」，就是指一九三一年一月在上海召開的中共六屆四中全會）❷❸。由

　❷　黃平：《往事回憶》，人民出版社，1981年版，第85–86頁。

此可知，這個波蘭人，即任斯基，一直在遠東局負責，從一九二八年中共「六大」之後就被共產國際東方部指定為駐中國之代表，此後於一九二九年二月底開始參加在上海的遠東局的籌建工作，直到一九三一年顧順章、向忠發被捕之後，始終沒有被捕過。他是在一九三一年九月布置完上海原有的中共中央撤退之後，才離開上海平安地返回莫斯科。因此，如果根據向忠發的口供，相信那個負責共產國際東方部在上海工作的波蘭人，在他之前已經被關在英國租界捕房裡，顯然是不正確的。

　　關於共產國際的政治代表沒有入獄的情況，佐爾格其實也有過交代。他在筆錄中說明，一九三一年遠東局政治部的負責人，在一九三一年牛蘭被捕後，他的住地發生危險，因此乃奉命返回莫斯科❷。需要說明的是，自一九三〇年十二月米夫到上海，至一九三一年五月米夫離開上海之前，因為某種原因，遠東局處理與中共中央關係的工作一度改由卡爾特・艾斯特(Karlt Estelle)出面負責。因此，在這裡佐爾格所談到的遠東局政治部負責人實際上是艾斯特，而不是任斯基。

　　或許應當了解的是，如果說在中共中央，還有什麼人能夠具體了解這一時期遠東局成員情況的話，這個人恐怕只有一個，那就是周恩來。一九二八年秋冬之交，正是周恩來在莫斯科以中共中央政治局常委的身分，代表中共中央與共產國際具體討論了選派駐上海的共產國際遠東局成員等問題。一九三〇年，又是周恩來在莫斯科與斯大林等討論了上海遠東局臨時負責人羅伯特等人與中共中央的關係，要求派米夫前來中國指導工作的問題。並且，從一九二九年遠東局開始工作，一直到一九三一年周恩來離開上海去江西中央蘇區，也只有周恩來始

───────────────

❷　中心檔案，全宗號514，目錄號1，卷宗號1011。

❷　前引《佐爾格案件》，第83頁。

終主持著中共中央與共產國際遠東局的聯絡工作。像黃平以及向忠發的秘書潘問友等與共產國際代表的接頭等工作，也都是在周恩來的直接領導之下。只是在周恩來一九三〇年赴莫斯科工作的近半年時間裡，政治局委員李立三曾暫時代理過周恩來的這一工作，後因李立三與遠東局衝突，又暫時由鄧中夏負責了一個極短的時期。另外在一九三一年，王明也曾一度因為與米夫的關係參加過與遠東局的具體聯繫工作，但政治局常委中負其責者仍舊是周恩來。直到一九三一年九月開始組成以秦邦憲為首的臨時中央之後，周恩來等原中共中央負責人撤往江西蘇區和莫斯科之後，這一聯絡工作才轉交給張聞天負責。因此，有周恩來的說明，再加上佐爾格的筆錄，應該是很可靠的證據。而他們的說法表明，這個時候，即一九三一年六月，無論是向忠發被捕前，還是其被捕後，遠東局的負責人，都沒有被捕過。換言之，那個被捕的牛蘭，並不是遠東局的負責人。

第四節　「交通毛子」

牛蘭究竟在遠東局是個什麼角色呢？關於此點，周恩來也有明白的解釋，即「牛蘭——交通系統」，他的頂頭上司是共產國際聯絡部交通處主任阿布拉莫夫，「管秘密電臺、交通及秘密黨的經費」。由於牛蘭負責向國際轉送中國黨的秘密文件，「結果牛蘭破壞，《申報》登過兩個月的秘密文件」❷。關於這一點，佐爾格也有比較清楚的說明，他提到，遠東局的組織科「由牛蘭本人和一兩名助手」組成❷。由此

---

❷　查《申報》，未見登過兩個月的中共秘密文件，周恩來這裡所指的，多半是《大公報》，因為《大公報》當時確曾連載過牛蘭案中搜出的秘密文件。見中心檔案，全宗號514，目錄號1，卷宗號1011。

可知，這個牛蘭其實只是共產國際聯絡部的成員，在遠東局只是負責對共產國際的聯絡及交通等任務的「組織科」的負責人，這也是負責中共交通系統的顧順章對他較熟悉的原因。當然，牛蘭同時也兼做太平洋職工聯合會秘書處的某些領導工作。因此，我們在牛蘭被捕後搜查出來的中共和共產國際的秘密文件中，很少能夠看到牛蘭親筆寫的或修改的文件，僅有的幾件也全部是關於如何進行秘密工作和記錄上海工潮的[27]。這很清楚地說明，牛蘭絕不是遠東局的負責人，他的任務僅限於交通聯絡與了解工人運動方面。正是由於牛蘭不甚重要，對中共中央情況知之不多，所接觸者僅限於工會方面領導人，因此，牛蘭的被捕，對中共中央的正常工作幾乎沒有什麼影響。從有關的文獻記載看，顧順章被捕，中共中央被迫停止正常工作將近一個月時間；

[26]　前引《佐爾格案件》，第82頁。

[27]　1931年9月10日《大公報》公布警察從牛蘭住處查出的重要文件（關於中國之部）共七十六件，其中有大量筆記和談話記錄，有牛蘭親筆者僅兩件，其一是牛蘭所記關於上海工潮的筆記，其二是他人撰寫，牛蘭修改的有關如何避免官廳注意和被捕後如何對付的文稿。另外，從上海檔案館所保存的有關牛蘭案件的檔案中，也可以看出，牛蘭同時也負責與設在柏林的共產國際聯絡局的秘密機構保持固定的聯繫，這種聯繫的目的是通過牛蘭向遠東局提供活動經費。這些文件顯示，一九三〇年八至十二月，上海的收款人為一個叫Wuder的人，以後換成了一個叫Sehneider的人。他們收到匯來的支票後，再由牛蘭將這些支票兌成現金，分成小筆款項，隨時提供給遠東局。他在被捕前幾天寫給柏林秘密機關的一封信中曾提議，以後應當通過信使將這些匯款直接入到遠東局的銀行帳號上，而不必再經過他。這種情況同樣說明，牛蘭確是一個從事秘密交通聯絡（包括轉遞秘密文件和秘密經費）工作的重要聯絡員。見上海檔案館檔案，檔案號102-1-103。

向忠發被捕，中共中央停止正常工作達五個月之久；而牛蘭被捕，中共中央幾乎沒有停止過一天正常工作，甚至連會議地點都沒有改變[28]。

　　不過，作為遠東局聯絡組的重要成員，牛蘭有沒有可能在共產國際政治代表不在上海時代理其負責位置呢？也就是說，會不會有這樣的情況，由於一九三一年六月前後任斯基不在上海，牛蘭當時一度代理過其位置，因而被顧順章和向忠發指認為共產國際在上海的最高領導人？看起來這種設想也難以成立。

　　這是因為，第一，有資料表明，在一九三〇年二月至八月前的一段時間裡，曾經有過「波蘭毛子」回蘇聯述職不在上海的情況，但這時在上海負責遠東局工作的是任斯基的副手，「德國毛子」羅伯特，而非牛蘭。關於這一點，向忠發在一九三〇年六月二十五日給周恩來的信中有明確的說明[29]。

　　第二，周恩來在三月去莫斯科彙報工作時，因遠東局與中共中央不斷發生矛盾，周恩來和瞿秋白曾商量促使共產國際更換這位「波蘭毛子」，並在共產國際的彙報會上提出請聯共中央派米夫等改組遠東局，替換任斯基，但共產國際只同意加強遠東局的力量，並派了另一位德國人，即佐爾格早年的同事卡爾特·艾斯特（作為遠東局代表的

---

[28]　中共中央政治局這一時期通常每周召開一次會議。顧順章一九三一年四月二十四日在武漢被捕後，中共中央政治局會議中斷近一個月，至五月二十五日才又重新開會。向忠發六月二十二日被捕後，中共中央幾乎停止工作，直到組織起新的臨時中央，才於一九三一年十二月重新恢復正常會議制度。而牛蘭被捕於六月十五日，中共中央政治局會議六月十七日仍舊照常舉行（前一次為六月十日）。

[29]　〈向忠發致周恩來的信〉，1930年6月25日。

化名為艾伯特，Epert）前往上海遠東局擔任任斯基的副手，替換與中共中央政治局有矛盾的羅伯特，它顯然絲毫沒有考慮過使用牛蘭的問題。因此，後來「波蘭毛子」仍與周恩來先後返回中國，且一九三〇年九月的中共六屆三中全會仍舊是在這位「波蘭毛子」的幫助下召開的。

第三，一九三〇年十二月米夫來華後，共產國際的政治發言人自然變成米夫，並且由於米夫此行意在推翻中共三中全會的各種決定，改組中共中央，將留蘇學生扶上領導崗位，因此，指導過三中全會的波蘭毛子一度不能不退入幕後，以免受到中共當時黨內眾多對三中全會結果不滿的幹部的反對。在緊接著召開的中共六屆四中全會上，以及此後幾個月遠東局參與中共中央政治局工作的主要代表，也換成了新來的艾伯特。這也就是為什麼任斯基儘管一直到一九三一年九月才離開中國，周恩來卻說：「波蘭毛子，六大後到四中時在中國」，沒有說他從六大後到臨時中央成立時都在中國的原因。因為，直至米夫離開上海之後，任斯基才又重新代表遠東局參與中共中央政治局的工作。但無論如何，顯然沒有人想到應當改用牛蘭。相反，一九三一年五月米夫回國後，「波蘭毛子」再度出面負責，直到一九三一年八月得到莫斯科的調令後為止。

最後，即使在任斯基離開中國之後，前來接替任斯基作共產國際政治發言人和遠東局負責人的，也沒有使用共產國際聯絡部派在遠東局內的官員。當時牛蘭雖然被捕，但他的主要助手，後來成為美國共產黨「顯要人物」之一查爾斯‧克倫賓(Charles Krumbein)❸一度曾擔負起了他的工作。但共產國際還是選派了著名的德國共產黨人阿瑟‧尤爾特(Arthur Ewert)，當時中共黨內又稱之為愛佛爾脫(Ewert)來作它的全權代表。尤爾特於一九三一年十一月用哈里‧伯杰的假名，在美

❸　當時化名為斯圖爾特(Stewart)。

國共產黨人保羅・沃爾什(Paul Walsh)的陪同下，持美國護照來到上海，一直工作到一九三四年。後因遠東局內部圍繞中國革命工作方針問題發生爭論，再加上其住處遭到巡捕房搜查，終被調離中國，並於一九三四年七月十九日乘船經海參崴去蘇聯。在此之後他被派到巴西去從事秘密工作。他在組織巴西一九三五年十一月革命時被捕，並被處以十五年徒刑 ❸。在尤爾特走後，考慮到對中共的指導已經主要集中到紅軍作戰方面來，因此，共產國際特別委託軍事顧問弗雷德在遠東局負責了將近一年左右的時間，到一九三五年春，即上海中共地下組織接連遭到破壞，與紅軍和中共中央的聯絡完全中斷的情況下，他也奉調回國了 ❸。此後的遠東局雖然仍存在過一個時期，但已沒有起過太大的作用了。

由此可知，直到被捕為止，這個牛蘭也並沒有成為遠東局的負責人。他的工作主要只是負責交通系統而已，用中共的稱呼，或者應該叫他做「交通毛子」。如果考慮到他同時還負責或兼管太平洋產業聯合會的工作，或者還可以管叫他「太平洋毛子」之類，如此而已。

在牛蘭事件之後，共產國際通過遠東局指導和監督中共中央工作的這種方式，仍繼續了幾年時間。即使是在中共中央於一九三三年整個遷到江西中央蘇區去之後，它仍舊通過各種方式繼續對中共工作進行指導與監督。如代替中共中央就近通過中共上海中央局以及特科系統等，指導中共在國民黨統治區內的各項工作，和通過電報遙控指導中共各個蘇區的工作，包括為每一支紅軍部隊部署他們的軍事行動等

❸ 李德描述過一九三二年秋天他到上海後與尤爾特一同工作的情景。見《中國紀事》，第5–8頁；見 *Foriegn Relations of the United States (FRUS)*, 1943, China, pp. 285–288.

❸ 中心檔案，全宗號495，目錄號19，卷宗號45。

等。當然，它最主要的任務還是負責轉達傳遞莫斯科與中共中央之間的各種信息。隨著中共臨時中央撤離上海前往江西蘇區，遠東局對中共的幫助和指導，主要都集中到紅軍作戰方面來了。因此，共產國際調走了尤爾特，特別委託軍事顧問弗雷德在遠東局負責。但在中共的主要工作已遠離城市，甚至在很大程度上已經不再依賴於莫斯科所提供的財政援助之後，遠東局似乎不能夠給中共帶來重要的利益了。尤其是那些紙上談兵的遙控電報，在瞬息萬變的戰場形勢面前不是廢紙一堆，就是遺患無窮。像一九三三年秋至一九三四年初紅軍已經開始陷入危機的情況下，十九路軍在福建發動反蔣運動，希望與紅軍合作，正是這個弗雷德對此採取了極其消極的策略，破壞這種合作的可能，使紅軍迅速陷入絕境。所以，正是在遠東局遙控指導的這段時期，中共無論在政治上，還是在軍事上都進一步陷入到最危險的境地。到一九三五年春，上海中共地下組織接連遭到破壞，紅軍和中共中央也撤離江西，雙方聯絡完全中斷，作為軍事專家的弗雷德變得毫無用處，只能奉調回國了❸。此後的遠東局雖然仍存在過一個時期，但再沒有起過明顯作用了。事實上，隨著上海等地的中共組織接連遭到重大破獲，僅從一九三三年秋至一九三四年秋不過一年時間，中共被捕者就達到四千五百零五人，並且有四千二百一十三人，包括大批領導人自首投降❹。中共在國民黨統治區內幾乎失去了繼續活動的餘地。在這種情況下，遠東局的存在也漸漸失去其意義了。一九三五年夏，共產國際下令收縮上海的一切工作，並將中共在國民黨統治區內最後一點力量移至天津保存下來。隨後，共產國際向中國派駐代表的歷史很快亦告結束。

---

❸　中心檔案，全宗號495，目錄號19，卷宗號45。

❹　前引《中國共產黨史稿》，第154–155頁。

第二章　王明初試統一戰線

　　向中國派駐其代表或專門機構，是莫斯科用於指導和幫助中共的一種主要方式。但是，這種方式存在著一個明顯的弊病，即作為莫斯科代表的外國人充其量只會一味地要中共中央執行共產國際的指示，卻未必能夠真正了解和向莫斯科如實反映中共中央的意圖與要求。因此，從中共「四大」之後，中共中央就開始要求在莫斯科派駐自己的代表，並得到了共產國際的同意。中共中央最早派駐共產國際的代表是蔡和森，隨後是譚平山。在一九二七年國共關係破裂後，由於中共與莫斯科各個部門之間的直接聯繫增多，中共中央開始加強其代表的數量。如前所述，中共中央在一九二七年十一月即開始組建中共中央第一個駐共產國際代表團，成員由蘇兆徵、向忠發和李震瀛三人組成，蘇、向為全權代表，李為代表團秘書。在中共「六大」召開後，這個代表團的成員更進一步增加，除瞿秋白為團長，張國燾任書記外，另外還加上了鄧中夏和余飛等人。然而，這個代表團的結局頗為不妙。一九三〇年初共產國際因不滿代表團捲入莫斯科中山大學學生間的派別鬥爭，竟發布文件，決定「請中共中央以必要限度刷新代表團的成分並與國際執委政治秘書處商定新的成分」❶。以後，黃平、林育英、周恩來等均曾代表中共中央駐其與共產國際各機關發生聯繫，直到王明（即陳紹禹）於一九三一年秋因不能留上海，又不願去蘇區，通過

---

❶　〈共產國際政治委員會因中大派別鬥爭關於中國代表團行動問題問題決議案〉，1930年，轉引自《黨的建設》，第四期，1931年2月。

米夫的關係回到莫斯科，中共才又重新開始組建它在共產國際的代表團。

　　王明是中共歷史上一個相當引人注目的人物。他所以被人重視，不是因為當年他在中山大學曾呼風喚雨，也不在於他火箭式地升為「四中」全會後政治局常委的經歷。王明之引人注目，歸根結蒂是因為他一九三二至三七年間在莫斯科的政治經歷，是因為他領導的中共代表團，這時曾經對中共的政策轉變，發生過極端重要的推動作用。由於他有著這樣一段不同尋常的經歷，獲得了不同尋常的政治資本，他一度看上去頗有希望成為中共黨的最高領袖。因此，在抗戰開始後的一段時間裡，他甚至連毛澤東也不放在眼裡。

第一節　平步青雲

　　王明，原名陳紹禹，一九〇四年四月出生於安徽省六安縣金家寨一小商人家庭。早年讀過私塾，十六歲入安徽省立第三甲種農業學校，二十歲入武昌商科大學預科學習。一九二五年十月加入中共，十一月奉派赴蘇，入莫斯科中山大學學習。入校僅一年半，即被副校長米夫要去做蘇共中央宣傳家代表團一九二七年一月中國之行的中文翻譯。當年暑假回校後，繼續學業不足一年即畢業，接著進入中山大學教員班學習，半年後回國。王明一九二九年三月到上海開始參加中共工作時僅二十五歲。一年時間，歷任上海滬西區委宣傳幹事、滬東區委宣傳部長、中共中央機關刊物《紅旗》雜誌編輯、中共中央宣傳部秘書。一九三〇年八月因聯合留蘇學生批評李立三將中國革命的勝利同蘇聯出兵等問題聯在一起，一度被給予警告處分，並降職到江蘇省委員宣傳部任幹事。但當年十月「立三路線」受到共產國際根本否定，再加

上十二月米夫來華干預，王明不僅得以撤銷處分，而且尚未成為中央委員，即被破格任命為江南（包括上海、浙江和安徽在內）省委書記。一九三一年一月七日，根據米夫和遠東局的安排，中共中央在遠東局代表的主持參加下召開了六屆四中全會，經遠東局提議，王明得以「補選到中央委員」，同時被列入政治局委員之列❷。而後不久，他更得以與向忠發、周恩來一道，成為僅有的中共中央三位常委之一。六月，向忠發被捕遇害。從此到王明離開上海去莫斯科的三個月時間裡，中共中央政治局常委雖又增加了另一位老工人盧福坦，但周恩來負責特科和軍委工作，盧福坦負責全總工作等，王明實際上接替了向忠發的位置，其作用更形突出。

　　由上可知，王明在蘇聯接受語言和理論訓練的時間並不長，即使把當時從事各種政治運動的時間都加起來，也只有三年時間；他實際從事中共黨的工作的經歷更短，從一九二九年三月到上海開始算起，到一九三一年「四中」全會成為政治局委員及後來成為政治局常委，滿打滿算也只有兩年時間。在如此短暫的時間裡，一躍而成為中共中央主要領導人之一，這難免不使王明有些飄飄然的感覺。據周恩來回憶說，向忠發被捕後，雖然形勢緊張，王明仍躲在上海郊區，以「深山養病者」的名義給中央寫信、發指示，儼然把自己比作當年被流放期間仍遙控指導俄國社會民主工黨的列寧。可見其政治上的雄心不小。只是，當遠東局代表鑒於中共領導人接連被捕叛變，過去在上海活動較多的周恩來、王明等人不能立足，要二人一道下到江西中央蘇區去時，王明明確表示不願意，希望去莫斯科。經電詢共產國際，米夫作

❷　關於王明補選為中央委員及當選政治局委員的情況，可見之於周恩來親筆所記之六屆四中全會中央委員會成員變動名單，見《文獻和研究》，1984年第12期。

主表示同意，王明遂得以了此心願。

王明這時能夠平步青雲，純粹是得益於米夫個人對他的信任，和在上海從事地下工作的特殊環境。十分明顯，由於他在黨內資歷甚淺，毫無建樹，一旦離開米夫的呵護，來到大批真刀真槍殺出來的中共幹部群中，雖仍可靠共產國際的「聖旨」號令一時，但絕難得到黨內同志的信任和擁護，那時一步失踐，難免不會落到他的同學博古（即秦邦憲）後來在一九三五年遵義會議上被人「轟」下臺去的那種下場。而在莫斯科，王明不僅避免了其他留蘇學生後來在江西以及在長征中所吃的種種皮肉的和精神的痛苦，而且還獲得了建功立業的重要機會。結果，當接替他成為中共中央主要領導人的博古不得不為中共和紅軍一九三四年的慘重失敗而承擔責任的時候，王明卻因為在抗日民族統一戰線政策問題上有所貢獻，而受到中共中央領導人和共產國際領導人的高度重視。對於這一點，王明顯然頗為自豪，反覆強調。即使其後他在政治上被毛批得體無完膚，他差不多樣樣都承認有錯，卻念念不忘強調自己在抗日統一戰線政策問題上所起的作用。他堅持認為，在一九三二年至一九三五年期間，他與國內黨的教條主義領導人博古等人有著「原則的分歧」，例如：

在三二年春不同意臨時中央對上海十九路軍抗戰是反動性戰爭的估計，不同意他們反對「工農兵商學聯合」的口號；同年冬，代中央寫了提議在滿洲實行抗日民族統一戰線政策致滿洲黨的信；在三二～三三年長期向米夫說服和鬥爭的結果，經過國際致電中央提議修改對富農、土地、工商業、勞動政策等方面的左傾錯誤，並寫了〈經濟政策〉一文；三三年春夏間，代中央起草了三條件和六大綱領；三四年底在〈新條件與新策略〉

等文中提出了建立抗日反蔣的統一戰線的口號；三五年代中央起草〈八一宣言〉及寫〈新形勢與新政策〉一文等。❸

　　依照王明這裡的說法，三十年代中期把中共和紅軍從自我孤立中解救出來，使它們起死回生的抗日民族統一戰線政策，似乎是王明最早在莫斯科提出和推行的。這是否是事實呢？對此，一九三七年十二月十三日中共中央政治局正式通過了一份〈關於中共駐國際代表團工作報告的決議〉，有過這樣的講法。決議稱：

> 在王明同志領導之下的代表團，在國際領導和特米脫洛夫（即季米特洛夫）的幫助之下，幾年來所做的工作成績，首先在關於抗日民族統一戰線新的政策的確定與發展上給了中央以極大的幫助。❹

　　在這裡，「極大的幫助」幾個字，很清楚地顯示出，中共中央確實承認王明在抗日民族統一戰線政策方面起過重大的作用。這也就難怪，當一九三七年十一月二十九日王明等一行人從莫斯科返回中共中央所在地延安時，曾經聯手把博古「轟」下臺去的張聞天、毛澤東等中共中央領導人，連同黨政軍各級幹部和各界民眾，齊集延安機場，以示隆重歡迎。毛澤東這時顯然沒有預計到此後在他和王明之間發生的那許多爭執。他當時用了一個相當重的字眼兒來說明他們歡迎王明一行的原因，即「飲水思源」。在他這篇以〈飲水思源〉為題的熱情揚溢的講話中，他把使中共和紅軍重新獲得了強大生命力的抗日民族統一戰

---

❸　〈王明給六屆七中全會的信〉，1945年4月20日。

❹　《中共中央文件選集》，第11卷，第402頁。

線政策形容為「水」，而把王明及其代表團形容成產「水」之為「源」，其評價之高，可想而知。正因為如此，他確信王明等同志回到中央來「是一件大喜事」，對中共中央甚至可以說是「喜從天降」❺。

<h2 style="text-align:center">第二節　下層統戰</h2>

統戰，或曰統一戰線政策，是中共戰勝國民黨的最重要的法寶之一。統戰政策的重要性就在於，它給了強調階級鬥爭的共產黨人一個可以最大限度地利用敵人矛盾的武器。有了這樣一個武器，中共就可以本著團結一切可能團結的力量的方針，機動靈活地「利用矛盾，爭取多數，反對少數，各個擊破」，而不必受階級觀念和階級分野的約束❻。

但是，共產黨人在實行統一戰線政策的時候，通常要受到兩大矛盾的制約。一個是階級鬥爭的限制，即所謂鬥爭與團結的關係的把握；一個是「原則性」限制，即所謂「原則性」與「靈活性」的分寸的把握。

根據階級鬥爭的形勢和革命的階段，來確定統一戰線政策的存廢，是基於列寧主義理論的一種演繹。因為，按照列寧主義的理論與俄國革命的實踐，統一戰線通常只是像俄國和中國這樣階級鬥爭十分不發達的產物。簡單說來，依照俄國革命的發展階段，無產階級之需要統一戰線，第一步是為了推翻封建階級的統治，如一九〇五年革命；第二步是為了推翻資產階級的統治，如一九一七年二月革命；第三步是

<hr>

❺　轉見劉俊民：〈試論王明右傾投降主義的形成〉，《齊齊哈爾師範學院學報》，1982年第1期；參見前引張國燾：《我的回憶》，第3冊，第417–418頁。

❻　前引《毛澤東選集》，第2卷，第744–752、763–764頁。

為了推翻小資產階級的統治，即一九一七年十月革命。比照俄國，斯大林早就針對中國革命提出了大致相同的「三階段」論，即所謂「廣州時期」、「武漢時期」和「蘇維埃時期」。第一個階段類似於俄國的一九〇五年革命；第二階段類似於俄國的二月革命；第三階段類似於俄國的十月革命。結果，蘇維埃革命階段的開始，不僅標誌著資產階級退出革命，而且標誌著小資產階級的相當部分也已經退出了革命。由於蘇維埃革命是一種工農聯盟的形式，共產黨人自此失去了可以統戰的對象。並且，根據中共「六大」所通過的決議，他們甚至連統一戰線這個字眼兒都認為不應再提，因為重提統一戰線「有回復舊的聯合戰線蒙蔽階級意識」之嫌疑❼。直到意識到許多工農階級的群眾仍在國民黨人的組織之下，不跟自己走之後，他們才再度發覺仍有重提統一戰線的必要性。但他們之敢於重提統一戰線，也僅僅是因為這是指所謂「下層統一戰線」，或者叫「下層群眾的統一戰線」，其目的只是希望爭取那些屬於相同的階級，但卻不相信蘇維埃和共產黨的下層工農群眾而已，與聯合資產階級或小資產階級無涉❽。

　　然而，即使可以實行統一戰線政策，如何把握「原則性」與「靈活性」的關係，對共產黨人也仍是一個極大的難題。這是因為，習慣於從階級關係和階級鬥爭的角度看問題的共產黨人，從來就是把階級

---

❼　參見拙作：《中間地帶的革命——中國革命的策略在國際背景下的演變》，中共中央黨校出版社，1992年版，第165頁；拙作：《馬克思主義中國化的歷史過程》，河南人民出版社，1994年版，第158頁。

❽　見之夫：〈三中擴大全會政治討論的結論〉，1930年9月28日；中共中央六屆三次擴大會議決議：〈關於政治狀況和黨的總任務議決案〉，1930年9月；〈職工運動議決案〉，1930年9月，《中共中央文件選集》，第6卷，第295–296、340–341頁。

鬥爭與統一戰線同所謂「原則性」與「靈活性」對等地聯繫在一起的。由於階級性與「原則性」相聯繫，是否堅持「原則性」關乎思想、觀點、立場等決定敵我界限的大是大非問題，過於堅持「原則性」而缺乏「靈活性」，政治上充其量只是個屬於方法上僵化、機械的「左」的問題，反之，統一戰線在「靈活性」的範疇之中，靈活與否僅僅涉及策略、手段、方法等可急可緩、可有可無的枝節問題，太重靈活淡化了自己的階級色彩，卻難免要承擔混淆敵我關係，乃至與敵人同流合污的「機會主義」、「取消主義」，甚或「投降主義」的「右傾」罪名，結果，「寧左勿右」自然成為一種風氣。畢竟前者屬於「人民內部矛盾」，後者則屬於「敵我矛盾」。在這樣一種思想狀態的支配下，即使在三十年代初，莫斯科方面已經意識到重新實行統一戰線的必要性，它也沒有忘記對這一政策加以必要的限制。如強調對於「各種反帝國主義的革命組織與小資產階級的團體（學生、小手工業者等等）」，只應「在鬥爭的具體問題上進行臨時的聯合」，並把這些聯合當成「吸引更廣大勞動群眾到革命鬥爭中來的工具」等等❾。至於對「地主資產階級的國民黨」，則不論其內部有無重大不合與矛盾可供利用，共產國際和中共中央都絲毫不存任何幻想，依舊畏首畏尾，不敢越雷池半步。

既然不能從意識形態的思維邏輯中擺脫出來，那麼，恐怕也就很少有人能夠毫無顧忌地運用統一戰線的策略。在這方面，深受俄國教科書熏陶的王明自然也不可能獨善其身。在離開上海之前，他充其量也只是圍繞著共產國際「下層統一戰線」的概念打轉轉。唯一值得一提的，只有一九三一年九月二十二日的〈中央關於日本帝國主義強占

---

❾　共產國際東方部議決案：〈中國共產黨的最近組織任務〉，1930年8月，《中共中央文件選集》，第6卷，第603頁。

滿洲事變的決議〉。這個決議是博古根據王明這時一封信的觀點起草的，內中提到了運用下層統一戰線策略，吸收小資產階級各個階層參加爭鬥的設想。在日本挑起入侵中國東北的「九一八」事變，國內民眾反日浪潮一浪高過一浪之際，強調小資產階級廣大群眾參加鬥爭的作用及意義，而沒有把「臨時的聯合」之類的字眼兒掛在嘴上，多少仍可視為一種進步❿。只不過，把統一戰線嚴格地限定在「下層」，而把一切上層，甚或中層統統視為自己階級的敵人，結果除了在各個公開的反帝組織中起破壞作用以外，並不能真正實現「奪取」其組織，和利用其吸引小資產階級的目的。

　　從中國的上海來到蘇聯的莫斯科，可以想像會使王明對政治形勢及其需要的理解，逐漸發生微妙的變化。那些根據莫斯科的指示，剛剛在江西瑞金建立起中華蘇維埃共和國臨時中央政府的中共領導人，多半很難理解，蘇聯為什麼不同自己的政府⓫建立外交關係，反而要急急忙忙地去同曾經把它趕出中國，如今又是蘇維埃的敵人的南京國民政府「無條件」恢復邦交⓬？而在莫斯科，日復一日地埋頭在數不清的有關日本在中國東北對蘇聯進行威脅的消息和情報之中，接著又成為共產國際執委會政治書記處書記的王明⓭，自然不會在這種問題

<hr>

❿　《中共中央文件選集》，第7卷，第422頁。據博古後來回憶，這一文件是根據王明這時〈一個深山養病的同志的信〉所提出的指導意見起草的。

⓫　中華蘇維埃共和國臨時中央政府宣告成立於一九三一年十一月七日。

⓬　一九三二年十二月十二日，蘇聯與中國國民政府正式恢復了自一九二九年全面中斷的外交關係。〈李維諾夫就蘇中復交同記者的談話〉，1932年12月12日，見（蘇）《消息報》，1932年12月13日。

⓭　王明一九三二年九月在共產國際執委會第十二次全會上被推選為政治書記處書記。

上感到困惑。是否能夠在蘇聯處於危險之際，公開打出「保衛蘇聯」的政治旗幟，這本來就是共產國際考驗各國共產黨人忠誠程度的一把尺子。由於留蘇多年，又是共產國際執委會的領導成員，他當然容易了解蘇聯採取這一步驟的原因。只不過，在他看來，用外交的方式設法拉住國民黨不倒向日本，只能是一種權宜之計，要想真正有效地幫助蘇聯減輕其所受到的壓力，必須靠共產黨。

　　怎樣才能幫助蘇聯減輕其遠東邊界所受到的壓力呢？幾年前，即一九二九年中東路事件發生時，莫斯科曾經通過劉伯承等人，在蘇聯遠東地區，組成了以中國留學生為主的游擊支隊，準備潛入中國東北，開展游擊戰爭，執行牽制任務。後來，只因張學良的東北軍一擊即潰，事件得以迅速平息，這一計劃被中途取消。如今，雖然已經沒有那樣多的中國留學生可供驅使，但能不能借助於中國東北境內那些已經組織起來的抗日力量呢？在這個問題上，遠東的蘇聯軍事機關顯然沒有太多顧忌。它們不僅接受因無法立足，退至中蘇邊境，請求轉道歐洲和中國新疆回國的國民黨抗日武裝經蘇聯撤退，而且積極推動中共同那些能夠在東北堅持抗日的各式各樣的武裝團體進行聯絡，以便加強對日本的作戰。面對中共中央對待非共產黨領導的抗日武裝的盲目排斥態度，蘇聯紅軍情報機關，以及共產國際有關人員均表示了強烈的不滿，並極力督促中共代表團和中共中央加強爭取和援助這些抗日武裝的工作[14]。這個時候，東北境內的抗日武裝各式各樣，在中共領導

---

[14]　根據莫斯科保存的有關檔案，已知一九三二年春天以後就中共排斥東北非共產黨抗日武裝的態度提出過批評的，至少有蘇聯紅軍遠東情報機關負責人、前共產國際駐中國代表維經斯基和共產國際領導人皮亞尼茨基等。共產國際因此多次要求中共中央設法援助當時在東北抗日的王德林的部隊。見中心檔案，全宗號495，目錄號19，卷宗號573。

下的游擊隊只占一小部分，作用很小。在根據共產國際的要求，通過上海的中共中央嘗試著對東北一些抗日游擊隊開展工作之後，王明清楚地意識到其中所存在的障礙。一九三二年十一月，王明一面明確向共產國際領導人提議，由莫斯科有關方面替代中共中央對東北游擊戰爭的領導及聯絡工作，加派有力的中國同志去東北，因為從上海指導滿洲的工作和派人十分困難，一面在共產國際有關會議上發表長篇報告，明確提議改變前此在統一戰線問題上的某些禁忌，依據日本入侵的新形勢，提出相對靈活一些的鬥爭策略❺。

王明的建議得到了共產國際的批准。十二月，王明以中共中央的名義，起草了〈中央致滿洲各級黨部及全體黨員的信〉，具體闡述了策略變動的原因與方法。據王明在信中解釋說，之所以變動策略，是因為出現了日本侵略這一特殊的民族壓迫現象，而「中國共產黨的影響和組織十分薄弱」，不能領導帶著較多群眾性質的游擊戰爭。事實上，日本的入侵造成「不僅滿洲的工人農民苦力小資產階級（小手工業者、學生、城市貧民）對日本侵略者及其走狗極端敵視，而且有一部分的有產階級直到對侵略者抱敵視」。他將東北現存的抗日武裝分為四類，稱第一種是在地主資產階級控制之下，由前東北軍將領領導的東北軍舊部；第二種如王德林部，雖與舊東北軍有著某種歷史上的聯繫，但基本可以看做是上層小資產階級影響下的隊伍；第三種是各種農民游擊隊，雖有個別舊軍官領導，但工農成分較多；第四種則是中共領導的赤色游擊隊。在肯定東北存在著不同階級共同抗日的特殊情況之後，王明提出了關於「用革命方法解決滿洲問題」的「總策略方針」。這就是：要進一步邁向蘇維埃革命，應首先組織全民族的統一戰線，發動

---

❺　中心檔案，全宗號495，目錄號19，卷宗號575；全宗號495，目錄號154，
　　卷宗號472。

反帝反日的民族戰爭，然後再把它引導到階級戰爭的道路上去。具體
說來就是：

> 一方面盡可能的造成全民族的（計算到特殊的環境）反帝統一
> 戰線來聚集和聯合一切可能的，雖然是不可靠的動搖的力量，
> 共同的與共同的敵人──日本帝國主義及其走狗鬥爭。另一方
> 面準備進一步的階級分化及統一戰線內部階級鬥爭的基礎，準
> 備滿洲蘇維埃革命勝利的前途。……首先要靠著我們黨正確
> 的和靈活的實行「特殊的」全民族的反帝國主義，而首先便是
> 反日的統一戰線，並且要靠著奪取和保證無產階級在這統一戰
> 線中的領導權。 ⑯

　　把一步走改為兩步走，明顯地又回到二十年代中期與國民黨的統
一戰線階段去了，這難免會使黨內同志產生某種誤解或不理解。因此，
在具體作法上，王明不能不依據有關階級鬥爭的理論規定，加以特別
的說明。他強調說：

> 在實際執行統一戰線的策略時，必須具體的注意的計算到客觀
> 的環境和主觀的因素，須分別的對付各種不同的對象。──如
> 對上述的第一種游擊隊……主要是從下面和兵士組織統一戰
> 線，並且在有共同作反日鬥爭必要時，訂立具體的作戰行動的
> 協約。對第二種游擊隊，除下層統一戰線外，在某種程度和範
> 圍內，或能實行上層的統一戰線。對第三種游擊隊，根據其反
> 對反動領袖的鬥爭以及我們在他們中間的革命政治影響的程

⑯　《中共中央文件選集》，第9卷，第29–30頁。

度而決定具體的實行統一戰線的程度和範圍，甚至可與他們訂
立某種反帝聯盟的形式。

　　強調所謂「分別的對付各種不同的對象」，其實只是為了避免不加
區別地運用上層統一戰線的方法，而走到「右傾」的方向去。把握的
關鍵，在王明看來，就是

　　必須慎重的計算到這一點，即是，如果無產階級在一定的場合
　　和條件之下，與民族資產階級的某一部分實行統一戰線，當這
　　部分人還用武裝的方法與帝國主義鬥爭的時候，那麼，這不僅
　　是表明共同的反帝國主義的鬥爭，而且特別是表明為著農民和
　　小資產階級到無產階級的領導下來，而用特殊的方式來與這些
　　資產階級奮鬥。

　　換言之，

　　必須牢記著下層統一戰線，是我們活動的基礎。任何的上層統
　　一戰線都只有在我們能夠抓緊堅固的下層統一戰線和上層處
　　於下層革命情緒的威脅下的時候，才可能和有用。只有這樣的
　　分別對付和執行下層統一戰線，才能使滿洲的工人階級和革
　　命，能夠得著實行民族革命戰爭統一戰線策略的效果。**❼**

　　把統一戰線看成努力利用敵人內部一切矛盾，使之便利於自己實
現革命目標的一種策略手段，這是王明能夠擺脫「下層統一戰線」觀

---

❼　《中共中央文件選集》，第9卷，第31–32頁。

念的束縛，破天荒地提出實行「上層統一戰線」策略的一個基本的出發點。但也正是由於只能在策略層面上理解統一戰線的意義，王明必須特別強調中共關於推翻國民黨政府和反對國民黨各個派別的基本方針，強調要把一切工作的重心放在「下層統一戰線」之上，在與資產階級合作抗日時，就要時時想到這只是暫時利用他們，是同他們爭奪群眾的一種鬥爭手段，是為著便利下一步蘇維埃革命的順利進行。可想而知，拿著這樣一些被階級鬥爭的條條框框套得牢牢的統戰策略去東北，多半很難取得他們所期待的那些效果。

　　不過，王明的信同前此中共的政策相比，畢竟還算是進了一大步。這首先是因為多年來中共第一次如此看重小資產階級的作用，因而明確規定要改變對小資產階級的各種政策，以小資產階級為自己的主要統戰對象；其次是因為它第一次正式承認多年來一直被認為是代表地主資產階級的國民黨與日本侵略者之間存在著嚴重的矛盾與利害衝突，肯定這種矛盾與衝突有利用的價值與必要，因而提出了可以建立某種「上層統一戰線」的策略思想。尤其值得重視的是，從滿洲特殊環境的需要出發所制定的這些策略上的變化，不可避免地要影響到中共整個蘇維埃革命的策略方針。在王明的信中，以及在王明同時起草的中華蘇維埃臨時中央政府和工農紅軍革命軍事委員會「為反對日本帝國主義侵入華北願在三個條件下與全國各軍隊共同抗日」的宣言中，他已經很明確地提議：任何與紅軍作戰的軍隊，只要能夠滿足中共關於停止進攻蘇區、保證民眾民主權利和立即武裝民眾等三個條件，紅軍就將與「任何的軍隊和隊伍締結作戰的協定，共同的反對日本帝國主義」[18]。這當然還是一種宣傳的手法，但能夠這樣宣傳，在共產黨方面也已經是很不容易的一件事了。因為，用停止內戰，共同抗日作

[18]　《中共中央文件選集》，第9卷，第39、458頁。

為自己的宣傳口號，至少反映出王明和共產國際領導人對幾年來蘇維埃革命的號召力缺乏足夠的信心。

進入到一九三三年以後，王明對於蘇維埃革命的實際號召力越來越感到信心不足。這一年夏天，在注意到國內民眾對於日本軍隊闖入山海關，占領熱河，抱以強烈的反抗心態之後，王明更加明確地提出了用抗日的口號來同國民黨爭奪群眾的問題。他在寫給中共中央政治局的信中，一面繼續肯定以推翻國民黨政府為進行抗日戰爭的先決條件是「正確」的，一面卻不能不承認，在當前的形勢之下，真正有力量的口號是「抗日救國」，並不是推翻國民黨和實行蘇維埃。他對此解釋說：

> 所謂「抗日救國」是目前中國民眾最中心最主要的問題，誰能在實際上證明他能解決這個政治問題，誰就能取得廣大民眾的擁護，誰就成為政治鬥爭的勝利者。關於這點，不僅我們懂得，我們的敵人也懂得。所以，國民黨無論在實際上作了許多賣國投降的事件，但是在口頭上自始至終他總是盡力企圖表示他能擔負「抗日救國」的責任。兩年來我們鬥爭的困難也就在這裡！❶❾

「九一八」事變以來，隨著日本軍隊節節入侵，國內民族主義浪潮一浪高過一浪，激進輿論及知識分子階層與南京政府「攘外必先安內，統一方能禦侮」的所謂「國策」形成尖銳矛盾，確實給了中共以可乘之機。但接連兩年時間，不論中共如何努力，它在政治上的影響

---

❶❾　據王明在信中說，這樣的想法在夏天就已經形成並提出來了。〈王明、康生給中央政治局諸同志的信〉，1933年10月27日。

力不是在擴大，反而是漸趨萎縮，其在城市中不要說去造成什麼反對國民黨的群眾運動了，就連它自己的立足之地都越來越難找了。王明顯然覺察到了這種極其矛盾的現象，因而才想到這種改變鬥爭策略的辦法。由於意識到國內中共臨時中央那些領導人事實上很難在統一戰線策略上發揮其想像力，王明開始背靠共產國際，利用其作為中共中央政治局常委和中共代表團團長的特殊身份，具體指導起國內的工作來了。正是這種極其特殊的背景，使王明在遠離國內中共中央的情況下，在統一戰線問題上發揮了某些別人所起不到的作用。

在一九三三年，王明在統一戰線問題上最引人注目的提議，就是起草了所謂〈中國人民對日作戰的具體綱領〉。據王明解釋說，起草這樣一個「明顯的具體的容易懂的對日作戰行動綱領」，最大的好處就是「盡最大可能團結一切反日的力量來建立真正的廣大的民眾的反日統一戰線」，「盡可能的取得公開或半公開的活動的可能，以便在實際的群眾鬥爭上來揭穿國民黨賣國的真相，在事實上將反日鬥爭和反國民黨的鬥爭聯繫起來」。嚴格說來，這個綱領的主要內容同國內一些激進社會團體所提出的要求並無太大的差別，只不過它將它們略加概括，使之集中到六個方面而已，這就是，要求(1)全體海陸空軍總動員對日作戰；(2)全體人民總動員；(3)全體人民總武裝；(4)立即設法解決抗日軍費；(5)成立工農兵學商代表選舉出來的全中國民族武裝自衛委員會；(6)聯合日本帝國主義的一切敵人。從這些要求上，顯然看不出太多的黨派色彩。而王明提出這六大要求的目的，也正是在此。因為他希望能夠「由宋慶齡及其他有可能參加的一切所謂名流學者新聞記者及其他社會上有相當地位的自由職業者等等（人越多越好，不要盡是色彩濃的，要盡可能的找到灰色的甚至平時是反動的，只要他同意這個綱領——甚至如馬占山、蔡廷楷等，只要同意這綱領）共同簽名發

表，作為這個綱領及委員會的發起人和贊成人。」他明確指出，表面上這些要求並非赤色，而屬灰色，但拿這些要求來與南京政府的「攘外安內」政策相對抗，卻容易收到號召民眾同國民黨對抗的實際效果，因而必定能夠「在實際上加強階級鬥爭，加強反國民黨的鬥爭」 **❷⓿** 。

　　暫時從激烈的階級鬥爭的口號上退下來，高舉起民族鬥爭的旗幟，在這個時期仍舊是王明用於加強階級鬥爭的一種策略手法。在一九三三年十一月至十二月間舉行的共產國際執委會第十三次全會上，王明明確宣稱，他所主張的統一戰線，只是「無產階級領導之下底一切反帝力量底統一戰線」，只是對各種形式的反日游擊隊伍的「下層統一戰線」，它至多只能包括「敵人軍隊的下級以至中級軍官成分中的工作」，而絕不能針對其上層實行這樣的策略，因為，「在無產階級領導下，隨時盡力把蘇區和非蘇區的革命群眾結合起來，以便推翻帝國主義者及其走狗國民黨人的統治，在全中國建立起蘇維埃形式的工農革命民主專政的政權」，「乃是中國共產黨的最近的目標，是它基本的、偉大的任務」，是任何人不可須臾忘記的「政治總路線」 **❷❶** 。正因為如此，王明和共產國際領導人這時竟先後開始公開聲稱，中共在一九三三年初所提議的所謂在「三條件」下與任何軍隊締結共同抗日協定，只具有策略的性質。他們說：「宣言底作者未必打算南京政府會給以圓滿的回答」，事實上它只是為「揭破國民黨的出賣民族的政策」，粉碎其「攘外必先安內」的蠱惑宣傳而已 **❷❷** 。

---

❷⓿　前引〈王明、康生給中央政治局諸同志的信〉，1933年10月27日。

❷❶　〈王明在共產國際執委會第十三次全會第六次會議上的講話〉， 1933年11月30日，《共產國際有關中國革命的文獻資料》，第2輯，第212–213頁。

❷❷　《共產國際有關中國革命的文獻資料》，第2輯，第220頁；王明：〈中國共產黨是中國反帝與土地革命中的唯一的領袖〉，《鬥爭》，第64期，1934

　　王明對統一戰線策略目標的理解，顯然嚴重地妨礙著國內共產黨人在統一戰線方面的具體實踐。儘管，王明已經清楚地意識到，提出統一戰線問題在國內會遇到相當大的阻力，為此，他不得不再三提醒：「要防止我們許多同志和同情分子慣用左傾詞句的情緒」，一定要在反帝統一戰線問題上暫時保持灰色的形象，要根據群眾鬥爭發展的情況，「逐步提出更加左傾更加激進的綱領」[23]，但是，無論是共產國際，還是王明本身，這時對統一戰線問題的理解都是相當狹隘和保守的，脫不出階級鬥爭的框子。既然他們都如此，國內的共產黨人更加難以靈活地去運用它和實踐它。結果，即使在王明強調最多的對軍隊的統戰工作上，這時也毫無靈活性可言。最典型其如一九三三年馮玉祥發起的察哈爾同抗日盟軍事件，和一九三四年由陳銘樞等十九路軍領導人發起的福建人民政府事件，兩者顯然都是國民黨內部上層勢力主動聯合中共和紅軍反對蔣介石及其南京國民政府的重大事變，況且中共根據地和紅軍當時也正處於蔣介石南京政府的大規模軍事圍剿之中，處境不可謂不困難，可是，他們卻以二者之發動者為地主資產階級之勢力，不僅堅持不能與其建立統一戰線關係，只是在表面上虛與委蛇，在實際上則以「下層統一戰線」的方法，極力破壞之、奪取之[24]。事實證明，這種作法害人害己，愚蠢至極。隨著察哈爾抗日同盟軍和福建人民政府輕易被南京方面攻破、瓦解，中共自己也因力量弱小、孤

年6月30日；米夫：〈中國革命危機發展中的新現象〉，《共產國際》，第4卷第4-5期，1933年5月31日。

[23]　前引〈王明、康生給中央政治局諸同志的信〉。

[24]　已知一九三三年至三四年初對察哈爾抗日同盟軍和福建十九路軍的統戰工作，都是在共產國際及其遠東局的指導下進行的。甚至蘇聯的《真理報》、《消息報》等，也公開否定這兩次事變具有積極意義。

立無援而迅速歸於失敗了❷。

第三節　上層統戰

　　一九三三年底，隨著以反共為號召的德國法西斯勢力上臺，和日本進一步沾指中國綏遠和察哈爾，蘇聯在歐洲和遠東面臨的形勢異常嚴峻。考慮到歐洲是蘇聯的戰略重心，蘇聯方面迅速開始提出了旨在建立歐洲集體安全體系的和平外交新路線，積極謀求從與歐洲各資本主義國家締結互不侵犯條約到締結集體安全條約在內的各種方式的合作。與此同時，莫斯科也不可避免地要求中共採取更加積極的步驟，設法推動中國的反日運動。這種情況，不能不進一步促使王明深入考慮，為什麼統一戰線的策略在國內不能取得應有的成就？從一九三四年王明寫給中共中央的幾封信中，可以看出，他對這一問題的考慮逐漸有些接近於實際了。

　　四月二十五日，王明在與康生共同署名的一封信中，特別提到中共中央的宣傳方法問題，批評中共中央片面地強調保衛蘇聯，忽視中國所面臨的民族危機，嚴重地影響了中共在群眾中的形象。信中說：

　　　　誰都曉得，日本占領滿洲和北中國的行動，是積極準備武裝進攻蘇聯的步驟，但是，在我們的宣傳鼓動上，必須首先指出日本進攻中國和吞併中國的事實，號召群眾反對日本帝國主義奴役中國的行動，然後再指出日本積極進攻蘇聯的陰謀。同時，在號召群眾擁護蘇聯時，首先必須指出蘇聯與中國民眾的關係，尤其是當日本進攻蘇聯的戰事發生時，中國民眾應當利用

❷　參見前引《中間地帶的革命》，第261–264頁。

這個時機與蘇聯工農聯合起來，打倒共同的敵人，以便取得中
國民眾民族解放和社會解放的勝利。然而在我們許多文件上、
文章上（如《捷報》第十期社論是很好的例子）， 只單獨的說
明日本在滿洲及北中國的行動是積極進攻蘇聯，而不首先說明
日本吞併中國和中國民族危機的問題。這樣一方面不能馬上動
員民眾為自己的解放而反抗日本帝國主義，另一方面客觀上使
國民黨容易來利用進行「中國共產黨不擁護民族利益」的武斷
宣傳。㉖

　　八月三日，王明進一步寫信給中共中央，鑒於中共中央因為拒絕
與主張「反日反蔣」的西北抗日同盟軍和福建的十九路軍合作反蔣，
紅軍在軍事上日益陷入嚴重困境，他開始提出建立「反日反蔣」的統
一戰線的策略思想。信中說：

　　我們黨在原則上是反對一切帝國主義和一切地主資產階級的
　　派別。但是，根據目前國際和中國形勢，根據敵我力量的對比，
　　根據廣大群眾的迫切需要，根據利用敵人內部矛盾的策略原
　　則，我們必須首先提出反日反蔣的口號，在這口號之下，盡可
　　能團結一切參加這個運動的力量，來反對目前革命最主要最重
　　要的敵人。在這個口號之下，不僅團結工農小資產階級，而且
　　要盡可能的利用和聯合一切統治階級內部反日反蔣的派別，如
　　果這方面過去我多半是處在等待被動的地位（指利用和聯合一
　　切統治階級內部反日反蔣的派別方面），那麼現在應當走到積極的
　　和主動的地位，用一切力量組織一個反日反蔣的廣大運動。它

㉖　〈王明、康生給中央政治局諸同志的信〉，1934年4月25日。

能夠使中國革命走到新的有利的階段，同時也就是真正的幫助
紅軍衝破六次圍剿的有效方法。㉗

　　「反日反蔣」策略的提出，顯示王明在共產黨人久已習慣的豪言
壯語中終於開始變得多少清醒了一些。他這時直截了當地批評中共五
中全會決議關於中國面臨著革命與反革命兩條道路總決戰的說法，斷
言：「事實上中國革命是一種長期性的艱苦鬥爭，六次圍剿雖然是革
命與反革命之間殘酷鬥爭的嚴重的步驟，然而它不僅不是最後決定中
國命運的鬥爭，甚至也不是決定勝負的鬥爭」。因此，他已看出「下層
統一戰線」策略的嚴重局限性，相信中國革命也需要像蘇聯對歐洲資
本主義國家那樣，採取迂迴一些的更加靈活的手法。事情很明顯，僅
僅靠士兵工作，是達不到立竿見影的效果的。提出建立所謂「反日反
蔣」的統一戰線，說到底就是要與「一切統治階級內部反日反蔣的派
別」進行合作，從而使列寧關於利用矛盾的思想得以貫徹與實踐。在
緊接著於九月十六日發出的另一封信中，王明就此特別提議說：應當
「將我們黨最好的力量集中到下列三種部隊去進行工作：A.蔣介石圍
剿蘇區的基本部隊；B.河南的東北軍、十九路軍、孫殿英軍隊；C.陝
甘的楊虎城、胡宗南、馬鴻逵、井岳秀等部隊」。 在他看來，如果當
初黨把主要力量放到軍隊工作方面來，特別是放到西北抗日同盟軍和
十九路軍的工作上來，與其上層建立「反日反蔣」的統戰關係，結果
一定比現在好得多。隨著得知中央蘇區陷落，王明更公開嚴屬地批評
中共中央前此排斥與西北抗日同盟軍和十九路軍上層結成反蔣聯盟的
作法，稱：最近一年來，我們黨在對待國民黨反蔣派問題上犯了嚴重
的錯誤，如果我們能夠使西北抗日同盟軍和十九路軍中很大一部分走

㉗　〈王明、康生給中央政治局諸同志的信〉，1934年8月3日。

到堅決的反日反蔣的道路上去,「那麼,不僅蔣介石對紅軍六次圍剿早已完全破產了,而且全中國的政治情況,在今天有可能早已是另外一種局面,即是更加有利於反帝革命和土地革命發展底局面了。」 有鑒於此,王明提出:

> 今後我們黨在利用軍閥派別衝突問題方面底新觀點和新方法應該是:第一,無論軍閥派別之間存在和發生何種矛盾和衝突,我們黨都要儘量使之發展並特別使之有利於紅軍的武裝鬥爭。第二,必須估計到這一件事實,就是中國目前條件下,蔣介石是中國人民及其紅軍底最主要敵人,蔣介石對任何反蔣派別底每一個任何勝利,都會加強蔣介石反對中國人民和紅軍的力量。同時蔣介石對紅軍底每一個任何勝利,也同樣會增加蔣介石反對中國人民和一切反蔣派別底勢力。據此,紅軍領導方面要比前此任何時候都應該更加特別注意利用軍閥派別之間底衝突,……不僅不應當拒絕任何反蔣派別向他提出的訂立作戰協定,以便反對共同敵人(蔣介石)底要求,而且自己應當加倍地積極起來進行這一方面的工作。而當蔣介石與反蔣派別之間底戰爭真正開始了的時候,不管反蔣派別與紅軍方面是否訂立過共同反蔣的作戰協定,紅軍領導都應當在一定戰線上實行最積極的軍事行動去反對蔣介石的軍隊。第三,在中國現在條件下,每一個真正的嚴重的反日武裝行動,早遲不免轉變成為反蔣武裝鬥爭(如十九路軍行動),同時,每一個大的反蔣武裝行動,也有可能變成與日本帝國主義底公開戰爭(如吉、方、馮㉘等在北方的行動),因此,我們的黨不應當對反蔣派別底反蔣

㉘　指西北抗日同盟軍將領吉鴻昌、方振武、馮玉祥。

軍事行動採取旁觀的態度，而應當盡力企圖把這些反蔣軍事行動轉變成為中國人民反對日本強盜和本國賣國賊底一般民族解放鬥爭之某種組成部分。❷⁹

既是要與各個軍閥派別訂立「反日反蔣」協定，當然需要開展上層統戰工作，但階級鬥爭的克利斯摩寶劍到底高懸頭上，王明也同樣脫不開其束縛。結果，他一面大談與「軍閥國民黨內部一切反蔣的力量」建立「反日反蔣」的統一戰線，一面卻又把這一工作與所謂「士兵工作」混為一談，甚至不同意實行上層統一戰線策略，稱：在全國階級鬥爭極端緊張的條件下，共產黨已經不能像在廣東時期那樣來在上層和下層同時實行統一戰線的策略了。因為如今「國民黨及其一切派別，……都是起反革命的作用」的❸⁰。

王明第一次明確提到可以主動地運用上層統一戰線策略已經到了一九三五年六月。在他和康生署名寫給東北吉東負責同志的指示信，以及以上海臨時中央局名義發布的有關指示信中，他開始放棄一九三二年底至一九三三年初在給滿洲各級黨部信和關於「三條件」宣言中

---

❷⁹　王明：〈六次戰爭與紅軍策略〉，1934年11月，《王明選集》，第2卷，日本汲古書院，1973年4月版，第365-367頁。

❸⁰　見〈王明、康生給中央政治局諸同志的信〉，1934年9月16日；王明：〈中國民族革命戰爭問題〉，1935年由外國工人出版社印行於莫斯科。王明此文中之主要策略觀點基本上還是對一九三三年一月二十六日其代表中央給滿洲各級黨部信的精神的一種闡發，按照王明的習慣，在策略改變之後，重新發表過去的文章一般都要依據新的觀點進行修改，但此文在一九三五年印行時觀點並未做太多修改，這說明王明這時還不認為文中的觀點不合時宜。

提出的有關策略規定，提出「實行全民的反日統一戰線，與各種反日隊伍建立上層下層統一戰線，不應機械地背誦過去四種游擊隊的公式」，應當「正確地運用上層下層統一戰線策略」，不論何種隊伍，「有一點可能就要聯合」。只要對方同意共同反蔣，即使對方不願意全部接受我們宣言的「三條件」，也不應妨礙我們同他們達成反蔣協定❸。

　　王明思想上的急劇轉變，同共產國際推廣法國共產黨「人民陣線」的成功經驗有密切關係❸。依據「人民陣線」的經驗，共產黨可以與自己過去的敵人結成統一戰線，甚至組成聯合政府。恰值此時日本挑起華北事變，其進一步吞併華北五省的野心暴露無遺，蔣介石南京政府的退讓政策引起國內輿論強烈不滿，國內反日運動再掀高潮，西南數省國民黨分裂勢力密謀發動軍事反蔣活動，開展上層的「反日反蔣」統戰工作益顯可能與重要，因此，王明開始大膽設想以「反日反蔣」為號召，組織全國性的「國防政府」與「抗日聯軍」。

　　七月，在準備共產國際第七次代表大會發言稿的過程中，王明在

----

❸　參見〈王明、康生致吉東負責同志的秘密信〉，1935年6月3日；〈中央臨時中央局關於最近華北事變與黨的緊急任務〉，1935年6月10日，《中共中央文件選集》，第10卷，第512–513頁；臨時中央局：〈關於反蔣問題的機密指示信〉，1935年6月30日。

❸　「人民陣線」是指法共一九三四年與它過去的敵人——法國社會民主黨結成的聯合戰線，因其聯合是以反對資產階級當權勢力為鬥爭對象，因而有「人民陣線」之稱。該聯合戰線在議會中取得了多數席位，不僅成功地促使法國與蘇聯締結具有集體安全性質的東方條約，而且最終成功地組建了聯合政府，從而得到蘇聯和共產國際領導機關的全力推廣。參見楊雲若、楊奎松：《共產國際和中國革命》，上海人民出版社，1988年版，第325–326頁。

與代表團共同商量之後，以中共中央和蘇維埃臨時中央政府的名義，起草了一個宣言草案，並於十九日譯成俄文，分送給斯大林、季米特洛夫等蘇聯黨和共產國際主要領導人❸。該宣言草案得到了斯大林等人的贊同。八月七日，王明在為共產國際「七大」作專題報告時，就此宣言的基本內容作了說明。據王明說，由於中國目前的形勢發生了很大的變化，中國共產黨決定極大地擴大反帝人民統一戰線的範圍。為此，它準備「向中國人民，向一切政黨、派別、軍隊、群眾團體以及一切政治家和社會名流提議，與我們一起組織全中國統一的人民國防政府」，並呼籲「一切不願作亡國奴的同胞，一切已經用武器保國衛民的軍官和士兵兄弟們，一切願意參加神聖的民族解放鬥爭的黨派和團體們，國民黨和藍衣社中一切真正愛國愛民的熱血青年們，一切關心祖國的僑胞們，中國境內一切受帝國主義及其走狗中國軍閥壓迫的民族」，與中國共產黨和蘇維埃政府的代表一起「加入統一的人民國防政府」，共同實行「抗日反蔣」❹。這一主張的提出和宣布意味著，實行上層統一戰線的策略已經不再存在重大思想障礙，它已經正式地得到批准，並開始成為中共統戰工作基本的策略方法之一。

第四節　「抗日反蔣」？

共產國際的大會，自然是一個歌功頌德的大會。特別是作為世界第二大共產黨德國共產黨受到希特勒政府沉重打擊以後，中共及其他所開創的蘇維埃革命，理所當然地成為世界革命唯一重要的勝利象徵。在這種情況下，包括共產國際領導人在內的幾乎所有共產黨代表，在

---

❸　中心檔案，全宗號495，目錄號16，卷宗號14。

❹　《國際新聞通訊》，第15卷，第60期，第1488–1491頁。

「七大」期間不可免地仍要對中國革命的前景進行一番高談闊論。但是，無論承認與否，從不要統戰，到只要下層統戰；從只許實行下層統戰，走到開放上層統戰，到底是自己在國內力量對比中過於弱小，蘇維埃革命的號召力嚴重不足的一種表現。在大會結束後，王明在一次專門的中國問題委員會上進一步談到統戰策略變動的意義時，開始明白承認：由於紅軍和蘇區本身所存在的弱點，比較中國各大政黨的勢力，國民黨還是當前「一個最大和最有影響的黨」，因此，開展統戰工作顯得特別重要，因為不僅「靠紅軍的力量還不能戰勝日本帝國主義及其走狗」，而且「還有很大一部分人民還沒有脫離其他政權和其他黨派的影響，他們今天還不擁護蘇維埃」。不過，是不是要立即在國內公布王明起草的號召成立「國防政府」和「抗日聯軍」的中共宣言，卻在代表團內部引起了一些不同意見的分歧。許多人擔心，在有關「抗日反蔣」的統戰工作尚未全面展開之際，立即由中共打出這樣的旗幟，是否會使本來就動搖不定的反蔣派發生恐慌？直到九月，代表團成員才最後達成一致意見，相信公布這一宣言，只會「使動搖力量改變對蔣介石的態度」，而不致被蔣利用。王明指出，有些派別雖然接受蔣介石的錢，卻未必願意投降蔣，只是對蔣取敷衍態度而已，對此應有正確的估計，不能把他們統統看成是蔣的勢力。事實上，由於蔣介石和日本兩方面的壓迫，國內各種反日力量，「不僅農民，甚至地主，不僅小商人，甚至民族資產階級的一部分，亦要與我聯合才有出路」。並且，利用馮玉祥降蔣後的結果，以及十九路軍部分將領降蔣後的結果，均可告訴一切動搖勢力，「投降不是出路」。「抗日反蔣」統一戰線的前途十分寬廣。於是，十月一日，在莫斯科製版，送巴黎印刷的中共代表團機關報《救國報》（十一月被禁，十二月改名為《救國時報》繼續發行）正式公布了這一題為〈為抗日救國告全體同胞書〉的中共

宣言，注明的日期為一九三五年八月一日（因此又稱為〈八一宣言〉）。根據這一宣言的精神同時發表的，由王明等人起草的題為〈中國人民之曙光〉的《救國報》社論，直截了當地聲稱：「要救國必須抗日，要抗日必須討蔣，要抗日討蔣必須有全國反日反蔣力量的大團結」❸❺。

「抗日必須討蔣」，這是一九三五年夏天以後王明和中共代表團一切宣傳的中心。但是，明眼人一望便知，討蔣之意義其實有二，一是為了蘇維埃革命；一是為了抗日。在十月以後，隨著參加長征的陳雲、潘漢年等中共領導人輾轉來到蘇聯，中央紅軍嚴重失敗的情況得以曝光，王明等人已經很清楚地看出，以革命為號召宣傳推翻南京政府的必要性，絕難對群眾發生效力；若以抗日為號召宣傳討伐蔣介石的必要性，則必須以蔣介石抗日與否為轉移，否則同樣為武斷宣傳。這種情況使得宣傳的手法上存在著相當的難度。十月二十九日王明給開始親自負責中國工作部的季米特洛夫❸❻的一封信，顯示出其在思想上已出現變動的跡象。他在信中寫道：「蔣介石已經知道我在七大的發言，知道了中共實際上擁護中國的利益，和願意改變自己的政策，開始實行統一戰線的政策。我不知道將來的情況如何，不過我認為，如果我們制定正確的政策，並進行積極的鬥爭，經過統一戰線一定能夠改變國內的情況。」❸❼

十一月七日，王明在《救國報》上發表了一篇引人注目的文章，傳達了中共代表團願意向蔣介石伸出和解之手的信息。文章一面態度

---

❸❺　《救國報》，1935年10月1日。

❸❻　共產國際「七大」之後，開始設立中國工作部，十月初並決定由季米特洛夫親自負責指導中國部的工作。

❸❼　中心檔案，全宗號495，目錄號74，卷宗號278。

嚴厲地指責「蔣介石是一個地道的軍閥和貪得無厭的強盜」，一面卻又不得不表示：「雖然他作了無限賣國殃民的罪惡，但是，如果他真正停止與紅軍作戰，並掉轉槍頭去反對日本帝國主義的話，那麼，中國共產黨和中國蘇維埃政府不僅給他以向人民和國家贖罪的自新之路，而且準備與他及南京軍隊一起，在共同的一條戰線上去反對日本帝國主義者」❸。隨後，代表團更進一步解釋了王明的說法。他們說，中共主張「抗日討蔣」，並非是要把蔣介石國民黨排除在抗日統一戰線之外。誰都知道，蔣介石的國民黨是國內最大最有影響的黨，如果蔣介石願意抗日，誰又能夠把他排除在抗日統一戰線之外呢？問題是，「蔣介石並沒有明白表示反日，並沒有改變其親日政策，並沒有停止迫害反日勢力，破壞反日運動，拘捕反日戰士」。在這種情況下，「我們抗日必須討蔣的主張仍然是完全正確的」。其實，中共是希望與蔣介石聯合抗日的。作為這樣一種姿態的表示，王明以及中共代表團的有關成員這時還分別以紅軍、東北抗日聯軍和毛澤東、王稼祥等蘇維埃領導人的名義，發表聲明，直接向「蔣總司令」發出呼籲，要求蔣「不記舊仇宿怨」，馬上派代表與紅軍談判，「共謀國防政府與全國抗日聯軍總司令部之建立、抗日聯軍之編制、抗日聯軍軍費之籌劃等等事宜」，乃至談判實行第二次國共合作❸。

「抗日反蔣」策略方針上的這種搖擺，在一九三六年一月南京政府駐蘇大使館武官鄧文儀主動上門來要求談判時，可以說達到了頂峰。

❸　王明：〈答反帝統一戰線底反對者〉，《救國報》，1935年11月7日。

❸　〈關於抗日討蔣〉，《救國時報》，1935年12月14日；〈中國紅軍快郵代電〉、〈東北抗日聯軍呼籲國內軍政領袖〉、〈第二次國共合作有可能嗎?〉，《救國時報》，1935年12月9日；〈中國蘇維埃政府主席毛澤東和人民外交委員長王稼祥最近談話〉，1936年1月29日。

據鄧文儀解釋說，他此行是在看到了王明在共產國際「七大」上的講話，和發表的有關文章，注意到中共政策的轉變之後，受蔣介石之命，前來談判國共兩黨合作問題的。在季米特洛夫的同意下，王明與鄧文儀三度接觸商談。王明對鄧文儀所傳遞的來自蔣介石的和解信息，顯然十分重視。儘管他這時還不可能放棄他剛剛提出不久的關於組織「國防政府」和「抗日聯軍」的政治主張，但是，他對鄧提議的進一步具體商談實現國內和平細節的計劃頗為贊同，並決定派潘漢年同鄧文儀前往南京開始全面深入的談判。想不到，就在潘漢年準備動身回國之際，蔣介石突然否定了這一計劃❹。

實現與蔣介石的和解，無論對於這時國內陷於困境的中共和紅軍來說，還是對於這時擔心受到德日東西兩面夾擊的蘇聯來說，都是具有重大意義的步驟。能夠成就這樣一種空前困難的工作，即使只是促進國共之間暫時的和解與接近，都會給王明帶來可以想像的讚揚與榮耀。因此，當他獲知這一反覆之後，思想上的沮喪與憤懣可想而知。這種情況直接導致王明和中共代表團又迅速走向激烈反蔣。從一九三六年二月開始，代表團機關報《救國時報》上反蔣社論與文章可謂連篇累牘，斷言「蔣介石已成為全國人民團結最大的障礙，抗日救國的最大的障礙」。即使在季米特洛夫於三月底提議不要把蔣介石與日本帝國主義相提並論，改「抗日反蔣」為「抗日討賊」之後，王明也仍舊難以抹去內心中對蔣之憤怒，根本上懷疑有聯蔣的可能。在四月以後的文章當中，他照樣斷言「蔣介石和南京政府早已失去了代表中國人民說話的資格。」當六月初西南地區國民黨軍閥勢力發動軍事反蔣的消息傳來之後，王明顯然感到極度興奮。他公開宣布：「當內爭未息的時候，從中國內部政爭的觀點看，蔣介石毫無疑問地是中國人民

❹　參見《黨史研究資料》，1994年第4期。

及紅軍的主要敵人。因此，一切反蔣派別，主觀或客觀上不能不是紅軍反蔣的朋友」。「我們對蔣和反蔣派別之間的這種關係，不到中國一切軍政力量真正團結抗日之時不會改變，不到中國已無蔣派與反蔣派別之日不會改變」❹。

　　王明對蔣的這種強烈憤懣之情，甚至促使他前所未有地對莫斯科的政策產生嚴重的懷疑與抵觸心理，第一次公開與莫斯科的宣傳方針唱反調。在六月十日和十四日，蘇共中央機關報《真理報》和《消息報》相繼發表評論文章，批評兩廣事變「是日本人試圖挑起中國內戰以達到掩蓋其在北方的新的侵略的一個陰謀」，「阻礙了中國的中部和北部地區正在發展起來的抗日運動」❷之後，王明竟毫不掩飾地堅持其支持西南事變的立場。直至七月中旬，他仍在《救國時報》上公開發表文章，不指名地批評莫斯科的觀點說：「無論如何不能單指西南方面係受日本挑撥」，「兩廣抗日反蔣事變，絕非受日寇指使」，「新內戰之主要發動者為蔣介石，並非西南」。並且，「在抗日問題上，無論西南領袖主觀上還有何種不純潔和不堅決的信念，但客觀上西南提出抗日救國口號，毫無疑問的是反映和接受中國廣大民眾的要求。因此，西南派與南京派間今天之鬥爭，至少客觀上代表著人民的抗日意志與賣國賊的降日行為之間鬥爭底一部分」。「中國人民應當群起反對新內戰的禍首——蔣介石」。而在內部的討論中，他更明確提議：只要蔣尚未宣布抗日聯共，我們就應當採取使蔣削弱的策略，我們目前雖不能公開反蔣，但「在實際上可以利用軍閥打蔣賊」❸。

---

❹　〈蔣介石自絕於國人〉、〈除三害〉，《救國時報》，1936年2月24日、29日；王明：〈怎樣準備抗日〉，《救國時報》，1936年4月30日；王明：〈致紐約商報主筆的信〉，《救國時報》，1936年6月5日。

❷　見（蘇）《真理報》，1936年6月10日。

　　王明的態度不可避免地受到共產國際領導人的批評。我們從共產國際有關檔案中清楚地看到,在七月十五日中共代表團召開的會議上,王明仍舊在堅持其贊助西南反蔣派反蔣的立場。到了二十二日, 王明已搖身一變, 轉為贊同以謀求與蔣介石建立統一戰線為主要工作方針了。在二十三日共產國際執委會書記處召開的關於中國問題的專門會議上,王明甚至已經開始長篇大論地批評起國內中央不該繼續堅持「抗日反蔣」了。他在此一問題上前後態度變化幅度之大, 速度之快, 頗足令人吃驚。以致, 就連王明的頂頭上司季米特洛夫聽後也頗不滿意。他在王明談話後當即反應道:「我認為, 王明同志在書記處面前對(中共) 政治局決議提出的批評性意見, 在很大程度上也適用於王明同志自己, 以及我們這裡的許多中國同志」。因為王明批評的那些觀點,也同樣可以在莫斯科這裡的中國同志的發言、文件和文章裡找到❹。

　　在季米特洛夫的直接參與下, 王明與共產國際執委會書記處成員一起, 就中共中央這時的政策和策略方針問題進行了深入的研究, 提出了一系列的意見, 其中特別提出了要求改變「把蔣介石和日寇等量齊觀」的「抗日反蔣」方針的問題。根據這一指示的精神, 王明在八月份舉行的代表團會議上不得不對自己前此對蔣介石的態度, 作出檢討。他說明, 還在一九三四年準備共產國際「七大」報告時, 就曾經設想過組織抗日聯軍和國防政府的問題, 但是, 未形成一個系統, 也未想到統一戰線策略的變化。「七大」發言,「想到聯合國民黨與藍衣

❸　王明:〈目前中國政局的出路 —— 停止內戰, 一致抗日〉,《救國時報》,1936年7月12日;〈王明在中共代表團會議上關於西南事變的報告〉,1936年7月15日。

❹　〈季米特洛夫在共產國際執委會書記處討論中國問題會議上的發言〉,1936年7月23日,《中共黨史研究》, 1988年第2期。

社，而不要蔣介石」，因此，「〈八一宣言〉關於蔣的問題未解決」。後來聽到消息說，蔣介石認為共產黨誰都聯合，唯獨反對他，於是策略方法上有所變化。但到一九三六年初與鄧文儀談判破裂後，又「將反蔣與抗日並列，當時仍想聯合國民黨而反蔣」**⑤**。

　　為什麼反對蔣介石是錯誤的呢？王明在公開的和內部的說明中特別解釋說：根本原因在於，在今天這種國內環境和國際環境下，要想在全中國實現蘇維埃是不可能的。目前「中國人民的基本敵人是日寇」，多數人民還不贊同蘇維埃，而蔣介石的國民黨及其軍隊又是全國最重要的力量，排除蔣介石的力量，要想實行勝利的抗日戰爭，同樣也是不可想像的。因此，在目前的形勢下，要想取得人民的擁護，就要以抗日為第一訴求；要抗日，就要聯合蔣介石；而要想吸引蔣介石來參加抗日統一戰線，實現全國範圍的和解，作為力量弱小一方的中共只好降低自己的階級鬥爭目標，準備停止蘇維埃運動，在「取消中國一切現存的政府」的條件下，爭取在普選的基礎上召開全國議會，成立全國統一的國防政府，進而實行全國統一的民主共和制度。不過，據王明透露說，在共產國際執委會書記處看來，其實最重要的，還是要一個軍隊的問題。因為國共兩黨的統一戰線，歸根結底是兩支軍隊的妥協問題。書記處的意見是：與蔣介石合作的基本目標在於，爭取實現共同的對日作戰司令部和在同一防線上分別承擔防禦任務，以保持紅軍獨立的組織及指揮系統，絕不接受其改編**⑥**。

　　自從一九三二年底重提統一戰線問題開始，王明在中共政策和策

<hr>

⑤　〈中共代表團會議記錄〉，1936年8月。

⑥　〈共產國際執委會書記處致中共中央書記處電〉，1936年8月15日，《中共黨史研究》，1988年第2期；王明：〈為獨立自由幸福的中國而奮鬥〉，《救國時報》，1936年9月18日。

略的轉變中，一直發揮著相當引人注目的重要作用。儘管這些作用實際上都是漸進式的，看上去頗為緩慢曲折；但畢竟是在向著接近於實際狀況的方向推進著。而到了一九三六年，王明終於遇到了前所未有的障礙，在其漸進式的轉變中開始停止不前，甚至倒退。表面上看來，王明態度上的僵化是由於蔣介石拒絕了進一步的和解談判所引起的。然而深入觀察，不難發現問題的癥結存在於其政治理念和切身利益之中。從政治理念講，處理與蔣介石的關係，除非雙方能夠作出同樣的妥協，如取消各自的政府，組成為中共所提議的全國統一的聯合的國防政府，否則，依據實力原則，必定要以中共之單方面犧牲其政治訴求和革命形式為代價，對此王明難免會作出強烈反應。從切身利益講，王明的一切地位、榮耀及其權力，統統都與中共力量在莫斯科受重視程度密切相關，是水漲船高的結果，因此，王明一向突出強調中共對中國乃至對世界政治所起的作用 ❼，如果因為需要與蔣介石妥協而被迫承認其正統地位，從而威脅到中共蘇區和紅軍作為「決定現代中國整個政治生活的主要因素」獨立存在的意義，他當然很難接受。因此，在與蔣介石妥協的問題上，正如王明在檢討時反覆說明的，問題並不在於是否要放棄蘇維埃，這個問題並不十分重要，關鍵是一直未能找到一個不損害中共理念和利益的政治目標。在王明看來，共產國際關於「民主共和國」問題的提議，頗為高明。因為它既能爭取民眾，又

---

❼　在共產國際的有關檔案中，有不少王明誇大中共力量的報告，如果有人提出懷疑，他通常表現得相當激憤和敏感。據王明宣稱，在一九三三年，中共就已經有四十一萬黨員、三十多萬正規紅軍和六十多萬非正規武裝，以及一百三十多萬平方公里的蘇維埃區域，不僅是「現代中國整個政治生活的主要因素」，而且是「世界政治的決定性因素之一」。參見《共產國際有關中國革命的文獻資料》，第2輯，第199頁注1，202、223頁。

能變被動為主動。他解釋說：國內許多人既反對國民黨一黨專政，也反對共產黨一黨專政，民主共和國的口號既符合多數人的願望，也適合於中共反對國民黨的鬥爭。因此，表面上取消了蘇維埃，是讓步，實際上爭取幾百萬幾千萬同情者，「不是退守而是很大的進攻」，「階級鬥爭較蘇維埃時期更進一步」❹。

❹　前引〈中共代表團會議記錄〉。

第三章 「聯蔣抗日」步履維艱

　　從「抗日反蔣」到「聯蔣抗日」，是中共三十年代重行統一戰線政策以來，最為重要的策略轉變。正是這一策略轉變，最終引導並且推動中共與蔣介石國民黨實現了政治上的和解，造成了第二次國共合作的局面。但是，正如王明從「抗日反蔣」走向「聯蔣抗日」是一個相當困難的過程一樣，中共中央遠離莫斯科，再加上國內政治的環境更加複雜多變，其策略轉變更加艱難。特別是由於中共中央於一九三五年十月到達陝甘之後，通過策動西北張學良、楊虎城等各派地方勢力，密謀實現西北大聯合，組織西北國防政府和抗日聯軍，結盟蘇蒙，「抗日反蔣」，已經取得了相當可觀的成就，要想使中共中央轉而去向南京政府尋求諒解途徑，可以說比登天還難。顯然，來自莫斯科的壓力是促成中共中央忍痛犧牲西北大聯合計劃，改向南京求和的重要外部因素。沒有這一因素起作用，中國政治軍事形勢的發展，很可能是另外一副樣子。其實，即使是在莫斯科的勸告與壓力之下，中共中央也仍舊難以完全按照其旨意行事，因為其必欲聯合的對象——蔣介石完全不受其左右也。於是，在莫斯科的「聯蔣」方針提出之後，在中國的西北，仍舊演出了一場驚天動地的西安事變，「聯蔣」差一點又變成了「除蔣」。這種情況充分顯示出，兩者之間由於直接利益不同，在思想及情感溝通上，存在著難以克服的天然障礙。僅僅是由於莫斯科這時在中共領導人內心裡仍舊具有其權威性，因此，這些障礙還不足以構成兩者之間的嚴重隔閡和中共的反抗。然而它預示著，一旦這種權

威性不復存在，兩者之間的關係，就會發生改變。

第一節　討蔣受阻

　　當中共中央還在江西瑞金的時候，它雖然已經開始得到了可以重新實行統一戰線策略的指示，那還只是所謂「下層統一戰線」，它並沒有得到授權可以在中層或上層展開統戰工作。因此，即使在中央蘇區已經開始處於極端危險境地的一九三四年初，卻沒有人敢於突破此種禁忌，直接與揭旗反蔣的十九路軍在上層間進行合作，將雙方簽訂的「反日反蔣」協定付諸於實踐❶。恰恰相反，當南京政府的軍隊開始向福建人民政府及十九路軍發動進攻之際，共產國際卻發來指示，要紅軍主力遠離十九路軍與南京軍隊交戰的地域，聽任十九路軍歸於失敗。根據莫斯科的指示，中共中央明確宣布其理由是：「福建事變是地主資產階級反動營壘之中的一派，用新的欺騙，以民族改良主義的武斷宣傳來愚弄群眾，緩和群眾的革命情緒，阻止群眾走向蘇維埃的道路，以此來奪取反動統治中的領導權，去挽救地主資產階級剝削制度的最後崩潰，也就挽救帝國主義在中國的統治，而便利它們瓜分中國的殖民地化的道路。」❷也許今天的人們很難理解，當初的共產黨人怎麼能得出這樣一種莫名其妙的邏輯來？但這畢竟是事實。堅持階級鬥

---

❶　根據一九三三年十月二十六日蘇維埃政府及紅軍與福建人民政府及十九路軍簽訂的初步協定，雙方不僅應立即停止軍事行動，暫時劃定軍事疆界，而且還應立即進行反日反蔣軍事行動之準備。〈中華蘇維埃共和國中央政府及工農紅軍與福建人民革命政府及人民革命軍反日反蔣的初步協定〉，1933年10月26日，《中共黨史參考資料》，第6冊，第642頁。

❷　〈中央宣傳部關於福建事變宣傳大綱〉，1933年12月10日。

爭的觀點，一切階級敵人，不論其形式上與我對抗與否，其階級本性決定了它們的基本出發點都只能是為自己階級利益服務的，因而必定是惡的。在這樣一種心態之下，中共中央又如何能夠突破所謂「下層統一戰線」的策略方針，純粹從現實利益需要的角度出發，來決定自己的策略呢？

「下層統一戰線」的僵化策略模式對中共的危害，甚至在紅軍因為孤立無援在江西失敗之後很久，也沒有能夠被中共領導人認識清楚。一九三五年一月中共中央改組領導中心的遵義會議，雖然注意「利用反革命內部的每一衝突，從積極方面擴大他們內部的裂痕」的極端必要性，批評了當時的中央負責人博古因為不願意幫助十九路軍，聽任本來對紅軍有利的福建人民政府倒臺，以至白白喪失了打破國民黨圍剿的一次重要機會，但它並不因此就認為自己的立場與共產國際相矛盾。恰恰相反，它生怕有人會誤解自己的這種態度是同情「地主資產階級」的十九路軍和福建人民政府，因而不能不急忙補充說明，它建議這樣做，「並不是因為（相信）十九路軍是革命的軍隊」。它很清楚，「這不過是反革命內部的一個派別，這個派別企圖用更多的欺騙與武斷宣傳，甚至『社會主義』之類的名詞，來維持整個地主資產階級的統治」。問題僅僅在於，只有幫助這些派別反日反蔣的鬥爭，我們才容易揭破他們的欺騙，最終爭取受十九路軍欺騙的下層工農士兵群眾到我們方面來❸。顯然，這樣一種立場，早在一九三三年一月王明給滿洲各級黨部及全體黨員的信中，就已經明確予以了肯定，中共中央當然十分清楚。

中共中央最早得到有關可以實行「抗日反蔣」策略的指示，大約

---

❸　〈中央關於反對敵人五次圍剿的總結的決議〉，1935年1月8日，《中共中央文件選集》，第10卷，第464–465頁。

是在一九三五年十月十四日。當天位於滇黔邊的紅軍第二、六軍團領導人發來電報，告知從上海方面得到消息，稱莫斯科已多次指示，要求中共中央務必依據當前國際國內形勢需要和力量對比，注意利用敵人內部矛盾，堅決地執行「抗日反蔣」的聯合戰線策略，不僅繼續根據「三條件」呼籲一切反蔣軍隊與我們訂立停戰協定，而且應當主動組織反蔣統一戰線❹。一個月之後，林育英（即張浩）奉派從莫斯科經外蒙輾轉三月來到陝北蘇區，帶來共產國際召開「七大」，和廣泛實行統一戰線政策的有關決定精神，但具體到中共，林育英因於大會召開中途即先行離開，又因路途艱險隨身未帶片紙，故只知道有四條原則指示，即

(1)統一戰線，這是基本的策略方針。

(2)國防政府與抗日聯軍，這是統一戰線之最廣泛與最高的表現。

(3)工農蘇維埃之改變為人民蘇維埃。

(4)富農政策（之改變）。❺

對於中共中央來說，這時得到的最具價值的文件，大概是〈中央為目前反日討蔣的秘密指示信〉了。從文件發出的時間（十月）， 文件發出的形式（「秘密指示信」），以及文件發出的對象（國內各地方黨部）， 均可斷定此信不是尚在長征途中，既不了解共產國際政策轉變，又與國內各地方組織失去聯絡的中共中央所擬。它多半仍是中共代表團或共產國際遠東局假借中共中央名義的一種「傑作」。這個文件

❹　〈任、賀、關致中央電〉，1935年10月14日。

❺　〈林育英、張聞天二同志致四方面軍電〉，1936年2月14日。

顯然有助於中共中央在統一戰線策略問題上「解放思想」。因為這個文件解決了下面幾個至關重要的問題：

第一，確定了抗日討蔣的策略方針。文件稱：目前日本正在順利實現其滅亡中國之計劃，全體中國人已經到了抗日則生，不抗日則死的關鍵時刻，「中國沒有蔣介石、張學良、汪精衛及南京政府，則日本未必能這樣容易侵略中國領土，蹂躪中國人民」，因此，「抗日必先討蔣，只有討蔣才能順利的抗日」。中共必須以抗日討蔣為目前工作中最主要的任務。

第二，確定了實行統一戰線的總方針。文件稱：由於日寇節節入侵和蔣介石等壓制救亡運動，「不僅中國工農紅軍，更有許多小資產階級大學教授大中沉重知識分子，甚至國民黨中上級軍官，中委，政客銀行家，及一部地主資產階級」已參加到目前這抗日討蔣的洪流中來，階級關係已經出現新的變動，「中國革命的社會基礎大大擴展了」。因此，「在這新的社會基礎上，黨決定實現抗日討蔣的任務，總的策略方針是進行廣泛的統一戰線，這就是說黨要聯合一切抗日討蔣的力量來打倒日本帝國主義消滅蔣介石」。「要這樣了解，蔣賊的勢力增加，就是中國滅亡的危險性增加；反蔣的勢力增加，就是中國革命勢力的增加。」

第三，肯定了實行上層統一戰線策略之必要。文件稱：為了組織抗日討蔣的廣泛統一戰線，「從階級觀點上說，黨不管什麼階級（從工農起到資本家止），若果他們不願做亡國奴，願盡一點救中國的義務，中國共產黨願與之聯合以共同策謀抗日反蔣行動；再從政黨的觀點上說，不管什麼黨（自生產黨至社會黨，民主黨，國家主義派止）， 若果他們願意做任何反日反蔣的活動，有一點救國救亡的情緒時，中國共產黨都願意很誠意誠懇的與之統一戰線以共同擔負起救中國的責

任。」文件特別說明:「統一戰線的形式有三。一、上層統一;二、下層統一;三、上下層統一並用。在中國目前環境之下,此三種形式均可用,而依各地具體情形運用。」尤其要注意的是,「黨在敵人的軍隊中的工作,是第一重要的(比職工運動還來的重要),各級黨部應該動員起來,打進敵人的營壘內活動去,……不僅奪取下級士兵群眾,並且注意奪取中上級軍官,因為在目前環境之下,奪取敵人軍隊中上中級軍官是可能的而且必要的!」

第四,說明了實行上層統一戰線的方法。文件強調,形式是次要的,重要的在於內容,任何可能限制統一戰線形成和發展的形式,包括黨的主張決議鬥爭綱領等等,都必須改變或放棄。即使是共產黨人最看重的所謂領導權問題,也必須講求實際。也就是說,應當看到,黨的領導權並不等於要使統一戰線組織的上層機關和領導都清一色的黨員化或赤色分子化,尤其是建立上層統一戰線,必須「大膽地吸收各種黨派有群眾的領袖,到領導機關中來,儘量幫助和發展他們反日反蔣活動的天才和能力」。因為,從根本上說,所謂黨的領導權,最重要的只是使黨的主張策略和決議在廣大群眾中得到信仰、擁護與執行,未必一定要謀求組織上的領導地位❻。

中共中央多半是直到一九三六年初才得到這一秘密指示信的。因為在十二月於陝北瓦窰堡召開的中央政治局擴大會議上所通過的政治決議中,這封信中的一些重要精神並沒有得到體現。決議中固然肯定了「抗日反蔣」的策略方針,提出了要以「國防政府」和「抗日聯軍」作為統一戰線組織的具體奮鬥目標,強調了「不論是什麼人,什麼派別,什麼武裝隊伍,什麼階級,只要是反對日本帝國主義與賣國賊蔣介石的,都應該聯合起來」,但其對領導權的說法,還沒有脫出前此的

❻　《中共中央文件選集》,第10卷,第559–570頁。

認識範疇，甚至在策略上，它也仍舊保持著某些僵化的模式。比如，它提出：「只知道如何在下層群眾中間進行工作（這是主要的），是不夠的，必須知道如何同別黨別派和下層群眾有關係的上層領袖進行談判、協商、妥協、讓步，以期爭取其中可能繼續合作的分子，以期在群眾前面最後的揭穿那些動搖欺騙與叛變分子的面目，而以群眾的力量把他們驅逐出去」。在這裡，決議注意到與統戰對手的上層進行談判妥協的重要性，但同遵義會議的決議一樣，它仍舊不忘為自己的這種作法加以階級鬥爭的詮釋，強調在上層與下層統一戰線之間，下層統一戰線「是主要的」；與上層談判妥協，一個重要目的是要「揭穿那些動搖欺騙與叛變分子的面目，而以群眾的力量把他們驅逐出去」等等❼。

　　造成中共中央在策略執行上過於機械的一個重要原因，當然是由於他們與莫斯科缺少直接聯絡手段。在一九三六年七月之前，雙方還沒有恢復電訊聯絡，莫斯科的指示到達陝北一般要慢上幾個月的時間，因此，直到這一年的夏天，中共中央仍舊機械地實行「抗日反蔣」的統一戰線策略方針，是很難避免的。嚴格說來，這可能並不是他們的過錯。甚至，如果細心地考察這一段的資料的話，我們還可以發現，中共中央在對蔣介石的策略方面其實也並不是沒有變化的。如三月二十日左右政治局在山西開會時，林育英即曾講到：「秘密指示信，除討蔣問題以外，其餘都是好的」。這似乎表明中共中央這時對在宣傳上把日寇與蔣介石並列的作法，已經感到有些不妥。緊接著在四月九日，毛澤東有一則電報更明確地講到了這一層關係。他強調說：「我們的旗幟是討日令，在停止內戰下實行一致抗日，在討日令的旗幟下實行討蔣，這是最便利於實行國內戰爭與實行討蔣的政治旗幟，中心口號在

❼　《中共中央文件選集》，第10卷，第604–619頁。

318 中共與莫斯科的關係(1920～1960)

停止內戰。在這口號之外，同時發布主張內戰的討蔣令，在今天是不
適當的。」❽因此，從四月底五月初開始，中共中央已經開始在公開的
宣言裡，把蔣介石稱為「蔣氏」或「蔣先生」，而不再施以「蔣賊」
之類污辱性的稱呼了。當然，在繼續實行「抗日反蔣」的方針之下，
中共中央絕非由此改變了對蔣的看法。只不過，他們一方面認識到，
同民族矛盾比較起來，階級矛盾應暫時讓位於第二位，另一方面也注
意到，泛泛地將抗日與討蔣相提並論，是不策略的，最便當的是不去
張開反蔣的旗幟，只是「在討日令的旗幟下實行討蔣」。當西南事變
發生時，毛澤東的手法就比較策略。他一面提出「請蔣抗日」的口號，
在公開聲明中支持西南事變的抗日要求，一面在背後積極鼓動張學良
加緊準備在西北地區的反蔣發動，爭取在西南事變兩三個月後，即在
西北掀起新的反蔣運動的浪潮，甚至組建西北國防政府和抗日聯軍。
就在中共中央緊鑼密鼓地加緊西北反蔣發動的重要關頭，由王明參加
起草的那封共產國際八月十五日政治指示電不期而至，可以想像它會
對中共中央產生怎樣的一種衝擊。

　　共產國際八月十五日電是以批評中共中央瓦窯堡會議決議為中心
的。它詳細討論了瓦窯堡決議圍繞統一戰線政策所提出的種種措施，
但最核心的內容其實還是批評瓦窯堡決議「抗日反蔣」方針的規定。
電報強硬地提出：

　　我們認為，把蔣介石和日寇等量齊觀是不對的。這個方針在政
　　治上是錯誤的，因為中國人民的主要敵人是日本帝國主義，在
　　現階段，一切都應服從抗日。此外，不能同時有效地進行既反
　　對日寇又反對蔣介石的鬥爭。也不能認為整個國民黨和整個蔣

---

❽　《毛澤東年譜》，第1卷，第533頁。

介石的軍隊都是日本的同盟者。為了切實有效地進行武裝抗日，還需要有蔣介石的軍隊參加，或者其絕大部分軍隊參加。鑒於以上情況，必須採取停止紅軍同蔣介石軍隊之間的軍事行動並同蔣介石軍隊協同抗日的方針。雖然蔣介石和國民黨迄今還是害怕同任何人簽訂抗日協議，但是這樣做是必要的。

如何才能實現同蔣介石的停戰及共同抗日呢？電報提出：首先，最好由中國共產黨發表聲明，主張建立統一的中華全國民主共和國，主張在普選基礎上召開中華全國議會和成立中華全國國防政府。這是目前條件下聯合中國人民一切民主力量保衛祖國抵禦日寇的最好手段。其次，我們認為中國共產黨和紅軍司令部必須正式向國民黨和蔣介石提出建議，立即就停止軍事行動和簽訂共同抗日具體協定進行談判❾。

從有關的資料可以看出，共產國際的這一指示引起了中共中央的高度重視。八月十六日，中共中央政治局通過了一個緊急決定，決定「對蔣介石及其南京政府應改變過去抗日必須討蔣的口號，表示希望和歡迎蔣及南京政府參加和領導抗日戰爭，要求停止內戰，實行抗日自由」。二十五日，中共中央起草了〈中國共產黨致中國國民黨書〉，正式提出了同南京政府進行談判的提議。九月一日，中共中央通過並發出了〈關於逼蔣抗日問題的指示〉，承認「目前中國的主要敵人，是日帝，所以把日帝與蔣介石同等看待是錯誤的，『抗日反蔣』的口號，也是不適當的。」接著，九月十五日至十七日，中共中央召開政治局擴大會議，全面檢討過去統一戰線工作中的缺點錯誤，並通過了〈中央關於抗日救亡運動的新形勢與民主共和國的決議〉，肯定了在目前形勢

❾　轉見《中共黨史研究》，1988年第2期。

下提出建立民主共和國口號之必要。不僅如此，九月二十二日，中共中央還就前此在抗日反蔣口號和西南事變處置上的錯誤，發出了自我批評的通知。❿ 在短短一個月的時間裡，中共中央就一個策略問題接連形成和通過如此之多的決定、決議、宣言、指示、通知等等，可謂空前絕後。

第二節　逼蔣周折

　　從表面上看，中共中央直到一九三六年八月仍舊繼續推行「抗日反蔣」方針，是策略執行上過於機械；共產國際要求其改行「聯蔣抗日」方針，是主張中共中央策略靈活。但實際上，在策略手法上真正比較靈活的，卻是中共中央，並非共產國際。

　　足以表現中共中央策略靈活，不拘形式的例子，是一九三六年間中共中央與張學良所建立起來的秘密統戰關係。從一九三六年一月開始，中共中央就與張學良及其東北軍六十七軍軍長王以哲等人建立起秘密的上層統戰關係。依照以往的經驗和慣例，他們應當對像張學良這樣僅次於蔣介石的國民黨軍閥，保持高度的戒備心理，甚至施以下層的破壞奪取工作。在統戰之初，中共領導人也確實存有類似的想法。但兩三個月之後，他們迅速改變了態度，對張學良等人表現出少有的信任與同情，不僅稱兄道弟，推心置腹，而且主動表示願意依照實力原則，在張學良領導下參加「抗日反蔣」的西北大聯合計劃，甚至還一度打算把張學良等人吸收入黨❶。進而，他們從與張學良東北軍的

----

❿　　《中共中央文件選集》，第11卷，第77–99頁。

❶　　參見拙作：《西安事變新探——張學良與中共關係之研究》，第二—三章，東大圖書公司，1995年版。

統一戰線的具體實踐當中，竟然進一步得出結論：上層統戰遠比下層統戰的效力要大得多。正如一位中共領導人所說，爭取到一個團長，比爭取一千個士兵還有用。漸漸地，下層統一戰線開始讓位於上層統一戰線。到八月間，中共中央已經開始提議改變過去以下層統一戰線為主的辦法，以「爭取長官，作為目前兵士工作的中心」了❷。聯繫到中共中央剛一得到可以實行上下層統一戰線策略不久就通過的瓦窰堡會議決議中，關於給予一切地主、富農、資本家以及國民黨軍官以選舉權和被選舉權，以及一切願意入黨的人，不論其階級出身如何，都可以加入共產黨，甚至不怕某些投機分子混入黨內等項規定❸，很容易看出，他們對策略靈活性的理解，其實並不受太多教條的約束。結果，我們看到，共產國際對此竟大為惱火。它在八月十五日的政治指示電中，開宗明義地告誡中共中央：「建立抗日民族統一戰線的方針根本不要求削弱蘇維埃，不要求將紅軍融入抗日大軍和將共產黨融入中國某種總的政治聯盟」。「因此，使我們特別感到不安的，是你們關於一切願意入黨的人，不論其社會出身如何，均可接收入黨和黨不怕某些野心家鑽進黨內的決定，以及你們甚至打算接收張學良入黨的通知。」「我們還認為，不加選擇地接收學生和其他軍隊的舊軍官加入紅軍隊伍的做法也是錯誤的，因為這會破壞紅軍的統一和團結。」「與此同時，我們認為允許有產階級代表參加蘇區政權管理工作是不對的，因為他們可能從內部破壞政權機構。」❹

　　這是一個可以反映出莫斯科與中共思維觀念差距的足夠典型的例子。從這個例子可以了解到的是，中共中央與共產國際比較起來，未

❷　見〈周恩來在政治局會議上的講話〉，1936年8月10日。

❸　《中共中央文件選集》，第10卷，第610–611、620–621頁。

❹　《中共黨史研究》，1988年第2期。

必沒有許多框框，但要務實得多。在經過了許多嚴重的挫折之後，他們顯然更加注重近期和遠期的種種鬥爭目標，以及達到目的的各種策略手段，而不那麼看重那些只決定著某些事物形式的所謂原則。在瓦窯堡會議決議中有一句頗能反映他們愈益背離莫斯科主義的話，這句話聲稱：「由於中國是一個經濟落後的半殖民地與殖民地，農民分子與小資產階級出身的知識分子，常常在黨內占大多數，但這絲毫也不減低中國共產黨的布爾什維克的地位。事實證明，這樣成分的黨，是能夠完成世界無產階級先鋒隊共產國際所給與的光榮任務的，是能夠艱苦奮鬥百折不回的。」[15] 存在決定意識，這是最基本的列寧主義的原理。一個主要由農民與小資產階級分子構成的黨，能夠成為無產階級的先鋒隊，這豈不是咄咄怪事？在過去了幾年之後，當周恩來到莫斯科去，又一次談到這個觀點，強調中國共產黨能夠使黨內的小資產階級分子「無產階級化」時，共產國際領導人當場嘩然，再度鮮明地表示了他們不能贊同的態度。這也難怪，共產國際這時一面嚴厲批評中共中央拒絕把蔣介石團結到統一戰線當中來，一面又如此強烈地擔心中共和紅軍會因為實行統一戰線而被民族主義的思潮或聯盟所融解、所吞蝕。

既要與蔣介石結成統一戰線，又要保持中共和紅軍的階級獨立性，這是一對頗難解決的矛盾。而莫斯科開出的藥方再度顯示出遙控指揮中慣有的脫離實際和一廂情願的特點。

據季米特洛夫聲稱，只要「正確地加以扭轉『中共』對待南京、蔣介石和國民黨的政治方針」，提出民主共和國的鬥爭口號，使中共「以全面抗日戰線的倡導者、發起者和組織者的身份出現」，就足以動員全國輿論，使一切愛國者拒絕剿共內戰，從而迫使蔣介石同意建立抗日統一戰線。因此，共產國際的提議不僅主張取消南京國民黨政府的中

---

[15]　《中共中央文件選集》，第10卷，第620頁。

心地位，通過所謂普選來成立新的民主機構，組成由各個黨派代表參加的新的全國國防政府，在全國實行區別於國民黨一黨統治的民主制度，而且還繼續要求中共必須「繼續鞏固蘇維埃」，並且「有組織地為建立蘇維埃政權而進行鬥爭」，甚至幻想在必要時，「可以提出建立蘇維埃作為中華全國共和國民主機構的問題」❶。在具體到同蔣介石南京政府談判合作的問題上，他們相信，最主要的只是要蔣同意：「成立聯合司令部，制定聯合對日作戰計劃，以完全保持紅軍政治上和組織上的獨立性為條件，紅軍擔負對日作戰的部分防線」。但是，莫斯科顯然沒有深入地去考慮，它的這些提議是否具有現實的可行性。

　　在這時，決定國共兩黨妥協與合作的具體形式的，是兩黨現實的力量對比。紅軍這時充其量只有七、八萬人，多數部隊經過連年作戰和長途跋涉，武器彈藥缺損嚴重，戰鬥力嚴重削弱，況且紅軍只剩下陝甘北部既偏又窮的一小片根據地，從生存角度已明顯地出現危機。反觀蔣介石南京政府，這時已經擁有一百餘萬軍隊，並且已經基本上實現了統一中國的目標。它迅速瓦解兩廣地區國民黨發動的反蔣事變一事表明，它確實已經初步取得了鞏固的中央政府的地位，儘管國內還存在著大大小小的許多反蔣勢力，但除了日本的壓力以外，一般國內的反蔣派，包括中共，均已奈何它不得。而且就發展趨勢而言，如果沒有外來勢力的作用或相互之間的切實合作，所有反蔣的軍事力量，多半都將逐漸被南京政府各個擊破，最終消納於有形與無形之中。

　　當然，中共的力量很難簡單地用兵力和裝備來衡量。在蔣介石南京政府日益強大的情況下，中共的軍事力量這時能夠繼續生存發展的

❶　〈季米特洛夫在共產國際執委會書記處討論中國問題會議上的發言〉，1936年7月23日；季米特洛夫：〈中國共產黨十五周年紀念〉，《救國時報》，1936年9月18日。

主要原因有二，第一是它有蘇聯支持與幫助的特殊背景，第二是它利用了現存有國民黨內部反蔣派與蔣派之矛盾，而後者又是以前者為基礎和前提的。實際上，到了一九三六年下半年以後，紅軍生存之困難，已經相當明顯，以後它的相當部分武器彈藥、被服乃至食糧，幾乎每月都要靠張學良等予以接濟。而張學良等反蔣派之所以仍舊對紅軍和中共抱以期望，並不惜與之結盟，則又是看到中共和紅軍與蘇聯之間的這層特殊關係，寄希望於聯共聯紅能夠有助於他們在蘇聯的幫助下，實現保存實力或抗日回鄉之目的。結果，兩相利用，中共的幾萬軍隊無形中成倍增加，使蔣介石剿滅紅軍的企圖難以達到。

面對這種情況，中共中央對「抗日反蔣」策略情有獨鍾，可以說是一種必然趨勢。抽去「抗日反蔣」，實行「聯蔣抗日」，等於削去紅軍的左膀右臂，斷絕紅軍的供給，讓中共在最弱小的情況下孤立無援地與蔣談判妥協，如何能夠實現共產國際提出的那些美好願望？但是，中共是共產國際的下屬支部，紅軍需要蘇聯的支持，共產黨人這時別無選擇，他們只能執行莫斯科的命令。好在日本入侵的嚴峻形勢，也使他們認識到，季米特洛夫關於「在中國的任務，現在不是擴大蘇區和發展紅軍，而是尋找機會，尋找途徑和尋找適當的口號、適當的方法，使絕大多數中國民眾聯合起來抗日」的說法，是有道理的。發動「抗日反蔣」，基於西南事變迅速失敗的經驗，也未必能夠很容易取得成功。何況，如果沒有蘇聯的支持，發動「抗日反蔣」多半只能是一句空話，因為那必然會使眾多反蔣派望而卻步。因此，他們也只能迅速接受共產國際的指示。只是，在他們的各種文件裡，可以看出，他們意識到了實現與蔣介石的統一戰線的極端艱鉅性。正如毛澤東在九月間的會議上所講的：我們願意同蔣介石聯合，「但哪天實現聯合是說不定的」，因為這要取決於蔣，而不取決於我。現在的問題不是

什麼聯合的司令部，而是國民黨要把共產主義納入三民主義的軌道，要改編紅軍，而我們要與蔣訂立協定，但是要保持獨立。在這種情況下，要想繼續維持與蔣介石抗衡的實力，保持對蔣介石的某種壓力，促使南京方面作出妥協，避免自己陷入孤立無援的境地，中共中央不得不繼續堅持「同各反蔣派軍閥進行抗日的聯合」的策略，因而他們或多或少地修改了共產國際關於「聯蔣抗日」的口號，提出了「逼蔣抗日」的方針。他們為此告誡下級：「我們愈能組織南京以外各派軍閥走向抗日，我們愈能實現這一方針。」❶

　　能否接受南京政府關於紅軍改編、蘇維埃改制的要求，這早就是中共中央與南京國民黨實現和解的一個最重要的障礙。還在一九三六年一月鄧文儀與王明的商談中，鄧文儀就已經透露了蔣介石的這一和共要求。以後，南京國民黨多次派人在國內與中共代表接觸和商談，更明確地提出了這一條件。然而，長期只能堅持以共產國際指示的「國防政府」和「抗日聯軍」作為統一戰線最高組織形式的中共中央，根本無法接受蔣介石的這一要求。事實上，即使在共產國際八月十五日的指示中，也仍舊沒有授權中共中央作出如此之大的讓步與妥協。中共中央根據共產國際指示提出的兩黨談判草案，自然也不包含這樣的妥協內容。草案規定，中共中央主張「召集基於全國各黨各派各界各軍選舉的抗日救國代表大會或國防會議」，「決定一定抗日救國方針與方案」，並組織「民主國會」和「民主政府」，建立「民主共和國」。在軍事方面，中共雖然注意到蔣介石的要求，承認應當依據實力原則作出必要的妥協，主張「求得在實行抗日與保存蘇區紅軍等基本條件下成立雙方之統一戰線」，其他均可不計。但是，在強調另組政府的前提

❶　〈中央關於逼蔣抗日問題的指示〉，1936年9月1日，《中共中央文件選集》，第10卷，第90頁。

下，它也只能同意在「不變更共產黨人員在紅軍中的組織與領導之條件下」，與國民黨軍隊「實行統一的指揮與統一的編制」，紅軍代表參加由國民黨人「占主要領導地位」的「統一全國的軍事指揮機關」❶。在這裡，雖然中共中央已經曲折地表達了願意在一定條件下實行紅軍改編、蘇維埃改制的願望，卻限於共產國際的民主共和國原則，而無法明確提出。

在一九三六年夏秋之交，中共中央無論對實現「抗日反蔣」也好，實現「逼蔣抗日」也好，都還有較大的把握。這是因為，莫斯科早就準備好了一個從軍事上援助紅軍的冒險計劃，紅軍始終在為此進行準備。最初是希望和張學良一起行動，「抗日反蔣」放棄後，只好請張學良暗中配合，靠自己來幹了。但是，到了十月下旬，紅軍三大主力部隊約八萬人會師甘北，為打通蘇聯，接取軍事援助而組織的「寧夏戰役」，卻因種種原因而告失利。面對蔣介石重兵圍剿，和紅軍在糧食、冬裝及軍用物資方面的嚴重困難，中共中央不得不一面進一步下決心向國民黨讓步，一面準備在萬不得已時轉戰內地，以獲取生存和發展的基本物質條件。為此，在十一月十三日召開的政治局會議上，他們開始放棄共產國際關於民主國會、民主政府、民主共和國之類的不切實際的政治要求，一致同意準備接受國民黨側重於軍事統一的辦法，承認改編紅軍並接受蔣介石的指揮。毛澤東明確講：現在與南京的妥協範圍縮小到紅軍怎樣處置問題，焦點就在這裡。最近他要我們照廣西的樣子，服從中央，改紅軍為國民革命軍，這與國防政府抗日聯軍在表面上是不同的，但是，「表面得不到，我們應準備重實際」❶。

---

❶ 〈關於國共兩黨抗日救國協定草案〉，1936年9月22日（實際定稿日期應在十月中旬）；〈洛、毛關於應迅速爭取開始國共主要代表談判問題致朱、張等電〉，1936年10月8日。

一九三六年十月中旬，中共聯絡代表從廣州見國民黨談判代表後回到西安，電告中共中央最新提議四點：即(1)黨可公開活動；(2)政府繼續存在；(3)參加國會；(4)紅軍改編受蔣指揮，照國民革命軍編制與待遇[20]。中共中央當即表示可以照此原則與國民黨達成協議，並電已赴上海之中共談判代表潘漢年，要其盡速照此條件與國民黨方面負責人談判，同時準備必要時派周恩來前往南京，以求加快這一進程。

在得知中共中央這一重大步驟之後，共產國際頗感懷疑。在十一月二十日的來電中，它坦率地表示不同意派周恩來前去南京見蔣介石。電報稱：根據莫斯科得到的情報，蔣介石這時並沒有與紅軍妥協的跡象，在蔣介石仍舊堅決反共的情況下，國民黨人的談判表示，或者是一種特務手段，或者不會有任何實際意義。當然，考慮到紅軍所面臨的嚴重困難局面，共產國際或多或少地表示同意，可以在一定的條件下承認蔣介石的指揮權。而這個條件就是：必須保存我們的絕對領導、組織系統和軍官成分，絕不允許國民黨干涉紅軍內部任何事情，並且只有在對日武裝作戰的情況下，才可以同意成立以蔣介石為總司令的統一的總司令部。並且，紅軍也只能是在一定的戰線上為完成總的對日作戰計劃而服從這種統一指揮[21]。

如果能夠實現共產國際提出的這些條件，中共中央當然會舉雙手贊成。但是，在這個時候的兩黨關係問題上，紅軍作戰形勢的嚴重惡

---

[19] 「照廣西的樣子」，指兩廣事變後，蔣介石和平解決廣西李宗仁、白崇禧軍隊的方式，即軍隊改編，個別變更指揮人員，保留部隊原有的軍官成分，服從南京中央政府的指揮。〈毛澤東在政治局會議上的報告〉，1936年11月13日。

[20] 〈中央關於可照曾（養甫）談原則協定致潘漢年電〉，1936年11月13日。

[21] 〈共產國際執委會書記處致中共中央書記處電〉，1936年11月20日。

化不可避免地提高了蔣介石的要價。蔣這時一方面準備發動大規模的剿共戰爭，爭取一舉徹底消滅紅軍；另一方面在談判桌上也咄咄逼人，試圖乘勢與中共訂立城下之盟，堅持蘇區和紅軍必須先行改制改編，統一行政和軍事組織於南京政府領導之下，並嚴格限制紅軍改編後的總人數，否認談判雙方的平等地位，視中共為求降❷。這種情況使中共中央頗難對兩黨間的談判抱以期望。由於紅軍此時已退至甘北與陝北交界之鹽池、定邊、環縣一線，甘北基本喪失，陝北蘇區亦大部陷於國民黨軍隊之手或遭其分割，現有地區已無法維持數萬人的生存，萬一定邊、鹽池一線不保，後果實難想像。不得已，中共中央一面準備實施分路突圍轉戰內地的最後方案，一面接連致共產國際，要求其指示解決辦法，同時力促張學良等設法阻止蔣介石正在發動的大規模戰爭。

　　這時，中共只有三條路可走，一是「在保全紅軍全部組織力量，劃定抗日防線的基礎上」，與蔣聯合；二是利用與張學良等西北反蔣派的秘密結盟關係，策動東北軍、西北軍與紅軍共同創立西北獨立局面，並爭取已經多次向紅軍表示好感的閻錫山、傅作義兩部之同情；三是分路突圍，轉入內地，重新進行長征，展開長時間的游擊戰爭，以保存紅軍主力。由於第一條路被蔣介石堵死了，第三路不論對抗日、對紅軍，還是對紅軍與各反蔣派的聯合，都極端不利，因此，不難想像，中共中央希望的是什麼。他們在給共產國際的電報明確提出：「張學良、楊虎城、閻錫山、傅作義均盼望蘇聯援助與紅軍聯合對日，蔣則極力破壞之。你們對西北獨立局面又不贊成，因此紅軍主力在現地區不利作戰時將被迫恐怕得準備分路遠出，去支持相當長時期的游擊戰爭」。「究竟西北獨立局面還有考慮的餘地否？西北局面應如何解

────────

❷　參見〈潘漢年關於與國民黨談判情況致洛甫電〉，1936年12月8日。

決?」❷

第三節　除蔣難成

　　中共中央給共產國際的請示電是十一月二十日發出的，但莫斯科方面始終不能就此提出任何具體的建議。它唯一能夠告訴中共中央的只是，紅軍只需要堅持兩個半月時間，就能夠得到蘇聯提供的數量可觀的大批軍事裝備❷。但是，多半已經等不了兩個半月了。

　　十二月四日，蔣介石親至西安，並召集大批軍政高級官員前來會商和實施軍事剿共計劃。鑒於大規模內戰迫在眉睫，張學良、楊虎城於萬般無奈中發動了震驚中外的西安事變，扣押了蔣介石及其全部隨行人員。這樣一來，中共在處理與國民黨的關係問題上，再度出現極為複雜的局面。它可能是國共兩黨關係的一種轉機，也可能造成更嚴重的內戰，以致被日本侵略者所利用，使中國陷入更加深重的災難之中。因此，如何把握，關係重大。

　　對於事變的兩種可能前途，中共中央顯然是了解的。因此，應當肯定，它的基本方針從一開始就是以爭取和平為目的的。但問題是，在逼蔣抗日的努力接連遭到失敗，而蔣介石如今又身陷囹圄之後，中共中央對繼續爭取蔣介石聯共抗日既無信心，也少興趣。它從事變一開始就採取了除蔣的策略，試圖一面「推動人民要求南京罷免蔣介石交付人民審判」，一面爭取蔣之部下及南京國民黨中多數的同情，在西安「召集抗日救國代表大會」，「組織抗日聯軍」，進而成立全國的「革

❷　〈洛甫致國際書記處電〉，1936年11月20日。

❷　〈國際書記處致中共中央書記處電〉，1936年12月6日。

命的國防政府」❷。不難看出，此一策略如果成功，不僅共產黨人不必作出任何重大讓步，而且共產國際前此提出的各項政治目標也都可能實現。並且，共產黨人還有可能如毛澤東所希望的那樣，造成「以西安為中心來領導全國，控制南京」的局面，使西北成為抗日統一戰線的大本營，一朝實現當初那個以「抗日反蔣」為目標的「西北大聯合」方案。

中共中央是不是又回到「抗日反蔣」的立場上去了呢? 恐怕未必。「抗日反蔣」的方針，實際上是一個民族戰爭與國內戰爭同時並舉的方針，嚴格說來就是一個繼續主張內戰的方針。而這時中共公開聲稱「絕對反對一切內戰」；「抗日反蔣」的方針包含著另立中心，與南京對抗的意義，而這時中共中央卻明確告誡西安方面「不要同南京處於對立地位」。對於他們來說，最理想的結果就是，各方能夠把一切罪惡的責任統統歸諸蔣介石一人。然而，中共中央顯然沒有意識到，他們對國民黨內部派別之間矛盾的了解，以及對蔣介石個人作用及威望的估計，都不盡妥當。因此，他們沒有看出，不僅西安方面的張學良、楊虎城以及中共無法取代蔣介石和南京政府的地位，而且，由於西安事變本身在客觀上必然要造成與南京政府的對立，並不可避免地要引發大規模的內戰。由於國家日漸統一，蔣之勢力日漸強大，影響也日漸高漲，除蔣策略，不僅不能緩和這一局勢，反而會進一步加劇戰爭的危險。

十二月十二日晚，南京政府對事變採取強硬態度，褫奪了張學良本兼各職，並下令組織討伐軍向西安進發。十四日，儘管中共中央仍舊主張「暫不公開反對南京政府」，但已感到雙方公開對立可能只是時間早晚問題，故不能不提議組織西北抗日援綏聯軍，名曰援綏，實則準備與張、楊公開聯合，對抗討伐軍，「與敵決戰」❷。可是，無論張、

❷　〈中共中央書記處致國際書記處電〉，1936年12月12、13日。

楊，還是中共中央，顯然都沒有想到，對蔣介石的扣押，會引起全國絕大多數黨派及人民的反對。隨著事變的持續而漸漸形成的「擁蔣潮流」，使中共中央和張、楊開始感到嚴重不安。因為這一情況的出現，意味著如此則不僅內戰綿延有礙抗戰，而且西安將日漸陷於孤立，這無疑有違三方之初衷。為此，中共中央開始公開發表通電，試圖以第三者的身份呼籲南京方面「停止正在發動之內戰」，並致函閻錫山，請其周旋於寧陝之間，阻止內戰發生❷。不過，中共中央這時仍舊堅持要「罷免蔣氏交付國人裁判」，故力勸張學良堅持到底，甚至不惜在西安被攻時對蔣採取「最後手段」，破釜沈舟，以爭取勝利前途。因為，事實已經證明，只要蔣在一天，剿共內戰就一天不能停止。也許除掉蔣，南京群龍無首，即使最初仍有內戰，最後反而會分裂瓦解以致和下來也說不定。

中共中央之所以這時仍堅持認為西安事變及除蔣策略有可能獲得成功，一個重要原因是因為他們相信此舉會得到莫斯科的同情與支持。共產國際清楚地了解蔣介石必欲消滅紅軍的情況和紅軍所面臨的嚴重危險，中共中央想不出莫斯科有什麼理由不贊同張學良發動這個救中共於水火的革命行動。既使在他們從廣播中得知蘇聯在公開的輿論中表示反對這次事變的消息，也只是相信「遠方政府目前為應付外交，或尚不能公開贊助我們」，認為外交是一回事，內部又是另一回事。直到周恩來赴西安見到張、楊，三方共同認識到留蔣在手對壓迫南京有利，再加上得知國內輿論反對強烈，蔣介石在剿共問題上態度有所鬆動，各反蔣派反而態度曖昧，漸漸地中共中央才開始感到改變對蔣處

❷　〈毛、朱、周等關於西安事變後的形勢與我們的行動方針致漢卿、虎臣兩將軍電〉，1936年12月14日。

❷　〈毛澤東致閻百川函〉，1936年12月16日。

置策略之必要。

　　十八日，中共中央在致國民黨中央的通電中，終於放棄了要求把蔣介石交付國人裁判的主張，轉而同意保蔣安全和自由了❷。在十九日的政治局會議上，中共領導人開始承認，西安事變固然是因蔣介石堅持內戰政策而發生的革命義舉，但客觀上它也助長了內戰的發生和擴大。當前的主要問題是應當抗日，而不是懲辦蔣介石個人的問題，因此，事變發生後中央所提出的把蔣交付人民公審的口號也是不妥當的。緊接著收到的共產國際指示電，使這一看法進一步明確和深化。共產國際來電明確批評事變客觀上只會有損於中國人民各種抗日力量的團結，同時卻仍主張利用事變來達到改組政府，要求南京保障人民民主權利，停止剿共並與紅軍合作抗日等政治目的❷。鑑於此，中共中央發布指示，全面修正了前此的策略。隨後，中共中央接連致電周恩來和潘漢年等，要求他們以共產國際所提條件與南京方面進行談判，並聲明在有關條件得到相當保證時，可以「恢復蔣介石之自由」❸。

　　根據中共中央的指示，周恩來與張學良、楊虎城一起，同蔣介石的代表宋子文和宋美齡進行了具體的談判，提出停戰撤兵，改組政府，召開救國會議及聯合紅軍抗日等項要求,明確表示中共願意協助蔣「統一中國，一致對日」❸。由於宋子文急於救蔣，且對南京政府前此政

❷　〈中共中央關於西安事變致國民黨中央通電〉，1936年12月18日。

❷　〈共產國際執委會書記處致中共中央書記處電〉，1936年12月16日，《中共黨史研究》，1988年第3期。

❸　〈中央書記處給周恩來同志的指示電〉，1936年12月21日，《文獻和研究》，1986年第6期。

❸　〈周恩來關於與宋子文談判情況致中共中央電〉，1936年12月23日，《文獻和研究》，1986年第6期。

策及人事多有不滿，再加上蔣之態度也相對靈活起來，故談判進展竟異常順利。宋主動表示願「先組織過渡政府，三個月後再改造抗日政府」，並具體提供了改組的名單，保證「肅清親日派」和召開救國會議決定抗日方針。而後，雙方又進一步就共產黨公開、紅軍在抗日時改編、釋放政治犯等問題達成了妥協，宋子文、宋美齡代表蔣介石對所商各條作了口頭承諾。一切談妥後，蔣介石亦同意與中共代表周恩來見了面，當場示意周，他將願意「停止剿共，聯紅抗日，統一中國，受他指揮」[32]。這個結果，實在出中共中央的意料之外。

第四節　聯蔣保證

　　西安事變和平解決了。它沒有達到中共中央最初關於除蔣和「以西安為中心來領導全國，控制南京」的預想，但卻明顯地符合前此逼蔣抗日方針所要爭取的目標。看到東北軍、西北軍和紅軍通過事變實現了中共中央早就盼望的公開的軍事合作，陝北蘇區也因此全面恢復和擴大，剿共戰爭被制止，南京政府又即將改組，中共領導人難免有一種天翻地覆的感覺，像是一下子從地獄躍上了天堂一般。這也就難怪他們前所未有地高度興奮和樂觀起來。他們確信，這一切都是自己的努力得來的，它表明自己在這次事變中取得了領導的地位，西北已經成為抗日統一戰線的中心。在他們看來，蔣介石的許諾與投降無異，其威信已經掃地，國民黨的反共內戰政策已經不能再繼續了，現在只要加緊「推動左派，爭取中派，反對右派，實行改組南京政府」，逼迫蔣介石不折不扣地實踐自己的許諾，即萬事大吉了。因此，事變之後

---

[32]　〈周、博關於與宋子文、宋美齡談判結果致中央書記處電〉，1936年12月25日，《文獻和研究》，1986年第6期。

一段時間裡，他們顯然對蔣介石獲得自由之後的種種表現，充滿狐疑和憤懑，乃至單方面公開蔣介石在西安所作的承諾，態度嚴厲地斥令蔣要言而有信，「言必信，行必果」**㉝**。

但是，中共中央的這種態度再度受到共產國際批評。在一九三七年一月初的一封電報上，共產國際認為，中共的這種態度將可能使事變的和平解決結果前功盡棄。來電批評中共中央仍未徹底擺脫以前「力圖通過排除蔣介石和推翻南京政府的方法建立統一戰線」的錯誤方針的影響，強調「實際上黨在執行分裂國民黨而不是同它合作的方針，同蔣介石和南京達成的協議被視為蔣介石和南京的投降，同西安人的合作搞成了反對南京的聯盟,而不同他們聯合行動,反對共同的敵人」。來電甚至改變了共產國際在事變期間給中共指示中所提出的政治條件，宣稱「現在黨的主要任務是爭取切實停止內戰，首先是爭取使國民黨和南京政府放棄消滅紅軍的政策，爭取南京共同抗日，即使初期沒有正式協議」，也應在所不計**㉞**。

共產國際的批評，多少存在著一些過火的成分，但來電的批評在主要方面並非無的放矢。因為自釋蔣回京以後所發生的一系列事實已經證明，寄希望於蔣之許諾和並無實權的宋子文的擔保，是靠不住的。在張學良被扣、中央軍重新集結進攻西安的危險再度出現之後，中共中央不能不從根本上改變他們那些不切實際的樂觀想法。他們開始冷靜下來，承認目前不僅改組政府暫時無望，而且仍舊必須全力爭取使他們以為不再可能發生的內戰真正停止下來。在內戰危險尚未真正制止之前，在與南京共同抗日的問題還沒有真正解決的情況下，過分誇

㉝　〈中共中央關於蔣介石釋放後的指示〉，1936年12月27日；〈毛澤東關於蔣介石聲明的聲明〉，1936年12月28日，《毛澤東選集》，第237–239頁。

㉞　《中共黨史研究》，1988年第3期。

大自己的勝利，在政治上是一種「幼稚的」表現。為此，中共中央一方面加強西北三位一體的聯盟，以威懾南京之軍事進攻，一方面重新投入「停止內戰，一致抗日」的宣傳攻勢中。與此同時，中共中央再度重申了自己在事變中的第三者立場，力圖避免南京方面以反對共產黨人的介入為理由，來對西安方面進行軍事報復。

　　面對西安事變後的複雜形勢，共產國際和中共中央都漸漸注意到，國共雙方的力量對比並沒有因為紅軍與東北軍、西北軍的結盟而顛倒過來，實際上，張學良在南京被扣以後，人數最多的東北軍已陷於群龍無首的境地，楊虎城的十七路軍又被南京所分裂，力量嚴重削弱，紅軍的處境仍舊十分可慮。因此，無論是莫斯科，還是中共中央，這時都急切地開始尋找能夠使國共兩黨實現妥協的具體方法。這種情況促使他們都變得更加實際起來，注意到過去所堅持的種種政治方案都過於脫離實際。事實上，必須作出讓步的主要並不是國民黨，而是共產黨，因為他們還沒有力量迫使國民黨贊同和實施他們所主張的那些民主化的主張。什麼民主國會、民主政府，甚至國防政府、抗日聯軍以及抗日救國代表大會等等，充其量都還只能是一種鬥爭的方向，而不可能作為要求南京政府同意的談判妥協的政治條件。如果要使國共兩黨盡快合作起來，只能以和平和抗日為中心原則，並在此原則之下尋找使雙方政治上易於接近的具體方式。

　　原則向來都是莫斯科定的，改變原則也只能從莫斯科開始。一九三七年一月二十日，共產國際致電中共中央，第一次明確提出了放棄蘇維埃制度，放棄普遍沒收土地的政策，將蘇維埃政府改為人民革命政府，將紅軍改為人民革命軍的重要提議[35]。這一提議表明，莫斯科

---

[35]　〈共產國際執委會書記處致中共中央委員會電〉，1937年1月20日，《中共黨史研究》，1988年第3期。

終於認識到，蘇維埃革命的方針和運動，是不適應當前建立全國範圍抗日民族統一戰線的形勢要求的。非常可笑的是，共產國際居然提議，在中心城市保留根本就不存在的作為群眾組織的蘇維埃，幻想能夠像俄國革命一樣在那裡保留蘇維埃的火種。但是，對於中共中央來說，這一指示至少使他們擺脫了那些曾經牢牢地束縛著他們思維和行動的原則規定，使他們能夠從具體實際的需要出發來尋找解決問題的實際出路。

得到共產國際的來電之後，中共中央迅速作出決定，在抗日與和平的方針之下，下決心擁護以蔣介石為首的南京政府。它同時向各方表示，紅軍和蘇維埃準備不待民主政府和民主共和國建立，就改變名稱和番號，並使蘇區統一於中央政府之下，改行民主制度，放棄沒收地主土地的激進政策❸❻。

二月初，中共中央起草了致國民黨五屆三中全會的通電，明確提出在國民黨停止內戰等條件下，中共準備作出四項保證。這就是：

（一）在全國範圍內停止推翻國民政府之武裝暴動方針；
（二）蘇維埃政府改名為中華民國特區政府，紅軍改名為國民革命軍，直接受南京中央政府與軍事委員會之指導；
（三）在特區政府區域內實施普選的民主制度；
（四）停止沒收地主土地之政策，堅決執行抗日民族統一戰線之共同綱領。❸❼

對於曾經為了蘇維埃革命浴血戰鬥了十年的中國共產黨人來說，

---

❸❻　〈中共中央對葉詢各點的答覆〉，1937年1月23日。
❸❼　《中共中央文件選集》，第11卷，第157–158頁。

作出這樣一些保證肯定是相當困難的，因為正如中共中央這時所承認的那樣，這些保證是「對國民黨一個大的原則上的讓步」❸，它意味著中共、蘇區政府和紅軍將不得不放棄自己奮鬥了將近十年的革命目標，向自己的敵人俯首稱臣。這在過去，即使是在一年之前，恐怕都是不可想像的。但是，在嘗試過了一切可能之後，這樣做已經成為不可避免和無可選擇的一種出路。因為只有這樣，才有可能不使因西安事變和平解決而出現的和平前景化為泡影，避免把整個西北乃至大半個中國投入一場並無勝算的大規模內戰。

二月六日，在剛剛得到中共中央關於四項保證的通報之際，莫斯科一方面表示不反對作出如此保證，一方面卻還多少有些感到懷疑。它不能不緊急來電提出疑問，稱：黨、紅軍和群眾對於你們這種徹底轉變政策的辦法，是否已經有了足夠的思想準備呢？在他們看來，目前也許只要聲明中共和紅軍支持國民黨和南京政府的各種旨在停止內戰和聯合全中國人民的一切力量進行抗日的措施，準備與之協商民主改組蘇區政權，並承認南京政府是中央政府，就足夠了。關於蘇區政策的根本變化問題，多半還「需要仔細加以討論」。但是，在幾乎同時發來的另一封電報中，它又迅速改變了看法，全面肯定了中共中央這一通電的內容❸。很明顯，莫斯科對這一切變化理智上固然歡迎，思想上乃至感情上卻有些準備不足。

既然放棄了蘇維埃的革命方針，在中共中央看來，其他一切都只是形式問題。對他們來說，最低限度的條件其實在西安事變前就已經

❸　〈中共中央關於西安事變和平解決之意義及中央致國民黨三中全會電宣傳解釋大綱〉，1937年2月15日，《中共中央文件選集》，第11卷，第160頁。

❸　〈共產國際執委會書記處致中共中央書記處電〉，1937年2月5日。

規定了，那就是必須保留蘇區和紅軍，當時僅僅是由於受到莫斯科所規定的那些原則的束縛，而今這些原則規定已經不復存在了，具體的政策和策略的轉變還有什麼必要反覆討論呢？實際上，在整個蘇維埃制度放棄之後，在蘇區內部實行什麼樣的民主制度，執行怎樣的統一戰線綱領，遠不是馬上能夠解決的問題，它肯定需要一個逐步嘗試和實踐的過程。在這裡，莫斯科和中共中央之間再度暴露出觀念上的某種歧異。從存在決定意識，成分決定性質的角度，莫斯科多少有點兒擔心，如果不能馬上制定出一些基本的，足以規定中共政權和軍隊性質的政策原則來，如何能夠保證在新的民族聯盟的形式下黨和政權不會改變它的階級性？而在中共中央的多數領導人看來，一切取決於人，政策和策略僅僅是人用來達到某種目標的工具而已。只要政權和軍權都保持在相信階級鬥爭和共產主義的中共中央領導人的手中，有什麼必要為它們的性質擔心呢？因此，中共中央於二月九日召開會議，一致通過了中共中央致國民黨三中全會的通電全文，並於次日公開發表，昭示全國。

中共中央公開作出四項保證，標誌著中國的蘇維埃革命停止了。它清楚地表明，在十年血戰之後，國民黨取得了決定性的勝利。但是，由於蘇聯的存在，日本的威脅，以及國民黨內部種種利害衝突造成的影響與後遺症，南京政府的勝利仍舊是有限的。蔣介石沒有也無法根本剝奪中共對其政權和軍權的實際控制。這種情況注定了中共還有東山再起的一天。

第四章　蘇聯援助失之交臂

　　中國和蘇聯有著太長的邊界，正是這種便利的陸路連接和蘇聯強大的軍事力量的存在，使得許多中國的政治家和軍事領袖要想方設法爭取蘇聯的支持。幾乎每一個聰明的政治家和軍事領袖都清楚地了解，這種支持對於他們在中國的地位將意味著什麼。孫中山先生還在蘇俄的勢力剛剛達到遠東地區，就接二連三地開始提出過從陸路接通蘇俄的設想乃至具體的軍事計劃❶。蘇聯在二十年代和三十年代向孫中山、馮玉祥乃至新疆的盛世才提供大量援助所發生的立竿見影的效果，充分證明了這種援助所具有的價值。

　　但是，在中國，究竟有誰同蘇聯的關係會比中國共產黨來得更密切呢？如果不是孫中山、不是馮玉祥，也不是盛世才，而是中共得到這種援助……？只可惜，中共直到三十年代上半期都沒有能夠發展到孫中山、馮玉祥和盛世才那樣的實力，或者毋寧說是沒有能夠取得像馮玉祥和盛世才那樣靠近中蘇蒙邊界的便利！

　　終於，在中共紅軍開始確定北上方針，決心靠近蘇蒙邊界，「打通國際路線」之後，這樣的機會出現了。如果中共這一次而不是十年之後的一九四五～四六年取得了蘇聯的援助，中國後來的歷史將會怎樣發展，殊難預料。當然，這也就是「如果」而已。

---

❶　參見拙作：〈孫中山的西北軍事計劃及其夭折──國民黨謀求蘇聯軍事援助的最初嘗試〉，陳三井主編：《郭廷以先生九秩誕辰紀念論文集》(上冊)，臺北中央研究院近代史研究所，1994年版，第323–344頁。

第一節　打通蘇聯？

中共最早提出「打通國際路線」的設想，可以追溯到一九二七年的四月份。當時因寧漢決裂，武漢政權在軍事上開始陷入困難時期，鮑羅廷就曾明確提出應當利用武漢軍隊繼續北伐，占領平津並張家口，從西北接通與蘇聯和外蒙古的聯繫，從而取得蘇聯的軍事援助。但是，這一主張自始就被多數激進的共產黨人批評為「逃跑主義」。結果，「打通國際路線」的主張，從一開始提出竟就背上了個不大好的名聲。這種情況顯然在此後中共與蘇聯的軍事關係上蒙上了一層陰影。直到一九三三年，中共各軍事根據地發展的鼎盛時期，鄂豫皖蘇區才又有過一個向西北發展的計劃，再度考慮過在向陝甘擴大蘇區的同時，有朝一日接通蘇蒙，與蘇聯打成一片。但此僅計劃而已。

中共黨內重新提到打通國際路線問題，據說是在一九三四年。在張國燾出版的《我的回憶》一書中，是這樣說的：在紅軍一、四方面軍會合後雙方領導於一九三五年六月間舉行的一次會議上，

> 首先由毛澤東提出了向甘北寧夏北進的軍事計劃。他說明共產國際曾來電指示，要我們靠近外蒙古，現在根據我們自身的一切情況，也只有這樣做。我即發問：「共產國際何時有這個指示？」張聞天起而答覆：在他們沒有離開瑞金以前（約十個月前），共產國際在一個指示的電報中，曾說到中國紅軍在不得已時可以靠近外蒙古。❷

---

❷　見張國燾：《我的回憶》，第三冊，中國現代史料編刊社，1980年版，第226頁。

　　張國燾記述的這個會議，從時間、內容及事後決議看，顯然是中共目前史書所記的六月二十六日在懋功附近召開的「兩河口會議」。但張所回憶的內容與目前中共保存的會議記錄卻頗多出入。首先，會議並非由毛提出軍事報告和北進計劃，而是周恩來。其次，會議上無論毛澤東、還是周恩來或張聞天，都未曾提到共產國際的這一指示，並且也沒有人提到過向甘北寧夏北進的任何想法。因此，張在回憶如此不準確的情況下所說的這個共產國際的指示是否確實，值得懷疑。至少，中共中央撤出江西蘇區後的行動方向表明他們並沒有執行這樣一個指示的任何計劃，在他們一度所爭取過的重新建立根據地的目標中，有川西南、川西北、四川、川滇黔、貴州、滇東北、川西，卻絲毫沒有向北部邊界地區發展的影子❸。

　　根據有記載可查的歷史文獻，中共最早提出接通與蘇聯的聯繫，是在一九三五年的五月份。當時，中共中央已經了解到蘇聯在新疆的影響，故決定向北發展，首先進至川西北的松潘地區，用周恩來在兩河口會議上的話來說，就是：當時中央的「決定是到岷江東岸，在這地區派支隊到新疆」❹。隨著六月中旬紅軍一、四方面軍在川西匯合，中共中央更進一步提出了「占領川陝甘三省，建立三省蘇維埃政權」

❸　分別見陳雲：〈遵義政治局擴大會議傳達提綱〉，《遵義會議文獻》，人民出版社，1985年1月版，第4頁；〈中央軍委總政治部關於我軍渡烏江的作戰計劃〉，1935年1月20日；〈中央軍委關於在川黔滇創造蘇區的指示〉，1935年2月16日；〈動員全體紅色政治工作人員爭取新的勝利〉，1935年3月5日；〈中央軍委關於消滅白水曲靖等地敵軍的指示〉，1935年4月25日；〈中央軍委關於我軍速渡金沙江在川西建立蘇區的指示〉，1935年4月29日。
❹　〈周恩來關於目前戰略方針的報告〉，1935年6月26日。

的戰略設想，並準備設法與蘇聯接通。在六月十六日朱德等人給張國燾的電報中明確提出：準備「適當時期以一部組織遠征軍，占領新疆」，打通國際路線❺。不想，張國燾對此卻頗表懷疑。

六月十七日，張國燾致電中共中央，說明川北地區地形不利，給養又斷，我軍意圖已為敵悉，目前不宜再過岷江東進和北上，而應迅速西進經阿壩進入甘青或南出雅安、名山、邛峽、大邑地區。六月十八日和二十日，中共中央接連兩電表示不同意張國燾的主張，並建議張國燾來中共中央所在地懋功「商決一切」。於是就有了兩河口會議。值得注意的是，兩河口會議上周恩來代表中共中央提出的向松潘前進的北上計劃並沒有遇到像目前一些中共黨史著作中所形容的來自張國燾的反對，當然也不存在像張國燾在回憶中提到的那種爭論不休和議而不決的情況。相反，張國燾表現得十分隨和圓通。他表示：目前向西通過草原，夏天雨季長途行軍會有很大的減員，向南往成都打雖不成問題，但敵人會很容易調集兵力，故「發展條件是甘南與我有利」，「政（治）局應決定在甘南建立根據地，至於怎樣打，軍委應做具體計劃」，「政局應趕快決定迅速的定下」❻。因此，會議決定「全體通過恩來的戰略方針」，並迅速弄好具體計劃。兩天後，中共中央和中央軍委先後擬定了〈關於一、四方面軍會合後戰略方針的決定〉、〈關於向松潘前進的部署〉和〈關於松潘戰役計劃〉，各部隊由此開始了具體的北上作戰行動。

兩河口會議並沒有具體的提出接通蘇聯的問題，但是其北上方針明顯地包含著力圖把甘肅西部乃至新疆「控制在我手裡，背靠西北」，

---

❺　〈朱毛周張為建立以川陝甘三省蘇維埃政權問題給張徐陳等電〉， 1935年6月16日。

❻　〈張國燾在兩河口會議上的發言〉，1935年6月16日。

退可依托蘇聯，進可逐鹿中原的戰略設想。只是，要想實現這一戰略設想在這時對於許多人來說還是一件可望而不可及的事情。蘇聯軍事顧問李德明確認為這種作法會給蘇聯造成麻煩，以致危及蘇聯安全。更多的人擔心「打通國際路線」的想法有退卻畏縮之嫌，因此強調北上計劃「不是打通蘇聯，而是向前」，是進攻。張國燾則考慮更多，他一方面對打地方軍閥的部隊似乎很有信心，對北上要與蔣介石的中央軍胡宗南部交戰，卻顧慮重重，另一方面則因為看到四方面軍人槍數倍於中央紅軍，因而明確要求政治局增補四方面軍幹部，並授予重要職權。因此，他在同意了兩河口會議決定的戰略方針之後，很快又開始拖延部隊行動。

七月十日，一方面軍已經進至岷江西岸的毛兒蓋地區，開始逼近松潘，四方面軍主力卻遲遲不進。朱德、毛澤東等不得不急電張國燾，稱：

> 分路迅速北上原則，早經確定，後勿（忽）延遲致無後續部隊跟進，切盼……各部真能速進，勿再延遲坐令敵占先機。 ❼

為促使張國燾能確實執行北上計劃，七月十二日，經張聞天提議，中共中央不得不接受張國燾等人的要求，決定在軍委設總司令及總政治委員職，由張國燾任總政治委員，為軍委的總負責者，並由四方面軍司令員和政治委員徐向前和陳昌浩兼前敵部隊指揮和政委 ❽。至此，

---

❼　〈朱、毛、周關於四方面軍北上致張電〉，1935年7月10日。

❽　〈中央軍委關於朱德總司令仍兼紅軍總司令張國燾為總政委通知〉，1935年7月18日；〈朱張周王關於一、四方面軍會合後組織前敵指揮部決定〉，1935年7月21日。

張國燾才開始指揮四方面軍與中央紅軍協調行動，實行北上進攻松潘計劃。可是，隨後又因各部隊嚴重缺糧，原定七月二十八日各部隊到達預定位置的計劃再度被打亂，松潘戰役計劃遂因敵情變化而取消。

　　松潘戰役計劃取消後，張國燾再度對是否繼續北上發生動搖。加以四方面軍與一方面軍之間的團結接連出現問題，中共不得不重新開會統一思想。八月六日，中共中央政治局再度舉行會議，討論由張聞天提出的〈關於一、四方面軍會合後形勢與任務的報告〉，報告進一步重申了兩河口會議所作的北上決定的必要性，並明確地強調了爭取西北地區，背靠蘇聯的意義。毛澤東在發言中也集中提出了這個問題。他在解釋了西北地區具有「統治階級最薄弱的一環」、「帝國主義勢力最弱的地方」等特點之後，特別強調了「蘇聯在這地區影響大」的問題。他說：

> 地理上靠近蘇聯，政治上物質上能得到幫助，軍事上飛機大炮，對我國內戰爭有很大意義。五次圍剿開始堡壘主義，我們對技術方面應很大的作準備。……我們基本上靠自己，但（應）得到國際的幫助。……因此要用全力達到戰略方針，首先是甘肅這區域，但要派支隊到新疆，造飛機場、修兵工廠。❾

　　張聞天、毛澤東的主張，張國燾和四方面軍領導人陳昌浩、傅鐘等雖未直接反對，但話裡話外卻明顯地表示出不那麼贊成。比如說什麼不管蘇聯援助我們的態度如何，我們共黨應把責任放在自己身上，

---

❾　〈毛澤東在政治局會議上的發言〉，1935年8月6日，轉見《毛澤東年譜》（上），第465–466頁；丁之：〈中央紅軍北上方針的演變過程〉，《文獻和研究》，1985年第5期。

不要以為與蘇聯接近就是要從蘇聯得到技術幫助；說什麼同志們對西北方向講了很多，但不要把少數民族問題看成是一個困難；說什麼從西北發展到東南是可能的，但政治局決定整個革命問題不能偏向一邊，不應限於一種因素，如此等等。很顯然，張國燾等人對北上方針實際上並不同意，但他們在政治局中不占多數，一時又找不出十分充足的理由加以反對，因此說起話來只好含糊其辭。結果，會議通過了張聞天的報告，而張國燾又在會後提出了避開北面胡宗南部，西去青海、寧夏和新疆的主張。八月二十日，中共中央根據毛澤東提議制定了新的〈關於目前戰略方針之補充決定〉和〈夏洮戰役計劃〉，明確批評張國燾的西進青、新、寧的方針「是一個危險的退卻方針」，「客觀上正適合於敵人的要求」，因而堅持再度部署了新的北上戰役行動。但既然張國燾等人內心不贊成北上，其領導下的四方面軍又人多槍多，張又在名義上是軍委負總責者，部隊調動指揮及其具體軍事行動仍不免多方制肘。當九月初中共中央所在的右路軍打通了北上甘南的通道之後，張國燾終於以缺糧和部隊不能徒涉葛曲河等理由下令其率領下的左路軍離開北上路線，西進阿壩地區，不走了。九月八日，張更避開中央，下令正在右路軍的前敵總指揮徐向前、陳昌浩率右路軍回頭南返。至此，一、四方面軍的分裂勢不可免。

九月八日，中共中央獲張八日電令後，當晚即在周恩來的住處召開包括陳昌浩、徐向前在內的政治局成員擴大會，提出反對意見。但張九日再電堅持原令之後，陳即改變態度準備執行南下命令。不得已，在右路軍的幾個中共中央常委於十日討論並制定了緊急對策：

（一）致電張國燾，說明「致徐陳調右路軍南下電令，中央認為完全不適宜的。……中央認為北上方針絕對不應該

改變，左路軍應速即北上，在東出不利時，可以西渡黃
河，占領甘青寧新地區，再行向東發展」。

（二）以周恩來改任右路軍指揮，並秘密下令一方面軍主力連
夜北上。

（三）指令陳昌浩、徐向前率四方面軍之四軍、三十軍於日內
尾隨一方面軍主力後前進。

（四）發布〈為執行北上方針告同志書〉，指出：「南下草地雪
山老林；南下人口稀少糧食缺乏；南下是少數民族的地
區，紅軍只有減員沒有補充，敵人在那裡的堡壘線已經
完成，我們無法突破；南下不能到四川去，南下只能到
西藏、西康；南下只能是挨餓挨凍，白白的犧牲生命，
對革命沒有一點利益，對於紅軍南下是沒有出路的。南
下是絕路。」❿

　　然而，中共中央擺脫張國燾四方面軍的制肘，率一方面軍主力一、
三兩個軍單獨北上，情形也並不樂觀。因為這時整個一方面軍和中共
中央，作戰部隊很少，全部加起來也不過四千餘人，重新編制後的部
隊只有六個團的戰鬥部隊，而實際的兵力其實只是六個營。以這樣少
的兵力，要想實現原定的北上在川陝甘乃至在甘南建立根據地的設想，
都是很少可能性的。儘管李德建議看個把月結果再定方針，不一定要
到蒙古去，但在九月十二日舉行的政治局會議上，與會者顯然都同意
毛澤東所提出的行動方針，即：

---

❿　參見〈中央致國燾同志電〉，1935年9月10日；〈中央政治局指令——給
　　陳昌浩、徐向前同志〉，1935年9月10日；〈中共中央為執行北上方針告
　　同志書〉，1935年9月10日；〈中央致國燾同志電〉，1935年9月11日。

目前應經過游擊戰爭打到蘇聯邊界去，這個方針是目前的基本方針。過去中央曾反對這個方針，（因為）一、四方面軍會合後，應該在陝甘川創造蘇區。但現在不同了，現在只有一方面軍主力——一、三軍，所以應該明白指出這個問題，經過游擊戰爭，打通國際聯繫，得到國際的指導與幫助，整頓休養兵力，擴大隊伍。……我們完全拒絕求人是不對的，我想是可以求人的，我們不是獨立的共黨，我們是國際的一個支部，我們中國革命是世界革命的一部分。我們可以首先在蘇聯邊界創造一個根據地，來向東發展。❶

在從最初撤出江西蘇區時的八萬多人銳減到幾千人之後，每一個中共中央和一方面軍的領導人都明白，現在這種形勢對於他們將意味著什麼。彭德懷估計：改編後的部隊，在進攻作戰中一個團只可以對付國民黨軍的一個營，這也就是說，對付國民黨軍，全部紅軍力量只能與其兩個團的兵力作戰。這自然「要謹慎，不能冒險」。因為國民黨軍隊可以調動的兵力有幾十個師，而紅軍再找不到可靠的根據地作為依托，就不得不永遠打游擊戰，以至成為甕中之鱉，直至被打散。而如果能夠通過游擊戰爭打到蘇聯邊界去，自然就可能保存這幾百名幹部和幾千名戰士，將來「更大規模更大力量打過來」。

但是，就在中共最終確定了「打通國際路線」的方針，並開始具體實施之後不久，中共中央的計劃又突然改變了。畢竟這還是一種迫不得已之舉，是為了找到一個立腳點停下來安安穩穩地喘口氣。而這

❶　〈毛澤東關於目前行動方針的報告與結論〉，1935年9月12日，轉見《毛澤東年譜》（上），第466頁；丁之：〈中央紅軍北上方針的演變過程〉，《文獻和研究》，1985年第5期。

到底沒有經過共產國際的批准，他們到底不清楚蘇聯是不是真的會直接援助自己，是不是願意自己在蘇蒙邊界建立中共的根據地。因此，當九月下旬他們突然了解到在陝北存在著紅軍和蘇區的情況之後，他們立即召開常委會議，改變了打到蘇蒙邊界去的方針，決定在陝北蘇區停下來歇腳了。儘管他們還是在原則上決定要派一支隊去接通國際聯繫求得技術幫助，但這已經不是當務之急了。於是，打通國際路線的計劃又中止了。

第二節　軍援醞釀

其實，還在一九三〇年，當中國革命逐漸顯示出它不同於俄國革命的特點之後，斯大林就已經開始意識到需要武裝援助中國紅軍的問題了。斯大林當時就對中國紅軍及其根據地能否在靠近中國心臟地區和主要交通要道的南方各省長期堅持下去的問題，表示悲觀。在幫助中共中央制定未來發展計劃的時候，他曾當著周恩來等人的面明確提出，將來紅軍如果能夠向西發展，得到四川那樣一塊地方就好辦了。這一方面是由於四川具有進可攻退可守的極為有利的自然地理條件；另一方面也是考慮到中國政治上長期不統一，經濟發展上又嚴重不平衡的特點，斯大林確信只有四川那樣較為偏僻的地方才有利於紅軍實現長期的武裝割據，而不必擔心因為過分靠近南京受到國民黨軍隊頻繁的圍剿與進攻❷。

事實上，斯大林建議紅軍向四川發展還有另外一層用意。如果注意到二十年代初，蘇聯政府曾經對孫中山提出的由四川派部隊前往外

---

❷　參見拙作：〈「立三路線」的形成及中共中央與共產國際和遠東局的爭論〉，《近代史研究》，1991年第1期，第212頁。

蒙或新疆接運蘇聯援助的計劃頗感興趣的情況❸，應當不難想像，斯大林建議中更深一層的考慮是什麼。這是因為，自中共成立以來，由於黨的組織和幹部完全職業化，共產國際和蘇聯始終在定期向中共黨團組織提供各項活動經費。問題是，要想使中國工農紅軍及其南方根據地真正獲得較好的發展條件，必須設法像當初支持廣州國民黨那樣，直接向它們提供軍火等方面的援助，而不能光靠各項指示和少量金錢。可是，在南方的紅軍根本就無力接近沿海的各個口岸，就是存在著這種可能，要蘇聯在英美日本等國的眼皮底下從海路大搖大擺地接濟紅軍，也不可想像。因此，中國紅軍向西發展，立足四川，接通西北，靠近蘇蒙，取得援助，不能不漸漸成為共產國際援助中國革命的重要戰略考慮之一。

　　最早按照斯大林的建議把紅軍開入四川的是張國燾。一九三〇年斯大林向周恩來等中共代表提出向四川發展的建議時，張國燾恰好在莫斯科。正是在他的帶領下，原堅持在鄂豫皖三省交界地區紅四方面

---

❸　孫中山早年曾兩度提出過從四川接取蘇聯援助的問題。一次是在一九二〇年底，他通過他的代表李章達向蘇聯方面提出的，內容是希望蘇聯紅軍能夠從中亞細亞進兵新疆，然後經甘肅直逼四川，國民黨在四川的四萬黨員到時則配合紅軍行動。另一次是在一九二二年，他在寫給蘇聯外交代表越飛的信中稱：我現在可以調動大約一萬人從四川經過甘肅到內蒙古去，並且最後控制位於北京西北的歷史上的進攻路線。但是，我們需要武器、軍火、技術和專家的幫助等等。蘇聯政府當時顯然對此一設想表示興趣，並願意與孫中山的代表商談有關從西北援助國民黨的計劃問題。參見〈索科洛夫·斯拉特霍夫關於廣州政府的報告〉，1921年4月21日；〈孫中山致越飛的信〉，1922年12月20日，轉見《黨的文獻》，1991年第1期，第56頁。

軍於一九三二年底向西退進四川的北部地區。儘管張國燾此舉純粹是反圍剿戰爭失利的結果，但其西去的行動不僅沒有受到共產國際的批評，反而受到它的讚揚。當共產國際執委會剛一得知紅四方面軍一九三三年二月在川北建立起川陝根據地的消息，就立即發來電報，對紅四方面軍在戰爭不利時主動撤出原蘇區，退入四川的行動給予積極的評價。電報稱：「在保衛蘇維埃領土時，必須保持紅軍的機動性，不能以付出重大損失的代價把紅軍束縛在一個地方，這一點對於保衛中心地區尤為重要」。因此，「我們對四方面軍主力轉入四川的評價是肯定的。我們認為，在四川、陝南和有可能的話向新疆方向擴大蘇維埃根據地，具有很大意義」❶。

　　一九三三年三月共產國際執委會的這封電報，是目前所能見到的共產國際領導機關最早的一份明確建議中國紅軍向西和西北地區發展的正式的指示電。這封電報清楚地表明，蘇聯和共產國際希望紅軍西去川陝甘，甚至接通新疆地區，盡可能向接近蘇聯的方向發展。此種建議的目的，很顯然已經包含著蘇聯希望利用中國西北邊界向紅軍提供幫助的考慮在內了。

　　一九三三年秋天以後，由前中共陝甘游擊隊改組的紅二六軍在陝甘邊界地區漸漸變得活躍起來，這種情況進一步引起共產國際方面的高度重視。共產國際領導人幾次要求中共駐共產國際代表團提醒中共中央下大力氣發展這一地區的軍事工作和政治工作，以便打通川陝蘇區與新疆之間的聯繫。根據共產國際的建議，中共駐共產國際的正式代表王明和康生兩人曾兩次寫信提到這個問題。其一九三四年九月的一封信更把向西北發展的工作提到了一個前所未有的高度。信稱：「西

❶　〈共產國際執委會致中共中央電〉，1933年3月，轉見《中共黨史研究》1988年第2期。

北問題——據我們知道，陝北的游擊運動很發展，那裡有許多游擊隊沒有強有力的政治軍事領導，中央應將這地方的工作的注意力提高起來，黨應立刻派許多政治軍事上強有力的幹部去，寧可將一些沒有多大群眾工作的地方黨部、省委的幹部拿去作這樣的重要的工作，都是十分必要的。同時在陝南的游擊運動也有很大的發展，如果在這兩方面都加強了領導，最近的將來是可能使這兩方面的游擊運動聯繫起來，這樣就可以造成一種新局勢，就是一方面川陝蘇區有了廣大的根據地及鞏固的後方，另一方面可以打通川陝蘇區與新疆的聯繫。我們提議，中央與四川、陝西的黨共同努力完成這個與中國革命有偉大意義的工作」。他們並且通知說，共產國際已經同意中共為此派遣一部分西北與北方的幹部立即去蘇聯學習必要的軍事工作與政治工作的知識，以便派去西北地區開展工作❶❺。

自一九三三年秋天以後，由於新疆新的統治者盛世才積極靠攏蘇聯，蘇聯迅速開始展開其對中國新疆的工作。至一九三三年十二月和一九三四年一月蘇聯兵分兩路進入新疆幫助盛世才打敗甘肅馬仲英部與伊犁張培元部的兩面進攻，更進一步加強了蘇聯在新疆的影響力。這樣一來，中國紅軍由東向西發展，蘇聯的勢力則由西向東伸展，兩方面的距離迅速縮短，通過中國西北使中國紅軍接通蘇聯的前景對共產國際更具吸引力了。

一九三四年夏，共產國際駐上海的遠東局軍事代表弗雷德回到莫斯科。在和各方面負責人交談之後，他很快向共產國際副總書記兼聯絡局局長皮亞尼茨基就中國紅軍的未來發展方向問題提交了他的建議書。在這份建議書中，弗雷德再清楚不過地說明了中國紅軍向西北發展的戰略意義。

❶❺　〈康生、王明給中共中央政治局的信〉，1934年9月16日。

　　弗雷德在這一文件中明確提出，目前紅軍及蘇區在中國南方，包括在江西的發展都遇到了嚴重的困難，中國革命當前最具發展前途的根據地是在四川。但四川的工作還遠不能令人滿意，它在各方面的工作都相當薄弱，不能適應建立鞏固根據地的要求。特別重要的是，根據幾年來鬥爭的經驗，紅軍的發展極度需要來自國外的援助，而這種援助只能通過加強中共在西北的工作和紅軍向西北發展的戰略來實現。為此，弗雷德提議，立即在蘇聯中亞細亞的阿拉木圖組織由中共軍政領導人和共產國際聯絡部人員聯合組成的中共西北局，開始調查通過新疆、外蒙等地派遣人員到中國西北各省發展游擊戰爭的可能性，直接援助陝北的紅二六軍，並通過他們接通四川紅軍。為此不僅應當從莫斯科派遣一些有能力的和具有主動工作精神的中國幹部到中國西北地區去，而且應當考慮派遣一些在蘇聯遠東地區工作的華人幹部，包括一些從東北來的游擊隊成員，通過新疆到中國的西北地區去，充分利用西北地區旳各種武裝力量，並把它們改造成革命的武裝，使之與四川的鬥爭匯合起來。同時還應考慮在蘇聯的中亞細亞地區組織一個秘密的軍政學校，包括建立一個至少足夠裝備五萬人的秘密武器庫。特別是對於軍事援助這一點，弗雷德具體解釋說：「可以肯定，僅僅培養幹部是不夠的，我們將來必須要為紅軍提供武器，包括飛機大炮等等。為此我們應該從俄羅斯向中亞細亞運送足夠裝備五萬人的武器裝備，並在那裡建立武器庫」，以便隨時可以根據需要向西北地區的紅軍提供軍事上的幫助❶。

　　還沒有資料證明弗雷德的建議得到了什麼樣的答覆，但一九三四年十一月三日皮亞尼茨基給蘇聯紅軍情報局長皮爾金的信顯示，共產

---

❶　〈弗雷德的建議〉，1934年9月16日，中心檔案，全宗號495，目錄號19，
　　卷宗號575。

國際正在開始著手具體的調查工作，因為他在信中提出請紅軍情報部門設法協助調查中國西北邊疆地區的情況，以便考慮經過中國的西北邊界具體援助中國紅軍的可能性。多半是根據類似的建議，我們還可以看到一些有關中國西北邊疆地區的調查報告。這樣的調查報告在一九三五年已經被提交給共產國際，它們中有〈關於中國西北邊疆情況的報告〉，和〈關於內蒙古一般情況的報告〉等。這些報告說明，從中國西北地區接通蘇聯至少有兩條道路可供選擇，一條是經過新疆的哈密進入甘肅西部地區，一條是經過外蒙進至綏遠的定遠營，接通寧夏和山西。後者要比前者對紅軍更為方便，但暴露的可能性也大得多；前者距離較遠，道路困難，費時較長，但由於新疆掌握在盛世才的手中，保密性卻好得多 ❶ 。

　　從一九三五年共產國際執委會東方書記處關於紅軍行動的一份報告來看，共產國際在這一年的四月間已經決定要紅軍在靠近蘇聯和外蒙的西北地區創立戰略根據地了。該報告宣稱：「現在，不僅四川地區的西北邊界已經不存在任何嚴重的威脅，而且今後紅軍向陝西、甘肅方向發展具有非常遠大的前景，因為這些地方的游擊隊已經建立起一些重要的根據地，並且建立起獨立的蘇維埃政權。」紅軍「向西北發展的道路事實上已經打通」。蘇聯國防部、蘇軍情報局和共產國際聯絡局

---

❶　〈皮亞尼茨基給皮爾金同志的信〉，1934年11月3日；〈關於中國西北邊疆情況的報告〉，1935年；〈關於內蒙古一般情況的報告〉，1935年。另外，這時原十九路軍將領陳銘樞、蔡廷鍇等也明確提出了一個準備武裝據中國西北甘、寧、青、新四省的「民族革命行動方案」，要求在莫斯科的中共代表團代為向蘇聯和共產國際請求援助。此計劃於一九三五年十月由王明上報季米特洛夫，後由季米特洛夫轉送蘇聯軍事當局。中心檔案，全宗號495，目錄號74，卷宗號278。

三家甚至聯合組織了一個三人組，特別研究了中國紅軍未來在中國西北地區的發展計劃及其蘇聯方面的援助問題，這個小組的一份報告也明確肯定，紅軍在西北發展以及接受援助是可能的 ❶。由此不難看出，到了一九三五年，蘇聯方面關於支持中國紅軍向西北地區發展，和直接援助中國紅軍的戰略設想，已經基本形成了。正是因為如此，還在一九三五年八月共產國際第七次代表大會召開期間，蘇共中央和共產國際就急急忙忙地找到中共代表團領導人，要他們選派一位重要幹部秘密潛回中國西北地區，尋找正在北上的紅軍，一面轉達共產國際關於統一戰線的新政策，一面轉告中共中央努力向西北發展，以便靠近蘇聯和外蒙。斯大林特別委託共產國際領導人轉告中共代表團領導人，要他們告訴當時被選派回國的林育英，務必向中共中央轉達斯大林本人在紅軍戰略發展方向問題上的明確意見，即：

　　紅軍主力可向西北及北方發展，並不反對靠近蘇聯 ❷。

　　斯大林同意中國紅軍在可能的情況下打通國際路線。這對於將近一年來極端渴望得到蘇俄援助，但又對打通蘇聯猶豫不決的中共領導人來說，不能不是一個令人高度興奮的消息。張聞天當即於二十日和二十五日接連寫信給在前線的毛澤東等人，主張根據斯大林的建議，迅速準備經寧夏靠近外蒙，以取得技術援助並建立更加鞏固的戰略根據地。顯然，考慮到這時的陝北蘇區只有安塞、赤安、瓦窰堡三個縣的中心區，其餘都是與敵犬牙交錯的游擊區，而紅軍兵力自入甘南向

---

❶　東方書記處：〈中國紅軍前線的新形勢〉，1935年4月；〈有關軍事問題的報告（絕密）〉，1935年。

❷　〈育英、聞天致朱德、國燾同志電〉，1936年2月14日。

陝北開進以來又驟減一千五百人以上，此時與陝北紅軍加在一起也不過六千人左右，僅陝北地區的各種國民黨部隊就有數萬人，張聞天等對堅持陝北根據地並不十分樂觀。他們相信，迅速取得蘇聯援助將會對紅軍的生存和發展具有重大意義。

　　但作為軍事領導人，毛澤東、彭德懷等人卻有另外的看法。他們同樣對紅軍突破臘子口以後人數銳減感到吃驚，但正因為如此，他們更加注意到長途跋涉給部隊帶來的嚴重損害，更加看重根據地在士兵心理上的重要意義。因此，毛澤東明確認為當前最緊要的是發展與鞏固根據地和擴大紅軍，「目前不宜即向寧夏，根本方針仍應是南征與東討，東討之利益是很大的」。在十二月一日毛給張聞天的覆信中他這樣解釋了這個問題：

　　　　關於紅軍靠近外蒙的根本方針我是完全同意的，因為這個方針是使中國革命戰爭，尤其不久就要到來的反日民族戰爭取得更加有力量與更加迅速發展的正確方針。我不同意的是時間與經路問題，第一，紅軍目前必須增加一萬人，在四個月內我們必須依據陝北蘇區用空前努力去達此目的；第二，最好是走山西與綏遠的道路，這是用戰爭用開展用不使陝北蘇區同我們脫離的方針與外蒙靠近。為完成上述兩種任務，我想有六個月左右的時間就夠了。所以，我們應在明年夏天或秋天與外蒙靠近。[20]

─────────────

[20]　〈毛澤東關於紅軍靠近外蒙的根本方針等策略問題給洛甫的信〉，1935年12月1日，《毛澤東軍事文集》，第1卷，軍事科學出版社等，1993年版，第408–409頁。

　　對於擴大紅軍的信心是這些軍事領導人從與正在圍剿他們的張學良東北軍的作戰中得來的。最初他們估計以紅軍的現有兵力，最多只能對付國民黨幾個團，因此，到陝北後，他們提出的最初的擴紅計劃也只不過是一千二百人。但十一月下旬與東北軍初次正式交手，就以兩千人之數一舉殲一〇九師全部和一〇六師兩個團，斃傷俘獲達六千人之眾，僅師以下各級軍官就達數百人。這顯然使紅軍指揮員大受鼓舞，並對鞏固和擴大蘇區和紅軍開始充滿信心。因此，打通國際路線在他們看來，一時變得不是那麼緊迫了。

　　十二月二十三日，中共中央舉行軍事會議，毛澤東作軍事問題的報告。同時提出打通蘇聯與鞏固和擴大蘇區問題，主張：「打通蘇聯是中心口號，與鞏固和擴大蘇區聯繫起來」。根據毛澤東的建議，中共中央決定將此一目標分三個步驟來實現，即：第一步，在陝西擴大紅軍，鞏固蘇區，準備東征；第二步，進攻山西西部，擊破晉軍主力，進一步擴大紅軍，完成與蘇聯的通訊聯絡；第三步，轉進綏遠，靠近外蒙和抗日前線。按照毛澤東的這一計劃，打通蘇聯只是計劃中的第三步，而最終能否實現尚要看已經進抵熱察和平津一線的日本軍隊是否會進入綏遠而定。也就是說，毛事實上仍舊把鞏固和擴大蘇區放在了第一位，而把打通蘇聯放在了第二位。但在會議上，多數與會者實際上並不這樣主張，他們力主把打通蘇聯放在第一位，至少也應把二者並列起來。因此，在決議的行文上，毛澤東對於打通國際路線與鞏固和擴大蘇區的關係問題並沒有予以嚴格的說明，而是把前者規定為最終目標，結果決議所規定的整個一九三六年的三步作戰計劃實際上變成以打通國際路線為中心任務了[21]。這樣一來，部分軍事領導人乃至地方

　　[21]　參見〈中共中央關於軍事戰略的問題的決議〉，1935年12月23日，《毛澤東軍事文集》，第1卷，第412–422頁。

領導人自然要表示懷疑。

　　一九三六年一月，紅軍主力開始受命移師黃河東岸，中共政治局亦隨軍行動，只留西北中央局率少數地方紅軍和游擊隊保衛蘇區，東征戰役即將開始。由於相信這一軍事行動的基本目的在於打通蘇聯，因而有使紅軍再度脫離蘇區根據地的危險，彭德懷等相繼致電中央表示不安。彭德懷於二十四、二十六和三十日接連致電中央，強調「鞏固的發展求得靠近外蒙原則上不應有所改變，但目前行動步驟上我已感覺有重新考慮的必要」，因為：

> 陝北蘇區是中國目前第一個大蘇區，是反蔣抗日有利的領域，是全國土地革命民族革命一塊最高的旗幟，應以如何手段使之鞏固擴大，如紅軍行動有脫離這個蘇區危險性可能時，都是不正確的。……戰略上佯攻調回孫李，求得肅清殘敵鞏固基本蘇區與外蒙更加接近，這是正確的，但須估計到河東堡壘及閻敵各種防範，並須保障能渡回的技術。❷❷

　　李德此時亦上書中共中央，主張慎重考慮力量對比，因為「我們有一萬三千人，其中二分之一是新戰士和三千新的俘虜兵」，「敵人閻錫山一個就有八萬人」，特別是：

> 同蘇聯的聯繫不應當作為自己的主要戰略目的，戰略上的聯繫應當看作配合行動（在蘇日戰爭爆發的前後一個樣），戰爭未發生以前，在我們這方面應當避免能夠引起蘇日衝突的行動。……

---

❷❷ 〈彭關於目前反蔣抗日爭取統一戰線及鞏固擴大蘇區問題致洛毛周博王同志電〉，1936年1月26日。

我們應當從我們的戰略計劃取消向綏遠先機接近外蒙的條文。……沒有到綏遠去的必要，沒有必要接近外蒙古。❷❸

　　甚至，留守陝北蘇區的周恩來與博古等也對原定之戰略方針應改變表示贊同，只是，他們並不認為以打通國際路線為中心任務是錯誤的，他們感到懷疑的同樣是東征是否符合紅軍目前的利益。周、博電稱：

戰略總方針下應將擴大和鞏固抗日根據地及打通蘇聯並非平行，而是聯繫著的。中心任務應以擴大赤區服從於打通蘇聯。……打通蘇聯我們認為不是一個單獨的技術問題，這包含整個黨的政治任務及戰略總方針之實現問題。而且也不應解釋為單純的技術條件之取得。一方面，將我們的戰線靠攏與聯接起來；另一方面在敵人後方開展我們的戰線，這是萬分重要的事。因此，擴大紅軍擴大蘇區與游擊區，更成為急迫萬分的事。❷❹

　　根據各方面的提議，中共中央最終決定變更原定計劃的設想。最早提出全力打通國際路線接取援助的中共中央此時的總負責人張聞天，這時開始注意到：「長征經驗證明，主力紅軍長期沒有根據地時使我們發生極大困難」，因此，原定的「將保衛與擴大鞏固根據地放在戰略計劃之第二項是不適當的」，將打通蘇聯取得技術幫助作為戰略方針之首也是「不對的」。因此，中共中央部分領導人與軍事負責人在延長召開軍事會議，重新討論了戰略方針，根據張聞天的提議，原定的第三步驟被取消，一九三六年的軍事行動僅以擴大蘇區和紅軍為目的，

---

❷❸　〈李德關於紅軍渡過黃河後的行動方針問題的意見書〉，1936年1月27日。

❷❹　《周、博關於戰略方向問題致張、毛、彭等電》，1936年1月31日。

東征山西的作戰在保證回渡黃河沒有問題的情況下則繼續準備實施，全部作戰「著重在鞏固的發展，反對冒進與脫離現有根據地的危險」❷⑤。但與此同時，考慮到打通國際路線的任務勢在必行，林育英又可以國際代表的身份在一、四方面軍之間起調解作用，故中共中央這時特地通知張國燾斯大林的建議，希望四方面軍和在雲貴交界處的紅軍二方面軍立即設法北上，共同實現打通蘇聯的任務。其二月十四日電稱：

> 關於戰略方針弟等有如下意見：……育英動身時曾得斯大林同志同意，主力紅軍可向西北及北方發展，並不反對靠近蘇聯。四方面軍及二、六軍如能一過岷江，一過長江，第一步向川北，第二步向陝甘，為在北方建立廣大根據地，為使國內戰爭與民族戰爭打成一片，為使紅軍真正成為抗日先遣隊，為與蘇聯紅軍聯合反對共同敵人日本，為提高紅軍技術條件，這一方針自是上策。❷⑥

　　二月二十日，紅軍發動了東征戰役。到三月初已擊潰或殲滅閻錫山部五個團，俘虜一千二百餘人。一個月後，紅軍更打敗閻部達十九個團之多，前鋒已達文水、交城、介休、靈石、霍縣、趙城、洪洞、臨汾之線，並占領了同浦路之一段。於是，人們對於東征可能帶來的危險的擔心迅速消失，中共中央對軍事形勢的估計重又樂觀起來了。三月下旬，中共中央召開政治局會議討論新得到的共產國際七大文件，張聞天再度提出：「東征並不取消打通國際路線」，只是打通的方法是

<hr />

❷⑤　洛甫：《對奪取三原戰略計劃的意見》，1936年1月31日。

❷⑥　〈育英、聞天致朱德、國燾同志電〉，1936年2月14日。

不一樣的，「我們仍公開的講需要無產階級國家的幫助」。毛澤東亦明確表示應當堅持打通國際路線的方針，下決心與蘇聯打成一片，在日蘇戰爭不可避免的條件下，不要怕對蘇聯不利。他說：

> 中國紅軍與蘇聯靠攏，對紅軍幫助很大，即根本取消技術幫助，只講政治幫助亦是大的。而蘇聯亦得幫助。

據此，毛澤東已經開始具體考慮與蘇聯方面建立密切的軍事關係，這包括：

(1)對日作戰彼我雙方之共同步驟問題；

(2)兩軍委通信聯絡問題；

(3)我軍向綏遠行動並向綏遠創立局面問題；

(4)技術問題，能否接濟步槍、步彈、輕重機槍、高射機槍、步兵炮、新式架橋設備、無線電器材，如可接濟，我軍在秋天全部開赴綏遠接運一次至二次。

(5)人的幫助問題，擔任特種技術教育者數人，擔任作戰者數人。❷❼

　　東征的成功使毛澤東等人已經改變了對於過去所說的「打通」的概念。過去說「打通」，是因為過去紅軍沒有能力建立一個與蘇聯連成一片的大規模的根據地，而今天這種可能性似乎出現了。毛澤東批評那些對實現這一設想表示懷疑的幹部是對革命形勢和對戰略任務了解

---

❷❼　〈德懷、澤東關於鄧發同志去蘇聯任務致恩來、洛甫並鄧發同志電〉，
　　　1936年4月20日。

不足，他指出：現在紅軍的任務是

> 在華北，首先是在山西經過游擊階段，創造比陝北更大的根據
> 地。在此根據地內建立模範的人民政權，成為號召全國革命的
> 中樞。將此根據地與外蒙連接，與蘇聯打通。❷❽

　　但是，中共中央的估計過於樂觀了。隨著南京方面急調湯恩伯等
部進入山西，原來與紅軍作戰的二十多個團很快增加到五十個團之多，
東征山西的紅軍被迫轉入防禦。而陝西方面張學良、楊虎城等部約十
五個師在蔣令下也被迫向陝北蘇區推進，並迅速切斷了陝北與關中的
交通，使得留在陝北蘇區的四個團和幾個獨立營難以招架。至四月下
旬，形勢已經根本變得對中共不利，在山西及華北幾省建立根據地的
戰略設想已經無從實現，整個東征作戰方針不得不根本改變。五月初，
紅軍全部撤回陝北，中共中央又不得不重新考慮新的發展方向和戰略
方針了。

第三節　寧夏失利

　　五月八日，中共再度召開政治局會議，討論目前形勢與今後戰略
方針。由於這時中共已經說服張學良轉而支持中共的抗日反蔣方針，
紅軍與東北軍首領的統一戰線關係已經秘密確立，雙方並且約定了尋
求蘇聯支持的具體方法。加上這時中共已經先後與楊虎城、高桂滋等
西北地方實力派建立了秘密聯繫，在陝西乃至整個西北地區自然出現
了有利於中共推進抗日反蔣的統一戰線局面的重要時機。因此，毛澤

❷❽　〈彭、毛關於形勢任務及戰略問題給林、聶電〉，1936年4月2日。

東在報告中具體提出了「為西北國防政府鬥爭」的政治任務，準備推動張學良和東北軍共同組織西北國防政府和西北抗日聯軍，並和外蒙一樣聯合寧夏、新疆與蘇聯結成抗日反蔣的聯盟。正是在這次會議上，中共中央初步確定了向西發展的計劃。

四天後，周恩來應張學良之邀於四月九日初次會見之後，再度前往延安與之秘密會談，雙方共同商討了實行抗日反蔣的「西北大聯合計劃」，並基本商定以蘭州為實施西北大聯合計劃的大本營，以張為西北國防政府主席和抗日聯軍總司令，和東北軍協助紅軍打通國際路線。至此，「西北大聯合計劃」初具端倪。

五月十八日，中共制定〈西征戰役計劃〉，決定全力向西發展，一方面在陝甘寧邊擴展根據地，一方面相機奪取寧夏，以便打通國際路線。二十五日，中共中央向四方面軍及二方面軍通報了這一計劃的要旨，並要求他們立即北上：

> 紅軍西渡後向陝甘寧發展，策應四方面軍與二方面軍，猛力發展蘇區，漸次接近外蒙。外蒙與蘇聯訂立了軍事互助條約，國際盼望紅軍靠近外蒙新疆。……四方面軍與二方面軍宜趁此十分有利時機與有利天候，速定大計，或出甘肅，或出青海。❷❾

鑒於這時「國際已三四次派人來找我們，希望我們在西北成立大局面」，「盼望紅軍靠近外蒙新疆」，中共中央相信，它發動西北大聯合

❷❾　〈育英、洛甫、澤東、恩來、博古、德懷、林彪、海東關於目前形勢及戰略方針致朱、張、劉、徐、陳並轉任、賀、肖、關、夏諸同志電〉，1936年5月25日，《毛澤東軍事文集》，第1卷，第533–535頁。

的戰略計劃，是完全符合共產國際和蘇共中央要求的❸⓿。隨著六月初兩廣事變的發生，中共中央更是明顯感到「西北政府已經有了迅速組織的可能與必要，我們應以西北的發動去配合兩廣的發動」，「使抗日反蔣的統一戰線進到高度具體化」❸⓵。為此，中共中央進一步加緊了組織和實施西北大聯合計劃的工作。

六月十六日，中共與共產國際電訊聯絡獲得成功，中共中央給共產國際的第一封電報就明確提出了「西北發動有加快的必要」。電稱：

> 為了策應兩廣及華北的局面，西北的發動決定提早，發動的時機擬在兩個月內，發動的部署以接近蘇聯與解決西北蔣介石力量為原則，大體以紅軍一方面軍經於甘北，二四方面軍經於甘南，以東北軍一部入蘭州，解決朱紹良並控制蘭州到哈密要道。❸⓶

電報特別要求共產國際提供經費和軍火的援助。七月初，當中共中央發出第二封電報時，又再度強調了這一點，指出：「國際的援助是一個重要的條件」。沒有這一條件，不僅張學良東北軍將缺乏信心，即使發動成功，十多萬軍隊糧餉彈藥也將難以為繼。正是考慮到這種情況，毛澤東再三告誡其左右說：無論如何，「打通蘇聯取得接濟仍

❸⓿ 根據已知的情況，可以肯定莫斯科這一段時間至少為與西北地區的紅軍聯絡，派出過六批聯絡人員。前引：《西安事變新探——張學良與中共關係之研究》，第160頁注❻⓼。

❸⓵ 〈育英、洛甫、恩來、博古、澤東、德懷關於二四方面軍北出甘南致朱、張、任電〉，1936年6月19日，《毛澤東軍事文集》，第1卷，第549–550頁。

❸⓶ 〈中央書記處致王明、康生同志電〉，1936年6月16日。

是總的戰略方針中重要一著」。「無論站在紅軍的觀點上，站在紅軍與
友軍聯合成立國防政府的觀點上，打通蘇聯解決技術條件，都是今年
必須完成的任務」。不僅如此，他還具體提出了打通國際路線的道路和
時機問題，指出：道路「一是寧夏及綏遠西部；一是甘涼肅三州。時
機一是夏秋，一是冬季」，「如外蒙能出兵策應並解送軍械，我軍又有
渡河作戰條件，則出寧夏最為有利，否則只好候冰期」❸。

　　然而，時機轉瞬即逝。就在中共全力以赴地準備八月左右發動西
北地區抗日反蔣大聯合，以響應兩廣反蔣事變之際，兩廣事變迅速失
敗了。兩廣的失敗，使西北的發動面臨著極大的困難，而打通蘇聯接
取援助更加成為整個計劃中最為關鍵的一環。因此，八月十日，當中
共中央開會討論共產國際關於應當以南京政府為統一戰線主要對手的
指示時，他們並沒有理解共產國際這一指示的真正涵義。相反，他們
仍舊準備繼續實施西北大聯合計劃，並首先實現打通蘇聯的設想。在
他們給二、四方面軍領導人的電報中，關於這一軍事計劃有著十分具
體的說明。電報說：

　　關於今後戰略方針有如下的建議：

　　一、一、二、四三個方面軍有配合甲軍（東北軍）打通蘇聯，
　　　　鞏固內部，出兵綏遠，建立西北國防政府之任務。由此任
　　　　務之執行，以配合並推動全國各派統一戰線達到大規模抗
　　　　日戰爭之目的。

　　二、根據一、二、四方面軍會合，甲軍與我們聯盟，日本指揮

---

❸　〈毛澤東關於今後戰略方針和任務致德懷電〉，1936年6月29日；〈毛澤
　　東關於打通蘇聯及其道路、時機問題致德懷電〉，1936年7月1日，《毛澤
　　東軍事文集》，第1卷，第553–555頁。

蒙偽軍進攻綏遠內蒙，企圖隔斷中蘇關係，及蔣介石注意西南，暫時無法顧及西北等情況，上述任務可能而且必須在較短的時間內實現之。

三、打通蘇聯為實現全國抗日戰爭，首先為實現西北新局面，進行部分抗日戰爭之重要一環。步驟為：

（甲）二、四方面軍盡可能的奪取岷州或其附近作為臨時根據地，控制岷州附近洮河兩岸之一段，候部隊相當整理後，即以有力一部出隴西攻擊毛炳文，相機消滅之。目的在威脅蘭州，以便甲軍于學忠部三個師全部集中於蘭州，控制蘭州為戰略樞紐。另以有力一部出夏河攻擊河洲馬步芳家鄉，目的在威脅青海，吸引西路甘涼肅三州馬步芳兵力之轉援，以便甲軍派出一部接防，使西路三州徑入於甲軍之手。再消滅青馬一部，促其與我講和。……此外再派較小一部拒止王均於西禮之線，並派員與王進行外交。同時也對毛炳文進行外交。彼等均在極危懼中，外交成功有大的可能。上述計劃大概以一個半月時間實現之。……

（乙）完成上述任務之後，實行三個方面軍在甘北之會合，擴大甘北蘇區，準備進攻寧夏。這一步驟約在十月到十一月實現之。

（丙）十二月起三個方面軍中以一個方面軍任保衛陝甘寧蘇區並策應甲軍對付蔣介石之進攻，以兩個方面軍乘結冰渡河消滅馬鴻逵，占領寧夏，完成打通蘇聯任務。❸❹

---

❸❹　〈洛、育、恩、稼、懷、凱、澤關於今後戰略方針致朱、張、任電〉，1936年8月12日，《文獻和研究》，1986年第5期。

　　在共產國際考慮到應該以南京政府為統一戰線主要對手的情況下，繼續準備實施建立西北國防政府的計劃，是否仍有可能呢？八月十五日，共產國際發來關於策略轉變的重要政治指示，明確要求中共放棄前此實行的抗日反蔣方針，改行逼蔣和聯蔣抗日的方針，這一指示從根本上否定了中共關於在西北建立由各抗日反蔣勢力組成的與南京政府對立的國防政府的計劃。從八月下旬開始，中共迅速開始按照共產國際的新的策略展開對南京方面的統戰工作，並通知張學良予以支持和配合。但是，取消西北大聯合的計劃和轉而以南京為統戰的主要對手，並不意味著中共的生存和發展從此不再受到威脅。南京與中共之間為尋求政治解決兩黨關係的辦法已經進行了半年多的秘密接觸和商談，但由於雙方實力相差甚遠，任何一方又都不願降低自己的條件，因此國民黨軍隊仍舊隨時可能發動大規模的進攻與圍剿。與各反蔣派別的秘密接觸與結盟雖然已經取得了重要成果，但包括張學良在內，各派均十分重視中共背後蘇聯的作用，沒有蘇聯方面的出面支持也不敢輕易與中共站在一起，因此一旦大戰發生，紅軍勢將孤立無援。與此同時，紅軍所在之陝北及甘北地區，人煙稀少，糧食匱乏，非向外發展和戰爭，兵員補充和物資供給都不能持久。而由於國共力量對比懸殊太大，加之對外宣傳停止內戰一致抗日，接連不斷的擴張和戰爭也不是長久之計。因此，無論是戰是和，要想保持中共自身的利益不受損害，仍舊必須尋求蘇聯的直接幫助。為此，當共產國際改變統戰策略的政治指示剛一到達，中共中央當即意識到問題之嚴重，於是，張聞天、周恩來、博古、毛澤東不得不聯名致電駐共產國際代表團團長王明，陳說利害，叮囑王明務必想切要求蘇聯方面正式給予援助。電稱：陝北甘北蘇區人口稀少糧食十分困難，非多兵久駐之地，且北不出寧夏，東不出山西，亦無紅軍活動之餘地，目前陝北蘇區即已大

為縮小，紅軍之財政糧食已達十分困難程度。與此同時，為著避免與南京衝突，便利同國民黨合作抗日；為著靠近蘇聯，打破日本截斷中蘇關係的企圖；為著保全現有根據地，紅軍主力都必須設法占領甘肅西部寧夏綏遠一帶才有可能。否則，紅軍將不可避免地要向現時位置之東南方面發展，如此，（甲）將被迫放棄現有陝甘寧蘇區，（乙）將不是抗日方向而是內戰方向，（丙）日本帝國主義有利用此時機截斷中蘇關係的可能。考慮到上述情況，我們一方面準備就紅軍在青海、甘西、寧夏至綏遠一帶駐軍問題加緊與蔣介石進行談判，求得在一般基礎上要求他承認劃出紅軍所希望的防地，另一方面還必須解決一個具體的作戰問題，因為即使蔣承認紅軍占領這個地帶，也不見得能使這一地帶的土著統治者會自動的讓出其防地。由於這一地帶是一個為黃河沙漠草地所束縛著的一個狹長地帶，而且其中滿布著為紅軍目前技術條件所不能克服的許多堅固的城池堡壘及圍寨，在時機上進取這一地帶僅能利用冬季黃河結冰之時，但如果蘇聯方面能答應並且做到及時的確實的替我們解決飛機大炮兩項主要的技術問題，則無論如何困難，我們決乘結冰時節以主力西渡接近新疆與外蒙。為此，我們制定的軍事部署大致如下：（甲）以一方面軍約一萬五千人攻寧夏，十二月開始渡河，先占領一部分主要的城寨，多數城寨待接取飛機大炮後再奪取之；（乙）以四方面軍十二月從蘭州以南渡河，首先占領青海之若干地方作為根據地，待明年春暖逐步向甘涼肅三州前進，於夏季達到肅州附近，沿途堅城置之不攻，待從外蒙新疆到來之技術兵種配合攻取之；（丙）以二方面軍位於甘南，建立蘇區，並使之與陝甘蘇區相聯繫。為實現以上方針，務請向蘇聯有關方面談判各種具體準備問題，主要是援助中國之技術兵種組成輸送與按時到達，以及到達後使用的問題。如果蘇聯不贊成目前採取直接援助紅軍的方針，而我們與南京

之談判又不能及時成立協定，或協定中不能達到使寧夏甘西土著統治
者自動讓防之程度，或紅軍久攻不克結冰渡河時機又已過去，則我們
只好決定作黃河以東之計劃，把三個方面軍之發展方向放在甘南、陝
南、川北、豫西與鄂西，待明年冬天再執行黃河以西的計劃❸。

　　中共中央的電報十分清楚地說明了他們的擔心之所在，形勢看起
來對紅軍相當不利，如果沒有蘇聯的援助，那麼從生存角度考慮，紅
軍必須要向內地發展，結果自然是內戰，共產國際關於建立國共統一
戰線的要求以及國內和平與一致抗日的局面，統統都將成為泡影。蘇
聯方面當然不希望看到這種情況。從軍事角度看，莫斯科這時甚至並
不反對中共與東北軍聯合行動共同打通蘇聯，他們並且早就做好了援
助的準備。他們說到底只是對張學良感到不放心，因而一再強調「應
設法與東北軍共同進行抗日的發動，但對張學良必須格外小心」。因此，
剛一得到中共中央八月二十五日來電，斯大林很快就批准了已經擬就
的援助方案。只是，斯大林明確反對中共在國民黨的壓迫下進一步退
向新疆，以致遠離中國的主要區域而失去自己的政治影響，明確主張
改變過去計劃中的從新疆方面提供援助的意圖，改由外蒙提供援助。
共產國際執委會書記處據此迅速於九月十一日覆電中共中央，指示中
共紅軍應採取接通外蒙的作戰行動。電報說：

> 同意你們占領寧夏地區和甘肅西部的計劃，同時，堅決的指出，
> 不能允許紅軍再向新疆方面前進，以免紅軍脫離中國主要區
> 域。❸

---

❸　〈洛甫、恩來、博古、澤東關於紅軍行動方針給王明同志電〉， 1936年
　　8月25日。

❸　〈共產國際執委會書記處致中共中央書記處電〉，1936年9月11日。

　　莫斯科的來電無疑是一個讓中共中央和全體紅軍將領盼望已久的好消息。然而問題是，共產國際的來電打亂了中共中央原來的部署。根據原先的部署，紅軍應分兵進攻寧夏和甘西地區，並且是在國共兩黨的談判已經取得了協議的情況下，即不再存在來自南京軍隊的攔截與進攻的威脅。而這個時候，中共中央剛剛得到共產國際的政治指示，他們仍對兩黨談判有所指望，但當莫斯科姍姍來遲的援助突然降臨之際，他們已經有些等不及了。因此，他們這時對於來自南京的可能的威脅，沒有作出像他們在給共產國際的電報中曾經作過的那種多少有些保守的估計，何況現在用不著再分兵進攻甘西，可以全力以赴地攻取寧夏了，把握也許應該大許多。在這幾乎是千載一時的機會面前，他們無論如何必須排除那些已經存在和可能出現的困難，開始行動了。

　　九月十四日，中共中央先後通知一、二、四方面軍：

　　國際來電同意占領寧夏及甘肅西部，我軍占領寧夏地域後即可給我們以幫助。

　　為堅決執行國際指示，準備在兩個月後占領寧夏，擬作如下部署：

　　（一）一方面軍主力九、十兩個月仍在海原、固原地區，十月底或十一月初開始從同心城、預望之線攻取靈武、金積地區，以便十二月渡河，占領寧夏北部；

　　（二）四方面軍以主力立即占領隆德、靜寧、會寧、通渭地區，控制西蘭大道，與一方面軍在固原西部硝河城地區之部相當靠近，阻止胡宗南部西進，並相機打擊之，十月或十一月初進取靖遠、中衛西部及寧安堡之線，以便十二月渡河，奪取寧夏南部；

（三）二方面軍在陝甘邊積極活動，吸引胡宗南部於咸陽、平
　　　涼之線以南地區，與四方面軍互相策應，並聯絡陝南游
　　　擊區；

（四）由陝北派出游擊支隊經關中蘇區出至渭水以南活動，牽
　　　制胡宗南之側後。

　　為使二、四兩個方面的領導人了解此次戰役行動的重點及目的，
中央軍委在電報中特別說明：「以上部署主要是四方面軍控制西蘭大
道，不使胡宗南切斷，並不妨礙爾後一、四方面軍奪取寧夏之行動，
當一、四方面軍奪取寧夏時，二方面軍仍在西蘭大道以南包括陝甘邊
與甘南擔負箝制任務。至於占領甘肅西部，候寧夏占領，取得國際幫
助後再分兵略取之。」❸ 隨即，中共中央具體提出了組織「靜（寧）會
（寧）戰役」的計劃，要求二、四方面軍全力北上，與一方面軍合力
奪取隆德、靜寧、會寧、通渭地區，控制西蘭大道，實現三個方面軍
的會合。至此，曾幾起幾落的「打通國際路線」的戰略部署，終於開
始具體實施了。

　　一九三六年九月中旬，紅軍一方面軍全部二萬一千餘人除少數配
合約五千地方部隊守衛陝北甘北蘇區外，其餘二十七個團約一萬八千
人全部集中於鹽池、定邊至同心、豫旺堡一線，向南推進。二、四方
面軍三十七個團約五萬六千人已進至甘肅中部的通渭、隴西一線，集
力向北。這時，國民黨軍除甘南有三十餘團三萬餘人尾隨於二、四方
面軍之後外，甘北有九十一個團大約十四萬人的兵力幾乎全部集中在
紅軍一、二、四方面軍之間的平涼、隆德、靜寧、會寧、定西及西蘭

❸　〈育英、洛甫、恩來、博古、澤東關於軍事部署問題致朱、張、任三同
　　志電〉，1936年9月14日，《文獻和研究》，1986年第5期。

大道一帶，和與紅軍一方面軍平行之海原、同心、中寧、金積、靈武一線。而南京方面由長沙等地調援西北主持圍剿的胡宗南部三十二個團約五萬餘人，則已先後入陝並陸續西運黃河東岸和靜寧、會寧、定西地區。加上土著軍閥馬鴻賓、馬鴻逵布署在黃河兩岸的大約二十個團的兵力，紅軍主力這時至少面對著將近四倍以上的敵人。所幸在紅軍一、二、四方面軍中間有約四十個團的兵力是張學良的東北軍，紅軍主力之會合一般已經不成問題。只是胡宗南部之到來頗讓中共中央感到擔心，由於張學良與紅軍的結盟在東北軍中並未完全公開化，多數部隊並不了解，一旦胡部主力楔入，張學良在軍事調動上與紅軍的配合將變得十分困難甚至將成為不可能，如此，不僅紅軍會合行動受到箝制，尤其是打通國際路線的計劃將大受威脅。為此，毛澤東等再三電告張國燾等：四方面軍主力宜在兩三天內進占界石鋪及其以西地段，否則胡軍乘汽車將在兩三天內控制此地，紅軍有被切斷之虞。「機不可失，千祈留意」❸。為確保無虞，中共中央同時命令第一師迅速向界石鋪推進，並相機占領之。

由於張國燾與中共中央因一、四方面軍的分裂和其後另立中央所造成的各種問題實際上還未得到解決，張國燾對於三個方面軍的會合仍舊有所猶豫，而對以四方面軍控制西蘭大道，與胡宗南作戰，同樣頗多顧慮。特別是為等到十二月黃河冰凍保證一方面軍渡河，四方面軍將不得不在西蘭大道這一交通線上幾面受敵，與超出自己幾倍的胡宗南等部鏖戰兩個月之久，其結果頗難想像。為此，張對奪取寧夏的方針和靜會戰役的計劃，都有所懷疑。九月十七日，張國燾致電毛澤東等，一連提出八個問題：一、向寧夏及甘肅西部，發展重點在甘肅

❸　〈毛、周、彭致朱、張、任電〉，1936年9月15、16、17日，《文獻和研究》，1986年第5期。

抑在寧夏？二、如我軍攻寧夏，城仍為敵所占，是否地區狹小不便活
動？三、寧夏通外蒙有那些道路，冬季能否通汽車？四、衣服單薄之
步兵冬季能否通過？寧夏到西部須多少天？五、不結冰你們有無辦法
造船過河？造船速度如何？六、如四方面軍不在西蘭路箝制胡敵，一
方面軍能否順利渡過黃河？黃河何時在何段結冰？七、如四方面軍經
河州附近過河搶占永謀，箝制蘭州，是否便利一方面軍轉移寧夏和甘
肅西部？八、陝甘北糧食能供一四方面軍吃多少時間[39]？

　　對此，毛澤東等答覆稱：

一、向寧夏及甘西發展，重點在寧夏，不在甘西，因寧夏是陝
　　甘青綏內外蒙即整個西北之樞紐，且國際來電說紅軍到寧
　　夏地區後給我們幫助，沒說甘西。

二、我軍只要能占領寧夏之鄉村，靠近賀蘭山，便可取得攻城
　　武器，再行克城。

三、外蒙寧夏間有許多路通汽車，過去蘇聯即從這些路接濟馮
　　玉祥。

四、寧夏氣候比綏遠、青海、陝甘北部及甘西較暖，且是產大
　　米區域，且四方面軍占領寧夏南部後，應待明年春暖後再
　　行攻打甘西，同時我們將為你們製備一批冬衣。

五、攻寧須待結冰，無造船把握，結冰從陽曆十二月開始，靖
　　遠以下至蘭州不結冰，靖遠以上均結冰。

六、因馬鴻逵有二十餘團，湯恩伯、何柱國、高桂滋、高雙成
　　等軍在我軍側後，一方面軍單獨攻寧有顧此失彼之慮，如
　　使胡宗南確實占領靜會定區域，會合毛炳文，彼既可加強

❸❾　〈朱、張、陳致毛、周、彭電〉，1936年9月17日。

馬鴻逵，使我們攻寧計劃失敗，又可加強馬步青，使你們
攻甘西計劃失敗，如此有各個擊破之虞，只有集中全力先
占領寧夏，方免此失。

　　毛澤東在電報中最後特別提醒張國燾注意：「奪取寧夏，打通蘇聯，
不論站在紅軍發展上，在全國統一戰線上，在西北新局面上，在作戰
上，都是決定的一環。在當前一瞬間，拒止胡軍把一、四兩個方面軍
隔開，又是決定一環。時機緊迫，稍縱即逝，千祈留意，至禱至盼！」⑩
　　終於，張國燾在一陣猶豫後，在四方面軍領導人的會議上贊同了
實施靜會戰役的計劃，「決定四方面軍全部向定西會寧靜寧線間開進，
以會合一方面軍，夾擊與迎擊胡部為目的」⑪。鑒於雙方意見趨於一
致，中共中央立即根據二方面軍領導人的建議，提議由毛澤東、彭德
懷、王稼祥與朱德、張國燾和陳昌浩組織軍委主席團，集中於同心城
統一指揮三個方面軍的軍事行動⑫。不料，張國燾與陳昌浩於九月二
十日赴前線了解敵情和地理條件後，再度改變主張，認定照中央方案
與一方面軍會合，將使四方面軍背腹受敵，陷於嚴重困境，故下決心
單獨西進甘北黃河以東地區，與一方面軍形成犄角之勢，確保四方面
軍安全。其九月二十二日電大要如下：

⑩　〈毛、周、彭致朱、張並任、賀〉，1936年9月19日，《文獻和研究》，
　　1986年第5期。

⑪　〈朱、張、陳致林、毛、洛、周、彭、徐電〉，1936年9月19日，《文獻
　　和研究》，1986年第5期。

⑫　〈英、洛、恩、博、稼、譚關於組織軍委主席團事致朱、張、徐、陳、
　　任、賀、劉、關同志電〉，1936年9月21日。

一、估計到一、二兩方面軍能夠牽制的敵力和四方面軍的實力，目前與胡宗南之一路軍在靜會這一四面受敵之地區決戰是不利的。

二、寧夏地區狹小，一、四方面軍集中寧夏不免後有黃河沙漠之險，前有敵人封鎖，如在該地區作戰，須停留六個月，物質補充不便，萬一決戰不利，或不能有力阻止敵人時，則將陷紅軍於不利地區。

三、為迅速實現奪取寧夏和甘肅西部的戰略方針，和實現全國紅軍大會合目的，我們提議：四方面軍以基幹兩個軍迅速由蘭州西之永靖、循化一帶渡過黃河，並搶占永登、紅城子一帶地區，一個軍暫在黃河渡口附近活動，兩個軍暫留漳縣一帶吸引胡敵，然後三個也全部轉進涼州、永登一帶，以一部向靜遠、中衛活動，配合一方面軍由靖遠寧夏段渡過黃河。❹

　　隨即，張國燾下令四方面軍立即開始準備西渡黃河，正在北上的部隊主力當即轉向西進。在胡宗南部源源而至，國民黨軍已經形成強大優勢力量的情況下，此舉自然置準備很快進攻寧夏的一方面軍於孤軍奮戰的不利地位。因為一方面軍為堅守鹽池、豫旺一線和準備照原計劃占領海固地區轉攻金積、靈武，進而進攻寧夏，所要對付之敵僅馬鴻逵部即有二十餘團兩萬餘人，且據有堅固城寨，加上湯恩伯、何柱國等約三十個團直接威脅其東北和西北兩側，他們已經很少有力量能夠顧及其南面新增之胡宗南，而事實上張國燾的計劃中留在西蘭大

---

❹　〈朱、張、徐、陳致毛、周、彭並賀、任電〉，1936年9月22日，《文獻和研究》，1986年第5期。

道附近吸引敵人的兩個軍也只是暫時性質，其軍力與胡宗南部相比，也起不到真正的阻遏作用。因此，中共中央極為擔心即將展開的寧夏戰役因此受阻。為此，他們決定改變原定計劃之第一步，以主力南下，先以三個方面軍之力打擊胡宗南部，使之不能形成威脅。進而，他們又告以胡宗南部在咸陽尚未到齊，「四方面軍有充分把握控制隆靜會定道，不會有嚴重戰鬥」，一、二方面軍均將前後策應，但張國燾仍舊反覆去電，堅持認為西渡黃河有充足理由，並斷言四方面軍先機占領甘北是目前最重要一環，即可接通外蒙新疆，吸引胡軍，打亂敵軍堵截計劃，又可東西兩面夾擊黃河兩岸寧夏段之敵，順利接應一、二方面軍占領寧夏，防止紅軍陷於狹小地境被強敵所制。且張國燾相信，如此行動，一、四方面軍至多一個月也就能在靖遠、中衛附近會合了。因此，他反要中共中央「勿使全黨全軍對會合失望」❹。

　　不過，西渡計劃畢竟與國際指示從寧夏提供援助和反對紅軍進入新疆的意見相左，而中共中央又早已同共產國際發生了正式關係並得到共產國際的正式承認，再度分庭抗禮，已不合時宜，萬一發生嚴重後果，張國燾更是難逃其咎。因此，思前想後，張國燾終於不敢獨斷獨行，其一方面堅持己見，擅行西進，另一方面則又表示：「關於統一領導，萬分重要，在一致執行國際路線和艱苦鬥爭的今天，不應再有分歧。因此，我們提議，請洛甫（即張聞天）等同志即用中央名義指導我們西北局應如何組織和工作，軍事應如何領導，軍委主席團應如何組織和工作，均請決定指示，我們當遵照執行。」❹「西渡計劃確係站在整個紅軍利益的有偉大意義的正確計劃，……如兄等仍以北進

---

❹　〈朱、張、徐、陳致毛、周、彭電〉，1936年9月26日，《文獻和研究》，1986年第5期。

❹　〈朱、張、陳、徐致洛、澤、恩、博等電〉，1936年9月26日。

萬分必要，請求中央明令停止，並告今後行動方針，弟等當即服從。」❻

　　既然張國燾表示願意按照中央命令行事，中共中央自然不再取協商態度，決斷決行，於九月二十七日下達命令如下：

> 朱總司令、張總政委並告一、二、四方面軍首長：四方面軍應即北上與一方面軍會合，從寧夏蘭州間渡河，奪取寧夏、甘西。二方面軍應暫在外翼箝制敵人，以利我主力之行動。一、二、四方面軍首長應領導全體戰員，發揚民族與階級的英勇精神，一致團結於國際與中央路線之下，為完成偉大的政治任務而鬥爭。❼

　　時至於此，張國燾不能不表示「遵照黨中央指示停止西渡轉向北進」，並於二十九日制定「通（渭）莊（浪）靜（寧）會（寧）戰役計劃」，決心

> 迅速進到於通渭、莊浪、會寧、靜寧、界石堡地區，迅速與一方面軍會合，相機消滅胡敵一部，鞏固擴大甘陝寧抗日根據地，爭取抗日友軍，擁護外蒙蘇聯為目的。❽

---

❻ 〈朱、張、徐、陳致賀、任、關、肖、劉電〉，1936年9月26日，《文獻和研究》，1986年第5期。

❼ 〈黨中央命令──給朱總司令、張總政委並告一二四方面軍首長〉，1936年9月27日，《文獻和研究》，1986年第5期。

❽ 〈朱、張、徐、陳關於通莊靜會戰役計劃致英、洛、澤、恩等電〉，1936年9月29日。

　　九月二十七日，共產國際電告中共中央，通知蘇聯只能從外蒙提供援助，紅軍必須奪取定遠營前伸至外蒙邊境接取物資。十月二日，中共中央致電共產國際，進一步提出了他們所希望得到武器裝備的清單，並且明確要求蘇方提供相當數量的飛機、大炮。電報同時也再度說明了紅軍在現有技術條件下通過寧夏接取援助的困難，要求蘇蒙軍隊幫助運送和保護盡可能的深入到中國境內來，以確保紅軍能夠接運成功。但十八日，共產國際通知中共中央：

　　　你們對於你們實際上所能得到的給予你們的幫助，了解得不十
　　分正確，我們……負責供給一百五十輛汽車，並保證提供司機
　　和所需的汽油，以便來回兩次將貨物運送到你們指定的地點。
　　但貨物並不像你們二日來電所要求的那樣多，它大約有五百五
　　十噸至六百噸重左右，其中沒有飛機和重炮。……（並且）你
　　們必須派遣足夠數量的武裝部隊到外蒙邊境來接收貨物和擔
　　負沿途保護的責任。❹

　　不管蘇聯方面對於運送援助物資的方式和數量與中共中央的想法有多少不同，自從共產國際九月二十七日確定從定遠營方向提供援助之後，中共中央已經決定改變原定十二月待黃河冰凍之後再攻取寧夏的計劃了。在三個方面軍都已經集中到甘北黃河以東狹小的地區來以後，要想持續抵抗數倍於己的國民黨軍隊的進攻達兩三個月之久，無論從作戰角度、糧食等後勤供應角度，還是從與張學良東北軍的統戰關係的角度考慮，那樣做幾乎是難以想像的。事實上，對於張國燾所擔心的一旦一、四方面軍會合後，紅軍向寧夏和甘西行動的意圖大明，

❹　〈共產國際執委會書記處致中共中央書記處電〉，1936年10月18日。

國民黨軍將全力圍堵並構成嚴密封鎖的情況，中共中央這時也已經注意到了。因此，他們不能不下決心提早舉行進攻寧夏的戰役行動，不等黃河冰凍，立即造船渡河。

十月三日，四方面軍遺失「通莊靜會戰役計劃」，張國燾決定改變原定行動部署，主張除繼續下令部隊兼程趕至在一方面軍控制下之會寧、界石鋪，與一方面軍會合外，應立即以四方面軍主力進占黃河東岸之靜遠地區，搶占渡口，爭取渡河，避免與胡敵決戰。中共中央迅速同意了這一建議，只是要求四方面軍「在甘谷、莊浪一線配置必要兵力遲滯胡敵」，並接防會寧、界石鋪，以便一方面軍前鋒轉置隆德、靜寧以北和固原以南地區，防堵固原、平涼之敵，避免被國民黨軍切斷後路❺⓿。

十月八日，國民黨方面在得到四方面軍遺失的「通莊靜會戰役計劃」之後，擬定了「通渭會戰計劃」，準備各部隊分別從秦安、隴縣、隴西、定西進擊，並在平涼、靜寧、莊浪、固原防堵，決心與紅軍主力決戰。此一計劃因東北軍各部受命拖延推進時間，並未能對紅軍四方面軍北進形成任何阻礙。至十月中旬，四方面軍先頭部隊三十軍已經進抵靖遠及打拉池一帶，並業已準備二十日開始渡河。

十月十一日，中共中央軍委發布了〈十月份作戰綱要〉，決定開始實施寧夏戰役。其部署大體如下：

一、四方面軍以一個軍率造船技術部迅速進至靖遠、中衛地段，選擇利於攻擊中衛與定遠營之渡河點，十一月一日前完成一切渡河準備，其主力在通渭、馬營鎮、靜寧和會寧地區就地休整，並派支隊進逼定西、隴西、武山、甘谷、秦安、

---

❺⓿　〈毛、周、彭關於同意渡河計劃致朱、張、徐、陳電〉，1936年10月4日。

莊浪、靜寧之敵，爭取在十月份保持西蘭大道於我手中。

二、二方面軍進至通渭、馬營鎮以北界石鋪以南地區，休息數日後轉進至靜寧、隆德線以北地區，準備爾後以主力或一部接替一方面軍在固原以北之防禦任務。

三、一方面軍之西方野戰軍主力保持同心城之樞紐地段豫旺堡於手中。

四、攻寧部隊以一方面軍西方野戰軍全部及定鹽一部和四方面軍之三個軍組成之，攻寧時間依造船情況而定，至遲不得超過十一月十日。

儘管作戰綱要提議三個方面主力利用現有條件進行必要的休整，以便準備攻寧，四方面軍此時卻並無任何休整之條件了。由於紅軍這時渡河意圖已明，蔣介石急令西蘭大道一線之胡宗南等部北進，固、平、隴一線的東北軍西進。隨後，他又親赴西安，嚴令各部三面出擊，要求於短期內聚殲紅軍於黃河以東，「勿任竄過」。蔣甚至還親飛蘭州督戰。一時間，國民黨軍從東、南、西三個方向向四方面軍所在的靜寧、通渭、會寧地區猛進，戰爭全面展開，至二十三日，國民黨方面已經占領了華家堡、會寧、通渭、靜寧、界石鋪等地，西蘭大道已失。形勢轉瞬間即變得對紅軍極端不利。據此，朱德、張國燾於二十三日下令四方面軍之三十軍立即渡河，九軍跟進。二十四日晚，三十軍渡河成功，二十五日，九軍跟進，接著，四方面軍前線指揮部也於二十六日過河。寧夏戰役就此展開。

渡河行動開始的當日，即十月二十四日，中共中央就緊急致電共產國際，要求蘇方立即準備實施援助計劃。毛澤東等並指示在打拉池前線就地指揮的朱德、張國燾、彭德懷：「三十軍、九軍渡河後，可

以三十軍占領永登，九軍必須強占紅水以北之樞紐地帶，並準備襲取定遠營，此是極重要一著」❺。但因胡宗南部推進快，威脅大，張國燾又積極主張四方面軍渡河避戰，彭德懷於二十五日提議首先集中四方面軍全部及一方面軍之四師在郭城驛打擊胡宗南之一路，並爭取以一方面軍進占定遠營。毛澤東於次日同意彭關於集中在河東岸的四方面軍以打擊胡宗南為中心的考慮，但指出：張國燾的關鍵是有出涼州不願出寧夏之意，而目前則以打胡敵取定遠營兩著為最重要，故同意以四方面軍之四、五、三十一軍和二方面軍全力打胡，惟仍應以已經渡河的九軍占領定遠營，因為「這是接物攻寧的戰略樞紐，不應以一方面軍去占，不便利不失時機」❺。

二十七日，朱德、張國燾和彭德懷商定，先以四方面軍河東之四軍、三十一軍集中郭城驛一帶準備誘殲胡宗南輕敵昌進之先頭部隊。二十八日，朱、張並命令四軍和三十一軍脫離四方面軍建制，直接歸紅軍總部和前線總指揮彭德懷指揮。當日，根據河西徐向前、陳昌浩的意見，朱德和張國燾又建議三十一軍仍應渡河，因為以四軍、三十一軍兩軍很難保證完成擊破胡敵的任務，不如以一個軍擔任牽制，另一個軍過河以加強河西之力，爭取「在十一月十日前，四方面軍主力能達到占領定遠營和寧夏地區之目的」。二十九日，中共中央軍委對此表示同意。但因前線總指揮彭德懷堅持三十一軍應留在河東參加作戰，軍委遂又於三十日電令三十一軍停止西渡，在河作戰，「勝利後直由中衞渡河」。毛澤東並特別強調：「方針先打胡敵，後攻寧夏，否則攻寧不可能。請二兄把握此中心關鍵而領導之」❺。十月三十日，朱、

❺　〈毛、周關於準備襲取定遠營事致朱、張、彭電〉，1936年10月26日。

❺　〈毛關於打胡取定遠營的戰略部署致彭電〉，1936年10月26日。

❺　〈毛、周關於先打胡敵後攻寧夏致朱、張電〉，1936年10月30日。

張遵令執行。同日，因胡敵逼進打拉池，留守河東看護渡船的五軍被迫隨船西渡。次日，國民黨部隊推進到郭城驛、大盧子地區，並控制了靖遠附近的河岸。至此，紅軍渡河攻取寧夏的行動被迫中止，河西與河東的部隊被切為兩段。戰爭形勢對於紅軍變得更加嚴重。儘管彭德懷指揮河東前線部隊仍舊節節抵抗，尋找機會給國民黨軍以重大打擊，以便再度實施渡河攻取寧夏戰役的計劃，盡快接取援助。但事實上，由於七萬多紅軍有將近三分之一被截在黃河以西，河東紅軍力量已經大大削弱，並且在自然條件十分惡劣的甘北地區陷入國民黨軍的強大包圍，迴旋餘地越來越小，除非有重大勝利，否則，再度攻取寧夏，將成為不可能。故毛澤東這時竟不能不致電張學良，請其想方設法使戰爭停止下來。

寧夏戰役失敗了。十一月十三日，中共中央召開政治局會議，毛澤東明確承認：本來打寧夏就是沒有多大把握的，只是過去沒有看得這樣嚴重。現在計劃失敗了，紅軍必須改變行動方向，以求生存，先南下平涼、涇川、長武、寧縣、正寧，然後根據情況再東進山西，或南下河南和湖北，準備在外線作一年左右的長途征戰再設法返回西北地區。換言之，為了生存，內戰將不可避免地延續下去，而紅軍又將面臨著一次新的長征。當日，中共中央致電共產國際說明了這一決定。但同時通知後者確實準備援助物資，因為他們將命令河西部隊依照國際新的指示向接近新疆之方向前進❺❹。

十一月十五日，中共中央正式決定紅軍全部南下，並先後通知正在前線的朱德、張國燾、彭德懷和張學良等。但張學良力勸中共熬過一、二個月，看西北局勢變化再定。隨後，張極力向南京及蔣介石遊說，直至勸說無效，終於在十二月十二日發動了震驚中外的西安事變，

---

❺❹　〈中共中央書記處致共產國際書記處電〉，1936年11月13日。

公開與紅軍及楊虎城的西北軍結成三位一體的軍事政治聯盟,從而迫使南京方面的大規模剿共計劃流產,並最終促成了國共兩黨之間的和平。紅軍從此在西北立下腳來,南下內地的戰爭計劃因此取消。但是,紅軍西路軍打通國際路線的行動並未因此停止。

第四節　改道新疆

十月三十日,中央軍委委婉地通知了共產國際書記處關於紅軍渡河作戰失利的情況,說明因胡宗南等部敵軍七十餘團齊頭猛進,已推進至海原、靖遠,我現處南北夾擊中間迴旋困難,不得已,在一萬七千部隊已經渡河的情況下,必須暫時停止渡河,轉而打擊南面追敵❺。但就在中共中央發出此電幾天之後,它突然意外地在十一月三日收到了共產國際關於改變援助地點的電報,內容扼要如下:

> 在詳細研究之後,我們堅決認為從外蒙提供援助的方法是不可能實現的。因為(1)在嚴冬和沙漠的環境之下,你們派數千紅軍到外蒙邊境護送運輸是不可能的;(2)日本飛機有對紅軍及汽車轟炸的可能;(3)有引起日本與蘇聯嚴重衝突的可能。因此,現在已經決定目前不採用從外蒙提供援助的方法。同時,我們正在研究經過新疆提供援助的方法。如果我們將大約一千噸物資運到哈密,你們能不能占領甘肅西部前來接運?並請通知我們接運的辦法以及你們準備採用什麼樣的具體的運輸方式?❻

---

❺　〈中央軍委致共產國際電〉, 1936年10月30日。實際應為兩萬一千人,中共中央十一月八日的電報對此有進一步的說明。

❻　〈共產國際執委會書記處致中共中央書記處電〉,1936年11月3日,中心

蘇聯突然改變援助方向，在某種程度上是同紅軍渡河作戰失利有關的。但更重要的原因卻並不在此。電報上羅列了他們考慮必須改變計劃的三點理由，可顯而易見的是，前兩點困難早在蘇聯方面決定通過定遠營援助紅軍的時候已經存在了。更何況，俄國人很清楚，經過甘西前往哈密，即使只是前往安西，紅軍所要克服的嚴寒與沙漠遠比經寧夏去外蒙要多得多，並且最初也是蘇聯方面堅持不讓紅軍過於接近新疆，而決定從定遠營進行援助的。很難說明究竟為什麼，俄國人和共產國際在改變自己已經作出的決定的時候，總是習慣於為自己找一些不必要的藉口，甚至把責任推到中共的身上去。事實上，在這三點理由中，最重要的其實只是最後一點，即他們擔心此舉「有引起日本與蘇聯嚴重衝突的可能」。

值得注意的是，蘇聯最初決定從定遠營方向援助紅軍時，也並非不了解日本正在策劃進攻綏遠的情況。還在九月六日，即共產國際和蘇聯方面正式決定從外蒙提供援助前五天，中共軍委即發報說明：七八兩月來，日寇指使偽蒙軍隊侵入綏東與傅作義部迄在對持中。其先頭為王英匪軍，德王則在東蒙募兵向察北徒步集中。日軍有兩個連隊已開張北，又云已達五千上。日機初則在包綏線上飛航，繼則伸入寧夏。八月三日日航空院更派井田等乘機至阿拉善旗，聲言擬定遠營為總站，於甘寧青綏各設分站，定期飛行，並運往大批汽油等物，以經營整個西北，切斷中蘇蒙聯絡為目的❺❼。

蘇聯方面在得知這一情況之後，仍舊選定被日本人看中的定遠營為蘇聯援助的主要地點，很明顯是準備冒點風險的。它或者是不相信日本人會很快逼近定遠營，或者是決定捷足先登，先將紅軍裝備起來，

檔案，全宗號495，目錄號74，卷宗號283。

❺❼　中心檔案，全宗號495，目錄號74，卷宗號283。

給西進的日本人以某種威懾。總之，它沒有料到紅軍的作戰會如此困難，而日本人又如此迫不及待。當紅軍還在寧夏南端奮力拼殺之際，有日本軍人支持的偽蒙軍隊已經在進攻綏遠傅作義的部隊了。更讓蘇聯方面意想不到的是，蔣介石這回竟派陳誠率國民黨中央軍化裝參加了反擊偽蒙軍的作戰，全國抗戰的呼聲因此迅速高漲起來。在這種情況下，停止從定遠營進行援助事實上不可避免。蘇聯方面沒有及時地停止原定的援助計劃，多半僅僅是由於紅軍的作戰行動已經全面展開。紅軍渡河失利終於為他們放棄這一冒險計劃找到了機會。在著名的百靈廟戰役❸開始的前兩天，蘇聯最終作出了停止走定遠營這條路線進行援助的決定。事情很清楚，在綏遠抗戰開始之後，讓紅軍在得到全國各界熱情支持下浴血奮戰的國民黨軍背後發動進攻，這在政治上幾乎是一種自殺行為。蘇聯和共產國際當然不能引導中共和紅軍去這樣冒這種巨大的政治風險。

好在蘇聯方面的突然變卦來得也正是時候，如果紅軍已經經過了重大犧牲奪取了定遠營，這封電報將會帶來什麼樣的反應是可想而知的。而如今，中共中央的反映只能是無可奈何。雖然，新的指示已經說明，從蘇聯的中亞細亞方面進行援助可以比從外蒙進行援助提供更多的武器裝備，但它這時對中共中央的誘惑力看來已經不是那麼大了。其十一月八日的覆電稱：

> 從哈密輸送物資的辦法對於我們主力紅軍已沒有用處了，這個
> 改變已經太遲了。已經過河的紅軍有大約兩萬一千人，我們可

❸ 日軍與偽蒙軍此前已占據百靈廟，並進一步進犯綏遠，一九三六年十一月五日傅作義部在國民黨中央軍配合下開始進行反擊，向百靈廟發動進攻，最後收復了百靈廟。是為百靈廟戰役。

以命令他們向哈密方面前進，但要通過五千餘里路程，戰勝這一帶敵人與堡壘，需要許多時間，至少也是明年夏天的事情了。而且，除非你們能用汽車將物資送到安西，否則要紅軍到哈密去接是不可能的。因為哈密、安西之間是一千五百里荒無人煙的沙漠。❺⁹

　　十一月十三日，中共中央致電共產國際說明了這一決定。但同時通知後者一方面確實準備援助物資，因為他們將命令河西部隊依照共產國際新的指示向接近新疆的方向前進，另一方面迅速提供現金援助，以便紅軍能夠解決嚴重的財政困難，度過眼前的難關❻⁰。

　　莫斯科在決定從外蒙提供軍事物資的同時，共產國際已經籌集了數十萬美元的援款準備提供給中共與紅軍。還在十月十八日的電報中，共產國際執委會書記處就明確告訴中共中央：「我們準備向你們提供數目可觀的現金，以便你們能夠在國內自行購買必需的物品」。紅軍這時最缺的就是糧食和冬裝。陝北甘北原本就十分貧瘠，再加上戰爭不斷，又集中了大批軍隊，糧食問題自然早就極大地困擾紅軍了。由於陝北蘇區地域狹小，又被國民黨軍分割成數塊，紅軍不能發票子，當地又沒有多少土豪可打，因此，中共中央早就開始靠向張學良借錢來買糧了。而今另外兩個方面軍又來到甘北，紅軍人數猛增一倍以上，吃的問題自然更加嚴重。但最嚴重的其實還是冬裝問題。因二、四兩個方面軍均剛剛來自西南，部隊不僅全無過冬準備，甚至久經征戰之後，

---

❺⁹　〈中共中央書記處致共產國際執委會書記處電〉，1936年11月8日，中心檔案，全宗號495，目錄號74，卷宗號283。

❻⁰　〈中共中央書記處致共產國際書記處電〉，1936年11月13日，中心檔案，全宗號495，目錄號74，卷宗號283。

大部分戰士單衣和單鞋都已破爛不堪了。而甘北的冬天又來得格外早，十一月初已經開始下雪，許多戰士倍受凍餓之苦，傷病者與日俱增。面對這種情況，中共中央不得不再請張學良和宋慶齡幫助，雖解決了一時的糧食需求，得到了幾萬雙鞋子和一萬套冬裝，但不論糧食還是衣服，都還有一半以上的部隊沒有解決問題。因此，當寧夏戰役失利，又得知蘇聯方面不能從定遠營提供援助之後，中共中央立即電請共產國際緊急寄送款項，稱「不論五萬十萬都要快」，否則，「你們多推遲一天，則紅軍的凍死餓斃即多增加一人，此非革命之福」❻。與此同時，中共中央下令將渡過黃河的紅四方面軍三個軍改組成西路軍，專門負責接取來自新疆的蘇聯援助。他們並為此通報共產國際，請蘇聯立即在哈密設立辦事機關，準備援助物資以便在西路軍到達時運往安西。但中共中央此時對於打通甘西走廊的困難多少有些估計不足，因此他們明確指示西路軍主力在永昌與涼州間創造新的根據地，僅派不足一個師的第五軍前去安西接運物資。

十一月十二日，共產國際來電說明：已決定向你們提供五十五萬美元的幫助，第一批十五萬美元於十一月底送到上海宋慶齡處，由宋轉交在上海的中共代表潘漢年。而後，來自蘇聯的第一筆援款於十二月初到達上海，很快即轉送陝北。但西路軍接取援助的作戰卻連連遇到困難。先是在號稱河西走廊要衝的古浪第九軍損失了兩千餘人，後因河東甘北紅軍作戰需要西路軍擔負牽制任務，其主力被要求停在甘涼一帶而陷入苦戰，再度受損。而後，西安事變爆發，張學良明確要求西路軍東返以利牽制甘北之國民黨中央軍。待事變和平解決後西路軍雖又受命西去接取援助，而隨著張學良被扣，潼關以東中央軍西進，西安形勢吃緊，中共中央又要求西路軍停在甘肅兩州之間創造根據地，

❻　〈中央書記處致王康陳電〉，1936年11月9日。

以策應西安方面。結果，西路軍再度陷入苦戰，第五軍幾乎全軍覆沒，原先兩萬一千人的西路軍至此只剩下了一萬人左右。對於這種情況，遠在千里之外的共產國際和蘇聯方面無論如何難於了解：為什麼西路軍不盡快向西取得大批新式裝備，而要在那個幾乎無法立足的沙漠地帶耽擱如此長的時間？他們為此一再來電詢問：中共中央對於西進接取援助的任務究竟是怎樣一種方針？西路軍的西進究竟遇到什麼樣的困難？中共中央有沒有可能給他們以軍事上的幫助？

　　本來，共產國際堅持西路軍要到哈密接取援助，至一九三七年二月時，他們已經明確表示他們可將貨物送到安西，並且貨物數量比原來答應的還要多一倍以上，同時還有五十個在莫斯科熟練地掌握了炮兵、裝甲等項技術的中國同志，也將一同交給中國紅軍。顯然，來自蘇聯中亞細亞的這批援助的規模是相當可觀的，它甚至還包括了紅軍所急需的火炮，以及在西北地區進攻城堡的作戰中極為有用的輕型裝甲車等[62]。這批裝備如果能夠送到紅軍的手中，它所起的作用必將是十分重要的。

　　但是，西路軍在甘西走廊上耽擱了太多的時間。到二月中旬，中共中央雖再度指示已極端困難的西路軍就地堅持，粉碎敵人進攻，爭取春暖後完成西進任務，西路軍卻相信以現有兵力西進沒有可能，因而又一次在東返和西進問題來回搖擺，失去了最後一次西進的機會，在倪家營子一帶陷入重圍，直打得彈盡糧絕，被敵各個擊破。對此，

----

[62]　據當時由莫斯科派去接應西路軍的中共代表團的代表滕代遠回憶，陳雲等從莫斯科出發前往新疆之前，斯大林等曾專門接見過他們，並表示紅軍想要什麼可以儘量滿足，在重武器方面至少可以提供90輛坦克及90門大炮。見滕代遠：〈憶由蘇赴新迎接西路軍〉，《中國工農紅軍第四方面軍戰史資料選編》（長征時期），第1016頁。

已經做好了援助紅軍準備的蘇聯方面頗為焦急,他們不止一次地去電,要求中共中央想盡一切辦法給西路軍以援助, 甚至主張聯合東北軍、十七路軍共同增援, 並建議中共中央向南京政府直接提出交涉, 要求南京務必設法停止甘西敵人的進攻。總之, 共產國際和蘇聯方面十分擔心援助計劃將會因西路軍的失利而前功盡棄。與此同時, 考慮到紅軍所面臨的嚴重困難局面還不是靠單純的軍事援助就能夠解決的, 共產國際在得到蘇聯方面的正式批准之後,這時還特別通知中共中央說:蘇聯方面已經決定, 一次性向中共提供八十萬美元以上的援助, 而後還將進一步向中共提供大約與此數目相同的另一筆款項, 兩筆援款總數將達到一百六十萬美元以上❸。連同共產國際前此寄出的兩次援款, 一次十五萬美元, 一次五萬美元, 這時共產國際和蘇聯向中共實際提供和承諾提供的援款數量應當有將近兩百萬美元左右。這些援助如果能夠實現的話, 它在經濟上和財政上毫無疑問會幫助紅軍解決很大的困難。

　　共產國際和蘇聯這時決心大力援助中共和紅軍的態度是顯而易見的。只不過, 除了現金援助以外, 軍事援助的可能性已經越來越渺茫了。到三月中旬, 西路軍幾乎全軍覆沒, 剩下的一兩千人也很快被打散了, 再也不存在武裝接取蘇聯援助的可能了。自從一九三四年以來逐漸成熟的通過中蘇邊境由蘇聯直接提供軍事援助的計劃, 幾經波折之後, 至此終於流產了。對於中國共產黨及其軍隊來說, 這無疑是一次巨大的, 甚至可能是難以彌補的損失。因為, 如果在一九三六～一九三七年國共兩黨談判合作期間, 中共及其軍隊在軍事上得到了這批援助物資, 其軍力勢將大大加強, 它在談判桌上的地位也必然空前提

---

❸　〈共產國際執委會書記處致中共中央書記處電〉,1937年3月2日,中心檔案,全宗號495, 目錄號74, 卷宗號285。

高，與國民黨的合作條件自然也將會有重要的不同了。它影響中共和
紅軍命運之大可以想像。

當然，直接軍事援助計劃的流產，並沒有減弱共產國際繼續在軍
事方面幫助紅軍的熱情。根據前此擬定的在軍事援助紅軍的同時大批
培訓紅軍幹部軍事技術人員的計劃❻，共產國際和蘇聯仍舊對救援西
路軍剩餘人員抱以積極態度。它們於四月初接連詢問中共中央：西路
軍是否還能剩下一千人左右？你們是否還能在甘西地區找到其他失散
的紅軍人員？能否通知所有失散的西路軍成員前往安西或敦煌，以便
我們派人接運他們來新疆？「已經決定西路軍人員進入新疆後即轉送蘇
聯學習，因此，西路軍務必前往星星峽，我們將會在那裡迎接他
們」❻。與此同時，共產國際指示中共代表團派陳雲、滕代遠等人迅
速乘飛機前往新疆攜帶足夠的衣服、糧食和藥品前往新疆星星峽設立
接待站，接運西路軍人員。陳雲等人四月十八日飛抵蘇聯邊境，二十
三日到達烏魯木齊，二十五日由盛世才派部隊護送到星星峽接運已經
先期到達那裡的西路軍幹部戰士共四〇七人，於五月八日返回烏魯木
齊。以後，又有一些西路軍成員陸續到達新疆❻。共產國際總書記季
米特洛夫於五月九日親自致信蘇聯國防部長，說明可能有大約九百名
中國紅軍戰士將要到達新疆，他已提議將其中的半數送到蘇聯來學習

---

❻　見中心檔案，全宗號514，目錄號1，卷宗號847；全宗號495，目錄號18，
　　卷宗號1147A。

❻　〈(蘇聯)軍委致中共中央電〉，1937年4月1日；〈共產國際執委會書記
　　處等致中共中央書記處電〉，1937年4月7日。中心檔案，全宗號495，目
　　錄號74，卷宗號285。

❻　〈陳雲致王明信〉，1937年5月11日，中心檔案，全宗號495，目錄號74，
　　卷宗號290。

軍事，部分幹部送到共產國際的政治學校裡進行深造，請其給予積極的幫助❻。季米特洛夫還特別致信斯大林說明了他的這一提議。最後，根據蘇聯國防部部長的建議，少數西路軍成員在當年夏天被送入蘇聯各類軍事學校進行學習，其餘多數幹部戰士在新疆就地被編為一個總支隊（即所謂「新兵營」），由蘇聯方面提供各種現代的武器裝備與教員，進行分門別類的培訓❻。應當說，這種幫助對中共軍隊仍舊是有益的，因為它最終為中共軍隊培養了一批裝甲、炮兵、航空、汽車、通訊等特種技術的人才。

---

❻　〈季米特洛夫致伏羅希洛夫的信〉，1937年5月9日；1937年6月17日，中心檔案，全宗號495，目錄號74，卷宗號290。

❻　其中，學汽車的有六十七人，學裝甲車的有五十人，學炮兵的有八十七人，學無線電的有三十四人，學空軍飛行和維修的有四十三人。另外還有二十餘人去蘇聯學情報，十餘人學軍醫或獸醫。〈西路軍總支隊在新疆〉，《中國工農紅軍第四方面軍戰史資料選編》（長征時期），第1023頁。

第五章　毛澤東崛起之謎

　　在三十年代前半期，中共嚴格說來還未形成自己事實上的領袖。自從一九二七年陳獨秀下臺以來，在共產國際的直接干預下，中共中央走馬燈似地換了一輪又一輪的「總書記」。一九二七年八月到一九二八年六月是瞿秋白；一九二八年七月到一九三一年六月向忠發；一九三一年六月到十一月由周恩來與王明負責；一九三一年十一月到一九三五年一月事實上是博古。其中，只有向忠發一人算是經過中共第六次代表大會的正式手續，有正式頭銜，其餘都是「臨時」的。到了一九三五年一月，中共中央與共產國際失了聯絡，他們因為不滿年僅二十七歲的留蘇學生博古把紅軍引上絕路，自發起來推翻了共產國際指定的這位「臨時」總書記，另選了同為留蘇學生出身的三十四歲的張聞天來做中共中央的總負責人，結果是否為共產國際承認也不得而知。到了一九三八年，共產國際終於認定，只有四十五歲的毛澤東才有資格做中共的領袖。

　　莫斯科怎麼會支持毛來做領袖？在中共與莫斯科後來意見分歧之後，這看起來頗難理解。但是，只要深入考察這段歷史，就會發覺它實在是再順理成章不過了。實際上，莫斯科對毛不僅向無惡感，而且頗多重視。到了三十年代中期，一方面，這個轟轟烈烈地創造了自己的軍隊、政權，已經成為蘇聯以外最具號召力的黨，實在是需要有自己可以信賴的領袖；另一方面，在中共內部，「臨時」負責之博古已成黨內眾矢之的，緊接其後的張聞天也頗多書生之氣，時勢也需要「強

人」出世。於是，共產國際「慧眼識英雄」，再加上「時勢造英雄」，毛澤東的領袖地位也就應運而生了。

第一節　嶄露頭角

　　共產國際早就注意到毛澤東。除了一九二四年以前共產國際代表的一些零星材料提到毛❶以外，共產國際領導機關第一次注意到毛澤東這個名字，還是在一九二七年春。當時，共產國際執委第七次擴大全會剛剛通過將中國革命引上非資本主義道路的激進決議，蘇共中央和共產國際對掀起工農運動，推進中國革命正充滿幻想，恰好毛澤東寫了一篇為農民造反大聲叫好的〈湖南農民運動考察報告〉，共產國際立即大加讚許，迅速在共產國際機關刊物《共產國際》雜誌的俄文版、英文版和中文版，以及《革命東方》等雜誌上，廣為轉載介紹❷。這個時候，能夠在共產國際機關刊物上，特別是在其俄文版，能夠享受如此殊榮的，毛澤東可算得上是中國第一人。甚至，毛還榮幸地被共產國際主席布哈林(Bukharin)列入到他在共產國際執委會第八次全體會議的報告中。布哈林在說明中國的農民運動時，十分讚賞地引用

----

❶ 見之於1923年共產國際代表馬林的個人筆記和1924年青年國際代表達林給維經斯基的信，在這些材料中，反映出一九二五年以前的毛澤東遠不像後來那麼激進，以致達林甚至批評毛「右傾」。前引《馬林與第一次國共合作》，第231、236頁；中心檔案，全宗號514，目錄號1，卷宗號81。

❷ 毛澤東的文章可見之於《毛澤東選集》第1卷，但重新發表時毛本人做了較多的修改，原文發表於1927年3月5日至4月3日的《戰士》周報第35～39期。《共產國際》俄文版轉載於1927年5月27日，英文版轉載於6月12日，中文版轉載於當年第9期，出版日期不詳。

毛在〈湖南農民運動考察報告〉中的說法，明確認為毛的「報告寫得極為出色，很有意思，而且反映了生活」，「其描寫極為生動」，「提到的農村中的各種口號也令人很感興趣」❸。不難想像，毛在一九二七年的「八七」緊急會議上能夠升為中共中央政治局候補委員，與此不無關連。

　　毛澤東再度成為蘇聯報刊的新聞人物，按照蘇共中央機關報《真理報》的說法，又是「正確地貫徹了」共產國際路線的結果。不過，與上一次為農民造反站腳助威不同，這一次毛其實是不顧中共中央要他率隊攻打長沙的命令，帶著一隊武裝徑直上了江西井崗山，當了「山大王」。自然，共產國際最初也並不相信他所創立的這種與「落草為寇」並無二致的所謂「紅軍」，在中國的窮鄉僻壤裡究竟能夠有多大作為。但是，由於在俄國人親自指導下的城市暴動接連失敗，而毛的紅軍游擊隊卻在中國南方的農村迅速發展起來，蘇共中央不能不再度對毛表示讚賞。一九二八年底，共產國際執委會東方部從一份中共中央政治局的報告中了解到，中國各地的工作都處於嚴重困難之中，問題成堆，唯獨毛所在之湘贛邊境之數縣，形勢甚好，不僅「逐漸糾正了下級盲動主義」，而且「土地革命確實深入了群眾」❹。自此之後，莫斯科明顯地開始重視起毛澤東的名字來了。據不完全統計，在從一九二九年初開始至一九三六年初這段時間裡，「毛澤東」這個名字在蘇共中央的

<hr>

❸　Auf dem 8. Plenum der Exekutive der Kommunistischen Internationale Mai 1927 (Hamburg/ Berlin, 1928), pp. 12–13.

❹　此報告之中文本注明為一九二八年十一月二十八日，俄譯文注明為一九二九年一月四日。見〈中共中央政治局向共產國際的報告〉，轉見中央檔案館編：《中共中央政治報告選輯》（1927～1933），中共中央黨校出版社，1983年版，第41–43頁。

《真理報》的各種重要文章當中，就出現了近六十次之多。最早開始
報導毛的共產國際英文刊物《國際新聞通訊》對毛澤東和朱德領導下
的武裝多少還有些不那麼有信心，一會兒聲稱他們有一萬人，擁有現
代化的武器裝備，一會兒又說那些數字可能有些誇大。但《真理報》
一發現這一新事物，就立即給予了高度評價，聲稱「其史詩般的英雄
行動是十分引人注目和具有重大意義的」，並且宣布說「現在恐怕誰也
否定不了朱德和毛澤東的紅軍已取得重大勝利，有了很大的發展。這
支軍隊無疑地已成為中國游擊運動中出現的最為重要的現象」， 以致
「幾個月前何健宣布，懸賞五千大洋捉拿朱德和毛澤東」。 因此，還
在一九二九年七月間，據《真理報》說，「稍微注意一點有關中國事態
的報導的人」，都很熟悉毛澤東和朱德這兩位「中國游擊運動」中「極
為出色的領袖的名字」❺。

　　當然，在一九二九年間，毛澤東多半還僅僅是被俄國人視為「中
國游擊運動」的一名極為出色的領袖人物，而「游擊運動」更多地還
被是看成是中共奪取政權的一種輔助手段。再加上毛當年因擅自帶隊
上山，又被撤銷了政治局候補委員的職務，因此，其在中共黨內的地
位並不高。但進入到一九三〇年之後，斯大林漸漸意識到中國蘇維埃
運動實際不同於俄國革命，很可能要走武裝革命的道路，必須要依靠
農村中的紅軍和根據地來奪取政權之後，紅軍在政治上的地位和作用
都迅速被提升起來了。據《真理報》宣布說，到這一年的春天為止，
中國的紅軍已經有十三個軍，六萬餘人，並且擁有大量的游擊隊、赤
衛隊和少年團及其他農民武裝的支持，活躍在十個省份的七百七十三

---

❺　〈中國統一的「假象」〉（社論），《真理報》，1929年7月2日；A. 伊文：
　　〈彭德懷〉，《真理報》，1929年7月24日；A. 伊文：〈為建立蘇維埃政權
　　而鬥爭〉，《真理報》，1929年12月2日。

個縣中，至少「有一百二十七個縣處於紅軍的掌握之中」，十八個地區已經建立了蘇維埃政權。因此，「紅軍的各軍在中國共產黨的政治領導下正在變成為為土地和政權而鬥爭的勞動農民群眾的武裝力量」，「成為中國革命新高潮的重要因素之一」❻。這種情況毫無疑問進一步提高了毛的聲譽。因此，當一九三〇年中共中央六屆三中全會召開時，毛再度被提名補入政治局成為候補委員。而一九三一年醞釀在全國最大的蘇區根據地成立中華蘇維埃共和國臨時中央政府時，作為創立了這塊根據地並身為根據地黨政軍最高負責人的毛，理所當然地得到莫斯科的認可，被推舉為中央執行委員會主席兼人民委員會主席。這樣一來，至少在形式上，毛已一躍成為蘇維埃中國的最高政治領袖。

一九三二年以後的幾年裡，長期堅持中心城市的中共臨時中央在上海待不下去，陸續搬來江西中央蘇區。區區一個瑞金縣城❼一下子湧進來這麼多黨的高級負責人，只有政治局候補委員頭銜的毛的日子很快就變得不那麼好過了。按照毛後來的說法就是，先是「欽差大臣滿天飛」，而後就是「殘酷鬥爭，無情打擊」。那些做慣了機關工作，習慣於發號施令的中央領導人，當然不會把靠鑽山溝、打游擊出來的毛放在眼裡，他們不僅聽不進毛的那些經驗之談，尤其是看不慣毛固持己見、輕易不肯妥協的態度。於是，本來在根據地握有實權的毛，黨、軍、政三權依次被削，逐漸成了「光桿司令」，甚至，毛稱病告假，博古等人還試圖藉機將毛一腳踢開，送到蘇聯去養病。但意想不到的是，俄國人對毛卻獨有情鍾。一九三二年底，中共蘇區中央局多數人與毛圍繞著是否應當在國民黨大舉圍剿期間採取「進攻路線」的展開了激烈的爭論，並因此取消了毛的軍權❽，這一消息報到上海共產國

❻　〈中華蘇維埃第一次代表大會〉，《真理報》，1930年5月31日。

❼　瑞金這時名義上是中華蘇維埃共和國的「首都」。

際代表那裡，之後又報到莫斯科，結果不論是上海的共產國際代表，還是莫斯科的共產國際領導機關，都無一例外地對中央局的處理表示反對。在這時駐莫斯科的中共代表王明專門就此提請蘇共中央給予指示之後，蘇共中央軍事委員會詳細研究了中央蘇區所面臨的形勢，明確認為，儘管批評毛的「純粹防禦路線」是正確的，但這並不等於說需要將有著多年軍事指揮經驗的毛從前線召回，取消其軍權。因為，這很可能會「造成我們隊伍的分裂」，進而直接影響反圍剿的指揮與作戰。莫斯科的態度十分明確，與其指望那些幾乎從未指揮過軍隊，只是充滿豪情壯志的中央政治領導人，軍事上應該更加倚重毛，他們固然希望中央局能夠幫助毛贊成其「進攻路線」，卻反對因此把毛排除在軍事指揮之外。即使在得知毛已經告病離開前線之後，莫斯科仍然先後告誡已經進入蘇區的中共臨時中央：第一要派專門的負責同志聯絡毛澤東；第二「對毛澤東必須採取儘量忍讓的態度和運用同志式的影響，使他完全有可能在黨中央或中央局領導下做負責工作」；第三絕不同意將毛送到蘇聯來養病，因為這樣做不僅極端危險，而且也不利於蘇區內部的團結❾。

　　莫斯科肯定毛澤東政治地位的最明顯的暗示，突出地反映在一九三三年底關於中共中央第六屆五中全會改組政治局人事問題的醞釀上。當時，中共中央六屆五中全會和全國蘇維埃代表大會第二次全體會議均在醞釀之中，臨時中央領導人博古等最初顯然想把毛的蘇維埃

---

❽　毛當時是紅軍總政治委員，實際握有軍權，一九三二年十月蘇區中央局與毛爭論後取消了毛的這一職務，由周恩來接任。

❾　〈王明給聯共（布）中央代表團的信〉，1932年11月，中心檔案，全宗號495，目錄號19，卷宗號575；〈共產國際執委會致中國共產黨中央委員會電〉，1933年3月，《中共黨史研究》，1988年第2期等等。

中央政府主席，即人民委員會主席，連同毛的政治局候補委員一併取
消掉。只是，經過駐上海的共產國際代表審定之後，中共新的政治局
成員名單中，毛的名字依然赫然在目。儘管在共產國際中這時也有人
對毛在政治局的作用有過懷疑，但由共產國際和蘇共中央領導人最後
圈定的名單裡，毛卻不僅得以繼續留在政治局中，而且還異乎尋常地
被提升為政治局正式委員。結果，在一九三四年一月出現了一系列十
分反常的現象，毛參加了一月下旬的中華蘇維埃共和國第二次全國代
表大會，卻沒有能夠出席中旬召開的中共中央六屆五中全會；毛的政
府主席職務在蘇維埃代表大會上被博古一筆勾消，在幾天前召開的黨
的五中全會上，博古等卻不能不把他「選」為政治局僅有的九名正式
委員之一；就在瑞金這邊博古等人把毛的政府主席職務徹掉的幾乎同
時，莫斯科那邊王明卻在蘇共第十七次代表大會上公開宣布：在「以
毛澤東同志任主席」的「中央執行委員會蘇維埃人民委員會」的統一
領導下，我們現在已經在幾百個縣建立了鞏固的蘇維埃政權。顯然，
莫斯科直到這一年很晚的時候都不了解毛澤東被博古等人從政府主席
的位置上拉下來的情況❿。特別是在紅軍日益成為中共生存發展和戰

---

❿　王明在八月初給中共中央政治局寫信時仍在詢問選舉結果，表示：「關於
　　選舉名單，我們還沒有得到。……此地同志都感覺到關於蘇維埃政府的
　　選舉和改組這類重大問題，事先沒有能夠通知此地，作意見的交換，事
　　後許久不能得到確切的消息，不能不是工作當中一個大的缺陷。」因此，
　　當後來得知臨時中央以張聞天取代毛澤東擔任蘇維埃人民委員會主席
　　之後，王明明確講，莫斯科，當時「很不滿意」。參見〈王明、康生致
　　中央政治局諸同志的信〉，1934 年 8 月 3 日；並見前引《毛澤東年譜》
　　（上），第420–421頁；王健英編：《中國共產黨組織史資料彙編》，紅旗
　　出版社，1983年版，第189–190、198頁；王明：〈中國革命是不可戰勝

勝國民黨的首要條件的問題之後,莫斯科曾不止一次地告誡中共中央:
必須像毛澤東那樣,把軍事工作放到黨的第一等重要的地位上來,黨
的領導機關必須學毛澤東和朱德的經驗,直接到軍隊中去工作❶。這
種情況從一個側面反映出,在中共臨時中央極力壓制毛的情況下,莫
斯科不僅不表示贊成,而且對毛仍保持著特殊的興趣與好感,希望能
夠進一步利用其經驗並發揮其作用。

　　莫斯科對毛的好感在第二次全國蘇維埃代表大會召開之後,表現
得更加明顯。由於交通不便和通訊困難等等原因,關於中央蘇區召開
的第二次全國蘇維埃代表大會的資料,莫斯科幾個月之後才只收到有
關大會開幕典禮的記載,和毛澤東以上一屆中央執行委員會和人民委
員會主席名義作的報告和結論兩個小冊子。但在讀過毛的講話之後,
無論共產國際還是蘇共中央領導人,都一致給予了高度評價,並當即
指示有關部門將其迅速印成小冊子廣為散發。據王明八月三日的密信
極其興奮地通知中共中央政治局說:

> 毛澤東同志的報告和結論,除了個別地方有和五中全會決議同
> 樣的措詞的缺點外,是一個很有意義的歷史文件!我們與國際
> 的同志都一致的認為,這個報告明顯地反映出中國蘇維埃的成
> 績和中國共產黨的進步。同時認為,這個報告的內容也充分反
> 映出毛澤東同志在中國蘇維埃運動中豐富的經驗。這個報告的
> 中文單行本不日即將出版(其中欠妥的詞句已稍加編輯上的修
> 正),其他俄、德、英、法、日本、高麗、蒙古、西班牙、波蘭、
> 印度等十幾個國家的譯本也正在進行譯印。中文本印刷的極漂

的〉,《真理報》,1934年2月4日。

❶　參見〈王明、康生致中央政治局諸同志的信〉,1934年9月16日。

亮。❷

　　緊接著，九月十六日，王明又進一步通知中共中央說：莫斯科不
僅印製了毛的報告，而且還為毛出版了著作單行本。他在信中說：

　　　　毛澤東同志的報告，中文已經出版，綢製封面，金字標題，道
　　　　林紙，非常美觀，任何中國的書局，沒有這樣美觀的書。與這
　　　　報告同時出版的，是搜集了毛澤東同志的文章（我們這裡只有
　　　　他三篇文章）出了一個小小的文集，題名為〈經濟建設與查田
　　　　運動〉，裝璜與報告是一樣的。這些書籍，對於宣傳中國的蘇
　　　　維埃運動，有極大的作用。❸

　　顯而易見，即使是在中共臨時中央領導人浩浩蕩蕩地開進蘇區，
把持了一切權力，並且有意把他們自己擺在黨政軍最高領導地位的情
況下❹，莫斯科也絲毫沒有改變他們宣傳毛的意圖。特別是在一九三
四年十月紅軍因戰爭失敗，被迫撤出江西中央蘇區之後，共產國際更
加看重毛的作用，以致許多報刊，包括為共產國際第七次代表大會準
備的相關文件裡，都開始把毛稱為「年輕的中華蘇維埃共和國中富有
才幹和自我犧牲精神的戰士、偉大的政治家和軍事家」。這在向來注重

---

❷　前引〈王明、康生致中央政治局諸同志的信〉，1934年8月3日。

❸　〈王明、康生致中央政治局諸同志的信〉，1934年9月16日。

❹　據當時報紙及中共領導人後來揭發，博古在第二次全國蘇維埃代表大會
　　公布中央執行委員會的選舉名單時，甚至有意把他自己排在第一位，將
　　王明（陳紹禹）排在第二位，作為中央執行委員會主席的毛澤東反而被
　　排在了後面。

統一宣傳口徑的莫斯科，無疑是有特定的含意的❶。

　　果然，在一九三五年七月共產國際第七次代表大會召開時，毛澤東的名字被破天荒地排在了共產國際總書記季米特洛夫、共產國際名譽主席臺爾曼的後面，成為享有如此殊榮的唯一一位中共領導人。應邀在大會上第一個致賀詞的來自中國蘇區的代表滕代遠❶，按照中共代表團擬就並得到共產國際批准的發言稿公開宣告：「我們對共產國際中有像季米特洛夫、臺爾曼、毛澤東、提科西和市川正一這樣的英勇旗手而感到驕傲，他們在一切情況下都高舉共產主義的偉大旗幟，並且保護和捍衛它，在列寧斯大林所創建的共產國際的旗幟下，領導群眾走向勝利」。中共代表團團長王明在發言中，也同樣讚揚毛是「出色的黨內領袖和國家人材」❶。大會之後的共產國際機關刊物，以及蘇共中央《真理報》等，更是以專門的篇幅撰文介紹這位「中國人民傳奇式的領袖」。《真理報》的一篇長文對毛頌揚備至，不僅稱讚毛「是最早認識到陳獨秀投降主義政策必敗並公開揭露其錯誤立場的人之一」，說他親手「創建了屢戰屢勝、威名大振的中國紅軍」，「創建了江西省的第一個蘇維埃地區」，作為紅軍第一位黨代表，參加了紅軍各次重大戰役，培育了各級指揮骨幹，具有豐富的軍事經驗，而且讚揚他作為「蘇維埃國家的首腦」，來自人民，懂得百姓的心理，制定了蘇維埃共和國憲法大綱和新國家的許多基本法令，「充分顯示了他作為國

---

❶　見〈關於共產國際第六次～第七次大會期間中共情況的報告〉，1934年5月；〈共產國際第七次代表大會前的情況〉，《共產國際有關中國革命的文獻資料》，第二輯，第311頁。

❶　化名周和生。

❶　〈共產國際第七次代表大會〉，1935年7月25日～8月20日，《共產國際有關中國革命的文獻資料》，第二輯，第351、411頁。

務活動家的非凡才能」，「十分出色地貫徹了黨和共產國際的各項決議」。　文章在結論部分的評價充分顯示了莫斯科對毛的器重和期望。文章稱：「鋼鐵般的意志，布爾什維克的頑強，令人吃驚的大無畏精神，出色的革命統帥和國務活動家的天才——這就是中國人民的領袖毛澤東同志具有的高貴品質」 ⑱。

　　只要注意到上述情況，那麼，在中共領導人當中，莫斯科這時究竟希望由誰來充當黨的領袖，應當是不言而喻的。

第二節　藉機而動

　　莫斯科為毛澤東壘臺階，路卻還是要靠毛澤東自己來走。

　　毛澤東之所以能夠成為共產國際的驕傲，追根溯源，當然是因為他當年能夠冒險「落草」井崗山。最初，中共黨內大多數人都迷信俄國十月革命的那種方式，相信必須在工業發達的中心城市，依靠工人和士兵的暴動，來奪取政權。幾乎沒有人相信毛這條路走得通，因此，當中共臨時中央發現毛並沒有按照預定的湖南暴動計劃去打長沙，卻自己拉著部隊跑到井崗山去占山為王之後，很快就在十一月舉行的會議上通過決議，撤銷了毛三個月前剛剛得到的政治局候補委員的名義 ⑲。直到一九二八年中共在莫斯科召開第六次代表大會時像張國燾

---

⑱　A. 哈馬丹：〈中國人民的領袖——毛澤東〉，《真理報》，1935年12月13日；並見赫：〈勤勞的中國人民的領袖毛澤東〉，《共產國際》，1935年第33～34期。

⑲　毛後來稱，他還同時被撤銷了湖南前敵委員會書記的職務，並且說地方上甚至一度以為他被開除了黨籍。參見《毛澤東自述》，人民出版社，1993年版，第54頁。

這樣的中共領導人還在那裡振振有詞地說什麼:「洪秀全時代,可以由鄉村起來奪取大城市的政權,辛亥革命時代就不同了」,如今已經是蘇維埃革命的時代了,我們怎麼能走回頭路? 他聲稱:「割據的觀念,尤其是由農民游擊戰爭包圍大城市之割據觀念」,不是無產階級領導的蘇維埃革命的正確觀念❷。但是,共產黨人在中心城市裡暴動了多少次,結果是每暴動一次,就損失一批幹部和黨員,弄得自身反倒越來越萎縮,漸漸想暴動也暴動不起來,最後乾脆在大城市裡想找個居身之所都困難了。結果,連莫斯科都看出來了:還是毛澤東的辦法好。毛當年帶上井崗山的隊伍不過幾百人,所占的地盤不過方圓幾十里的幾座山頭而已。幾年之後,不僅他領導下的紅軍達到數萬人以上,建立了閩贛邊十萬平方公里的根據地,並且由此而興起的各地共產黨人武裝割據的局面,漸漸有了燎原之勢,使中國的蘇維埃運動找到了落腳之地。毛理所當然成了中國紅軍和中國蘇維埃政權的主要締造者。這也是莫斯科逐漸對他另眼相看的重要資本。

但是,莫斯科對毛高度重視畢竟是從一九三四年以後才見諸於文字的。在此之前,那些拿著俄國盧布,住著上海洋房,眼睛盯著莫斯科的多數中共高級領導人,很少有人真正把毛放在眼裡。在中央領導人中,很長時間裡只有兩個人曾經對毛有過比較肯定的評價,一個是只做了一年時間臨時總書記的瞿秋白,他在一次會議上明確講:我黨有獨立思想的,首推毛澤東。另一個是中共六大選出的工人總書記向忠發,他是第一個推荐毛擔任中華蘇維埃共和國中央執行委員會主席的人。不過,中共黨內對毛肯定的評論實在是太少了。到了一九三一年初中共六屆四中全會召開之後,大批由共產國際東方部領導人米夫培養起來的留蘇學生被推上中共中央各級領導崗位,這些滿腹俄國墨

❷　〈張國燾在政治討論會上的發言〉,1928年6月。

水的年輕留學生更是看不上始終在山溝裡鑽來鑽去的毛澤東。儘管他們那一套在城市裡根本就實行不下去，不得不跑到毛打下的地盤上來，他們卻照舊自命不凡，頤指氣使，一來就奪了毛澤東的權，在許多事情上與毛反其道而行之。直到把毛創下的偌大一塊根據地統統丟掉了事。

　　毛是那種懷有非常抱負的人，因而也相當自負。他很看重他靠槍桿子打下來的一切，並且只相信自己的計算與經驗。對於那些留蘇學生出身的年輕領導人，「下車伊始，咿哩哇啦」，拉大旗作虎皮，動輒搬出俄國學來的教條嚇人，毛開始時頗不買帳，依舊我行我素。背地裡把那些從城裡來的「欽差大臣」統統稱為「洋房子先生」，影響到原來蘇區的多數幹部和軍人對那些目空一切的外來幹部頗多不滿與抵觸。結果，一九三一年第一批「洋房子先生」❷❶來到蘇區後，就與毛發生意見分歧，毛說他們搞「本本主義」，他們說毛是「狹隘經驗論」，聲稱「山溝裡出不了馬克思主義」❷❷。一九三二年第二批「洋房子先生」❷❸等來到蘇區後，毛更進一步與他們發生衝突，毛指責他們是「軍事冒險主義」，他們指責毛是「等待主義」和「純粹防禦路線」❷❹。等到一九三三年上海「洋房子先生」統統搬到蘇區來以後，毛的處境就更是每況愈下了。因為這次來的正是整個「洋房子」的負責人博古等人，他們的權力更是遠非前兩批人可比。因此，他們一到蘇區就搞了

---

❷❶　即任弼時、王稼祥、顧作霖等。

❷❷　郭化若：〈回憶第一次反圍剿期間的有關史實〉，《回憶中央蘇區》，江西人民出版社，1986年版，第33頁。

❷❸　即周恩來等。

❷❹　蘇區中央局：〈寧都會議經過簡報〉，1932年11月20日；《毛澤東選集》，第199頁。

一個所謂反「羅明路線」㉕的鬥爭，從閩西區鬥到粵贛邊區，再鬥到江西區，進而又鬥到閩贛邊，最後甚至鬥到紅軍高層，整整鬥了一年時間，把整個中央蘇區打了一個遍，連批帶鬥，連撤帶關，輕而易舉地把所有流露不滿情緒的原蘇區幹部統統打了下去，所有重要位置被大批到來的留蘇學生盡行占去，毛澤東自己也不可避免地成了間接鬥爭的對象，黨權、軍權乃至政權逐一喪失。他除了藉養病為名，生悶氣、躲清閑以外，很長一段時間除了跑到農村去搞搞調查，幾乎無所事事。好在共產國際三令五申不許對毛下手，必須團結毛共同工作，否則很難設想毛會是個什麼結局。關於這一點，博古後來回憶說得很明白。他說，當時他雖然認為毛有機會主義，在政治上和軍事上處處和毛對立，反對毛的意見，「但是沒有想在群眾中去進行反對毛主席的鬥爭，因為一方面上海臨走時（共產國際代表）有儘量吸收毛主席共同工作的指示；另一方面對於毛主席和朱總司令在群眾中的威信及他們是中國革命的旗幟，不能不有所顧慮。」

　　毛澤東這個時候當然還不了解莫斯科對他的態度。一向以「個性強、脾氣壞」著稱的他，居然忍氣吞聲，小心翼翼地度過了隨時可能被劃入打擊對象的一九三三年，以致在很長一段時間裡在黨內不再引人注目。同為留蘇學生，又是政治局重要負責人的張聞天，一九三三年二月來到瑞金以後，在長達一年半的時間裡，竟然對毛毫不了解，視毛如無物的情況，頗能說明問題。據他說，當時毛澤東「究竟他是個什麼人，他有些什麼主張與本領，我是不了解，也並沒有想去了解過的」，根本上就「不重視毛澤東同志」。張聞天何許人？他先後去過

㉕　羅明，當時中共福建省委代理書記。因其主管之閩西區地處蘇區邊緣，類似游擊區，形勢複雜多變，群眾工作困難，因此力主採取區別於中心區的靈活政策，故被指責為中央蘇區右傾機會主義路線的代表。

日本和美國留學，雖然都是半途而返，但「五四」時期已開始發表並翻譯文學作品，小有一些名氣了。一九二五年加入中共後不久即被派赴蘇聯留學，在中山大學畢業後成為少數升入莫斯科紅色教授學院的中國學生之一，在蘇聯整整留學五年。自一九三一年秋，對於共產國際將小他七歲，留蘇僅三年的博古排在他前面來負總責，而把他排在第二位，張聞天就一直不滿意，覺得他「不配」。要知道，還在一九三一年四月顧順章被捕，中共中央政治局工作一度停頓期間，他就曾被共產國際遠東局指派來負責黨的整個工作。以後進入政治局，在內部分工上，又成為政治局裡面擔負工作最多的一個，既當宣傳部長，又兼管農民部和婦女部工作。如果不是因為他當時年輕氣盛，總是「劍拔弩張」，與周恩來、王明的關係均不甚好，以致周、王離開上海時提議博古負責全面工作，他張聞天照理本來是應當坐在博古的位置上的 ❷❻。因此，像張聞天這樣舉足輕重，又自視頗高的政治局常委，全面負責理論宣傳工作，一九三四年以後又取代毛做了蘇維埃人民委員會主席的人，竟絲毫不了解，也不想了解毛澤東，不難想像毛這時韜晦之深。

　　其實，說毛這時存心韜晦，也不盡然。一九三二年十月，蘇區中央局召開寧都會議，毛因防禦與進攻、分散與集中的軍事路線問題與「洋房子先生」們爭論失敗，被解除軍職 ❷❼ 以後，自然極其不滿。臨

---

❷❻　據前引1931年6月〈遠東局給共產國際的報告〉中說，當時被指派來參加並負責中共中央工作的張聞天、博古等人對向忠發、周恩來、王明的批評甚多，尤其是張聞天，「有劍拔弩張的情形」，明確表示對中央的工作「不能忍耐與不滿足」。另見〈張聞天同志延安整風筆記摘錄〉，《文獻和研究》，1985年第1期。

❷❼　寧都會議召開於十月上旬，會後十月十二日中國革命軍事委員會發布命

走時毛特地留話給取代其指揮權的周恩來，說前線如有需要我還可以
來，說到底是對周的指揮信不過。毛自上井崗山以來，雖始終做黨的
工作，實際上大部分時間都是隨軍行動，在戰爭中度過，因此，他對
軍事鬥爭頗多興趣和心得，也一向堅持以黨治軍，大權獨攬，親自部
署和指揮作戰。多年來軍事鬥爭的成功，根據地的擴大，都被毛視為
自己軍事能力的證明。學歷只及中專，既沒有系統地研讀理論，又沒
有喝過洋墨水，毛不論如何不服氣，也只能下狠心尋找有關書籍報紙
去學習，斷不至於拿他對列寧主義理論的那點兒知識去和那些留蘇學
生進行較量。可是在軍事方面，他卻自視頗高。因為，在他看來，那
些從未指揮過打仗，特別是不熟悉農民游擊戰爭特點的「洋房子先生」，
怕是只會拿著一些教條和口號，在紙上談兵而已。而他，「積年的經驗
多偏於作戰，他的興趣亦在主持戰爭」，　自信勝過他人許多。何況，
他也看得出，周雖想得到指揮權，但也確實沒有太多信心，因此在十
月會上一面同意多數人對毛的批評，一再又表示希望讓毛留前方助理，
說是這樣「可吸引他貢獻不少意見，對戰爭有幫助」。頗讓毛感到意外
的是，周恩來接掌軍權後，基本上執行了所謂「進攻路線」，仍舊取得
了較好的戰績。一九三三年二至三月，周和朱德指揮部隊在黃陂和草
臺岡竟一連擊敗國民黨三個師，創下了一個月內連俘三名師長的記錄。
連毛自己也不能不承認：這是國民黨發動對江西蘇區圍剿以來「敗得
最慘的一次」了 **㉘**。這下子，毛自然不好再爭論什麼了。到了一九三
三年九月，莫斯科又通過上海方面送來了一個中文名字叫李德 (Otto
Braun)的德國共產黨人，儼然一副國際代表的架式，派頭極大，名義

令，稱毛回中央政府主持一切工作，紅軍第一方面軍總政委一職由周恩
來代理。《毛澤東年譜》（上），第390頁。

㉘　《周恩來年譜》，第231、243–244頁；《毛澤東自述》，第71頁。

上說是派來做軍事顧問的，而他上面還有一個叫弗雷德(Flate)的共產國際高級軍事代表在上海遙控指揮。至此，毛在軍事上就更加沒有發言權了。因此，不論毛服氣與否，他一年多時間安於養病、搞農村調查工作和做一般性的政府事務，也是無可奈何的事情。

毛此番偃旗息鼓，安於事務，反倒給他帶來了不小的好處。這是因為，以毛爭強好勝的性格，要想不引起博古和李德等人的顧忌與猜疑，幾乎是不可能的。而一旦雙方發生爭論，關係緊張，難免不會惹來上海方面共產國際代表的干預，結果必定對毛不利。因此，毛在政治上的順從表現，很大程度上減少了博古等人對他的警覺。五中全會時，博古等人雖然對毛參加與否並不十分在意，但他們畢竟也沒有在委毛以政治局正式委員的事情上設置什麼障礙。多半如同張聞天一樣，博古等人這時也沒有把毛放在眼裡。不僅如此，一年多過來，看到毛與自己毫無介蒂的樣子，博古與毛的關係後來搞得還滿不壞。一個最明顯的例子就是，當紅軍被迫退出江西蘇區，準備長征之初，博古在組織人事撤退方式上，原本只是與組織部長李維漢一個人商量布置，根本不聽其他人的意見。對隨軍行動的黨政中高級領導人，從軍事行動便利的角度，博古已決定將其統統分散到各軍團裡去，避免背起一個大包袱。可是，毛聽說後，特意找到博古，提議重要的黨政領導人應統一行動，不宜放到部隊中去。結果，博古轉而改了主意，將所有黨政領導人及其隨行人員，統統歸入了本來就較龐大的中央縱隊。不難想像，如果他對毛懷有戒心，他無論如何不會對毛的這種提議不加戒備。因為，事實證明，毛的這一提議本身，正是包含著要在中央內部組織反對他和李德的反對派的動機的。

毛重新萌發反對以博古為首的中央的動機，還是因為軍事。李德來後，博古一切軍事及指揮均交給了李德。而李德則仿照蘇聯紅軍的

方式，在完全不具備正規條件的蘇區裡大搞正規化，甚至連作戰也機械地照搬蘇聯紅軍的作戰條例，堅持搞正規戰。結果，當一九三四年春蔣介石發動第五次圍剿後，李德軍事指揮之錯誤，迅速在戰爭中暴露出來。當時，為了禦敵於「國」門之外，李德竟不顧國民黨進攻軍隊裝備、兵力和供給都大大優於紅軍的情況，不僅分兵把守，到處設防，搞所謂「短促突擊」，提出「積小勝為大勝」的拼消耗戰略，而且不自量力地僅憑其一年當兵，三年軍校的經歷，就自稱「野戰司令」，在廣昌和高虎腦指揮數萬紅軍擺開架式，說是要與國民黨軍「決戰」，幻想以此來保住紅色「首都」不失。此舉反使紅軍受到沉重打擊，中共中央最後還是不得不被迫實行戰略轉移。而博古和李德等人搞的戰略轉移，又是一個在強敵合圍之下的八萬餘人的集體大搬家，它從一開始就注定了不可能成功。這支擁有近兩萬非戰鬥成員和兩萬多新兵的龐大行軍隊伍，曲曲折折地剛剛走到湘江，就遭到了戰鬥力較強的國民黨廣西軍隊和湖南軍隊的致命打擊，一戰損失兵力和人員有半數之多，數以千擔從瑞金搬出的設備、輜重和文件，更是散失殆盡。從此，「戰略轉移」迅速變成了尋找落腳點的幾乎是漫無目標的「長征」。這種情況極大地刺激了毛，同時也引起中共中央和軍隊領導人對「三人團」的嚴重不滿情緒。

所謂「三人團」，指的是當時負責領導全局的博古、李德和周恩來三個人。還在廣昌和高虎腦兩役之後，李德就已經緊急致電其上海的上司弗雷德，說明戰爭失利，主力紅軍非退出蘇區不可了。共產國際出於「保存活的力量」的考慮，於六月二十五日正式批准了李德的請求 ❷。七月，李德以軍事行動需要高度保密為由，提議書記處會議成

---

❷ 轉見〈中央關於反對敵人五次「圍剿」的總結的決議〉，1935年1月8日，《中共中央文件選集》，第10卷，第465頁。

立由博古、周恩來和他三人組成的「三人團」，全權指揮一切。博古甚
以為是，於是就出現了這樣一個事實上凌駕於政治局和書記處之上的
最高權力中心。

　　李德之所以提出組織「三人團」的建議，一方面固然是為了便於
保密，另一方面也是政治局的領導人之間日益發生意見分歧，行使起
權力來極為不便。還在一九三四年初中共中央六屆五中全會之後不久，
李德就發現領導人之間存在明顯不和。他感到不解的是，這種不和為
什麼竟是發生在留蘇學生出身的幹部們之間？他曾特別告誡博古，並
要他轉告政治局其他從蘇聯回來的領導人，說：「這裡的事情，還是依
靠於莫斯科回來的同志」，言外之意，留蘇回來的人本來就不多，現在
都身居要職，千萬不要鬧摩擦❸。但這種警告毫無用處。博古畢竟年
紀太輕，資歷太淺，且留蘇時間和學歷都很短，其總書記的工作又純
粹是因為六屆四中全會確定的中央政治局成員難以在上海立足，被迫
撤往各蘇區和莫斯科，臨時受命得來，因此，他很難得到張聞天、王
稼祥這樣一些或者歲數大、資歷深，或者留蘇時間長、學歷高的領導
人的真心擁戴。這種情況促使博古不能不想辦法用各種方式攬權，像
提議張聞天擔任事務繁忙的蘇維埃人民委員會主席的職務，說到底也
是想把張從黨的決策中心擠出去的一著❹。再加上博古經驗和學識都
很有限，在政治方面只能靠發揮莫斯科的指示和學過的教條來保持其
領導正確，因而不得不一味地突出於鬥爭性，一切事情寧左勿右，結
果是鋒芒畢露，四面樹敵，惹得上上下下都不滿意；軍事方面則把一

----

❸　前引張聞天延安整風筆記，《文獻和研究》，1985年第1期，第12頁。

❹　張聞天後來對此有一說法，稱這時博古等人「『一箭雙雕』的妙計。一
　　方面可以把我從中央排擠出去，另方面又可以把毛澤東同志從中央政府
　　排擠出去。」見前引張聞天延安整風筆記。

切權力統統交給李德❸，而這個名叫李德的德國人既沒有實戰經驗，也缺乏指揮上的天賦，只會照搬蘇聯軍校學來的那一套教條，而且根本不聽不同意見，甚至廣昌戰役失敗後仍不拒不承認其指揮有誤，還是一味地蠻幹，使紅軍相繼遭到沉重打擊，氣得彭德懷等高級指揮人員當著面大罵他是「崽賣爺田心不疼」❸。所有這一切，都注定了博古在黨內不可避免地將要成為眾矢之的。

　　廣昌戰役之後，書記處召開緊急會議，早就對博古不滿的張聞天公開發難，批評廣昌戰役指揮錯誤，如此之大的損失是不必要的。博古對此自然不能接受，反過來聲稱張聞天的說法其實是當年反對俄國一九○五年革命的普列漢諾夫 (Poleyhanov) 式的機會主義思想的翻版❸。雙方當場發生激烈的爭吵，弄得不歡而散。此後，張聞天很快就被分派去閩贛邊進行巡視。他離開後，又聽說博古在背後批評他領導的蘇維埃政府的工作，這就更加引起張的疑惑。回來後，因「三人團」已經大權獨攬，政治局也好，蘇維埃政府也好，都只有聽差的份，對此，張更是深感自己「已經處於無權的地位」，因此「心裡很不滿意」。多半是因為同病相憐，本來與毛澤東話都很少說過的張，竟開始向他並不了解的毛靠攏了。按照張自己的說法，「在出發前有一天，澤東同志同我閒談，我把這些不滿意完全向他坦白了。從此，我同澤

---

❸　參見石志夫、周文琪編：《李德與中國革命》，中共黨史資料出版社，1987年版，第303-304頁。

❸　《彭德懷自述》，人民出版社，1981年版，第196頁。

❸　普列漢諾夫是俄國早期最著名的社會主義者，但在一九○五年俄國工人起義的問題上，持反對立場，並且事後批評甚力，認為本來是用不著拿起武器的。而列寧對一九○五年革命的看法與他正好相反。因此，俄國十月革命後，自然就把普列漢諾夫的這種主張，視作機會主義思想。

東同志接近起來。他要我同他和王稼祥同志住在一起——這樣就形成
了以毛澤東同志為首的反對李德、博古領導的『中央隊』三人集
團」⑳。

第三節　遵義出山

　　長征開始後，隨著江西中央蘇區的中央紅軍一同行動的政治局委
員，共有十人。其中六名正式委員和四名候補委員。這就是博古、張
聞天、周恩來、陳雲、毛澤東、王稼祥、朱德；凱豐、劉少奇與鄧發。
十人中，留過蘇的雖近半數，但劉少奇和此時負責領導另一支紅軍的
任弼時同是一九二一年最早去莫斯科的留蘇學生，一九二三年就已經
回國，不僅與博古等人毫不搭界，而且還一直被博古等人視為有機會
主義傾向。陳雲和鄧發又均為工人出身，與處處顯示高人一等，剛愎
自用的博古等人，也關係一般。至於這時擔任中央紅軍前線總指揮的
朱德和周恩來，就更是對博古、李德有意見了。特別是周恩來，其資
歷和黨內地位實為十人之最。自一九二七年「八七」會議與毛一同升
入政治局擔任候補委員之後，周始終一帆風順。毛在三個月後即被除
名，而他一直做到一九二八年的中共六大，不僅當了政治局正式委員，
而且成為政治局常委兼組織部部長和軍事部部長，地位僅次於總書記
向忠發。因此，當博古這批留蘇學生於一九三〇年初學成回國之際，
他們之間地位相差之大，可想而知。不過一年多之後，周恩來就被迫
撤離上海，他雖親手將中央權力移交給這幾個年輕學生，但在他看來
這也只是臨時性質而已，他無論如何也沒有想到，當一九三三年初博
古等人進入江西蘇區之後，這樣一種本來只是臨時性的工作安排竟然

⑳　前引張聞天延安整風筆記。

演為既成事實，不僅博古等人絲毫沒有交權的想法，上海的共產國際代表那裡，以及莫斯科的領導中心那裡，對此竟然也予以默認。再加上博古來後，毫不客氣地從他手中把蘇區黨政最高權力一一拿走。最後剩下一個軍事指揮大權，李德來後，博古又聽任李德將其奪去。雖然名義上博古說是周作為軍委書記不應留在前線指揮，應回到中央來負責全面軍事工作，免得前方後方雙重指揮，實際上他處處聽李德的意見，周回來反成了李德的參謀，被支來使去，李德倒成了紅軍的總司令。因此，周雖然進入了「三人團」，與博古、李德在工作上關係密切，來往甚多，實際上卻是同床異夢。尤其是在周交出軍權之後，眼看李德指揮作戰造成如此嚴重的損失，他之與博古分道揚鑣，也成了不可免的事。

　　從旁觀者的角度，毛顯然早就意識到博古和李德的作法存在很大問題。他之所以極力將張聞天和王稼祥都拉到自己的身邊來同行，一個很重要的目的，就是看重他們在政治局裡的地位，特別是他們同博古的同學關係。事情很明顯，如果這幾個留蘇學生結為一體，以他們的理論功底和能言善辯，政治局裡的其他人很難奈何他們。相反，只要他們兩個轉過來，博古就只能變成孤家寡人。因此，毛後來明確講：他之所以能夠成功地戰勝博古等人代表的所謂「第三次左傾路線」❸，固然和當時中央裡許多同志的支持有關，但是，更重要的卻是張聞天、王稼祥兩人能夠從第三次左傾路線中分化出來❸。

---

❸　這裡所說的第三次「左傾路線」，是中共黨史的慣用語，指的是自一九三一至一九三四年間王明和博古領導下的錯誤的工作路線。另兩次「左傾路線」則是指一九二七年八月至一九二八年六月間瞿秋白當中共領袖時，和一九三○年前後以李立三為代表的中共盲動主義錯誤路線。

❸　〈毛澤東在中共七大上關於選舉問題的講話〉，1945年6月10日，轉見《文

　　爭取到張聞天和王稼祥的支持與理解之後，毛的自信心空前高漲。十分明顯，在一個短時期對自己的軍事才能發生懷疑之後，他已經日漸從紅軍的接連失敗中意識到取代其指揮權的周恩來，包括那個不可一世的共產國際軍事顧問李德，在戰略戰術上，都不如自己有把握。紅軍剛剛進入湖南，毛就主張沿湘江北上，在湖南地區開闢根據地。會議上爭論來爭論去，毛的意見沒有被通過，李德等人堅持要經瀟水及湘江打廣西，結果有了湘江之慘敗。湘江之戰更加證明毛的觀點具有遠見，不僅毛對自己更加自信，而且政治局中人多數也都喪失了對李德的軍事能力的那種迷信。在隨後與張聞天、王稼祥的交談中，毛已經毫不掩飾地開始尖銳批評博古和李德，並且具體「解釋反五次圍剿中中央過去在軍事領導上的錯誤」。由於蘇區和紅軍的失敗根本上都是博古、李德等人軍事指揮和軍事思想的錯誤產物，一方面極端不滿博古、李德，一方面在軍事問題上又完全是門外漢的張聞天和王稼祥，自然對毛從軍事角度頭頭是道的解釋和分析心服口服。張聞天後來明確講：這是他「從毛澤東同志那裡第一次領受了關於領導中國革命戰爭的規律性的教育」❸。

　　在長征期間，軍事問題具有決定性的意義。戰爭勝負乃至紅軍存亡均繫於此。湘江慘敗之後，黨內軍內一片怨言，矛頭直指「三人團」，因此，部隊剛剛開到湘桂黔交界的通道縣城，毛、張、王就公開批評起博、李的軍事路線來了。而後是老山界會議，接著又是黎平會議，一路開會爭論。尤其是在黎平，雙方的爭論達到白熱化的程度。李德力主部隊應當轉向貴州東部，而毛卻堅持要去川黔邊建立根據地；李德繼續強調前方必須絕對服從中央統一指揮，毛則激烈反對，聲稱中

獻和研究》，1985年第1期。
❸　前引張聞天延安整風筆記。

央對前方只能指出大方向，不能干預太多，必須給前方以機動執行命令的權力。由於張聞天、王稼祥等都支持毛的意見，周恩來也以會議主席的身分表示贊同毛的觀點，就連博古也看出李德的話不能再聽，轉而附合了多數的看法，李德雖大發脾氣，但亦無可奈何。其權威地位從此盡失。

否定了李德的軍事主張，並爭取周恩來轉向自己，這是毛、張、王聯盟向「三人團」挑戰的重大勝利。這一勝利極大地鼓舞了他們。在黎平會議上，王稼祥就力主召開政治局擴大會議，「檢閱在反對五次圍剿中與西征中軍事指揮上的經驗與教訓」，得到通過。一九三五年一月七日紅軍攻入遵義縣城後不久，王更明確主張:把博古和李德「轟」下來。張聞天也予以響應，直截了當地提出：博古不行，一定要變換領導人❸。毛對此當然舉雙手贊成。為了找到足夠的理論根據來否定博古、李德的軍事路線，他們查閱了博古、李德保存的共產國際有關來電，欣喜地發現莫斯科的不少指示其實都是同毛的想法不謀而合的。如反對打陣地戰和強攻堡壘，反對分兵把守和單純防禦，強調機動靈活，與保存有生力量，主張集中兵力打運動戰等等，明顯地與博古、李德的軍事路線不相一致❹。有了軍事指揮上的嚴重失敗，又有了莫斯科的指示為依據，博古與李德的領導被否定由此成了定局。

---

❸　參見陳雲：〈遵義政治局擴大會議〉，1935年2月，《中共黨史資料》，第6輯；朱仲麗：〈「關鍵」一票的由來〉，《革命史資料》，1980年第1期；王稼祥：〈回憶毛澤東同志與王明機會主義路線的鬥爭〉，《人民日報》，1979年12月27日；周恩來：〈黨的歷史教訓〉，1972年6月10日，轉見《文獻和研究》，1985年第1期。

❹　〈中央關於反對敵人五次圍剿的總結的決議〉，1935年2月8日，《中共中央文件選集》，第10卷，第452–474頁。

　　否定了博古的領導地位，是不是大家就「理所當然」地會一致推舉毛澤東來做中共的領袖呢？有關遵義會議前後中共中央多數領導人一致推舉毛來做中共領袖的說法，十分流行，其實卻不那麼可信。要知道，毛此前從未作過中共中央的領導工作，這個時候也是剛剛升為政治局正式委員，連政治局常委都不是，要一步登上總書記的地位，不僅名不正，言不順，就是張聞天、王稼祥等人也未必能夠馬上轉過這個彎兒來。從張聞天將近十年後在延安整風運動中的回憶中可以清楚地看出，當時政治局多數人是推舉張來代替博的，而張對此也是欣然接受的。他說：「當時政治局許多同志推舉我當書記」，「我不但沒有推辭，而且還有高興之意」[41]。這種情況說明，不僅張，而且政治局多數領導人，都注意到政治局的排序問題。畢竟，從莫斯科那裡開始，共產黨歷來就是注重排序的。而這時依國內政治局委員的排序，張毫無疑問是緊接著博古之後的第二號人物，何況他還是政治局常委之一，又相當自信，喜歡爭論，想必毛對此也有清醒的認識。他之所以沒有搶著在會議上當「出頭鳥」，而是積極支持由張聞天來作會議的「反報告」，都反映出，他這時對由張聞天來接替博古的必然性是很清楚的[42]。

　　另一個情況也顯示出當時黨的領導人還沒有把毛推上領袖地位的

---

[41]　前引張聞天延安整風筆記。

[42]　關於在遵義會議上毛、張、王發言的順序和所起作用，與會者的回憶可謂眾說紛紜，但據陳雲當年的傳達手稿可知，發言順序應當是張聞天第一，毛其次，王再次。而張的提綱和作用最具份量。另毛和周在一九六〇年的一次談話中也都指出：遵義會議博古作正報告，張聞天作「反報告」。見前引陳雲〈遵義政治局擴大會議〉；張培森：〈張聞天與遵義會議〉，《文獻和研究》，1985年第1期。

想法。毛是遵義會議的幕後策劃者，甚至也可以視為幕後的指導者。
因為會議所討論的根本上只是一個軍事路線問題，而站在攻勢一方的
毛、張、王三人中，只有毛才有發言權。如果沒有毛，靠張、王二人
的軍事知識，無論如何不能駁倒博、李、周三人的辯護報告與發言。
但是，頗為令人驚奇的是，在毛因此被張、王提名擔任政治局常委之
後，人們卻發現在中央的工作中找不到一個適當的位置給毛。由於周
恩來在會議上主動與博、李劃清界線，轉而支持毛、張、王的意見，
人們顯然沒有理由取消周軍委書記的職權。而周既然仍是軍委書記，
自然應當重掌軍事大權。結果，在會後的常委分工時，毛的地位竟成
了一個問題。最後，毛同樣是常委，卻只落得個做另一個常委「恩來
同志軍事指揮上的幫助者」的任命，而周則被確定為「黨內委託的對
於指揮軍事上下最後決心的負責者」❸。這種情況不難使人想起一九
三二年十月寧都會議時周的那個大致相同的建議，當時周拿走了毛的
軍權之後，也是建議留下毛在前方做他的「助理」。「助理」者，「幫助
者」之謂也。

　　不過，不論一九三五年一月中旬在貴州遵義召開的這次政治局擴
大會議給予毛的地位，是否完全符合人們後來的說法，毛升入政治局
常委這件事，同莫斯科這個時候正在重視毛、肯定毛、宣傳毛的情況，
無疑還是十分合拍的。我們多半沒有理由把遵義會議的這樣一種結果，
看成是中共有幸同莫斯科失去聯絡，違反莫斯科意志的一種決定。恰
恰相反，我們也許有理由提出另外一個問題，即如果是莫斯科這個時
候來改組中共中央，考慮到它從一九三五年以後大力宣傳毛，甚至把
毛捧到與季米特洛夫並列的高度，它會選擇誰來做中共的領袖，是張

❸　陳雲：〈遵義政治局擴大會議傳達提綱〉，1935年2月，《黨史通訊》，1983
　　年第19期。

聞天，還是毛澤東？

　　一九三五年一月，莫斯科才剛剛開始發起宣傳毛澤東的運動，說它這個時候就會確定毛的領袖地位，也許還嫌早了一些。但無論如何，遵義會議到底是毛一生政治生活的重大轉折點。毛自己對他取得的地位，已經相當滿意。在以往的歷史當中，毛只有一次在名義上進入過中央決策機構。那就是一九二三年中共三大，毛當時曾被選為中央執行委員並進入只有五人的中央局。但當時中共還是個小組織，毛在中央工作的時間也很有限，不僅如此，當時毛花了更多的精力為國民黨工作，並因此受到黨內同志的批評，在一九二五年一月的中共四大上，丟掉了中央委員的位置❹。除此之外，毛雖然在一九二七年七月至十一月間，和一九三〇年九月以後兩度被選入中共中央政治局擔任候補委員，但他從未在中央工作過一天，一直在做地方工作，直到一九三四年一月六屆五中全會被提為政治局正式委員以後，他也未曾得到過參加領導中共黨中央工作的機會。毛在遵義會議上的最大收穫，第一是他在政治上、軍事上的能力得到了充分的肯定，第二就是終於能夠直接參與中共中央的決策工作了。

　　遵義會議後，張聞天很快替換了博古，周恩來取代了李德，形式上出現了一個張、周體制，毛則僅次於張、周，排序第三。但事實上，由於種種原因，再加上張不熟悉軍事，遇事總想民主討論，周又與朱

---

❹　從已知的情況可以看出，毛這段時間在中共中央沒有從事過引人注目的工作，唯一留下重要文字記錄只有一九二四年下半年四個月時間的一些中央通告。在那段時期的通告裡斷斷續續地簽著他的名字，其身分是陳獨秀的「秘書」。　不過，即使是這個「秘書」身分也是代理的，因為當時陳的秘書是羅章龍，這幾個月恰好羅不在，故以毛和其他人分別代之。參見《中共中央文件選集》，第1卷，第316頁注1。

德在前敵指揮，經常遠離中共中央，每每要打電報來請示，結果周既起不到「對於指揮軍事上下最後決心的負責者」的作用，張更不能獨斷獨行地「負總責」，擅長軍事，又極度自信的毛因在中央輔佐張，並代擬覆電，實際上開始變成了紅軍作戰的總指揮。

遵義會議後的毛，雖然日益顯示出其在黨內的決策者地位，但最初的威信仍舊是受到挑戰的。這種挑戰當然不再是來自留蘇學生，更多的倒是是來自他過去在井崗山時期的那些同志和部下了。這是因為，當時紅軍因連遭失敗，部隊又久無立足之處，困難已極，軍事指揮幹部對中央領導機關議論紛紛，十分不滿。及至毛在中央出謀劃策，運籌帷幄之後，第一次轉進川北創立根據地的軍事行動就在土城受挫，一戰損失上千人。其後，毛雖改變方針，折回貴州遵義，取得婁山關戰役之勝利，但部隊行動忽東忽西，一會兒四川，一會兒貴州，一會兒四川，一會兒雲南，來回數渡赤水河，走得極苦，又不知目的何在，不免引起中央內部及部分指揮人員的強烈不滿。先是周對整個指揮方針心中無數，張於三月四日下決心調毛到前方任前敵政委，直接指揮軍隊。而毛到前方後，中央內部又在指揮關係上討論來討論去，不給機動權，直到為進攻打鼓新場問題展開爭執，多數不聽毛意見主張打，惹得毛大發脾氣，以去職為要挾，張以少數服從多數，竟免了毛的新職。以後周以軍委書記的身分，於最後決定之前，轉而又聽取了毛的意見，此事算是告一段落。張反覆考慮後也認識到經常開會對軍事指揮不利，故同意成立周、毛、王「三人團」，全權指揮軍事，毛事實上又取得實權。但不久一軍團軍團長林彪和三軍團軍團長彭德懷等又公開對毛的指揮表示不滿，林彪並致信中共中央要求撤換毛，再度引起黨內軍內對毛的批評浪潮。直到五月十二日，中共中央在雲南會理附近召開會議，張聞天出面嚴屬批評部分幹部要求撤換毛的主張，是對

黨的離心傾向和右傾動搖情緒的表現，迫使多數擅發議論和公開要求撤換毛的幹部做了檢討，毛這才算是又度過了一劫。不難看出，遵義會議後的相當一段時間裡，毛的日子也不好過。故毛後來曾稱這段時間為「急風暴雨」的時期。

　　毛的權威再度受到挑戰，是在六月中旬中央紅軍和張國燾領導的紅四方面軍於川西北會合之後。由於這時紅四方面軍人數和槍數超過中央紅軍在三倍以上，幾近八萬人，五萬支槍，雙方關係極難相處。一方面多數中共中央領導人堅持中央權威地位，不肯屈就於張國燾等人的要挾，另一方面張國燾及其部屬堅持要黨權、軍權，否則拒絕採取一致行動。面對這種情況，毛不免受到兩方面的壓力。一方面是因為他力主採取「非布爾什維克」的應付策略，允許將張國燾的部屬補入政治局，並同意以張為紅軍總政委，以紅四方面軍的前敵總指揮為整個紅軍的前敵總指揮，引起部分中共中央領導人的不滿；另一方面是因為讓出部分政治局委員的名額，特別是讓出軍隊指揮權，事實上有可能最後連自己都得成為張國燾的附庸。在委屈求全近三個月，雙方矛盾再難調和之後，毛終於勸說張聞天同意，不顧紅軍分裂之危險，率領中央紅軍擺脫紅四方面軍，單獨北上，到達陝北蘇區。此舉表現出毛在政治鬥爭上頗具頭腦與策略，從而使其在黨內和軍內的威信迅速升高。

　　中共中央到陝北前後，因周生病，「三人團」不復存在，毛已穩操兵權。再加上十一月中旬從莫斯科輾轉回國的林育英帶回共產國際第七次代表大會關於統一戰線新方針的原則指示，中共重新開始實行統一戰線的政策與策略，毛又負起領導統一戰線策略實施的具體工作。這個時候，張雖然還是第一號領導人，名義上負總責，但一來張本人書生氣較重，並非那種善於攬權的人，二來一段時間與毛相處，對毛

的能力及經驗頗為信服，負總責後又倍感到工作難度之大，遠非自己所想像，故而不得不依賴毛較多；三來黨的工作這時本來也主要是集中在軍事和統戰兩個方面，這兩項工作均又交毛負責，故毛已成為中共黨內實際上最重要的負責人了。這個時候雖然黨內也曾出現過批評毛的不同意見，但已形不成大的氣候，更不可能動搖毛的地位了。到了這個時候，毛所缺的，多半只是由莫斯科認可的，中共黨的領袖的名義而已。

第四節　功成名就

　　還在一九三五年春，中共中央就分別派出政治局委員陳雲以及潘漢年等人，由西南潛往上海，力圖接通因中央蘇區淪陷與莫斯科中斷的聯繫。但他們到達上海後，中共上海中央局等秘密機關已經屢遭破獲，因而被莫斯科明令停止活動，陳雲等人也因此被中共代表團派康生經海參崴，於九月前後秘密接往莫斯科。因此，到這一年的十月，陳雲、潘漢年等已經在莫斯科共產國際的總部將有關紅軍撤出蘇區和遵義會議改組中央人事的種種經過，向蘇共中央駐共產國際代表團團長曼努伊斯基(Manuisky)等人，作了詳盡的彙報。這也就是說，共產國際領導人還在一九三五年底以前，就已經了解到張聞天開始替換博古在黨內「負總責」和毛澤東被補入中央領導層的情況了 **❹**。值得注意的是，莫斯科並沒有因此而改變他們大力宣傳毛澤東的計劃。在此之後，即在一九三五年底至一九三六年初，莫斯科的共產黨領導人仍舊繼續在蘇共機關報《真理報》和共產國際的有關刊物上，突出刊登介紹毛生平的文章，並對毛在中國革命中的作用給予高度評價。即使

❹　中心檔案，全宗號495，目錄號18，卷宗號1012。

是這一時期備受共產國際重視，甚至被莫斯科的一些人視為中共「領袖」的代表團團長王明，在籌備中共黨史十五周年紀念展覽時，也明確叮囑有關工作人員：整個展覽除了犧牲者的畫像以外，活著的中共領導人只有兩個人的畫像可以展出，一個是朱德，另一個就是毛澤東。與此形成鮮明對照的是，整個莫斯科，在此之前，從沒有人宣傳過博古；在此之後，也沒有人宣傳過新的中共「負總責」者張聞天。

由於莫斯科與中共中央的電訊聯繫直到一九三六年七月初才算正式接通❹，因此，共產國際在張聞天主持中共中央工作之後，至少有一年半時間沒有與張打過交道，相信他們這一時期也很難對張的政治領導能力有多深的了解。但是，在此之後，莫斯科看上去對張聞天主持下的工作遠不是那麼滿意。在雙方正式通電不過二十天之後，共產國際總書記季米特洛夫就在共產國際中國問題委員會上明確批評中共中央在對蔣介石南京政府的問題上，政策轉變晚了兩三年時間。他們特別批評了在張聞天主持下通過的那個瓦窯堡會議決議，聲稱這個決議在許多問題上有錯誤，尤其把蔣介石與日寇等量齊觀，「這個方針在政治上是錯誤的」❹。然而，直到西安事變發生之後，在莫斯科看來，中共中央似乎「還沒有徹底擺脫這種錯誤方針」。這種情況使共產國際頗感不安。儘管中共中央在其推動下很快開始了與蔣介石國民黨的抗日合作，季米特洛夫顯然對黨的領導力量仍舊感到不放心。他在一九三七年八月十日的一次講話中，明確認為，中國黨對於自己政策上和策略上的「一百八十度的大轉彎」，恐怕很難適應，因此，它

❹ 中共中央於長征到陝北後成功地發給莫斯科的第一份電報，是一九三六年六月十六日，但收到莫斯科第一次覆電的時間已是七月二日。

❹ 前引〈季米特洛夫在共產國際執委會書記處討論中國問題會議上的發言〉；〈共產國際執委會書記處致中共中央書記處電〉。

「這個時候很需要幫助，需要人力上的幫助，需要加強中國國內幹部力量」，特別是「需要能在國際形勢中辨別方向、有朝氣的人去幫助中共中央」，而「國外有這樣的幹部，他們可以幫助黨」❹。

季米特洛夫在這裡講的國外的「幹部」，指的自然是當時還在莫斯科的王明等人。這時在莫斯科的中共幹部，光是政治局委員就有五人，即王明、康生、陳雲、鄧發和王稼祥，占了全部中共政治局委員的半數之多，這自然會影響到中共中央決策的質量。尤其是在莫斯科的那些人看來，長期處於農民戰爭之中，遠離城市和工人階級，缺乏對國際政治大勢的了解，更是不可避免地要削弱其政治領導能力。因此，一九三七年十一月底，除了王稼祥因於半年前剛剛被送去蘇聯治病，暫時不能回國以外，共產國際將王明、康生、陳雲等一股腦兒地派回國內，試圖根本上充實和加強中共中央的領導集體。

長期以來，人們總是習慣於把莫斯科派王明等人回國，同取代毛澤東的企圖聯繫在一起。但是，這種說法並沒有事實上的根據。即使除去上面提到的莫斯科此前對毛澤東高度重視的種種情況不談，我們也足以找到事實來說明，共產國際這個時候派王明等人回國，不僅沒有搞掉毛澤東的用意，而且明顯地打算把毛推上未來中共領袖的位置。

關於莫斯科的這種意圖，不難從王明回國後舉行的第一次中共中央政治局擴大會通過的一項決定中看出來。這是一項關於準備召集中共第七次全國代表大會的決議。這次大會的最重要議題之一，就是要「改造黨的中央領導機關」。如果依照中共遵義會議安排的負責人選，在這項工作中首推負責者無疑應當是張聞天；如果共產國際真的想要推舉王明來做七大以後的中共領袖，那麼負其責者顯然應當是王明。

---

❹ 〈季米特洛夫在共產國際執委會書記處討論中國問題會議上的發言〉，1937年8月10日，《中共黨史研究》，1988年第2期。

但是，非常引人注目的是，根據王明等人的提議，政治局為召開這次大會決定成立的準備委員會，主席既非張聞天，也非王明，卻是毛澤東。甚至，在這個文件上，參加會議的政治局全體成員還破天荒地依次簽名以示贊成❹。

由於將近九年時間沒有召開過中共全國代表大會，季米特洛夫等人對此特別重視，曾專門和王明等人談到過迅速召集七大的問題。以毛為準備委員會主席的提議，顯而易見不是王明別出心裁的謙讓結果。王明仍舊取得了與毛大致相當的一種資格，即該準備委員會的「書記」。一個黨的準備委員會，有主席、副主席即可，何以要設一個不倫不類的「書記」職務？說來說去，其實多半就是不想要那個「副」字。由此可以看出王明推舉毛作主席，也未必那麼情願。更為破天荒的是，為了要全體政治局委員承認這樣一個文件的效力，政治局所有與會者竟被要求在這個文件上依次簽上了他們各自的名字。

王明也是那種自視頗高的人。他在莫斯科留學期間入黨，以後成了中山大學校長，共產國際東方部負責人米夫的紅人。回國後乘著反立三路線的機會，被米夫推到了中共政治局委員乃至政治局常委的高位，一度甚至成為實際上的總負責人。一九三一年秋重返莫斯科之後，一直擔任中共政治局駐共產國際代表和代表團團長，並因此得以入選國際執委會，一度主管過共產國際的東亞事務和拉丁美洲的工作。當一九三四年秋中共中央與共產國際，以及國內各地組織失去聯絡之後，他更是曾經以中共中央的名義，遙控指揮部分中共地下組織的各項秘密工作。以他的工作經歷和在共產國際的關係，恐怕他自己很難不產生某種政治野心。事實上，米夫確實也早就有此念頭。他曾不止一次

---

❹　〈中央政治局關於準備召集黨第七次全國代表大會的決議〉，1937年12月13日，《中共中央文件選集》，第11卷，第405–407頁。

地在向他人介紹王明時，有意無意地把王明說成是中共中央「總書記」。很難相信，王明回國後會安於毛澤東之下。多半也正是因為這種情況，季米特洛夫在王明回國前曾當著中共代表團其他成員的面，專門就這個問題提醒他說：「你回中國去要與中國同志把關係弄好，你與國內同志不熟悉，就是他們要推你擔任總書記，你也不要擔任。」❺❶季米特洛夫這段話的意思，再清楚不過地表明，共產國際並不認為王明適合於做中共的領袖。

　　既不贊成王明擔任中共的總書記，又對張聞天不感興趣，與此同時力主毛來負責準備召集中共七大，改組中共中央領導機關，莫斯科想要誰來做中共領袖，可以說是一目了然。事實上，擔任中共七大準備委員會主席，也確是毛加入中共以來取得的最高的黨內職務。與他過去所擔任過的蘇維埃政府主席或委員長之類的虛職相比，這一職務至少已經有了黨的最高領袖的象徵意味。

　　毛大概直到王明等人回國之後才了解到莫斯科對自己頗為讚賞的態度。注意到康生在十二月政治局會上介紹代表團在蘇聯如何組織編寫宣傳毛澤東的小冊子，「世界各國」人民如何尊敬毛，如何打著毛的畫相遊行示威等情況，以及莫斯科要自己來做七大準備委員會主席的決定，毛不可能不清楚他正在面臨著怎樣的機遇。但是，引人注目的是，這次會議不僅沒有讓他體會到多少榮譽和興奮，反倒讓他再度感受到一種受批評的和被奪權的感覺。

　　在王明等人回國之前，按照中共中央內部的分工，張聞天雖負總責，但具體只管黨務等一般事務，毛則總攬軍事和統戰兩項工作之大

<hr>

❺❶　參見王稼祥：〈回憶毛澤東同志與王明機會主義路線的鬥爭〉，《人民日報》，1979年12月27日。另外，王稼祥在一九四一年十月的一次中央書記處會議上，當著王明的面，也曾具體地談到過季米特洛夫的這段話。

權。由於軍事和統戰幾乎決定著中共的一切，再加上張在多數問題上對毛言聽計從，因此，毛實際上是大權在握，已經成為中共事實上的領袖人物。從毛這一時期所填諸詞章中笑談「秦皇漢武」、「唐宗宋祖」，自詡「長纓在手」，必欲「縛住蒼龍」的「風流人物」，頗能看出其此時志得意滿、雄心勃勃之心態❺。然而，王明回國後，毛卻迅速在兩方面感受到沉重的壓力。

一方面涉及到毛的政治領導能力。因為在此前後共產國際對張聞天負責之下的中共中央的種種批評，深究起來，其實都是對毛的批評。而王明回國前夕，圍繞著毛提出的以防範國民黨和發展自己為主的「獨立自主的山地游擊戰」的對日作戰軍事方針，黨內領導人之間已經發生了明顯的意見分歧。王明回國之後，公開贊同了反對毛的意見，從而導致十二月會議上絕大多數中共領導人紛紛批評毛前此提出的各項統戰策略和軍事方針。這使毛對自己剛剛開始形成的政治威信有一種倍受打擊之感。

另一方面涉及到毛在黨內的地位。王明回國前，黨內重要決策多半只是張與毛兩個人的事，事實上，因為各項決策多以毛為主，主要權力已在毛手中。王明回國後，提出成立統一戰線部，自任主管，政治局分工，亦規定黨由張負責，軍事毛負責，統戰交王明，這意味著過去由毛掌管的兩項主要工作的權力，一半已轉移到王明手裡去了。由於這個時候對國民黨的統戰工作在黨的各項工作中占據重要地位，毛的統戰策略又受到批評，他不能不對自己剛剛取得的黨內權威地位被削弱有一種沮喪之感。

毛一向爭強好勝。在事實上取得黨內權威地位之後，毛對黨內不

---

❺　毛澤東：《清平樂・六盤山》，1935年10月；《念奴嬌・昆侖》，1935年10月；《沁園春・雪》，1936年2月，刊於《詩刊》，1957年1月號。

同意見通常我行我素，不予理睬。若有人堅持討論，毛或者堅持己見，或者大發脾氣。十二月政治局會議上，毛之所以沒有像以往那樣大發脾氣，或激烈爭論，反映出他對王明尚有所顧忌。毛畢竟十分清楚共產國際與中共之關係，深知此次被提名七大準備會「主席」來之不易，再加上面對這種以四萬紅軍與國民黨二百萬軍隊「合作」抗日之新局面，採取如何策略方能使之利國利己，他也並無十分把握。因此，對莫斯科的態度，他自然是相當尊重，無心違拗。投鼠忌器，對於完全摸不清其背景和來頭的「欽差大臣」一般的王明，不論其說法能否接受，他同樣也只好禮讓三分。

　　不過，不論其禮讓與否，面對不甘寂寞，事事都要出頭的王明，雙方矛盾的爆發是不可避免的。在一九四一年十月的一次談話當中，王明曾這樣解釋他在抗戰開始初期這段時間與毛爭權的原因。據他說，這個問題的造成，是因為他「過去在國外單獨發表文件做慣了」，遇事總是自作主張，想不到請示中央。但這個解釋，多少有點輕描淡寫的味道❷。從一九三七年十二月王明、周恩來、博古、項英赴武漢（以後又增加凱豐）工作，與延安中共中央書記處之間屢次矛盾的情形可以看出，王明確有後來周恩來、博古所說的「目無中央」，或另立「第二中央」之嫌。這突出地表現在：

　　第一，不經過延安同意，即以中共中央名義發表各種宣言、聲明，及擅自以毛個人名義發表談話。如王明剛到武漢就以中共中央名義於一九三七年十二月二十五日發表〈中國共產黨對時局宣言〉；一九三八年二月九日不經毛同意就以毛個人名義發表對新華日報記者的公開談話；三月二十四日以中共中央名義遞送〈對國民黨臨時全國代表大會

---

❷　參見中央檔案館黨史研究室：〈延安整風中的王明〉，《黨史通訊》，1984年第7期。

的提議〉，之後拒絕提交延安方面擬就的〈中共中央致國民黨臨時全國代表大會電〉。 與此同時，王明等人還公開發表聲明宣布張浩（即林育英）在延安關於統戰策略的講演為偽造，拒絕國民黨中央執委會恢復毛等國民黨黨籍的決定，如此等等，不一而足❸。

第二，直接或間接地與延安的中共中央分庭抗禮，直至否認延安中共中央書記處的權威性。如因不同意毛關於抗戰階段的劃分，明確拒絕在武漢發表毛《論持久戰》的文章；不同意延安先斬後奏在華北成立晉察冀邊區政府，直截了當地對延安方面進行批評；要求停止中共中央機關刊物《解放》在延安的刊行，主張改在武漢印刷製版；一面公開發表聲明否認張聞天是中共總書記，一面以個人名義發表所謂〈三月政治局會議的總結〉；以陳、周、博（後加凱）的名義直接向各地及八路軍前總發布指示性的意見；反對毛關於應當贊助國民黨組織三青團，爭取各黨派共同加入的主張等等。特別是在張國燾叛逃，朱德、彭德懷及項英又經常去武漢，王稼祥、任弼時在莫斯科，武漢的政治局委員數經常超過延安的情況下，王明公然提出延安中央書記處不具合法性的問題，認為張、毛等不應以中央書記處的名義發布指示和文件❹。

---

❸ 見《中共中央文件選集》，第11卷，第410–413、484–485頁；《新華日報》，1938年2月10日等。

❹ 十二月政治局會議確定的政治局委員和候補委員的人數總共十六人，即毛澤東、王明、張聞天、周恩來、朱德、博古、張國燾、項英、陳雲、任弼時、王稼祥、康生、鄧發、凱豐、劉少奇、彭德懷。張國燾走後，經常在延安的一度只有毛、張、陳、劉四人，而武漢有時能達到七人，即王、周、博、項、凱、朱、彭。參見前引〈延安整風中的王明〉；《王明言論選輯》，人民出版社，1982年版，第566–593頁；〈陳周博致中央

早在十二月政治局會議時，毛就已經對王明必欲在中共七大準備委員會中設一個「書記」的職務感到不安。一方面王明明顯地取代了毛自遵義會議以來剛剛樹立起來的權威，另一方面他一邊宣布斯大林和季米特洛夫提議樹立各國主要負責人的威信，一邊又提出要在黨內建立「集體領導與個人負責制」，說二者不相衝突。結果不僅分了毛的權力，而且還搞出了個「主席」、「書記」二重制，「主席」雖列名於前，但「書記」的設立，明眼人都能看出其中有與「主席」平起平坐的味道。在這種情況下，王明此後的種種作為，雖打著為「使（毛）威信更大」的幌子❺，卻不可免地讓毛感到不滿。毛後來明確講：「十二月會議後中央已名存實亡」。

王明回國後挑起的中共黨內權力之間的紛爭，很快就被反映到莫斯科去了。一九三八年三月，根據毛的提議，延安的中共中央書記處決定派任弼時前往莫斯科彙報中共的工作。本來，王明幾度提議派長江局的葉劍英去莫斯科彙報工作並索要援助，但在三月召開的中共中央政治局會議上被否定。任弼時多半並不是王明要派的人，如果注意到任在中央蘇區時曾受過打擊，背過處分的情況，很容易想像他到莫斯科後會如何彙報王明與延安之間的分歧。只不過，據任弼時後來介紹，當他在莫斯科報告黨內情況時，關於王明的問題並非是由他首先提起的，而是共產國際領導人主動向他詢問的。據他說，他在彙報中共工作時，首先是曼努伊斯基向他提了有關王明的三個問題：第一是問王明是否有企圖把自己的意見當作中央意見的傾向？第二是問王明是否總是習慣於拉攏一部分在自己周圍？第三是問王明與毛是否處不

書記處電〉，1938年1月28日；〈陳周博凱致毛洛張康陳電〉，1938年3月27～28日等。

❺ 〈陳周博董葉致書記處並朱彭任林電〉，1938年2月9日。

好關係？在這種情況下，任自然不能不介紹了王明向延安中央爭取權力及鬧意見分歧的種種表現。據任介紹說，季米特洛夫聽後明確講，他對王明的印象不好，這個人總有些滑頭的樣子，據共產國際幹部反映，王明在一些地方不很誠實，在蘇聯時就總是好出風頭，喜歡別人把他說成是中共領袖，他早就告訴過王明，他缺乏實際工作的經驗，應該向國內的同志很好地學習，不要去爭當領袖❺❻。

共產國際領導人這個時候突然對王明表現得如此反感，有一個十分微妙的背景。那就是，這個時候，前共產國際東方部負責人，王明在莫斯科的扶植者米夫，一九三七年在斯大林發起的肅反運動中被懷疑為反革命，一九三八年遭到整肅。米夫的倒臺和被懷疑有敵對背景，不僅使王明失去了一張強有力的保護傘，而且也促使莫斯科的領導人對米夫一手扶植起來的幹部，表示嚴重的懷疑。此後中共領導人到莫斯科時，季米特洛夫和曼努伊斯基又曾幾次談到王明的問題，除了對王明表示不信任以外，都特別提出過王明與米夫之間的關係值得懷疑的問題。

隨著任弼時在一九三八年春赴莫彙報談及王明與毛澤東之間的分歧，莫斯科已經不能不就中共領袖的人選問題發表明確的意見了。在這一年的七月，王稼祥回國前夕，季米特洛夫特地召見了他。就中共領導核心的團結，以及中共領袖的人選問題談了幾點意見，其中特別提到：今天中共在全國取得公開存在的條件，在群眾中能夠產生巨大的影響，但「要中共團結才能建立信仰」，要「靠黨的一致與領導者的團結」才能鞏固發展統一戰線。而「在領導機關中要在毛澤東為首的

---

❺❻　參見〈任弼時代表中共中央向共產國際的報告大綱〉，1939年4月17日；拙作：〈抗戰時期共產國際、蘇聯與中國共產黨關係中的幾個問題〉，《黨史研究》，1987年第6期等。

領導下」，造成「親密團結的空氣」❺。據季米特洛夫講，斯大林也主張要宣傳各國黨自己的領袖，並樹立他們的權威。

　　一九三八年九月中下旬，中共中央召開政治局會議，由王稼祥傳達了季米特洛夫的這一指示。緊接著，在十月份舉行的中共六屆六中全會上，毛第一次在黨中央的會議上代表中共中央作政治報告。會議上，康生、陳雲等明確提議應當推舉毛為中共中央總書記。對毛的指揮時常有所議論的彭德懷等軍事領導人也在會上發言，稱讚毛十年來「基本上是正確的」。肯定毛是中國黨當然的領袖，並且說：「領袖的培養是在堅決鬥爭中鍛煉出來的，是由正確的領導取得的，領袖不能委任，領袖也不是拾來的，領袖是長期鬥爭經驗的總結，是長期鬥爭中產生的」❺。在這次全會上，中共領導人中已迅速形成推舉毛為黨的正式領袖的熱烈氣氛。就連王明也感覺到這種擁毛潮流壓力之大，因而不能不在會上信誓旦旦地表示：自己今後要像眾星拱月那樣拱衛在毛澤東同志的周圍❺。

　　就形式而言，中共六屆六中全會其實還並沒有能夠根本解決毛的領袖名義問題。這顯然同張聞天的態度有關。由於共產國際指示中沒有明確提到應當由毛任總書記的問題，仍在名義上「負總責」的張聞天多少還有些「戀棧」，因而對這個問題的反應顯得有些猶豫不決。據他後來回憶，他當時曾經向毛提過這個問題，在毛表示推辭後，自己也就不再提了，出現這種猶豫態度的原因，是因為那時「還沒有感覺到有變動的必要」，「還不了解使毛澤東同志負起領導的全責，發揮他的全部的指導力量，⋯⋯對於黨的全部工作的徹底轉變，有何等偉大

❺　王稼祥：〈國際指示報告〉，1938年9月，《文獻和研究》，1986年第4期。
❺　〈彭德懷在中共六屆六中全會上的發言〉，1938年10月24日。
❺　見王明：〈在中共六中全會上的發言提綱〉，1938年10月29日。

的意義」，因此當時「沒有表示堅決讓位的態度，而把這件事輕輕放過去了」❻ 。

不過，從莫斯科很快轉載毛在中共六中全會上的政治報告，並再度專文發表介紹毛生平的傳記等情況來看，共產國際和蘇共領導人支持毛的態度是很明確的❻ 。在六中全會以後，張聞天也逐漸意識到自己應當讓位了。據他回憶說，自己到了一九三九年春就「把政治局會議地點，移到楊家嶺毛澤東同志的住處開，我只在形式上當主席，一切重大問題均由毛主席決定」了。進入到一九四〇年，他更明確承認毛應當是黨的領袖，故幾次提出讓位的問題，並且在實際上把「總書記」的各項權力統統交給毛了。

---

❻　前引張聞天整風筆記。

❻　見（俄文版）《共產國際》，1939年第4期、第6期。

第三編

若即若離時期

第一章　獨立自主逼不得已

　　一九三七年抗日戰爭的爆發，使中共獲得生存發展的重要客觀條件；而一九三八年毛澤東領袖地位的確定，更滿足了中共維護和爭取自身利益的重要主觀條件。不過，在抗日戰爭爆發前後，中共距離他們的一九四九年還是極其遙遠。不僅接連不斷的挫折使他們幾乎無法再提出任何直接革命的任務，而且抗日戰爭的形勢也不允許他們片面追求自己的政治抱負。

　　但是，中共既定的思維方式是不會改變的。堅持從階級觀點看問題的結果，使中共無論如何不會放棄它既定的鬥爭目標 —— 奪取政權。毛在這一點上的強烈進取心態，使中共始終保持著一種自信，即相信只有它才是先進階級的代言人，才代表著未來中國的發展方向。正是由於這種情況，從抗戰開始之日起，毛就一直在強調中共的「政治領導」，強調要堅持對國民黨的批評，強調保存和發展自己力量，使紅軍「由壯氣軍地位到實力領導地位」，使「黨從現在地位到實力領導地位」的絕對必要性❶。在一九三七年十一月底王明從莫斯科回來，告訴中共中央，斯大林和季米特洛夫的意見是「抗日高於一切」之後，第一次面臨如此複雜局面的毛澤東，一度不能不轉而相當認真地去強調國共之間是「『互相幫助，互助發展』，不是誰領導誰」，不料莫斯科的態度卻又發生了翻天覆地的變化。結果，一九三九年，先是國共

　　❶　毛澤東：〈中日戰爭爆發後的形勢與任務〉，1937年9月1日，《毛澤東文集》，第2卷，中央文獻出版社，1993年版，第9頁。

摩擦加劇，後是莫斯科因為要與德國妥協，反對英美，打出階級鬥爭的旗幟，毛的鬥爭欲望重新被刺激起來。想不到，剛過了不到一年，歐洲大陸淪陷，德國矛頭東向，莫斯科轉而又回到統戰立場上來，不顧毛對國共關係強烈的擔心，要求毛放棄一切對國民黨方面的過激反應。這一系列的反覆，終於使毛由困惑走向反感，下決心獨立自主了。

第一節　估計變化

在一九三七年十二月政治局會議之後，毛澤東確實有過一個時期相信，可以按照莫斯科的辦法來改造國民黨。從莫斯科回來的王明這個時候告訴中共領導人，斯大林和季米特洛夫的意見是「抗日高於一切」，因此，在統一戰線內部不要去分什麼左、中、右，「現在不能空喊資產階級領導無產階級，或無產階級領導資產階級」，「沒有力量空喊無產階級領導是不行的」，只要抗日就是好的。對此，毛固然有所懷疑，但王明關於「我們是中國的主人，中國是我們的，國民黨是過渡的」，爭取將來使國民黨中革命的站到我們一邊來，實行革命與反革命的全面破裂等說法，卻與毛的想法不謀而合。既然莫斯科認為這樣更策略，剛入此道的他自然不能自認比莫斯科更高明。而後至少在一年左右的時間裡，毛澤東一直在認真地貫徹「抗日高於一切」的原則，強調國共之間是「『互相幫助，互助發展』，不是誰領導誰」。他甚至為此提出了與國民黨「長期合作，共同建國」的設想，希望能夠改造國民黨❷。在一九三八年十月舉行的中共六屆六中全會上，毛澤東提

❷　毛澤東：〈目前抗戰形勢與黨的任務報告提綱〉，1937年12月，《毛澤東文集》，第2卷，第52-53頁。毛澤東：〈論新階段〉，1938年10月12～14日，《中共中央抗日民族統一戰線文件選集》，（下），第139-160頁。

出的，以停止在國民黨內發展黨員及進行組織活動，交出中共黨員名單為代價來實現兩黨組織合作的設想，算得上是他用來改善兩黨關係的登峰造極的主張了❸。這些都反映出他這段時間裡對改善國共關係，以及改造國民黨，是比較樂觀的。

隨著武漢陷落，日軍大舉進攻暫告停頓，以張君勱〈致毛澤東先生的一封公開信〉，呼籲中共放棄對軍隊政權之控制和地盤之割據❹為契機，蔣介石國民黨對共產黨的態度突然間變得強硬起來了。至十二月中旬，蔣介石不僅拒絕了毛澤東在六屆六中全會提出密切兩黨組織上合作的建議，而且第一次毫不掩飾地告訴中共代表：將中共合併於國民黨，「此事乃我生死問題，此目的如達不到，我死了心也不安，抗戰勝利了也沒有什麼意義」。在這方面，共產黨做多少讓步也不行。這一根本問題不解決，其他諸如兩黨摩擦之類的問題都不可能解決❺。而後，國民黨開始在軍事上和政治上採取限制和削弱共產黨力量的方針。蔣不僅下令禁止八路軍跨越戰區，鼓勵河北等地國民黨地方軍政當局自動恢復其權力，逼迫八路軍退出河北等地❻，而且在一九三九年一月間召開的國民黨五中全會上，成立了專門的防共委員會，

---

❸　毛澤東：〈論新階段〉，1938年10月12–14日，《中共中央抗日民族統一戰線文件選集》（下），第139–160頁。

❹　轉見《中央日報》，1938年12月25日。

❺　〈陳紹禹等關於一個大黨問題談判情況給中央的報告〉，1938年12月13日；〈周恩來關於與蔣介石談判的情況及意見給中央的報告〉，1939年1月21日，《中共中央抗日民族統一戰線文件選集》（下），第183–184、192–193頁。

❻　見〈朱、楊、左、傅關於國共摩擦日漸增加問題致中央書記處電〉，1939年1月19日，《中共中央抗日民族統一戰線文件選集》（下），第190頁。

開始制定各種「防共」、「限共」的秘密文件❼，這種情況的出現不免讓毛澤東深感意外。

蔣介石之所以開始「防共」、「限共」，無疑是國民黨喪城失地太多，而共產黨卻利用敵後空虛全力發展，不僅從抗戰開始時的陝北一隅迅速發展到整個華北地區，而且其軍隊也從抗戰之初的五萬餘人迅速擴充到二十萬人之多。這種情況使國民黨深感其「統治之土地，將一失而不易復得」，再不加緊抑制，抗戰勝利後自己必將失去對整個國家的控制。毫無疑問，蔣介石相信，只要「上層注重『理性之折服』」，「中下層予以事實上之『打擊』」❽，國民黨就能夠抑制共產黨勢力的進一步蔓延。

蔣介石突如其來的「反共」、「限共」行動，給了正在計劃與國民黨搞好關係的毛澤東以極大的震動。階級鬥爭的弦重又開始繃得緊緊的。考慮到武漢和廣州相繼喪失，國民黨軍事上陷於嚴重困境，毛澤東不能不懷疑作為中國英美派資產階級代表人物的蔣介石，其背後是否存在著一個國際性的有英美等資本主義大國支持的妥協陰謀。之所

❼ 國民黨這一階段先後制定和頒發的秘密「限共」文件有〈防制異黨活動辦法〉，1939年4月；〈共黨問題處置辦法〉，1939年6月；〈處理異黨實施辦法〉，1939年11月等，參見南京中國第二歷史檔案館編：《中國政治史資料彙編》，第3輯；中國人民解放軍政治學院黨史教研室編：《中共黨史參考資料》，國防大學出版社，1981年印刷，第8冊，第318-333頁。

❽ 《第八路軍在華北陝北之自由行動應如何處置》，1939年；《共黨問題處置辦法》，《中共黨史參考資料》，第8冊，第321頁。另見中國第二檔案館編：《中國現代政治史資料》第3輯所錄《陳誠致徐永昌函附辦法》(1939年6月26日)和《徐永昌覆陳誠函附修正辦法》(1939年6月28日)兩件可知，此一秘密文件是於六月以後下發的。

以會有這樣一種聯想，很大程度上是與一九三八年九月二十九日歐洲
〈慕尼黑協定〉的形成有關。還在得知歐洲〈慕尼黑協定〉簽字之後
不久，中共中央就提出過英法帝國主義的妥協政策「可能搬用到東方」
的問題。雖然，在六中全會上，毛澤東估計「東方問題與西方問題在
當前具體情況上有某種程度上的區別」，利用英美帝國主義與日本帝國
主義之間的矛盾並非不可能 ❾，但面對國民黨反共活動的突然加劇，
毛澤東這時不能不開始作最壞的設想。這是因為，共產黨人從來認為，
國民黨說到底是主要反映地主資產階級利益的黨，它不可能有自己獨
立的政策，因為地主資產階級多半都是依靠帝國主義存活的，只不過
不同派別的地主資產階級所依靠的帝國主義國家有所不同。而目前，
「蔣的政策很大的成分是依賴英美」，因此，他們斷定：「最近的摩擦，
都與英美的政策有關」。考慮到英法簽訂〈慕尼黑協定〉打破了蘇聯建
立歐洲集體安全體系的希望，毛澤東估計，建立世界性和平陣線的可
能性已將不復存在。這意味著，德日等國法西斯侵略的勢頭只會加強，
而不會減弱。鑒於此，他自然相信國民黨內的妥協傾向也要相應地日
趨嚴重，國民黨內反共勢力公然抬頭或許就是其妥協傾向惡性發展的
一種反映。在中共中央進一步從國民黨五中全會中了解到，蔣介石準
備以恢復盧溝橋事變前的狀態作為「抗戰到底」的標誌，同時，國民
黨還計劃依靠英美的壓力促成召開太平洋會議討論中國問題之後，毛
澤東甚至懷疑：蔣介石可能想要造成「東方慕尼黑會議」，「依賴英
法」，「把日本迫到盧溝橋去」，並以割讓東北和內蒙作為交換 ❿。基
於這樣一種估計，毛澤東對國民黨的態度將會如何是可想而知的。

---

❾　毛澤東：〈論新階段〉。

❿　見〈中央書記處會議記錄〉，1939年2月25日。參閱毛澤東：〈在延安活
　　動分子會議上的報告〉，1939年4月29日。

　　國民黨加緊「防共」「限共」，共產黨當然會以強調獨立和鬥爭相對抗。但是，在一九三九年的頭幾個月裡，共產黨似乎還沒有一下子改變自抗戰以來對國民黨的積極評價。注意到一九三八年十二月底國民黨第二號人物汪精衛叛變投降，蔣介石不僅沒有步其後塵，而且公開拒絕了以「共同防共」為基礎的日本首相近衛的聲明，毛澤東依然肯定國民黨在總的發展方向上還是「在進步」，只是這「進步的河流中有一股逆流」，「整個進步中有部分的退步」。因此，他仍舊主張對國民黨「要親愛，要團結」。與前有所區別的只是，毛澤東開始特別強調了在統一戰線的原則中，還要加上「反摩擦這一條」，要加上「人不犯我，我不犯人」，「人若犯我，我必犯人」的原則。主張:「他占我一個村子，我們占他兩個」，「他捉二個，我們捉他四個」，用加倍的懲罰打擊那些國民黨反共勢力，用發展進步勢力的辦法來造成「壓服」退步逆流的實力。但很顯然，毛澤東這時的基本態度仍舊是「和為貴」，仍舊是「親愛團結」❶。只不過，他認為: 與國民黨的關係必須堅持鬥爭和合作兩個方面，「沒有鬥爭就沒有合作」，「長期合作就需要長期鬥爭來保證」。他形象地比喻說:「天下的魚本來沒有人敢捉的，有人去捉一兩條試試看，因為魚沒有反抗，你捉我捉，大家都捉起魚來，因此天下之魚可捉也」❷。換言之，面對國民黨的「防共」「限共」措施和蔣介石一心想吃掉共產黨的野心，如果不全力反抗和鬥爭，結果不僅合作不能保持，最後恐怕連共產黨也要被消滅掉。

　　一方面堅持鬥爭，一方面仍舊注意「親愛團結」，堅持「合作」，這多少也是同這時中共對國際形勢的看法相聯繫著的。因為，儘管人們

❶　毛澤東:〈對十八集團軍延安總兵站檢查工作總結會議時之演詞〉，1939年1月28日。

❷　毛澤東:〈後方軍事工作的政治方向〉，1939年5月5日。

開始把〈慕尼黑協定〉出籠後國際形勢中出現的一些不利情況與國民黨的政治態度變動聯繫了起來，但國際形勢的變動似乎還並不是十分糟糕，而共產國際看起來也還沒有停止爭取世界上三個最大的資本主義國家英、法、美與社會主義蘇聯團結合作的努力❸，因此，毛澤東也同樣希望英美等國與德意日法西斯國家的矛盾「一天天尖銳化起來」。當一九三九年三、四月間西班牙受德意支持的佛朗哥政權在內戰中獲勝，捷克斯洛伐克與阿爾巴尼亞先後被德意吞併，英法兩國政府被迫開始放棄綏靖政策，整軍備戰，並試圖與蘇聯進行有關集體安全問題的談判，這種情況再度使毛澤東與中共中央受到鼓舞，他們甚至據此開始相信國際反侵略陣線「現在有其前途了」❹。只是，這種樂觀的估計幾乎立刻就不得不改變了。這是因為，在一九三九年三月十八日，斯大林已經在聯共（布）第十八次代表大會上對國際形勢作出了新的判斷，他已經準備放棄集體安全的努力，決心置身於所謂帝國主義戰爭之外，並開始把防備英法等所謂「民主國家」的漁人政策作為自己頭等重要的外交目的了❺。

　　毛澤東和中共中央只是在斯大林講話很長一段時間之後才了解到其講話的具體內容的❻。但是，在五月份以後，獲知蘇聯外交政策的

---

❸　參見〈歐美十六國共產黨號召實際援助西班牙共和政府宣言〉，1939年1月27日，《解放》，第66期，1939年3月20日。

❹　毛澤東：〈在第十八集團軍延安總兵站檢查工作會議總結時之演說〉；毛澤東：〈在抗大檢討工作總結晚會上演講詞〉。

❺　參閱《斯大林文選》，人民出版社，1978年9月版，第215–220頁。

❻　中共中央了解到斯大林三月十八日講話的具體內容至少晚了兩個月以上，在五月一日其機關刊物《解放》發表專門聲明解釋之所以未能刊斯大林講話的原因是因為未能得到講話全文之後，又隔了將近兩個月，即

新動向已經不是一件很困難的事了。而五月三十日共產國際的新指示更清楚地顯示出這種政策的轉換和它所帶來的影響。共產國際的指示強調指出：（一）目前最大的危險，就是國民黨妥協投降的可能性，這種情況是英美法在遠東極力推行妥協政策，試圖造成一種新的〈慕尼黑協定〉的必然反映，其中包含著重大陰謀；（二）中共應當全力開展反對妥協投降的鬥爭，要準備輿論，準備群眾，以應付可能出現的反共陰謀，因為反共就是國民黨投降的準備；（三）黨的基本任務，仍是鞏固與擴大統一戰線，在開展反對妥協投降，揭穿反共即投降準備的同時，應注意不給統一戰線的破裂造成任何藉口[17]。

不難想像，來自斯大林和共產國際的形勢估計勢必要把中共對國民黨以及對它的「後臺老板」英美帝國主義的認識，推上一個新的臺階。在一九三九年六月以後，毛澤東前此對國際形勢的樂觀估計改變了，開始全力強調國際國內的妥協投降危險；他對英美等民主國家及其正在發生的戰爭性質的看法改變了，開始直截了當地譴責其帝國主義的反共反蘇的階級本性[18]；他在六中全會提出的「誠心誠意的擁護蔣委員長，擁護國民政府」，強調國民黨「光明前途」的方針改變了，開始明確肯定「資產階級叛變的必然性」，主張要指出國民黨的壞處，多加批評，對蔣「不要誠心誠意」，「也不要無條件的擁護」，要準備應付國民黨的妥協投降，準備出現「一個混亂局面」，「那時，共產黨將成為全國人民的救星，全國人民望共如望歲；那時，中國人民對蘇聯希望必增加；那時，國際必是一個戰爭與革命局面」。當然，毛澤東並

六月二十五日《解放》才正式刊出斯大林講話的全文。

[17] 〈共產國際執委會書記處致中共中央書記處電〉，1939年5月30日。

[18] 毛澤東：〈反投降提綱〉，1939年6月10日，《毛澤東文集》，第2卷，第206頁。

非希望國民黨真的投降，他還是要爭取國民黨大多數堅持抗戰，因此，在策略上，他仍舊主張不放棄「擁蔣」口號，主張「統一不忘鬥爭，鬥爭不忘統一，二者不可偏廢，但以統一為主，磨而不裂」[19]。

第二節　決心下定

來自莫斯科的指示顯然使毛澤東看到了共產黨人歷來所盼望的那種「戰爭與革命」並舉的局面[20]看到了中國革命走向勝利，共產黨成為「全國人民的救星」，人民「望共如望歲」的激動人心的情景。但是，什麼時候才是「戰爭與革命」的局面呢？

一九三九年八月二十三日，蘇聯在對英法等國政府完全失去信任的情況下，與它一向視為「戰爭販子」的法西斯德國簽訂了互不侵犯條約，鼓勵德國把戰爭矛頭指向英法兩國。緊接著，德國入侵波蘭，英法對德宣戰，新的世界大戰爆發了。在毛澤東看來，這當然就是「戰爭與革命」的局面。毛澤東因此認為：「過去關於法西斯國家與民主國家之劃分已經失掉了意義」，「爭取同所謂民主國家的資產階級及其政府……建立統一戰線的時期，已經過去」。今後各國共產黨的任務只能是：「變帝國主義戰爭為革命的國內戰爭，建立反帝國主義戰爭的人民統一戰線」，以便「推翻世界反動營壘，用革命戰爭打倒帝國主義戰爭，打倒戰爭禍首，推翻資產階級」。他斷言：「資本主義經濟已經走到盡頭了，大變化大革命的時代已經到來了」[21]。

---

[19]　毛澤東：〈反投降提綱〉，前引書，第212、222頁。

[20]　共產黨人歷來認為，革命是戰爭的孿生物，只要有戰爭，就有革命勝利的可能。像一八七一年馬克思所推崇的巴黎公社起義，和一九一七年俄國革命的勝利，都是拜戰爭之福。

　　戰爭引起革命，這對於共產黨人是顛撲不破的真理。第一次世界大戰誕生了一個社會主義的蘇聯，新的世界大戰的結果可想而知。斯大林對於資本主義經濟總危機的預言和共產國際第三時期理論的提出❷，早就使共產黨人渴望著新的「戰爭與革命」的局面的出現，因為他們相信，根據以往革命的經驗，根據斯大林和共產國際的預言，在這場帝國主義戰爭的背後，必將伴隨著更廣泛的社會革命和社會主義國家的誕生。

　　既然世界革命形勢的發展將導致更多的國家走向社會主義，那麼，中國將往何處去呢？中國尚屬落後國家，依照列寧的理論，中國革命的性質只能是資產階級民主革命，但在國際資本主義和資產階級已經走到窮途末路之日，是否中國還會步英美資產階級民主政治的後塵，在世界革命的大潮之外，獨樹一幟地建立一個資產階級的三民主義共和國呢？承認這樣一種觀點，無異於承認以蔣介石國民黨為代表的資產階級還應當繼續保持其統治地位。這長期以來就是毛澤東所不願看到的。毛澤東早就注意到，在共產黨與國民黨之間，始終存在著一個把中國引上何種發展道路的問題，在他看來，不是資產階級的國民黨把中國引入資本主義，就是無產階級的共產黨把中國引向社會主義，二者絕無調和的餘地。而決定勝負的關鍵，只能取決於整個國際政治

---

❹　毛澤東：〈第二次帝國主義戰爭講演提綱〉，1939年9月14日。

❷　〈斯大林在聯共（布）第十六次代表大會上的報告〉，《斯大林全集》，第12卷，人民出版社，1955年版，第246頁。所謂「第三時期理論」是共產國際第六次代表大會正式提出的關於世界當前發展形勢的革命性預言，它認為世界資本主義正在進入「戰爭和革命的時期」，伴隨而來的將是新的帝國主義戰爭和空前高漲的資本主義國家內部的無產階級革命與殖民地國家反帝國主義的民族解放革命運動。

環境的變動和國共雙方實力對比的變化。如今，國際形勢已經發生了
有利於革命的重大變化，共產黨的力量也較兩年前增長了四倍以
上❷，毛澤東相信，爭取中國革命向著有利於社會主義前途變化的條
件已經出現了。

國際形勢的變化導致中共重提意識形態的目標，在這裡表現得再
清楚不過了。但是，在繼續民族戰爭，繼續統一戰線的情況下，將如
何看待共產黨與國民黨之間現在和未來的關係呢？值得注意的是，從
莫斯科指示中共中央提防國民黨叛變投降的可能性之日起，毛澤東就
已經開始重新認識國民黨了。國民黨極力向中共奪取其失去的地盤與
權力，並不惜加派重兵封鎖中共中央所在地──陝甘寧邊區，竟至造
成各種摩擦與衝突，更使他在感情上對國民黨愈益反感❷。在這種情
況下，「戰爭與革命」局面的到來，必然促使他從階級鬥爭的角度來尋
找否定國民黨作用的依據。

從一九三九年秋天起，毛澤東開始公開抨擊以國民黨為代表的中
國資產階級的「動搖性」，認定它不僅「不願和不能徹底推翻帝國主義，
更加不願和更加不能徹底推翻封建勢力」，而且必然要「把無產階級及
其政黨在思想上、政治上、組織上的發展，看作是不利於他們而要加

---

❷ 根據中共一九三九年對外公開宣傳的說法，其軍事力量僅八路軍就已經
發展到二十二萬人，見《中共南方局致中央及前總電》，1939年11月14
日；但根據一九四〇年六月的內部說明，可知它這時的軍隊總計已經發
展到五十萬人，相當於國民黨的五分之一，見毛澤東：〈目前形勢與我們的
政策〉，1939年6月25日。

❷ 毛澤東在一九三九年七月的一次號召保衛邊區的講演中即斷言：「我們
中國，如果再在這些混帳王八蛋手裡搞下去，中國一定要亡」。毛澤
東：〈保衛邊區──你們是第一責任〉，1939年7月12日。

以限制，而要採取欺騙、誘惑、溶解與打擊等等破壞政策，並即拿這個政策作為他們投降敵人與分裂統一戰線的準備」。因此，毛澤東斷言：國民黨及其資產階級在一個時期固然可以參加革命，成為革命的動力之一，「在另一個時期，就要叛變革命，並轉過來壓迫革命」，成為革命的敵人。這其實也就是說，共產黨與國民黨之間絕不能「長期合作，共同建國」。不僅如此，中國革命和中國抗日戰爭的主要領導責任還「不得不落在無產階級的肩上了」。 而今後革命的發展方向，也絕不可能是「國民黨居於領導與基幹的地位」的三民主義共和國，它只能是「變為世界革命一部分」的，在中國共產黨領導下的「中國無產階級、農民、知識分子與其他小資產階級」「各個革命階級聯合專政」的「新民主主義共和國」❷⑤。

　　毛澤東在這裡雖然提出了用共產黨領導來代替國民黨領導的絕對必要性，但他仍舊注意到不能違反列寧關於落後國家革命性質的原則規定，沒有否定中國革命的民主主義性質。因此，在承認中國革命的民主主義性質的前提下，毛澤東清楚地了解，他不能完全排斥中國的資產階級及其國民黨，因為無論從力量對比的角度考慮問題，從反對共同敵人日本侵略者的角度考慮問題，還是從中國革命的資產階級民主性質的角度考慮問題，都應當對資產階級和國民黨採取有區別的政策，不能一概加以排斥。因此，毛澤東很快開始注意對中國資產階級在理論上加以區別，強調中國資產階級存在著「買辦階級和民族資產階級的區別」，買辦階級是「中國革命的對象」，而民族資產階級則是具有兩面性的階級。

❷⑤　毛澤東：〈新民主主義的政治與新民主主義的文化〉，《中國文化》，第1期，1940年2月15日；毛澤東：〈發刊詞〉，《共產黨人》，第1期，1939年10月4日。

應當指出，毛澤東在一九三九年開始這樣做時仍舊沿襲的是俄國人前此使用過的，並且被中共長期遵循的分析方法。但依照這樣一種分析方法，作為「中國革命對象」的買辦階級的帽子是不能被扣到蔣介石等人頭上的，因為蔣介石與汪精衛畢竟有著本質的區別，只有汪精衛才適合戴買辦階級這頂帽子，而繼續領導著抗日的蔣介石國民黨必然要被看作是主要反映著民族資產階級的利益的，既使再加劃分，蔣介石等國民黨上層與中共為敵者充其量也只能被視為是民族資產階級中「大資產階級」的代表，再加上代表部分抗日的大地主階級的利益，一面可以強調其「是妥協性很大很不可靠的部分」，一面卻還不能把鬥爭矛頭指向他們，必須肯定他們在抗日問題上的作用❷❻。顯而易見，這樣一種區分方法，並不符合毛澤東提出「新民主主義」策略思想的最初意圖。

毛澤東自己說，他是在一九四〇年七月以後「才正確認識清楚」如何區分大資產階級與民族資產階級的問題的。事實也確是如此。儘管他最初還沒有把蔣介石歸入一個他認為適當的位置，但是在一九四〇年三月他已經開始把蔣介石視為「反共頑固勢力」，在策略上提出反對和孤立蔣介石等人的觀點了。而根據他所提出的「發展進步勢力，爭取中間勢力，反對和孤立頑固勢力」的策略思想，以及建立以同情

❷❻　毛澤東：〈中國革命與中國共產黨〉，《共產黨人》，第5期，1940年4月25日。（應當說明的是，這裡沒有引用《毛澤東選集》中的文字，而是直接引用了當時最初發表時的文字，因為《毛澤東選集》中的文字是根據毛澤東後來的認識加以修改過的。這一時期有關的文章，如〈新民主主義論〉和〈共產黨人〉發刊詞等，也是如此，因此筆者也都儘量引用最初發表時的文字）。

共產黨的中等資產階級為團結對象的「三三制」的政權設想❷ 之後，人們事實上很難再把中等資產階級和大資產階級籠統地視為一體來考慮自己的政策了。毛澤東也已經認定：「國民黨政權是地主資產階級政權，要轉變為民主政權，沒有大分裂是不可能的」，故國共關係，「在大地主大資產階級當政之時，不能有徹底的好轉」。在這種條件下，在資產階級當中唯一應當爭取的其實也只有所謂中等資產階級了。時至於此，將以蔣介石為代表的大資產階級從統一戰線中區分出去的理論終於找到了。一九四〇年九月六日，毛澤東明確提出：要「將大資產階級和民族資產階級加以區別」。他重新制定了中國資產階級的劃分標準，聲稱：「大資產階級是帶買辦性的」，「他們是現時的主要當權者」，「民族資產階級是受大資產階級統制，與外國資本聯繫少，現時基本上沒有政權」的部分，即過去所說的「中等資產階級」❷。這樣一來，毛澤東就從理論完成了他對國民黨的策略轉變，即不僅確定了新的革命目標——建立在共產黨領導下的無產階級、農民、知識分子和各種小資產階級的各個革命階級的聯合專政，確定了聯合的對象——民族資產階級，而且也確定了孤立和打擊的對象——以蔣介石為代表的中國大地主大資產階級政權。

❷　即在抗日根據地政權中，共產黨只占三分之一，工農小資產階級進步分子占三分之一，中等資產階級及開明士紳占三分之一，是為「三三制」。

❷　見《毛澤東關於目前形勢的報告》，1940年12月4日；毛澤東：《目前抗日統一戰線中的策略問題》，1940年3月11日，《毛澤東選集》，第740–741頁；毛澤東：〈在延安高級幹部會上討論目前時局問題的結論〉，1940年7月13日；〈毛澤東關於對地主資產階級軍官進行調查致恩來電〉，1940年9月6日；〈中央關於時局趨向的指示〉，1940年9月10日，《中共黨史參考資料》，第8冊，第355–357頁。

第三節　形勢紛擾

意識形態如何在中共的政治生活中起作用，這裡表現得再清楚也沒有了。可以肯定，把自己的政策目標和行為方式建立在一套絕對符合列寧主義的理論形態上，這是任何一位有抱負的中共領袖的立身之本。但是，過於嚴密的理論邏輯和一種分析模式建立之後過於單一的分析手段，有時候往往又不能適應迅速變化的複雜形勢。一九四○年下半年剛剛確立了他的新民主主義觀的毛澤東，就面臨著這樣一種情況。

考慮到實力對比的現實情況，國際形勢的變化對於毛澤東判斷國內形勢和確定策略方針，有著至關重要的影響。當毛澤東把蔣介石國民黨當權派視為大地主大資產階級的代表，並且把大資產階級等同於買辦階級之後，他自然要更加重視蔣介石國民黨的政策動向與國際帝國主義之間的聯繫。還在一九四○年六月法國戰敗以前，毛澤東就斷定蔣介石發動反共摩擦有國際背景，認為這是「英美法最惡毒的反蘇反共指令」的結果，其目的在於「對日妥協」，「以便在太平洋方面組織英美法日華五國的反蘇反共集團」。法國戰敗後，考慮到英法已經失去了干預東方事務的可能性，蔣介石失去了組織反蘇反共集團的帝國主義支持，於是他斷定「發動反蘇暗流與反共高潮的中國大地主大資產階級，將要被迫著重新來考慮其政策」了，他們有可能「在不妨礙其階級利益即政權的範圍內，延長合作抗日時間」[29]。根據這樣一種判斷，考慮到中共已經發展到五十萬軍隊、六十萬黨員，而「大資產

[29]　毛澤東：〈第二次帝國主義戰爭的發展〉，1940年6月；毛澤東：〈目前形勢的特點和黨的政策〉，1940年7月6日。

階級不統一不強大」，國民黨內代表民族資產階級的地方勢力和孫科等
人也竭力反抗，他相信蔣介石已不得不「被迫讓步」，根據就是蔣一方
面承認共產黨在黃河以北的實力地位❸，一方面承認在一定條件下有
實施憲政的必要。因此，毛澤東一度相當樂觀，決心不僅要迫使蔣確
實讓步，而且「還要爭取徹底好轉，即大資產階級下臺代以統一戰線、
三三制政權，即資產階級小資產階級與無產階級各得一票」❸。其雄
心之大，可想而知。

　　把蔣介石視為中國帶買辦性的大資產階級代表，相信蔣是靠英法
等帝國主義的支持而存在的，這是毛澤東在英法兩國失去東顧能力之
後判斷蔣介石必定要向共產黨妥協的基本依據。然而，國民黨七月十
六日〈中央提示案〉的提出，表明國民黨不僅不想向共產黨妥協，反
而在向共產黨進攻。〈提示案〉明確規定八路軍、新四軍必須在一個
月之內「掃數」開赴黃河以北，並只允許中共編八路軍六個師，新四
軍編兩個師，其餘數十萬部隊一律遣散❸。這種情況顯然使毛澤東感
到意外。

　　八月十六日，中共中央召開會議再度全面分析國際局勢。會議雖
然注意到蔣介石有轉向日本尋求和平的可能，但無論如何看不出這種
情況會在近期內發生。因此，毛澤東估計蔣此舉仍只是虛張聲勢而已。
他明確指示，可以考慮接受國民黨的劃界要求，但須以新黃河為限，

---

❸　由於在1939年開始的恢復管轄權力的「限共」行動不能約束華北地區共
　　產黨的八路軍，1940年4月16日白崇禧上書蔣介石，主張用劃界的辦法
　　把共產黨的軍隊集中起來。國民黨軍令部據此開始制定劃界方案。

❸　毛澤東：〈時局與邊區問題〉，1940年9月23日。

❸　〈中央提示案〉，1940年7月16日，《中華民國重要史料初編》，第五編
　　（四），臺北黎明文化事業有限公司，1987年版，第227–230頁。

並且遣散軍隊等無理要求一概拒絕❸。殊不料，國民黨毫無商量餘地，最後更由何應欽、白崇禧以最後通牒的形式，於十月十九日電令中共軍隊在一個月內按〈中央提示案〉要求全部開赴舊黃河以北的指定地區❹。

　　如何看待國民黨在英法兩國已無力東顧的情況下加緊反共部署的原因，這對於已經將蔣介石歸入英美派大資產階級行列的共產黨人明顯地成為一個邏輯上的矛盾。儘管在此期間發生了九月十七日德、意、日三國成立軍事同盟的新情況，但作為英美派大資產階級代表的蔣介石，是否會離開英美集團去加入德意日集團呢？毛澤東對此頗多疑問。蔣介石會不會加入英美集團去反對德意日集團呢？其強硬態度會不會與此有關呢？比較兩大帝國主義集團，毛澤東顯然相信英美聯合的力量遠大於德意日，因此，他迅速開始對蔣介石加入英美集團的可能性深感擔心了。他在給重慶周恩來的電報中指出，美國是現在世界最強的國家，對國內中間勢力又極有吸引力，一旦英美派的蔣介石加入英美集團，必使「大多數中間派跟蔣介石跑」，抗戰也必將很快勝利，而日本若投降美國，「美國把中國英美派從財政上、軍事上武裝起來」，國共兩黨必「由合作變為大規模內戰」，國民黨將占盡優勢，「最黑暗莫過如此」了❺。

---

❸　〈中國共產黨覆案〉，1940年8月，中共南方局編：《國共兩黨談判重要文件》，原件存重慶紅岩紀念館。

❹　〈何應欽、白崇禧致朱彭總副司令、葉挺軍長的皓代電〉，1939年10月19日，《皖南事變（資料選輯）》，中共中央黨校出版社，1982年版，第87–88頁。

❺　〈毛澤東關於形勢估計及對國民黨可能進攻的對策問題致周恩來電〉，1940年10月25日，《皖南事變（資料選輯）》，第38–39頁。

　　由於自一九三九年九月世界大戰爆發一年之後歐洲仍然沒有發生革命，蘇聯繼續堅持中立立場，國共兩黨實力對比的有利變化又由於蔣介石可能加入英美集團而大打折扣，毛澤東不能不開始修正前此提出的「孤立和打擊頑固派」的策略了。他提出，應該努力「分化與拉攏一部分可能起變化的頑固派，尖銳批評維持現狀的頑固派，而堅決反對投降派與可能的貝當政府，以期實現初步的政治好轉」。至十月二十日前後，他更明確斷定：國民黨「目前的反蘇反共是放棄獨立戰爭加入英美同盟的準備」，因而要求全黨開始進入全面的防禦狀態，要穩健地對付國民黨的進攻，「軍事上採取防衛的立場」，「政治上強調團結抗日」 ❸ 。

　　自十月十九日何白皓電之後，國共關係高度緊張。共產黨既然不能答應國民黨關於一個月內將全部軍隊撤過舊黃河以北的「最後通牒」， 就必須迅速準備對付國民黨可能的大舉進攻。因此，正確判斷國民黨的進攻計劃及其背景，就顯得異常重要。為此，毛澤東不能不反覆權衡，並再三要求周恩來向蘇聯駐重慶大使潘友新徵詢看法，但潘友新卻不認為蔣介石有加入英美同盟，依靠英美來反對蘇俄與中共的現時可能性。鑒於此，毛澤東也注意到他前此的估計未免缺少足夠的根據，相反，既然相信大資產階級要依靠帝國主義國家而存活，在英美不能依靠的情況下，轉而加入正走上坡路的德意日集團豈不更加有利？毛澤東由此判斷說：「美國現在軍事上尚未準備好，目前還不可能立即打敗日本」。 而「如果日美戰爭不能迅速爆發（這個可能多），或雖爆發美無勝利把握（兩年內是無把握的），如果英國在（被）德意日三國在今冬明春打得落花流水(一定的)，如果日本能退出武漢等地，

---

❸　〈毛澤東關於國際國內形勢的估計和對策的指示〉， 1940年10月25日，《皖南事變（資料選輯）》，第35頁。

僅占沿海與華北並聲明主權仍屬中國，由蔣介石派人管理（可能性很大），　如果參加德意日同盟反對英美能使中國資產階級發洋財，他是願做貝當的」，「故蔣介石走這條路的可能性最大」。只不過，判斷蔣介石「直接準備投降」，在共產黨人看來，事態卻更形嚴重。因為這樣判斷的結果，共產黨勢必要準備立即「和大資產階級永久決裂」，　與國民黨進行全面戰爭，而且要防止「被彼方數十萬軍隊將我軍驅至隴海路以北構築縱深封鎖線（邊區周圍封鎖線是五道），　我將來出不去而受日蔣兩軍嚴重夾擊（應估計日蔣夾擊消滅我軍是日蔣雙方的計劃）」❸❼。

　　注意到自己的軍隊有受「日蔣聯合夾擊的嚴重危害」，這使毛澤東聯想到國民黨要求八路軍新四軍全部開過舊黃河以北必有重大陰謀。隨著國民黨再度通知中共中央，山東及華中的中共軍隊必須在十一月二十日之前全部開至華北，潘友新又通報國民黨正在與德國和日本進行秘密談判，中共中央更深感事態嚴重。毛澤東電告在重慶的周恩來：「中央幾次會議都覺此次反共與上次不同，如處理不慎，則影響前途甚大。故宣言與指示擬好又停」。為此，毛澤東先後致電各地黨的領導人，要求他們提供看法。而中心問題就是軍事上是「坐以待斃」，　還是制敵機先，即「我軍不待日蔣聯合夾擊到來，即從五十萬人中抽調至少十萬至十五萬精兵，分數路突入彼後方，而留其餘部隊（多數）仍在原地抗日」，以此來「避免嚴重的日蔣夾擊」❸❽。毛澤東當然傾向

---

❸❼　〈毛澤東關於時局問題的報告〉，1940年10月30日；〈毛澤東關於目前時局問題致恩來、德懷、胡服、項英電〉，1940年10月29日；〈中央書記處關於加緊準備對付蔣介石的嚴重進攻給周、秦、何、葉的指示〉，1940年11月1日。

❸❽　〈毛澤東關於書記處對時局意見致恩來電〉，1940年11月2日；〈毛、王對付

於採取進攻的辦法，但他深知，這一著將在政治上帶來極大的不利，故又難下決心。

在把蔣介石等同於革命對象，並將形勢估計得如此嚴重之後，難免使自己陷於進退兩難之中。畢竟，就當前抗戰的形勢而言，實在看不出有與蔣介石主動破裂統一戰線的必要性，可是從新民主主義排斥大資產階級的邏輯結果出發，從對大地主大資產階級動搖本性的邏輯判斷出發，從國民黨加緊反共的種種準備出發，毛澤東又不能不得出上面的結論。因此，毛澤東再三講，現在恐怕「是一個歷史的轉變時機，是一個中國革命帶突變性的時機，是一個從資產階級政權中退出還是保留的時機」。能否做出正確的決策關係甚大，而「此時錯一著，將遺爾後無窮之患」❸❾。考慮到這一步棋關係中共命運太大，毛澤東左思右想拿不定主意，但對於共產國際與蘇聯大使接連來電說明「蔣目前仍處在三角交叉點上」，還沒有下投降決心的情況，毛則堅持認為：「目前是一回事，將來又是一回事。依客觀估計，蔣將來靠英美的可能性小，靠德日的可能性大，因德日的壓力與引力都是很大的，……而英美在兩年內是無能為力的，蔣是等不到兩年的。」❹❶

毛澤東無論如何不願拿中共的利益來冒險。儘管，他清楚地知道，在蔣介石還沒有公開投降日本的情況下，軍事進攻也是一種冒險，但比較被國民黨數十萬軍隊趕過黃河，「置我於日蔣夾擊中而消滅之」❹❶，

日蔣聯合反共的策略考慮致德懷電〉。

❸❾　〈毛澤東關於準備對付黑暗局面是全黨中心任務問題致恩來同志電〉，1940年11月3日，中央檔案館編：《皖南事變（資料選輯）》，第38–39頁。

❹❶　〈周恩來致毛澤東電〉，1940年11月2日；〈毛澤東關於準備對付黑暗局面是全黨中心任務問題致恩來同志電〉。

❹❶　〈毛澤東關於擊破蔣介石反共降日的戰略部署致胡服電〉，1940年11月

到底是危險性稍小的一種冒險。因此，他反覆考慮，仍舊傾向於採取進攻戰略。

十一月三日，毛澤東終於下了決心。他一方面以朱、彭、葉、項名義起草答覆何白皓電，示以團結姿態，並指示皖南新四軍軍部「答應北移」，爭取延緩國民黨剿共軍行動的時間，一方面斷定蔣介石期限一到，必以大軍進剿，「第一步將我軍驅逐於隴海路線以北，構築重層封鎖線」，「第二步配合日寇實行夾擊，消滅我軍」。為了不致被迫「退往華北三省讓其過黃河構築新的萬里長城致被封死，被夾擊，被消滅，而讓蔣介石安然投降」，在取得其他中共領導人的同意後，毛澤東決心採取重大軍事步驟，以十五萬精兵分幾路首先打到國民黨後方河南及甘肅等地去，以粉碎其剿共陰謀和封鎖計劃。同時，毛澤東擬就〈炸彈宣言〉，並通知重慶辦事處等中共在國民黨區域的機關「即刻開始作緊急布置」，一切引弦待發。當然，在決定採取這種孤注一擲的重大冒險步驟之前，毛澤東仍舊不能不向莫斯科「請求」指示。因為，他清楚地知道，一旦作戰開始，就必定形成大規模的嚴重內戰，因此，只有取得共產國際和蘇聯的諒解和支持，中共才有可能在「內戰形式的民族革命戰爭」爆發後堅持長期作戰並取得軍事優勢❷。

十一月四日，毛澤東致信共產國際領導人，詳細說明採取這一重

3日。

❷　〈朱彭葉項覆何應欽白崇禧佳電〉，1940年11月7日；〈毛、朱、王關於新四軍北移致葉、項電〉，1940年11月3日，《皖南事變（資料選輯）》，第78、83–87頁；〈毛、王關於對付日蔣聯合反共的策略考慮致德懷電〉；《毛澤東給季米特洛夫、曼努伊斯基的信》，1940年11月4日；〈中央書記處關於行動布置致恩來同志電〉，1940年11月3日；〈毛澤東關於準備對付黑暗局面是全黨的中心任務致恩來同志電〉。

大行動步驟的必要性。他說:「蔣介石計劃是驅逐我們至華北,修築重層縱深封鎖線(正在大規模修築)置我們於日蔣夾擊中而消滅之」。「反共戰爭有一觸即發之勢」。「在我取退讓態度而彼仍堅決進攻之時,我們擬舉行自衛的反攻」,「在日蔣夾擊中,如不採取此種軍事步驟,打破進攻與封鎖是不可能的,我之地位是很危險的」。但此舉「有可能鬧到蔣介石與我們最後大破裂,故在政治上是不利的」,因此,「我們如處置不當,可遺將來無窮之禍」。鑒於這種情況,我們「最後決心還沒有下」,「請求你們給以指示」❸。

必須指出,毛澤東雖然提出了排斥以蔣介石國民黨領導的新民主主義主張,但這一主張仍非現實政策,而是指明共產黨的下一步鬥爭目標。因此,從主觀上說,毛這時的基本思想並不是要破裂與國民黨的關係。況且,無論是國際環境還是兩黨力量對比都還沒有達到這樣做的條件。所以,突然決心採取這一重大的破裂步驟,多半仍是為國民黨的軍事威脅所困。毛澤東歷來主張「以其人之道還治其人之身」。他相信:「蔣介石最怕的是内亂」,「故我們可以這點欺負他」,「他要剿共,我們一定要反剿共」,「抄到他後方去打幾個大勝仗,提出請求撤懲何應欽(清君側),撤退剿共軍」等等,說不定到時候蔣介石還會被迫妥協呢❹。

不難想像,莫斯科對毛澤東的這一冒險計劃是持反對立場的。斯大林明確認為:中共「還顯得太屠弱」,它「在國内的地位還不鞏固,蔣介石可以輕而易舉地聯合日本人來反對共產黨」,把槍口對準國民黨,只能使自己「處於走投無路的境地」,並把蔣介石逼到日本一邊去,這不論對中國革命還是對蘇聯的安全,都是一種嚴重的「危險」❺。

---

❸　〈毛澤東給季米特洛夫、曼努伊斯基的信〉。

❹　〈毛澤東關於準備對付黑暗局面是全黨的中心任務致恩來同志電〉。

因此，共產國際領導人對於毛澤東函電中的形勢估計和策略方針，明確表示不贊成。他們認為：蔣介石的主要危險，還只是有被親日派牽入圈套而由反共走向投降的可能性，並無全面剿共和降日的決心。而親日派的目的，正是要設法挑起國共戰爭，逼蔣降日，共產黨切不可中此詭計，在政治上、軍事上只應作防禦的自衛戰的準備。

　　在向莫斯科發去電報之後，毛澤東一直高度緊張的神經多少有點冷靜下來。因此，莫斯科的勸告又轉而促使毛澤東開始重新考慮自己的形勢估計和軍事對策。他重又開始提出政治解決當前危機的設想，主張設法通過「奔走呼號，痛切陳詞」，「表示愛護蔣愛護抗戰與團結」的態度，來從政治上謀求緩和；通過改變外交策略，鼓動中美英蘇聯合一致，防止蔣介石加入德意日集團來爭取國民黨放棄和日幻想。中共中央也於十一月七日發出正式指示，要求全黨把「過去對於頑固派鬥爭的火力，現在主要的要轉到親日派與內戰挑撥者身上」來，一方面「嚴防突然事變的襲擊」，一方面全黨動員起來挽救時局危機。毛澤東重又告訴各地領導人：「目前制止投降與內戰，還是可能的，還來得及，還有這種時間」❹❻。當然，距離蔣介石的最後時限越來越近，毛澤東對通過政治方式解決問題多少還有些懷疑❹❼，擔心國共關係「好

❹❺　《崔可夫赴華使命》，第33、35–36頁。

❹❻　〈毛澤東關於動員黨內外一切力量制止蔣介石剿共降日致克農項英董老並告恩來並轉告各方電〉，1940年11月6日；〈毛澤東關於加強國內外聯絡以制止投降分裂致恩來電〉，1940年11月6日；〈中央關於目前時局問題的指示〉，1940年11月7日，《皖南事變（資料選輯）》，第80、40–43、81頁。

❹❼　在中共中央十一月七日發布黨內指示的當天,毛澤東卻告訴周恩來說：我雖「為蔣留餘地」，「但恐蔣不爭氣耳」。《毛澤東關於撤退桂林辦事處

轉前途很少」。但是，接連不斷地到來的國民黨公開謀求聯合英美的情報，使他不能不相信自己前此的反應過於激烈了。他開始明確提議：「採取自衛的防禦戰」，「力求不爆發大衝突」，以便「使抗戰能再拖一時間」 ❹ 。

第四節　我行我素

　　不論毛澤東對以共產黨取代國民黨抱有多麼強烈的願望，直到一九四〇年底和一九四一年初的最初幾天裡，他仍舊清楚地知道，中共與蔣介石國民黨之間的統一戰線毫無疑問還要繼續下去。在十一月二十日這個國民黨規定的共產黨軍隊移動的最後期限過去了之後，毛澤東對這種前景更不能表示懷疑了。他開始得出結論：「只要蔣介石未與日本妥協，大舉進攻是不可能的，他的一切做法都是嚇我讓步」。 而「我除在文章上（佳電）表示和緩及皖南一點小小的讓步外（實際我早要北移但現偏要再拖一兩個月），其他是寸土也不讓，有進攻者必粉碎之」。 他甚至斷言：蔣介石除了「皓電、調兵、停餉、製造空氣、威脅辦事處等等手段」以外，「並無其他法寶」，故「此次反共規模，不會比上次大，只會比上次小」，因為我力量比上次更強大了，蔣決不

時間問題致周電》，1940年11月7日。

❹　參見〈季米特洛夫致毛澤東電〉，1941年1月4日，《中共黨史研究》，1988年第3期；〈毛澤東關於蔣介石發布「一一七」命令後國共關係變化及我之對策致恩來、德懷、胡服電〉，1941年1月20日，《皖南事變（資料選輯）》，第183頁。〈毛、朱、王關於軍事上應取自衛的防禦戰致德懷電〉，1940年11月13日；〈澤東關於力求不爆發大衝突致周電〉，1940年11月14日。

敢「撕破臉皮亂打」❹。隨著收到季米特洛夫十一月二十五日進一步
強調鞏固國共統一戰線必要性的來電❺，和得到日本正式承認汪偽政
權的消息，毛澤東更加確信蔣介石已沒有投降的可能了，進而很快得
出結論說：「這次反共高潮快要完結了」❺。

　　一九四〇年十二月，美英宣布向中國政府提供大筆貸款，蘇聯宣
布繼續援華，日汪又簽訂條約，國際形勢明顯有利於中國的抗日戰爭
和統一戰線。因此，儘管何應欽、白崇禧八日有齊電再提中共軍隊北
移事，蔣介石九日又有手令限期十二月三十一日新四軍全部開過長江
以北，八路軍開過黃河以北❺，毛澤東還是估計蔣「大舉剿共是不可
能的」，「此次嚴重的投降危險已被制止」，「目前反共高潮已經過去」。
雖然毛澤東並不是沒有看到蔣介石國民黨仍舊在加緊反共的部署，也
很快注意到「還不能說反共高潮已下降了」，甚至，考慮到以蔣介石為
代表的買辦性大資產階級大地主集團與無產階級共產黨根本上勢不兩
立，他還特別致電季米特洛夫，希望共產國際了解國共關係的嚴重性
質，可是，對大資產階級買辦性的理解，使他不能不格外重視蔣介石
政策的外部環境，既然蔣介石已經受到反日的英美勢力的包圍，那麼，

---

❹　〈毛澤東關於粉碎蔣介石反共陰謀致周恩來等電〉，　1940年11月21日，
　　〈毛澤東關於目前蔣介石反共政策之實質及我之方針致周恩來等電〉，
　　1940年11月30日，《皖南事變（資料選輯）》，第101–104頁。

❺　〈季米特洛夫致毛澤東電〉，1940年11月25日。

❺　〈毛澤東關於利用日汪合流時機準備政治攻勢致周、葉電〉，　1940年11
　　月30日。

❺　〈何應欽、白崇禧覆朱、彭、葉、項齊代電〉，1940年12月8日，《皖南
　　事變（資料選輯）》，第89–97頁；《中華民國重要史料初編》，第五編（四），
　　第236頁。

毛澤東當然也看不出蔣介石目前有聯合日本大舉進攻共產黨的可能。因此，他只能把蔣介石的反共部署看作是一種「攻勢防禦」，相信蔣不過是「大吹小打而已」❸。殊不料，一九四一年一月，蔣介石發動了一次預謀已久的既不大也不小的剿共戰爭，一舉消滅了新四軍皖南軍部北移部隊近萬人，捉了新四軍軍長謝挺，造成了震驚中外的皖南事變。接著，蔣介石還迅速於一月十七日下令撤銷了新四軍的番號，並宣布其為「叛軍」❸。

再也沒有這種打擊來得更沉重的了。毛澤東不是沒有看破蔣介石國民黨的本質，他不是沒有預見到這可能到來的反共戰爭，他也不是沒有提醒過新四軍領導人準備應付突然襲擊，但是，在蔣介石大規模進攻即將到來的一瞬間，他卻相信共產國際！甚至，他並不是沒有過懷疑，但季米特洛夫剛剛批評他「不該將破裂作為出發點」❺，破裂就來了！如今，蔣介石的進攻開始了，而共產黨卻沒有做好必要的準備。他憤然致電周恩來，要他質問蘇聯剛剛給蔣介石派來的軍事總顧問崔可夫：「葉（挺）項（英）被俘，全軍覆沒，蔣介石無法無天至此，請問崔可夫如何辦?」❺

---

❸　〈毛、朱、王關於目前局勢致胡陳並告葉、項電〉，1940年12月16日；〈毛、朱、王關於日汪條約簽訂後之形勢致彭左、葉項等電〉，1940年12月19日；〈毛澤東關於目前形勢和政策問題的報告〉，1940年12月13日；參閱〈季米特洛夫致毛澤東電〉，1941年1月4日；〈毛澤東關於蔣介石及其軍隊中各派系情況致恩來電〉，1940年12月25日，第116-117頁。

❺　〈國民政府軍事委員會通令〉，1941年1月17日；〈國民政府軍事委員會發言人談話〉，1941年1月17日，《皖南事變（資料選輯）》，第170-172頁。

❺　〈季米特洛夫致毛澤東電〉，1941年1月4日。

❺　〈毛澤東關於將皖南事變告崔可夫並徵詢意見致周、葉電〉，1941年1月

　　毫無疑問，毛澤東不會把蔣介石的這種進攻看成是一個孤立事件。進攻剛一發生，他立刻就意識到應當馬上「在政治上、軍事上迅即準備作全面大舉反攻」。蔣介石「一月十七日」命令一經宣布，他立即懷疑蔣介石「有與我黨破裂決心」，蔣介石幹出這件大事，「定有帝國主義的指使，這或者是英美，或者是德意」，但「背景似以日德為多」，其「計劃是各個擊破我軍，先打新四（軍）後打八路（軍）」。進而，根據各方面的情報，毛澤東認定：「蔣介石已把我們推以和他完全對立的地位，一切已無話可說」，因此，現在再也不是打退反共高潮問題，「而是根本破裂問題」，「是如何推翻蔣介石統治問題」，一切好轉的可能性「已經沒有了」。他告誡全黨：對此，「我們決不能再取游移態度，我們決不能再容忍，我們決不能怕破裂，否則我們就要犯嚴重錯誤」。甚至，對於蘇聯大使和蘇聯軍事總顧問所表示的懷疑態度，他也毫不客氣地致電周恩來，要他告訴這些俄國人：「蔣介石一月十七日命令是中國全國性突然事變的開始，是全面投降全面破裂的開始」，蘇聯應當立即「停止接濟，準備後事，不然要上當的」❺❼。

　　然而，中共這時有沒有在政治上特別是在軍事上全面進攻的可能呢？在接連舉行的中央政治局會議上，中共領導人一致同意必須加強

　　15日，《皖南事變（資料選輯）》，第147頁。

❺❼　〈毛、朱、王關於準備消滅韓德勤沈鴻烈以答覆蔣介石致胡陳電〉，1941年1月13日；〈毛、朱、王關於我在政治軍事組織上採取的步驟致彭德懷並告胡服電〉，1941年1月19日；〈毛澤東關於考慮與蔣介石根本破裂問題致德懷電〉，1941年1月23日；〈毛澤東關於我們不能怕破裂致恩來電〉，1941年1月25日，《皖南事變（資料選輯）》，第139、180、187、190頁；〈毛澤東關於蔣介石一月十七日命令是全國性突然事變的開始致周董葉電〉，1941年1月23日。

政治上的全面反攻，必須準備全面破裂，但多數領導人顯然注意到軍事上的反攻缺乏必要的準備。華中新四軍直接暴露在國民黨和日本軍隊的兩面夾擊之下，陝甘寧邊區也必須立即調集兵力才能確保安全，要實行戰略性的反攻還需要「爭取時間長些過到更有利的時機」。而更主要的是，「如立即取攻勢，即須調動華北兵力，而一經調動即須有決心打到四川去（非打到四川不能奪取陝甘），即須有決心同蔣介石打到底」，如此重大的戰略行動，無論如何都必須周密準備，並須與蘇聯和共產國際取得一致。「問題是遠方的政策與我們所想的相左，三個月來幾經往復，尚未解決。故目前我們在政治上取猛烈攻勢，而在軍事上暫時還只能取守勢，惟須作攻勢的積極準備，以便在四個月或六個月後能夠有力的轉入攻勢」❺❽。

一九四一年一月二十五日，毛澤東再度收到季米特洛夫發來的緊急電報，電報突出強調了繼續利用日蔣矛盾的重要性，要求中共集中火力打擊國民黨親日派，不可另起爐灶，不要主動破裂國民黨關係，以免上親日派的當❺❾。不論毛澤東對共產國際的政策有多少不滿，來自共產國際和蘇聯的意見這時仍舊對中共的政策具有重要的制約作用。特別是國共兩黨面臨破裂的邊緣，中共明顯地需要來自蘇聯和共產國際的幫助，毛澤東告訴軍事領導人說，僅軍事一項，由於「我們缺乏重武器及使用武器的技術人員」，就無法實現奪取西南西北幾個重要省份的戰略目的。為此，他直截了當地要求蘇聯停止「接濟重慶武器」，立即準備「公開援助我們」，特別是設法「援助我們奪取蘭州」，

---

❺❽　〈毛澤東關於考慮與蔣介石根本破裂致德懷電〉，1941年1月23日；〈毛澤東關於蔣介石發布「一一七」命令後國共關係的變化及我之對策致恩來、德懷、胡服電〉，1941年1月23日。

❺❾　〈季米特洛夫致毛澤東電〉，1941年1月25日。

因為只有奪取蘭州才能打通與蘇聯的通道，接取援助，而八路軍「沒有飛機及攻城部隊奪取蘭州及甘涼肅三州是不可能的」。與此同時，中共中央政治局於一月二十九日正式通過決議，明確告誡全黨：蔣介石已經從革命走到反革命，國共破裂的前途已經確定了，「對於以蔣介石為首的反動了的大地主大資產階級，我們過去一面鬥爭一面聯合的兩面政策，現在已經不適用了，對於他們，我們現在已不得不放棄聯合政策，採取單一的鬥爭政策」。今後的鬥爭方向，就是「動員全國人民，孤立與克服大地主大資產階級及其首領蔣介石的反動，使一切主張抗日與民主各階層的人民代表去代替反動了的大地主大資產階級，組織抗日民主的國防政府」❻。

　　自十一月以來，毛澤東和莫斯科頻繁通電，雙方對形勢及策略的看法越來相距越遠。二月六日，季米特洛夫寫信給斯大林指出：從毛澤東同志最近的一系列電報中，可以看出中國同志相信同國民黨的分裂是不可避免的，並且正在不加思索地主動走向分裂。我們認為，在國共之間的問題沒有徹底搞清楚之前，有必要進一步提醒毛澤東同志注意他在與國民黨關係問題上所持的分裂立場。在徵求了斯大林的意見之後，季米特洛夫給毛澤東發出了一封措辭嚴厲的電報。電報稱：我們認為同蔣介石分裂並不是不可避免的。您不應當堅持分裂的方針。恰恰相反，您應當依靠擁護抗日統一戰線的廣大群眾，共產黨應當盡一切可能避免分裂與內戰。請您清楚地全面地考慮局勢，重新研究您

<hr />

❻　〈毛澤東關於詢問崔可夫公開援助事宜致周電〉，1941年1月30日；〈毛澤東關於處理兩黨關係必須堅持十二條致周電〉，1941年1月30日；〈中央關於目前時局的決定〉，1941年1月29日，《中共中央文件選集》，第13卷，第28–30頁。

現在的立場，並通知我們您的意見和建議**❻**。

　　季米特洛夫的電報促使毛澤東重提利用日蔣矛盾問題。但這並不意味著毛澤東改變了對蔣介石的看法。只是他注意到日本軍隊仍舊在向國民黨的正面防線發起進攻，而蔣介石本人看起來也盡力把皖南事變局部化，這使得他同意：「從破裂開始到全面破裂尚可能有一個過渡時期」，日蔣矛盾「仍須儘量利用之」，國共合作還可以延長時間，共產黨有必要「利用這個過程使破裂於我有利」。況且，毛澤東清楚地了解：沒有蘇聯的支持，自己在軍事上就根本無法掌握進攻的主動性，而這一國際條件的成熟，遠不是以他之力在短期內所能促成的。因此，他一方面再三希望這些固執的俄國人能夠明白：「蔣介石反革命是定了的」，一方面不得不盡可能保持冷靜，並且約束自己的行動**❻**。

　　自毛澤東的新民主主義的策略思想提出之後，他對同蔣介石國民黨爭奪實力領導地位的必要性已經確信不疑了。不論莫斯科對此持何種態度，也不論季米特洛夫如何再三地就此提出批評與指責，皖南事變的發生，使毛澤東相信，在這個問題上犯了錯誤的不是他，而是莫斯科。甚至，他開始相信，從一九三七年十二月會議起，莫斯科的政策就犯了嚴重的錯誤，而他卻早就提出了「防人之心不可無」的階級觀點，早就提出了大力發展自身力量，用無產階級的實力領導取代資產階級領導權的鬥爭任務。在他看來，共產黨的利益和前途，只有從尖銳鬥爭的立場中才能得到，照莫斯科的辦法處處妥協退讓，是毫無希望可言的。

---

❻　中心檔案，全宗號495，目錄號74，卷宗號317。

❻　〈毛澤東關於詢問崔可夫公開援助事宜致周電〉；〈毛澤東關於處理兩黨關係必須堅持十二條致周電〉；〈毛澤東關於須儘量利用日蔣矛盾致德懷同志電〉，1941年2月1日。

　　從一九三九年國民黨開始具體策劃和實施其「防共」「限共」的方針起，到一九四一年皖南事變結束止，毛澤東和中共對蔣介石國民黨的策略轉變在一系列極其複雜的過程中終於完成了。儘管，由於總體上國共兩黨實力對比的限制，美英蘇援蔣和共產國際對中共政策的不理解，特別是德國入侵蘇聯後國際環境轉為不利，中共發動「百團大戰」後國內敵後戰場的條件也極度惡化等等，許多原因都使毛澤東在此後的相當長一段時間裡不能積極推進他的戰略目標，但是，放棄對國民黨領導地位的承認，放棄與國民黨「長期合作，共同建國」的幻想，提出「孤立與克服大地主大資產階級及其首領蔣介石的反動，使一切主張抗日與民主各階層的人民代表去代替反動了的大地主大資產階級」的策略，這些或多或少決定了中國的未來。在一九四五年，當毛澤東相信他已經擁有了可以向奪取全國政權邁進的足夠資本之後，他曾經這樣評價過皖南事變前後這一策略變動的意義。他說：在抗戰開始階段，我們一度試圖「改造國民黨，改造他的軍隊，改造他的政府」，那時，「我們估計國民黨能改造，結果國民黨未改造，我們在估計上犯了一個錯誤」。這種情況，直到「以後出來了一個『限制異黨辦法』，發動了第一次反共高潮，我們的同志才逐漸開始覺悟起來了❻❸。可以肯定，毛澤東這裡所說的共產黨從「錯誤」到「覺悟」的轉變，指的正是上面所談到的這段歷史。在這段歷史過程中，「錯誤」無疑是莫斯科造成的，而「覺悟」——至少毛澤東相信——則是在他的領導下才實現的。

<hr>

❻❸　《毛澤東在中國共產黨第七次代表大會上的政治報告》，1945年4月24日，《毛澤東在七大的報告和講話集》，中央文獻出版社，1995年版，第113頁。

第二章 「國際派」折戟延安

一九四一年的皖南事變是促使中共改變與莫斯科關係的重要樞紐，但是，在毛澤東的領導下，中共逐漸脫漸莫斯科的控制，卻是一個必然的過程。中共從對莫斯科言聽計從，走到不聽號令，自行其事，充其量只是一個時間的問題。這是因為，毛是一個個性極強，不甘寄人籬下，並且向以經略天下為己任的極具抱負的革命者。

毛澤東與共產國際的爭論，直接導致了他向以王明為首的一派人開戰，從而引發了頗為著名的延安整風運動。不過，這個被後人稱之為「國際派」的黨內派別，這個時候實際上早已處於一種四分五裂的狀態之中，完全不成其為宗派。並且，也並非凡是留蘇學生出身的領導人都是這個宗派中的人物。恰恰相反，多數留蘇學生反而是站在毛一邊的。結果，在所謂「國際派」，或者乾脆叫「王明宗派」中，唯一想藉著共產國際的餘威拉幫結派以求一逞的，只剩下了王明和他的老婆孟慶樹。這場鬥爭從一開始，就不能不成為一場一邊倒的運動。王明的失敗，使莫斯科失去了它在中共內部的最後一個堡壘。

第一節 是非之爭

自從共產國際肯定了毛澤東的領袖地位以後，毛在具體工作上，顯著地推進了軍隊和根據地的發展壯大；在理論方面，又提出了足以對國共關係乃至中國革命起指導作用的新民主主義思想，可謂得心應

手。皖南事變的發生，對毛雖然是一個打擊，但在他看來，應當對這次失敗負主要責任的，並不是他，而是自抗戰以來在統一戰線問題上一貫畏首畏尾，缺乏鬥爭精神的新四軍政委項英。進一步追究起來，則肯定同長時間任長江局書記，直接負責過新四軍工作的王明的指導方針有關，因為自從一九三七年十二月會議之後，項英同毛的關係就始終若即若離，不那麼聽話，與王明則來往較多，顯得挺熱。

毛對王明的不滿，固然與王明爭權有關，但一個很重要的原因，也是因為不滿意王明負責統戰工作期間對國民黨處處遷就，極盡妥協的態度。在一九三九年國共摩擦和衝突加劇，毛採取鬥爭策略在華北為中共爭得夢寐以求的實力地位之後，毛更深感王明當初退讓方針之錯誤。而在皖南事變發生前後，莫斯科方面反對毛尖銳對抗的態度，更進一步讓毛聯想到，十二月會議時王明傳達共產國際有關指示，迫使自己接受「抗日高於一切」的統戰原則的情況。在毛澤東看來，黨的整個工作至少在一年左右的時間裡，受到了十二月會議錯誤方針的消極影響，而在某些地區，如直接受到王明負責的長江局指導的地區，更因此受到了嚴重的損失。儘管六中全會以後，特別是一九三九年以後，整個方針已經開始改變，但在個別地區或個別部門，由於個別領導人未能肅清這種錯誤的思想影響，右傾錯誤仍在繼續之中。皖南新四軍的失敗，就是這種情況的一個最有力的證明。依據這一精神起草的〈中央關於項（英）袁（國平）錯誤的決定〉，即明確肯定，新四軍的失敗首先就在於，項英「對統一戰線的了解，都是犯了右傾機會主義錯誤的」，「他對於國民黨的反共政策從來就沒有領導過鬥爭，精神上早已作了國民黨的俘虜」。與此同時，他「對中央的指示，一貫的陽奉陰違」，「對於中央的不尊重，三年中已發展至極不經（正）常的程度」❶。

從創立工農紅軍，開創井崗山根據地，到率領瀕於絕境的中央紅軍到達陝北，獲得新生；從洛川會議制定正確的鬥爭策略，到一九四〇年發展到前所未有的近五十萬軍隊和遍布華北華中的敵後抗日根據地，毛澤東的自尊心和自信心都得到極大的滿足，他更加相信只有自己才有能力正確地引導中共走向成功。正因為如此，他也更看不上那些「四中全會選舉的、五中全會選舉的」，只會唯上唯書，缺少獨立思想的領導人，還在一九三八年六中全會，即當他剛剛被共產國際指定為中共黨的領袖之際，他就直言不諱地要求身邊那些動輒長篇大論、滿嘴教條的領導人，學會「把馬克思主義在中國具體化」，強調「洋八股必須廢止，空洞抽象的調頭必須少唱，教條主義必須休息，而代之以新鮮活潑的、為中國老百姓所喜聞樂見的中國作風、中國氣派。」❷毛為什麼要強調「中國作風、中國氣派」，又為什麼把矛頭指向「四中全會選舉的、五中全會選舉的」領導人呢？十分明顯，這是因為，在一九三一年六屆四中全會以後上臺，此後一直占據著中共中央重要領導崗位的相當一批領導人，都是以喝俄國墨水、啃俄國教科書為資本，只會搬用俄國經驗的一些留蘇學生。從江西到延安，毛澤東不得不和這些留學生一同共事，早先須聽其呵斥，其後與其比肩而立，如今則可以傲視群倫，但無論怎樣，以他的中專學歷和理論素養，若論之以馬克思列寧主義，他都絕對無法與這些擅長引經據典的飽學之士進行較量。而他最為倚重的局部革命發展的實踐經驗，在政治層次上又很難與這些留學生所依據的，已經被奉為經典的，放之四海而皆準的俄國革命的成功經驗相抗衡。在這種情況下，毛澤東在思想上又怎麼能不與這些留學生格格不入？

---

❶　《中共中央文件選集》，第13卷，第31頁。

❷　《毛澤東選集》，第2卷，第534頁。

　　皖南事變之後，中共中央政治局至少還有十四人，像毛澤東這樣既沒有上過大學，也沒有喝過洋墨水，甚至連國門也沒有跨出去過的「土包子」，也算得上是鳳毛麟角了❸。雖然一時還沒有中共中央總書記或中共中央主席的正式領袖頭銜，但不論在實際工作上，還是在內心裡，毛早就十分清楚自己的地位。然而越是如此，他就越是有一種不平衡感，因為他既反感留學生們引經據典，脫離實際，又不能不承認作為中共領袖，必須熟知馬克思列寧的理論經典，具有相當程度的理論素養和理論造詣。還在江西時期，他就明顯地感覺到自己在理論方面的這種差距，因而「到延安後就發憤讀書」❹。

　　但發憤讀書，乃至發憤寫書，也並不能讓那些自認為是黨內「學問淵博的理論家」真正改變對毛的看法。抗戰開始以後，毛已接連寫了《實踐論》、《抗日游擊戰爭的戰略問題》、《論持久戰》，以及《新民主主義論》等一系列重要的理論文章和小冊子，卻絲毫得不到負責理論報刊宣傳工作的張聞天、博古等人的重視。王明拒絕在《新華日報》上發表毛的《論持久戰》，以及負責中央宣傳部工作的張聞天「只把毛澤東同志的著作，列入臨時的策略教育與時事教育之內，只當做中央的一般政策文件看待」，不可避免地使毛感到不滿和壓抑。以致，在相當長的一段時間裡，延安的理論宣傳教育工作始終掌握在留蘇學

---

❸　中共中央政治局成員抗戰開始時應有十六人，之後因張國燾叛逃，項英在皖南事變中遇害，還有十四人，即張聞天、毛澤東、王明、康生、陳雲、周恩來、博古、任弼時、王稼祥、鄧發、朱德、劉少奇、凱豐、彭德懷。其中張聞天、王明、博古、王稼祥、任弼時、劉少奇、周恩來、朱德等八人程度不同地留過學，康生、陳雲、鄧發三人駐過莫斯科，只有毛澤東、彭德懷等既沒留過學，也沒有出過國。

❹　郭化若：〈毛主席抗戰初期光輝的哲學活動〉，《中國哲學》，第1輯。

生的手裡，引經據典蔚然成風，影響到毛澤東幾乎不敢到中央黨校去報告。可見毛當時地位之微妙與窘迫❺。

毛讀馬列書少是有原因的。他早年畢業於長沙第一師範學校，並多年從事小學教育。從一個立志革命的知識分子的角度，他對馬克思主義理論知識應該說也是求知若渴的。但他自一九二〇年以來，一直致力於革命運動與實踐之中，一方面無暇顧及學問和理論，一方面也對學問及理論頗生輕視之心。因此，他雖總有「弟為荒學，甚為不安」之說，同時卻又表示「恨極了學校」，最恨「學拘」❻，相信「理想固然要緊，現實尤其要緊」，知固然重要，而行尤其重要，因為不論理論上說得多麼好聽，關鍵在於事實上能否做到❼。結果，從參加創建中共開始，直到抗日戰爭爆發時為止，毛總是忙碌異常，而讀書甚少。據查，這段時間裡毛僅部分地，而且是斷斷續續地讀過幾本馬列的書。一九二〇年前後讀過馬克思和恩格斯的《共產黨宣言》、考茨基的《階級鬥爭》，一九二六年前後讀過列寧的《國家與革命》片段，一九三二年前後讀過《共產主義運動中的左派「幼稚病」》和《兩個策略》等❽。當然，在一九二七年秋天上了井崗山以後，毛時有閑暇，也漸漸地深為地處偏僻，無書無報而苦惱，以至於曾經「望得書報如饑如渴」❾。到了大批留蘇學生取得領導地位，並進入蘇區之後，毛日益

---

❺　轉見〈康生在中共中央黨校的報告〉，1944年。

❻　指限定學習的方向與範圍。

❼　〈毛澤東致黎錦熙〉，轉見《毛澤東年譜》，上卷，第58頁；〈毛澤東致蔡和森等〉，1920年12月1日，《毛澤東書信選集》，人民出版社，1983年版，第3–9頁。

❽　見龔育之、逄先之、石仲泉合著：《毛澤東的讀書生活》，三聯書店，1986年版，第21–27頁。

為自己在理論上不如人而苦惱，更有一種在理論上需要急起直追的緊迫感。但是，發憤讀書幾年之後，毛就已經意識到，他與留蘇學生之間圍繞著馬列書本知識上的這種差距，根本上並不是一個讀書多少的問題。書讀多了，不見得有用。博古的馬列著作肯定讀得比自己多，還不是一樣犯錯誤？

　　博古為什麼犯那樣嚴重的錯誤？這是毛澤東自遵義會議以來始終就想搞清楚的一個問題。其中一個重要的目的，也是要為當年在江西根據地所受到的種種有組織的打擊和批判討一個公道的說法。一九三五年的遵義會議肯定了當時中央政治路線的正確，只把失敗的原因歸結到軍事方面去。會後因為要處理與張國燾四方面軍的複雜關係，更不能不處處注意維護中共中央的形象和權威，追討歷史舊帳的事情也沒有辦法提起。但是，還在一九三六年九月中央政治局會議上，在注意到中央與四方面軍的關係問題已經不再成為一種障礙，同時共產國際的政治指示又顯示中央在政治路線上也確有犯錯誤可能的情況下，毛就已經開始試圖清算江西時期博古所犯錯誤的問題了。他在第一天開會時就頗為激動地提出：對於所謂「羅明路線」的問題，至今都還沒有給予平反，這是說不過去的。羅明的問題只是工作上的問題，不是路線問題。相反，過去中央整個幹部政策都是錯誤的，完全是立三路線宗派主義的殘餘，是要不得的。博古同志來到蘇區後，對中央蘇區原來的領導人統統加以拒絕，被排斥在外的竟有二十四個領導人之多，這完全是一種宗派主義的行為。遵義會議只糾正了博古的其他錯誤，沒有指出其宗派主義、冒險主義的問題是路線上的錯誤，這是不夠的。然而，在已經把博古拉下臺之後，多數領導人這時都存有一種不願再落井下石的心理，再加上毛這時也不了解六屆四中全會的許多

❾　〈毛澤東致中央信〉，1929年11月28日，《毛澤東書信選集》，第26～27頁。

內幕，相反還認為「博古同志在四中全會時曾英勇的為黨的正確路線而鬥爭」，因此，他也知道不應當拿這件事上綱上線。當博古部分地接受了毛的批評，張聞天又主動出來承擔責任，肯定「當時毛澤東同志的意見是對的，中央是錯的」之後，毛也明確表示願意修改關於博古犯有路線錯誤的說法，肯定博古「那時犯了政治上的錯誤，但不是說政治路線的錯誤」。不過，對於博古避重就輕的檢討，毛內心是不滿意的❿。

　　一九三七年十二月王明回國挑起中央內部的權力之爭以後，毛再度感覺到有必要重提當年留蘇學生當道時所犯嚴重政治錯誤的責任問題。但在六屆六中全會前後，鑒於季米特洛夫明確支持毛為中共領袖，毛對此舉已不感覺其迫切。相反，黨內軍內不滿王明熱衷於留在大城市，整天圍著國民黨轉的一批領導人，反而因此迅速集合在毛的周圍，尖銳批評由王明、博古在長江局（以及這時的南方局）中的工作作風和工作方針，並稍帶著批評博古領導下中共中央在五中全會前後所犯的錯誤。不過，從會議進行的情況來看，除了有康生、陳雲的附議，彭德懷等少數與會領導人的表態支持以外，由於負責會議組織的張聞天態度曖昧，會議並沒有在擁毛的問題上掀起熱潮，相反，還有少數人公開為王明歌功頌德。最為重要的三位出身留蘇學生的負責人，張聞天只在背後簡單地做了一個姿態，即再無任何主動讓位與擁護的表示；博古則只參加了一個開幕式，就藉故半途離去；而王明，雖在表面上提議全黨都要像眾星拱月那樣拱衛在毛澤東的周圍，內心卻頗多不滿，一心認為劉少奇、彭德懷等人對他的批評，是毛授意整他，因而離會之後既不傳達也不宣傳，致使南方局下屬機構和組織，幾乎不了解共產國際推舉毛澤東為黨的領袖這一重要信息。不僅如此，據博

❿　〈毛澤東在中央政治局會議上的發言〉，1936年9月15～16日。

古後來回憶，王明離會到達南方局所在地重慶之後，更大肆渲染會議部分發言人對博古過去錯誤的批評，宣稱「六中全會大算舊帳，挑起對過去領導的報復心理，這是毛主席初當領袖，還不知道如何團結全黨」。其實，毛過去對王明、博古雖有不滿，但事情已過，勝負已定，他這時剛做領袖，恰恰有意團結王明、博古等人。因此，他在政治局會上反覆強調，「從這次會議後，舊帳便算清了，誤會也清楚了」，「今後中央領導同志間要真的互相尊重，互相信任」。特別是對於在統一戰線問題上立過大功，在莫斯科又有相當人緣的王明，毛這時更是竭力團結。當聽到會上許多人批評王明時，毛特意在全會結論中說明：「王明的發言與同志們的意見無基本的分歧」，「王明同志在部分問題中說的有些不足或過多一點，這在發言中是難免的。這些問題已弄清楚了。王明在黨的歷史上有大功，對統戰的提出有大的努力，工作甚積極。他是黨的主要負責同志之一，我們應原諒之。」[11]在這種情況下，一九三九年王明回延安工作後，毛更是倍加小心，儘量遷就之。以致張聞天對毛的作法都深感不解，覺得毛受了王明等人的包圍，就連王明在長江局所犯的那麼嚴重的錯誤也置之不問，實在「不公平」。

但是，除了王明頗為乖巧地在表面上吹捧毛的〈新民主主義論〉，高唱「學習毛澤東」以外，包括王明在內，張聞天、博古等領導人在理論宣傳和幹部教育工作上，實際上仍舊照搬過去蘇聯學來的那一套，對毛的領袖地位以及在思想理論上的權威性，毫無認識。這種情況隨著一九四一年皖南事變發生，毛與莫斯科之間圍繞著如何處理國共關係問題出現嚴重意見分歧之後，就再也無法繼續下去了。照毛澤東的說法就是，他再也不能對那些「四中全會選舉的、五中全會選舉的」，「自稱為『國際路線』，穿上馬克思主義的外衣」，拿著各種教條來嚇

⓫　〈毛澤東在六屆六中全會上的結論〉，1938年11月5日。

人的領導人聽之任之了❷。事情很清楚，歷史上任何與共產國際發生意見分歧的黨的領導人，都很難避免受到共產國際組織上的清洗或打擊。有過江西時期挨整的痛苦教訓的毛，對此自然會極其敏感。如果黨內真的存在著一個對莫斯科言聽計從、隨聲附和的「國際派」，並且具有廣泛影響的話，那麼就很難保證他們不會成為共產國際對毛發難的黨內基礎。因此，打掉「國際派」目空一切的傲氣和教條主義的習性，牢固樹立自己的權威，在毛看來，已經是刻不容緩的事了。

第二節　九月會議

　　誰是「四中全會選舉的、五中全會選舉的」？就政治局委員而言，至少包括王明、張聞天、博古、王稼祥、康生、任弼時、劉少奇、陳雲、朱德、鄧發、凱豐、彭德懷等十二個人。這也就是說，嚴格算起來，除了毛澤東、周恩來兩人以外，政治局裡的其他成員，基本上都是四中全會、五中全會選舉的，或後來補選的。毛當然不可能把矛頭針對所有這些四中全會、五中全會以後進入政治局的領導人。他最開始其實只是把矛頭對著張聞天和博古兩個人的。因為在他看來，這兩個人在江西時期都曾經犯過嚴重錯誤，直到今天，他們仍舊沒有正確認識自己犯錯誤的根源，並且繼續推行教條主義的那一套，不指出他們的錯誤所在，就不足以警示政治局的其他領導人不犯同樣性質的錯誤。

　　其實，還在皖南事變之前，即毛初步完成了有關新民主主義革命思想的一系列理論研究工作，嘗試著建立起了自己的區別於俄國革命

---

❷　〈毛澤東在中國共產黨第七次代表大會上關於選舉問題的講話〉，1945年5月24日。

的中國式的馬克思主義革命觀⑬之後，他就已經開始相信江西時期的錯誤實際上是一種路線錯誤了。因此，他再度開始試圖提出總結和清算博古等人在江西時期所犯錯誤的問題，以證明自己的路線一貫正確，不同於教條主義的思想政治路線。為此，他在一九四〇年下半年多次與在延安的中央領導人談論江西時期的問題，得到了包括王明在內的多數政治局領導人的響應。這樣，在十一月博古從重慶回到延安之後，王明很快向博古轉達了毛對他不願意坦率承認過去全部錯誤的不滿態度，促使博古不能不正視自己過去錯誤的嚴重性。在雙方交換過看法之後，多數領導人顯然都認為應當就江西時期的領導責任進行一次歷史性的總結和討論，在中共第七次代表大會前給全黨一個交代。但是，對於毛的這一作法，張聞天卻多少有些不以為然。一九四〇年十二月四日政治局開會時，毛特別提到江西時期的左傾錯誤問題，指出「這種左的政策使軍隊損失十分之九，蘇區所剩下的只有陝北蘇區，實際上比立三路線時的損失還大。」「遵義會議決議只說是軍事上的錯誤，沒有說是路線上的錯誤，實際上是路線上的錯誤。所以遵義會議決議須有些修改。」對此，博古亦明白承認，並表示願意對當時的錯誤負責，希望有機會時能夠作出檢討。與會者幾乎也都一致贊同毛的說法，並希望就這個問題進行歷史的總結，而張聞天卻表示：在蘇維埃後期雖然因反立三路線不徹底又犯了左的錯誤，但當時還是進行了艱苦的鬥爭的，還是為馬列主義而奮鬥的，路線上並沒有錯⑭。

黨內思想認識上的不能統一，使毛深為不滿。皖南新四軍的失敗，

⑬　參見拙作：《馬克思主義中國化的歷史過程》，河南人民出版社，1994年版，第二章第四節、第六章第三節。

⑭　〈毛澤東在政治局會議上的講話〉，1940年12月4日，參見《胡喬木回憶毛澤東》，人民出版社，1994年版，第190頁。

再度使毛深感統一黨的思想的極端必要性，因為新四軍的慘痛失敗，進一步證明了他從一開始就是正確的，而那些只會照抄照搬莫斯科指示的領導人，因為不懂得中國的歷史與現狀，不是左傾就是右傾，根本無法把住中國革命的正確方向。在一九四一年一月十五日的政治局會議上，毛明確講：項英的錯誤顯然是路線的錯誤，是只知聯合，沒有反摩擦鬥爭的思想準備造成的，這無疑與「抗戰以來一些領導同志的機會主義，只知片面的聯合而不要鬥爭，不要獨立自主的政策」有關，而根源就在於「有些同志沒有把普遍真理的馬列主義與中國革命的具體實際聯合起來」，不了解中國革命的實際，不了解蔣介石。言外之意，他從洛川會議開始就已經提出過警告了，可是這些同志聽不進去他的意見，只會照搬莫斯科的指示❶❺。

　　一九四一年春，毛接連開始批評張聞天領導的宣傳教育工作。到五月十九日，他更在延安宣傳幹部會議上公開進行了以批判黨內教條主義傾向為主題的講演。這個講演的矛頭無疑是針對負責這項工作的張聞天去的，以致博古聽了講演之後頗有些幸災樂禍的心理，因為在遵義會議之後，教條主義這頂帽子通常都是戴在他的頭上的。不過，只要將毛報告中的「外國」、「希臘」和「歐美日本」之類的詞語換成蘇聯，就可以清楚地看出毛這時的矛頭絕不是僅僅指向張聞天一個人的。

　　毛的講演首先尖銳地批評了張聞天領導的幹部教育訓練工作，指出：我們現在的教育，是理論與實際分離的教育。「教哲學的不引導學生研究中國革命的邏輯，教經濟學的不引導學生研究中國經濟的特點，教政治學的不引導學生研究中國革命的策略，教軍事學的不引導學生

---

❶❺　〈毛澤東在政治局會議上的講話〉，1941年1月15日，參見《胡喬木回憶毛澤東》，第191–192頁。

研究適合中國特點的戰略和戰術，諸如此類。其結果，謬種流傳，誤人不淺。……這樣一來，就在許多學生中造成了一種反常的心理，對中國問題反而無興趣，對黨的指示反而不重視，他們一心嚮往的，就是從先生那裡學來的據說是萬古不變的教條。」

為什麼會造成這種情況呢？毛明確地解釋說，造成這種情況的一個重要原因就是因為我們有許多留學生，早先很多中國的留學生「從歐美日本回來，只知生吞活剝地談外國。他們起了留聲機的作用，忘記了自己認識新鮮事物和創造新鮮事物的責任。這種毛病，也傳染給了共產黨。」共產黨裡的不少從蘇聯回來的學生幹部，也是既不研究中國的現狀，也不了解中國的歷史，言必稱蘇聯，卻不懂中國的事情，他們學習馬列只是為了學習而學習，把興趣放在脫離實際的空洞的理論研究上，到處誇誇其談，「只知背誦馬克思、恩格斯、列寧、斯大林著作中的若干詞句」，「毫無實事求是之意，有嘩眾取寵之心。華而不實，脆而不堅。自以為是，老子天下第一，『欽差大臣』滿天飛」，其實是「徒有虛名並無實學」。毛澤東尖刻地諷刺他們是「頭重腳輕根底淺」，「嘴尖皮厚腹中空」 ❶⑥。

毛的這個報告，措辭尖刻，態度激烈，不可避免地在黨的領導人中引起了震動。張聞天聽了報告之後，坐臥不安，頗不理解。本來，江西時期左傾錯誤應該由博古負責，抗戰初期的右傾錯誤應該由王明負責，毛應該去批評他們，想不到毛卻把矛頭對準他，而他恰恰在反對博古和王明的問題上，一直都是支持毛的。張聞天為此幾度私下裡向政治局其他領導人發牢騷，認為毛看人走極端，一件事辦得不好就什麼都看不上了。經過其他人的勸說後，張聞天終於下決心與毛澤東當面交換意見。第一次談話時，事先沒有約好，毛對張聞天當面交換

❶⑥　《毛澤東選集》，第796-802頁。

意見看來還沒有足夠的思想準備，因此他對張的態度很溫和，幾乎沒有對張展開批評。而幾天之後，毛和任弼時、康生、陳雲等就張聞天的問題具體交換了意見，得到了眾人的一致認同。這時，毛才約好這幾位領導人一同找到張聞天談話。毛一上來就歷數張過去在政治上不總是堅定地站在自己一邊，態度搖擺的情況，進而嚴厲批評張缺乏自我批評精神，聽不進不同意見，對中國的事情一竅不通，卻自視極高，熱衷於空談。張對毛能夠以信任的態度把他的批評意見當面講清楚，看來頗為感動。因此，除了對毛所說的個別事實有出入的地方稍加辯解以外，他相當痛快地接受了毛的批評。事後，張在行動上也確有改進。這樣一種結果，顯然使毛對根本上「打通」黨內這幾位「犯思想病最頑固的」領導人的思想，開始有了相當的信心[17]。

　　鑑於尖銳批評張聞天取得成效，特別是考慮到六月下旬蘇德戰爭爆發後中共軍事力量不能按照莫斯科的要求進行牽制華北日軍的戰役行動，為避免黨內所謂「國際派」人物藉著自己與莫斯科矛盾的進一步加深挑起糾紛，毛迅速推動政治局於七月一日通過了一個〈關於增強黨性的決定〉，以約束全黨，特別是黨的高級幹部。其中明確提出：全體黨員和黨的各個組織，都必須「統一意志、統一行動和統一紀律」，反對任何陽奉陰違的兩面派行為，堅決杜絕任何小組織和派別活動。緊接著，中共中央根據毛的建議，進一步通過〈關於調查研究的決定〉，強調必須把馬列主義與中國革命具體實際結合起來，「反對將學習馬列主義原理原則與了解中國社會情況、解決中國革命問題互相脫節的惡劣現象」[18]。這個時候，毛為準備中共第七次代表大會計，正在收集中共「六大」以來的中央文件，已陸續收集到大批臨時中央制定的左

---

[17]　參見〈毛澤東致陳雲電〉，1943年7月4日。

[18]　《中共中央文件選集》，第14卷，第144、176頁。

傾文件，使他更加認定這批留蘇學生的錯誤是有系統的，是盲目的教條主義和主觀主義的問題，既是思想方法上的問題，也是政治路線上的問題。據此，毛澤東提議在他領導下組織一個調查研究局、一個編輯委員會和一個中央政治局思想方法學習小組。調查研究局負責對國內外各方面具體情況，特別是對當前各種政治、軍事、經濟、社會、文化及階級情況進行調查研究；編輯委員會專門編輯馬、恩、列、斯反對主觀主義、教條主義的各種言論；學習小組則集中研究馬恩列斯著作和「六大」以來，特別是四中全會至遵義會議一段時間的中共中央決議❶。

一九四一年九月十日，中共中央政治局學習小組舉行黨風學習的專題會議，討論反對主觀主義與宗派主義的問題。毛首先在會議上作關於反對主觀主義和宗派主義的報告。他開宗明義地宣布：「過去我們的黨很長時期為主觀主義所統治，立三路線和蘇維埃後期的左傾機會主義，都是主觀主義。在蘇維埃後期的主觀主義表現更嚴重，它的形態更完備，時期更長久，結果更悲慘。這是因為他們自稱為國際路線，穿上馬列主義的外衣，是假馬克思主義。」遵義會議實際上變更了一條政治路線，但在思想上主觀主義的遺毒仍然存在，現在在延安的學風就是主觀主義的，黨風則是宗派主義的。粉碎主觀主義和宗派主義的方法，首先要認清其嚴重性，分清真假馬克思主義，其次必須把理論與實際相結合，一面提倡把中國豐富的革命實踐經驗馬克思主義化，一面提倡創造性地把馬克思主義中國化，取消過去的所謂理論家頭銜，今後能解決實際問題的，真正能使馬克思主義中國化的人，才算得上是理論家❷。

❶　《毛澤東年譜》，中卷，第324–326頁；《任弼時年譜》，人民出版社，1993年版，第404–407頁。

　　毛澤東報告後，張聞天和博古都緊接著表了態。張明確承認：過去的錯誤，我是最主要的負責者之一。共產國際把我們這些沒有做過實際工作的幹部提到中央機關來，這給黨帶來很大的損失。過去沒有做過實際工作，現在一定要補課。博古也表示他應當對一九三二年到一九三五年之間的錯誤負責。他說，其實我和一些同志當年都還是些學生，只學了一些理論，拿了一套公式和教條就回國了。當時我們完全沒有實際工作經驗，在四中全會上和王明等一道反對立三路線的教條主義，也只是站在更左的觀點上，用洋教條來反對土教條罷了。因此，過去黨的許多決議，不過是照抄照搬國際的指示而已，完全沒有結合中國的實際。在鄧發檢討之後，王明當天則做了一個自我表白式的自我批評。他肯定反主觀主義和教條對他有很大的好處，承認自己在莫斯科學的都是些洋教條，但強調自己回國比博古、張聞天等人都早，因此參加實際工作時間長些，工作作風已有些轉變。以後回到莫斯科，能夠看出博古和張聞天在中央蘇區工作中存在問題，特別是不同意他們對毛主席的態度，反對他們在五中全會提出兩條道路決戰的觀點，並且較早地提出了實行統一戰線反對日本帝國主義的全套辦法，只是當時對中國的實際情況研究還不夠，對國內各派人物的情況還不甚清楚。以後一直忙於共產國際和中共中央的各種領導工作，弄得既沒有理論又沒有實際。好在一九三九年後開始實際問題的研究，最近又參加邊區管理工作，應當能夠學習實際工作，糾正思想中的主觀主義❷。

　　這次會議從十日接連開了三天，直到十二日告一段落。本來，這次會議並無深入討論黨的歷史的任務，討論內容只是要求與會者對照

❷　參見《胡喬木回憶毛澤東》，第193–194頁。

❷　《胡喬木回憶毛澤東》，第195–196頁。

毛的報告，表明自己反對主觀主義和宗派主義的態度而已。會後，即
準備在延安召開一個全黨動員大會，中央政治局全體出席並人人表態
講話，在全黨造成打倒主觀主義和宗派主義的政治空氣。儘管與會者
因大多都有此類問題，故而都主動地檢討了自己過去工作中的主觀主
義錯誤傾向，但對過去的歷史問題以及所犯錯誤的經過，都很少具體
涉及。想不到到了九月十二日這一天，王明忽然殺出一記回馬槍，轉
過頭來揭發批判起本來屬於他同一陣營的那些政治局領導人來了。他
這天下午發言時，先是批評李維漢，說李自我批評的態度不誠懇，想
馬虎過去。然後肯定「六大」政治決議是斯大林看過的，整個路線都
是正確的。四中全會的政治路線是克服立三路線，回歸「六大」政治
路線的，因而也是正確的，只是思想方法還有主觀主義。接著又義正
言辭地批評起博古、張聞天、周恩來、李維漢等到中央蘇區去，奪毛
主席的權的事來了。說他們先是奪了毛主席的黨權，轉而又奪了毛的
軍權，到第二次蘇維埃代表大會時竟連毛主席在政府中的權力也給奪
走了，說他早在莫斯科時就對此深感不滿了。更有甚者，他突然間頗
為神秘地表示要揭穿一個秘密。說博古、張聞天當年領導的中央根本
上就是不合法的。因為當年，即一九三一年秋，他與周恩來離開上海
時，固然推荐博古、張聞天等組織上海臨時中央政治局，但已說明，
他們都不是政治局委員，將來到政治局委員多的地方要交出來，沒想
到博古、張聞天等到蘇區後不提此事，竟然名正言順地領導起真正的
政治局委員來了。王明的揭發與批判，不僅在政治局領導人中掀起軒
然大波，而且也極大地刺激了毛澤東本人。毛本來就對江西時期被奪
權、冷落，並被影射批判的遭遇一直耿耿於懷，如今得知博古這些年
輕學生當年所以凌駕於自己之上，竟是假傳聖旨的結果，其內心之震
動更是可想而知。幾天後，原定的全黨動員的計劃，和研究自六大以

來的黨的決議的提議被暫時取消了。毛決定：成立高級學習組，先花半年時間，「研究馬、恩、列、斯的思想方法論與我黨二十年歷史兩個題目」❷。

　　二十九日，中央學習組開始深入檢討江西時期黨的歷史問題。博古、張聞天、李維漢、鄧發等人均先後發言，具體說明自己當年所犯錯誤的情況。但多數發言者顯然對王明前此的表現頗多不滿，開始拉王明下水。博古明確講，自己所犯的錯誤確是政治路線的錯誤，而臨時中央政治局進入蘇區後不作說明，也確有篡位之嫌。犯這些錯誤怪不得別人，「但國際和（中共）駐國際代表團當時曾助長了這種錯誤」。張聞天也說，當時路線確是錯誤，臨時中央到蘇區後也確有篡位問題，但王明當時在國際不打電報來糾正也是不對的，況且五中全會的名單也是國際批准的，這些事王明當時為什麼不起作用？鄧發發言時一面肯定，當時的錯誤博古的責任是第一位的，李維漢、張聞天其次，但「這些錯誤政策是否莫斯科批准了呢？在紅軍力量的誇大、黨的布爾什維克路線之正確等問題上，王明是同意的」。就連當時同在代表團負責的康生也批評王明說，王明在莫斯科的錯誤本質上與國內錯誤相差不多，他在個別策略上有對的地方，但基本思想未變，這是應該承認的。康生還特別提到王明在抗戰初期的錯誤問題，稱王明從莫斯科回延後，不聽勸告留在延安，非駐武漢不可，以及在武漢時期所犯的錯誤，都是主觀主義和宗派主義的表現。王明早就知道毛經常談到的抗戰初期一些領導同志的機會主義錯誤，所指正是自己，再加上當初在武漢時期又有不尊重毛及中央的舊怨，自重慶回延安工作後已深感被中央書記處其他成員所冷落，為此他一直小心謹慎，一面極力同博古等表示親近，一面盡力討好毛，兩年下來倒也沒有惹上大的麻煩❷。

❷　《毛澤東年譜》，中卷，第329頁。

想不到，張聞天公開受到批評，博古也面臨衝擊之時，他本來是難逃其咎，卻受到毛的重視，被指派接替毛最信任的任弼時，負責地位重要的西北中央局和整個邊區的工作㉔，這種情況一時間使王明飄飄然起來。王在十二日會議上幸災樂禍，落井下石，明顯地是想進一步表白自己，以爭取毛的信任。然而眾怒難犯，這次他做得太過頭了，終於引火燒身了。

在九月會議召開前，毛的確沒有把矛頭指向王明的意思。七月三十日政治局會議決定讓王明接替任弼時負責西北中央局和邊區工作，八月二十七日政治局會議決定由毛澤東、任弼時、王稼祥、王明、張聞天、陳雲、凱豐七人組成中央書記處，每周開會兩次㉕，都清楚地反映出毛當時對王明並無打擊排斥之心。其實，即使是對張聞天，毛的態度也很明白。那就是，「打倒兩個主義，把人留下來」㉖。像八月二十七日會議決定由張聞天負責組成委員會，研究改造幹部教育、學校教育的辦法，徹底打破目前黨內主觀主義和教條主義的教學方法和思想方法㉗，也顯示出毛這時反對主觀主義和教條主義，尚無懲罰個

㉓　王明在延安工作的這段時間裡對毛極盡討好之能事。從現有資料可以看出，在延安整風以前，中共黨內最早公開在延安宣講要「學習毛澤東」，要「始終追隨毛澤東為毛澤東事業而奮鬥」，肯定「以毛澤東同志為首的中共中央的方針是唯一正確政治方針」的，就是王明。見王明：〈學習毛澤東〉，1940年5月4日，《中國青年》，第2卷，第9期；王明：〈力爭時局好轉克服時局逆轉〉，1940年2月29日，《解放》，第100期。

㉔　《任弼時年譜》，第404頁。

㉕　《任弼時年譜》，第406頁。

㉖　〈毛澤東關於反對主觀主義和宗派主義的報告〉，1941年9月10日，《胡喬木回憶毛澤東》，第194頁。

人的想法。但是，面對紛至沓來的批評，王明明顯地沈不住氣了。九月中旬至十月初，毛澤東兩度找王明談話。第一次談話是王明自己九月十二日的發言引起的，毛想要了解王明所說的篡位問題的來龍去脈，同時毛也順便提到了希望王能正視他在抗戰初期所犯錯誤的問題。第二次談話是在九月二十九日會議之後，毛正式提出王在武漢工作時期犯有四個方面的錯誤，並具體提到了王明當時對獨立自主原則的態度問題，王明當時拒絕發表毛〈論持久戰〉的問題，王明在武漢會議期間的形勢估計問題，和王明領導的長江局與中共中央的不正常關係問題。雖然毛的兩次談話態度仍是商量的，卻使王明神經緊張。由於他一再於背後告誡博古，毛是那種睚眥必報的人，因此，他深信這回毛肯定是想要藉著這個機會和他算總帳了。恰在這時，季米特洛夫於十月初發來一封措辭嚴厲的質詢電，明顯地是在批評中共中央和毛澤東。這一下子，王明好像抓到一根救命的稻草。當七日晚毛找到任弼時、王稼祥和王明幾個與共產國際較熟的領導人當晚商量回電辦法時，王明竟藉著共產國際批評中共中央的機會，按捺不住地對毛發起了反擊。據王明事後對博古說，他之所以這樣做，是因為「那邊的方式我是知道的，先提問題，後來就有文章的」。

然而，過於迷信莫斯科的王明，再度估計錯誤。第一，毛原本並無向王明個人發難的計劃，甚至也並不認為王明需要為江西時期的左傾錯誤承擔任何責任，他本意不過是希望王明能夠像博古、張聞天主動承擔江西時期錯誤責任一樣，主動承擔他所應承擔的抗戰初期的錯誤責任，如此兩段令毛耿耿於懷的歷史責任澄清且當事人認錯之後，即足以證明毛之一貫正確，且摧毀教條主義之基礎，未必需要以其人之道還治其人之身，予少數教條主義者個人以政治上組織上之懲罰。

❷⁷　《毛澤東年譜》，中卷，第324頁。

第二，中共與莫斯科之間的關係早已兩樣，過去中共尚處年幼時期，勢單力薄，無論政治、組織、軍事、財政等各個方面莫不需要俄國人的幫助指導，而今中共羽翼豐滿，政治上有毛領導一切，組織上人材濟濟，軍事上數十萬軍隊足以同兩面敵人相周旋，財政上也因根據地相當龐大未必需要莫斯科幫助，它根本不必像過去那樣事事聽命於莫斯科。況且，莫斯科以往干涉中共，多半也只是依靠其權威而已，如今它已不具權威性，再加上這個時候它又處在遭受德國人進攻的最困難時期，自顧尚且不暇，哪裡還會去得罪一旦日本從遠東進攻時唯一可能給自己一點幫助的毛澤東呢？喜歡自作聰明的王明，一再節外生枝，只能自找倒霉。

第三節　整風運動

季米特洛夫的電報是針對一九四一年以來毛對皖南事變的不妥協立場，和對蘇德戰爭爆發以來莫斯科求援要求的冷漠態度而發的。在電報中，季米特洛夫連珠炮似地提出了十幾個問題，態度嚴厲地要求中共中央回答：面對日本在華北地區加強進攻，中共準備如何改善國共關係？如果中共因為其尖銳對立態度而破裂了與蔣介石的合作關係，它還能與哪些人繼續合作？王明一眼便看出共產國際對毛正在實行的統戰政策極度不滿。他在七日晚上看到電報後，當即作出反應來。他對毛澤東和任弼時、王稼祥表示，他與季米特洛夫有相同看法，即中共中央目前的政策太左，是自我孤立。

經過一夜的準備，在次日的中共中央書記處會議上，王明更進一步地在中共中央內部攤了牌。他開門見山地表示：最近國際來電要我們考慮如何改善國共關係，我認為目前國際提出這個問題要我們考慮

是有原因的。我們與國民黨關係弄得更好些是有必要，而且有可能的。
國民黨固然反對我們，是中國革命的階級敵人，但它也反對日本，即
反對中國革命的民族敵人，我們可以而且應該與他們共同反對日本帝
國主義，因為中國革命現階段，民族敵人是主要敵人。因此，即使在
國共摩擦的情況下，我們仍能執行統戰政策，仍應擁護蔣介石。可是，
我們現在在軍事摩擦中對實力派消滅過分，對地主的政策搞得太左，
並且毛在〈新民主主義論〉一文中還把中國革命的民族革命任務，即
反帝任務與反封建任務相提並論，主張新民主主義的政權只能是工農
小資產階級和民族資產階級的聯合政權，不要大地主大資產階級，這
無疑是一種兩面作戰的路線，是要同時反對日本帝國主義與蔣介石國
民黨及其代表著大地主階級利益的地方實力派。對於毛批評他在武漢
時期的四大錯誤，即對國共關係沒有堅持獨立性與鬥爭性、軍事戰略
上助長了反對洛川會議的獨立自主的游擊戰爭方針、形勢估計上過於
樂觀，和組織上常用個人名義打帶指示性的電報給中央與前總等問題，
他堅持認為：這裡的許多問題，都是國際提出來的，他只是轉達而已。
十二月政治局會議與六中全會的政治路線是一致的，因此他的路線是
對的，只是個別問題有缺點錯誤罷了。如對國民黨強調鬥爭性不夠，
但在武漢工作中他不僅堅持了獨立性，而且進行了很多鬥爭；對片面
強調游擊戰有看法，但部分軍事領導人反對洛川會議精神與他無關；
對〈論持久戰〉中個別觀點有不同意見，但並不是他不讓在《新華日
報》上發表；在武漢時期有許多事情未向中央請示，但具體原因很複
雜，多數與他無關，他主觀上並沒鬧獨立的想法，多半是因為過去在
國外單獨發表文件慣了，客觀上使長江局形成了半獨立的局面❷。

　　王明的說法當即引起了與會者的一致反對。王明講話期間，不時

❷　參見《王明評傳》，第388頁；《胡喬木回憶毛澤東》，第200頁。

有人插話。講話剛一結束，凱豐、陳雲等人就明確表示不能同意王明推卸責任的態度，指出許多問題的發生並非與王明無關，尤其是與中央的關係問題，是各種錯誤的根源，王明並沒有實事求是地加以說明。而王稼祥和任弼時關於共產國際尖銳批評王明的發言，完全出乎王明的預料之外，本來還決心仗著共產國際的電報與毛澤東一搏的王明，一下子被打矇了。

據王稼祥和任弼時介紹說，王明關於斯大林、季米特洛夫的談話的說法，有許多不準確，有些關鍵部分沒有談到。如斯大林明確主張用軍隊創造自己的政權，主張搞游擊戰爭；季米特洛夫強調現在不要談領導權問題，當面告誡王明要與國內同志弄好關係，不論誰推舉，也不要當總書記等等。另外，季米特洛夫委託周恩來、任弼時告訴毛澤東，對王明要進行幫助，因為季米特洛夫和曼努伊斯基都明確講，王明有一些明顯的個人缺點，如總是企圖著把自己的意見當作中央的意見，一向喜歡拉幫結派，比較滑頭，不夠誠實，缺乏工作經驗等等❷⁹。

毛澤東顯然已經和書記處主要成員交換過意見，因此，他對王明在這次會議上公開表露其反對自己的態度，並沒有表現出格外惱怒的樣子。相反，毛顯得很冷靜。他簡單地說明了「我們」同王明之間的分歧。強調王明同志在武漢時期有許多錯誤，雖然還不是路線上的錯誤，但政治上和組織上都有許多原則錯誤。我們等了他許久，等他慢慢地了解，直到現在還沒有向國際報告過。為此，最近我和王明同志談過幾次，但還沒有談通。他肯定地講，目前雙方面分歧的癥結就在於：「王明認為我們過去的方針是錯誤的，認為我們太左了。恰恰相反，

---

❷⁹　中央檔案館黨史研究室：〈延安整風中的王明〉，《黨史通訊》，1984年第4期。

我們認為王明的觀點太右了，對大資產階級的讓步太多，只是讓步是弄不好的。」毛主張，鑒於王明所提出的問題涉及到中央的政治路線問題，目前需要迅速改變前此的計劃，暫時停止關於蘇維埃運動後期錯誤問題的討論，立即召開政治局會議，請王明說明他對六中全會以前即武漢時期的錯誤，和對目前政治問題的意見，供政治局會議檢查討論❸。

以王明前此極力違心地頌揚毛的表現來看，可以了解王明並不是一個一貫勇於堅持己見的人。他公開向毛進攻，是冒了很大風險的，其內心壓力肯定很大，而唯一的賭注就是季米特洛夫的電報。八日會議的結果，特別是王稼祥和任弼時關於季米特洛夫等領導人對他的不信任態度，使他如墮深淵，心理上受到相當大的刺激。忐忑不安僅僅一天多之後，王明竟因心臟承受不住突發休克病倒了。原定十二日舉行的政治局會議被迫延期。十三日上午，中央書記處派中央副秘書長李富春去醫院參加醫生會診，醫生們提出，王明目前的情況，至少應當臥床休息三個月。王明亦託李富春轉告政治局，請求休養期間不參加書記處工作會議，只參加政治局會議。任弼時去醫院看望他時，他進一步表示，他接受毛昨日對他在武漢期間錯誤問題所作的結論，即在政治上組織上有原則性錯誤，但不是路線錯誤。他很抱歉暫時不能出席政治局會議了，但關於對目前時局的意見，仍可請政治局同志到他房間去談，然後由政治局討論，他病好之後再看記錄。與此同時，他十分關心季米特洛夫到底還說了他一些什麼❸。

十三日下午，政治局召開臨時會議，聽取任弼時彙報王明生病的

---

❸　前引〈延安整風中的王明〉；《王明評傳》，第388–390頁；《胡喬木回憶毛澤東》，第201頁。

❸　〈關於王明治病和出國的材料〉，《中央檔案館叢刊》，1986年第3期。

情況，同時由毛宣布停止關於原定的討論武漢時期王明錯誤的日程安排，並對前一段中央學習組討論江西時期問題作一小結。毛說明，王明錯誤問題，暫以十月八日書記處會議的意見作為定論，即肯定他在武漢時期的錯誤是個別的，工作路線是對的。至於蘇維埃後期的錯誤，則定性為「左傾機會主義錯誤」博古應負主要責任，李維漢次之，張聞天又次之，王明在四中全會中形式上糾正了立三路線，但在後來的實際工作中仍未克服立三路線。至於其他領導人這一時期的錯誤，則屬於不自覺的。毛最後的結論是：我們要從這次檢查過去的討論中得到經驗和教訓，要治病救人，使犯錯誤的人能客觀的看問題，逐漸糾正過去的錯誤。他再度強調，現在我們黨最缺乏的是對中國問題的實際的調查和研究，今後我們務必要加強這方面的工作，努力把馬克思主義的普遍真理與中國革命的具體實踐統一起來。會議同時決定成立兩個委員會，一個是清算過去的歷史委員會，由毛澤東牽頭，成員為王稼祥、任弼時、康生、彭真，另一個是審查過去被打擊幹部的審查委員會，由陳雲牽頭，成員為高崗、譚政、陳正人、彭真❸❷。

　　本來，為了準備同王明在政治局會議上進行辯論，毛澤東在會前專門準備了講話大綱，逐項批駁王明的錯誤❸❸。王明的缺席與示弱，使他不必再為王明的反抗而費心，十月二十二日政治局會議進一步討論通過了前此中央學習組有關過去歷史的基本結論之後，毛當即開始起草〈關於四中全會以來中央領導路線問題結論草案〉。草案長約兩萬字。它在肯定四中全會以後中央政治路線基本正確的情況下，明確認為自一九三一年「九一八」事變至一九三五年遵義會議之間，中央在思想上、政治上、軍事上、組織上各方面都犯了嚴重的原則錯誤，形

❸❷　《胡喬木回憶毛澤東》，第222–223頁。

❸❸　參見《胡喬木回憶毛澤東》，第201–202頁。

成了一條形態最完備、時間最長久、危害最嚴重的錯誤路線。這條路線的思想特點是主觀主義和形式主義的，其突出表現就是博古等中央領導人對中國的實際了解太少，「他們的唯一本領是引證馬、恩、列、斯，作得出誇誇其談的長篇大論，寫得出成堆的決議指示，其實連半點馬、恩、列、斯也沒有嗅到」。這條路線的組織特點則是極端惡劣的宗派主義，它表現在一九三一年未經任何法定機關的選舉，僅依兩個政治局委員指派臨時中央的領導人，且「故意壓抑劉少奇同志（他是很好的與很老的群眾領袖，又是政治局委員），而提拔了兩個新黨員（博古、洛甫）」，「來掌握全黨最高實權」；表現在一九三三年臨時中央遷往蘇區後，打擊一切上層、中層老幹部，以及多少提出了不同意見的其他幹部，實行「欽差大臣制度」；表現在把中央領導變為三人團，變為外國顧問一人專政，剝奪政治局委員與聞軍國大計的權利，甚至根本停止政治局的工作。其所作所為，是過去任何路線錯誤時期所從未見過的。鑑於政治局多數已經就此達成一致意見，毛澤東這時明顯地準備速戰速決，於隨後的政治局會議上通過這一決議草案，結束有關蘇維埃後期歷史問題的討論 ❸❹ 。

從毛此時就王明問題所作的結論，和毛起草的這一決議草案的定性都可以看出，毛對王明的問題及反抗雖有諸多不滿，卻仍抱與人為善之心，對其在武漢時期的問題只提到個別的原則性錯誤的高度，對其在蘇維埃後期的表現只提出反立三路線不夠徹底。即使是對王稼祥、任弼時在書記處會議上介紹的共產國際領導人對王明個人品質方面的種種批評，毛也明確提議不要擴散，包括在政治局會議上也不必再講。

❸❹　根據《胡喬木回憶毛澤東》介紹，在十月二十二日政治局會議後毛起草的決議草案結尾處，當時曾特別注明「1944年11月　日中央政治局會議通過」的字樣。見前引書第224-231頁。

這顯示毛並不感覺王明對他的領導地位存在若何威脅，多少顧慮到王明與俄國人的關係，仍準備王明病好之後重回政治局和書記處工作，沒有藉機把王明搞臭，一棍子打死，一了百了的想法。

十一月一日，毛指示各地高級學習組著重學習理論材料，共開出一部《聯共（布）簡明黨史教程》、一部《季米特洛夫文選》、一部列寧《論共產主義運動中的左派「幼稚病」》、兩部哲學著作、三篇與學習《聯共（布）簡明黨史教程》有關的蘇共決議和文章，強調先從理論學起，包括要研究思想方法論。十二日，毛在再發有關學習內容的指示時，其側重點有所變化，已決定「中央學習組及各地高級學習組第一步均以列寧主義的政治理論與我黨六大以來的政治實踐為範圍」，要求理論材料只學習季米特洛夫在國際「七大」的報告與列寧論左派幼稚病，其他著重於通讀六大以來的八十三個文件，準備明春對六大以來的歷史進行「深入研究」，「關於思想方法論的研究暫不進行」。十二月中旬以後，毛更明確決定要著重研究中共黨史，強調各地應「先從討論六大以來的文件入手」❸。但差不多在整個一九四二年，毛都還沒有決定把整個鬥爭矛頭指向王明。毛在這一年的二月下旬曾有一封電報，明確表示他仍然保持十月會議期間的觀點。他當時寫道：「政治局在去年十月間曾詳盡檢討了過去路線問題，一致認為四中全會至九一八中央路線基本是正確的，但有好幾個嚴重原則錯誤。九一

---

❸　〈毛澤東、王稼祥致各地高級學習組副組長〉，1941年11月1日；〈毛澤東、王稼祥致各地高級學習組組長副組長〉，1941年11月12日；〈毛、王致恩來〉，1941年12月30日。毛澤東在這裡談到的八十三個文件，是他親自從一九三一年一月六屆四中全會至一九三八年十月六屆六中全會期間大量的中共中央文件中篩選出來的。並見前引書《胡喬木回憶毛澤東》，第47–49、178–179頁。

八至遵義會議（共三年又四個月）中央路線是錯誤的，遵義會議以後中央路線是正確的。結論已寫好，尚待七大前周及少奇、德懷回來方能討論通過決定」❸❻。

在一九四二年出現的一個重大事態，是毛澤東開始了在全黨肅清主觀主義和宗派主義的嘗試。在年初，張聞天「為了不阻礙毛主席整風方針的貫徹」，也為了實踐自己在十月會議中表明的願意到實際工作中去鍛煉的決心，主動申請率團去陝北和晉西北農村作調查研究工作去了。中宣部長改由凱豐代理後，毛對中宣部的工作重新加以部署，很快親自起草了以反對主觀主義和宗派主義為中心內容的〈中宣部宣傳要點〉，宣稱對「主觀主義宗派主義的思想與行動，如不來一個徹底的認真的深刻的鬥爭，便不能加以克服，非有一個全黨的動員是不會有多大效力的」❸❼。而後，毛接連發表了〈整頓學風黨風文風〉和〈反對黨八股〉的講話，掀起了延安整風運動。在整個一九四二年延安整風運動進行過程中，毛的基本目標最初不過是挾戰勝王明、博古、張聞天等所謂「國際派」之餘勇，想一鼓作氣將所謂中下級幹部統統納入其思想軌道，肅清教條主義的餘毒，和小資產階級自由主義的風氣，在他領導下造成真正思想統一、行動統一的黨。他反覆講，「這一次整頓三風的鬥爭，他的性質是什麼樣的呢？就是一個無產階級的思想同小資產階級思想的鬥爭」，因為過去的思想方法、教育方法是主觀主義、教條主義的，結果弄到現在黨內「思想龐雜，思想不統一，行動不統一，這個人這樣想問題，那個人那樣想問題，這個人這樣看馬列主義，那個人那樣看馬列主義，一件事情，這個人說是黑的，那個人則說是白的，一人一說，十人十說，百人百說，各人有各人的說法、

---

❸❻　〈毛澤東致周恩來電〉，1942年2月21日。

❸❼　〈中宣部宣傳要點〉，1942年1月26日。

看法，差不多在延安就是這樣，自由主義思想相當濃厚」，「有許多違反馬列主義的東西」，「如果打起仗來，把延安搞掉，就要哇哇叫，雞飛狗走，那時候，諸子百家就都會出來的」，不僅將來不會有光明的前途，搞不好「張家也要獨立，王家也要獨立，那就不得了」❸。可見，就整風的目的而言，毛既不是針對王明去的，也不是針對一般黨員群眾來的，他的基本目標是那些手中有權的領導幹部。因此，儘管王明尚未完全服輸，但在整個一九四二年，不論在公開場合，還是在內部的會議上，我們竟找不到毛的任何一篇講話或文章是以王明為批判對象的。

毛一向主張「相信群眾，依靠群眾」，愛搞群眾運動，原因就在於他相信可以通過群眾來監督各級幹部。也正因為如此，一九四二年發動的這次整風，同十五年後他發動的另一次整風運動也頗有些相似之處。開始的時候，毛顯然是主張讓群眾「大鳴大放」的。結果很快引出來幾個熱衷於冷嘲熱諷的牆報，最有名的莫如〈輕騎隊〉❸；引出來《解放日報》第四版上一些尖銳批評老幹部棄舊娶新、生活待遇搞等級制等問題的雜文，諸如王實味的〈野百合花〉之類❹，矛頭所向，都是領導和老幹部，因而在一些領導人中，特別是在一些軍隊領導人中造成嚴重反感。注意到這種情況，毛不能不親自出面在報上批評絕

---

❸　〈毛主席關於整頓三風的發言〉，1942年4月20日。

❸　〈輕騎隊〉是整風開始後中共中央青年工作委員會部分年輕幹部創辦的一個牆報的名稱，因其諷刺批評十分尖刻而聞名。

❹　王實味為中央研究院中國文藝研究室研究員，他先後於二月中旬至三月上旬之間在報紙上接連發表了包括〈野百合花〉在內的幾篇雜文，隨後在中央研究院題為〈矢與的〉的牆報上又接連發表批評院領導的文章，頗多偏激之詞。

對平均主義的傾向和在批評中冷嘲熱諷的態度，並同意由艾思奇接替丁玲主持《解放日報》第四版，但毛對王實味等人的作用仍是看重的，因此他私下裡仍委託胡喬木找王談話，還託胡一再寫信給王，要其注意方法，不要走偏，頗有愛護保護之意⓬。在四月二日的政治局會議上，康生提出〈輕騎隊〉以及王實味、丁玲兩人文章風氣不正和極端民主化的問題，主張對於青年要注意引導，提倡積極的批評，不符合黨的政策的文章只好不登。對此，領導人之間的看法不一，一些人認為暴露暴露有好處，只有亂起來，才便於有目標的開展鬥爭，和教育新幹部，另一些人則認為放得太過，搞不好會出現莫斯科當年清黨鬥爭的情況，為托派所利用，鬧成分裂，難於收場。毛的態度明顯趨中。他一面強調不能放任自流，肯定新幹部發生毛病是必然的，一面仍主張「放」，強調對工作人員的不平之氣，要讓他們發洩，肯定各單位牆報的積極作用，相信除個別壞分子外，大多數都是好的，不是反領導的，只要領導得好，先縱後收，揭露問題，不會鬧出大亂子的。會後由中宣部發布的「四三決定」反映了毛的意見，一面肯定牆報的作用，提倡討論，並主張「在規定檢查期間內，不管是正確的或錯誤的意見，都得自由發表，不得加以抑制」，強調「在討論中要發展爭論」，反對「明哲保身，有話不說」，一面要求各機關領導切實負起領導責任，引導討論方向，反對避開自己專攻別人，和「一切冷嘲熱諷、誣蔑謾罵、捕風捉影、誇誇其談」⓭。不難看出，毛這時仍然相信群眾起來批評黨的幹部的積極性，對他的發動整風的目的是有益的，不應

⓬　參見李維漢：《回憶與思考》（下），中共黨史資料出版社，1986年版，第491頁。

⓭　〈中共中央宣傳部關於在延安討論中央決定及毛澤東整頓三風報告的決定〉，1942年4月3日，《中共中央文件選集》，第13卷，第364–366頁。

當過分壓抑。

　　四月上旬，在聽到中央研究院領導人對院內牆報的一些激烈批評意見之後，毛專門去中央研究院等單位看過牆報，但直至五月底，毛仍沒有把問題看得很嚴重。相反，他仍相信形勢是好的，並仍試圖緩和新老幹部中正在白熱化的矛盾，要求老幹部注意愛護新幹部。他為此明確告訴黨的高級幹部稱，你們所說到的「所有發生問題的作品，我們說都沒有什麼大問題。……因為那些同志根本都是革命的，都是在外面或根據地來的，他們在外面城市也是作革命工作的，有許多，時間還很長，現在也是作革命工作的，某些時候或某次說話寫文章沒有弄好，這是部分的性質，這樣的問題可以解決，都不是什麼嚴重問題」。當然，毛這時也不能不承認王實味確實比較過分一些，稱「個別比較嚴重的就是王實味這個同志，他的思想是比較成系統的，似乎壞的東西比較更深一些」。但也僅此而已，毛這時即使在政治局內部也不過就是把王實味稱做「落後分子」罷了，不僅還是稱其為「同志」，而且特別提醒政治局同仁，不要輕易對過分批評者上綱上線，強調落後的不都是反革命，甚至提出「要爭取落後分子」❹。也就是說，毛這時還多少認為，不能因為王的問題嚴重些，就把他推到反革命一邊去。

　　不過，從五月份開始，毛畢竟已把王實味的問題用「壞」字來概括了。這反映出他在黨內高級幹部的壓力下，對王實味問題的認識已在變化中。當然，影響到毛態度變化的背景還有兩個因素。其一是這時毛深信蘇聯和中共都處於最困難時期，而情報顯示蔣介石正乘機而

❹　〈毛澤東在高級學習組的報告〉，1942年5月28日。陳永發先生在《延安的陰影》一書中關於毛自三月底即開始拿王實味開刀，以及如何選擇王實味為鬥爭對象等說法，似不正確。見《延安的陰影》，臺北中央研究院近代史研究所專刊(60)，第41-51頁。

動，準備軍事進攻與內部破壞同時並舉，搞垮中共，這使毛對敵情估計漸趨嚴重。中共中央為此接連兩度發出「準備應付第三次反共高潮」，不得已時不惜投鼠棄器的通知，同時全力部署破獲「國特」，以絕內患。故毛在五月初就開始提出了「在檢查工作與審查幹部中發現反革命分子，加以掃除，以鞏固組織」的考慮。其二是自五月以來，陸續得到消息說國民黨的輿論對王實味及〈輕騎隊〉等頗多應和與讚賞，這明顯引起政治局領導人的普遍關注，並不斷加以強調，表示不滿。這樣，毛不能不把過去未能引起重視，或者從積極方面理解的許多言論，重新加以考察，逐漸引起警惕並力圖制止之。作為這種考慮的一種直接反映，就是決定將王實味的文章印發各單位討論，不僅要組織反駁，而且要在各單位聯繫實際。這個決定是毛在五月下旬作出的。這說明，他這時固然還不認為王實味就是反革命，但在黨內諸多高層幹部憋了一肚子氣和敵情反映嚴重的情況下，把鋒芒畢露的王實味現象打擊一下，已成為不可免的事。只是，把王實味的文章作為反面教材提供給幹部群眾去反駁，並且要求聯繫各單位的實際，不可避免地會在那些新幹部跳得較高的單位，造成反動，促使本來受壓受氣的單位領導和老幹部，轉而組織中間群眾向那些曾經激烈地進攻過他們的人反攻倒算，上綱上線。再加上毛這時還要求社會部、組織部和宣傳部聯繫檢查壞分子，把考查思想問題與組織問題結合起來，事情就更加趨於複雜和嚴重。結果，同一九五七年反右運動出現的情況相似，毛最初設定的延安整風的對象必然逐漸開始發生轉移。毛本來是想要借助群眾的力量來揭發黨的中上層幹部的種種問題，達到打通思想，肅清領導幹部中教條主義和宗派主義的目的，現在，雖然毛仍舊繼續強調：這次整風「主要與首先的對象是高中兩級幹部，特別是高級幹部」，而事實上，運動卻在明顯地開始以下層黨員幹部群眾自身的小資

產階級思想作風為對象了。據這時被指定參加政治局會議的《解放日報》總編輯陸定一解釋說，這樣做的原因，就是因為全黨「八十萬黨員中有百分之九十是新黨員，而這些新黨員中又有差不多百分之九十是小資產階級或半無產階級（知識分子、中農、貧農）出身，這些同志們都是願意為共產主義而奮鬥的，但免不了帶著頗長的小資產階級自由思想甚至封建思想的尾巴，這些東西在我們黨內也是不能容許的，如不改正，也將造成主觀主義、宗派主義與黨八股的毒害」❹。

　　有組織地批評王實味，並且把思想考查和組織考查結合起來，立即使自運動開始以來一直處於被動挨打之中的各級領導人獲得了鬥爭的主動權。六月中旬，王實味早已向組織交代過的過去曾與「托派」分子密切往來的歷史作為新問題被「揭發」出來，其問題的性質立即轉變。沒有人不了解，受蘇共的影響，「托派」在共產黨人眼裡，一直是最危險的敵人。毛在對此自然也不能獨異其外。因此，在六月十九日的一次會議上，剛剛得知王實味的「托派」背景之後，毛也就毫不猶豫地把王實味劃入了敵人的範疇。他當即指出，現在看來，王實味的有系統不是偶然的，這個人多半是有組織的進行托派活動，抓住時機，利用矛盾，進行托派活動，向黨的進攻。對王實味一時看走了眼，使毛腦子裡階級鬥爭的弦迅速繃緊了起來。既然王實味都能隱藏得這麼深，肯定還會有張實味、李實味，因為毛一直認為，可怕並不是那些一觸即跳的人，這些人往往沒有嚴重問題，最要警惕的是那些「表面服從，實際上不服從」，「故意站在擁護黨的方面，實際上暗中進行反黨活動」的人。據此，他估計「醫大、中研院、民族學院、延大、

❹　〈毛澤東致聶榮臻同志電〉，1942年7月4日，前引《中共黨史教學參考資料》，第17冊，第333頁；陸定一：〈為什麼整頓三風是黨的思想革命〉，1942年5月23日，《陸定一選集》，人民出版社，1992年版，第312-313頁。

科學院、魯藝、西北局、邊區政府，都有可能暗藏的有壞人」，強調對「過去參加過派別活動的老的壞分子也要加以考查，對於意識不好的分子也要加以注意」，因為這些人一旦時機適合，常常站在反黨的方面。特別要注意那些故意站在擁護黨的方面，實際上暗中進行反黨活動的人❹。把整頓思想作風的問題，同階級鬥爭、組織清洗聯繫起來，自然使整風運動迅速階級鬥爭化，使延安的政治空氣日趨緊張❹。在這種空氣之下，毛逐漸改變對王明的寬容態度，也是一種必然的現象。

毛對王明態度的逐漸改變，除了整風運動趨向激烈的這種特殊背景以外，很大程度上也是與王明自己破罐破摔，見人說人話，見鬼說鬼話的作法密切相關的。王明於一九四一年十月十三日躺進中央醫院，陸續有中共領導人前去探望。對毛澤東、任弼時等，王總是做足表面文章，表示願意接受批評，誠心檢討，而對王稼祥、周恩來、博古、張聞天等人，或剛從外地回來的劉少奇等人，王則每每乘機進行煽動和挑撥，到處打探莫斯科有無進一步指示來，逢人便宣傳他的兩面戰爭打不得，互相牽制如何能集中力量打日本援蘇聯那一套。見王稼祥說：毛這個人太厲害，睚眥必報，現在整我們，你過去也反對過他，你也跑不了的。見周恩來說：現在整風不過剛剛開始，你我錯誤一樣的，一定會整到你頭上去的。見博古說：這次是整你我的，但不用擔心，那邊的方式我是知道的，先提問題，後來就有文章的。見張聞天說：這次主要是整從莫斯科回來的同志的，尤其是整你的，因為曼努伊斯基說你是我黨的理論家，毛聽了這話大發脾氣，所以就開始反對

<hr>

❹　《毛澤東年譜》，第388頁。

❹　胡喬木對整風運動的回憶明確講過這種情況，稱當時一方面很民主，一方面很緊張，「因為整風很緊張，所以才會一下子轉到審幹」，「如果沒有那個氣候、土壤，不可能一下子轉入審幹。」見前引書，第70頁。

你，你的教條比我多，我自己不過是因為太不懂人情世故了，什麼話都隨便說，所以遭了毛主席的忌等等[47]。王明的兩面手法，毛初時尚不十分了解，認為其大勢已去，已無可奈何，多少有點兒掉以輕心。但隨著一九四二年底一九四三年初王明重新開始在背地裡密謀串連的情況為毛所知後，不能不使毛大為光火。

第四節　口誅筆伐

　　自一九四二年八月起，隨著整風運動對宗派主義、自由主義和黨政軍民學各種矛盾的暴露，中共中央領導人紛紛開始注意到精兵簡政、改善黨政軍民學關係和加強黨的一元化領導的問題。於是，中共中央〈關於抗日根據地黨政軍民學關係問題的決定〉、〈關於統一抗日根據地黨的領導及調整各組織間關係的決定〉、〈關於加強統一領導與精兵簡政工作的指示〉等文件先後被制定出來，一步步提出了規範上下級關係和全黨服從中央的具體模式。自抗戰以來，由於各個根據地建立方式及系統不一，黨、政、軍三方面關係與領導機構全無統一規範，以致「各根據地很多都是機關龐大，系統分立，單位太多，指揮不便，幹部堆在上層，中下層虛弱無力，軍區、分區，兩級有些缺乏領導中心，許多人誰不服誰，而不能承認一個比較強一點的同志領導中心」，各地領導人之間時有矛盾發生。據此，中共中央政治局領導人反覆討論，決定「在軍區、分區兩級建立領導核心，軍區建立領導一切的區黨委、或中央分局，只留三個主要負責人，分負黨委、政府、軍隊責任（其中一個為書記是領導中心）」，分區一級則建立領導一切的地委，

　❹　參見《王明評傳》，第408–409頁；吳黎平：〈堅持真理修正錯誤的模範〉，《中共六十周年紀念文選》，中共中央黨校，1981年編印，第442頁。

以一個較強的領導人為書記，此外各級性質相似的機關一律合併，多餘人員必須本著清除宗派主義餘毒的精神，痛痛快快地交出機關交出部隊，接受分配❹。中央分局以下機構的精簡和一元化的實行，自然催動中共中央自身的精簡和一元化領導問題的提出。事實上，包括毛在內，部分領導人早已感覺到目前的書記處辦事方式不夠精練，書記處工作會議「等於各部委聯席會，與政治局區別不明顯」，作為政治局日常辦事機構，書記處也應大大精簡，並有權隨時處置決定日常工作❹。只是，在劉少奇到達延安以前，這個問題一時還不能提上日程。

一九四二年十二月三十日，劉少奇從華中輾轉山東、晉北等根據地回到延安。劉是中共最早的成員之一，一九二一年五月曾與任弼時等一同前往莫斯科東方大學留學，一年後即歸國，以後一直從事工運領導工作。同毛一樣，劉也頗喜歡獨立思考，常常與中央不盡相同，因而直到六屆四中全會才得以補選為中央委員。但劉一度進入臨時中央工作，至五中全會又入選政治局候補委員，仍舊不免屢屢被批評為「右傾」。在遵義會議以後，劉得以成為政治局正式委員，到陝北後即被派往天津領導華北地下黨的秘密工作，其獨立思考的特點逐漸顯露其優勢。尤其是抗戰開始之後，劉力倡獨立自主和開展華北游擊戰爭，與毛遙相呼應。調其主持華中局工作後，一度受到王明和項英影響的新四軍工作亦開展得有聲有色，因而倍受毛欣賞。到一九四一年九月會議時，劉已儼然被視為在毛以外中共黨內唯一的一位正確路線的代表。陳雲力贊「劉是代表了過去十年來的白區工作的正確路線的」。王稼祥也明確講：「過去中國黨毛主席代表了唯物辯證法，在白區劉少奇同志是代表了唯物辯證法。」任弼時、康生也都將劉與毛相提並論，認

---

❹　《中共中央文件選集》，第13卷，第465–467頁。

❹　參見《任弼時年譜》，第440頁。

為當年如果臨時中央由劉少奇負責，白區的情況將會完全不同。因此，在當時的會議上，與會者已經一致認為，「劉少奇同志將來的地位要提高」❺⓿。會議結束不久，毛在起草「決議草案」時，也特別點了劉的名字，稱讚其在白區工作時的貢獻。十月份，毛更兩度電召劉來延安工作❺❶。只是因為劉一行通過日軍封鎖線頗費周折，再加上山東根據地領導人之間出現矛盾，毛令其暫留山東幫助解決，所以才耽擱下來。

　　成功地解決中央對地方的一元化領導問題，充分顯示出整風的威力和毛領導的權威性。事實上，毛這時在中共中央早已是一言九鼎，問題是自中共六屆六中全會以來，張聞天雖自覺退位，毛作為黨的領袖始終尚無正式的手續和名份。況且原先書記處的七位書記，即毛、王、張、博、周、陳、康，一半以上不是在外，就是犯有嚴重的路線錯誤，這時實際負責或公認應當負責的劉少奇、任弼時等反倒不在其位。因此，既然絕大多數中央領導人早已一致肯定毛為最高領袖，劉少奇和任弼時事實上已開始受命掌管全局工作，藉著建立一元化領導機構的機會，授予毛以正式的領袖名義，委劉、任以書記職務，自然成為順理成章的事。在劉少奇回到延安兩個月後，張聞天亦被召回中央，政治局很快進行了三次討論，由任弼時擬定機構精簡調整方案，劉少奇提議以毛為主席，大家一致擁護，遂於三月二十日正式通過了〈中央機構調整及精簡決定〉，決定：

　　　　在兩次中央全會之間，中央政治局擔負領導整個黨工作的責任，有權決定一切重大問題。政治局推定毛澤東同志為主席。

❺⓿　《王稼祥選集》，人民出版社，1989年版，第326頁；《胡喬木回憶毛澤東》，第198頁。

❺❶　參見〈毛澤東致劉少奇電〉，1941年10月3日；10月11日。

政治局每月應舉行例會兩次，必要時可召開臨時會議。凡重大的思想、政治、軍事、政策和組織問題，必須在政治局會議上討論通過。

書記處是根據政治局所決定的方針處理日常工作的辦事機關，它在組織上服從政治局，但在政治局方針下有權處理和決定一切日常性質的問題。他的經常業務是：準備政治局會議的日程和應討論問題的材料（或通知各部委準備）；負責組織政治局會議決議之執行並檢查其執行的程度；在政治局的方針之下負責辦理和決定日常工作問題。中央各部委局廳社的工作，由書記處直接管理，或經過宣委組委管理之。書記處必須將自己的工作向政治局作報告。

書記處重新決定由毛澤東、劉少奇、任弼時三同志組成之，澤東同志為主席。會期不固定，得隨時由主席召集之，會議中所討論的問題，主席有最後決定之權。

與此同時，政治局決定在中央政治局及書記處之下，設立宣傳委員會與組織委員會，作為政治局書記處的助理機關。前者由毛澤東、王稼祥、博古、凱豐四同志組成之，以毛為書記，王為副書記，負責管理中央宣傳部、解放日報社、中央黨校、文化委員會、出版局等宣傳文化部門。後者由劉少奇、王稼祥、康生、陳雲、張聞天、鄧發、楊尚昆、任弼時八同志組成之，以劉為書記，負責管理中央組織部、中央黨務委員會、統一戰線部、民運工作委員會、中央研究局等組織及政策部門。原先設立的各類黨的部門，一律歸口合併或撤銷❷

---

❷　〈中央機構調整及精簡決定〉，1943年3月20日，前引《中共黨史教學參考資料》，第17冊，第344–346頁。

　　三月二十日的〈決定〉，使毛澤東名正言順地確立了他在中共黨內的一元化領導權威。而以劉少奇作為自己的得力副手，更分擔了前兩年時間裡必須花費大量時間來處理的日常事務性工作，毛更有如虎添翼之感，覺得現在「氣象一新，各事均好辦了」❸。但毛無論如何沒有想到，兩個月之後，即五月二十一日，季米特洛夫竟發來電報，通知他:「共產國際主席團將於五月二十二日向各支部公布關於解散國際工人運動領導中心——共產國際的提議。該提議的主要原因在於，這種國際聯合的集中的組織形式，已經不能適應各國家共產黨進一步發展成為本國（本民族）的工人政黨的需要，並且還成為其障礙。」❹幾年來，毛無疑是第一次如此迅速地召集政治局會議討論共產國際的來電。結論很簡單:「贊成」。

　　長期以來，共產國際始終在扮演著「父親」的角色，儘管中共在毛澤東領導下已經日益長大成熟起來，經常違拗其意志，但作為其下級支部之一，中共中央仍舊無法擺脫其權威和複雜的親緣隸屬關係。這種情況經常使毛倍感束縛與不快，甚至還不能不為自己搞壞與王明等人的關係而感到擔心。共產國際的解散，對毛澤東來說，幾乎可以看成一次政治上和組織上的大解放。深為自己領導下的中共發展壯大而自豪的毛澤東，迅速流露出對莫斯科過去遙控指揮方式的不滿。他公開宣稱:「革命運動是不能輸出也不能輸入的」，每個國家的革命都有其自己的特點，中國共產黨已經經歷過三次革命運動，中國革命「甚至比俄國革命還更複雜」，遠離各國革命鬥爭實際的共產國際，當然「無法適應這種非常複雜而且迅速變化的情況」。中共今天之所以能夠變成為全國政治生活的重大因素，照《解放日報》社論的說法，就是，因

❸　《毛澤東年譜》，中卷，第426頁。

❹　〈季米特洛夫致毛澤東電〉，1943年5月21日。

為我們能夠「在毛澤東同志領導下，獨立地創造性地，依據中國的具體情況和客觀條件正確地決定自己的政治方針、政策和行動」❺❺。

　　既然共產國際已不復存在，毛澤東再也用不著擔心對王明的嚴厲批評會在莫斯科引起什麼樣的反應了。毛對王明的寬容和姑息，不能不說是與對莫斯科的顧慮有關。畢竟王明在抗戰初期的所謂錯誤，很大程度上正是莫斯科的主張，並且現在仍是莫斯科的主張。對王明錯誤上綱上線，難免會被視為對莫斯科的抵制和批判。現在批判王明的障礙多半不存在了。據在延安的俄國人發回莫斯科的電報稱，毛和他的擁護者大大地鬆了一口氣，他們不僅被解放了雙手，而且道德上的責任感也不會有了。毛在政治局會議上藉機指責黨內有些人一向只聽共產國際執委會的話，把自己置於中共中央的領導之外，現在有必要向這些人展開鬥爭❺❻。不論莫斯科在延安的工作人員上述情報是否可靠，自從這一年的二三月以來，王稼祥、劉少奇、張聞天等已先後匯報了王明向他們進行遊說煽動的情況，毛確實窩著一股火，幾個月來一直對王明的行徑深感憤怒。他已經意識到，過分地姑息王明，只會給自己造成一個有系統、有理論、有背景的黨內反對派領袖。因此，他這時已經開始考慮改變過去對王明錯誤所作的那些結論了。如今條件終於成熟了，可以徹底同王明算帳了。

　　早在一九四一年九月會議之後，毛就已經開始研究蘇維埃後期的九份有典型錯誤的文件，並陸續對這九份文件寫出過文字批判的筆記。只不過，在當時，毛的矛頭還只能指向博古，情緒還略為平和。這時，毛顯然帶著極大的憤怒重讀了這些文件，因而大大修改了原先的筆記，

❺❺　〈論共產國際底解散〉，《解放日報》，1943年5月28日。

❺❻　〈伊里切夫致季米特洛夫電〉，1943年5月31日，中心檔案，全宗號495，目錄號333，卷宗號26。

不僅加上了王明,而且直截了當地把王明視為左傾路線的頭號罪人了。

　　這份修改過的筆記,第一篇就是評論王明起草,一九三一年九月二十日以中共中央名義發布的〈由於工農紅軍衝破第三次圍剿及革命危機逐漸成熟而產生的黨的緊急任務〉的文件。毛一上來就根本否定六屆四中全會,並肯定王明是這個時期左傾路線的始作俑者。筆記寫道:

> 這個決議是中國共產黨第六屆全黨代表大會第四次中央全會以後王明同志(即陳紹禹)為首的中央發出的,左傾機會主義路線從此形成,並由博古(即秦邦憲)、洛甫(即張聞天)繼續發展,到後來成了一條比較立三路線還更完備的極端反馬列主義的路線。對於這條路線,王明是創始與支持者,博、洛等人則是發展者與執行者。
>
> 當時的四中全會是以批判三中全會的所謂對於立三路線的「調和主義」為目標的。這種批判是錯誤的,因為在三中全會上已經基本將立三路線從基本上批判過了,……王明等人重新挑起這個問題來批判,是別有用心的,其證據就是在其後出現的王明路線比立三路線更左,比立三時期的結果更壞。……因此四中全會是完全錯了,從此種了以後的惡果。❺

---

❺　毛澤東:〈駁第三次左傾路線——關於一九三一年九月至一九三五年一月期間中央路線的批判〉。此文寫作時間,毛記憶為一九四〇年或一九四一年上半年,胡喬木判斷應在一九四一年九月會議以後,鑒於此文內明確提到一九四一年九月會議,且文內提到的有關四中全會以後臨時中央產生細節,毛在九月會議上才第一次聽說,故可以肯定胡的判斷是正確的。但就此文產生和修改的具體時間而言,目前尚不能確切判斷。考

按照胡喬木的話來說，毛的這個筆記是「喜、笑、怒、罵躍然紙上，情緒化色彩甚濃」，純粹是「激憤之作，也是過去長期被壓抑的鬱悶情緒的大宣洩」❺❽。下列筆記中使用的語句，頗能反映出毛這時對王明當年上臺所帶來的一切深惡痛絕的激憤心情：

> 王明反對立三路線奪取中央權力以來還不到九個月，就又恢復了立三路線，可見他反對立三路線是假的，不過藉著反立三路線之名，行奪取黨權之實。至其思想，完全和立三一模一樣，都是反馬列主義的小資產階級野心家。……
>
> 王明諸人不但沒有起碼的馬克思主義知識，就連一個普通老百姓的知識也都沒有，所以他們寫起文章來，就特別顯得幼稚可笑。可是世上偏有這一類人。真是天地之大，無奇不有，連共產黨內也不能免。……如果他們掌了權就會要做出許多壞事來。這一點應當引起一切革命者的警戒。……

慮到毛一九四一年十二月中旬發布指示要求高級學習組開始通讀「六大」以來八十三個中央文件，或可想像毛也是在這個時候開始深入研究這些文件的。但無論如何，把王明納入批判之列，根本否定四中全會的內容，只能是一九四三年寫下的。因為第一，直到一九四二年二月下旬，都有電報表明毛仍堅持一九四一年十月的結論；第二，所有對王明問題上綱上線的批判都出現在一九四三年下半年以後；第三，毛此文只給兩位政治局委員看過，一為劉少奇，一為任弼時，所以選擇劉、任，並非偶然，因劉、任是一九四三年三月二十日政治局會議決定的除毛以外的另外兩位書記處成員。若毛對王明批判的內容形成於一九四三年之前，很難想像毛會不給他當時的副手，中央學習組副組長王稼祥看。

❺❽　《胡喬木回憶毛澤東》，第214、231頁。

我常覺得，馬克思主義這種東西，是少了不行，多了也不行的。中國自從有那麼一批專門販賣馬克思的先生們出現以來，把個共產黨鬧得烏煙瘴氣，白區的共產黨為之鬧光，蘇區與紅軍為之鬧掉百分之九十以上……，全都是吃了馬克思主義太多的虧。這批人自封為「馬克思主義理論家」，家裡有成堆的馬克思主義出賣，裝璜美麗，自賣自誇，只此一家，並無分店，如有假冒，概不承認……。直到被人戳穿西洋鏡，才發現其實號裡面盡是些假馬克思，或死馬克思，或臭馬克思，連半個真馬克思，活馬克思，香馬克思也沒有，可是受騙的人已不知有幾千幾萬，其亦可謂慘也已矣！……

我們老爺是一條最可憐的小蟲，任何世事一竅不通，只知牛頭不對馬嘴地搬運馬克思、列寧、斯大林，搬運共產國際，欺負我黨與中國人民對於馬克思主義的認識水平與對於中國革命實踐的認識水平的暫時落後而加以剝削，而對於許多聰明的勇敢的同志，例如所有白區、蘇區、紅軍的主要負責人，則加以流氓式的武斷與威脅，把他們放在托洛茨基及陳獨秀取消派的範疇內，這真是所謂不識人間有羞恥事！……

左傾機會主義路線的中央與地方的領導者們，當他們實行篡黨、篡軍、篡政之時，照例都是有這一手的。為了建設他們的威信就一定要把原有的領導者們的威信下死勁地給以破壞，而且破壞得異常徹底，使用的手段是異常毒辣的。任何地方都有這一手，不獨中央蘇區為然。我黨在這一時期領導方面所犯的錯誤，以事業說，黨、政、民、學，以地域說，東、西、南、北、中，無往而不被其荼毒，實屬我黨的空前大劫，全黨均應引為鑒戒，再不要重複此類錯誤。⑲

　　毛在這個時候寫下如此激烈的批判王明的筆記，除了發洩其內心的激憤和鬱悶之氣以外，當然還有別的目的。他需要政治局主要成員在他發動批判王明問題上給予理解和支持。因此，他特地將這篇筆記送給書記處另外兩位書記劉少奇和任弼時去看。然後，毛越來越激烈地把鬥爭矛頭對準了王明。

　　首先，毛因極端厭惡王明在背後的小動作，再次強調必須把肅清「小廣播」作為整風的一項重要任務加以重視。其次，針對共產國際來電堅持應當把國民黨視為民族聯盟，與王明的觀點遙相呼應，毛公開主張加強階級教育，打破對國民黨幻想，由上而下地對全黨進行對國民黨本質認識的教育。據此，從七月開始，毛結合蔣介石發表《中國之命運》一書和國民黨乘共產國際解散之機，調集大軍圍迫陝甘寧邊區的情況，公開批評王明等人自抗戰以來即對今天的國民黨、三民主義、蔣介石及中國的抗日民族統一戰線有許多不正確的了解，犯了許多錯誤，至今尚未徹底解決問題。毛這時第一次開始把王明在抗戰初期的錯誤上綱到「右傾機會主義」和「投降主義」的高度上來批判。他在七月十三日政治局會議上的發言異常尖刻。他認定：「抗戰以來，我黨內部有部分同志沒有階級立場，對大地主大資產階級的國民黨對我進攻，對我大後方黨員的屠殺等沒有表示義憤，這是右傾機會主義思想。國民黨打共、捉共、殺共、罵共、鑽共，我們不表示堅決反抗，還不是投降主義？代表人物就是王明同志。他的思想是大地主大資產階級在黨內的應聲蟲。他曾認為中央路線是錯誤的，認為對國民黨要團結不要鬥爭，認為他是馬列主義，實際上王明是假馬列主義。」毛進而情緒激動地提出：誰對誰錯現在已經很清楚了，而我們黨內現在還有人堅持錯誤觀點，還有人搞不清過去的歷史，我們今天必須把這

⑤　〈駁第三次左傾路線〉。

些搞清楚，「過去黨中央的兩條路線也必須弄清楚，把黨內無產階級與非無產階級弄清楚，對黨外也要把革命與反革命弄清楚。機會主義者不改正思想上的錯誤，有走向當敵人的危險，如張國燾。」❻

自一九四二年下半年提出思想清理與組織清洗相結合之後，毛對敵情估計越來越嚴重。一九四三年三月十六日，毛提出了一邊整小資產階級思想，一邊整反革命的問題。四月三日，中共中央發布〈關於繼續開展整風運動的決定〉,公開提出整風的目標是在糾正幹部中非無產階級思想的同時，肅清黨內暗藏的反革命分子。隨後，中共中央專門成立了以劉少奇為首的反內奸鬥爭委員會，整風也由思想整頓迅速轉入組織清黨，即審查幹部階段。進入到八月份時，從「特務如麻，到處皆有」的估計出發，審幹居然一夜之間變成了駭人聽聞的「搶救失足者運動」，延安除了那些中央領導人以外，幾乎人人都被捲入到大揭發、大檢舉、大坦白的熱潮之中，光是一個兩千五百人的中央黨校，據毛澤東八月八日報告稱，就挖出來二百五十個特務，並且毛估計還不止這個數字，「恐怕是二百五十到三百五十的數目」。而行政學院，據毛報告說，「除了一個人以外，教員、職員全部是特務」,「學生中很多是特務，恐怕是過半數」❻。這樣一種緊張形勢，這樣一種嚴重估計，直接影響到中共中央其他領導人也都迅速開始從階級鬥爭和路線鬥爭的高度來看待王明的錯誤問題。

<hr>

❻ 〈中央總學委關於肅清延安「小廣播」的通知〉，1942年12月6日；〈毛澤東致德懷電〉，1943年6月6日；〈中央總學委關於進行一次國民黨的本質及對待國民黨的正確政策的教育問題的通知〉，1943年8月5日，《中共中央文件選集》，第14卷，第85頁；前引《胡喬木回憶毛澤東》，第283–284頁。

❻ 〈毛主席在中央黨校第二部開學典禮大會上的講話〉，1943年8月8日。

從九月七日起，中共中央接連召開政治局會議，再度討論歷史問題。從會議一開始，所有人的批判矛頭一齊指向了王明。毛在會議上第一次坦率地說出了他多年來對王明不滿的兩大原因，第一是他的正確意見長期被壓抑，黨的工作不斷受到不應有的巨大損失；第二是無論在江西，還是在延安，王明宗派到處篡黨奪權，即使在六中全會以後，延安實際上仍是諸侯割據，一國三公的局面。時至今日，王明一面養病，一面還做破壞活動，向一些同志講怪話，批評中央不對，黨仍存在發生破裂的可能。因為，現在的中央並不「六大」選舉的，而是四中全會、五中全會選舉的，「六大」選出的中央委員只剩下六個人，其中只有毛和劉兩人是受左傾路線排擠打擊的，其餘都是擁護王明宗派的。也就是說，王明宗派長期控制了中央碼頭，並且打著「國際」旗號，用馬列的招牌，欺騙了黨十多年。要清算他們的罪惡，需要一個相當困難的過程❷。

作為王明宗派的最主要領袖之一，博古在第一次會議上就首先表態贊同毛關於抗戰初期存在兩條路線鬥爭的提法，肯定一條是毛主席為首的黨的正確路線，一條是王明為首的武漢時期的錯誤路線，並斷言，這條錯誤路線經過長江局統治了東南局，影響了華北和邊區，是孟什維克的新陳獨秀主義，完全抹煞大地主大資產階級的反動性，完全是叛變無產階級革命。在毛提出內戰時期的錯誤路線創造者也是王明，博古、張聞天只是執行者和發揮者之後，葉劍英進一步提出王明是身在毛營心在蔣；陳伯達則更乾脆認為，王明的心始終都是放在國民黨身上，而不是放在共產黨身上的，他實際上可以說與共產黨是兩條心，對共產黨是仇恨的，有許多反共言論，他的理論根本就是叛徒的理論；康生的發言同樣尖銳指責王明的投降主義是有系統的，說他

❷　參見《胡喬木回憶毛澤東》，第294頁。

的投降主義在政治上、思想上、組織上有一套與毛主席對立的路線，他根本上已經成了買辦封建法西斯的代言人。在斷斷續續兩個多月的政治局會議上，最主要的檢討者是博古、張聞天和從重慶回來不久的周恩來。其中，周恩來的發言最長，從十一月二十七日開始，中間二十九和三十兩天沒講，一直講到十二月三日，整整講了五天時間[63]。

　　十一月二十九日，鑑於政治局會議已經基本上就王明錯誤的性質達成了一致的意見，中央書記處指示李富春找仍在休養中的王明談話，要求他主動檢討自己的教條主義和宗派主義的錯誤，以供會議討論。由於共產國際已經解散，毛的地位已經鞏固，王明看出大勢已去，亦只好讓孟慶樹代筆，明確表示全盤放棄自己過去提出的與毛澤東相反的意見，「一切問題都以黨的領袖毛主席和中央大多數同志的意見為決定」，聲稱「我願意盡我力之所能，對自己過去的思想言行加以深刻的檢討，在毛主席和中央各位同志的領導與教育之下，我願意做一個毛主席的小學生，重新學起，改造自己的思想意識，糾正自己的教條宗派主義錯誤，克服自己的弱點」[64]。

　　王明這時尚不知道會議討論的具體情況。當十二月下旬中共中央政治局就王明錯誤形成正式決議之後，王一時自然頗不理解。而尤其值得注意的是，中共中央這時除了繼續給王明路線上綱上線，痛加批判以外，還特別發表了集合前共產國際領導人季米特洛夫、曼努伊斯基等人反對統一戰線中的機會主義有關論述的專題文章，要求全黨學習並遵循。中共中央就此發下的有關指示稱：王明、博古宗派及其機會主義路線，自四中全會篡黨開始，至五中全會達到頂點，使白區損失十分之十，蘇區及紅軍損失十分之九。此一錯誤路線雖經遵義會議

---

[63]　參見《胡喬木回憶毛澤東》，第290–297頁。

[64]　〈王明給毛主席並中央政治局諸同志的信〉，1943年12月1日。

開始克服，「但在一九三七年十二月會議至一九三八年九月六中全會期間，這個宗派又利用長江局進行其反黨活動，並且王明本人長期地堅持其錯誤路線，反而說中央路線是錯誤的，是違背共產國際方針的。現在共產國際雖已解散，但共產國際領導者們的指導原則依然適用，這些原則，完全與王博路線的機會主義相反，而對於我黨中央的布爾什維克路線則完全符合的。」而「王明的投降主義，實質上是國民黨在共產黨內的代表，是大地主大資產階級在無產階級隊伍中的反映」，是幫助國民黨，瓦解共產黨的腐蝕劑。目前在一般幹部中雖暫時不必傳達上述指示，但應研究共產國際領導者們的這些指導原則，「要使幹部及黨員明白，自遵義會議以來，九年之中以毛澤東同志為首的中央的領導路線是完全正確的，一切對於這個路線的誣蔑都是錯誤的，現在除了王明博古以外，一切領導同志都是團結一致的。現在我們黨已成了中國民族解放戰爭的核心力量，全黨同志均應團結在以毛澤東同志為首的中央的周圍，為中央的路線而奮鬥。」❻❺

　　在一九四四年二月二十六日王明與周恩來談話了解了中共中央的結論之後，一度曾寫信給周恩來，對為什麼要根本否定四中全會，以及為什麼把他算成是蘇維埃後期左傾路線的代表，表示疑問。但他的這種反應充其量也只是一種無奈的牢騷罷了。不久之後，他就明確表示，他對中共中央「對這次左傾路線在政治上、組織上、思想上所犯嚴重的錯誤的內容實質與其重大的危害，以及產生此種錯誤的社會的和歷史的根源底分析和估計，完全同意和擁護」，並且願意「以一個第三次左傾路線開始形成的主要代表的地位，站在思想政治觀點的立場

---

❻❺　〈中央關於「反對統一戰線中機會主義」〉，1943年12月28日；〈中共中央書記處關於研究王明、博古宗派機會主義路線錯誤的指示〉，1943年12月28日。

上」，用中共中央的指示「作為今天自己改正政治、組織、思想各方面嚴重錯誤的指南」❻。

在這個時候，甚至王明本人對毛澤東的效忠與否也都不那麼重要了。從一九四三年七月開始，幾乎所有中央政治局的重要成員，包括劉少奇、周恩來、任弼時、博古、張聞天、王稼祥、凱豐等，都公開發表文章或講話，表示了對毛澤東的無限熱愛與崇敬。進一步在中共六屆七中全會，以及一九四五年召開的中國共產黨第七次代表大會上，所有的中共領導人更是一致高聲頌揚毛澤東及其「毛澤東思想」，一致擁護以「馬克思列寧主義的理論與中國革命實踐之統一的思想——毛澤東思想」作為中國共產黨的指導思想❼。這意味著，毛澤東的絕對領導地位已經牢不可破，甚至接近於神聖化了。毛至少在相當長的一段時間裡都不必擔心來自黨內的或莫斯科的任何挑戰和威脅了。

在這裡唯一值得注意的是，中共中央這時一面把鬥爭矛頭尖銳地指向莫斯科實際利益的代言人王明，不顧莫斯科願意與否大樹毛澤東思想的絕對權威，一面仍舊繼續表現出高度尊崇莫斯科的態度，極力在王明與共產國際之間尋找不同點，一切整風學習的理論材料和指導原則大部仍舊源自於莫斯科。在周恩來的自我檢查裡，他花了大量篇幅來討論所謂「真假國際」，詳細介紹每一位與中國共產黨歷史有關的莫斯科領導人和共產國際的代表，根據他的結論，那些曾經親自指導

❻　參見《王明評傳》，第408、419–420頁。注此書中關於周恩來與王明談話時間誤記為一九四二年二月二十六日，實際上這時周尚在重慶，直到一九四三年七月才返回延安。

❼　參見《解放日報》，1943年7月6日、7月8日、7月13日、7月16日、8月3日；劉少奇：〈關於修改黨章的報告〉，1945年5月，《中國共產黨黨章彙編》，人民出版社，1979年版，第78–83頁。

過中國革命的共產國際領導人和共產國際代表，包括東方大學、中山大學培養出來的學生，除了季米特洛夫等少數人以外，大部分都在蘇共肅反運動中或在中國革命中被證明是「壞人」。 相反，像斯大林、莫洛托夫、季米特洛夫、曼努伊斯基等人則代表著共產國際的正確路線，是符合中國革命實際的，如肯定中國黨已經成為中國革命重要的政治因素，強調國民黨的動向以帝國主義的態度為出發點，指出中共的任務在於武裝人民、瓦解敵軍、組織農民，反對危害和削弱八路軍，揭露王明與米夫的關係不正常，批評王明有政治野心和不該反對毛主席等等。以致，毛澤東聽後也得出結論說：「列寧主義及國際無產階級影響中國黨的產生，但國際中的壞蛋也影響中國革命的失敗」[68]。

　　當然，毛澤東也並非是受了周恩來介紹的影響。即使毛這時與莫斯科在一些問題上存在著利害衝突，但因此就與莫斯科翻臉，也非其所想。這裡面固然可能有「以夷制夷」的考慮在起作用，但從根本上說，即使共產國際與中共那種父子黨的關係不復存在，毛也仍舊相信他們在階級利益以及意識形態方面是一致的，中共與蘇共之間還存在著師生的關係。在整風運動中毛之所以始終把《聯共（布）黨史簡明教程》，以及斯大林和季米特洛夫有關指示奉為經典，反覆講解，要求各級幹部認真學習貫徹，就是因為他深信，同馬、恩、列、斯、季等比較起來，其思想「體系還沒有成熟」， 正如張聞天在中共「七大」上公開宣講的那樣，無論中共領導人，還是毛本人，都不否認毛是馬、恩、列、斯的學生，他們「不但不以此為恥辱，而且以此為光榮」[69]。正因為如此，毛相信，共產國際的基本理論及其基本路線，仍舊是正確的。即使在毛極其情緒化地批判王明、博古左傾路線期間的九份文

---

[68]　參見《胡喬木回憶毛澤東》，第296頁。

　[69]　張聞天：〈在中國共產黨第七次全國代表大會的發言〉，1945年5月2日。

件時，他沒有忘記要將真假國際路線相區別。他明確寫道：

> 左傾路線隨時都把自己的路線冒稱為國際路線，許多文件上都
> 可見到。這是不對的。……我們不說共產國際在這個時期內對
> 中國革命的指導上沒有錯誤，這是有過的，並且是嚴重的；但
> 共產國際指導中國革命的基本路線就是糾正李立三冒險主義
> 的那個路線，就是反對先鋒隊不顧主客觀條件，脫離群眾，冒
> 險急進的左傾機會主義，同時又反對不顧主客觀條件，脫離群
> 眾，畏縮不前的右傾機會主義的那種路線。王明、博古、洛甫
> 的路線並不是共產國際的路線，共產國際並沒有叫我們舉行上
> 海暴動，又沒有叫我們號召罷操，搶劫軍糧與舉行飛行集會，
> 又沒有叫我們強迫示威與強迫罷工，又沒有叫我們率領災民在
> 武漢、九江、蕪湖、江北成立蘇維埃，又沒有叫我們否認革命
> 不平衡，又沒有叫我們在華北建立蘇維埃，又沒有叫我們在廣
> 東、江蘇、山東組織義勇軍，又沒有叫我們指揮紅軍打大城市，
> 又沒有叫我們成天地說什麼帝國主義全體一致地進攻蘇聯，又
> 沒有叫我們成天地說什麼國民經濟總崩潰或國民黨統治總崩
> 潰，又沒有叫我們成天地說什麼兵變潮流普及全國，又沒有叫
> 我們不顧實際地實行那些錯誤的脫離群眾的土地政策、勞動政
> 策、肅反政策與文化政策，又沒有叫我們指定幾個毫無經驗的
> 新黨員成立臨時中央這樣一件大事也不告訴大多數政治局委
> 員與中央委員一聲就大搖大擺地壟斷一切與命令一切，……
> 又沒有叫我們幼稚得像個三歲小孩子，蠢笨得像個陝北的驢狗
> 子，滑稽得像個魯迅的阿Q，與狂妄得像個塞萬提斯的堂吉訶
> 德。一切這些，共產國際都並沒有叫我們做過，都是我們這批

堅決執行左傾機會主義的老爺們自造自賣的道地貨色，這一點是斷乎不可以不辯的。❼

　　這就是我們所見到的，這個時候的，在與「國際派」較量中大獲全勝的那個真實的毛澤東。下面這件事很典型地反映了毛這時對莫斯科的那種複雜心態。

　　一九四三年十二月底，前共產國際總書記季米特洛夫根據延安俄國人那裡的情報，致電毛澤東，請他不要減少對日軍事行動，不要放棄與國民黨的合作政策，不要對周恩來和王明展開鬥爭，要保留他們並儘量為黨的事業利用他們，不要在黨的幹部中造成對蘇聯的不信任情緒，不要相信康生，因為康生所實行的清除黨內敵對分子的辦法只能幫助敵人瓦解黨。毛在一九四四年一月二日從蘇聯紅軍情報總局駐延安聯絡員伏拉基米洛夫那裡看到了這封來電。他當即覆電答道：第一，抗日戰爭始終是我們的中心任務，八路軍在一九四三年對日軍展開了相當積極的軍事行動，甚至收復了前兩年丟掉的一部分地區。第二，我們與國民黨合作的方針沒有任何變化，一九四三年七月國民黨曾準備對邊區發動進攻，而我們採取的有效措施，避免了衝突的發生。第三，我同周恩來的關係非常好，毫無開除他的打算，周的工作非常有成績，進步也相當顯著。第四，王明是一個不可靠的人，他以前在上海曾經被捕過，一些同志對他很快出獄有所懷疑，並且他與米夫的關係也讓這裡的一些幹部感到不安，他一直在暗中進行反黨活動，這一點所有高級幹部都已經了解，黨的高級幹部對王明錯誤的批判使大家更加團結一致。第五，斯大林和蘇聯在中國共產黨內受到普遍的愛戴和尊敬。第六，康生是個可靠的人，對幹部的審查不是通過他的情

❼　前引〈駁第三次左傾路線〉。

報機關進行的，我們的審查工作是全面的和慎重的❼。

　　但是，在一月二日電報發出以後的第二天，毛又急忙找到伏拉基米洛夫，頗為不安地詢問他電報是否發出去了。他告訴伏拉基米洛夫說，他對季老的電報想了很多，覆電可能不十分妥當。四日晚，毛特別宴請了在延安的軍事領導人和蘇聯紅軍駐延安的聯絡小組成員，與會者全都十分熱情地向蘇方人員表示他們對蘇聯對德戰爭進展的關切和祝願。五日，毛又再度找到伏拉基米洛夫談季米特洛夫電報中提到的各方面問題，向他詳細介紹黨的路線。七日，毛上午九點再度趕到伏拉基米洛夫的房間，說明他願意設法改善國共關係，並感謝季老在中國問題上所給予的關注。隨後，他當即寫了另一封電報轉給季米特洛夫，表示真誠地感謝季米特洛夫前次的指示，並表示願意深入地研究它們，然後採取積極的措施。他相信，在與國民黨的關係問題上，經過努力之後，一九四四年將會有所好轉。在黨內問題上，他也將極力採取統一與團結的政策，即使對王明，也將一視同仁。他最後希望季米特洛夫能夠理解，他和季米特洛夫的想法及感受是完全一致的❼。隨即，毛澤東約見了國民黨聯絡參謀郭仲容，表示願意重開談判。同時，他開始主持對被審查人員的「甄別」工作，並很快就王明問題作出結論：「確定是黨內問題」❼。

第三章　占據東北相得益彰

　　一九四四年底，中共已經在考慮戰後中國的前途問題了。毛澤東已經暗下決心：「這次抗戰我們一定要把中國拿下來，這個準備一定要」❶。但是，中共這時要想在戰後取得國家的支配地位，至少在兩個大的方面還不具備條件。一個是中共自身的力量還遠不如國民黨，一個是蔣介石的背後還有當時在世界上最為強大的美國的支持。因此，要想同國民黨進行較量，中共就必須獲得蘇聯的支持。

　　在同莫斯科發生了一系列的麻煩之後，毛澤東看起來並不懷疑他們之間的關係會發生任何重要改變。他自信他們之間在意識形態上的一致性，以及革命根本利益上的相互需要，遠遠勝過他們在某些具體問題上的分歧。在一九四五年五月下旬開始召開的中國共產黨第七次代表大會上，毛澤東對此顯得信心十足。他明確告訴臺下數百名來自全國各地的共產黨代表說：在美國公開支持蔣介石的情況下，「我們中國沒有外國援助，能不能勝利?」不能。「中國革命不能單獨勝利」，「中國革命必須有全世界無產階級的幫助」，　必須有蘇聯的幫助。但為什麼蘇聯多年不援助中共呢? 毛澤東斷言：「人家不是不援助，而是情況不允許」。即使是今天，也要準備遠水不救近火的情況，要準備蘇聯因為各種原因而不能援助我們。但他同時又笑著問與會的代表：蘇聯還是會援助的，「你們信不信? 反正我信」。說著，他用手筆劃著自己的

❶　〈毛澤東在董必武十二月關於大後方工作的報告上的批示〉，　1994年12月20日。

脖子，半開玩笑半認真地說：「國際援助一定要來，如果不來，殺我腦袋」❷。

第一節　「不准革命」？

　　毛澤東為什麼對蘇聯援助如此有信心呢？除了意識形態的考慮以外，無疑是同一九三六年莫斯科試圖越境援助紅軍的經驗分不開的。當年紅軍力量弱小，距離外蒙、新疆又十分遙遠，莫斯科尚且肯冒險予以援助，如今中共軍隊已近百萬，控制著整個華北，蘇聯紅軍又將要出兵東北，經過東北援助中共可謂輕而易舉。因此，毛澤東在中共七大上就明確提出：我們要「準備廿、三十個旅，十五萬人到廿萬人脫離軍區，將來開到滿洲去」，以便「得到技術條件」，即飛機大炮。「從我們黨，從中國革命的最近將來的前途看，東北是特別重要的。如果我們把現有的一切根據地都丟了，只要我們有了東北，那麼中國革命就有了鞏固的基礎」。因為現在我們的根據地「在經濟上還是手工業的，沒有大工業，沒有重工業，在地域上也沒有打成一片」，東北不僅有大工業，而且地域廣大，物產豐富，又背靠蘇聯與外蒙，是最理想的根據地❸。於是，還在抗日戰爭結束前夕，奪取東北，背靠蘇蒙，取得援助，建立鞏固的根據地，已經成為中共中央戰後最重要的戰略設想之一。

　　一九四五年八月九日，中共盼望已久的機會來到了。這一天，蘇

---

❷　見毛澤東：〈在中國共產黨第七次代表大會上的結論〉（油印本），1945年5月31日。毛澤東的這個報告有幾個記錄稿，文字上略有不同。參見《毛澤東在七大的報告和講話集》，第197–199頁。

❸　前引〈毛澤東同志在黨的七次代表大會上的結論〉。

聯出兵中國東北，正式對日本宣戰。延安沸騰了，中共中央剛剛收到消息就立刻召開會議，毛澤東興奮地說：同蘇聯紅軍配合作戰，太痛快了，原來以為要與美國配合，真要那樣才是麻煩呢。儘管，中共中央這時並不了解蘇聯方面的具體態度，它對如何實現與蘇軍的配合更不清楚，但會議仍舊決定：立即開始配備幹部，發動攻勢，準備幾十個旅打仗，特別是盡可能爭取集中多數兵力與蘇軍實現戰役上的配合。當然，在日本侵略者即將戰敗甚至投降，而國民黨主力多半還遠在西南，與蘇軍配合還是未知數的情況下，中共首先考慮的還是利用自己占有華北華中大片農村根據地的先天之利，乘機向中心大城市及交通要道推進，以便盡可能地收復被自己軍隊包圍的所有地區。為此，他們這時發出的一系列指示，更多的只是要求各地區，立即布置動員一切力量，向敵、偽進行廣泛的進攻，迅速擴大解放區，壯大我軍，並須準備於日本投降時，我們能迅速占領大城市及要道❹。至於進入東北的問題，僅見於朱德給靠近東北地區的呂正操、張學思、萬毅和李運昌等部的命令中，要求他們作出向熱河、遼寧及吉林進攻的姿態，以便「對外宣傳，搶先取得國內外公開地位」，除李運昌部隊外，呂、張、萬等部不必馬上開往東北四省❺。因此，其後，只有晉察冀分局指令地處遼寧、熱河及河北邊界地區的冀熱遼軍區的李運昌部注意向張家口、承德、山海關及朝陽、錦州推進，迎接蘇軍，尋求配合，並探虛實。中共中央同時還曾考慮準備一千二百名幹部在原東北軍舊部萬毅部向東北移動時，前往東北工作，但這一計劃這時暫時還只是考

❹　〈中央關於蘇聯參戰後準備進占大城市及交通要道的指示〉，1945年8月10日。

❺　轉見《黨史研究資料》（合訂本），第2輯，四川人民出版社，1981年版，第697頁。

慮而已。

　　一九四五年八月十四日，日本正式宣告投降，抗日戰爭就此結束，美國隨即開始全力幫助國民政府從西南大後方向華中和華北地區運送軍隊，接收各地政權。與此同時，盟軍司令部又公開發布反對中共參加接收和授降工作的命令，中共解放和奪取華北和華中大城市及交通要道的計劃因此受到極大制約。國共兩黨之間的軍事衝突迅速開始展開，內戰的前途已經相當明顯，毛澤東遂不得不下決心在華北、華中乃至華南迅速展開針對國民黨的軍事行動，以便牽制國民黨軍隊向華北開進，力圖實現中共對華北幾省的實際控制❻。

　　八月十五日，中共中央得到情報，蘇聯外貝加爾方面蘇蒙聯軍先頭部隊已經從外蒙古進入中國察哈爾地區，並占領了多倫及張北。與蘇軍配合行動的問題立即提上了議事日程。毛澤東當即下令綏遠、太行、冀察地區的八路軍乘機奪取靠近張家口地區的大同、太原與北平，並不惜與試圖占領這些城市的國民黨傅作義部和閻錫山部作戰，準備造成背靠蘇軍控制冀察晉綏熱數省大部地區的形勢。而最初的這種接觸與配合出現了某種帶有戲劇性的場面。最先與蘇蒙聯軍接觸的是晉察冀邊區冀察軍區郭天民、劉導生部所轄的十二分區詹大南、段蘇權部。這支部隊於十七日就與占領了張北的蘇軍進行了接觸。但是，長期堅持敵後的這支八路軍部隊著裝五花八門，使蘇軍根本無法相信他們的真實身分。同時，雙方之間語言不通，也造成了相互間的隔閡。因此，最初興高采烈地前往張北與蘇軍會合的部隊竟被蘇軍當場繳械。據後來的解釋是，蘇軍沒有得到相應的指示，無法證實這些衣著不整的持槍者的真實身分，再加上蘇軍在化德一度受到過冒充八路軍的部

---

❻　《毛澤東致張、饒、曾、賴電》，1945年8月16日；《毛澤東致賀、呂、林電》，1945年8月16日。

隊的襲擊，繳械是不得已的。結果，中共中央竟不得不專門發布一條
指示，要求所有需要與蘇軍接觸的部隊，一定要注意自己的著裝。

　前線部隊之間的這種誤會，隨著蘇軍得到上級指示而迅速化解。
據蘇軍代表稱，斯大林有電報指示可以與中共軍隊進行接觸和聯絡，
並要求中共部隊配合其進攻張家口的行動。這清楚地顯示出毛澤東在
七大所做的估計是正確的。中共中央因此迅速下決心以晉察冀軍區主
力「配合紅軍奪取張家口、平津、保定、石家莊、滄州、唐山、山海
關、錦州、朝陽、承德、沽源、大同」❼。

　八月二十日，中共中央得到情報，美國正在調集大批兵艦和飛機
緊急幫助蔣介石向東北運送軍隊，準備接收東北主權。這個消息引起
中共中央的高度警覺，若再不進入東北，背靠蘇蒙建立東北根據地的
戰略設想必將成為泡影，東北一失，中共在華北的優勢也將不復存在。
因此，奪取東北已成為當務之急。中共中央這一天終於作出決定：「乘
紅軍占領東北期間和國民黨爭奪東北」。為此，應緊急調遣李運昌部三
個團和冀東、冀察兩區各一部深入熱河及遼寧；調山東兩個團，冀魯
豫一個團，冀中一個團，每團不得少於一千五百人，由萬毅率領開赴
東北；另由陝甘寧配備一個團，晉綏軍區配備三個團，中央配備一個
幹部團，共五個團，由呂正操、林楓率領開赴東北，全部兵力應在兩
萬人左右❽。顯然，中共中央相信，從蘇蒙聯軍要求八路軍配合奪取
張家口的情報和國民黨正準備進入東北地區的情況看，蘇軍不應當拒
絕給八路軍攻取熱察兩省各大城市的作戰行動以配合，更不會反對八

❼　關於斯大林電報事見之於程子華、耿飈轉報蘇蒙聯軍上校參謀與其所屬
　　某部幹部的講話。《毛澤東關於配合蘇聯紅軍奪取張家口、平津等地給程、
　　耿的指示》，1945年8月20日。
❽　〈中央軍委關於與國民黨爭奪東北的指示〉，1945年8月20日。

路軍前往東北。這是中共與國民黨爭奪東北的最有利的本錢。

　　但幾乎就在當天，斯大林以蘇共中央的名義給毛澤東發來了一封電報，像是給毛澤東當頭一記悶棍。斯大林的這封電報明確要求中共與蔣介石進行合作，走和平發展的道路，通過談判尋求維持國內和平的協議，反對與國民黨進行戰爭，並且斷言，一旦戰爭打起來，整個中華民族將會毀滅一半❾。

　　中共中央其實早在六月份就已經得知國民政府派宋子文前往莫斯科談判〈中蘇友好同盟條約〉的情況，並且已經估計到蘇方有與蔣介石的國民政府達成妥協的可能，估計到在蘇美中協定的基礎上國共兩黨很可能必須重開談判。但是，毛澤東仍舊相信，這種談判毫無意義，在國共兩黨沒有通過實力的較量確定雙方應有的地位之前，根本沒有達成妥協的可能。為此，中共方面不僅堅決拒絕出席具有象徵國內團結意義的國民參政會四屆一次會議，而且對蔣介石八月十四日來電邀請毛澤東赴重慶進行談判的舉動，更是直截了當地予以拒絕，斥之為「完全是欺騙」❿。斯大林的電報使一心認為莫斯科應該支持自己的毛澤東怒不可遏，大發雷霆。他不理解，莫斯科為什麼不許他革命⓫！

　　在美國全力扶助蔣介石的情況下，要想不理睬斯大林的勸告是不可能的。毛澤東氣憤歸氣憤，最後仍舊得照斯大林電報所要求的去做。二十二日，中共中央發出改變原定戰略方針的指示，內稱：

---

❾　轉見《中共黨史大事年表》，人民出版社，1981年版，第78頁。

❿　〈中央關於積極進行反內戰反獨裁宣傳給徐冰等同志的指示〉，1945年8月16日。

⓫　毛澤東對斯大林這一電報反應之激烈，即使在五十年代毛澤東仍耿耿於懷。毛澤東後來曾多次提到這件事，強烈批評斯大林當時「不許革命」。

蘇聯為中蘇條約所限制及為維持遠東和平,不可能援助我們。蔣介石利用其合法地位,接受敵軍受降,敵偽只能將大城市及交通要道交給蔣介石。在此種形勢下,我軍應改變方針,除個別地點仍可占領外,一般應以相當兵力威脅大城市及廣大鄉村,擴大並鞏固解放區,發動群眾鬥爭,並注意訓練軍隊,準備應付新局面,作持久打算。⑫

　　新指示顯然注意到美蘇正在謀求妥協的事實,相信這種妥協不僅將迫使國共兩黨放棄對抗政策,重新走回到談判桌上來,而且將承認大城市和交通要道只能歸蔣介石國民黨所有。鑒於此,任何武力奪取大城市和交通要道的作法,都很難取得成功。因此,中共中央相信有必要放棄原定奪取大城市和交通要道的方針。同時,考慮到蘇方既然要承擔對美承諾和將東北地區行政權交給國民政府的外交義務,對八路軍大舉進入必持反對態度,因此原定派遣部隊進入東北的計劃必難實現。在這種情況下,中共中央只能改變原定計劃,決定首先派幹部到蘇軍占領的區域去,建立黨的組織,建立地方政權,發動與組織群眾,建立地方武裝,在蘇軍允許的範圍內進行工作⑬。

　　如何了解莫斯科領導人的想法,對這時的毛澤東來說十分困難。但毛澤東向來是那種容易激動,也能夠轉而以十分現實的態度來面對事實的領導人。當他從憤怒中逐漸平靜下來之後,他還是對斯大林的作法表示了充分的理解。他在設法安撫中央內部那種憤懣情緒時解釋說:我們曾力爭進入若干大城市,如平津、太原,現在沒有成功,原

⑫　〈中央、軍委關於改變戰略方針的指示〉,1945年8月22日。
⑬　〈中央關於到蘇聯紅軍占領區建立地方政權和武裝的指示〉,1945年8月22日。

因有二：（一）蘇聯為了國際和平與中蘇條約的限制，不可能也不適於
幫助我們，蘇聯如助我，美必助蔣，大戰即爆發，和平不能取得。在
歐洲蘇聯助保加利亞不及希臘，因希臘是英所必爭，中國亦然。（二）
蔣利用合法地位，使日本完全投降於他，我們想爭一部分而不可得，
因為我們沒有合法地位。譬如希臘流亡政府與抵抗陣線，前者有權，
後者無權，這叫無可奈何❶。

　　不過，由於中共已經在兩個星期裡收復了大小五十九座城市及廣
大鄉村，熱河、察哈爾沒有國民黨的足跡，江淮、山東、河北、山西、
綏遠大部分也都在中共的控制中，毛澤東還是相當有信心的。他在討
論赴重慶談判的策略時說：不論怎麼談，原則就是「隴海路以北以迄
外蒙一定要我們占優勢」，華北是以我為主的政治委員會，東北根本上
得由我控制，只允許國民黨派行政大員，否則就不幹。為了實現這一
目標，中共中央又進一步決定採取一定限度內的攻勢行動，以配合談
判。它在二十六日發布的指示稱：

> 今後一時期內仍應繼續攻勢，以期盡可能奪取平綏線、同蒲北
> 段、正太路、德石路、白晉路、道清路，切斷北寧、平漢、津
> 浦、膠濟、隴海、滬寧各路，凡能控制者均控制之，那怕暫時
> 也好。同時依據中央八月二十二日指示，以必要力量，儘量廣
> 占鄉村及府城縣城小市鎮……。再有一時期攻勢，我黨可能控
> 制江北、淮北、山東、河北、山西、綏遠的絕大部分，熱察兩
> 全省（配合紅軍外蒙軍）及遼寧一部。……至於東北三省為中
> 蘇條約規定的範圍，行政權在國民黨手裡，我黨是否能派軍隊
> 進去活動，現在還不能斷定。但是派幹部去工作是沒有問題的，

❶　〈毛澤東在政治局擴大會議上的報告〉，1945年8月23日。

中央決派千餘幹部由林楓同志率領去東北。萬毅同志所率軍隊仍須進至熱河邊境待命，可去則去，不可去，則在熱河發展，造成強大的熱河根據地（熱察兩省不在中蘇條約範圍內）。❶

〈中蘇友好同盟條約〉簽訂於一九四五年八月十四日，但公布於八月二十六日，即中共正式作出決定，接受斯大林的意見，由毛澤東親自率團前往重慶與蔣介石談判之際。條約讓國民政府感到最大安慰的恐怕就是雙方交換的有關相互諒解的照會內容了。根據這一照會內容，蘇方承認：一、予中國以道義上與軍需品及其他物資之援助，此項援助當完全供給中國中央政府，即國民政府。二、關於大連與旅順口海港及共同經營中國長春鐵路問題，蘇聯政府以東三省為中國之一部分，對中國在東三省之充分主權重申尊重，並對其領土與行政之完整重申承認。三、關於新疆最近事變，蘇聯政府重申如〈同盟友好條約〉第五條所云，無干涉中國內政之意❶。

蘇聯政府的上述表示，以及雙方關於蘇軍進入東北後與國民政府行政當局關係的協定，對於中共顯然是不利的。事情很清楚，如果蘇方完全照條約規定的去做，那麼，它就不可能向中共提供他們所需要的那些援助，甚至不可能允許中共進占東北。可是，中共領導人並不那麼相信這種表面的東西，毛澤東明確講：這個協定「是有利於中國人民的」，因為只要蘇聯進入東北，就會造成很大影響，共產黨人就可以去，也必須去。外交是外交，而黨的關係是黨的關係，外交上簽訂

❶　〈中共中央關於同國民黨進行和平談判的通知〉，1945年8月26日。《毛澤東選集》（人民出版社，1964年版，第1151頁）收錄此通知時作了刪節。
❶　《中華民國蘇維埃社會主義共和國聯邦友好同盟條約》及其附件，轉見《中華民國重要史料初編》，第三編（三），第652–678頁。

這樣的條約固然要使蘇聯對中共的支持受到約束，但只要不影響蘇聯公開的外交義務，他們就會支持中共的。因為事實上，蔣介石的背後站著美國，共產黨的背後站著蘇聯，「國共反映美蘇」，中共的利益說到底也就是蘇聯的利益，中共在國共鬥爭中失利，也就是蘇聯在同美國的鬥爭中失利。因此，毛澤東仍舊相信中共有機會爭取東北，問題是「要加上計算」。

第二節　地利天時

八月二十九日，即在毛澤東、周恩來等飛往重慶進行和平談判的第二天，美國宣布其海軍將在中國華北沿海口岸登陸，這一消息立即引起中共中央高度重視。美軍在華北登陸，必使在東北的蘇軍感到不安，在這種條件下，蘇軍必定不會反對中共進入東北。當然，照顧到蘇軍在外交上的困難，中共中央決定迅速命令部隊採取隱蔽的方式進入東北。當天，在延安主持中共中央書記處工作的劉少奇根據書記處會議的決定，發出了如下指示：

一、蘇方為維護遠東和平與受中蘇條約限制，須將東北交還國民黨政府，我黨我軍進入後，蘇軍必不肯與我作正式接洽或給我們以幫助。

二、但蘇方不干涉中國內政，我在東北活動只要不直接影響蘇方在外交條約上之義務，蘇聯將取放任態度，我有機會爭取東三省和熱察。

三、去東北之部隊與幹部，應即出發，可用東北義勇軍名義非正式進入，不聲張不登報，走小路，控制蘇軍未駐之城市、

鄉村，不能去的城市，亦須派幹部去與紅軍作非正式接
洽。❶

　　三十一日，在與蘇聯大使接談後，毛澤東等在重慶對這一決定也
去電表示贊同，強調東北問題不可能在此次談判中解決，因此，部隊
及幹部去東北應作長期打算。電報提議，部隊進入東北的方式一律不
用八路軍番號，改用地方名義，並避開蘇軍駐扎的城鎮大道。電報指
出：東北空隙甚大，熱察兩省蘇軍也將很快撤走，部隊及幹部應盡快
進入東北，分散發展。因此，毛澤東表示不同意中央書記處關於暫時
不準備派更多部隊去東北的想法，他根據與蘇大使談話的印象，明確
提出：根據中蘇條約，紅軍在東北有與地方上非正規的或正規的抗日
部隊合作的需要，而國民黨軍隊一時又決難開往東北，最近哈爾濱、
大連又有民運地方政府協助紅軍主持地方行政之訊,除原定之五個團，
最好能再從山東、冀魯豫及晉察冀三處抽出一千五百人到二千人的團
十個團，經冀東、熱河分散開入東北活動。另外，熱察兩省為我所必
爭，及時增駐重兵十分必須，而控制熱察兩省，至少應有二十個團的
兵力❶。顯然，中共抓住了這一重要的時機，他們與蘇聯的關係也由
此進入到了一個新的階段。

　　九月中旬前後，中共中央陸續收到令其鼓舞的消息。九日，冀熱
遼十六分區曾克林部報告其屬下之第十二團在遼寧綏中縣與蘇軍會
師，並接防了綏中。十日，膠東區報告，呂易率一個排經海路去大連
與蘇軍聯絡成功。十二日，聶榮臻來電，李運昌部在山海關與蘇軍「開
盛大聯歡會」。隨後，他們進一步收到冀熱遼軍區的報告，稱曾克林部

❶　　《中央關於迅速進入東北控制廣大鄉村的指示》，1945年8月29日。

❶　　《中共代表團致中共中央書記處電》，1945年9月7日，9月10日。

與蘇軍成功地進行了配合作戰，已經攻占山海關，並協助蘇軍在當地建立了地方政權，根據蘇軍的要求，曾克林部並將乘火車開入遼寧瀋陽組成瀋陽衛戍部隊，協助蘇軍維持瀋陽治安。這一連串消息清楚地顯示，蘇軍對中共及其軍隊的態度是十分信任的，對中共軍隊進入東北也絕不會表示反對。據呂易部報，蘇軍在大連的一位少將明確表示：中共在鄉村活動，紅軍不加干涉，並同意中共在大城市中組織非武裝群眾團體。在山海關的蘇軍更公開歡迎中共軍隊，明確表示尊重中共的政權及其上級機關，願意提供一切可能的援助。前方的報告都反映出，目前蘇軍主要只控制大城市和交通要道，農村及內地小城市相當混亂，但民眾熱情很高，極易組織，且偽軍收編甚易，動輒即可收編數千人，開展條件極為有利[19]。

來自東北的消息重又使一度感到失望的毛澤東和中共中央，充滿了信心。於是，中共中央不再猶豫，於九月十一日決定由「山東抽調四個師十二個團共二萬五千至三千人由肖華率領即日分散進入東北，並電華北各地去東北幹部即日集中起程」，由延安等地再抽調數千幹部進入東北，以便「進駐鄉村、小城市及紅軍尚未占領之中等城市和交通線，發動群眾，壯大力量，建立地方政權，改編偽軍，組織地方武裝」，迅速在東北占據優勢地位[20]。而為了推遲國民黨軍隊進入華北、東北，爭取全部占領察、熱，爭取東北優勢，他們還開始在華北各省部署察綏、長治等重要戰役，打擊可能威脅熱察之國民黨軍，並令李

[19]　《程、耿致軍委電》，1945年9月9日；《膠東區黨委給羅榮桓黎玉並中央電》，1945年9月10日；《聶、肖、程、劉致葉劍英電》，1945年9月10日，9月11日等。

[20]　〈中央關於抽調四個師去東北開闢工作給山東分局的指示〉，1945年9月11日；《中共中央文件選集》，第15卷，第274頁。

運昌部率五個團進駐由承德、山海關至赤峰、朝陽、錦州和瀋陽一線，確保對進入東北的陸路之控制，其目的都是力圖造成既成事實，以壓迫蔣介石國民政府承認自己在華北和東北的優勢地位，在談判桌上讓步**❹**。

緊接著，蘇聯遠東軍外貝加爾方面軍司令馬利諾夫斯基(Marinovsky)元帥派其代表貝魯諾索夫(Belunosov)中校，在已經擔任瀋陽衛戍司令的曾克林陪同下，於九月十四日乘專機飛抵延安，向中共中央轉達了蘇方對中共軍隊進入東北問題的正式意見，從而使中共中央更進一步堅定了自己的想法。

十四日上午十二時，朱德等中共領導人與貝魯諾索夫談話，貝魯諾索夫當面傳達了馬林諾夫斯基元帥的正式口頭通知：

（一）按照紅軍統帥部的指示，國民黨軍與八路軍之進入滿洲，應按照特別規定之時間。

（二）在紅軍退出滿洲之前，國民黨軍及八路軍均不得進入滿洲。

（三）因八路軍之單個部隊已到奉天、平泉、長春、大連等地，紅軍統帥部請朱總司令命令各該部隊退出紅軍占領之地區。

（四）未得紅軍允許進入滿洲之國民黨部隊，已被紅軍繳械，紅軍統帥部轉告朱總司令，紅軍不久即將撤退，屆時中國軍隊如何進入滿洲應由中國自行解決。**❹**

---

❹　《軍委關於目前軍事行動的部署》，1945年9月11日。《中央關於東北情況與蘇軍代表談判問題的通報》，1945年9月14日。

❹　〈中央關於東北情況與蘇軍代表談判問題的通報〉，1945年9月14日。

　　在當晚的非正式談話過程中，貝魯諾索夫向中共解釋說，蘇軍這樣做純粹是由於外交上的關係，因為中共的一些部隊已經公開以八路軍的名義進入東北，並到處組織群眾，收集武器，已引起國民黨方面的嚴重注意，會給蘇軍造成外交上的極大困難。劉少奇及朱德等明確提出：可否以地方武裝名義在東北發展活動？貝魯諾索夫中校答覆說，只要不用八路軍的名義，一切好辦，但部隊進入東北後不要與蘇軍有任何接觸，尤其不要讓美國和國民黨方面偵知，以免使蘇聯在外交上為難。他同時代表馬林諾夫斯基元帥表示，希望中共能派負責人前往東北，以便就近交涉，協調行動。

　　蘇軍統帥部的上述表示，反映出一種十分矛盾的心理。他們不相信中共具有與國民黨全面抗衡的軍事實力，更不願意給正在虎視眈眈地企圖大規模捲入中國事務的美國製造口實。畢竟戰後歐洲是蘇聯戰略重心所在，它在遠東只能保持守勢，因此引起任何外交上的麻煩，由此導致與美國在遠東發生衝突，都不是他們的外交目的。但與此同時，美國政府一再公開警告蘇聯不能將中國東北視為其勢力範圍，要求蘇方在東北遵守門戶開放的原則，並決定在中國華北地區登陸，這對蘇聯爭取控制中國東北，為自己在東方的構築「防波堤」的計劃，又形成了明顯的威脅，它因此不能不極力設法借用中共的力量來牽制美國和國民黨，特別是防止美國的勢力進入東北。為此，在占領東北之後，斯大林一方面公開表示蘇軍在東北既未與中共接觸，更沒有支持中共占領東北的企圖，而是希望國民政府早日派人接收接防，國共兩黨盡快成立協定㉓，但另一方面，他又秘密指示在東北的蘇軍暗中支持中共在東北適當發展自己的力量。正是基於這樣一種複雜的考慮，他們正式派出代表前往延安，一方面要求中共照顧到蘇聯在外交上的

㉓　《中華民國重要史料初編》，第七編（一），第26頁。

處境，另一方面則正式表示承認雙方的特殊關係，準備暗中支持中共在東北及其周圍地區的發展。

蘇聯的上述態度，自然極大地振奮了中共中央奪取東北的決心。

在與蘇軍代表貝魯諾索夫談話的第二天，中共中央就迅速決定成立中共東北局，立即隨蘇軍代表的飛機飛往東北，指揮一切。同時，根據曾克林以及膠東過海部隊的報告，中共中央得知東北武器甚多，因此下令華中、華北應派遣一百個團的幹部，從班長、副班長、排、連、營、團連同事務、政治工作人員均配備齊全，不帶武器，穿便衣，迅速陸續動身前去，延安亦再派幾千幹部前往，「各自尋找最迅速到達的路線前進」❷❹。

在上述指示發出之後，中共中央又得到十六日蘇聯外貝加爾方面軍蘇蒙聯軍代表克尼德涅夫(Kenednev)中將要求八路軍晉綏軍區轉達的意見。克尼德涅夫中將聲稱：由於國民政府依據〈蘇中友好同盟條約〉的規定反對蘇軍進入東北三省以外的熱察綏地區，他們必須退出所占之察綏地區，為此他們堅決要求八路軍主力火速北開前往接收，包括他們不久後將要撤出的東北地區，以便確保中共同蘇聯和外蒙之間的交通，避免因國民黨軍隊占領而再度切斷了雙方的聯繫。他們甚至主動表示願意秘密地向中共提供武器方面的幫助，同意八路軍在抵抗國民黨軍隊進攻時可以靠近外蒙邊界，直至不得已時撤到外蒙去。與此同時，蘇聯大使也向中共領導人提出，根據蘇共領導人的意見，中共應「確保張家口、古北口、山海關線，防蔣進攻」。在得知蘇軍代表克尼德涅夫的意見之後，在延安的中共中央書記處更進一步意識到現在已經進入了奪取東北的「千載一時之機」，機不可失，時不再來，必須立即調整整個戰略部署。因此，十七日，中共中央致電毛澤東等

❷❹　〈中央關於配備一百個團的幹部進入東北的指示〉，1945年9月17日。

人，提出：

> 東北為我所必爭，熱、察兩省必須完全控制。紅軍在東北現已開始撤退，據說在十二月初將撤完，內蒙紅軍即將撤退，已三次要求我接防德王府、百靈廟一線。傅作義尚未受遇到我之打擊，胡宗南在敵人掩護下完全可能進入平津，冀東尚有偽滿軍五個旅及本地偽軍共約五萬人，華北、華中、山東偽軍尚多。在此情況下，我之戰略部署須立即加以考慮。……
>
> (甲) 冀察晉軍區（除冀東外）的現有力量，只能對付傅作義及將來北平方面對於張家口的威脅及鞏固現有地區，不能於有大的力量加強與保障熱河和冀東，更無力進入東北。
>
> (乙) 為了完全控制與鞏固熱河和冀東，對付平津唐山一帶將來頑軍對於熱河的威脅，我們必須在冀東、熱河控制重兵，除現在派去東北部隊外，並須屯集至少五萬軍隊在冀東，以備紅軍撤退時，能搶先進入東北，因此現在必須立即計劃調集十萬至十五萬軍隊到冀東。
>
> (丙) 為了實現這一計劃，我們全國戰略必須確定向北推進向南防禦的方針。……新四軍江南主力部隊立即轉移到江北，並調華東新四軍主力十萬人到冀東，或調新四軍主力到山東，再以山東、冀魯豫抽調十萬人至十五萬人到冀東、熱河一帶，而華東根據地則以剩餘力量加以擴大去堅持。㉕

㉕　〈中央關於確定向北推進向南防禦的戰略方針致重慶代表團電〉，1945年9月17日，《中共中央文件選集》，第15卷，第278–279頁。

十八日，中共中央再電毛澤東等，指出：「滿洲四周連接蘇聯勢力，南面旅大又係蘇聯軍事管制地帶，故我如能控制熱察及冀東，在滿洲沿海又配置數萬兵力，即可阻止蔣軍進入滿洲，控制東北。此著關係極大，……昨電抽調十萬至十五萬兵力的部署望速考慮。」❷⑥

考慮到這時國民黨軍隊已陸續開始接收華東、華南和華中，分散在這些地區的中共新四軍各根據地均深感威脅，而東北地區空虛，背靠蘇聯，且地域廣大，工業發達，物產豐富，因此，中共各地領導人也紛紛建議中央南兵北調，爭取以熱察和東北為第一戰略根據地，以山東太行為第二戰略根據地，造成由北向南防禦，長期堅持的態勢。初到東北的中共東北局領導人在與蘇軍負責人商談後，也一致向中央表示：蘇方已經同意在蘇軍占領區及大城市十公里以外任我發展，各級政權任我接收，希望將來東北能夠由我控制，因此，「現在是千鈞一髮，機不可失，取得東北則華北華中即有了依靠，我黨地位將為之一變。為爭取此決定的一環，其他區域暫時稍受損失，亦應在所不惜」。「此著關係中國革命前途甚巨」，我必須抽調大批軍隊「以最快速度趕來，以制先機」❷⑦。

九月十九日，中共中央關於向北推進向南防禦的戰略方針得到確定。根據這一方針，中共中央明確要求：（一）晉察冀（除冀東外）和晉綏兩區以現有力量完全保障察哈爾全境、綏遠大部、山西北部及河北一部，使之成為以張家口為中心的基本戰略根據地之一。（二）山東主力及大部分幹部迅速向冀東及東北出動。第一步一周內調三萬兵力到冀東，協助冀熱遼軍區完全控制冀東、錦州、熱河，隨後再調三萬兵力進入東北發展，並加裝備。（三）華中調三萬五千人二十天內到山

❷⑥　〈中央關於阻止蔣軍進入東北問題致重慶代表團電〉，1945年9月18日。

❷⑦　〈東北局關於東北情況及建議給中央的報告〉，1945年9月23日。

東，華東新四軍（除五師外）調八萬兵力到山東和冀東，浙東新四軍即向蘇南撤退，蘇南、皖南主力即撤返江北。(四) 晉冀魯豫軍區竭力阻滯並打擊頑軍北上部隊，準備三萬兵力在十一月調到冀東和進入東北❷。

九月十三日，美國海軍陸戰隊在山東青島登陸。此舉表明美國在中國華北地區登陸的計劃已經付諸行動。儘管美軍登陸的直接目的在於幫助國民政府接收華北和幫助遣返數十萬日本戰俘，但在莫斯科方面看來，美軍在華北登陸對蘇聯在東北的利益無論如何都是一種嚴重威脅。在美蘇兩國圍繞著歐洲問題已經開始出現明顯矛盾，九月下旬的倫敦會議雙方甚至出現僵持不下的情況之後，俄國人很清楚，在不久之後，美蘇兩國圍繞著遠東日本、朝鮮和中國的問題，必定會發生嚴重的利益衝突。因此，美軍在華北登陸這一事實，只能刺激蘇方對中共進占東北的計劃更加積極地予以支持。

中共開往熱察和東北的行動雖然自八月底就已經陸續開始了，但總數上不過幾個團的兵力。原定萬毅部從海上運東北，直至九月底因種種原因只有一個連到達東北。大批部隊則是從九月下旬接到中共中央指示，才分別開始從山東、晉冀魯豫等地或陸路，或水路，或武裝，或徒手，動身踏上趕往熱察和東北的道路。照中共中央估計，至少要一個月的時間才能在冀東地區集中起八到十萬人，待布置妥當，兩個月左右才有把握進行作戰，「更快則不可能」。因此，到九月底，進入東北的部隊總數不過兩千人。雖然這些部隊在當地迅速擴充到四萬六千人以上，但基本上都是靠收編偽滿軍，既無訓練，更缺少必要的政

---

❷　〈中央關於目前任務和戰略部署的指示〉，1945年9月19日，見《劉少奇選集》（上），人民出版社，1981年版，第371–372頁；〈中央致重慶代表團電〉，1945年9月20日。

治教育，根本不能投入正規作戰。中共僅在張家口及其周圍地區陸續集中了大約四萬兵力，但這批部隊已在商都、尚義、天鎮、陽高及懷來一線與東進至集寧、豐鎮的傅作義部形成對峙，一時不能他顧。在這種情況下，中共中央自然對迅速進占東北和控制冀熱遼堵塞國民黨軍隊從陸路進入東北的計劃，不甚樂觀。為此，中共中央不能不發出通知，向各有關部隊領導人說明：

> 控制冀熱遼，堵塞蔣軍從陸路進入東北計劃，雖已開始行動，但離實現程度尚遠，……尤其英、美首則贈艦船與蔣，繼則公開聲明第七艦隊助蔣運兵，在華飛機六百架亦售蔣，故偽、美、英一致助蔣與我爭奪東北甚為明顯，蔣運兵至東北可能較我速，即是冀熱遼及遼東半島為我先機控制，蔣軍仍能深入東北內地，我發展東北決不是長期順利的，而是長期與國民黨爭奪。因此我軍進入東北的部署，應將重心首先放在背靠蘇聯、朝鮮、外蒙、熱河有依托的有重點的城市和鄉村，建立持久門爭的基點，再進而爭取與控制南滿沿線各大城市。㉙

　　十月二日，由於美軍發表消息宣稱中共軍隊已經滲入東北，並與蘇軍警衛瀋陽，蘇軍不得不嚴屬命令在瀋陽擔任衛戍任務的曾克林部全部撤出㉚。但十月三日，剛剛來到瀋陽的一蘇共軍事委員會委員在駐東北蘇軍高級將領的陪同下，專門招待了中共東北局的領導人，他特地轉達了斯大林的話，稱讚「中國共產黨是勇敢的、聰明的、成熟了的，我們很有信心」，並對中共中央準備奪取全東北表示讚賞。但他

㉙　〈軍委關於爭取東北的戰略方針與具體部署的指示〉，1945年9月28日。
㉚　〈東北局致中央電〉，1945年10月2日。

認為中共目前讓開南滿爭取背靠蘇蒙朝鮮的東西北滿的軍事部署還沒有脫離游擊戰爭的觀念，明確主張中共應在山海關一帶部署十五萬主力部隊，並在瀋陽周圍地區部署十萬兵力，阻止國民黨軍隊進入東北地區。他說：「你把南邊，特別是山海關方向抓住（長春路是商辦，誰若運兵須要交涉），北面自然是你們的。東三省人力財富主要在南邊，又是門戶，把這裡掌握了，北面還有什麼要緊。」當東北局領導人表示中共軍隊武器裝備落後時，駐東北蘇軍將領當即同意向中共提供三萬支步槍，一百挺機槍和十五門炮。而到了第二天，即十月四日，蘇方更進一步通知東北局，他們願意把繳獲的所有保存在瀋陽、本溪、四平街、吉林、長春、安東、哈爾濱和齊齊哈爾的全部日本關東軍的武器彈藥和軍事裝備轉交給中共接收，當東北局領導人說明以中共目前在東北力量還無力全部接收時，蘇軍領導人表示，在一個月內他可代為保存。這種情況使東北局十分興奮，他們立即電告中共中央，並建議：

> 下最大決心，立即從各區抽調三十萬主力，於一個月內趕到，用盡一切方法控制此間。這是決定全局的一環，為了爭取這一環，寧肯犧牲其他地區，使化為游擊區，即使是暫時的喪失都值得。❸

蘇聯方面態度突然如此積極，顯然是同九月三十日美軍進一步在天津登陸有關。鑒於蔣介石的國民政府堅持與美國站在一邊，國民黨進入東北將來必對蘇聯不利，蘇聯方面自然準備在撤退之前給國民黨盡可能造成一些麻煩。於是，他們不僅開始大力援助中共，而且一方

---

❸　〈東北局致中央電〉，1945年10月8日。

面通知國民政府蘇軍準備開始撤退，一方面又主動向中共表示願意將全東北交給中共，並不顧〈中蘇友好同盟條約〉的規定，催促中共迅速接收東北各省市政權。

對於蘇聯方面會不顧條約把東北行政交給中共的可能性，在延安的中共中央書記處和東北局的看法明顯不同。他們在給東北局的電報指出：紅軍走時依條約會將統治權交給東北行營，不會承認其他的東北行政組織。因此，「在此後的兩三個月之內，我們須應特別努力的，恐尚不是全東北的行政組織，而應是各地方的自治民選，首先力爭市縣政府的成立。如果依東北九省的劃分，如一省有半數以上縣市政府已告成立，即可選代表成立省臨時參議會，選出臨時省政府，……等到九省主席到了，我們以臨時省政府與之對立，但不拒絕談判。談判條件，按當時情況及力量對比再定。」基於這種考慮，他們當然不認為中共有獨霸全東北的可能。相反，他們估計，國民黨軍隊到東北後，必會占據大城市及交通要道，而中共將占據廣大的外縣及邊區❷。當然，在軍事上，中共準備盡最大可能向東北進一步調派軍隊，只是他們明確說明：「三十萬辦不到，一個月可有十萬到達冀東和東北，本月底可再出動五萬到八萬。現因國民黨有將近五十萬大軍從平綏、同浦、平漢、津浦向平津、東北前進，我冀魯豫、太行、五台等區部隊均不能抽調，必須阻止頑軍北進，並消滅其一部，才能掩護我出動三十萬到達目的地。」為此，他們希望蘇軍能夠從張家口、綏遠方面給中共以必要的援助。

---

❷　〈中央致東北局電〉，1945年10月4日。

第三節　隨機應變

　　要不要獨霸全東北，這是一個關乎戰略全局的重大問題。拿下東北，中共再無後顧之憂，奪取全中國將指日可待。過去只是顧慮影響蘇聯外交，既然蘇方不怕，我們還有什麼可怕呢？剛剛回到延安的毛澤東這時顯然不同意書記處的意見。他明確提出，我冀魯豫、太行、山東、五台等區雖一時不能抽調，但可在平漢、津浦等八條鐵路線上全面阻擊國民黨軍隊，遲滯並牽制其推進。同時，有必要集中部隊按照蘇方建議在南滿防堵國民黨軍隊力爭不讓其進入東北。據此，他在中共中央書記處給東北局的指示中專門加上了這樣一段話，即：

> 我黨方針是集中主力於錦州、營口、瀋陽之線，次要力量於莊河、安東之線，堅決拒止蔣軍登陸及殲滅其一切可能的進攻，首先保衛遼寧、安東，然後掌握全東北，改變過去分散的方針。❸❸

　　要在關內和關外同時與國民黨軍隊展開大規模戰役行動，這在中共顯然存在極大困難。好在此時東北實際上尚無國民黨軍隊，因此東北儘管兵力不足仍無大礙。但問題是，若不能盡快向東北運送十萬以上的部隊，一旦蘇軍撤走，國民黨軍隊進入，東北勢將落入國民黨之手。為確保獨霸東北計劃的實現，中共中央不能不要求蘇聯方面設法將東北撤軍日期向後推延兩個月，以便能夠首先在關內「取得大的勝利」❸❹。

---

❸❸　〈中央關於目前東北發展方針給東北局的指示〉，1945年10月19日，《中共中央文件選集》，第15卷，第364頁。

❸❹　中央關於談判條件及國民黨進攻解放蘇軍事力量致周恩來、王若飛電〉，

蘇軍這時於中共阻截國民黨軍隊進入東北的任何行動，都持積極支持的態度。因此，蘇聯大使得知中共的此項要求後，當即表示願意將這一情況轉告莫斯科方面，並稱，在八條鐵路線上的阻截戰鬥宜早不宜遲，早則有利。可是，按照中共原先了解的駐華美軍總部擬定的運輸計劃，國民黨軍隊進入東北至少也要在十一月份，因此中共中央和東北局原計劃在東北與國民黨軍隊大規模衝突的時間應該在十一月蘇軍開始撤走之後。他們正是因此要求蘇軍延期撤退的，因為這樣就可以延緩國民黨進入東北的時間，便利於中共向東北運送軍隊。想不到的是，國民黨來到東北的時間遠比中共所料想的要快得多。其東北行營在十月十二日就已經進駐長春，一周之後國民政府就向蘇聯方面提出了要求在大連登陸的請求。這種情況顯然使中共，也使蘇軍深感被動。蘇軍一面拒絕國民政府關於從大連登陸的請求，一面急急忙忙要求中共交出已經接收的部分地方政權❸❺。事情一度搞得十分緊張。雙方下級具體交涉人員，一方死活不願交出，一方堅持必須交出，出現了一些不愉快的情況。

其實，蘇軍的這次反應時間很短。當它了解到美國在華北的登陸部隊公開幫助國民黨軍強行搶修被中共破壞了的從秦皇島到山海關的鐵路，甚至公然武裝執行護路任務之後，它顯然懷疑美國軍隊此舉的目的，擔心美軍會直接出面協助國民黨軍隊強行進入東北地區。這種情況又促使蘇軍轉而採取強硬態度。十月二十四日，蘇軍首先突然搜查了國民黨吉林省黨部等機關，並封鎖了其東北行營，中斷了同國民

1945年10月22日。

❸❺ 原蘇軍已經同意中共接收撫順、安東等，十月中旬忽又不讓接收，甚至已經進入東豐、西豐、海龍、西安的中共軍隊亦被趕出。〈彭、程關於東北情況致毛主席電〉，1945年10月21日。

黨的交涉❸。二十五日，蘇軍代表通知中共東北局：「如果說過去需要謹慎些，現在應該以主人自居，放手些幹」。他宣稱，所有兵工廠、武器彈藥和工業中心將統統交給中共，並要求中共準備抵抗國民黨軍隊的進攻，包括封鎖所有機場。他並且表示，如果在十一月十五日之前國民黨方面發動進攻的話，蘇軍也將協同中共軍隊作戰。鑒於此，中共方面表示，只要蘇軍能夠為中共創造條件，他們完全能夠阻止國民黨軍隊進入東北。他們希望蘇軍保證作到如下三點：

第一，推延撤退時間；
第二，在十一、十二兩個月內拒絕蔣進入東北；
第三，允許我方立即接收政權及民選自治政府。❸

對於中共的上述要求，除推延撤退時間必須由蘇軍最高統帥部決定以外，蘇軍代表均一概允諾。他並且表示，建立地方政權很重要，只要地方政權全都在中共手裡,國民黨即使派來一兩個大官也毫無妨礙。

十月二十七日，兩艘美國軍艦運送國民黨軍抵達葫蘆島，受到李運昌部三十一團的武裝抵抗，因而未能登陸。次日，蘇軍代表告訴中共東北局，莫斯科指示，蘇軍不能同美軍發生直接衝突，一旦美軍與國民黨軍隊聯合登陸，蘇軍奉命採取退讓方針，但對中共的抵抗不加干涉，只是中共務必要在沒有蘇軍之處進行抵抗。蘇軍並且贊同中共對進入東北的國民黨軍隊進行打擊和殲滅。考慮到營口、葫蘆島兩處均為國民黨準備實施登陸的地點，蘇軍指揮部迅速指示當地蘇軍撤出原防，全部設施交中共設防，一方面明確向中共表示同意中共在這兩

❸ 《中華民國重要史料初編》，第七編（四），第126–127頁。
❸ 〈中央致重慶代表團電〉，1945年10月26日。

處阻擊國民黨軍，不加任何限制，另一方面則對國民政府宣稱，該兩處已經沒有蘇軍，對兩處出現的任何衝突概不負責。

蘇方態度如此堅決，中共東北局自然充滿信心。他們立即向所屬部隊發出指示，稱：我黨決心動員全力，控制東北，保衛華北、華中，六個月內粉碎其進攻，然後同蔣開談判，迫他承認華北、東北的自治地位，才有可能過渡到和平局面，否則和平是不可能的。我黨正組織五十五萬至六十萬野戰軍，尚有七十萬地方軍配合作戰，只要友人能給以有力的援助，我們有把握完成上述任務。但中共中央則強調：「東北方面一切問題的關鍵是在兩個月內拒止蔣軍登陸、著陸及接收政權，此點如無蘇軍協助則不能成功」。因此，目前不僅要迅速派兵控制一切重要飛機場，接收各主要城市的政權、工廠、兵工廠及武器彈藥，而且「非常重要的是要求辰兄（指蘇軍——引者注）拒止蔣方在兩個月內登陸、著陸。至要！至要！」❸❽

十一月初，中共在平漢戰役等阻截國民黨軍進兵東北的戰鬥中相繼取得勝利，國民黨軍兩個師起義，約二十個師被殲，華北各主要鐵路均被切斷，國民黨從陸路進入東北的計劃嚴重受阻。而由於東北各個登口岸又多被中共軍隊占領，長春等重要城市的機場也在蘇軍的允許下由中共軍隊加以設防，國民黨軍隊通往東北的各個通道幾乎都被堵死。加上此時國民黨運往東北的軍隊只有兩個師，而已經進入和正在進入東北的中共部隊總計達到十五萬人左右，整個軍事形勢明顯變得對中共有利。鑑於這種情況，毛澤東主張進一步提高要價，要求：

　　華北、東北、蘇北、皖北及邊區全部歸人民自治（孫中山主

❸❽　〈中央關於全力控制東北拒止蔣軍登陸著陸給東北局的指示〉，1945年10月28日。

張),僅平、津、青三地可暫時駐一小部分中央軍,將來亦須退出。其他各地中央軍已到者須退出,未到者停止前進。閻錫山、傳作義須免職,民選各省省政府;華北、東北各設政治委員會統一管理各省,中央政府不得違背自治原則派遣官吏,已派者須取消。……東北由東北人民自治軍保護,中央軍不得開入,否則引起內戰由彼負責。❸

一九四五年十一月三日,在美軍幫助下於秦皇島登陸並控制了周圍地區的國民黨第十三、五十二兩個軍,開始通過美國陸戰隊搶修的秦皇島至山海關的鐵路,向山海關中共守軍發起進攻。國共兩黨爭奪東北的戰爭就此打響了。

此時,國民黨陸續運抵關外準備進入東北的兵力,只有十三、五十二、九十四三個軍約八萬人,而中共在錦州至山海關和承德一帶的兵力則達到十萬人以上。儘管部隊許多晝夜兼程,十分疲勞,有些新擴充的部隊既缺槍彈,又缺訓練,中共中央仍堅決主張「堅持半個月」,拒敵北進。它相信,本月內我可集中十萬兵力於東北,即可靠此兵力及當地新力量作戰,兩個月後將又有九萬生力軍可陸續增加上去。它固然已經估計到國民黨至少會派出五個軍到東北去,「戰爭重心將轉入東北,必有一場惡戰,因此我必須增調有力兵團參加作戰」,但各地調遣的部隊均已遵令火速北上,因此它並不特別擔心戰爭形勢會很快出現困難❹

山海關戰鬥的展開,無疑是對中共奪取東北的決心和實力的一個極為重要的檢驗,也是符合蘇軍要求的,因此,蘇軍看來相當滿意。

❸　〈中央關於目前形勢下我方條件致周恩來等電〉,1945年11月3日。

❹　〈中央關於向東北調集兵力的指示〉,1945年11月4日。

馬林諾夫斯基元帥很快通知國民政府在東北的代表，聲稱原來允許國民黨軍隊登陸的營口和葫蘆島都已經有中共軍隊開入，蘇軍已經退出，國民黨軍在這些口岸登陸的安全蘇軍將概不負責❹。不過，蘇聯方面並不認為中共關於通過蘇軍緩撤來遲滯國民黨軍隊推進的建議是可行的，蘇軍代表特別告訴中共東北局，美國總統杜魯門十月十四日曾專門致函斯大林，表示他對國民黨軍隊在東北登陸和接收主權問題的關注。斯大林已經委託華西列夫斯基(Huacilevsky)元帥將蘇軍所決定的國民黨軍隊進入東北的路線和日期通知了中、美兩國政府。因此，蘇軍已經不能採取過於強硬的政策，即使美蔣軍隊聯合進攻，如今蘇軍也只能退讓，撤退的日期更是不能改變了。而蘇軍堅持按規定時間早日撤出東北，也是基於同美國的關係的考慮。因為蘇聯明確反對美國軍隊留在中國，根據在伊朗處理同英國關係的經驗，莫斯科相信，只有首先主動撤軍，才能爭取輿論，迫使對方同時撤出軍隊。儘管這樣做對於中共占領東北在時間上不利，但從未來蘇美在遠東問題上的矛盾，和阻止美軍更深地捲入中國事務的角度考慮，這樣做是有利的。莫斯科的這一決定意味著，在蘇方看來，中共目前要想占領全東北已經不可能了。蘇軍代表明確認為：中共已經在戰略上犯了錯誤，當初應當早下決心調五十萬主力來確保滿洲，這裡工業發達，東西北三面國防安全，完全可以獨立。有了滿洲，即可進取全中國。而今先機已失。目前，他們除了幫助中共在離開主要鐵路幹線的地方建立根據地以外，就只能靠中共自己在野戰中殲滅進攻之敵了。為此，蘇軍接連向中共提供了一些武器彈藥，移交了一批兵工廠和武器庫，甚至提供了一批重型武器和運輸工具，如坦克、飛機、火車、汽車等。但蘇聯

---

❹　〈熊式輝呈蔣委員長電〉，1945年11月12日，《中華民國重要史料初編》，第七編（一），第143–144頁。

大使根據莫斯科的命令警告中共代表說:「在東北只能做,不能說,絕不要提東北自治與不准國黨派兵事,給美蔣藉口,使蘇聯處於困難地位」。 他們尤其懷疑毛澤東關於華北和東北全部由中共控制的主張是否火藥味太濃,從自身實力考慮是否有實際意義。大使特別解釋說,中共應當估計到,國民黨軍本月內一定會進入東北,並取得部分行政權,獨占東北目前是不可能的。特別是中共今天一定要考慮美國的政策,因為有情報表明,美國正在全力幫助蔣介石進入東北接收主權和控制全中國,為此,美國政府已經決定向中國派駐二十萬美國軍隊,並協助控制昆明、廣州、福州、上海、南京、青島、天津、北平和秦皇島等城市,同時擔任護路和帶路,把中央軍送進東北去。美國人的目的看來十分明顯,就是要剝奪中共的力量,並將蘇聯的勢力從中國趕出去❷。

　　俄國人的態度再度引起毛澤東的不滿。在中共力量已經如此強大,足以與國民黨相抗衡的情況下,毛澤東的方針是絕不輕言妥協,而應「針鋒相對,寸土必爭」, 能爭則爭,能鬥則鬥,凡已爭到和能爭到的權利絲毫也不放鬆。當然,毛澤東也十分清楚在蔣介石的背後站著強大的美國,正因為如此,他認為同樣強大的蘇聯理應站在自己的背後,像美國支持蔣介石那樣與中共密切配合。特別是在東北問題上,他總是希望蘇聯能夠放手支持中共。因為他清楚地知道,沒有蘇軍的實際支持,中共目前絕不可能實現對東北的控制;而他同時也認為,東北在蘇聯的勢力範圍之內,蘇聯支持中共占據東北,對蘇聯自己同樣也有好處。如果中共不能在東北立足,東北必定會成為美國未來反蘇的跳板和堡壘,對蘇不利。因此,不管美國政策如何,他相信,在東北問題上,中蘇兩黨都絕對不應當有絲毫的退讓。據此,他告訴中

❷　〈重慶代表團致中央電〉,1945年11月4日。

共重慶代表團說：

> 美國政策深堪注意，友人意見值得考慮，但在美蔣堅決進攻方針下，我們無法退讓，只有自衛一法。東北方面山海關三日已打響，第十五師在美軍支持下由秦皇島進攻，事先要求我軍退出山海關及離開鐵路線，當地我軍沒有接受，彼即攻擊，被我擊潰。瀋陽得失，決於作戰結果，如我能在本月內殲滅其首先進攻的兩三個師，取得集結兵力，整訓後備之時間（需要兩個月），並在爾後能根本殲滅其進攻力量，則東北可能歸於我有。那時讓國民黨插一隻腳，很好講話。目前可以不公開自治軍及全盤自治的宣傳與要求，但戰爭是不可避免的。如果作戰不利，蔣得瀋陽長春，則我方只能獲得邊境二等地方。即使如此，也要用戰爭才能解決，兆南龍江佳木斯等地也不是談判可以獲得的。❹

　　根據毛澤東的意見，中共東北局立即開始具體著手部署蘇軍撤退後對國民黨空運和海運部隊的軍事打擊行動。

　　然而，不論中共如何決定，由於擔心到國民黨方面在接收東北的問題上採取對蘇聯不利的外交行動，蘇聯方面只能下決心主動退讓了。十一月十日，蘇軍代表正式通知中共東北局，在蘇軍撤退五天前將允許國民黨軍隊空運東北各大城市，原定監視各機場的中共部隊不得與國民黨空運部隊進行衝突，此事關係到莫斯科的信譽，東北蘇軍全體人員無權變動，中共軍隊亦須遵行，否則蘇軍將不得不實行繳械。蘇軍代表一再提出：「莫斯科的利益應該是全世界共產主義者最高的利

❹　〈中央致重慶代表團電〉，1945年11月7日。

益」，此點希望中共理解。可是，俄國人這回卻弄巧成拙。因為此時在長春城裡的國民政府代表原本並不了解在長春周圍有大批中共部隊，不想十一月十二日，他們卻驚恐地發覺長春城內和長春機場周圍竟有數以千計的正在集結的中共軍隊，這使他們大吃一驚，急忙通知國民政府停止軍隊空運長春的計劃。他們並不了解，這些中共軍隊這時不過是遵照蘇軍要求分別集中起來準備撤出而已。

十一月十五日，得到長春代表通知的國民政府外交部，正式通知蘇聯駐重慶大使館稱，前往接收東北政權的東北行營以及參與接收的行政人員十七日起將全部撤離長春，遷往山海關[44]。十七日，蔣介石致電美國總統杜魯門，宣稱蘇聯政府故意蔑視中蘇協定條文、阻撓中國方面接收東北的種種努力，初則拒絕中國軍隊自大連登陸，繼則使中共軍隊入占營口、葫蘆島等港口，最後竟於本月十二日後公然使中共軍隊入占長春。電稱：「當日軍投降時，東北諸省原無中共軍隊，此一事實即斯大林元帥亦曾予以證實。彼於八月下旬與哈利曼大使談話中曾經如此說（該談話經赫爾利將軍告余）。最近東北諸省境內有大部中共軍隊存在，自係由於蘇軍之支援。至於政府軍隊之登陸，則無處不暗受蘇軍之阻撓，因之中國政府派赴東北人員無法達成接收任務。」[45]

國民政府的這一外交行動，不僅使蘇軍已經開始的撤退工作無法繼續進行，而且使東北問題有可能進一步國際化而引起美國干預，這種情況使蘇聯頓時陷入嚴重困境。隨著十七日東北行營人員陸續開始

[44] 〈外交部為遷移東北行營事致蘇聯駐華大使館照會〉，1945年11月15日，《中華民國重要史料初編》，第七編（一），第147頁。

[45] 〈蔣主席致杜魯門總統電〉，1945年11月17日，《中華民國重要史料初編》，第七編，第148–149頁。

撤回，已經開始撤退的蘇軍重又開回。蘇軍代表向東北局承認，美蔣比他們想像的要狡猾得多，許多事情出乎他們意料之外，使他們很被動。蘇軍不得不向國民政府表示，蘇軍準備延緩撤軍，以協助中國政府在東北建立政權。其大使也照會國民政府外交部，稱：中國政府的軍隊能夠無阻礙的在長春及瀋陽降落，蘇軍將予以應有之協助，蘇軍嚴守中蘇條約，對於東三省之共產黨，過去未曾予以任何幫助，現在亦然，其撤退區內之共產黨活動乃由於中央政權未建立之故❹。

　　十一月二十日前後，美國軍艦接連在蘇軍駐紮的大連附近海面示威，蘇聯方面高度緊張，戰鬥機頻頻起飛，炮兵也數次開炮示警。蘇軍還立即向大連緊急空投一個師的兵力，又向瀋陽增兵至四個坦克旅和一個炮兵師，並重新開回營口口岸予以控制。為避免為美國和國民黨方面再度提供口實，蘇軍代表通知中共東北局，凡長春路及沿線城市的中共軍隊必須全部撤出，凡有紅軍之處，中共軍隊不得與國民黨作戰，並不許中共軍隊存在。

　　東北問題的突然變化，使中共中央意識到這場鬥爭的重大國際背景。十一月十九日，在得知事情經過後，中共中央立即致電東北局，稱：「由於我黨在滿洲的發展，蔣軍不能順利進入滿洲，國民黨在滿洲的接收工作不能順利開展，美蔣在滿洲問題上已對蘇聯採取了外交攻勢。……國民黨現在是抓住中蘇條約，使蘇聯不能在滿洲現在的情況之下脫身。這是一個嚴重的世界鬥爭」。

　　此時，中共在山海關的防線已被突破，國民黨軍已大舉從陸路進入東北，但中共中央仍舊相信東北大局還沒有定，他們仍寄希望於能夠「在顧及蘇聯國際信用的條件下力爭大城市」控制在自己手中，以

---

❹　轉見董彥平：《蘇聯據東北》，第26、47頁。

便建立民主政府，從而取得在東北地區的發言權❹。在當得知蘇方決定後，中共中央雖然改變了原來準備獨霸東北的想法，聲稱：「彼方既然如此決定，我們只有服從。長春路沿線及大城市讓給蔣軍」，實行「讓開大路，占領兩廂」，卻仍「希望不讓錦州、葫蘆島及北寧路之一段」，以便我們能夠在這一帶組織戰場，打擊向瀋陽推進的國民黨軍❹。直到二十八日，因國民黨軍隊已經迅速占領了東北的門戶錦州，阻截國民黨軍進入東北已經沒有任何可能，中共中央才最終不能不發出指示，決定暫時放棄組織戰役的計劃，準備確定長期發展的方針。在這一天的指示電中，中共中央表示：

> 近兩個月來我在東北雖有極大發展，但我初到，且甚疲勞，不能進行決戰，而國民黨已乘虛突入，占領錦州，且將進占瀋陽等地。又東北問題引起中、美、蘇嚴重的外交糾紛，蘇聯由於條約限制，長春鐵路沿線各大城市將交蔣介石接收，我企圖獨占東北，無此可能，但應力爭我在東北之一定地位。長春路沿線及東北各大城市我應力求插足之外，東滿、南滿、北滿、西滿之廣大鄉村及中小城市與次要鐵路，我應力求控制。❹

中共阻截國民黨軍進入東北計劃的失敗，已經在蘇聯方面的意料之中。但所有這些實際上並沒有改變駐東北蘇軍與中共之間的密切關

---

❹ 〈中央關於應在顧及蘇聯國際信用條件下力爭大城市給東北局的指示〉，1945年11月19日。

❹ 〈中央關於讓出大城市及鐵路線給東北局的指示〉，1945年11月20日。

❹ 〈中央關於準備撤出大城市鐵路線占領廣大鄉村的指示〉，1945年11月28日。

係。在蘇軍要求中共軍隊退出各大城市的同時，他們明確提出中共東北局及其各種政治宣傳機關可以留在城裡，甚至同意共產黨召集的「東北人民代表會議」在長春舉行，並且還特意提供專門電臺與中共方面保持密切聯繫。當東北局轉達中共中央十九日關於「希望不讓錦州、葫蘆島及北寧路之一段」的要求後，蘇軍也立即表示同意。蘇軍為此在向國民政府提出的照會裡稱：「至於營口、葫蘆島以及瀋陽以南區域」，因蘇軍已經撤退，故不能予以協助❺。而考慮到中共的要求，蘇軍這時還首次從旅順及北朝鮮向中共提供軍火幫助。

不過，在不能依靠中共占據東北之後，莫斯科對於美國勢力可能隨著蔣介石國民政府來到東北，從而給蘇聯遠東地區的安全帶來威脅，畢竟憂心忡忡。為了防止美國勢力進入東北，並使自己能夠合法地在東北保持控制，蘇聯政府迅速開始提出中蘇兩國在東北進行「經濟合作」的提議，並極力壓迫國民政府承認蘇聯對中國東北的特殊權益。

由於東北工礦企業長期為日本所經營，幾乎所有重工業均為日本股份，因此，斯大林援引〈雅爾塔協定〉及〈波茨坦協定〉對德國之規定及先例，認為存在賠償問題。早在中蘇條約談判中，蔣介石就試圖使蘇聯承認「東北原有各種工業及其機器」，應「為倭寇對我償還戰債之一部分」，但斯大林僅承認「凡屬日人私人之財產，可同意賠償中國戰時損失，凡屬於公司組織者，應視作戰利品」。因屬於公司組織者占東北工礦企業絕大多數，故蘇軍占領東北後，很快就將其作為戰利品或接管，或拆遷搬運到蘇聯。至十一月底已搬運之機器，即占東北機器總量的五分之一多。但由於東北重工業仍有巨大潛力，蘇聯方面最初甚願中共能夠全部占有，不讓美蔣染指。鑒於此舉不成，它又多方設勸誘國民政府同意「其財產應由雙方平均分配」，並「組織一中

❺　《中華民國重要史料初編》，第七編（二），第155–156頁。

蘇合辦之公司」，共同經營東北工礦企業 ❺ 。

面對莫斯科在東北問題上日益擴大的權益要求，美國迅速出面表示反對，蘇聯自知此事無理可占，只好在形式上放棄，其「合法」控制中國東北的設想自然成為泡影。十一月以來，美蘇不斷在原子彈、德國、朝鮮等眾多問題上發生分歧，在太平洋及遠東地區，美軍已經明顯地將蘇軍作為主要的假想敵。十一月底，美國決定在擴大對國民黨援助的同時，更提出派馬歇爾將軍直接來華參預調處中國內戰。這種情況進一步使中國問題，特別是使東北問題更加複雜化。在軍事上戰勝國民黨一時沒有可能的情況下，為了迫使國民黨公開承認自己在東北地的存在和地位，中共理所當然地希望蘇聯也能同時參加調處，但蘇方表現得十分謹慎。鑒於一九四五年〈雅爾塔協定〉所劃定的勢力範圍，斯大林不想過多地捲入長城以南屬於美國的勢力範圍，他這時最關心的就是如何阻止美國進入東北。他一再拐彎抹角地告誡美國和國民黨人：「不能讓美國有一個兵到中國來，只要美國有一個兵到中國來，東北問題就很難解決了」 ❺ 。其言外之意，如果美國和國民黨能夠答應這個條件，那麼，關內的問題蘇方也決不插手。

當然，莫斯科並非相信自己的警告和迫蔣「合作」真會有作用。自蘇聯十一月下旬被迫對國民黨讓步之後，斯大林已經日漸深刻地感覺到，國民黨是自己在遠東的一個十分危險的敵人。鑒於蘇軍官兵不斷遭到有國民黨背景的武裝集團的襲擊和暗殺，蘇軍已經開始在官兵中進行警惕和仇恨國民黨的教育。而對於中共準備談判解決東北問題，使中共在東北地位得到承認的想法，也「表示不樂觀」。

中共此時的計劃是：

---

❺ 　《中華民國重要史料初編》，第七編（二），第241、371、374–420頁。

❺ 　參見蔣經國：《風雨中的寧靜》，臺北幼獅書店，1975年版，第15頁。

（一）在政治上，以瀋陽、長春給蔣，而以哈爾濱及其他長春線城市給我，並讓我取得民選政權；或由蘇聯與蔣談判，讓我在瀋、長、哈諸城插一腳，使東北成為合作局面。❺❸

（二）在軍事上，在東滿、北滿、西滿許多戰略要地如通化、延吉、密山、佳木斯、嫩江、兆南等建立可靠根據地，站穩腳跟，然後依據情況的允許去逐漸爭取在東北的優勢。❺❹

在莫斯科方面看來，中共的這一計劃在軍事上應當是可行的，在政治上的卻是很難實現的。蘇方人員告誡中共代表，國民黨目前並不急於接收東北，其軍隊在占領錦州後拖延北上，迫使蘇軍撤退時間從原訂一九四六年一月三日推延到二月三日，就是要奪取熱河，切斷中共華北與東北之間的聯繫，最終消滅中共在東北的力量，其根本目的其實是要徹底切斷中共與蘇聯之間的聯繫。

第四節　如願以償

一九四六年一月，由美國總統特使馬歇爾親自調處的國共兩黨停戰談判正式開始。鑒於國共兩黨在關內外的軍事較量一時僵持不下，兩黨都感到有暫時停戰的必要，因此，停戰談判一開始就取得了引人

❺❸　〈中央關於和東北行營談判問題給東北局的指示〉，1945年12月8日，《中共中央文件選集》，第15卷，第474頁。

❺❹　〈劉少奇關於應以主要力量建立東西北滿根據地給彭真同志電〉，1945年12月24日，《中共中央文件選集》，第15卷，第512–513頁。

注目的成果。但是，對於國共兩黨來說，停戰終究不是解決問題的辦法。特別是在東北問題上，國共兩黨這時都是志在必得，只不過中共近水樓臺，卻師出無名，而國民黨雖取之有名，一時卻有點兒力不從心。所以，不論國民黨對關內停戰意向如何，對東北它是堅決不談停戰問題的，堅持那裡只有政府接收主權問題。與此同時，國民黨還堅持要把熱察兩省排除在停戰之外，因為它需要奪取通往東北的陸路通道。在這種情況下，國民黨在一方面提出停戰協定熱察除外，一方面更加加緊了對熱察兩省中共控制區的軍事進攻。中共方面則一方面堅決拒絕熱察除外，一方面要求熱察地區各部隊竭盡全力，不惜一切犧牲進行抵抗，必欲保持這條通道在自己手中。

　　由於軍事拒止國民黨政府接收東北主權有諸多困難，中共中央自然希望東北問題能夠通過談判的方式暫時對國民黨加以約束。它明確告訴自己的談判代表說：「如果滿洲問題除外，不在這次全國停戰談判中一併解決，國民黨可能在將來拒絕和我談判滿洲問題，並可能將華北的蔣軍調入滿洲和我作戰，這對我是不利的」。因此，他們不能不寄希望蘇聯出面參加談判。中共中央一再致電重慶代表團，希望向蘇聯大使轉達如下意見：(一)由於中共與國民黨關於滿洲問題尚無任何協議，此時蔣軍之進入滿洲不可避免的要發生嚴重衝突。蔣軍現正在接受赤峰、多倫主權的藉口之下向熱河、察哈爾我軍進攻，為此已使國共雙方關於停戰的協議不能實施。(二)不獨在中國本部，而且在滿洲及熱河、察哈爾，中共方面均要求立即停戰，關於這種停戰協議由於馬歇爾的參加，已獲有初步結果。關於國民黨進兵及在滿洲境內國共雙方如何避免衝突的辦法，我們希望蘇聯能夠按照馬歇爾參加國共談判先例立即發起談判，並由蘇聯代表及國共雙方代表組織三人委員會來解決滿洲問題。(三)如果蘇聯暫時不好出面發起談判及組織三人委

員會，我們意見滿洲問題即在目前馬歇爾參加的國共停戰談判及三人委員會中一併解決，而不使之除外。但討論與滿洲有關問題時，均請蘇聯大使參加❺❺。

莫斯科沒有同意中共中央的要求，堅持不出面發起關於東北問題的談判。這樣，在一九四六年一月十日中共與國民黨達成的「關於停止國內軍事衝突及恢復交通的命令」中，為緩解當前國民黨的進攻，中共代表不得不同意將東北的停戰也包含在此一停戰令之中。中共方面並且承認了國民黨方面關於這種停止戰鬥行動和軍事調動可以有例外的條款，同意「國民政府軍隊為恢復中國主權而開入東北九省，或在東北九省境內調動，並不受影響」❺❻。這一作法雖然暫時緩解了中共在東北的軍事上的壓力，但承認恢復東北之主權是國民政府軍隊的權利，卻使中共在東北的地位大成問題。結果恰如東北局事後所說：由於「國民黨仍可向東北運兵，仍拒絕與我談判東北問題，不承認我在東北之任何地位，他對東北我軍仍未放棄武力解決的方針，因此國民黨軍隊進入東北後要向我進攻是不可避免的」❺❼。這樣一來，中共本來想先將東北的戰爭停止下來，乘談判全國停戰之機政治解決中共在東北的地位問題，如今反倒南轅北轍，越走離目標越遠了。

一九四六年一月十日，按照國共兩黨發布的公開命令，全國範圍的停戰開始了。但至少在東北及其相關地區，沒有誰相信這個命令會真正起作用。中共中央明確指示東北局：在國軍未到達滿洲廣大地區

---

❺❺ 〈中央關於要求蘇聯出面發起東北問題談判事給中共代表團的指示〉，1946年1月9日。

❺❻ 《新華日報》，1946年1月11日。

❺❼ 〈中央關於要求蘇聯出面發起東北問題談判事給中共代表團的指示〉，1946年1月9日。

前，你們應速謀發展，將部隊高度分散，控制廣大地區。在靠近蘇蒙
地區的一切要點你們必須控制，蘇軍所占的一些次要地區，要儘量讓
蘇軍撤退交給你們。即使在國軍到達後，我所領導之一切政府，概不
交出，如蘇軍要交時，我仍應以適當形式保持我之政權❸。東北局的
態度更加堅決，他們認為：「現在是力爭把一切政權一切可能控制的地
區控制在我們和人民手裡，使國民黨困難重重，到處碰釘子，軍事無
辦法，使他非找我談判，非找蘇聯出來調解不可。」　當然，在對於國
民黨軍隊的問題上，中共中央還是試圖採取後發制人的。他們要求東
北局暫時不對國民黨在東北的部隊發動進攻，儘管他們很清楚：「東
北的武裝衝突前途是難以避免的，但必須堅持自衛原則才能有理」，才
能贏得輿論，這在他們看來也是合情合理的。因為以中共這時在東北
的力量和處境，他們畢竟不希望在東北大打。他們這時的方針仍舊是
力求迅速和平解決東北問題，「在國民黨承認我在東北地位條件下力求
與國民黨合作」。

　　可是，正如中共所預料的一樣，就在停戰令下達一周之後，國共
兩黨的軍隊就在營口發生衝突，中共中央藉機要求停戰小組出面調停，
試圖迫使國民黨承認東北存在共產黨力量的事實，蔣介石卻堅決拒絕，
根本不承認在東北有中共軍隊存在，聲言東北只有接收主權問題。緊
接著，在第十三軍和第五十二軍已經進入東北的情況下，國民黨新六
軍和新一軍又先後進入東北，開始搶占長春路以外中共占領區，要想
保持根據地，中共已非打不可。於是，東北局提出建議，中共中央表
示贊同，中共東北軍隊下決心要打一大仗。只是，中共中央這時出發
點卻與以前不同，想以此來求得東北的和平。中共中央電文大意如下：

❸　〈中央關於停戰後我黨在滿洲政策的指示〉，1946年1月11日，《中共中
　　央文件選集》，第16卷，第20–21頁。

（一）美國必須助蔣進占東北，蘇聯亦必須將東北交蔣接收，我方亦不能不承認蔣軍進入東北接收主權。

（二）現全國停戰業已實現，東北亦必須停戰，整個國際國內形勢不能允許東北單獨長期進行內戰。我黨目前對東北的方針，應該是力求和平解決，力求國民黨承認我黨在東北一定合法地位的條件下與國民黨合作，實行民主改革，和平建設東北。

（三）但由於蔣介石現在還不願承認我在東北地位，不願和平解決並不願實行民主改革，輕視我在東北力量，仍想武力解決，因此我們在東北要實現和平解決與民主合作的方針，還有嚴重困難還必須經過嚴重的甚至流血的鬥爭，才能達到目的。

（四）為此，同意東北局在瀋陽以南我軍留駐長春線不自動撤退作為與國民黨談判的條件，如國民黨不與我談判即向我進攻，在友方不堅決反對，我在完全防禦有理的條件下（退避三舍之後）給進攻之頑以堅決徹底殲滅之打擊。此為歷史新階段中之最後一戰。❺⁹

　　二月十三日，東北中共軍隊對進占秀水河的國民黨軍隊發起了攻擊，一舉殲滅對方五個營。國共兩黨在東北的戰爭就此拉開帷幕。東北局及其在東北的中共軍隊信心十足，明確主張應當進一步打擊國民黨軍，建議重慶中共代表團「暫不找美蔣談東北停戰問題，待打至相當階段或美頑找我時再談」。考慮到中共代表已經一再要求，國民黨方

<hr>

❺⁹　〈中央對目前東北的方針問題的指示〉，1946年1月26日，《中共中央文件選集》，第16卷，第57–60頁。

面始終拒絕向東北派出停戰小組,中共中央也開始做長期戰爭的準備。其覆電稱:你處士氣甚旺並開始消滅敵人,甚慰。我前日已電中共代表團立即相機提出要求停戰,並派停戰組到東北,但尚無回覆電。估計國方如不遭受更大打擊是不會答應停戰,會採取拖延政策的。如此你們消滅更多敵人,國方當無話可說。你們一方面努力爭取和平,但另一方面仍須準備長期戰爭❻。

果然,二月二十日,國民黨《中央日報》發表社論,宣稱東北只是接收主權問題,並不存在軍事調處的問題,因此軍事調處並不包括東北在內❻。這樣一來,中共試圖通過停戰談判造成和平解決東北問題,逼迫國民黨承認中共在東北地位的設想,成為幻影。儘管中共這時並不害怕在東北與國民黨作戰,但國民黨不斷向東北增兵,而自己受停戰協定限制無法進一步調集兵力,長此以往畢竟十分不利。中共東北局領導人為此致電中共中央稱:此次停戰協定,既未明白規定東北在調處範圍之內,又允許國民黨增兵東北接收主權,結果國民黨現在不斷增兵,我現在卻既不能增兵,又不能破壞交通,有時條件對我甚為有利,我又不能主動向敵進攻,待敵獲得有利時機突然向我進攻,我又被動。因此,目前或者爭取將東北列入軍事調處之中,或者請中央設法增強東北兵力。

這時,美英兩國為阻止蘇聯利用經濟合作談判在中國東北造成壟斷地位,單方面公布了蘇美英三方於一九四五年二月四日在雅爾塔達成的關於遠東問題的秘密協定。由於秘密協定的內容極端地反映出蘇聯必欲恢復一九〇四年沙皇俄國在中國東北占有的特殊權益,因而使

---

❻　〈中央關於準備擊退蔣軍進攻實現東北和平的指示〉,1946年2月17日。

❻　轉見一九四六年二月二十日《中央日報》。

蘇聯在外交上和輿論上都迅速處於困難境地❻。而國民黨又藉機在關內發動大規模的反蘇運動，這更使蘇聯方面惱怒至極。為此，蘇軍代表也明確告訴中共東北局，美國此舉實際上不過是試圖假門戶開放之名深入到東北來，過去蘇方十分顧慮世界和平，在態度上比較軟，其實美軍現在很難到東北來，第三次世界大戰打不起來。因此，現在應該強硬些。他們完全支持中共調集更多的主力到東北來，因為蔣介石正在利用華北、華中的停戰增調部隊到東北來打共產黨。與此同時，蘇聯在東北駐軍總司令馬林諾夫斯基等公開指責美國「挑撥離間」，並明白告訴新聞界：蘇方提出「經濟合作」的要求其目的實際上「不在金錢，而在國防」❻。

　　向東北增兵，勢必使東北戰爭規模擴大並長期化，而考慮到關內和平局面正在形成，關外也難以長期內戰，且中共並無驅逐東北國民黨軍隊獨占東北之可能，中共中央這時顯然還不想這樣做。但問題是，無論是美英蘇達成的雅爾塔秘密協定，杜魯門在日本投降後發布的關於接受日本投降的「一號命令」，還是中蘇兩國間達成的〈中蘇友好同盟條約〉，都只承認國民政府才有權接受日本投降和接收東北的中國主權，甚至中共自己也在它所贊同的停戰協定中明白承認了國民政府在東北的這種權利，這導致中共找不到接收東北的法律依據，難以「名正言順」地取得在東北的地位，它只能造成既成事實迫使國民黨承認它在東北的存在。而要造成這種既成事實，就必須取得蘇聯方面的合作，把盡可能多的地方政權交給中共而不是交給國民黨，使國民黨無法接收而不得不找共產黨談判，然後再在談判桌上主動放棄一些地盤

❻　關於〈雅爾塔協定〉的具體內容見《德黑蘭、雅爾塔、波茨坦會議文件集》，北京三聯書店，1978年中文版，第258頁。

❻　轉見《中華民國重要史料初編》，第七編（一），第139頁，並見第186頁。

來求得國民黨對自己實際占領區域的承認。然而，這樣做的關鍵一方面是必須求得蘇聯方面的配合。而另一方面，也是更重要的，就是必須能夠通過戰爭在東北造成自己對國民黨的軍事優勢，至少是取得對後者的均勢，只有這樣才可能使國民黨最終放棄強行接收和驅逐自己的目的。可是，在國民黨不斷向東北調集兵力的情況下，如果中共不進一步增兵東北，這種軍事上的優勢或均勢是很難取得的。沒有優勢，或者不能形成明顯的均勢，要想讓國民黨承認妥協就是不可能的，東北的戰爭也就無法停止下來。

三月八日，蘇軍突然開始從撫順、吉林撤退，將政權交給中共接收。九日，蘇軍代表通知中共東北局：瀋陽紅軍將於十三日撤退，希望中共占領，並且瀋陽以南蘇軍將不再向國民黨辦交接，一切蘇軍撤走地區，中共可以自由行動。為此，東北局向中共中央提議，乘蘇軍突然撤退，國民黨不敢冒進，迅速控制長春路沿線城市，以阻止國民黨軍北進，並將後者吸引在長春路沿線。但是，在重慶的中共代表團認為：目前局勢美蘇趨向於解決問題，而且雙方都有從中國不久撤兵的表示，故東北問題仍應以求得解決為前提。其方針應為承認政府軍有權進駐長春路及蘇軍撤退區，而以同時解決政治問題，並協商進兵為交換條件。如得此協商，便可派出執行小組，而三人會議亦可去瀋陽，東北方面便可以現有陣地一步一步講條件，逐步求得有利的解決，並取得我在東北被承認之地位。而照東北局的方案，拒絕國民黨接收長春路，必給以反擊口實，說我要獨霸東北。並且，我們從來不反對政府接收東北主權，在停戰協定上還承認了政府軍有開入東北及在東北調動之權，如今忽然反對政府軍隊接收長春路和蘇撤區，很難自圓其說。

對於東北局勢突變，中共中央最初的態度很明確，即：蘇軍退出瀋陽後，我軍不要去進攻瀋陽城，我軍進去在軍事上會陷於被動，在

政治上亦將處於極不利地位。不僅瀋陽不必去占，即瀋陽至哈爾濱沿途蘇軍撤退時我們都不要去占領，讓國軍去接收。只有在國軍向我軍進攻時，我們應在防禦的姿態下組織有力的回擊❻❹。

就談判條件而言，中共中央的基本意圖則是：

> 現在可以承認在停戰條件下，國軍可以接收瀋陽至哈爾濱之長春路上各城市（路兩旁不在內）。至政府軍以後再要進駐那些地區和我軍必須從那些地區撤退，須待政治問題解決及我軍駐防地區確定，並須到東北和我軍負責人商討後，才能具體解決。……我們內心盤子，長春路的主要部分（即瀋陽至哈爾濱）及撫順、鞍山、本溪、營口、遼陽等數地，是要讓給國民黨的。但……切不可一般承認國軍有權進駐全部長春路及蘇軍撤退區。因中東路大部、南滿路南段應力爭由我接管。至於兩路以外之蘇駐紮區，大部已交我接管，一部即將交我。其中除撫順、本溪準備讓出外，其餘均不能讓。如你們答應國民黨有權接收蘇軍撤退區，則安東、通化、延吉、海龍、合江、佳木斯、黑龍江、兆南、通遼、遼源等地及其他廣大地區均到過蘇軍，而我決不能讓，將來不好收口。我們並想以讓出長春路主要部分及撫順、本溪交換國方從熱河撤兵。❻❺

根據中共中央的意見，經反覆研究，東北局最終商定：在國民黨同意東北停戰和承認中共地位的條件下，可以考慮讓出營口、鞍山、

---

❻❹　〈中央關於不要進攻瀋陽問題給東北局的指示〉，1946年3月12日。

❻❺　〈中央關於東北談判中心盤子給周恩來的指示〉，1936年3月13日，《中共中央文件選集》，第16卷，第89–90頁。

遼陽、鐵嶺、四平、長春、法庫、撫順、大鄭線（大虎山經鄭家屯到四平）和國民黨軍隊現在駐防之長春路兩側三十華里內之地區。這是最後讓步的限度。與此同時，他們致電蘇軍方面，提出兩個最終解決方案：(1)國方在長春至營口一線駐兵，中共在哈爾濱、齊齊哈爾等地駐兵，(2)國方占瀋陽至哈爾濱一線，長春線兩側包括遼陽、鞍山等地歸中共，請蘇方考慮何者為宜。

對此，蘇軍方面明確認為第一個方案最好。但是，蘇方相信，目前還不是主動讓步的時候。蘇方這時的態度異常強硬，他們一再詢問：為什麼對美國如此客氣？為什麼會容許國民黨派五個軍到東北來？他們強調：凡蘇軍撤退之地，「包括瀋陽、四平街，我可放手大打，並希望我放手大打」，而長春以北，如哈爾濱等地，則應堅決控制，不讓國民黨駐兵。甚至撫順、營口等，也應力爭雙方不駐兵。東北中共將領亦多主張消滅四平以北各大城市之國民黨軍，並占領這些城市，逼使國民黨與我談判，到時再讓出一部分占領區給國民黨來換取和平。

面對這種情況，中共中央的態度開始趨向強硬。中共中央電告中共代表團：我們絕不能再簽訂一個完全於彼方有利，完全與我方不利的條約。為了妥協，我現在只能承認政府軍進駐瀋陽至長春，而政府軍則承認實行停戰，並保証討論東北政治問題。如彼方不實行停戰，瀋陽以北之長春路我亦須進駐，使他們不能接收，以逼使對方停戰。「不管彼方如何死硬，如何高壓，甚至以全面破裂大打內戰相威脅，我們亦絕不屈服」。❻

三月十六日，周恩來報告在軍事調處三人小組會議上已爭到「政府接收東北主權，有權派兵進駐蘇軍現時撤退之地區，包括長春鐵路兩側各三十華里在內」，和「凡現時中共部隊駐在地區，政府軍如須進

---

❻　〈中央關於不能承認國民黨所提條件給中共代表團電〉，1946年3月16日。

駐，應經過商定行之」。 如此，政府只能進駐現時蘇撤區，即瀋陽、長春兩城，瀋陽以南以北以東，非蘇軍現時撤退區，和有現時已有中共部隊駐在地區，都不能接收。毛澤東接到電報後，當即批示，必須將原文中蘇軍現時撤退之地區明確為「瀋陽長春鐵路線及其兩側各三十華里」，並須加上政治解決東北問題的文字保證，同時，請東北局速與蘇軍接洽，「將整個中東路（包括哈市）讓我駐兵永遠占住，不讓國民黨駐一兵一卒」，並東北局應迅速布置一切，造成優勢，因此，中共中央於十七日電示東北局：

> 國民黨還不停戰，瀋陽以北長春路沿線之蘇軍撤退區同意你們派兵進駐，以為將來談判之條件，時間愈快愈好。❻❼

　　至此，中共重新開始集中兵力來奪取長春路沿線上的各大城市及其交通線，其最初想法雖然是「以為將來談判之條件」，但一旦進駐，情況就又有所不同了。

　　到三月二十日，在有關於東北問題的停戰談判中，中共已經讓到承認政府軍有權進占山海關至瀋陽至長春的鐵路線及其沿線兩側各三十華里，國民黨方面仍不同意，堅持不能限定其軍隊進占的範圍，談判因此陷入僵局。毛澤東明確反對進一步妥協，主張：「寧可戰而失地，不可在談判中失地」。

　　三月二十二日晚，蘇聯大使奉命通知國民政府，蘇軍將於四月底前全部撤退完畢。❻❽但與此同時，蘇軍則以瘟疫、交通不便等各種藉

---

❻❼　〈中共關於同意派兵進占瀋陽以北長春路沿線蘇軍撤退區的指示〉，1946年3月17日。

❻❽　《中華民國重要史料初編》，第七編（一），第188–189頁。

口拖延國民黨軍隊沿長春路北進，以配合中共開始破壞北寧路及瀋陽附近的長春路，便利中共軍隊迅速接防蘇軍撤退的各個城市及戰略要點。中共中央為此要求東北局即照下述方針行事：

一、全力控制長哈兩市及中東全線，不惜任何犧牲，反對蔣軍進占長哈及中東路，而以南滿西滿為補助發展方向。

二、為此目的，速與蘇軍交涉允許由我方派兵占領長哈兩市及中東路全線。

三、南滿主力堅決就地殲滅向遼陽、撫順等處進攻之敵，以牽制頑軍北上。

四、以全力堅決控制四平街地區，徹底殲滅北上頑軍，為保衛北滿而奮戰。 ⑲

　　三月二十四日，國民黨軍推進至撫順、遼陽和鐵嶺地區，國共兩黨在長春鐵路線上的戰爭迅速展開。次日，馬歇爾為迅速阻止東北大規模戰爭爆發，派專機將剛剛回到延安三日的周恩來緊急接返重慶，以求立即達成東北停戰。考慮到馬歇爾如此積極，毛澤東估計蔣介石將不得不妥協，東北有迅速停戰的可能，故他很快意識到，目前在國共雙方都是一個搶占先機的好機會。為此，他電告東北局：「恩來今日已到重慶，東北無條件停戰的協定可能於日內簽字，但小組到東北並召集雙方代表協議實際停戰，還須若干時日，因此你們至少還須經過一、二個星期也許更長時間的惡戰才能實際達到停戰。在此時間內，頑方會拼命進攻，企圖控制更多的戰略資源要地，而你們應盡一切可

<hr />

⑲　〈中共關於全力控制長哈兩市及中東路全線致東北局電〉，1946年3月24日，並見《中共中央文件選集》，第16卷，第100頁。

能不惜重大犧牲，保衛戰略要地，特別保衛北滿。……長春、哈爾濱、齊齊哈爾等地，你們必須在蘇軍撤退後一、二日內控制之。否則停戰小組即將派到這些城市，保証國民黨的占領。但如被我控制，小組亦將保証我軍的占領，以等將來整個東北問題的解決。」❼⓪

毛澤東甚至進一步主張：「力爭我黨占領長春，以長春為我們的首都」，在取得蘇軍的同意後，東北局亦應準備遷往長春。

對於毛澤東必須進占長、哈、齊三市的主張，中共代表團固然對其可能性大表懷疑，但東北局顯然相信有此可能。據此，他們全力以赴與蘇軍交涉，力爭在停戰小組到達東北之前，幾天之內進占上述城市。毛澤東也指示中共代表團設法拖延東北調處文件的簽字時間。

但三月二十七日，關於派遣小組至東北九省的訓令仍舊正式簽字形成，規定小組將被派往國共兩黨軍隊衝突地點和接觸地點以制止衝突❼❶，只是它並沒有規定停戰日期，從而使國共雙方仍舊有足夠的時間進行戰爭行動。不過，由於此時東北軍事形勢發生變化，國民黨軍隊已經攻占遼陽、撫順、鐵嶺等地，中共中央對立即派遣小組到正在遭到進攻的四平街、本溪、鞍山等地去阻止國民黨軍隊的進攻極為積極，不想國美雙方對此卻反應消極。其至美方這時還密令參加前往東北調處的美方代表協助政府軍：「一、占領所有村鎮、城市及交通線上之要點；二、單獨管理所有公路、鐵路、水運、空運交通，包括上述交通設備和兩側三十公里之地區；三、占領並管理所有工廠、煤礦、電廠及其他設備之地區。」❼❷

---

❼⓪　〈中央關於不惜重犧牲控制長哈齊等地致東北局電〉，1946年3月25日，《中共中央文件選集》，第16卷，第102頁。

❼❶　見《政治協商會議紀實》（下），重慶出版社，1989年版，第1116頁。

❼❷　《中華民國重要史料初編》，第七編（一），第94頁。

　　依據這一指令行事的美方代表，對中共代表的要求當然不能給予協助，致使東北停戰小組終日爭論不休，無法展開工作，東北調處文件形同一紙空文。

　　事實上，由於美國方面的全力援助，國民黨進入東北的部隊已經達到六個軍以上，大大超過在停戰談判時最初所商定的五個軍的水平，但國民黨方面自知這幾個軍仍舊不能達到其預期的完全控制東北地區，驅逐乃至消滅東北共軍的目的，因此，他們仍舊繼續要求美方為其向東北增兵。根據中共的情報，美方又在向東北運送四個軍的兵力，如此國民黨在東北的兵力將很快超過十個軍，從而使本來只是在兵力總數上有絕對優勢的中共軍隊在人數上再不具有優勢，從裝備上更將轉入劣勢。對此，中共中央不能不緊急聲明表示反對，甚至不惜威脅採取向東北增兵和重新考慮對美政策的立場。但此舉並未能使國、美兩方向東北增兵的行動有所改變。甚至，蔣介石還信心十足地在國民參政會上公開宣布：對於中共在東北的所謂東北聯軍的所謂東北民選政府，「決不能承認」，從而完全堵死了和平解決東北問題的道路❼❸。

　　三月二十九日，蘇軍通知中共東北局，蘇軍同意盡速撤退長春駐軍，以便中共軍隊占領。四月上旬，蘇軍接連要求中共派主力分別控制於長、哈、齊等城郊，並派少數部隊事先入城準備屆時奪取三市。他們明確表示，東北問題沒有解決，美國利用國民黨接管東北目的在於反蘇，國民黨則利用美國來反蘇反共，因此蘇方希望中共全力堅持東北使之懸而不決，讓國、美雙方都不能達到目的。

　　四月中旬，中共軍隊在四平附近的戰鬥再度取得勝利，先後殲滅國民黨新一軍三十八師一部和七十一軍第八十七師一個整師。儘管中

---

❼❸　FRSU, 1946, Vol. 9, pp. 719–720；《中華民國重要史料初編》，第七編（一），第74–78頁。

共東北軍隊領導人根據部隊傷亡情況，建議「我軍應採取以便利於消滅敵人有生力量為主作為當前行動的基本方針」，向南集中兵力作運動戰準備，放棄攻占長春的計劃，毛澤東一度也表示同意。可是，在計算了自一月以來國民黨在東北被殲兵力的數量，和了解到馬歇爾將迅速從美國返回解決東北問題，東北停戰可能迅速實現，毛澤東最終還是堅持要東北方面搶占長、哈、齊等重要城市。為此，毛明確要求蘇軍提早撤兵。

四月十四日，蘇軍撤出長春，中共軍隊迅速發動攻勢，並於十九日將該城完全占領。毛澤東當即通電嘉獎有功部隊，並電告東北局，在不削弱各地工作的條件下，我應抽調大批幹部加強長、哈為中心地區的工作，爭取將四平、海龍以北，齊齊哈爾、海倫以南，兆南以東，牡丹江以西這一整個地區建設成為民主東北的重心。為此，必須在軍事上為保衛長春而戰，殲滅進攻之敵，「寸土必爭，決不退讓」，「做長期保持計劃」，並考慮迅速召開東北人民代表會議，成立東北自治政府問題❼。

長春取得之後，四月下旬哈爾濱、齊齊哈爾等城市亦相繼落入中共軍隊手中。這樣，北滿、東滿及南滿之一部均為中共所有，國民黨軍隊只占有自錦州至瀋陽以北的一段鐵路線及其周圍的一些城市。這時，國民黨在東北雖有七個軍的番號，但總兵力不過二十萬人左右，中共軍隊卻有四十萬人，因此形勢看上去對中共有利。但事實上，由於中共所占點線過多過長，兵力分散，形不成較強的機動兵力，且部隊新兵較多，訓練和裝備都較差，而國民黨軍隊兵力集中，裝備精良，又全力衝擊本溪、四平，致使中共防守部隊疲於招架，極其被動。儘

❼　〈中央關於東北局應遷往長春的指示〉，1946年4月19日，《中共中央文件選集》，第16卷，第132–135頁。

管毛澤東再三鼓勵東北將領「死守四平挫敵銳氣，爭取戰局好轉」，但他也深知，目前第一位的已是「力求迅速停戰」了。故周恩來在談判中很快提出：東北已無接收主權問題，我只要民主和平，政治上只要三分之一，軍事上只提重定駐軍比例，並非想獨占東北，要求國民黨正視東北現實，首先停戰以利談判❼。

五月上旬，中共在四平的抵抗陷入嚴重困難，中共不得不提議爭取長春雙方不駐兵或有條件讓出長春以換取其他地區的合法化，但為國民黨所拒絕，堅持要求中共無條件退出長春再談其他。鑒於此，毛澤東明確表示：

> 我讓到長春雙方不駐兵為止外再不能有任何讓步，美蔣要打讓他們打去，要占讓他們占去，我們絕不能在法律上承認他們的打與占為合法。目前美蔣毫無誠意得寸進尺，我們在目前短時間內可取忍讓態度以待各方準備完畢，但不要在法律上承認美蔣任何在將來可以束縛自己不利於我的東西，並不要急於找美蔣談判。❼

與此同時，中共中央開始建議東北局領導人：在四平死守不可能時，便應主動的放棄四平，由陣地戰轉變成運動戰，以改變目前被動不利地位❼。終於，在全力抵抗了一個月，傷亡近兩萬人之後，中共放棄了四平。緊接著，長春、吉林、遼源、伊通、西豐、西安等城市先後落入國民黨軍隊之手。國民黨人開始興高采烈地宣布說，東北共

---

❼　FRSU, 1946, Vol. 9, pp. 811–812.

❼　〈中央關於我方應取對策的指示〉，1946年5月26日。

❼　〈中央關於準備由陣地戰轉為運動戰的指示〉，1946年6月19日。

軍不過是些烏合之眾，只要東北共軍主力消滅，則關內關外之事，都不難解決❼⑧。

　　可是，中共並不因為長春等大城市的陷落而受到嚴重的損失，恰恰相反，從游擊戰爭中起家的中共軍隊，在實力上明顯地還不具有奪取大城市，特別是保有大城市的條件下，企圖奪取和保衛大城市，其實是不可能的。中共這時已經開始得到了他們長期以來始終在夢想得到「技術條件」，即一定數量的飛機、坦克和大炮，但他們顯然還需要時間去學習和掌握它們。長春等城市的失守和放棄，使中共重新回到廣大的鄉村中去建立根據地，不僅使其重新獲得了熟悉的生存天地和鞏固的發展根基，而且使其贏得了足夠的學習和掌握這些現代化裝備的時間。與此相反，國民黨反而因中共在內地的牽制而無法抽調更多的重兵前往東北，以致其竟因兵力不足而不敢向松花江以北的北滿地區和靠近朝鮮邊境的東滿地區推進，原來所具有的兵力集中的優勢也迅速因為廣占中共放棄的城市和交通線而極大地分散了，這就使得中共得以毫不費力地在北滿及東滿建立起鞏固根據地，並且分出五分之三的幹部和三分之一的部隊去做他們所熟悉的群眾工作❼⑨。

　　中共終於成功地保持住了他們在東北地區的立腳點，而北滿及東滿地區的占據，雖然極具偶然性，但卻為中共有效地保持同蘇聯的聯繫和接取各種軍事技術上的幫助，創造了最為有利的條件。炮兵、裝甲以及航空等各種軍事學校都迅速在這些地方建立起來了，大批蘇方軍事人員幫助中共軍隊掌握了各種重型武器裝備。於是，日本關東軍和朝鮮占領軍在北滿和朝鮮遺留下來的足以裝備幾十萬部隊的比較先進的軍事裝備很快全部轉入到中共軍隊的手中，使中共在東北的幾十

❼⑧　見《總統蔣公思想言論總集》，第37卷，第341頁。

❼⑨　〈東北局關於目前工作方針及任務的指示〉，1946年7月1日。

萬軍隊和在華北的部分軍隊都得以迅速開始擺脫過去「小米加步槍」式的裝備水平，漸漸組成為一支比較現代化的、具有相當比例重武器和充足的軍火供應的強大武裝力量了❽。因此，自進兵東北以來，中共雖然始終沒有找到機會來實現他們奪取全東北的計劃，以致在同國民黨的軍事較量中暫時地遭到挫折，但他們實際上完全達到了最初所設定的背靠蘇聯，接取援助和建立鞏固的東北根據地的基本目標，而這就夠了。對中共來說，剩下的其實就是個時間問題了。

---

❽　參見Memorandum of A. I. Mikoyan to the Presidium of the CPSU Central Committee on His Visit to China in January and February 1949, *Far Eastern Affairs*, No. 2, 1995.

第四章 「一邊倒」大勢所趨

　　一九四六年一月的停戰協定只維持了不到半年時間，五月國民黨不顧中共威脅進據長春，六月毛澤東下令關內開打，國共大戰由此揭幕。結果，中共從抗戰結束時的一百萬軍隊，越打越大，越大越強，而國民黨的軍隊卻越打越小，越打越弱。到了一九四九年一月，隨著毛澤東公布戰犯名單，和蔣介石宣布下野，誰都看得出來國民黨大勢已去，共產黨將取而代之。於是乎，從國內各小黨派，到美國大使司徒雷登，方方面面都積極活動起來，想未雨綢繆，在中共新政權成立之前幫助它撥正船頭。而各方面最關心的一個問題，就是中共對蘇美兩國的態度。「一邊倒」這個字眼兒就是在這個時候出現的。那些在國共兩黨大戰之中追隨中共的小黨派領導人當時明確主張，「一國之外交貴在中立」，切忌過分依靠蘇聯而「一邊倒」。據說，這個時候確實存在著阻止中共「一邊倒」的可能性。毛澤東僅有的幾位美國朋友之一，第一位向西方宣傳毛澤東與紅軍不同凡響的斯諾(Edgar Snow)，這個時候在美國的報紙上公開發表題為〈中國將成為蘇聯的衛星國嗎?〉的政論文章，斷言毛澤東從來不受共產國際控制，他注定會成阻止莫斯科的共產主義在亞洲擴張的一道有效屏障❶。然而，美國政

---

❶ 斯諾第一部介紹毛和紅軍的著作名為《西行漫記》（又名《紅星照耀中國》），是他在一九三六年秘密訪問陝北所得的結果。他的〈毛澤東訪問記〉最早發表於一九三六年十一月，之後即於一九三七年出版了該書。僅兩年時間，這本書就在英美兩國銷售了近二十萬冊之多。

府不相信中共，它甚至阻止司徒雷登去北平遊說毛澤東。於是，很多人都把中共政權此後對蘇聯的「一邊倒」，歸咎於美國對華政策的失誤，說美國沒有把握住曾經存在過的「機會」。他們似乎忘記了，這時在瀋陽的美國總領事瓦爾德(Augus I Ward)先生，也是因為盼望這個「機會」而大觸其霉頭的。

第一節　密切協商

　　一九四八年十一月十五日是美國與中國共產黨關係史上一個十分重要的日子。上午十時，美國駐瀋陽總領事瓦爾德接到了中國人民解放軍瀋陽軍事管制委員會第二號公函和第四號通令。上面明確要求除軍管會特別批准者外，任何中國和外國公民與機構，凡有電臺及其收發報裝置者，均須在三十六小時之內報知該委員會，並送交其保管。瓦爾德最初似乎並沒有把這件事放在心上。在他當天給軍管會的公函中，他甚至提出：如果「本地當局仍希望敝總領事館之繼續存在與工作」，就請「准予繼續使用該項電臺」，因「敝領事館之存在須依賴此項電臺之繼續使用」❷。瓦爾德看來相信，共產黨不會採取過份的行動，只會「採取一種更為合作與友好的態度」❸。

　　瓦爾德的樂觀估計不是沒有理由的。自從共產黨十一月一日下午占領瀋陽之後，一切跡象都表明，共產黨沒有任何企圖敵視留在瀋陽的美國外交及商業機構的計劃。不僅如此，新任命的共產黨市長朱其

❷　〈駐瀋美國總領事瓦爾德致瀋陽軍事管制委員會主任函〉，1948年11月15日。

❸　〈駐瀋陽總領事（瓦爾德）致國務卿〉，1948年11月16日，FRUS, 1948, Vol.7, p. 573。

文上任伊始，就立即發出就職通知，並於十一月五日以官方身份正式召見了美、英、法等國駐瀋陽的領事，表示將嚴格保護一切外國人和外國機構的安全，並願意為外國機構提供各種必要的服務，包括發放通行證、為機動車提供標誌旗等。三天後，朱市長又對美、英、法領事館進行了回訪，明確肯定他們的領事身份，並饒有興致地參觀了美國新聞處設在瀋陽的一個圖書室，強調中美之間不僅需要進行技術方面的合作，而且也需要進行文化方面的交流❹。這自然使得受命留在瀋陽與中共地方當局以非正式的和私人交往的形式「建立工作關係」的瓦爾德深感振奮，直到十月十六日白天，瓦爾德打給美國國務卿和駐南京大使館的電報的調子都是相當積極的。他樂觀地等待著朱市長和軍管會的召見，準備像前幾次那樣與他們友好地討論關於保留美國領事館繼續使用電臺的權利問題。他甚至斷言：「共產黨的意圖是承認我們，並允許我們作為美國官方機構行使職責的」❺。

　　從十五日十時開始的三十六小時期限過去了大約三十個小時之後，瓦爾德的信心才真正有些動搖了。他預期中的與朱市長或軍管會主任的討論，遲遲沒有能夠到來。雖然十六日晚十時之後並沒有出現他所擔心的行動，但十七日他繼續尋求與朱市長接觸的努力仍舊沒有成功。直到十八日上午他才得到了他所盼望已久的召見通知。而在下午二時開始的談話中，負責接見他的軍管會副主任沒有表現出任何靈活的態度。瓦爾德反覆解釋電臺是美國政府的財產，並一再說明交出電臺後他不能進行正常工作，但對方毫不動搖，堅持當日下午五時將派參謀人員前往領館接收一切，美領館對外聯絡方面今後重要電報可

---

❹　FRUS, 1948, Vol. 7, pp. 548–549, 829–831.

❺　FRUS, 1948, Vol. 7, p. 826；Augus Ward, "The Mukden Affair," *Foreign Service Journal*, February 1950.

經軍管會審查批准後由新華社代發。終於，瓦爾德意識到，形勢與前有所不同了，共產黨方面的決定是不可改變的。下午四時，瓦爾德匆匆忙忙地發出了最後一份電報，通知美國國務院和美國大使，瀋陽領事館的電臺將就此關閉並被沒收。同時，他還草擬了一份明碼電報交給瀋陽軍管會，請其代為發往華盛頓，以驗證此種聯絡方法是否可行❻。很顯然，聯繫到前此的樂觀估計，瓦爾德不能不感到十分沮喪。

　　其實，事情才僅僅開了一個頭。瓦爾德無論如何沒有想到，拒絕主動交出電臺還會引起更為嚴重的後果。在十八日下午五時的期限過去之後，又過了整整四十二個小時，瀋陽軍管會才正式派人前來執行沒收電臺的任務。但這次不再是簡單地沒收幾部電臺的問題了。在二十日中午一時，即瀋陽軍管會開始進入美國領事館沒收電臺之後不久，瓦爾德得到了一份措辭嚴厲的書面聲明。聲明不再承認瓦爾德的領事身份，而稱其為「先生」，同時強硬地提出：「因先生等蔑視本會之命令，今後除經市政府准許外，特禁止舊美領館全部人員與外界自由來往」。隨後，美國駐瀋陽領事館各類人員及其家屬，立即被分別軟禁在領事館、美孚油行院和總領事私宅安息日院三處。並且，三處的電燈、電話和自來水供應也被全部切斷。但直到這時，瓦爾德仍舊不能理解，中共政策上的這種一百八十度的轉變究竟是怎麼回事❼。

　　如果我們注意到以上所談到的事情發生的基本過程，我們也會清楚地注意到瓦爾德所注意到的那個事實。即瀋陽軍管會及市政府對美

❻　FRUS, 1948, Vol. 7, p. 837；〈駐瀋美國總領事瓦爾德致瀋陽特別市軍事管制委員會主任轉致華盛頓電〉，1948年11月18日。

❼　〈瀋陽特別市軍事管制委員會致瓦爾德先生公函〉，1948年11月20日；〈駐瀋陽美國總領事瓦爾德致瀋陽軍事管制委員會主任轉致香港美國總領事再轉國務院和大使館電〉，1948年11月22日。

國駐瀋陽領事館的態度，在十一月上旬和中旬，確有明顯的不同。在十一月上旬，至少到八日朱市長回訪美、英、法領事館為止，瀋陽市政府所表現出來的希望保持和發展與美國人在經濟技術和文化交流方面的合作的態度，至少在形式上還是較為積極的。而在此之後，這種情況有了明顯的變化。這種變化在今天或者很容易找到某種答案。因為有資料表明，朱市長八日回訪的某些說法次日就受到了中共東北局的批評，東北局並為此就接待外國人的問題作出了極為嚴格的規定❽。此後，瀋陽當局對各國領事館的態度自然與前不同，變得極為謹慎。

但值得注意的是，即使在這種情況下，在十一月十五日軍管會宣布沒收一切電臺之前，瀋陽市政府仍舊以官方形式接待了領事館的官員，並回答了他們提出的一些問題。而十五日遞交給瓦爾德的關於送交電臺問題的第二號公函，也仍舊繼續承認其官方身份，稱其為「總領事」。這也就是說，沒收電臺的行動看起來最初似乎並不包含著後來的一系列根本否認瓦爾德等人官方身份並限制其人身自由的計劃在內。那麼，事情為什麼會發展到後來那種地步呢？這當然不簡單是因瓦爾德拒絕主動交出電臺所致，而是另有背景。這裡首先應當提到的是當時蘇聯駐東北外交人員的態度。

據目前查閱到的資料，可以肯定，瀋陽軍管會十一月十四日正式簽發的沒收電臺的通令，主要還並不是一個針對美國等國駐瀋陽領事館而採取的一個外交行動。它只是根據中共中央在部隊進入瀋陽之前就已經下達的一個關於必須注意收繳城市中一切電臺以確保部隊軍事行動的指示，而向所有中外機關和個人發布的一個泛泛的通告。它最初不包含著具體地否認和打擊美國在瀋陽領事館的計劃在內，因此瀋

❽　〈東北局致中央電〉，1948年11月11日。

陽軍管會在發出通令之前甚至沒有再具體請示中共中央。導致事態向後來的方向發展的，是軍管會宣布沒收電臺第二天蘇聯駐哈爾濱總領事馬里寧(Marinin)給東北局書記高崗的一個電話。馬里寧在電話裡明確要求中共立即派人沒收美、英、法駐瀋陽領事館的所有電臺，並說明「這是關係到蘇聯的很大的事情」。高崗當即答覆說：駐瀋陽衛戍司令部已經通知各領事館必須於三十六小時之內交出所有電臺，而我們對美、英、法留在瀋陽的領事館的策略，則是「擠走」的方針。馬里寧當即對此表示歡迎，並稱蘇聯領導人將會因此感到高興。一旦美、英、法領事館不再起任何作用，人民也憎恨他們，他們最後就只好滾出東北❾。顯然，把沒收電臺的行動直接同反對美、英、法領事館在東北存在的方針聯繫起來的，確實同馬里寧的這個電話有關。

　　但我們能不能說，沒收電臺的行動事先中共中央一無所知，事後也明確反對呢？如果我們仔細分析上述資料的話，恐怕還不能得出這樣的結論。從上述資料中可以清楚地看出，事態的發展同中共中央的態度也有密切關係。因為高崗在電話中明確表示，我們對美國等國留在瀋陽的外交機構的態度是已經決定了的，這就是「擠走」的方針。這裡所說的「擠走」方針，事實上還在瀋陽當局決定沒收當地所有電臺之前，中共中央就已經明確提出來了。那是在十一月十日，中共中央針對東北局提出對堅持留在瀋陽不撤的美國等西方國家領事館應如何處置的問題，曾發出指示稱：美、英、法等國既然不承認我們的政

❾　俄國人對美國等西方國家留在中國東北之敏感，由此可見一般。在科瓦廖夫的回憶中也可以看到同樣的情況，據他說，他當時也曾向中共方面提出過封鎖美國駐瀋陽領事館的建議。見岡察洛夫：〈斯大林與毛澤東的對話〉，(俄)《遠東問題》，1992年1～3合期。〈高崗致毛主席電〉，1948年11月16日。

府，我們當然也不承認他們的領事。為此，我們有必要利用目前的軍事管制，達到封鎖和孤立美、英等國在瀋陽的外交機構的目的，不給他們自由活動的餘地。只要堅持這樣做，相持日久，他們自然會被迫撤走❿。不難看出，正是蘇聯方面這時的態度，使得這次沒收電臺的行動迅速同中共中央內定的「擠走」美國等國在瀋陽外交機構的外交行動，聯繫了起來。十七日，毛澤東覆電中一句「同意你所取擠走瀋陽美、英、法領事館的方針」，為瀋陽軍管會把沒收美國領事館電臺的行動升格為封鎖與孤立美國在瀋陽外交人員的行動，正式開了綠燈。只是，如何具體實施這種封鎖與孤立，還頗費了一些周折。

　　瀋陽軍管會在發出沒收電臺通令時，完全沒有估計到可能引起外交糾紛，因此，當美國總領事瓦爾德表示拒絕主動交出電臺之後，由於不了解衛戍部隊是否有權利進入外國領事館強制執行，他們遲遲未能採取行動。以致出現了上文所提到的情況，在十一月十六日晚十時三十六小時期限過了之後，沒收行動竟又拖延了三天半之久。對此，毛澤東自然極為惱火⓫。由周恩來起草的中共中央的指示電明確提出：既然美國舊領事故意違抗命令，就應派隊入室檢查，並將電臺帶走。「凡駐在該舊領事館的人員因其蔑視中國人民政府限期交出電臺的命令，將禁止其與外界自由往來。如有需要須經市政府特許，方准外出（在核准其外出後，應有武裝隨行保護）。你們如此辦理，可達到我們

---

❿　參見《周恩來年譜》，人民出版社，1989年版，第796頁。

⓫　所謂毛澤東和周恩來的「極為惱火」不過如此。從他致電東北局質問：「你們沒有事先請示自己做了限期三十六小時交出電臺的決定，並已發出了通知，限期已滿又不去取，等候中央回電是否同意。難道中央不同意你們就準備取消限期交出電臺的命令嗎？」可以看出，此種「惱火」只是就外事紀律而言，並非反對「擠走」方針。

內定之擠走美、英、法等國領事的方針，而形式上則以雙方無正式外交關係並實行軍事管制,首先給美國舊領事以限制, 使其知難而退」。

由於美國領事公然違抗命令,「首先給美國舊領事以限制, 使其知難而退」,無疑是中共中央這時實施「擠走」美、英、法等國領事方針的一種策略。但瀋陽方面在實行時卻又忽略了這種策略上的必要性。具體說來, 在我們上面所提到的二十日中午開始的行動中, 有些看來並不完全符合中共中央的意圖。比如在這一天, 他們其實是不僅將美國領事館的人員, 而且還將英、法兩國領事館的人員也都統統軟禁起來了。而他們全面切斷領事館的電燈、電話和自來水供應, 也並非受命於中共中央, 純粹是當時考慮到東北主力部隊即將入關必須設法封鎖消息, 參考了蘇聯在瀋陽的商務代表的建議的結果。顯然, 對於剛剛進入大城市的共產黨人來說, 他們在外交方面的經驗是欠缺的。因此, 這回又是在毛澤東的指導下, 情況才多少有了改觀。儘管已經開始的對美、英、法三國在瀋陽的領事館人員的軟禁和斷電等, 一時難以立即改變, 但瀋陽方面的中共領導人畢竟已經注意到必須區別對待英、法人員, 而以主要力量對付美國人了。

越是臨近最終的勝利, 毛澤東就越是寄希望於蘇聯的承認與支持。他深信, 公開為蔣介石撐腰的美國政府是決不能聽任他把革命進行到底的, 共產黨要想順利地取得勝利和鞏固政權, 就非加入到以蘇聯為首的社會主義陣營中去不可。因此, 從一九四七年上半年他準備向國民黨發起全面進攻之日起, 毛澤東就一再請求斯大林允許他秘密訪問莫斯科, 以便與斯大林當面討論中國革命勝利過程中的各種重大問題。在一九四八年四月二十六日、七月四日、八月二十八日及九月二十八日, 毛澤東又接連四五次提出訪問莫斯科的要求, 甚至幾度做好了出發的準備,「要求蘇共中央能夠就有關的政治、軍事、經濟和其他重要

問題進行指導」，特別是在組織政治協商會議和與各小黨派的關係；聯合東方各種革命力量和與東方各共產黨建立聯繫；反對美蔣戰爭的戰略計劃；修復和建設中國工業、尤其是軍事工業和鐵路公路等問題上，「真誠地希望他們能給我們指示」。據毛澤東再三向蘇共派駐在中共中央的聯絡員阿洛夫 (A. Y. Orlov) ❷解釋說，他之所以堅持要這樣做，是因為「我們必須保證我們的政策與蘇聯的政策完全一致」❸。

第二節　關門大吉？

可以想像，像處理瀋陽美國領事館這件事，很大程度上正好被毛澤東這時用來向蘇聯方面表現對蘇態度。最初，他們只是不清楚，按照國際慣例和外交條約，應當如何對待這些堅持留在自己控制區域裡卻承認國民黨政權的西方國家的外交官。但他們很快就了解到俄國人的看法了。儘管，這種看法其實還並非直接來自莫斯科，不過是蘇聯在東北的外交官員對美、英、法領事館堅持留在共產黨控制的中國東北地區，表示懷疑，斷言這完全是「別有用心」，要求中共「提高警惕」❹。但毛澤東仍舊高度重視。因此，他剛一得知蘇聯駐哈爾濱總領事的意見，就立即覆電表示：不僅瀋陽美國領事館的問題，「關於東北以及全國的外交政策，我們一定和蘇聯協商處理，以求一致」❺。

---

❷　阿洛夫的具體身分是少將軍醫，他同另一位「米大夫」都是莫斯科派來為毛澤東和中共中央政治局負責人擔任保健醫生的。

❸　Andrei Ledovsky, Mikoyan's Secret Mission to China in January and February 1949, *Far Eastern Affairs*, No. 2, 1995.

❹　參見〈東北局給中央的電報〉，1948年11月6日；〈中央給東北局的指示〉，1948年11月1日等。

　　當然，中共針對瀋陽領事館所採取的帶有敵視性質的行動，也有其自己的考慮在內。基於中國革命的反帝性質和意識形態特點，他們這時很少幻想西方國家，特別是積極支持國民黨反對自己的美國會承認他們的勝利。在九月間剛剛召開過的中共中央政治局會議上，毛澤東第一次談到成立中央政府與外交承認的問題。他一句也沒有提到西方國家承認中共政權的可能性，只是明確講：一旦我們成立中央政府，至少以蘇聯為首的國際人民民主力量會跟我們合作的。從這句話裡，可以清楚地看出中共領導人這時的心態。他們顯然寄希望於以蘇聯為首的民主國家，對西方國家政府，特別是對美國極不信任。當然，外交承認問題，對中共利益影響甚大，從其自身利益著想，他們中許多人未必不會對西方國家抱以某種希望。注意到中共部分領導人最初在瀋陽處理與美、英、法等國領事館的外交接觸問題時，一度極力爭取後者的好感，積極主動地去做聯絡工作，就可以看出，他們確實存有這樣的希望。尤其是中共中央，他們當然不會不注意到英法兩國外交及經貿人員積極同中共占領區發生關係，特別是重視商業往來的情況。毛澤東在八月底提出的希望與斯大林商談的幾大問題中，有一條就是「關於與英法建立外交關係的政策」問題。因此，他們雖然將「美蔣」視為一體，卻未必想把英法兩國同美國完全同等對待。在周恩來剛剛起草了中共中央有關「擠走」美國等國駐瀋陽領事館的方針的文件之後不久，毛澤東就再度發出指示，強調區別對待英、法與美國，說明美國是國民黨的總後臺，也是中共最大的敵人，而對英法則應利用之。利用矛盾，各個擊破，本來就是中共長期以來運用嫻熟的策略手法。在全力與美蔣作戰的情況下，如果能夠分化英法與美國，最大限度地孤立美國，自然對中共有很大好處。所以，毛澤東明確指示：「對於

❶　〈毛澤東給高崗的電報〉，1948年11月17日。

英法，似應較對美稍微緩和些」，明確提出，即使在外交鬥爭中，也要注意策略問題❶。在瀋陽不必禁止其出入，過一時期更應准其修復電燈電話。再度由周恩來擬稿的中共中央十一月二十三日的指示，更進一步對毛澤東的意見作了具體的說明。指示稱：我們目前堅持不承認國民黨與這些帝國主義國家的外交關係，是為了使我外交立於主動，「並不等於我們永遠不與這些帝國主義國家發生外交關係，也不等於對待這些帝國主義國家毫無區別。擠走美、英、法三國駐瀋領事館的一般方針，……並不一定在東北以外的解放區都實行，而且對英法和對美必須有所區別。」❶

中共中央關於「擠走」美、英、法駐瀋領事的方針最早是十一月十日提出的，但當初中共中央並沒有在政策上做任何區分。它只是籠統地提出封鎖和孤立美、英、法，既沒有提出區別美國和英法，也沒有提出區別東北與關內。而在二十三日進一步的指示電中，它則不僅提出了區別美、英、法，而且宣布說「擠走」的方針在東北以外的地區並不一定要實行。要了解這種改變的背景，一方面固然又是與莫斯科的意見有關，另一方面還必須注意到十一月中旬毛澤東對革命勝利時間估計的改變。因為恰恰是這種估計的改變，使得中共中央此前此後對於未來外交的前途，一度開始有了頗為不同的認識。

十一月十日周恩來起草的電報，對全局的估計是基於九月中央政治局會議關於要五年左右時間才能取得最後勝利為依據的。因此，它對早日與西方國家發生外交關係的問題並未引起足夠的重視。但就在這封電報發出的第二天，毛澤東即改變了形勢的估計。十一月十一日，毛澤東在給各方面負責人的電報指示中，開始提出：「九月上旬（濟

---

❶　〈毛澤東給周恩來的批示〉，1948年11月18、21日等。

❶　〈中央關於擠走美英法領事館給東北局電〉，1948年11月23日。

南戰役前）中央政治局會議時所作的五年左右建軍五百萬，殲敵五百個正規師，根本上打倒國民黨的估計及任務，因為九、十兩月的偉大勝利，顯然已經顯得是落後了。這一任務的完成，大概只需要再有一年左右的時間即可達到」。顯然，在進一步統一了黨內領導人的思想之後，二十三日的指示對與西方國家，特別是與英法兩國發生外交關係的可能性，開始表現出了某種緊迫感。當斯大林告訴毛澤東，他應當更靈活地處理與西方國家，特別是同美國的關係，以避免出現俄國革命當年那種外國干涉的情況之後，毛澤東明確地開始強調外交策略。他指出，執行「擠走」方針要避免簡單化，即使是在東北地區，是否擠走英法也還要看那個時候的具體情況；即使是「擠走」美國，最後的決定權也必須操在中央手裡，況且就是擠走也並不意味著將來不與美國建交，因此做事也要留有一定的餘地，比如電臺所有權可仍屬美方，由我代管，「將來兩國建立外交關係時退還」 ❶ 。

　　一方面沒收電臺，封鎖美駐瀋領事館，軟禁其人員，一方面主張留有餘地，這種情況表明，毛澤東這時固然對美國極端敵視，但策略上並沒有根本否定未來中共政權與美國建立外交關係的可能性。為此，中共中央甚至很快電示東北局，對美國領事館的封鎖也不宜像監禁一樣，分別軟禁在三處的領事館人員及其家屬，應該允許他們自由來往。但這樣一種相對靈活的做法，突然被二十五日收到的一份東北局的電報打斷了。

　　這份二十四日發出的電報報告說，瀋陽方面於軟禁美國總領事瓦爾德等人之後的次日，破獲了一起重大間諜案，全部係美國特務，直

---

❶　〈毛澤東關於再有一年左右的時間即可根本上打倒國民黨的指示〉，1948年11月11日；〈毛澤東在中央關於擠走美英法領事館給東北局電上的批語〉，1948年11月23日等。

接由美國駐瀋陽領事館提供各種收發報裝置、經費並領導，任務是刺探並遞送有關蘇聯、外蒙古和中國解放區的各種情報❶。這一情況的出現，對中共中央外交政策衝擊之大，是出人意料之外的。俄國人關於美國堅持留在東北是「別有用心」的說法得到了充分的證實。因此，恢復瀋陽美國領事館三處人員自由來往的指示暫時停止執行了，對瀋陽美國領事館事件的性質估計迅速開始發生變化。中共中央又再度不加區別地提出「逐步擠走」美、英、法三國駐瀋陽外交人員的主張，並且開始提出：「我們不應允許資本主義國記者留在解放區發新聞」。而更加火上澆油的是，幾天之後，毛澤東又獲悉美國政府正在考慮以某種方式承認中國即將產生的新的聯合政府，通過恢復與新中國的貿易，鼓勵對新中國的投資等方式，分化中國現在的統一戰線，努力造成新的聯合政府中的反對派，以抵抗共產黨。毛澤東不禁勃然大怒：武裝援助蔣介石打不敗共產黨，現在竟親自出馬搞起孫悟空鑽進牛魔王肚子裡的卑鄙勾當來了。他憤然批示：「此種陰謀必須立即開始注意，不要使美帝陰謀在新政協及聯合政府中得逞」，「決不允許」那些心懷鬼胎的外國人到解放區來❷。根據毛澤東的這一指示，周恩來很快又起草了中共中央關於對待資本主義國家外交及新聞人員態度的指示，明確指出：「現時帝國主義外交人員及冒險分子都在尋找機會企圖鑽進解放區來，進行挑撥和破壞民主陣營的工作，我應嚴正地注視這

---

❶　關於這一案件的較為詳細的情況，在以後審判瓦爾德時曾經部分地加以公布。從當時東北局的報告和被捕特務人員的交代材料來看，應該肯定此一間諜組織確曾一度利用了瀋陽領事館，只不過，經過長期偵察和審訊，關於瓦爾德是否知曉此一間諜組織，並負有直接責任的問題，始終沒得到證明。參見〈東北局致中央電〉，1948年11月24日。

❷　〈毛澤東對雷和文談話摘要的批語〉，1948年12月4日等。

一發展，並在適當時機用適當方式，揭露其陰謀，打破其幻想。」故對美、英、法等資本主義國家中要求進入解放區的外交人員、記者等，一概拒絕；各種問題，一律不予答覆。對於堅持留在我解放區，包括今後留在平津、上海、南京、武漢等地區的外交人員，只當外國僑民看待；對於留在這些地區的美國武官（連原美國駐延安觀察組組長包瑞德在內），因美國軍官正在助蔣作戰，故應以武裝監視；對於留下來的外國記者，因其均為反共報紙或通訊社的記者，故亦不承認其為記者，不給以任何採訪和發電之權，軍管期間還應監視其行動，發現其有破壞行為，即予懲辦直至驅逐出境㉑。如此強烈的反應，當然不能不對他們前此的外交形勢估計產生嚴重的影響。

　　一九四九年一月，中共中央接連召開會議，討論建立新中國的各項準備工作，外交問題第一次提上議事日程。但對帝國主義陰謀保持高度警惕，成了人們議論的重點，外交承認問題再度被放到一邊去了。由於即將成立的新政權還帶有聯合政權的性質，政權內部還包含有相當一部分資產階級和小資產階級政黨的代表，國內還有相當一部分人對帝國主義，特別是對美帝存在程度不同的幻想，這使得剛剛得到政權的共產黨領導人對美國人的陰謀極其反感和擔心。毛澤東早就估計：我們一同美國的關係將是一個「長期的麻煩」。因此，他一直認為，在中國革命勝利後，首先必須設法剪斷與美國的一切關係，把自己房子打掃乾淨。毛澤東特別擔心那些資產階級和小資產階級的「朋友」們，因為抗戰勝利後的一系列事實都證明，正是這些人始終希望擺脫國共兩黨走獨立發展的「第三條道路」，而他們在思想上、感情上又最接近美國，其主張又恰恰最受美國人的歡迎。正是因為如此，毛澤

㉑　〈中央關於戰爭期間拒絕一切外國記者採訪解放區的指示〉，1948年12月23日等。

東還在一九四七年十一月「第三條道路」的主張盛行之際，就特別打
電報給斯大林，提出：「按照蘇聯和南斯拉夫的例子，在中國革命取得
最後勝利的時候，除了中共以外，所有政黨都應當離開政治舞臺，這
樣肯定會加強中國革命」。儘管斯大林告訴毛澤東，在中國革命的現階
段，只有將革命的政權建立在團結各中小黨派的基礎上，才更有助於
反對和孤立帝國主義及其國民黨代理人，毛澤東隨後改變了他的看法，
但是，他仍舊對在自己政權內部保留這些與美國有著千絲萬縷的聯繫
的政治派別，不十分放心❷。他在一九四九年一月的這次會議上強調
指出：我們的革命是帶反帝國主義性質的，帝國主義恨死了我們的革
命，尤其是美帝在中國失掉了威信，它當然不會甘心。美帝的對華政
策就是兩手，一是幫國民黨打我們，二是通過某些右派，甚至利用特
務從我們內部破壞我們。這兩手都很陰險。當然，我們首先要防止美
帝鑽進來。從現在情況看，國民黨失敗後他們是可能承認我們的，這
樣他們就能夠鑽到我們內部來同我們作鬥爭了。因此，我們相當長的
一段時間之內應當不給他們這種機會。我們要等到中國全部解放了，
我們已經站穩了腳跟，並且把帝國主義在中國的影響和基礎統統搞掉，
再說承認的話。他這時有過一句很形象的說法，叫做「打掃乾淨房子
再請客」。而他親自起草的一九四九年一月八日中共中央政治局關於形
勢與任務的指示，則向全黨明確宣布了對美國的這種強硬態度❸。

戰爭時期，軍事勝利就是一切，既然注意到資本主義國家的外交
人員及其記者都可能同帝國主義陰謀有牽連，那麼，為了保證軍事行
動的順利進行，不加區別地限制一切資本主義國家人員的自由，否認

❷　前引Andrei Ledovsky文。

❸　參見《毛澤東選集》，第1435–1436頁；〈中央政治局關於目前形勢和黨
　　在一九四九年的任務〉，1949年1月8日等。

他們的權利，也是理所當然的。一月十九日，中共關於外交工作的指示，再度明確規定：堅決否認一切資本主義國家在華代表及其機關的權利，其各種電臺及其收發報裝置一律沒收，對美國武官必須「派兵監視，不得給以自由」，對一切資本主義國家的記者一律不予承認，概不給以任何採訪發報之權❷。不過，引人注目的是，幾天之後，即一月二十五日，中共中央又很快下達了一個關於外交工作的「補充指示」，提出對原指示中的兩項內容須暫時變通辦理。其一是對平津兩地外國領事館所有的電臺，包括美國領事館在內，「暫置不理」；其二是對平津兩地的外國記者，連同美國記者在內，亦暫取放任態度，並可考慮經過一個時期的考察後，令所有外國記者重新登記，對其中合乎我們需要的外國記者給以採訪和發報之權，其他則不予批准❷。

之所以出現這種情況，既是同這時蘇聯方面的意見有關，也是同這時國內政治形勢突然出現的重要變化有關。

還在一月上旬，南京政府就積極謀求蘇聯出面調停國共兩黨之間的戰爭。當一月十日斯大林向毛澤東通報這一情況，徵求毛澤東意見時，毛澤東最初曾斷然予以否定。但考慮到強硬地拒絕和平談判，不利於國內國際的政治宣傳，並可能會給美國等西方國家組織聯合武裝干涉帶來藉口，斯大林一再勸告毛澤東務必在策略上做出某種和平姿態，把球踢回去，即使對美國也不宜採取過於激烈的敵對態度。在反覆考慮了斯大林的建議之後，毛澤東最終同意採取比較靈活的做法。這既包括策略上贊同與南京政府進行談判，也包括在外交上採取不過

❷　〈中共中央關於外交工作的指示〉，1949年1月19日，《中共中央文件選集》，第18卷，第45–47頁。

❷　〈中央對於外交工作的補充指示〉，1949年1月25日，《中共中央文件選集》，第18卷，第78–79頁。

於生硬的作法❷。斯大林的態度顯示出，蘇聯這時並非一味地有意要使中共與美國之間保持緊張關係。

在此之後，蔣介石突然於一月二十一日宣布下野，國民黨代總統桂系李宗仁及華中一帶國民黨軍隊最高將領桂系白崇禧等又積極密謀和共反蔣，政治形勢和軍事形勢有急轉直下的可能，這時在政治上和外交上保持一種較為積極態度，對於影響和分化國民黨統治區的各種勢力，包括美國的勢力在內，益顯出其必要性。況且，和平解放北平前後，中共中央也注意到了靈活運用外交策略的重要條件。

自一九四九年一月上旬以來，中共中央就不斷收到來自美國方面的訊息，顯示美國方面的態度也並非鐵板一塊。長期與中共領導人有著友好關係的美國記者斯諾、史沫特萊(Agnes Smedley)和路易斯・斯特朗(Anna Louise Strong)不用說了，就是多數美國在平津的記者所表現出來的態度也並非帶有挑釁性❷。不僅如此，這時，就連美國駐中國大使司徒雷登(John L. Stuart)也通過其秘書傅涇波輾轉送來密信，轉達大使的兩點希望：「(一)國府因迷信武力，失卻民心，致此田地，希中共以收挽民心為先決條件；(二)美所望於中國者，為主權獨立，政治、經濟、文化能達自由」。而後，又有情報顯示，即使南京國民黨政府決定撤往廣州，美國大使以及多數西方國家的大使仍將繼續留在南京，準備與共產黨方面進行接觸❷。緊接著，美國國務卿也就其在瀋陽領事館人員被軟禁一事，通過其在北京和香港的總領事，以文書

---

❷ 參見馬貴凡譯：〈斯大林與毛澤東一九四九年一月間來往電報選譯〉，《國外中共黨史研究動態》，1995年第1期。

❷ 〈史沫特萊致朱將軍函〉，1949年1月；〈鮑大可(Doak Barnett)、司悌祿(A. T. Steele)致毛主席的信〉，1949年12月29日等。

❷ 〈傅涇波致周恩來、鄧穎超、董必武諸先生函〉，1948年12月8日。

形式向中共最高當局提出詢問❷。所有這些在中共中央看來，當然意味著美國政府確實有曲折承認共產黨為未來中國新主人的可能性。

　　當然，沒有任何證據表明共產黨自一月下旬以來外交手法上所表現出來的那種多少靈活的態度，是其外交方針的改變。一月三十日至二月八日，蘇共政治局委員米高揚(Mikoyan)受命秘密地從莫斯科潛來河北西柏坡中共中央所在地，會見毛澤東，充分顯示了中共與莫斯科之間極其親密的關係。據米高揚對毛澤東說，斯大林在一月十四日蘇共政治局會議上特別強調說，他們非常歡迎毛澤東前去訪問，但中國正式的革命政府很快就將建立起來，那時候毛澤東就能以中國政府首腦的身份正式前去訪問了，目前中共軍隊還在作戰的時候，這種訪問無疑會被西方國家解釋為去接受蘇聯共產黨的指示，毛本人還會被指為莫斯科的代理人，這必然會被帝國主義和蔣介石集團利用來損害中共的威信。考慮到毛澤東的主要目的是要與蘇共中央具體討論有關中共革命勝利階段的一些重大政策性問題，斯大林認為完全可以先派一名政治局委員到中國來聽取毛澤東的意見。他是受斯大林和政治局的委派而來與毛澤東交換意見的。在這一周時間的交談過程中，雙方幾乎就所有共同感興趣的問題交換了看法，一些重大問題米高揚當天即通過電臺報告給斯大林，斯大林則很快發來回電給予答覆。雙方的關係更加密切。毛澤東反覆說明，中共中央一直希望能夠更經常地得到莫斯科的指示和指導，因為他和中共中央還非常缺乏理論和經驗，尤其是在理論方面沒有能夠對馬克思主義作出新的貢獻，他只不過是斯大林的一名學生，因此，斯大林同志關於中國革命是世界革命的一部分的觀點，以及對南斯拉夫民族主義的批判，對他具有極其重要的啟發和教育意義❸。毛澤東在這裡所以極力強調斯大林早年世界革命

---

❷　FRUS, 1949, Vol. 8, pp. 901–903, 907–910.

的觀點以及不久前對南斯拉夫共產黨民族主義傾向的批判，很明顯都是要表明他力圖與蘇聯保持高度一致的堅強決心❸⓪。

　　三月，在與莫斯科就各項重要問題取得協商之後，為準備建立全國新政權和制定有關政策，中共中央專門召開了七屆二中全會。會上，毛澤東等人就外交問題再度重申了他們在一月會議上提出的那些觀點。毛澤東肯定地說：我們知道美國人想承認我們，但我們卻不忙於與這些帝國主義國家建立關係。他這個時候一個基本的想法是要不受任何干擾地完全按照自己的意志來解決中國的問題。最初，他之所以認為把其他黨派留在政府裡對共產黨沒好處，就是因為不願意讓這些資產階級和小資產階級代表人物在自己的身邊製造麻煩。在得到斯大林的不同意見後，他在與米高揚談話中又表示，不希望在奪取南京後馬上成立新政府。他認為，成立這樣一個政府更麻煩，因為共產黨在一個聯合政府裡勢必要照顧到各方面的意見，不免使問題的解決複雜化。由此不難想像，毛澤東對於同美國等西方國家的關係，根本上也是持消極態度，避之惟恐不及，在他自信能夠完全控制住局面之前，絕不願同這些國家發生外交關係。因此，在這次會上，他更進一步突出強調了帝國主義「內部破壞」的問題。他形象地比喻說，不同美帝國主義發生外交關係，就是為了防止孫行者鑽入牛魔王的肚子搗亂，而「孫行者即美帝是也」。與此同時，毛澤東自然高度評價中共與蘇聯之間的盟友關係。他當場宣布：我們是和蘇聯站在一起的，在適當

---

❸⓪　前引Andrei Ledovsky文。

❸①　在一九四八年，蘇共與南斯拉夫共產黨之間發生了公開的爭論與衝突，一個重要的原因就是南共一直拒絕無條件服從莫斯科與美英等西方國家達成的協議，堅持要求在外交上的自主權。

的時候，我們就要公開發表文告來說明我們的這種堅定態度❸。這種情況說明，不論這時共產黨人的外交政策是否變得多少靈活一些，至少在內心深處，他們只能把美英等國，特別是把美國，看成是自己最危險的敵人。

第二節　小心試探

即使把美國當成敵人，是不是就絕對不應同美國等國發生外交關係呢？根據俄國革命的經驗，並且考慮到美、英、蘇在一九四五年雅爾塔會議上早已將中國大陸劃入美國的勢力範圍，莫斯科當然不會贊同毛澤東的觀點。事情很清楚，如果中共過早地在關內採取排斥美國的政策，難免不會使美國懷疑蘇聯意欲擴張其勢力範圍而採取干涉行動。

還在四月中旬解放軍發動渡江戰役前夕，中共中央忽然得知美國大使開始正式出面謀求與中共方面疏通和解。在通過蘇共派駐中共中央的代表科瓦廖夫(Kovalev)轉報給斯大林的情報中介紹說，從上海來的陳銘樞將軍的代表雷仲仁報告稱：幾個月以來，美國方面一直極力尋找途徑與中共疏通。為此，「司徒大使偕傅涇波於三月二十五日上午十一時冒惡劣天氣乘專機抵滬在友家與陳先生會見密談三小時，三月二十六日下午又密談三小時。並要求陳先生為中國及世界和平計往北平一行，向中共中央解析美國政策，俾得與中共化仇為友，與蘇聯合作建設世界，制止第三次戰爭」。司徒大使表示美國顧慮中共者二：「（一）美國怕中共站在蘇聯一邊與美國為敵，助長第三次世界大戰之危險性；（二）怕中共武力統一中國後放棄民主人士及民主聯合政府，而實行赤化亞洲，獨裁中國」。司徒大使稱：美國希望中國即日停止戰

❸　參見《毛澤東選集》，第1434–1437頁。

爭，實現和平，消除貪官污吏，希望中共真正實行民主，成立一個真正和平獨立民主自由的聯合政府，同時並希望中共能夠改變對美之態度，制止反美運動。如此，美國定願與中共實現友好並援助新政府復興與建設新中國❸。很快，在中共決定開始渡江戰役的幾乎同時，針對毛澤東去電徵詢斯大林關於新中國政府建立及其有關政策問題，斯大林給毛澤東回了一封很長的電報。回電中特別說明了他對中共外交政策的建議。他提議：只要資本主義國家，包括美國在內，能夠正式放棄對蔣介石國民黨政府的支持，那麼，中國民主政府就不要拒絕同這些國家建立外交關係和進行正常的貿易往來。因為這樣做將有助於使美國放棄其分裂中國的計劃，特別是在存在著美國直接武裝干涉中國革命危險的情況下，它將有效地削弱美國武裝捲入中國的決心❹。

　　司徒雷登的主動和斯大林的建議，無疑給了中共中央一個表現其靈活性的適當的機會。不管毛澤東內心深處是否相信與美國政府進行接觸的重要性，在斯大林的建議下，中共中央這時畢竟開始考慮向美國方面傳遞某些積極的信息和在可能條件下發生外交關係的問題了。

　　四月六日晚，中共中央曾收到新華社駐香港分社來電，報告美國前副總統華萊士介紹來華的索爾‧密爾斯 (Saul Mills) 已經到達香港，要求前往華北解放區。由於華萊士是力主消除美蘇分歧，結束冷

---

❸　關於司徒雷登的這一大膽的秘密嘗試，至今無論是在司徒雷登公布的個人檔案裡，還是在美國政府所公布的外交檔案裡，都沒有記載。唯一可以作為理解司徒雷登這一行動的參考的，就是他在三月十日發給國務卿的一份電報。在這份電報中，他第一次明確要求國務院授權他與中共高層領導會談。參見FRUS, 1949, Vol. 8, p. 174；〈轉報陳銘樞先生報告美大使來滬密訪二次事〉，1949年3月26日。

❹　參見岡察洛夫前引文。

戰的前美國總統候選人，莫斯科方面自然大開綠燈。但最初，像以往一樣，中共中央沒有做出任何反應。只是在收到斯大林的電報之後，即中共中央四月中旬初決定以四月二十日為過江最後期限的同時，它才破天荒地致電自己在香港的代表，宣布批准密爾斯進入華北解放區，訪問天津和北平。毫無疑問，在數不清的外國記者、外交官以及其他各類外國人，甚至是像路易斯・斯特朗這樣歷來受到中共領導人歡迎的美國人，幾個月來全部都被拒之門外之後，密爾斯是有幸能夠得到這種殊榮的第一位美國人。儘管這位美國前紐約產聯理事會總書記、紐約州美國勞工黨副主席，名義上是代表美國將近十家公司前來中國與中共領導人談生意的。但任何人都看得出來，在這個時候宣布讓這位具有重要政治背景的美國人到北平來，其政治上的意義遠較雙方對生意上的考慮要重要得多❸。

　　一度關死的門打開了，雖然這在很大程度上只具有策略意義，但毛澤東已經明白，至少不應當在口頭上把建交的門封死。由於對國民黨已經在軍事上取得了無可爭議的優勢，共產黨人不再需要像幾個月以前那樣把向外國人封鎖軍事消息放在外交考慮的重要位置。當務之急是避免美國可能的軍事介入，和盡可能快地結束對國民黨的戰爭。為此，毛澤東首先通知前線領導人注意不要在外交上出問題，並提出：鑒於美國方面託人請求和我方建立外交關係，「如果美國（及英國）能斷絕和國民黨的關係，我們可以考慮和他們建立外交關係的問題」。兩天以後，即四月三十日，他進一步以中國人民解放軍總部發言人的名義公開發表聲明，宣布：「中國人民革命軍事委員會和人民政府願意考慮同各外國建立外交關係」，但「外國政府如果願意考慮同我們

<hr>

❸　〈密爾斯備忘錄〉，1949年；密爾斯：〈赴華使命〉，1949年；〈密爾斯與周恩來談話紀要〉，1949年5月18日。

建立外交關係，它就必須斷絕同國民黨殘餘力量的關係，並且把它在中國的武裝力量撤回去」❸❻。

一九四九年四月二十三日，人民解放軍拿下了國民黨的首都南京，而以美國大使司徒雷登為首，多數國家的使節都留在南京沒有動。為了設法了解美國對自己及對國民黨的政策動向，並與司徒雷登保持接觸，中共中央專門派原燕京大學的學生黃華前往南京擔任軍管會外事處處長。而司徒雷登自然也急於與中共最高層進行某種方式的聯絡❸❼。於是，雙方由此開始了一段在新中國與美國關係史上相當引人注目的外交接觸與對話。

五月六、七日，司徒雷登兩度派其秘書傅涇波與黃華接觸，主動要求安排與黃華的直接會面。毛澤東得知消息後，當即致電南京市委與華東局，表示同意安排見面，但多聽少說，「以偵察美國政府之意向為目的」，絕對不可給美國人一種印象，似乎中共有求於美國的❸❽。

五月十三日，黃華與司徒雷登及傅涇波在司徒住處會面❸❾。

五月十三日的這次談話或者可以被看成是中共新政府成立前夕中美雙方的第一次重要的外交接觸。但是，在這第一次接觸中，就清楚地反映出雙方的看法和願望相距甚遠，根本就難以調和。中共中央所重視的是：「美國停止援助國民黨，割斷和國民黨殘餘力量的聯繫」，而司徒雷登實際上卻相信：只要國民黨政府仍然存在並得到美國承認，

❸❻　轉見《黨的文獻》，1989年第4期，第43頁；《毛澤東選集》，第1464頁。

❸❼　〈中央給南京市委及華東局的指示〉，1949年5月10日。參見FRUS, 1949, Vol. 8, p. 741；並見《新中國外交風雲》，世界知識出版社，1990年版，第24頁。

❸❽　〈中央給南京市委及華東局的指示〉，1949年5月10日。

❸❾　參見FRUS, 1949, Vol. 8, p. 746；《新中國外交風雲》，第26頁。

美國與國民黨政府之間的外交關係多半不會因為中共的軍事勝利而迅速改變。中共中央最重視的是：美國「永遠不要干涉中國內政」，而司徒雷登卻暗示，美國的承認要視新中國政府是否能夠廣泛吸收「民主分子」參加。這在共產黨方面理解起來，其實就是要干涉中國的內政。難怪南京市委總結司徒雷登這段話的意思就是：「聯合政府內應吸收美帝走狗」❹。

五月十七日，五月三十一日，傅涇波又兩次找黃華談話，再三表示美國政府與國會之間在對中共的政策問題上存在著極大分歧，司徒雷登是力主與新中國建立友好關係者，因此中共方面對司徒雷登應加以信任和諒解。根據他的提議，在中共中央正式批准之後，黃華主動約司徒雷登和傅涇波於六月六日在外事處再度面談。黃華表示，既然司徒雷登有意建立中美人民新的外交關係，那麼，就不應當迴避與國民黨斷絕關係和停止繼續援助國民黨的關鍵問題。司徒仍舊堅持，今天在中國沒有一個新政府，因而不存在承認的對象。況且如今國共各占一部分地區，按照國際法，美國在這種情況下也不能與尚有存在條件的舊政權斷絕外交關係。他突出強調的仍然是，未來中國的政府裡是否能夠儘量吸收一切民主開明的人士參加，並說明，承認問題與將視此而轉移。因為要了解美國政策，一句話就夠了，那就是，美國害怕共產主義，害怕世界革命可能引起第三次世界大戰。因此，在美國人眼裡，中國的問題不是一個簡單的對華政策的問題，而是關係世界和平的大問題。如果中國能夠實現民主自由，那麼，美國與蘇聯的關係也就好解決了❹。

---

❹　參見FRUS, 1949, Vol. 8, p. 744, 746。

❹　FRUS, 1949, Vol. 8, pp. 752–753；〈南京市委給中央的報告〉，1949年6月7日。

　　司徒雷登大概不會注意到，他的這些頗有挑釁意味的說法進一步
證實了毛澤東的擔心。它不可避免地使毛澤東等中共領導人愈益提高
了他們對美國陰謀的警惕性，對於美國斷絕與國民黨關係的可能更加
不抱幻想。繼續保持接觸的努力，看起來仍舊與斯大林有關，因為這
時中共代表與美國大使的整個談判過程，幾乎都是在斯大林的密切關
注與建議下進行的，毛澤東不斷地在向斯大林詳細地通報這種接觸的
最新結果❷。斯大林甚至明確認為，未來共產黨中國的恢復和建設如
果能夠得到美國在經濟上的某種幫助，也未必不是一件好事。因此，
儘管中共中央這時對司徒雷登事實上已無信任可言，它還是在繼續推
動這樣一種接觸。這多半也就是為什麼，當六月八日傅涇波告訴黃華
說，司徒雷登有意在返回美國之前，赴北平面見周恩來時，中共中央
所以會很快表示同意的原因。如果因此而相信另外一種說法，即所謂
黃華在這一天的談話中突然改變了兩天前的態度，轉而強調中國對美
國經濟援助依賴性，甚至斷言此一改變是基於周的「新方針」行事的，
因為周本人在五月三十一日就曾秘密通過一位澳大利亞記者向美英政
府轉述口信，說中國需要美國援助，要求美國相信在中共黨內存在著
開明人士云云，那無論如何是不妥的❸。檔案資料表明，黃就此次談
話給中共中央的電報絲毫沒有這樣的內容。恰恰相反，報告談到，關
於美國經濟援助的重要性的說法，是傅涇波在提出司徒希望能夠去北
平與周恩來見面時，自己強調的。而黃華當時的答覆是：美國對斷絕
與國民黨的關係若無正式表示，司徒去平要求恐怕不會得到回答。再

---

❷　根據筆者一九九四年五月與齊赫文斯基談話的筆記及齊赫文斯基在近
　　代史所作的報告。

❸　見 FRUS, 1949, Vol. 8, pp. 357–360，377–378；馬丁的《抉擇與分歧》
　　一書即持這種說法。見馬丁書第38–47頁。

從黃向中央報告的談話內容看，這時傅確已得到所謂周恩來的口信，因此，他極力表示美國政府方面許多人都了解周，也對周近來向人表示的意向感到鼓舞，並知道中共內部見解並不一致，而他們是贊成毛澤東、周恩來並反對親蘇派的。對此，黃明確予以了駁斥，稱之為「造謠挑撥、老調重彈」，完全是「美國對我陰謀」。可以想見，如果黃照所謂「新方針」行事，必不會如此表示。至於所謂周的口信，更是令人不能相信。因為從這一時期周所起草的大量有關電報指示看，周這時同毛一樣，對美國政府同樣極端不信任，並且明確反對對美國抱以幻想，他顯然不可能向美國政府祕密傳送這樣一種完全相反的信息。更何況，既然此事經過了並不可靠的澳大利亞記者，又走的是外交渠道，美英兩國很快都獲得了這一信息，它之必然不能保密而必為蘇聯間諜所偵知，是顯而易見的，周不可能不了解這種情況。因此，發生這樣的情況，既不合情理，也不合邏輯❹。

中共同意司徒雷登前來北平的信息，是通過燕京大學校長陸志韋發出的。在陸於十六日給司徒的信稱：毛澤東已經宣布你來訪燕京之意，我估計當局可能予以同意。陸志韋的信是特意交給中共中央看過的，其內容當然是得到中共領導人贊同的。中共方面更加明確的表示，還可見於毛對黃華電報的批示。十七日，傅涇波再見黃華，說明美國國務院有意讓司徒今後再以私人身份返回北平從旁贊助的情況後，儘管在這裡傅沒有提到司徒雷登希望返美前訪問北平一事，毛澤東仍舊在得到電報當天就做出批示：不管他是否再提，在司徒雷登返美前約

---

❹ 即使我們相信這位名叫基翁的澳大利亞記者所傳送的消息並非偽造，最合理的估計也只能是，它或者是有好事者於中間誤傳，或者是斯大林注意到美國人在這個問題上所存在的種種幻想，通過中共假意散布的消息，其目的還是為了「麻痺」美國政府，促使其加強與中共方面的接觸。

十天左右，即可表示：「如他欲去平，可獲允許，並可望與當局晤談」**❹⁵**。然而意想不到的是，傅涇波關於司徒要求訪問北平的表示，事實上並沒有得到司徒雷登的正式認可。此事自然節外生枝**❹⁶**。

六月二十七日，傅涇波攜來陸志韋十六日信，表示司徒雷登對此感到十分驚異，不知用意所在，並且司徒除了乘坐美國軍用運輸機前往北平外，時間上幾乎沒有可能再去北平了。因此，他只能報告美國國務院，由上面來作決定。言外之意，此事純係中共中央方面的主動表示，而司徒本人則是被動的。此種情況立即引起了本來就對用美國的這種辦法感到迷惑的中共領導人的極大不滿。周恩來電稱：司徒雷登去燕京及希望與當局晤談，均為司徒雷登所提，「決非我方邀請」，

---

❹⁵　〈陸志韋致司徒雷登函〉，1949年6月16日；〈中央給南京市委及華東局的指示〉，1949年6月21日。從周恩來起草，毛澤東又做了重要修改的這封中央指示電中，可以進一步看出周對美國的不信任。因為，對於南京提出傅十七日沒有再提司徒雷登要求訪問北平，我們是否可給以暗示的請示，周的意見很明確：「他如不再提，我們不必暗示」。相反，倒是毛澤東批示可以做這種表示的。

❹⁶　對照當時美國大使館給國務院的報告，和南京外事處給中共中央的報告，可以看出傅涇波在司徒雷登和黃華中間經常捕風捉影地傳遞甚至製造一些假信息。比如，他曾多次向黃華談到美國國務院有意讓司徒雷登擔任美國駐新中國的第一任大使，多次談到美國國卿表示司徒雷登可以先回美國做短期停留即返北平協助國務院做中共工作。事實上，這樣的情況在已經公布的美國國務院的檔案中是不存在的。甚至，到了七月二十一日，司徒雷登正在辦理離境手續之際，傅涇波又一次向中共傳出美國國務院希望司徒雷登去北平的消息，但中共方面不僅對此已經不感興趣，而且對傅也已再無信任可言。中共中央甚至警告傅：日後切忌不要「招搖撞騙」。

「此點必須說明，不能絲毫含糊，給以宣傳藉口」。事實上，同意司徒雷登前來，也只為分化美蔣，「我們對美帝亦決無改變其政策的幻想」❹。

　　如上所述，中共中央這時已經相當清楚地了解到美國不可能改變其現行的對華政策，因此，不論中共中央這時同意司徒雷登來訪的目的何在，他們當然不會幻想給予司徒雷登一種較高規格的邀請就能夠使美國斷絕與國民黨的外交關係，轉而承認自己。既然如此，司徒雷登來與不來，對於他們其實也並無絲毫損害。從六月三十日起，中共中央明確表示對於司徒雷登來北平問題不再有任何興趣。當然，七月一日美國國務卿也明確指示司徒雷登不得訪問北平，此事自然不了了之。隨後，司徒雷登於九日正式申請於七月十八日返美，十五日得到中共中央批准，雙方這次主要圍繞著建立外交關係而展開的非正式的外交接觸與對話，也就宣告結束了。而雙方這次對話，可以說絲毫也沒有找到可能達成諒解的基礎。如果說對話的雙方在某一方面確實取得了一致，那就是雙方的感覺。因為他們通過對話竟一致意識到：幻想改變對方的政策，純粹是徒勞的。因此，到八月二日司徒雷登「夾起皮包走路」之後，雙方不是更接近了，而是更敵對了，更仇恨了❹。

第四節　「聯蘇抗美」

　　幾乎不能認為中共和美國政府之間，在上面這個時期存在著相互接近的機會。十分明顯，雙方這時觀念及政策的考慮相差太遠。而它

---

❹　〈中共中央給南京市委及華東局的指示〉，1949年6月30日。

❹　〈關於雙方接觸後對對方的認識〉，可參見《毛澤東選集》，第1492頁；《美國外交文件》，1949年，第8卷，第405–407、801–802頁。

們之間的這種距離，絕不是雙方的政策制定者當時所能改變的。單就中共方面而言，意識形態的作用顯然在左右著他們對美國的看法。即使撇開這一點不談，毛澤東等中共領導人當時對美國政策之懷疑和敵視之所以根深蒂固，根本上還在於兩大因素。一是歷史因素，是他們對近百年來帝國主義軍事侵略、政治干涉和經濟壓迫的慘痛記憶，他們看不出帝國主義有可能自動地放棄它們在中國的特權和利益，看不出除了根本驅逐帝國主義出中國以外，還有什麼辦法能夠使中國人真正獨立自主、揚眉吐氣；二是現實因素，是他們從美國頑固地堅持武裝援助國民黨來消滅共產黨的戰爭中，從美國處心積慮地利用外交官做掩護，在蘇聯東歐各民主國家，包括在自己的解放區裡從事間諜活動，從雷和文以及司徒雷登等人赤裸裸地要求在中共的新政府中安插自由主義分子的公開言論中，所深切感受到的，他們看不出美國有自動放棄干涉中國內政，反對和顛覆共產黨政權的可能性，看不出他們除了把這個世界上最強大的帝國主義國家當成是自己的頭號敵人，時刻保持高度警惕，並且針鋒相對地進行鬥爭以外，還有什麼辦法能夠避免它對自己的統治造成危害。毛澤東深以他能夠得到幾乎與美國同樣強大的蘇聯的支持而感到慶幸，這使得他不必像弱小的民族主義者那樣機會主義地來保護自己。他清楚地了解自己在世界政治鬥爭中的位置，依照他的性格，他當然希望選擇一種最簡單明瞭的方式來解決這個令他頭疼的問題，這就是與蘇聯結成反對帝國主義的政治同盟。這也就是為什麼，當中共軍隊大舉渡過長江，占領國民黨首都南京將近兩個月之後，當毛澤東確信並不存在美國干涉的直接危險之後，他毫不猶豫地宣布了自己政治上將實行「一邊倒」的政策。

　　讓人感興趣的是毛澤東寫作和宣布「一邊倒」政策的時間。因為它恰恰是毛澤東表示歡迎司徒雷登到北平來訪問和晤面的幾乎同時。

這很清楚地顯示出他對同美國人談判抱著何等現實的想法。與公開表明自己同蘇聯結盟的意志相比，美國方面的反應遠不是那麼要緊。而毛澤東所盼望的這一天終於來到了。當中共中央了解到六月六日司徒雷登赤裸裸地表示了美國政府敵視共產黨政權，必欲扶持中國的所謂「民主開明人士」牽制共產黨，同時蓄意挑撥中共與蘇聯關係的態度之後，他們就已經考慮以更加明確的方式就此做出反應了。而六月十日，傅涇波有意把中共領導人劃分為「開明」和「教條」兩派，明顯地挑撥中共領導人關係的進一步的談話，更使得打破美國政府的試探與幻想成為刻不容緩的事情❹。

　　中共中央這時採取的第一個針對美國政府的強硬行動，就是在六月十九日突然公布了美國駐瀋陽領事館人員從事間諜活動的情況。本來，在五月中旬美國政府表示將關閉瀋陽領事館之後，中共中央考慮到當時與司徒雷登的接觸與對話，並沒有具體考慮是否要追究瓦爾德等人的間諜案責任問題。直到六月初，中共東北局方面對於瓦爾德等人的軟禁也相當放鬆，瓦爾德也已經得到美國政府同意關閉領事館的指令，並已得到瀋陽當局的認可開始做閉館和撤退的準備。但這時，鑑於司徒雷登及美國政府拒不放棄干涉中國內政的做法，並考慮到這一時期包括司徒雷登在內的美國在南京、北平和上海的外交官，通過各種方式指責中共違反國際法，強烈要求中共解除對瀋陽領事館人員的軟禁，同意他們關閉那裡的領事館，撤出全部外交人員，中共中央經反覆研究，終於就此做出反應，披露美國駐瀋陽領事館參與間諜活動的真象。顯然，這一決定是在很短的時間裡做出的，他們甚至來不及具體通知中共東北局，並且還沒有具體研究是否應當追究瓦爾德等人的間諜案責任問題。但這恰恰反映出，他們在一段時間的等待之後，

❹　〈南京市委給中央並華東局的報告〉，1949年6月10日。

對美國絕不可能放棄其必欲干涉中國內政的政策本質，已經更加確信不疑了。毛澤東六月二十四日親自批示公開廣播〈英美外交——特務外交〉一文，再清楚不過地表明了這種情況❺⓪。

中共中央這時採取的第二個多半是更為引人注目的強硬行動，就是公開宣布在政治上和外交上實行「一邊倒」。如前所述，在莫斯科的勸告下，他們嘗試過採取某種策略手段，適當靈活地處理與以美國為首的西方國家外交人員的關係，試圖以此來促使美國等西方國家停止援助國民黨，並斷絕與國民黨的關係，以加速整個解放戰爭的勝利進程。正是在這種情況下，毛澤東推遲了公開宣布「一邊倒」的時間。然而，與司徒雷登的對話表明，美國政府的條件遠不止於此，他們根本上就反對中共與蘇聯站在一起，不論是秘密的還是公開的，甚至他們根本上就反對共產黨，不論共產黨是不是願意與它們改善關係。況且在事實上，要否認中共與蘇聯的關係，或者在重大的國際政治問題上不表明自己的親蘇態度，也是不可能的。因此，是不是公開宣布「一邊倒」，對美國既定的對華政策其實都不會有什麼影響。考慮到新政協籌備會的召開和新中國政府即將成立，公開宣布自己的基本國策事實上已經刻不容緩，毛澤東很快在新政協籌備會的講話裡，特別是在〈論人民民主專政〉的文章裡，公開表明了自己親蘇反美的強硬態度。在毛澤東看來，這樣做同樣也是為了對付美國❺①。

---

❺⓪　見《人民日報》，1949年8月19、24日；《毛澤東書信選集》，人民出版社，1983年，第327–328頁。

❺①　毛澤東在此之後多次說過：我們是弱國，不是強國，美國怕蘇聯，但是不怕我們，因此，我們一定要聯合蘇聯，要以蘇聯為首。這樣就可能「使資本主義國家不敢妄動」。參見《毛澤東選集》，第1470、1477–1480頁；《建國以來毛澤東文稿》，中央文獻出版社，1987年，第1冊，第213頁

　　毛澤東的表態為未來中共全國政權的對美政策定下了調子，從而使得一度根據某些小道消息，猜測有可能引誘毛澤東等部分中共領導人遠離蘇聯的司徒雷登們，徹底地失望了。司徒雷登極其沮喪地承認：「毛現在不會被收買」。 但他似乎並沒有特別重視毛澤東的表態中所包含著的更為深刻的政治目的❷。

　　六月三十日，毛澤東正式批准禁止美國新聞處在中國的活動，正式批准對美國駐瀋陽總領事瓦爾德等一干人進行公開審判。隨後，鑒於美國國務院關於中美關係白皮書的發表，毛澤東在一個月的時間裡，接連為新華社寫了五篇旨在批判這一白皮書的重要評論文章。這些文章最典型地反映出毛澤東的個人風格，文字尖刻、辛辣，痛快淋漓，充滿傲氣，一氣呵成，一望而知便是毛心情最順暢時的即興發揮。可以看出他對批判美國對華政策重視之程度。這在其一生中也可以說是空前絕後了。毛澤東要幹什麼？很明顯，就是要徹底打破在相當一部分中國知識分子和中間階層中存在著的對於美國的幻想，要徹底摧毀司徒雷登以及美國國務卿艾奇遜之流所寄予希望的一切「社會基礎」。這個工作，毛澤東自從抗戰勝利以來始終在做。先是同黨內「恐美」思想做鬥爭，後是同中間派別的親美傾向做鬥爭，如今則是進一步掃除社會上對美國的幻想。他早就斷定，在武裝干涉難以實現之後，美國用以推翻共產黨統治的手段，只能是內部的破壞與顛覆，而在中國，確實存在著可供美國政府利用的足以用來顛覆共產黨的「社會基礎」。根本否定英美外交也好，公開宣布「一邊倒」政策也好，其實更多的只是要讓舉國上下認清這樣一條是非界限，只是要警告那些仍然對美國抱有幻想，並不斷勸說中共不要過於親蘇的「中間派」、「中間

等。

❷　FRUS, 1949, Vol. 8, p. 407.

階層」、「落後分子」，或者「自由主義分子」、「舊民主主義分子」、「民主個人主義」的擁護者們，萬萬不要倒向另一邊。毛澤東斷言，有這種「錯誤思想」、「糊塗思想」、「反人民的思想」的人，在中國還占相當數量，如果說國民黨打倒之後，還有什麼勢力能夠被用來對共產黨的權威挑戰的話，那就是他們。「但他們不是國民黨反動派，他們是人民中國的中間派，或右派」，因此對於他們還只能說服和爭取。毛澤東顯然把打破這些中間派頭腦中對美國的幻想的工作，看成是一件關係到未來中國生死存亡的大事情。他相信：一旦「爭取了他們，帝國主義就完全孤立了，艾奇遜的一套就無所施其伎了」❸。為此，毛澤東明確提出，把矛頭對準主要敵人美國，一方面使其威風掃地，以利恢復民族自尊心；一方面則將其趕出中國，以利根本破滅中間派的幻想。

　　一九四九年十月一日，中華人民共和國誕生了。與此同時，新政府對於美國的政策也基本確定了。就新政府外交政策的基本原則而言，它不否認有同包括美國在內的帝國主義國家建立外交關係的必要。作為新政府暫時基本大法的〈中國人民政治協商會議共同綱領〉明確規定：「凡與國民黨反動派斷絕關係、並對中華人民共和國採取友好態度的外國政府，中華人民共和國中央政府可在平等、互利及互相尊重領土主權的基礎上，與之談判，建立外交關係」❹。但是，正如周恩來所解釋的那樣，新政府外交政策的「基本態度」是以毛澤東在〈論人民民主專政〉一文中所提出的「一邊倒」為依據的，這是一個是非

---

❸　《毛澤東選集》（合訂本），第1487–1520頁。

❹　〈中國人民政治協商會議共同綱領〉，1949年9月29日；〈中華人民共和國中央政府公告〉，1949年10月1日，《建國以來重要文獻選編》，中央文獻出版社，1992年版，第1卷，第13、21頁。

界限問題，是一個認清敵友的問題。而考慮到目前新政府還面臨許多問題，基礎還十分不穩固，新中國政府實際上決定暫時不忙與美國，甚至也不忙與英國，建立外交關係。至於何時再考慮與美國建交，毛澤東這時相信，它可能需要一個比年初的估計還要長些的過程❺❺。

　　一切都是順理成章的了。中共新政府成立之後，它的鞏固與安全成為首當其衝的問題。而這種鞏固和安全的最大隱患，就是美國的干涉和破壞。為了減少帝國主義國家，特別是美國利用其在中國的半合法地位進行政治破壞和思想影響的可能性，根據毛澤東既定的方針，新政府很快採取嚴厲措施以打擊美國政府繼續在中國待下去的信心。十月三十一日，美國駐瀋陽總領事瓦爾德等因對中國雇員使用暴力，受到中國雇員聯名起訴而被拘押。隨即，瀋陽市公安局再以間諜案對瓦爾德等人提起公訴。十一月下旬，瓦爾德等人很快被分別處以數月徒刑，緩刑一年，然後驅逐出境❺❻。而十二月初，中共中央進一步討論了擠走美國在華所有外交人員的策略，隨後於一九五○年一月六日下令徵用美國等國駐北京領事館根據辛丑條約占據的舊兵營，最終迫使美國關閉了在中國的全部領事館，並撤走了全部政府人員❺❼。對於這一結果，當時已經在蘇聯訪問，爭取和蘇聯正式締結互助同盟條約的毛澤東看上去頗為滿意。他宣稱，只有在共產黨的領導下，在中國耀武揚威了一百多年的帝國主義者，才會如此丟臉，如此灰溜溜地離

---

❺❺　周恩來:〈人民政協共同綱領草案的特點〉，1949年9月22日，《建國以來重要文獻選編》，第1卷，第19頁；周恩來:〈新中國的外交〉，1949年11月8日，《中共黨教學參考資料》，國防大學出版社，1988年，第590頁。

❺❻　瓦爾德最後被驅逐出中國的時間是一九四九年十二月十一日。參見《新華月報》，1949年12月11日，1950年新年號，合訂本第620–624頁。

❺❼　《新華月報》，1950年2月號，合訂本第853頁。

開中國，而「拿我們沒有辦法」。 當然，毛澤東心裡很明白，這一切
的取得，也多虧了蘇聯。

第五章 「和尚打傘」無法無天

　　一九四五年二月，即第二次世界大戰結束前夕，美、英、蘇三國首腦在蘇聯克里米亞半島的雅爾塔舉行了一次決定戰後世界命運的重要會議，史稱雅爾塔會議。這次會議的中心議題就是為以美、蘇兩國為首的大國確定它們在戰後世界的勢力範圍，並且為戰後大國間的衝突與合作制定遊戲規則。會議的基本精神在於，肯定相互間在聯合國組織內的合作，同時承認世界被劃分成兩部分，以東西歐和遠東中、日、韓三國劃界，蘇聯與美、英等國各自保護自己的勢力範圍，對方不得逾越，否則即為犯規。

　　三大國設計的這個戰後世界，它的結構從一開始就既矛盾又脆弱❶。但斯大林卻因此被束縛了手腳，很長時間裡擔心因自己方面的

---

❶　首先，承認並且劃分勢力範圍這一行為本身，就是雙方意識形態根本對立，互不信任的產物。其次，雅爾塔會議召開時戰爭尚在最後進行中，雙方的軍隊尚未完成對歐洲及遠東地區的最後占領，因此，除非能夠在戰爭結束後很快確定雙方勢力範圍的最後分界線，否則，由此而引起的摩擦，將不可避免地成為雙方以後長期衝突的根源。事實上，在雅爾塔會議前後，雙方所表現出來的實際要求相去甚遠。一個明顯的事實是，一方面，英、美在歐洲不承認斯大林關於「誰占領了地方，誰就在那裡建立起自己的制度」的規則，堅持要在蘇軍占領的東歐國家保持相當比例的支配權。根據丘吉爾提議，並得到羅斯福承認的著名的百分比協定，英、美要求在波蘭保持自己的影響，對南斯拉夫和匈牙利占有百分之五

犯規而把蘇聯再度拖入到戰爭裡去。以致他不僅在歐洲主動勸告法國和意大利等國共產黨放下武器，聽任英國鎮壓希臘的共產黨武裝，在遠東也不惜勸誘毛澤東放下武器，不惜放棄染指日本的機會，不惜聽任美國軍隊去占領南朝鮮❷，只求能夠保住它在〈雅爾塔協定〉中得到的那點權利❸。

　　然而，毛澤東是一個不信邪的人。他曾經用過一句很形象的歇後語來說明他的無所畏懼，就是「和尚打傘——無髮（法）無天」❹。當機會擺在他面前時，他是絕不會讓它白白溜走的。他最恨有人依仗著某種優勢地位對他指手劃腳，限制他的發展，不論是他的敵人美國，還是他的朋友蘇聯。隨著他的事業日漸走向成功，除了死去的馬克思、

十的支配權，對羅馬尼亞和保加利亞分別占有百分之九十和百分之七十五的支配權。另一方面，美國在遠東占領日本時，卻堅決反對蘇聯以對日參戰國身份享有對日本的部分支配權。見 Sir Winston Churchill: *The Second World War*, Cassell, 1954, Vol. 5, pp. 197-198; FRSU, 1945, Vol. 6, pp. 815-817, 831-836.

❷ 美國政府原本準備將整個朝鮮委諸蘇聯託管，直到八月中旬才匆忙擬定了一個希望美蘇分割朝鮮的提議，沒有想到斯大林十分痛快地就答應下來了。因此，儘管美軍差不多比蘇軍晚了一個月才登上朝鮮半島，卻輕而易舉地占領了南部朝鮮。見 Matray, An End to Indifference, America's Korea Policy during World War II, *Diplomatic History*, Vol. 2, No. 2, 1978, p. 181-196.

❸ 即收回庫頁島南部，獲得千島群島，重新取得沙皇時代恥辱地失去的對中國東北中東鐵路和旅順港的控制權等。

❹ 〈毛澤東接見美國記者斯諾的談話〉，1970年12月18日，參見熊向暉：〈毛澤東是否說過「我就像一個手執雨傘雲遊四方的孤僧」?〉，《黨的文獻》，1994年第5期。

列寧以外，毛內心深處幾乎不承認任何活著的權威，即使是斯大林。因此，為了完成他的革命，他注定會走向美蘇的反面。

第一節　破除迷信

在過去了許多年之後，毛澤東也始終不能理解斯大林當初怕什麼？在毛澤東的認識中，固然有美蘇對抗和兩個陣營的觀念，但卻從來不認為在這種世界範圍的階級對抗中存在著必須要遵守的遊戲規則。他是騎在馬背上打天下的，講的是階級鬥爭，信的是「槍桿子裡面出政權」，雖然他也談力量均衡，講「文武之道，一張一弛」，但同受過多年神學院訓練，擅長邏輯思維和引經據典，卻沒有「拉竿子」經歷❺的斯大林比起來，毛澤東儼然是那種「天不怕，地不怕，敢想敢說敢幹」的「造反派」。他很少迷信，一生崇尚「觀念造成文明」，內心中總是燥動著「敢叫日月換新天」的浪漫理想❻，尤其是在一九四九年中共剛剛打下天下之際，他更是顯得雄心勃勃，不光想在中國大陸一展身手，而且還期望在亞洲有所作為。

在這個時候，對亞洲革命抱以極大熱情的遠不止是毛澤東一個人。還在一九四九年中共大軍剛剛渡過長江之後，在中共勝利的鼓舞下，北朝鮮勞動黨的領導人金日成和越南共產黨的領導人胡志明，都曾先後秘密來到中國。特別是金日成，一個月前剛剛從莫斯科訪問回來，向斯大林提出了盡快實現統一南北朝鮮的設想，沒有能夠得到斯大林

---

❺　過去形容拉上一些人上山當土匪為拉竿子。毛當年就是從拉上一支部隊上江西井崗山開始幹起來的。

❻　見毛澤東一九五九年回韶山老家有感而發的詩詞，其中有「為有犧牲多壯志，敢叫日月換新天」。

的支持。這時，他又根據一份北朝鮮的情報，強調南朝鮮方面正秘密向南北朝鮮分界線三八線一帶集結兵力，計劃於六月對北朝鮮發動突然襲擊，一面向斯大林求援，一面親自來中國的北平，要求毛澤東同意將中共軍隊中由家住東北的朝鮮族人組成的三個師移交給北朝鮮政府，以便能夠有效地加強北朝鮮的軍力，抵禦南朝鮮軍的進攻。對此，毛澤東當場表示，一旦中國實現統一，中共完全可以滿足北朝鮮的要求。他並告訴金日成：有蘇聯和我們與朝鮮毗鄰，你們不用擔心。當然，你們應當隨時做好對方發動閃電戰的準備，並準備打持久戰，準備戰爭長期化，甚至準備美國將日軍部隊投入到戰爭中來，但只要有必要，我們就會派軍隊去援助你們。對於統一朝鮮的問題，他的看法是，目前的國際形勢還不十分有利，特別是由於中共還在同國民黨進行戰鬥，軍隊主力都在南方，暫時無法幫助你們，因此，在我們戰勝國民黨並完全控制中國之前，最好不要發生戰爭。如果到一九五○年，那時日軍一旦進攻朝鮮半島，我們就可以迅速投入精銳部隊幫助你們殲滅日軍，那時將很容易統一朝鮮❼。

　　毛澤東這個時候對奪取整個中國，已是胸有成竹。儘管，還在一九四九年五月，蔣介石就已經將大本營移到臺灣去了，但毛澤東最初並沒有把進攻臺灣看成是一件十分困難的事情。在六月下旬劉少奇訪問蘇聯前夕，中共政治局主要領導人討論了關於要求蘇聯秘密派出空軍和潛艇協助自己攻打臺灣的問題，他們估計蘇聯應當能夠提供這樣的援助，因為稍加偽裝，應不致對蘇聯外交造成困難。因此，劉少奇率中共代表團到達莫斯科之後，很快就向斯大林提出了這一要求，想不到，斯大林很快就委婉地拒絕了。他告訴劉少奇，第二次世界大戰

---

❼　參見（韓國）《朝鮮日報》，1993年7月28日；（香港）《明報》，1994年4月號。

使蘇聯經濟遭受到巨大的損失，對此必須有足夠估計。並且，蘇聯在軍事方面支援攻打臺灣，必將與美國空軍發生衝突，從而為美國發動新的世界大戰製造口實。在剛剛經歷了大戰的災難，從西部邊界到伏爾加河已經是一片廢墟的情況下，這樣幹，俄國人民是不會理解我們的❽。

　　進攻臺灣必須跨海作戰，沒有海軍困難極大。但根據渡江作戰的經驗，毛澤東相信即使沒有海軍，他單靠步兵和海船也能占領臺灣，當然，如果能有空軍，則把握更大。考慮到蘇聯顧慮與美國的衝突，無法出動海空軍協助作戰，而自己建設海軍因無空軍掩護一時困難極大，毛澤東開始寄希望於盡快組建自己的空軍。他在七月十日給周恩來的電報中提出：我們必須準備攻臺灣的條件，除陸軍外主要靠海軍和空軍。「二者有一，即可成功，二者俱全，把握更大。」他提議：「我空軍要壓倒敵人空軍，短期內（例如一年）是不可能的，但仍可以考慮選派三四百人去遠方學習六至八個月，同時購買飛機一百架左右，連同現有的飛機，組成一支攻擊部隊，掩護渡海」❾。據此，毛澤東於七月二十六日指示劉少奇就此向斯大林請求幫助。次日，在與蘇共中央政治局舉行的聯席會議上，劉少奇代表中共中央正式向斯大林表示收回要求蘇聯協助進攻臺灣的請求，同時提出了請蘇聯協助訓練數百名飛行員，並賣給中共二百架飛機，幫助組建中共自己的空軍的問題。斯大林當場表示同意，並且指出，你們現在開始建立空軍已經晚了，如早一年，空軍就可以參加對南部中國的軍事作戰了。對於訓練飛行員一事，他明確講，航校不必設在蘇聯，可以由蘇聯派人到中國幫助開辦，中方的具體要求可以進一步派有關人員來莫斯科商談。與此同時，中共方面也已經擬定了一個在一年內建成擁有三百至三百五

❽　前引岡察洛夫文。

❾　《軍史資料》，1985年第10期。

十架作戰飛機（其中三分之二是戰鬥機，三分之一是轟炸機）的空軍的計劃，並在七月三十一日得到了毛澤東的正式批准。緊接著，預定擔任空軍司令員的劉亞樓率領有關人員於八月初趕赴莫斯科，很快與蘇方談妥了請蘇軍教官來中國建立四個殲擊機航校，兩個轟炸機航校，一年內訓練三百五十名飛行員，以及購買三百架戰鬥機和轟炸機等具體事宜❿。

　　由於自一九四七年以來對國民黨軍作戰一直勢如破竹，毛澤東最初對斯大林不願提供海空軍掩護，一時並不十分介意。但是，隨著中共軍隊在十月下旬的金門登陸作戰，以及十一月初的登步島登陸作戰中接連受挫，損失部隊上萬人，毛澤東不得不重新估計跨海作戰的難度。鑒於這兩次近海作戰失利都是因為渡海工具過於簡陋，部隊無法運渡重武器上島，又得不到海空軍掩護所致，毛澤東已看出跨海攻擊遠在一百多公里以外的臺灣，實在不是自己現有裝備所能完成的。不得已，毛澤東重新開始考慮向蘇聯求援。

　　從一九四七年底以來，毛澤東曾多次向斯大林提出過訪問莫斯科的要求，但均被斯大林以各種理由加以勸阻。前前後後兩年時間，直到一九四九年十二月十六日，他終於乘火車抵達蘇聯，開始了他盼望已久的對蘇訪問。在此之前，中共和蘇共雙方早已在東北進行過十分默契的配合，毛又於一九四九年二月在中國河北的一個小山村秘密會見過斯大林專門派來聽取他意見的蘇共政治局委員米高揚(Mikoyan)，劉少奇甚至還率中共中央代表團於這一年的七月間秘密訪問過莫斯科，甚至雙方已經達成了由蘇聯派遣大批技術人員幫助中共恢復經濟生產的具體協議，並已有二百名蘇聯技術人員隨同劉少奇來到了中國。再加上毛這兩年頻頻與斯大林直接通電，照理說他應當對蘇聯幫助的

❿　參見王蘇紅等：《空戰在朝鮮》，解放軍文藝出版社，1995年版，第81頁。

重要有切膚之感。但是，感情外露的毛在見到斯大林時，竟像當初見到米高揚時一樣，也抑制不住地想要向斯大林傾訴他在黨內遭受「國際派」打擊排擠的歷史 ⑪。毛當時的表現就像一個備受壓抑委屈的孩子見到自己的親人，總是抑制不住感情衝動一樣，他與斯大林握手時回答斯大林問候的第一句話就是：「我是長期受打擊排擠的人，有話無處說……」。然而，斯大林顯然不了解毛此時不吐不快的激動心情，竟一句話將其輕輕叉開了事 ⑫。為什麼斯大林連聽都不願意聽呢？本來就懷疑斯大林對他的受屈多少負有責任的毛，其內心因此自然會更加疑惑。

　　使毛倍感不安的是斯大林對建立中蘇互助同盟關係的猶疑態度。毛此行的一個最主要的目的，就是想要與蘇聯締結互助友好同盟條約，這是從根本上鞏固中共新政權和提高中共領導威信的一個重要外交措施。本來，毛對此抱有相當的信心與極大的期望。這是因為，還在一九四九年二月米高揚訪華期間和七月劉少奇訪蘇期間，斯大林都曾明確表示過要廢除一九四五年與國民黨簽訂的中蘇協定。米高揚與毛見面時，毛就曾藉口國內輿論對蘇聯在旅順及大連港的地位頗為微詞，試探地提出了中共希望勝利後經過一段時間收回東北主權的明確態度，斯大林得到米高揚關於這個問題的電報後，當時就覆電說明，蘇聯承認這是一個不平等條約，並表示準備廢除它。他並有電報說：蘇方已經決定，在中共政府成立後，「一旦對日和約簽訂，進而美軍撤出日本，就取消這個不平等條約，並盡快從旅順撤出我們的軍隊」 ⑬。

---

⑪　毛二月見米高揚時，花了將近兩天時間來敘述他在黨內受到不公平待遇的歷史。分別見前引Andrei Ledovsky文。

⑫　師哲：《在歷史巨人的身邊》，中央文獻出版社，1991年版，第435頁。

⑬　前引Andrei Ledovsky文。

在劉少奇訪問時，斯大林再度談到：我們承認〈中蘇友好同盟條約〉是不平等的，已和毛澤東交換過意見。此事等到毛澤東來莫斯科時即可解決，旅順大連問題均可照中共意願解決[14]。在毛訪蘇之前，他也曾兩度通過電報向斯大林通報了他此次訪蘇打算締結新約的意圖。想不到，雙方十六日第一次談話當中，斯大林竟突然又面露難色，說一九四五年八月與國民黨政府簽訂的那個中蘇條約「是〈雅爾塔協定〉的結果」，「是得到美英同意的」，單方面「變動其中的任何一點，都可能會給美英兩國提供修改庫頁島、千島群島等協定條款的法律依據。因此，我們研究，要找到一種實際上修改目前條約，但在形式上又能保持原有條款的辦法。在這種情況下，形式上暫時仍舊保持蘇聯在旅順港駐兵的權利，同時由中國政府提出要求，實際上撤退蘇聯目前駐紮在那裡的武裝力量。」中東鐵路也可以照此辦理。從俄方記錄看，斯大林這時多半並不是根本反對締結新約，而是擔心片面地廢除舊約，會給人以蘇聯不再遵守〈雅爾塔協定〉條款的印象，從而引起美英對蘇聯通過〈雅爾塔協定〉取得的庫頁島和千島群島的地位提出質疑[15]。

斯大林的上述說法多少引起了毛的疑惑。因為從中國方面保存的有關記述看，斯大林的說法更讓人起疑。據外交部外交史研究室引用的沒有注明出處的中方文件中記述的話，當時斯大林的原話是：「因〈雅爾塔協定〉的緣故，目前不宜改變原有中蘇條約的合法性，如果改變原有的，重訂新約，會牽涉到千島群島的問題，美國就有理由要

---

[14]　見前引《中華人民共和國外交史》，第13頁。

[15]　Record of Conversation between Stalin and Mao, 16 December 1949, *Cold War International History Project Bulletin*, Issue 6–7, Winter 1995/1996, p.5.

拿千島群島」。 因此，據這則記述說，毛當時就在某種程度上表示了不滿的態度，他一面肯定地說「照顧〈雅爾塔協定〉是必要的」， 一面則轉借國內輿論來向斯大林施加壓力，說「唯中國社會輿論有一種想法，認為原條約是和國民黨訂的，國民黨既然倒了，原條約就失去了意義」。 可是，斯大林仍舊堅持不簽新約，主張兩年以後再作大的修改❶❻。〈雅爾塔協定〉是否應該成為束縛中共與蘇聯關係的緊箍咒，毛十分懷疑。據說毛就此表示了異議，斯大林卻毫不動搖。毛在六年後更進一步說：對於締結新約的問題，在十六日談話時，「斯大林避而不談」❶❼。

從蘇方保存的記錄來看，毛當場似乎並沒有對斯大林的說法表示過不滿。他甚至不同意斯大林關於蘇聯將立即撤出旅順港和中東鐵路的說法，強調：「在中國還缺乏有效地抵禦帝國主義侵略的實力的情況下，長春鐵路和旅順港目前的情況是完全符合中國利益的。並且，長春鐵路還是為中國鐵路和工業訓練幹部的一所學校。」而斯大林的表示也很堂而皇之，他特別安慰毛說：撤退軍隊並不意味著當中國需要的時候蘇聯會拒絕援助中國，如果中國現在撤軍不合適，蘇軍也可以留下去。問題是，在他看來，撤退蘇軍對提高中國共產黨人在國內的政治地位有重大意義，因為這樣的話每個人都能夠看出，共產黨比國民黨強，它能夠取得蔣介石無法取得的東西。至此，他才表示同意斯大林的考慮，並承認：「在中國討論條約時，我們沒有考慮到美英對於〈雅

❶❻　裴堅章主編：《中華人民共和國外交史(1949～1956)》，世界知識出版社，1994年版，第17–18頁。

❶❼　裴堅章主編：《中華人民共和國外交史(1949～1956)》，第17–18頁；並見尤金記，李玉貞譯：〈與毛澤東同志談話記錄〉，1956年3月31日，《國際社會與經濟》，1995年第2期。

爾塔協定〉的態度。我們必須找到一種最適合我們共同利益的方法。這個問題值得進一步討論。」⑱

從記錄上看，在他們第一次會談中，真正可能讓毛感到不滿意的問題，應該是斯大林對奪取臺灣的態度。在談到蘇聯具體援助項目的問題時，毛馬上就明確提出了請蘇方幫助建立一支海軍部隊的問題。斯大林對此很痛快，表示：你們給我們人，我們給你們船，幹部訓練好之後就乘我們的船返回中國。毛當即暗示希望蘇聯能夠幫助奪取臺灣。他說：國民黨的支持者已經在臺灣建立了一個海空軍基地。我們缺少海軍和航空兵，使人民解放軍占領這個島變得更困難了。因此，我們的一些將軍一個勁兒地提出，我們應當請求蘇聯援助，派出一些志願駕駛人員或秘密軍事特遣隊，以便盡快奪取臺灣。斯大林的答覆含糊其辭，他說：「援助的可能並沒有被排除，而且本應當考慮這樣一種形式的援助。但在這裡最重要的是不要給美國人以干涉的藉口。至於指揮參謀人員和教員等等，我們可以隨時提供給你們，而其餘的問題我們還要考慮。」斯大林對奪取臺灣問題的具體建議是：訓練一部傘兵，空投到臺灣去，在那裡組織起義。毛對斯大林的擔心多少有些不以為然，他委婉地說：我們的軍隊已經接近了越南和緬甸的邊境，結果美英都很恐慌。但斯大林告誡他說：你沒有必要去製造與美國人或英國人的衝突。在對美國的問題上，一定不要魯莽，要避免衝突⑲。言外之意，斯大林還是不同意直接幫助中共奪取臺灣。

在中共已經通過把美國人趕出中國，狠狠地教訓了美國政府之後，斯大林仍舊如此小心翼翼地害怕得罪美國人，這在向來主張「宜將剩勇追窮寇」⑳的毛澤東看來，實在很難理解。由於斯大林早就找來的

---

⑱　前引 Record of Conversation between Stalin and Mao, 16 December 1949.

⑲　前引 Record of Conversation between Stalin and Mao, 16 December 1949.

國際法專家們這時還未能找到一個較為穩妥的中蘇條約形式，再加上斯大林派駐中共中央的代表科瓦廖夫又向斯大林提交了一份批評中共中央內部存在著親美反蘇勢力的秘密報告，斯大林對毛也頗多疑慮，雙方在十二月二十四日再度交談之後，斯大林一度把毛「涼」在一旁不管了 ❷。直惹得毛大發其脾氣，專家們也想到了解決的辦法，斯大林才又匆忙於一九五〇年一月二日以毛澤東的名義起草了一份〈答記者問〉，表示願意與毛具體討論訂立新約的問題了 ❷。

　　無論什麼樣的理由都難於解釋斯大林究竟為什麼第一次見毛就如此怠慢。看起來，這位越來越多疑的蘇聯領導人至少是對毛缺乏信任，搞不清楚毛的中國和美國究竟哪一個更可怕。一個最為明顯的跡象是，毛到蘇聯以後，無論蘇聯報刊還是參觀及會晤的場合，俄國人相當一段時間都是以「先生」相稱，閉口不提「同志」二字 ❷。這種情況顯然進一步刺傷了毛的自尊心，破壞了他對斯大林那本來就不太多的好感。

　　斯大林對毛的疑慮的解除，多半發生在緬甸、印度等英國勢力範

----

❷　這是毛占領南京後的即興而作的詩句，全句為「宜將剩勇追窮寇，不可沽名學霸王」。

❷　參見薄一波：《若干重大決策與事件的回顧》，上卷，中共中央黨校出版社，1991年版，第40–41頁。

❷　師哲稱這個〈答記者問〉是駐蘇大使王稼祥提議寫的，但毛澤東一九五六年三月和一九六三年二月兩度會見蘇聯大使時都明確講，這個〈答記者問〉是斯大林寫的，他看後同意發表的。前引《在歷史巨人的身邊》，第439頁。

❷　瓦西里·西季赫梅諾夫著，彭卓吾譯：〈毛澤東同斯大林、赫魯曉夫的關係〉，《黨的文獻》，1993年第5期。

圍內的國家先後承認中國新政權，而美國總統杜魯門與國務卿艾奇遜又先後發表聲明和講話，宣布美國的安全線不包括中國大陸，甚至也不包括臺灣和南朝鮮之後。當一九五〇年一月二十二日再度會談，毛問他是否真的不再擔心與中國簽訂新約會違反雅爾塔協定的問題時，斯大林變得相當爽快，聲稱：「是的，讓它見鬼去吧！既然我們已經取得的條約地位注定要改變，我們就必須幹到底。這件事確實會給我們帶來相當多的麻煩，我們將不得不與美國進行鬥爭，但是，我們對此已經習慣了。」因此，斯大林甚至贊成毛就適當時機奪取臺灣進行必要的準備。當然，直到最後，斯大林對於利用蘇聯的飛機和軍艦來進攻臺灣問題還是沒有鬆口。而且，雙方在涉及具體主權問題的一些談判過程中，仍舊存在一些爭論問題。比如，蘇方一面同意歸還中東鐵路，一面卻對過渡期內的管理權及所有權問題斤斤計較。又比如，斯大林堅持，中國的東北和新疆只准中國人和蘇聯公民存在，不允許第三國的資本和公民在那裡進行任何活動，尤其不得居住美國人、英國人和日本人等❷。

　　這樣一種結果，毛已經相當滿意了。畢竟對中國共產黨人來說，斯大林從來都是一個頭頂光環的「聖人」，毛迷信較少，懷疑較多，但也絕難例外。這一次，他終於證實了自己的懷疑，即斯大林也並非三頭六臂。至少，在他看來，斯大林並不足以讓他頂禮膜拜❷。

---

❷　參見 Record of Conversation between Stalin and Mao, 22 January, 1950, *Cold War International History Project Bulletin*, Issues 6–7, Winter 1995/1996, pp. 7–9；前引《中華人民共和國外交史》，第21–25頁；《中蘇友好文獻》，人民出版社，1954年版，第91–104頁。

❷　毛後來在談到這次訪問時，反覆表示過對斯大林的不滿。除了開始不同意簽新約以外，還集中批評斯大林有意冷落他，和在談判中經常表現出

第二節　逼上梁山

對於長期盼望訪問蘇聯，本欲與斯大林當面取得相互信任的毛澤東來說，莫斯科之行帶給他的，更多的顯然是不理解和不愉快。這不僅因為他沒有能舒解始終壓在他胸口的那股鬱悶之氣，而且因為他再度強烈地感受到雅爾塔格局下大國政治的沈重壓力。毛澤東內心中對斯大林尚存的那種神秘感，顯然進一步被打破。不過，在下決心採取「一邊倒」政策之後，最終能夠迫使斯大林同意簽訂〈中蘇同盟互助條約〉，在毛澤東看來，仍屬不虛此行。他回國後在人民政府委員會第六次會議上特別解釋了這個條約的意義。他指出：我們在國內戰爭中取得了勝利，「但是世界上還有反動派，就是我們國外的帝國主義。國內呢，還很困難。……在這種情況下，我們需要朋友」。「這次締結的中蘇條約和協定，使中蘇兩大國家的友誼用法律形式固定下來，使得我們有了一個可靠的同盟軍，這就便利我們放手進行國內的建設工作和共同對付可能的帝國主義侵略」，「使人民共和國處於更有利的地位，使資本主義各國不能不就我範圍，有利於迫使各國無條件承認中國，……使資本主義國家不敢妄動」。換言之，「帝國主義如果準備打我們的時候，我們就請好了一個幫手」❷❻。

借鍾馗以擋鬼，這無疑是毛急於同蘇聯結盟的一個重要原因。毛多次講：「美國怕蘇聯，但是不怕我們，它知道我們的底子」，如果它面對只是一個中國，那它是不怕的，「蘇聯今天是唯一能對付帝國主義

民族沙文主義立場。

❷❻　〈毛澤東在中央人民政府委員會第六次會議上的講話〉，1950 年 4 月 11 日，《建國以來毛澤東文稿》，第1卷，第290–291頁。

的強大力量」，美國不敢惹我們，是因為它怕跟蘇聯打起來❷。與此同時，毛高度重視聯蘇，根本上也是因為兩黨、兩國在意識形態方面的一致性。由於中蘇兩黨同源於一個列寧主義，毛在很多時候都是從階級的角度來理解中蘇之間的關係的。他對斯大林以及蘇聯的種種不滿（包括感情上對蘇聯干預的種種不愉快的記憶，在東北以及在新疆問題上圍繞蘇聯利益問題的分歧，以及在訪蘇期間感受到的不平等待遇等），都不能同他對長期侵略、壓迫過中國，如今又處心積慮地反對中共新政權的美國帝國主義的切齒痛恨相提並論。建國初始，毛當然不願一上來就打仗。他第一次與斯大林談話時就特別講過，他希望至少能夠獲得三至五年的和平建設時間，以便讓他能夠使備受戰爭破壞的國民經濟恢復到戰前最好的水平。不過，美國的敵視態度，也使毛深信他那套「凡是反動的東西，你不打，他就不倒」的邏輯，相信「美帝國主義亡我之心不死」。因此，他經常強調：「我們看到帝國主義就不舒服」，帝國主義不消滅，世界上就不會有太平，中國人也過不了安穩日子。正因為如此，毛這時不僅急於盡快取得先進軍事裝備來奪取臺灣，也願意支持周邊國家如朝鮮和越南等國共產黨早日實現自身的解放。因為周邊國家勝利的越多，中國也就越安全，政權也就越穩固。

　　毛澤東一向主張「不怕鬼」、「不信邪」，但〈雅爾塔協定〉的陰影仍舊或隱或現地閃現在他的戰略考慮之中。正是基於對美國不會聽任中共輕易占領中國大陸的估計，毛澤東始終認為美國無論如何都會找機會顛覆共產黨的政權，按照他所謂「凡是反動的東西，你不打，他就不倒，掃帚不到，灰塵照例不會自己跑掉」的道理，毛澤東顯然相信，只有經過真刀真槍的較量，使美國政府認識到中共不可戰勝，才能徹底挫敗美國顛覆自己的陰謀。不論他對斯大林有多少不滿，與蘇

❷　參見〈毛澤東與蘇加諾總統的談話〉，1956年9月30日。

聯簽訂互助條約，畢竟是確保中國安全和對抗美國的最重要的保證。而蘇聯根據中方的要求，派出空軍及空防部隊協助中方守衛重要城市上海，幫助空運部隊進兵西藏，更使他增強了背靠蘇聯同美國較量的信心。

據周恩來後來講，這時中共中央考慮同美國較量的戰場有三：一是臺灣海峽，二是越南，三是朝鮮。考慮到海軍建設剛剛開始，雖然中共中央已下決心將這次蘇聯援助的三億美元軍事貸款中的一半用來建設海軍❷❽，但海軍建設曠日持久，蘇方又不願出動海軍助其攻打臺灣，若只靠幾十艘國民黨遺留下來的小型艦船和大批漁船攻打臺灣，一遇美軍介入，海戰絕無取勝可能，因此毛澤東這時雖然仍在積極督促建設空軍和海軍，作進攻臺灣的準備，事實上已估計到有可能出現美軍干預的情況，因此力力避免在這裡與美軍進行較量。同時，根據斯大林在莫斯科明確要求中方承擔聯絡和幫助除朝鮮之外的亞洲各國共產黨的責任，朝鮮的問題也不在中方決策範圍以內，因此，即使在莫斯科，斯大林與毛澤東幾乎沒有討論有關朝鮮統一的問題❷❾。最後，從這時的形勢出發，中共所能夠決定的可能同美國進行較量的地點，也就是越南了。所以，毛澤東還在莫斯科之際，就與剛剛經過中國來到蘇聯求援的胡志明進行了積極的磋商，保證中國將全力支持越南抗法鬥爭。毛澤東回國以後，根據胡志明提出的書面援助要求，很快批准首先在中越邊境地區發起邊界戰役，打通中越之間的國際交通線，溝通中越兩國的陸上聯繫。隨後，從四月開始，中方大批向越共在越北的根據地輸送物資，對進入雲南硯山的越南人民軍主力提供大批武器和彈藥，幫助其更換裝備和訓練。與此同時，中共中央派出以羅貴

❷❽　《肖勁光回憶錄》（續），解放軍出版社，1989年版，第29頁。

❷❾　前引〈同毛澤東同志的談話記錄〉。

波為團長的政治顧問團，和以陳賡為團長的軍事顧問團赴越，協助越共進行各種黨務建設、政權建設、軍隊建設工作，並幫助越南人民軍各級指揮機構組織指揮作戰❸。

中共對越南的援助，究竟能夠在多大程度上給美國以威懾，這在一九五〇年上半年還是一個未知數。首先，越南是法國殖民地，即使能打痛法國人，能否教訓美國尚不清楚。其次，越南人民軍這時剛剛得到較好的裝備，其作戰經驗少，指揮力不強，要打敗法國人，以致刺痛美國，還需要很長時間。再次，中國接通越南的通道交通條件較差，距離內地又遠，一旦戰爭大規模開展起來，提供有效援助相當困難。因此，隨著朝鮮戰爭迅速爆發，毛很快意識到他同美國直接進行較量的時機到了。

朝鮮戰爭的爆發，具有複雜的背景。當金日成一九四九年四月向毛求援時，毛就曾明確表示過在中共統一中國後就會幫助朝鮮的統一事業。因此，當十月一日中華人民共和國中央政府在北平宣告成立之後，按照金日成的理解，中國的統一已經實現，無論蘇聯，還是中國，都應幫助他實現統一朝鮮的計劃了。但開始時，斯大林對此仍舊顧慮重重。

在中國革命出乎斯大林意料之外取得勝利之後，不論對金日成的統一朝鮮計劃，還是對毛澤東的武力「解放臺灣」計劃，斯大林都再也不敢自作聰明地籠統反對了。他之猶猶豫豫，半吞半吐地不予肯定，根本上是搞不清美國的真實想法。因此，當一九五〇年一月獲知美國正式宣布臺灣和南朝鮮都不屬於其武力保護範圍的消息之後❸，斯大

❸　周毅之等：〈秘密使命──陳賡在一九五〇年越南邊界戰役中〉，《人物》，1993年第2期；郭明：《中越關係演變四十年》，廣西人民出版社，1992年版，第26–28頁。

林再沒有反對這些計劃的理由。只不過，斯大林知道，美國對遠東保持不干涉的政策終將有一個限度，那就是蘇聯也必須嚴格地採取守勢。一旦蘇聯公開地捲入到遠東地區的戰爭之中，美國的聲明就不再有效了。因此，在剛剛同意了毛澤東關於簽訂〈中蘇友好同盟互助條約〉的請求之後，斯大林很快打電報給金日成，表示願意在莫斯科接見他，同他討論統一朝鮮的問題❸。顯然，在斯大林看來，金日成的計劃遠比毛澤東的計劃要更容易實行一些，因為在朝鮮半島，不需要一個俄國人在那裡直接參加戰鬥；而要攻打臺灣，中共近期內必然需要蘇聯在空軍和海軍方面給予援助，這難免不給美國人的捲入找到口實。

　　四月間，金日成等人秘密訪問了莫斯科。在與斯大林的談話中，金日成告訴斯大林，朝鮮人民軍已經取得了對南朝鮮軍隊的優勢，並

❸　美國總統杜魯門於一月五日發表新聞公報，聲明臺灣是中國領土，美國目前將不會向臺灣派駐軍隊和軍事顧問，並不會介入中國內部的臺灣爭執。十二日，國務卿艾奇遜進一步發表講話，說明美國在遠東的防禦範圍最遠只伸展到菲律賓和日本，言外之意，南朝鮮不在其保護的範圍之內。見迪安·艾奇遜著：《艾奇遜回憶錄》，上海譯文出版社，1978年版，第227–233頁。

❸　根據俄國檔案，斯大林是在得到蘇聯駐朝大使關於金日成一月十八日談話後，於一月三十日通知金日成同意討論統一朝鮮問題的。金日成十八日明確講：毛曾向他許諾，一旦中國的解放事業完成後，中共一定會支持他解放朝鮮。現在中國的戰爭結束了，他需要面見斯大林，請斯大林批准他為解放南朝鮮而發動進攻。斯大林覆電說：「關於南朝鮮這樣重大的問題，他需要進行充分的準備。這件事必須辦得沒有太大的風險，……我準備在這件事上幫助他。」Ciphered telegram Stalin to Shtykov, 30, January 1950, *Cold War International History Project Bulletin*, Issue 5, Spring 1995, p. 9.

且還有南朝鮮人民的支持，他有足夠的力量統一朝鮮。斯大林也同意，無論是朝鮮國內還是整個國際的局勢，目前都已發生了重要的變化，帝國主義目前不會對朝鮮內部的衝突問題進行直接的干涉。這將有利於朝鮮實現統一。但是，他建議，武力統一朝鮮的進攻還是應當在南朝鮮首先發動進攻的情況下，作為一種反攻的形式來進行。並且，有關這一行動的計劃，應當取得毛澤東的同意。

五月十三日，金日成等到達北京。在當晚的會談中，金日成首先通報了他與斯大林四月會談的結果。考慮到蘇聯的態度直接關係到朝鮮戰爭的成敗，毛澤東當即請蘇聯大使向斯大林加以核實。第二天，蘇聯大使向毛澤東出示了由維辛斯基轉來斯大林回電的覆本，回電明確肯定：「鑒於國際形勢發生了變化，他們同意朝鮮同志採取行動重建統一的建議」，但電報強調，這件事必須由中國同志和朝鮮同志一同做最後的決定，在中國同志不同意的情況下，這一決定應當被推遲作出 **❸❸** 。

朝鮮問題本來是蘇聯權力範圍中的事，不與中共商量也在情理之中。可如今這樣大的行動，朝蘇兩方自己弄成既成事實之後，又把牌打回來要中國承擔責任，這使毛頗感不快。但一方面，毛也深知「通過和平的方法統一朝鮮是不可能的，統一朝鮮只有靠軍事手段」 **❸❹** ，另一方面，由於有蘇聯粗暴干預中國革命的記憶在先，毛也不願在這個問題上充當反對者。因此，在與政治局在京領導人會商之後，他於

---

❸❸ Ciphered Telegram, Filippov to Mao Tse–tung, 14, May 1950, *Cold War International History Project Bulletin*, Issue 4, Fall 1994.

❸❹ 轉見 Ciphered Telegram, Shtykov to Vyshinsky, 12, May 1950, *Cold War International History Project Bulletin*, Issue 6–7, Winter, 1995/1996, p. 39.

十五日再度與金日成進行會談。他明確告訴金日成，他原來考慮先解放臺灣，之後再幫助朝鮮同志解決統一問題。但既然統一朝鮮的計劃已經在莫斯科得到批准，他同意首先統一朝鮮。金日成進而向毛詳細介紹了他們統一朝鮮的具體步驟，毛對此表示了肯定的意見。但他清楚，由於有美國在南朝鮮人的後面，再加上朝鮮軍隊很少正規作戰經驗，朝鮮統一的戰爭決不會是一帆風順。朝鮮戰爭影響中共被迫擱置進攻臺灣的計劃事小，如果能在朝鮮給美國人以深刻的教訓，也未必不是一件好事。問題是，他告訴金日成，要準備美國軍隊進行干預的可能，如果萬一出現這種情況，中國將會派出軍隊支援北朝鮮，因為蘇聯受到與美國簽訂的〈雅爾塔協定〉的限制，要指望蘇聯出兵相助是不可能的，中國則不受這樣的條約束縛。針對金日成關於帝國主義不會干涉的說法，毛率直地表示：帝國主義的事，我做不了主，我們不是他們的參謀長，不能知道他們心裡想的是什麼。不過準備一下總是必要的。我們打算在鴨綠江邊擺上三個軍，帝國主義如果不干涉，沒有妨礙；帝國主義如果干涉，不過三八線，我們也不管；如果過了三八線，我們一定打過去❸。

　　斯大林和金日成關於美國不會干預朝鮮統一的預計，很大程度上是從美國的公開表態，以及中國革命的經驗中來的。既然美國連〈雅爾塔協定〉已經很明確地劃入到它的勢力範圍以內的中國大陸都棄之不顧，區區一個南朝鮮，又是朝鮮人自己的事情，確實很難斷言美國

❸　參見〈朝鮮戰爭背景報告〉，1966年8月9日，原檔藏莫斯科俄羅斯當代文獻保管與研究中心，全宗號5，目錄號58，卷宗號266，第122–131頁，轉見Kathryn Weathersby, The soviet Role in the Early Phase of the Korean War: New Documentary Evidence,*The Joural of American-East Asian Relations*. Vol. 2, No.4 (Winter 1993).

一定會違背自己的聲明，對雙方間的衝突公開加以武力干涉。但從毛的角度來看，準備美國干涉總比不作準備要好。而更重要的是，既然遲早要同美國進行較量，在朝鮮較量也遠比在其他地方較量要好。畢竟朝鮮既靠近中國工業區，又靠近蘇聯，是最為有利的作戰地點。因此，毛把背靠蘇聯，在朝鮮打擊美國，看成是一個極好的機會。多年以來，毛始終相信與美國的關係將是一個「長期的麻煩」，因而對黨內、國內存在的「崇美」、「恐美」傾向深惡痛絕。如果能夠找到一個機會打痛美國，不論是由中國同志，還是由朝鮮同志來做這件事，那麼，這些「崇美」、「恐美」心理，必然隨之掃除乾淨，美國這個「麻煩」也將很長一個時期不會困擾自己了，共產黨的威信必將極大提高，其政權亦會極大鞏固。

六月二十五日，朝鮮戰爭開始了。出乎莫斯科和平壤決策者們意外的是，就在朝鮮戰爭爆發後的第二天，即六月二十七日，美國就通過聯合國安理會，正式宣布北朝鮮為侵略者。同日，美國總統杜魯門公開宣布美國將出兵朝鮮，並且宣布臺灣未來地位尚未確定，美國第七艦隊已被指派前往臺灣海峽，阻止對臺灣的任何進攻，以確保臺灣及臺灣海峽的中立化，防止戰爭蔓延。美國公開站出來阻止中共進攻臺灣，這一情況證實了毛當初曾有過的擔心。儘管在他看來，美國的這一行動無異於救了國民黨的命，使他極感憤慨，但在內部指示中，中共中央明確承認：「形勢的變化給我們打臺灣添了麻煩，因為有美國在臺灣海峽擋著」，同時我們也沒有做好準備，因此必須把「打臺灣的時間往後推延」❸❻。由於朝鮮戰爭爆發，我們如今必須把軍事戰略重點轉移到東北地區去，成立東北邊防軍，並準備在美軍直接介入時增援朝鮮。於是，中共的戰略重點被迫轉向東北地區。進攻臺灣的準備

❸❻　《肖勁光回憶錄》（續），第26頁。

工作逐漸停頓下來，最終竟不得不在事實上放棄了原先的攻臺計劃。

　　由於早就估計到美國干涉的可能，因此，中共對美國的介入並不十分意外。七月二日，周恩來就奉命告訴蘇聯大使，中共估計，美國將會把它駐在日本的十二萬人中的一半投放到朝鮮去，毛認為，如果朝鮮人民軍想要鞏固住他們已經取得的勝利，除了應當盡快占領釜山、木浦等港口以外，特別要注意在美軍可能登陸的仁川地區構築強大的防禦陣地。考慮到美軍登陸勢在必行，中國方面將集中九個師在鴨綠江邊，一旦美軍越過三八線，即以志願軍名義進入朝鮮參加作戰。斯大林對此深表讚賞。他在七月五日要蘇聯大使轉告周恩來：「我們認為，立即集中九個師在中朝邊界，以便在敵人越過三八線的情況下在北朝鮮以志願軍形式採取行動是正確的。我們將努力為這些部隊提供空中掩護。」隨後，斯大林更進一步說明，蘇方準備派出一個配備有一百二十四架飛機的噴氣式戰鬥機師對此予以掩護**❸**。因此，還在七月七日，即聯合國安理會通過決議，決定組成聯合國軍到朝鮮作戰的當天，中共中央軍委就召開專門的國防會議，決定成立東北國防軍，來擔負保衛東北和援助朝鮮人民軍的任務。隨後，原駐河南的第十三兵團被緊急調來東北，以美軍為假想敵開始進行作戰演練，並向蘇方緊急訂購大批軍事裝備，以便全面改裝部隊，準備對美作戰之用。到八月三十一日，中共中央打算集中十一個軍三十六個師七十萬人，以三線配備為基礎，準備支援朝鮮作戰。為此，中南、華東、西北幾個軍區的數十萬部隊先後開始被調赴東北前線。毛並特地將他對美國軍隊可能在

---

❸　Ciphered telegram, Filippov (Stalin) to Soviet Ambassador, 5 July 1950; Ciphered telegram, Filippov to Zhou Enlai or Mao Zedong, 13 July 1950, *Cold War International History Project Bulletin*, Issue 6–7, Winter 1995/1996, pp. 43–44.

仁川登陸的擔心，和中國軍隊準備參加作戰的決心，通知了北朝鮮方面❸。

　　面對美國的強烈反應，斯大林那裡明顯地亂了方寸。蘇聯本可利用它在聯合國安理會的否決權，破壞美國把其干預聯合國化的計劃，斯大林卻沒有讓他的大使回到聯合國去行使權力，致使美國輕而易舉地把聯合國變成了審判北朝鮮人的國際法庭，並把美國的軍事捲入變成了聯合國家共同干預的國際行動。而美軍於九月十五日突然在仁川登陸後，面對朝鮮人民軍的主力部隊幾乎全部被堵截在朝鮮南部，不僅由蘇聯人大力裝備的北朝鮮軍事力量面臨滅頂之災，而且毗鄰的中國，以及和中國簽訂有互助條約的蘇聯都將被拖入戰爭，斯大林的精神一度高度緊張。九月二十九日，金日成向斯大林發出緊急求援電報，想求蘇聯直接出兵援助朝鮮，如果實在無法出兵，就請幫助組織動中國及其他東歐民主國家的國際義勇軍援助北朝鮮❸，斯大林一面電告金日成可以直接向毛求援，一面通過駐中國大使要求毛：務必盡速派五六個師的兵力出至三八線以北增援金日成，蘇聯將盡可能提供空中掩護，以便朝鮮朋友有機會在三八線以北組織起他們的防線來❹。

---

❸　櫻井良子：〈首次公開的朝鮮戰爭內幕〉，（日本）《文藝春秋》，1990年4月號。

❸　Ciphered telegram, Kim Il sung and Pak honyong to Stalin, 29 September 1950, *Cold War International History Project Bulletin*, Issue 6–7, Winter 1995/1996, p.112.

❹　Ciphered telegram, Filippov to Mao Zedong and Zhou Enlai, 1 October 1950,*Cold War International History Project Bulletin*, Issue 6–7, Winter 1995/1996, pp. 112–113.

第三節　抗美援朝

有斯大林的支持，毛澤東對同美軍作戰最初信心十足。在八月十九日的一次談話中，毛澤東甚至提出，假如美國要在朝鮮投入三十至四十個師，只要中國軍隊加入作戰，將不難將它們大部消滅掉。一旦出現這種情況，必將極大地便利世界革命的爆發，且有利於中國和蘇聯的長治久安。在得到斯大林十月一日的電報，並接連接到來自中國駐朝鮮大使館和武官處的電報，又見到金日成的求援信之後，中共中央書記處書記毛澤東、劉少奇、周恩來和朱德四人當晚即連夜開會討論。會上，除毛力主出兵外，劉、朱均反對，周態度含混猶豫❹。經毛力爭後，會議暫時妥協休會。次日，即十月二日凌晨二時，毛分別起草了給東北局高崗及鄧華的電報，和給斯大林的回電，前電要東北邊防軍立即部署動員，隨時準備出動與新的敵人作戰；後電則告訴斯大林說，政治局已經原則通過了出兵朝鮮的決定，稱：「我們認為這樣做是必要的，因為如果讓整個朝鮮被美國人占去了，朝鮮革命力量受到根本的失敗，則美國侵略者將更為猖獗，於整個東方都是不利的」。他一面告訴斯大林，政治局的同志們存在著嚴重的擔心，認為出兵朝鮮，很可能引起美國宣布與中國處於戰爭狀態，轟炸甚至進攻中國沿海的某些重要城市及工業基地。這種情況，特別是一旦在朝鮮的作戰不能大量殲滅美軍，形成僵持局面，不僅將使中國的經濟建設的計劃遭到嚴重破壞，而且會引起民族資產階級及一部分人民對共產黨的不滿，一面又頗有信心地寫道，在他看來：「首先的問題是中國的軍隊能否在朝鮮境內殲滅美國軍隊，有效地解決朝鮮問題。只要我軍能在

❹ 毛後來曾講，抗美援朝「是一個半人決定的」，半個人即指周。

朝境內殲滅美國軍隊，主要地是殲滅其第八軍（美國一個有戰鬥力的老軍），則第二個問題（美國和中國宣戰）的嚴重性雖然依然存在，但是，那時的形勢就變為於革命陣線和中國都是有利的了。」因此，他強調指出，重要的在於盡快解決軍事領導人所最為關心的飛機大炮等項問題。他特別要求斯大林務必確保對入朝作戰部隊的空軍掩護並全力協助中國東北及沿海加強防空，以安軍心民心。尤其是空軍掩護問題，關係到戰場上的主動權，和有效的後勤供給保障問題。另外，毛亦要求蘇方迅速幫助入朝部隊改換裝備，因為，如果不能改變中國一個軍只有三十六門大炮的情況，使一個軍至少能擁有五百五十門以上的大炮，要戰勝和消滅一個軍有一千五百門大炮的美國軍隊，同樣是不可能的❷。

引人注目的是，斯大林並沒有收到毛起草的這封電報。由於二日下午和晚上陸續趕到的中南海頤年堂參加書記處會議的中央領導人和軍委領導人紛紛表示了反對出兵的態度，嚴重影響了毛的決心。考慮到多數領導人，特別是直接位於衝突前線的東北領導人高崗，和準備委以入朝作戰統帥的林彪反對出兵態度強烈、理由充分。毛反覆思考後，終於也犯起了嘀咕。當晚，毛改變了先前的態度，再度起草電報，通過蘇聯駐華大使告訴斯大林，政治局認為目前對於朝鮮戰爭，還是觀察一下為好❸。

---

❷　〈毛澤東致斯大林的電報〉，1950年10月2日，《建國以來毛澤東文稿》，第1卷，第539–541頁。

❸　關於毛十月二日主張出兵的電報見於中共中央文獻研究室編《建國以來毛澤東文稿》第1卷。此電在俄羅斯總統檔案館斯大林個人電報檔案中沒有找到，並找到另一封態度相反的電報，因此俄國學者對這封電報的真實性提出質疑。據查，中央檔案館確實存有毛親筆起草的電稿一份，

毛突然改變態度，根本原因當然是缺少致勝的把握。中共軍隊從沒有與美國軍隊正式交過手，毛對美國軍隊的蔑視，是從他成功地打敗全副美式裝備和美式訓練的國民黨正規軍的經驗中來的。但是，美式裝備的國民黨軍的戰鬥力是不是就與美國軍隊差不多呢？至少，一個軍一千五百門各種型號的大炮，這個數字遠遠地超出了他原先的想像。沒有相應的武器裝備，怎麼打勝仗？打不了勝仗，國內的局面將怎麼收拾？何況，就連他必須依靠來指揮作戰和保障補給的林彪和高崗，都對他的決心表示嚴重懷疑和反對，他即使堅持要打，結果也不難想像。只要稍微了解毛以往經歷就可以知道，毛一向主張不打無把握之仗。自從一九二七年拉著少數工人農民上井崗山同國民黨打仗，他就反對硬拼，主張「打得贏就打，打不贏就走」，因此經常被人指為「右傾」、「保守」。抗日戰爭中，他同樣反對八路軍、新四軍去同日本軍隊打硬仗，甚至不同意為保衛蘇聯而對日軍實行牽制作戰，歸根到底還是因為他知道雙方技術裝備相差太遠。在二十年的軍事生涯中，經常可以看到毛強調飛機大炮的重要性。抗戰之後三年時間儘管「鳥槍換炮」，又有蘇聯為後盾，但他講求實際的本性並未改變，當多數領導人一股腦兒地把各種困難和不足擺到桌面上來之後，他只好告訴斯大林：

　　經過全面考慮，我們認為，現在採取這樣的行動（指派志願軍援朝——引者注）多半會帶來極嚴重的後果。第一，派幾個師的兵力去解決朝鮮問題十分困難（我們軍隊武器裝備很差，與美軍作戰沒有取得軍事上勝利的把握），敵人可能會迫使我們

簽署的日期確為一九五〇年十月二日，但報頭未見發電批示與記錄，故此電之存在當屬無疑，估計並未發出。

後撤。第二，這樣做多半會造成美國與中國公開衝突，結果可能會把蘇聯也拖進戰爭。……中共中央多數同志認為對此持慎重態度是必要的。……如果我們派去幾個師，敵人又迫使我們後撤，同時還引起美國與中國公開衝突，那麼，我們的整個和平恢復計劃就會被徹底破壞，這會引起國內很多人的不滿（人民遭受的戰爭創傷還沒有恢復，我們需要和平）。因此，目前最好不派出軍隊，耐心一點，積極準備我們的力量。這樣會更有助於把握與敵作戰的時機。❹

　　然而，就毛澤東的本意來說，他的內心仍然很矛盾。就在他出兵決心開始動搖的當天夜裡，他仍叫周恩來緊急召見印度大使，要後者通過他的政府轉告美國政府，說明美國軍隊如果越過三八線，中國方面將不能坐視不顧，我們要管❹。與此同時，他一面表示尊重多數領導人不出兵的意見，一面卻多次講：「你們說的都有理由，但是別人處於國家危急時刻，我們站在旁邊看，不論怎麼說，心裡也難過」。「一些同志不主張出兵，我是理解的，但我們是個大國，不打過去，見死不救，總不行呀！」❹毛的這種心態，很清楚地顯示出他在成為堂堂中國領袖之後日益增長起來對周邊弱小國家的責任感。「革命時外援，

---

❹　參見俄羅斯聯邦總統檔案館檔案，全宗號45，目錄號1，卷宗號334，第105–106頁；Ciphered telegram, Fyn Si (Stalin) to Kim Il Sung, 8 October 1950, *Cold War International History Project Bulletin*, Issue 6–7, Winter 1995/1996, p. 116.

❹　見中華人民共和國外交部外交史研究室編：《周恩來外交活動大事記》，世界知識出版社，1993年版，第22頁。

❹　洪學智：《抗美援朝戰爭回憶》，解放軍文藝出版社，1991年版等。

勝利時援外」，這是毛對國際主義的理解，也是他階級意識的信條。因此，當十月四日中共重要軍事領導人彭德懷從西北趕來，明確表示支持毛的出兵意見之後，他頓時受到不少鼓舞。五日，斯大林又發來電報，一個勁兒地保證說：「美國目前還沒有做好進行一次大規模戰爭的準備」，日本更沒有可能派軍隊援助美國，即使美國感受到戰爭威脅，在朝鮮問題上，他們也只好屈服於受到蘇聯盟友支持的中國，甚至被迫撤離臺灣海峽。只要經過嚴重的戰鬥，並顯示出強大的力量，中國就可能迫使美國作出全面讓步，甚至為解放臺灣創造條件。斯大林甚至熱情洋溢地為毛打氣，說是用不著怕美國，聲稱：即使美國為了它面子傾其全力進行戰爭，「我們就應當懼怕它嗎？我的觀點是，我們不必懼怕，因為我們聯起手來將比美國和英國更強大。……如果戰爭是不可避免的，那麼讓它現在就來吧，而不要等到數年之後，那時日本軍國主義將恢復起來並成為美國的一個盟國了」❹。有了黨內將領的響應，又有了斯大林信誓旦旦的保證、豪氣百倍的鼓動，毛終於又有了一些信心。

　　十月七日，聯合國不顧中國方面警告和反對，通過了「統一」朝鮮的決議。同時，中國駐朝鮮軍事觀察組報告，美國軍隊正在越過三八線。事已至此，本著「言必信」的原則，也考慮到斯大林的態度，毛澤東堅持勸說政治局同意做兩手準備，先於十月八日發布了將東北邊防軍改編為中國人民志願軍的命令，力荐由主戰的彭德懷擔任志願軍司令員兼政委，要求前線部隊作待命出動的準備，同時一邊將這一決定通知金日成，一邊仍舊告訴斯大林說：「馬上還不能派出軍隊，還

❹　Stalin to Kim II Sung via Shtykov (informing him of the Stalin-Mao correspondence), 7 October 1950,俄羅斯聯邦總統檔案館檔案，全宗號45，目錄號1，卷宗號347，第65-67頁。

要過些時候」❹。毛很清楚，要出兵，還要解決兩個問題，第一是要
真正說服政治局的絕大多數領導人，為此他專門派周恩來和林彪於八
日當天飛往蘇聯，向斯大林具體介紹政治局領導人不主張立即出兵的
理由，把牌打給斯大林，讓斯大林來做說服工作。第二則是要具體解
決空中掩護問題，因為這是關係到出戰成敗的頭等重要問題，而斯大
林雖然早就答應下來，但其意思還多少有些含混不清，必須經過談判
而具體化。

　　周、林於十月八日動身，第二天到達莫斯科，首先見到莫洛托夫，
並在莫洛托夫陪同下乘飛機前往黑海斯大林休養地與斯大林和蘇共政
治局成員會面。在路上，莫洛托夫明確表示：蘇聯希望中國出兵，並
可以出動空軍支援中國軍隊❹。十日，周與斯大林會談，詳細介紹了
中共中央政治局討論經過，說明了多數領導人不同意出兵的意見。對
此，斯大林表示：我們本來設想，中國可以出動一定數量的兵力，我
們供應武器裝備，在戰爭過程中幫助中國裝備它的陸軍、空軍和海軍，
依據我們的經驗，戰時完成這樣的計劃，比平時要快得多，也更有成
效得多。對於周提到的蘇聯空軍掩護作戰的問題，他回答說：我們現
在就可以向你們提供飛機。至於蘇聯空軍，目前尚未作好準備，但兩
個月或兩個半月之後，可以出動來掩護你們。鑒於斯大林對空中掩護
問題態度猶豫，周當場答覆說，對美作戰，沒有空中掩護完全不可想
像，中國空軍剛剛開始建設，飛機的接運和利用對我們還有很多困難。
再加上現在國家經濟恢復工作負擔很重，要負擔大批飛機的損失，在
付款方面也成問題。至此，斯大林表示同意中國不出兵的意見，他在
與周一起發給中共中央的聯名電中，通知中共中央政治局說：蘇聯方

❹　《建國以來毛澤東文稿》，第1卷，第543–545頁。

❹　〈毛澤東會見金日成同志的談話〉，1970年10月10日。

面可以滿足中國赴朝作戰的各種軍事裝備需要，但蘇聯空軍因準備不及尚須兩個月至遲兩個半月之後才能出動支援中國軍隊，考慮到中方的困難，蘇共中央完全理解並且尊重中共中央暫不出兵的決定，將立即通知金日成從朝鮮撤退❺⓿。

在周前往蘇聯會見斯大林的當天，彭德懷也啟程趕往東北前線，一面組織志願軍，一面與軍以上幹部開會討論，了解出兵朝鮮的各種困難並擬定具體計劃。會後，他接連致電毛澤東，說明：「志願軍各項出動準備不充分，對美帝坦克尤其空軍顧慮很大。炮兵進入陣地運動時無空軍和高射武器掩護，顧慮更大」， 且鴨綠江鐵橋一旦因得不到有效保護而被炸毀，則不僅後勤困難，而且後續部隊也無法及時運送，對戰爭將造成嚴重影響。因此，首要問題是空中掩護問題，我們需要了解：「我軍出動作戰時，軍委能派多少戰鬥機和轟炸機配合？何時能出動並由何人指揮？」如能獲得空軍掩護，他主張邊防軍四個軍和三個炮兵師早日出動入朝，秘密集結於元山和平壤以北位置，一面等候蘇聯裝備，一面待機殲敵。與此同時，志願軍總部多數領導強調：如果在兩三個月內得不到空軍支援，應當考慮推遲志願軍入朝作戰的時間❺❶。

---

❺⓿　關於周此行帶去何種意見的問題，目前存在著爭論。不過，所謂周帶著出兵的意見去莫斯科，斯大林拒絕提供空軍掩護，致使中共中央改變態度的說法，多半是不正確的。第一，此前蘇方一直表示要提供空軍掩護，並未改口；第二，毛一九七〇年十月十日與金日成談話時，曾談到過周此行的情況。他回憶說：「當時，雖然擺了五個軍在鴨綠江邊，可是我們政治局總是定不了。在那個時候，因為中國動動搖搖，斯大林也就洩了氣了，說算了吧！後來不是總理去了嗎？是帶著不出兵的意見去的吧？」見〈毛澤東與金日成同志的談話〉，1970年10月10日。

　　空軍掩護的問題因此不能不進一步成為毛關注的焦點。這個時候，中共剛剛開始訓練空軍，一般估計要到一九五二年一月才能有三百多架飛機用於作戰，毛的希望當然只能寄託在蘇聯方面。不料，十二日得到周恩來與斯大林聯名電報，得知蘇聯出動空軍至少還要推遲兩個月的時間。這不能不使他進退維谷。他當即打電報要彭德懷等回京討論，並告訴前方部隊暫時不要再作出動準備，原定內地調往東北的部隊也暫停待命❺❷。

　　十三日，中共政治局再度召開會議，討論斯大林來電。彭德懷等堅主出兵，高崗這時也轉而積極支持出兵意見。在聽取了彭、高介紹美軍正在逼近鴨綠江，美機已經開始轟炸邊界城市，位於鴨綠江邊朝鮮一側的水豐電站眼看就要落入敵人手中，影響到中國東北工業中心南滿的電力供應將被切斷的嚴重情況之後，與會者多數反而大都開始意識到出兵參戰的必要了。毛終於下定了決心。他特別解釋說，斯大林已經同意為志願軍提供全部現代化的軍事裝備，滿足入朝部隊在坦克、大炮和汽車等方面的一切需要，並且同意提供空中掩護，入朝作戰的基本條件已經具備了，所差的只是開始作戰期間的制空權。如果僅僅從作戰的把握性角度考慮，我們可以在第一時期首先集中打偽軍，只要能夠殲滅幾個師的偽軍，朝鮮的戰局就會起變化。堅持兩個月，蘇聯空軍就能夠投入戰鬥，那時我們就可以展開進攻和設法消滅美軍

❺❶　〈彭德懷、高崗致毛澤東電〉，1950年10月9日；〈彭德懷致毛澤東電〉，1950年10月10日；杜平：《在志願軍總部》，解放軍出版社，1989年版，第41頁。

❺❷　《毛澤東軍事文集》，第6卷，第115頁；〈毛澤東致彭、高等電〉，1950年10月12日，《建國以來毛澤東文稿》，第1卷，第552-553頁；《彭德懷傳》，當代中國出版社，1993年版，第405頁。

了。據此，會議得出最後結論，即：「應當參戰，必須參戰，參戰利益極大，不參戰損害極大」。因為這樣做「對中國，對朝鮮，對東方，對世界都極為有利；而我們不出兵，讓敵人壓至鴨綠江邊，國內國際反動氣焰增高，則對各方都不利，首先是對東北更不利，整個東北邊防軍將被吸住，南滿電力將被控制」❸。

　　會議結束之後，毛接連致電周，說明會議結果。同時要求周弄清楚：第一，蘇聯援助的軍事裝備，究竟是用租借的辦法，還是要用錢買？我們「只要能用租借辦法保持二萬萬美元預算用於經濟文化等項建設及一般軍政費用，則我軍（就）可以放心進入朝鮮，進行一場長期戰爭並能保持國內大多數人的團結」了。第二，蘇聯是否肯定兩個月以後能夠出動空軍？「只要蘇聯能於兩個月或兩個半月內除出動志願空軍幫助我們在朝鮮作戰外，又能出動掩護空軍到京、津、瀋、滬、寧、青等地，則我們也不怕整個的空襲，只是在兩個月或兩個半月內如遇美軍空襲則要忍受一些損失」而已❹。據他這一天對蘇聯大使說，過去他的同志們之所以猶豫不決，關鍵是因為不清楚整個國際局勢、蘇聯援助的可靠性，特別是關於空中掩護問題。「現在所有這些問題都已經弄清楚了。」當然，他沒有忘記告訴斯大林，他第一批派出的九個師裝備很差，因此還只能用來對付南朝鮮軍隊。而現在志願軍最需要的，就是空中掩護，我們希望在兩個月之內能夠看到蘇聯空軍到達作戰❺。

---

❸　〈毛澤東致周恩來電〉，1950年10月13日，《建國以來毛澤東文稿》，第1卷，第556頁。

❹　前引李海文：〈中共中央究竟何時決定志願軍出國作戰?〉，《黨的文獻》，1993年第5期；並見熊華源：〈抗美援朝戰爭前夕周恩來秘密訪蘇〉，《黨的文獻》，1994年第3期。

　　這時，已經對中國出兵失去信心的斯大林，意外得知中共中央最終決定出兵朝鮮，十分感動。斯大林一面激動地告訴金日成，前一天發去的關於要他撤出北朝鮮的建議取消了，一面致電毛澤東表示感謝，並當即向周恩來承諾援助中國的軍事裝備全部給以信用貸款，蘇軍將不等兩個月就出動十六個團的噴氣式飛機掩護中國的志願軍，同時下令蘇方迅速調集各種裝備運送中國東北，改裝志願軍。儘管斯大林始終沒有滿足中方關於要求蘇聯空軍配合中國志願軍一同對美軍作戰的願望，但隨著志願軍迅速進入朝鮮作戰，這個問題已經變得不那麼重要了。照毛澤東後來的話來說就是，自從中國決定出兵朝鮮後，斯大林從此改變了對他的懷疑態度，相信他是「國際主義者」了，中蘇之間變得信任多了❺❻。

　　十九日，共六個軍，十八個步兵師和三個炮兵師的志願軍開始分批秘密進入朝鮮。根據中共中央最初的作戰部署，志願軍開始時專門找南朝鮮軍打。從毛澤東到部隊指揮官對美軍的空中優勢都格外擔心，不知「敵人飛機殺傷我之人員妨礙我之活動究竟有多大」，因此，毛最初明確主張部隊應「暫時避開（如果可能的話）美英軍，以免被其膠著」。只是在殲滅幾個偽軍師之後，「然後再打美英軍」❺❼，但在志

----

❺❺　Ciphered teltegram, Rosh chin to Filippov, 14 October 1950, *Cold War International History Project Bulletin*, Issue 6–7, Winter 1995/1996, pp. 118–119.

❺❻　一九五七年十一月十五日毛澤東在與波蘭共產黨總書記哥穆爾卡談話中曾提到這段往事，稱斯大林曾長期認為中國黨有「民族共產主義」傾向。這個「民族共產主義的解脫是朝鮮戰爭」。

❺❼　〈毛澤東致彭、鄧並告高電〉，1950年10月26日；〈毛澤東致德懷同志並告高電〉，1950年10月26日，《建國以來毛澤東文稿》，第1卷，第609、

願軍入朝作戰一個多月，接連取得殲滅和擊潰部分與美軍協同作戰的南朝鮮軍的勝利之後，毛又漸漸開始增長對美軍作戰的信心了。在日以繼夜地對美軍指揮及作戰行動作了大量研究之後，他確信美軍指揮漏洞甚多，戰術呆板，並不難打。因此，剛剛進入十一月，他就開始要求前方以半個月為期，設法殲滅美騎一師、美二十四師，以及美第二師了❸。恰好在這時，志願軍第三十九軍一部夜襲美軍騎八團成功，從十一月一日至三日共殲滅美軍一千餘人，擊毀和繳獲坦克二十八輛，火炮一百九十門❺，這就更加強了毛對戰勝美軍的信心和決心。十一月十二日，他從圖上作業發現因在太平洋戰爭中與日軍激戰瓜達爾卡納島而聞名於世的美軍陸戰一師孤立前突，立即致電志願軍司令部，要求他們「精心組織」，以五至六個師的兵力打掉這個據說是美軍中戰鬥力最強的部隊，給美國人一個教訓。與此同時，毛更進一步明確地得出結論說：美國軍隊並不像有些想像的那麼可怕，「美國人是可以戰勝的，美國軍隊比起蔣介石的某些能戰的軍隊其戰鬥力還要差些」❻。

　　十一月下旬，彭德懷等開始組織第二階段作戰。毛澤東極為樂觀

611頁。

❸　〈毛澤東致彭、鄧並告高電〉，1950年11月2日，《建國以來毛澤東文稿》，第1卷，第640、642頁。

❺　曾接替麥克阿瑟擔任駐遠東美軍司令和聯合國軍司令的李奇微記述說，此役美軍損失六百餘人，十二門榴彈炮，十二門無後座力炮，九輛坦克和一百二十多輛卡車。見李奇微著，軍事科學院外國軍事研究部譯：《朝鮮戰爭》，軍事科學出版社，1983年版，第72–73頁。

❻　〈中央軍委致十九兵團等電〉，1950年11月22日，《建國以來毛澤東文稿》，第1卷，第678頁。

地提出：「西線爭取殲滅五個美英師及四個南（朝）鮮師，東線爭取殲滅兩個美國師及一個南（朝）鮮師，是完全可能的」。並強調：「此次是我軍大舉殲敵根本解決朝鮮問題的極好時機」❻。儘管，第二階段作戰沒有完全實現毛澤東一舉殲滅美軍幾個師的設想，但仍取得了驕人的戰績，殲滅了美軍約兩萬人，僅俘虜美軍即達三千餘人❻。對此，毛澤東同樣是興奮不已。他並沒有對志願軍為什麼沒有能夠成建制的消滅美軍師提出疑問，甚至也沒有為剛剛投入作戰的第九兵團一下子減員四萬多人感到不安，相反，他雖然同意彭德懷關於必須作長期打算的觀點，但卻一方面要求部隊打過三八線，再殲滅幾個美軍師，一方面興致勃勃地發布文件，通知全黨說:「在志願軍的作戰經驗中證明，我軍對於具有高度優良裝備及有制空權的美國軍隊，是完全能夠戰勝的」❻。照毛澤東後來的說法就是：戰爭開始後，「（我們）能不能打（美國軍隊），這個問題兩三個月就解決了。敵人大炮比我們多，但士氣低，是鐵多氣少」❻。按照毛澤東的要求發動的第三次戰役，一舉將美國軍隊趕過了三七線，並占領了南朝鮮首都漢城，這更進一步鼓

---

❻ 〈毛澤東致彭、鄧、朴、洪等電〉，1950年11月28日，《建國以來毛澤東文稿》，第1卷，第678、687、689頁。

❻ 美方資料承認此次戰役美軍損失一萬七千人，中方資料統計為殲滅美軍二萬四千人。轉見徐焰：《第一次較量——抗美援朝戰爭的歷史回顧與反思》，中國廣播電視出版社，1990年版，第59頁。

❻ 〈中央軍委致各中央局、大軍區，並轉所屬各分局、軍區，各省市區黨委、軍區，兵團及軍，並告軍事學院〉，1950年12月18日，《毛澤東軍事文集》，第6卷，第243頁。

❻ 毛澤東：〈在政協會議上的講話〉，1952年8月4日，《毛澤東選集》，第5卷，第67頁。

舞了毛，以致當他得知美國通過聯合國於一九五一年一月十三日提出
了一個十分有利於自己的先停火後談判的建議之後，竟不顧斯大林和
彭德懷等人的意見，很快指示周恩來覆電予以回拒，揚言除非一切外
國軍隊撤出朝鮮，否則沒有停戰可能。據此，志願軍總部明確提出：
準備「連續作戰，一氣呵成，全殲敵人，全部解放朝鮮」❻。直到第
四次戰役志願軍被迫撤出漢城，特別是第五次戰役一戰損失八萬五千
人以後，毛才又重新冷靜下來，先是提出將國內部隊調入朝鮮輪番作
戰，以休養兵力、訓練部隊，打長期戰爭的思想，繼而強調「歷次戰
役證明我軍實行戰略或戰役的大迂迴，一次包圍美軍幾個師，或一個
整師，甚至一個整團，都難達到殲滅任務」。因為「打美英軍和打偽軍
不同，打偽軍可以實行戰略或戰役的大包圍，打美英軍則在幾個月內
還不要實行這種大包圍，只實行戰術的小包圍，即每軍每次只精心選
擇敵軍一個營或略多一點為對象而全部地包圍殲滅之。」等到每個美英
師都有三四個營被乾淨殲滅，士氣降低，那時再作一次殲敵一個整師，
或兩三個整師的計劃❻。在毛給斯大林的電報中，他已經注意到，由
於志願軍缺乏空中掩護，後勤補給困難，與敵裝備相差懸殊，部隊減
員過大而後備兵力不足，「朝鮮戰爭有長期化的可能」，因此，「我軍
必須準備長期作戰，以幾年時間，消耗美國幾十萬人，使其知難而退，
才能解決朝鮮問題」❼。

　　毛澤東這時對朝鮮戰爭的估計看來還是太過樂觀的。戰爭的進一

❻　前引《第一次較量》，第69頁。

❻　〈毛澤東致德懷同志電〉，1951年5月26日，《毛澤東軍事文集》，第6卷，
　　第282–283頁。

❼　〈毛澤東致斯大林電〉，1951年3月11日，《建國以來毛澤東文稿》，第2
　　卷，第151–153頁。

步發展證明，單靠中國志願軍的力量，即使全部用上蘇聯先後提供的六十四個陸軍師的裝備和二十二個空軍師的裝備，堅持再打上幾年，也還很難將美國軍隊趕出朝鮮。考慮到戰爭已形成僵持局面，雙方不能不在三八線上和下來。但即使打成個平手，在毛心理上也還是極大的勝利。因為對於他來說，第一，這次較量結結實實地證明了他早在一九四六年就下過的結論，美國人同樣是「紙老虎」，並不可怕。第二，這次較量給了自以為老子天下第一的美國人一個沉重的教訓，中國共產黨不好惹，從而掃除了毛澤東對美國可能有朝一日配合國民黨進攻大陸，顛覆自己政權的種種擔心。第三，能夠把美國人趕回到三八線上去，不僅確保了自己的安全，而且也大長了中共的志氣，教訓了國內那一大批有著「親美」、「崇美」、「恐美」思想的人，不僅沒有削弱中共的地位，反而極大地提高了共產黨的威信，鞏固了共產黨的天下[68]。

第四節　打破神話

　　當然，朝鮮戰爭實際上也還是給了毛澤東相當深刻的教訓。他很清楚，自己的軍隊之所以能夠出兵朝鮮與美國軍隊直接進行較量，一個很重要的原因是因為有蘇聯在背後撐腰，如果沒有蘇聯，像當年與國民黨作戰一樣，靠「小米加步槍」，和人拉肩扛小車推，來與武裝到牙齒的美國人打仗，要把美國人趕回三八線並長期堅持住，恐怕連想也不要想。在向參戰指揮官詳細了解了美軍裝備及作戰特點之後，毛也不再抱成師成團地殲滅美軍的幻想了。他已開始強烈地感受到經濟

---

[68]　見〈毛澤東同美國記者安娜・路易斯・斯特朗的談話〉，1946年8月，《毛澤東選集》（合訂本），第1193頁；《毛澤東選集》，第5卷，第103頁。

本身的強大力量了。

毛過去沒有出過國門，想像不出歐美國家經濟如何發達。即使在國內，他對大工業也很少了解與認識。幾十年的革命和戰爭的體驗，共產黨的成長，革命武裝的發展，乃至新中國的誕生，全都是從無到有，從小到大，從弱到強，從幾個人開始，依靠正確的思想指導，一步步創造出來的。因此，在毛的觀念裡，人的作用、正確思想的作用，始終是決定一切的。何況，按照馬克思主義理論，革命就是解放生產力。如今革命勝利了，經濟生產當然應當有一個大的飛躍。如果說過去毛對落後的中國迅速發展還有多少懷疑的話，那麼，一九四九年底一九五〇年初的蘇聯之行，已經使他大開了眼界。回國後，他在中共東北局會議上介紹訪蘇情況時，最強調的就是蘇聯工業發展的歷史，說：我參觀了很多地方，特別感興趣的就是蘇聯建設的歷史。看了工廠、農場，問其發展歷史，他們告訴我說，在革命前他們的工廠也是很少的，過去連飛機都不能修理，更不要說造飛機，革命若干年後就能造些飛機了，現在更是大批製造飛機；革命前造汽車比丹麥還要少，現在一年能生產幾萬輛汽車。他興奮地說，蘇聯同志向我保證，我們可以利用他們的經驗，利用他們的專家，很快也會像蘇聯一樣的，將很快會造飛機、造汽車的[69]。有革命勝利提供的政治前提，又有蘇聯援助與經驗的保障，毛確實想不出中國有什麼理由不能很快強大起來。

朝鮮戰爭之後，毛開始集中力量考慮經濟建設問題了。他在一段時間裡幾乎逢人便講：你經濟上不行，人家就看不起你。正是這種考慮促使他同斯大林逝世後新上臺的赫魯曉夫很快找到了共同語言。赫魯曉夫主張世界各國「和平共處、和平競賽」，毛也提出「世界講和，長期防禦」，突出強調和推行「和平共處五項原則」，積極爭取和平局

[69]　〈毛澤東在東北局的講話〉，1950年2月27日。

面，以便利於自己的經濟建設。為此，中蘇兩黨一度甚至共同努力勸說越南、老撾等國共產黨人限制自己的武裝鬥爭⓱，倡導美蘇從東西德撤軍，中美從南北朝鮮撤軍，毛還重新提出了關於「中間地帶」的思想⓲，強調在社會主義和帝國主義兩大陣營之間，還存在著一個「第三陣營，即是民族主義的國家」，主張社會主義國家應當將各國民族主義領導人，視為自己的同盟軍，通過團結他們，爭取世界上最大多數愛好和平的人民，制止可能發生的世界範圍戰爭⓳。毛這樣做，根本的目的，就是想集中國力來發展經濟，發展實力。他在五十年代中期以後公開講：美國為什麼總是張牙舞爪，不就是因為它有一億多噸鋼和幾顆原子彈嗎？「人家一億七千萬人口有一萬萬噸鋼，你六億人口不能搞它兩萬萬噸、三萬萬噸鋼嗎？」「趕上美國，不僅有可能，而且完全有必要，完全應該」。要知道，你是社會主義國家，人口比美國多幾倍，資源也不少，氣候條件也差不多，如果你不能在短時間內超過資本主義的生產速度，你還有什麼優越性？就應該開除你的球籍⓴！同

⓱ 在日內瓦會議前夕，由於中共中央和蘇共中央的勸說，越共胡志明接受了與法國人沿十七度線實行南北分治的方案，並承認撤出老撾、柬埔寨。

⓲ 一九四六年美蘇冷戰開始前夕，因黨內長期存在著擔心爆發第三次世界大戰，害怕中國內戰引起蘇美衝突的恐懼，毛曾一度提出過「中間地帶」的思想，主要是強調世界政治分為兩極，一極是美國，一極是蘇聯，但美蘇兩極之間有一大批中間地帶國家和地區，中國就處於這個中間地帶之中，中國的革命只會有利於蘇聯爭取這個中間地帶，而不會引起美蘇戰爭。參見《毛澤東選集》（合訂本），第1191頁。

⓳ 〈毛澤東接見波蘭軍事代表團的講話〉，1957年10月3日。

⓴ 〈毛澤東在中國共產黨第八次全國代表大會預備會議第一次會議上的講話〉，1956年8月30日，《毛澤東選集》，第5卷，第295–296頁。

樣，你有原子彈，我為什麼不能有原子彈？他還明確提出：我們也「要有原子彈，在今天的世界上，我們要不受人家欺侮，就不能沒有這個東西」❼❹。

　　一心想超過美國，不僅反映出毛不服輸、不示弱的突出個性，它在另一個側面其實也反映出他試圖改變中共與蘇共、中國與蘇聯不平等地位的強烈願望。不過，在斯大林於一九五三年逝世後，新上臺的赫魯曉夫在處理與中國的關係問題上表現得相當熱情和主動，對毛亦十分尊重，因此，毛曾經明確講：過去與斯大林見面時，窩了一肚子的氣，而「第一次與赫魯曉夫同志見面，就很談得來」，雙方建立了信任的關係❼❺。毛所講的這次見面，發生在一九五四年九～十月間。當時，赫魯曉夫一反斯大林時代必須中共領導前往莫斯科「朝聖」的傳統，親自率政府代表團到中國來參加國慶活動。在中國期間，他主動放棄了以往蘇聯在中蘇雙邊關係當中非正常地占有的一些權利，比如，簽署了從旅順海軍基地撤退蘇軍，將基地及其有關設備無償移交給中國的協議；將實際受蘇方控制的四個中蘇股份公司中的蘇聯股份移交給中國；放棄當年根據斯大林願望所簽的秘密補充協定，不再對中國東北和新疆提出特殊要求。與此同時，他還承諾向中國提供了五億二千萬盧布的長期貸款，幫助中國新建十五個工業企業，並將原有的一百四十一項企業設備的供應範圍加以擴大，一些重要軍事工業的援助項目就是在這個時候由赫魯曉夫親自確定下來的❼❻。此後，赫魯曉夫

---

❼❹　轉見彭繼超：〈原子彈爆炸前的彭德懷〉，《中華兒女》，第46期，1995年
　　　7月。

❼❺　〈毛澤東與尤金大使的談話〉，1958年7月22日。

❼❻　參見赫魯曉夫著，張岱雲等譯：《赫魯曉夫回憶錄》，東方出版社，1988
　　　年版，第660–661頁；科瓦利著，李玉貞等譯：〈關於蘇聯援助中國進行

還很快滿足了毛關於盡快研究利用原子能、進一步製造原子彈的願望，與中方簽署了由蘇聯在和平利用原子能方面提供幫助的協定，並邀請中國科學家參加莫斯科國際原子能研究機構，幫助中國建立起第一個原子能反應堆和迴旋加速器，為中國原子能工業打下了重要的基礎。僅在一九五五年到一九五八年之間，中蘇之間就簽定了六項有關蘇聯幫助發展中國核科學、核工業和核武器計劃的重要協定❼。在斯大林逝世後的幾年時間裡，中蘇關係一度幾乎可以說是處於蜜月期。如果沒有赫魯曉夫一九五六年在蘇共二十大上的那個全盤否定斯大林的「秘密報告」，也許毛與赫魯曉夫的親密關係，還能保持更久的時間。

　　赫魯曉夫的報告是在一九五六年二月二十四日晚間至二十五日清晨在蘇共第二十次代表大會上作出的。赫魯曉夫在這個報告裡，向大會代表以及包括中共代表團在內的外國黨代表團的成員，詳細地揭露了對斯大林的個人崇拜以及由此所造成的駭人聽聞的個人獨裁和目無法紀的嚴重危害❼。當這個報告初到中國之際，對赫魯曉夫頗為欣賞的毛，並未表示反感，甚至多少有出氣的感覺，批評斯大林「把封建主義的精神實質帶進了共產主義運動中」， 表揚赫魯曉夫勇敢地揭開了「鍋蓋」，「及時地防止了爆炸」❼。直到九月中共八大開會時，毛對蘇共二十大批判個人迷信的作法仍持基本肯定的態度❽。但是，赫

　　第一個五年計劃建設的會談〉，《中共黨史研究》，1990年第3期。

❼　參見劉易斯和薛禮泰著，李丁等譯：《中國原子彈的製造》，原子能出版社，1991年版，第41頁注釋。

❼　拉齊奇著，夏平譯：《赫魯曉夫秘密報告事件始末》， 上海人民出版社，1988年版，第53-125頁。

❼　瓦西里·西季赫梅諾夫前引文。

❽　關於毛的讚賞態度，還可見前引〈尤金與毛澤東同志的談話記錄〉，及中

魯曉夫不打招呼，突然襲擊式的「秘密報告」，畢竟使毛感到不很舒服。何況，依照中國人的傳統觀念，赫魯曉夫的作法給人的感覺多少像是「欺師滅祖」，頗難讓人接受。毛當時就表示過：「過去把斯大林捧得一萬丈」，「現在一下子把他貶到地下九千丈」，這是否好呢？「你從前那麼擁護，現在總要講一點理由，才能轉過這個彎來吧！理由一點不講，忽然轉這麼一百八十度，好像老子從來就是不擁護斯大林的」，這恐怕有點「缺乏革命道德」❸¹。毛本來就具有同斯大林大致相似的黨內地位，其個人對這一類問題向來又極其敏感，斯大林屍骨未寒，作為接班人的赫魯曉夫就開始大反斯大林，這在心理上不可避免地會使毛感到不安。

　　對赫魯曉夫作法的疑惑，迅速勾起了毛在意識形態問題上的一些嚴重擔憂。這是因為，還在斯大林逝世之後不久，毛就已經發現，他所信奉並引為自豪的階級鬥爭的理論和經驗，正在受到公開的挑戰。一九五四年三月，英共主席致信中共中央，提出他們正在翻譯中的《毛澤東選集》中有一段話不適合英國的情況。這段話是「革命的中心任務和最高形式是武裝奪取政權，是戰爭解決問題。這個馬克思列寧主義的革命原則是普遍對的，不論在中國在外國，一概都是對的。」一九五五年，當東南亞一些共產黨領導人來華訪問時，也都特別問到了這個原則是否繼續適用的問題。這種情況說明，在二次世界大戰以後，國際共產主義運動中確實存在著一股思潮，對包括十月革命和中國革命道路在內的階級鬥爭的方式，產生了嚴重的懷疑。雖然毛堅持對武裝奪取政權，戰爭解決問題的原則不能做任何修改，但歐洲國家共產

共八大上劉少奇、鄧小平等人的報告。

❸¹　《毛澤東選集》，第5卷，第286、344頁。

黨人普遍地仍持懷疑態度❽。赫魯曉夫過去對這個問題沒有表示明顯的態度，在蘇共二十大的報告中，他顯然對通過「議會道路」奪取政權的方式表示了贊同，強調存在著從資本主義到社會主義「和平過渡」的可能性。對此，毛當然很難接受。因為，如果這條道路走得通，武裝奪取政權、戰爭解決問題的原則就不再正確，毛在民主革命過程中所創造的走農村包圍城市道路和武裝奪取政權的方式也將失去歷史價值，甚至毛一向以為資本的階級鬥爭的理論和經驗,也都只好束之高閣了。

階級鬥爭是否真的沒有了，不重要了？嚴格地說，毛對此也不是沒有過任何動搖的情況。自一九五四年與赫魯曉夫保持親密關係之後，毛曾認真地模仿蘇聯的經驗，堅持一定要走蘇聯走過的道路❽。這以後，赫魯曉夫在蘇聯推行改革方針，毛亦一度努力學習，影響到思想上也不大強調革命，而注重和平；不大強調階級鬥爭，反而相信大規模的、急風暴雨式的階級鬥爭已經過去，資產階級和無產階級之間的矛盾已經不再是中國當前社會的主要矛盾，經濟建設問題已經成為中國的首要任務。但是，一九五六年赫魯曉夫反斯大林報告出來不久，波蘭、匈牙利相繼大規模發生反蘇反共政治事件。毛原本在完成了對農業、手工業和資本主義工商業的社會主義改造之後，在一片鶯歌燕舞的喜慶之中，相信再不存在反對社會主義和共產黨的社會勢力，想不到他號召群眾幫助共產黨整風，一下子竟冒出來許許多多極其尖銳的批評意見，甚至各黨派「輪流坐椿」的說法也都冒了出來。於是，毛立即又轉入到階級鬥爭的思路上去了。他聲稱:「東歐一些國家的基本問題就是階級鬥爭沒有搞好，那麼多反革命沒有搞掉」。 鑒於東歐

---

❽ 參見《毛澤東選集》，第541-542頁；《建國以來毛澤東文稿》，第4卷，
  第530-532頁。

❽ 《建國以來毛澤東文稿》，第4卷，第585頁。

的教訓，他明確指示發動反右派運動，「將可能的『匈牙利事件』主動引出來」，以利「擠出膿疱」❹。

　　神話通常是迷信的產物。迷信被掃除了，神話往往也就不存在了。朝鮮戰爭，打破了世界上關於美國不可戰勝的神話；赫魯曉夫在蘇共二十大上的報告，又打破了共產黨人對斯大林和蘇聯的神話。在共產黨人中幾乎是具有父親般威望的斯大林，如今一下子換成了赫魯曉夫這個小兄弟，毛儼然感覺到自己已經是居於老師的地位，處處都需要扶赫魯曉夫一把。於是，本來就充滿詩人浪漫氣質，思想有如天馬行空般獨往獨來的毛澤東，從此有了自由馳騁的廣闊空間，他的頭腦中再也存不下對蘇聯的哪怕稍微一點兒迷信了。他不斷地開始在黨內對蘇共的內政外交評頭品足。從一九五六年接連以政治局名義發表文章，從側面批評蘇聯黨，一次又一次地告誡黨內高級幹部，不要迷信蘇聯，「不能盲目地學，不能一切照抄」，「要去掉依賴思想」，甚至不同意說中國社會主義建設的成就與學習蘇聯經驗有關的話❺。尤其是波匈事件發生以後，他一面出於維護共產主義陣營團結的角度，出面給赫魯曉夫撐腰，一面又十分鄙視赫魯曉夫等蘇共領導人所搞的「大國沙文主義」那一套，甚至打電話給前去幫助赫魯曉夫解決問題的周恩來說：「這些人利令智昏，對他們的辦法，最好是臭罵一頓。」當得知蘇聯領導人多數不大能聽得進中共中央的批評意見時，他更是憤憤地斥責說：蘇聯那些頑固分子有什麼資本，「無非是五千萬噸鋼，四億噸煤，八千萬噸石油。這算什麼？這叫不算數。看見這麼一點東西，就居然脹滿了一腦殼，這叫什麼共產黨員，什麼馬克思主義者！我說再加十

<hr/>

❹　《建國以來毛澤東文稿》，第6卷，第497–498頁。

❺　《毛澤東選集》，第5卷，第285–286頁，《建國以來毛澤東文稿》，第6卷，第143、148、285頁。

倍，加一百倍，也不算數。你無非是在地球上挖了那麼一點東西，變成鋼材，做成汽車飛機之類，這有什麼了不起！」**❽**

　　在蘇共二十大以後，蘇共的地位和聲望大有江河日下之勢。隨著赫魯曉夫在許多問題上不得不求助於毛澤東，毛的要求也越來越高。一九五七年十一月大概是毛最感到心情舒暢的時候了。為了求得中共中央的支持和積極配合，十月十五日，蘇聯方面竟不得不同意在莫斯科與中國方面簽訂了兩國國防新技術協定，規定由蘇聯幫助中國製造原子彈。毛於協定簽訂後，率團於十一月前往莫斯科，參加社會主義國家共產黨和工人黨會議，一面表示擁護「以蘇為首」的方針，一面卻一上來就推翻了蘇共中央為會議起草的提案，迫使赫魯曉夫委屈求全地接受了中共中央起草的另一個強調革命和反美的新提案。這一切都使他心情格外舒暢。儘管他在大會上再三說：「我們中國是為不了首的，沒有這個資格」，但談到這個話題的本身，已顯示出在各國共產黨當中，毛所代表的中國黨已經取得了前所未有的舉足輕重的特殊地位。事實上，在這次會議上，各國代表團都被安排到賓館下榻，唯有毛與中國代表團卻被邀請住進了克林姆林宮；所有代表團的發言稿都要提交蘇共中央審閱批准，唯有毛只是準備了提綱，而且無須提交蘇方審閱；各黨代表發言均須站在講臺上，唯有毛可以坐著講話。更有甚者，各國黨的領導人在會議期間紛紛找毛交換意見，尋求支持，個別蘇共領導人竟也公開發表文章承認：世界社會主義和民主陣營是由蘇聯和中華人民共和國共同領導著的**❼**。

---

❽　《毛澤東選集》，第5卷，第344頁；《建國以來毛澤東文稿》，第7卷，第196、203頁。

❼　〈毛澤東在社會主義國家共產黨和工人黨會議上的講話〉，1957年11月14日；前引瓦西里・西季赫梅諾夫文。

　　要不要以中國為首，這時也許並不是毛澤東格外關心的問題。蘇聯的歷史，以及它在政治上的地位，特別是它在經濟上的實力，正像毛澤東所講，這些情況的存在都輪不到以中國為首。但不論主觀上他如何考慮，在客觀上，他卻未必不認為存在著這種必要性。這是因為，自從赫魯曉夫在蘇共二十大上公開否定斯大林，並且提出資本主義與社會主義可以「和平共處」，兩者之間的轉換可以通過議會選舉的方式「和平過渡」的觀點，中蘇兩黨之間圍繞著戰爭與和平的問題，就開始存在嚴重的政治上的分歧了。不論毛對斯大林有什麼看法，他在理論上終究是列寧主義的繼承者，而他對於社會關係和國家關係的理解，很大程度上又是與斯大林一脈相承的，他的革命經歷和經驗，更是建立在列寧和斯大林暴力革命和階級專政的理論基礎上的。因此，在他看來，列寧和斯大林仍舊是當今一切共產黨人必須高舉的兩面旗幟，列寧主義和斯大林主義更是共產黨人在對敵鬥爭中必須掌握的兩把刀子。批判斯大林，等於丟掉了斯大林這把刀子；提出「和平過渡」觀點，事實上等於連列寧這把刀子也丟得差不多了。因為在他看來，列寧主義觀點的精髓，恰恰在於其暴力革命和無產階級專政的理論❽。一九五七年十一月社會主義國家共產黨和工人黨會議基本通過了由中共代表團起草的公開宣言，在相當程度上堅持了暴力革命的說法，這自然是毛感到快慰的重要原因。但與此同時，他在與蘇共以及歐洲其他國家共產黨領導人的談話當中，也吃驚地發現，他和這些國家共產黨領導人之間的共同語言已經越來越少了。他尤其意想不到的是，當他歷數社會主義陣營各項優勢，強調社會主義國家已經擁有十三億人口，而帝國主義集團僅僅控制著四億人口這一形勢特點時，蘇聯及歐

❽　〈毛澤東在中國共產黨第八屆中央委員會第二次全體會議上的講話〉，1956年11月15日，《毛澤東選集》，第5卷，第321–322頁。

洲各國共產黨代表大都抱以明顯的懷疑態度。一些國家的領導人甚至堅決反對在宣言上寫上任何可能刺激美國的言詞，說什麼人口多少並不重要，重要的是美國擁有世界上第一流的戰爭力量和經濟力量❽。

　　毛講唯物論，但在毛的經驗裡，一定的物質條件具備之後，沒有什麼不是由人心所決定的。人心向背，不僅可以決定中國共產黨的勝利，同樣也應該可以決定世界帝國主義的垮臺。更何況共產黨人還握有絕對優於資本主義國家的先進的社會制度。他無論如何不能理解，為什麼像波蘭這些早已走上社會主義道路的東歐國家共產黨，竟連在國內宣傳反對美國的勇氣都沒有。波蘭黨的總書記哥穆爾卡 (Wladyslaw Gomlka)告訴毛澤東說，他關於加強反帝反美的宣傳的建議，在波蘭就行不通。波蘭人要是搞無記名投票，結果共產黨肯定下臺，東德的情況就更糟。他因此不能不在會上再三為那些對美國懷有深深的恐懼的共產黨領導人打氣，強調：「物質力量的多少不完全決定問題，人是主要的，制度是主要的」，「政治是決定一切的」。「問題是不能用鋼鐵數量多少來作決定，而是首先由人心的向背來作決定的。歷史上從來就是如此。」因此，從制度上講，從人心向背講，應當說，「社會主義的力量對於帝國主義的力量占了壓倒的優勢」，用句形象的話來說，就是，現在是「東風壓倒西風」❾。

　　通過這次莫斯科會議，毛澤東已經清楚地看出，中國共產黨以為張本的許多東西，已經越來越多地被蘇聯和歐洲國家的共產黨拋到腦後去了。他氣憤地認為，始作俑者乃赫魯曉夫。在無法勸說赫魯曉夫等蘇共領導人根本改變對革命的看法的情況下，他自然不能不逐漸開始考慮將世界革命的中心轉移到中國來的問題。但這個問題從一開始

❽　〈毛澤東與哥穆爾卡談話記錄〉，1957年11月15日。

❾　〈毛澤東在共產黨和工人黨會議上的發言〉，1957年11月18日。

就是同國家實力聯繫在一起的。不管毛表面上怎麼講：原子彈是紙老虎，社會主義與帝國主義之力量對比問題，「不能用鋼鐵數量多少來作決定，而是首先由人心的向背來作決定」，事實上，他卻不能不承認，你沒有東西，人家就看不起你。從來就相信「觀念造成文明」的毛澤東，終於按捺不住了。不就是比誰有原子彈，看誰鋼鐵多嗎？中國有的是人，人多智慧多，熱情高，幹勁大，又有社會主義制度的優勢性，為什麼不能調動起這幾億人的積極性，來一個經濟上的「大躍進」呢？在莫斯科會議期間，赫魯曉夫告訴毛，他們準備用十五年的時間趕上美國，毛當場表示，你們十五年趕上美國，我們可以在十五年趕上英國。十五年後英國可能達到三千萬噸鋼，那時我們可以達到四千萬噸鋼。因此，從一九五八年初開始，毛就憋著一股勁兒，到處宣傳「破除迷信，解放思想」的道理，聲稱過去因為對工業一竅不通，所以認為工業高不可攀，神秘得很，有很大的迷信，其實幾年過來也就懂得了，有什麼了不起！說「原子彈就是那大一個東西，沒有那個東西，人家說你不算數。那麼好，我就搞一點。搞一點原子彈、氫彈、洲際導彈，我看有十年功夫完全可能」 ❾❶。於是，在毛關於打破迷信，敢想、敢說、敢做的公開號召下，一個趕英超美的大躍進運動開始在中國大地上轟轟烈烈地掀起來了。由於把現代化簡單地理解為糧食、鋼鐵和原子彈這幾樣東西，因此，從城市到鄉村，幾億中國人被組織起來大辦農業，大辦工業，去大煉鋼鐵，甚至大造原子彈。從十五年趕上英國，半年時間又變成了七年超過英國，十五年趕上美國。他明確要求，一九五八年的鋼產量要在一九五七年五百三十五萬噸的基礎上翻一番。結果，四年後，即一九六二年的鋼產量指標竟被定到了八千萬到一億噸的水平。他甚至幻想通過「人民公社」這種形式，超過蘇

<hr>

❾❶　轉引自彭繼超：〈原子彈爆炸前的彭德懷〉。

聯，一步跨入他所理想的共產主義社會❷。

　　大躍進運動理所當然地失敗了。但是，這並不足以使毛澤東放棄其熱情，改變其觀點。他革了一輩子的命，自信受到過種種壓制和打擊，如今是他最能夠無拘無束地實現自我抱負的時候，他當然不會在意這一時的挫折。恰恰相反，大躍進運動進一步激發了毛澤東那種近乎烏托邦的革命幻想和充滿浪漫色彩的革命激情，他顯然更加重視到自己在維護和發展列寧主義，實踐列寧世界革命理想方面所具有的獨一無二的重要作用。在赫魯曉夫剛剛在國際上掀起過批判斯大林「個人崇拜」的浪潮，中共第八次代表大會又正式通過決議反對個人崇拜的情況下，毛這時毫不掩飾地表示欣賞關於「相信毛主席要到迷信的程度，服從要到盲從的程度」的說法。肯定對自己的崇拜❸，這清楚地反映出他決心要把他認為是「真理」的東西堅持到底。可以想像，在對蘇聯已經失去以往的尊重和信任的情況下，毛不僅再也不能容忍俄國人表現出任何一點兒居高臨下的態度❹，而且必欲維護他所認定

---

❷　毛對中國能夠率先進入共產主義十分自豪，但同時又強調要給蘇聯留面子，說是一定要讓蘇聯先進去，否則蘇聯臉上無光。參見謝春濤：《大躍進狂瀾》，河南人民出版社，1990年版，第76–77、108頁。

❸　前引《大躍進狂瀾》，第40頁。

❹　從現有資料看，一九五八年莫斯科接連在兩件事情上惹惱了毛，一件是關於建立長波電臺問題。當時蘇軍方為便利其與它的太平洋艦隊的通訊聯繫，向中國軍方提出由蘇軍方出資在中國設立長波電臺的要求。因電臺設在中國，故中方認為應由中方出資建設，所有權歸中方，共同使用，情報互享，蘇軍方因考慮電臺使用僅為蘇方聯絡自己艦隊所用，故堅持蘇方要出資百分之七十。另一件是中方向蘇方提議請蘇方幫助加強中國海軍和海防，蘇大使轉達蘇方意見，稱希望能夠設立兩國聯合核動力潛

的，被赫魯曉夫等人否定的那些「真理」。你要緩和，我偏要讓你緊張。一九五八年初，毛解除了過多強調緩和的外交部長周恩來的職務，改換了軍人出身的陳毅。隨後，毛又親自提議召開外交部務虛會，以貫徹其外交上的強硬方針。與此同時，毛開始祕密指示軍方準備炮轟乃至攻占金門島的計劃。該計劃制定出來後，原定七月二十五日即開始炮擊，後雖因故推遲，但就在赫魯曉夫七月底八月初親來北京向毛解釋雙方關於建立所謂聯合潛艇艦隊問題的誤會時，毛卻對此一字不提。直到八月十七日，毛召開北戴河會議，作出炮擊金門的最後決定，並親自部署，確定了「直接對蔣，間接對美」的方針，仍不同赫魯曉夫打招呼。二十三日，炮轟金門的戰鬥打響之後，莫斯科才得到消息。毛的這一反常作法，頗令正在極力緩和美蘇關係的蘇方領導人惱怒。赫魯曉夫忐忑不安地提醒毛此舉很可能惹怒美國人，主張召開中、美、蘇、印等國最高級會議，研究緩和臺灣海峽國際緊張局勢，而毛對此一口回絕，並滿不在乎地回答說：你放心，打出亂子，中國自己承擔後果，不會拖蘇聯下水[95]。

　　中蘇兩黨關係的破裂充其量只是個時間的問題了。一九五九年六月二十日，蘇共中央突然致函中共中央，聲稱由於蘇聯正與美國等西方國家在日內瓦談判禁止試驗核武器問題，這個時候為中國提供核技術，「有可能嚴重破壞社會主義國家為爭取和平、緩和國際緊張局勢所做的努力」，因此不得不推遲兩年視國際形勢進一步發展以後，再考

艇艦隊。毛得知後大發脾氣，睡不著覺，認為俄國人不相信中國人，認為中國人是下等人，毛手毛腳，所以才要合營，管住中國人。這兩件事都被毛視為侵犯了中國的主權，是對中國人自尊心的嚴重傷害。

[95]　林軍：《中蘇關係 (1689～1989)》，黑龍江人民出版社，1989 年版，第180–181頁。

慮可否根據一九五七年國防新技術協議幫助中國發展核武器的問題❾❻。這件事幾乎立刻就被毛澤東同赫魯曉夫接受美國總統的邀請執意去與美國人握手言和的事態聯繫起來了❾❼。七月十八日，赫魯曉夫更在波蘭公開發表演說，含沙射影地批評毛的得意之作——「人民公社」，是窮過渡，「是不明白，什麼是共產主義和如何建設共產主義」❾❽。赫魯曉夫的講話發表前夕，毛恰好在盧山召集中央和各地負責人開會，本意是想檢討和總結前一年大躍進和人民公社運動的經驗教訓，國防部長彭德懷並且給毛寫了一封信，直截了當地批評黨內存在著「小資產階級的狂熱性」，造成浮誇風盛行，左傾傾向嚴重，許多人幻想一步跨進共產主義，毛開始也沒有表現出任何不滿的態度。然而，在得知赫魯曉夫演說之後，毛立即高度敏感，懷疑剛從東歐蘇聯訪問回國的彭德懷是「取了經」回來的，是在「朋友」的幫助下有目的的要反中國的「斯大林」，「搞顛覆活動」。因此，他開始對一切批評他所倡導的大躍進、人民公社運動的人興師問罪、大張撻伐，並以反右傾為名，行肅清黨內反對派之實❾❾。

---

❾❻　前引《特殊而複雜的課題》，第515-516頁。

❾❼　這段時間美蘇正在極力緩和雙方的關係。除了日內瓦談判以外，蘇聯的副總理和美國的副總統都在互相訪問對方的國家，赫魯曉夫也在六月間接到了美國總統艾森豪威爾的訪美邀請，並立即表示接受邀請。參見赫魯曉夫著，上海市政協編譯組譯：《最後的遺言——赫魯曉夫回憶錄續集》，東方出版社，1988年版，第552-555頁。

❾❽　赫魯曉夫的講演蘇聯《真理報》7月22日即全文刊出，轉見《建國以來毛澤東文稿》，第8卷，第391-392頁。

❾❾　毛從7月23日以後，接連幾度發表講話，上綱上線，將彭德懷等人一棍子打死，懷疑彭德懷與赫魯曉夫串通一氣。會後更明確講：彭德懷等人

在這種情況下，毛頭腦中階級鬥爭的「弦」繃得更緊了。當赫魯曉夫與艾森豪威爾(Eisenhower)談判回來，在北京大談美蘇緩和的前景之際，毛壓根兒不給赫魯曉夫好臉看。結果，赫魯曉夫請求中方釋放美國被俘飛行員，中方強調在押美俘從事間諜活動，不能放。赫魯曉夫埋怨中國以臺灣問題上給蘇聯造成了困難，主張學蘇聯早年搞遠東共和國的樣子搞緩和，公開宣布對臺灣放棄使用武力，中方則聲稱只要臺灣海峽有美國的勢力在一天，中國政府就一天不做此承諾。赫魯曉夫批評中國軍隊不該為一小塊不毛之地與中立的印度衝突,說「幾公里的土地，有什麼意義呢?」列寧當初和土耳其簽和約讓出了一大塊土地。批評中共眼裡只有一小塊土地，不為印度無產階級將來的勝利著想，是在幫帝國主義忙，而中方則強調事件都是印方造成的，在社會主義國家與資本主義國家衝突時，社會主義國家公開發表保持中立的聲明是打自己兄弟的耳光。雙方各執己見，互不相讓，結果不歡而散。赫魯曉夫氣沖沖地離開北京，剛剛走到海參崴，就在公開的群眾大會上把毛比作是「好鬥的公雞」。 回到莫斯科後，更言辭尖利地影射攻擊中共是「不戰不和的托洛茨基」。 不僅如此，蘇方更不顧中共中央的反對，先是經過塔斯社公開發表聲明，後又由赫魯曉夫親自接見印共記者，對中印邊境衝突各打五十大板，影射中國在中印邊境問題上的態度既愚蠢又可悲❿。由此，早就四分五裂的中蘇兩黨的「友誼長城」，終於坍塌了。

這次在廬山就是「在朋友支持下」進行顛覆活動的。參見李銳著:《毛澤東秘書手記:廬山會議實錄》，河南人民出版社，1994年版，第128-140、166、178-182、192頁;《建國以來毛澤東文稿》，第8卷，第447、600、604頁。

❿ 前引《特殊而複雜的課題》，第517-519頁。

　　一九六〇年一月，中共中央政治局在上海召開擴大會議，印發了題為〈中蘇關係國際形勢的若干觀點〉、〈蘇聯與我國對於重大政治問題的一些提法〉和〈中蘇關於社會主義革命和社會主義建設的若干觀點〉等文件，第一次將中蘇分歧之點全面歸納整理並通報於黨內。與此同時，毛澤東將蘇共的問題定性為「半修正主義」⑩，並成立以康生為組長的理論組，開始針對蘇共的「半修正主義」言行具體組織編寫批判文章。

　　而與此同時，蘇共中央也迫不及待地在公開兩黨之間的分歧。在二月初舉行的招待華沙條約政治協商委員會會議參加者的宴會上，以及二月五日蘇共中央給中共中央的口頭通知當中，話裡話外都直截了當地把矛頭指向了毛澤東，不點名地指責毛總死抱著冒險主義的老一套，總想試一試資本主義的穩固性，總是輕描淡寫地說什麼「仗打起來無非是死一堆人」，稱毛年紀太大了，不明智，思想跟不上形勢⑩。

　　鑒於中蘇之間的分歧越來越公開化，雙方觀點衝突越來越尖銳，為「教育人民」、「批駁外國同志」⑩，經過幾個月的醞釀和準備之後，中共中央於四月二十日在其機關刊物《紅旗》雜誌和機關報《人民日報》，分別以紀念列寧誕辰九十周年為名，發表了題為〈列寧主義萬歲〉

---

⑩　前此使用「修正主義」或「現代修正主義」一般均是用來指鐵托領導的南斯拉夫共產黨的。

⑩　見〈赫魯曉夫在招待社會主義各國黨的代表團的宴會的講話〉，1960年2月4日；〈蘇共中央給中共中央的口頭通知〉，1960年2月6日；〈蘇共中央致中共中央的通知書〉，1960年6月21日。

⑩　毛在一九五九年九月十四日劉少奇送審的〈馬克思列寧主義在中國的勝利〉一文上即明確表示對外國同志的錯誤要批駁，「不寫反而不好」。見《建國以來毛澤東文稿》，第8卷，第527–528頁。

和〈沿著偉大的列寧的道路前進〉的編輯部文章，不點名地公開批評了蘇共中央在一系列重大理論問題上的「半修正主義」的立場觀點，並迅速譯成各種文字，向蘇聯和東歐國家進行散發。因此，在六月初北京舉行的世界工聯理事會會議期間，中共中央也不失時機地向世界工聯理事會執行局書記處領導人和十七國代表團團長報告了中蘇兩黨在一系列重大國際問題上的不同意見，並與個別共產黨國家的代表團交換意見，公開聲明：對蘇聯黨的錯誤，從一九五六年蘇共二十大召開以來，「我們已忍耐了四年零兩個月了」，如今已經到了非說不可的地步了❿。

　　時至六月下旬，中蘇兩黨終於短兵相接了。在有中蘇及各國共產黨和工人黨代表參加的布加勒斯特會議召開前夕，雙方即已激烈交鋒。赫魯曉夫當面警告中共代表團團長彭真：「我們是懂得地下工作的，你們想在暗地裡散布反對蘇共的影響，這是反對蘇共中央的行為」，「難道你認為，在蘇聯散發〈列寧主義萬歲〉，蘇聯人民就會推翻我們嗎？就會把我們趕出蘇共中央嗎？你們太過於自信了！」中共代表康生也針鋒相對地警告赫魯曉夫不要幻想靠彭德懷來顛覆中共中央，稱「你支持彭德懷，同彭德懷搞在一起，這是不會有好結果的！」而會議期間，蘇共中央代表團公開向各國代表散發並宣讀蘇共中央就中國批評蘇聯的一系列國際問題和理論問題給中共中央的通知書，要求會議加以討論解決。預先已經作好準備的東歐國家共產黨代表團因此紛紛在會上表態或發表聲明，支持蘇聯，批評中共。中蘇兩黨的關係明顯破裂。

　　緊接著，七月十六日，蘇聯政府突然照會中國政府，單方面決定召回在中國的全部蘇聯專家。並於七月二十五日通知中方，自七月二十八日至九月一日，將撤回全部在華專家一千三百九十人，同時還將

❿　〈中蘇兩黨代表談話記錄〉，1960年6月22日。

停止三百四十三個專家合同和廢除二百五十七個科學技術合作項目❶❺。中蘇兩國關係也因此宣告破裂了。

　　至此，毛澤東必須下決心同世界上兩個頭號超級大國相對抗了。也許，他並不希望這樣做，也知道中國遠沒有獲得可以同時與美蘇抗衡的那種實力。因此，中共一面堅持強硬立場，一面仍舊繼續在做一些可能維繫兩黨和兩國關係的事情。不過，他始終以「天要下雨，娘要嫁人」的心態看待發生的一切，堅信「人定勝天」，相信真理在他這一邊，因此覺悟的人心也應當在他這一邊，強調這就是勝利之本。至少在相當長的一段時間裡，他肯定是充滿自豪感的。因為在他看來，中國人從此再也不用看別人的臉色了，既不必管美國怎麼想，也不必管蘇聯怎麼說。一百多年來，只有他才做到了這一點。

---

❶❺　〈蘇聯駐華大使館致中國外交部的照會〉，1960年7月16日（面交）；並見前引《特殊而複雜的課題》，第521–524頁。

結　語

　　從一九二○～一九六○年，中共與莫斯科之間的關係，經歷了如同從父子到師生、從兄弟到對手，最後竟翻臉成仇這一系列令人眼花繚亂的變化過程。回過頭來細細品味一下我們已經讀過的雙方於關係中的那些故事，也許我們能夠發覺，這種變化幾乎是無法避免的。從旅莫支部厭惡學習俄語，到陳獨秀等人與鮑羅廷尖銳衝突；從向忠發公然對共產國際代表大拍其桌子，到毛澤東對莫斯科陽奉陰違，抗旨不遵，幾乎每一個從中國的土壤裡生長起來的中共領導人，似乎都無法做到同俄國人長期和睦相處，更談不到始終尊其為父、為師了。在中共領導人當中，唯一曾經與俄國人打成一片的，只有極個別留蘇學生，如王明、博古，但這些人在這個農民黨員占絕大多數的共產黨內完全沒有基礎，遲早要被毛澤東這樣的人所淘汰。因此，可以說，歷史其實早就注定了中共與莫斯科關係的這種悲劇性結局。

　　當然，在影響中共與莫斯科關係變化的原因上，領袖個人的作用仍是至關重要的。如果換了劉少奇，或者是周恩來，他們處理與莫斯科關係的方式很可能與毛會有所不同，影響到雙方關係變化的情況多半也會不大一樣。關於這一點，只要注意一下劉少奇和毛澤東幾乎同時訪蘇，而感受和結果卻大相逕庭的情況，就可以清楚地看出來。

　　一九四九年七月和十二月，中共第一、第二號領導人毛澤東和劉少奇相繼訪問莫斯科。前後不過五個月時間，兩個人的印象卻大不一樣。七月，劉少奇率團訪蘇，他很自然地在與斯大林的交談中把自己

擺在一個「學生」的地位，對斯大林的任何說法乃至自我批評，都採取十分謙遜的態度處之。因而劉與斯大林相處融洽，收穫甚豐，印象頗佳❶。而毛幾個月後訪蘇時，其態度則與劉略有不同。他自覺不自覺地把自己擺在與斯大林同等重要的位置上來討論問題。一個很具代表性的例子是，劉少奇初見斯大林時使用的是典型的中國式的寒暄與問候，第一次交談的話題也儘量避免涉及敏感問題，以後遇到中蘇之間不大一致的問題，也儘量抱以理解態度；而毛澤東初見斯大林時卻毫無顧忌，當斯大林用俄國人的方式開門見山地讚揚他的客人之後，毛的第一句話卻是：「我是長期受打擊排擠的人，有話無處說」，對於此後接觸中出現的問題，都極其敏感，反應強烈。結果，做慣了所有人的領袖的斯大林很容易和劉少奇溝通，和毛的接觸卻頗多誤會與猜疑。根據毛自己回憶和陪同毛同往莫斯科的俄文翻譯師哲的回憶，可知在訪蘇期間毛僅發脾氣「大吵」就有三四次之多❷。當然，毛與劉訪蘇所負的使命各有不同，斯大林的想法也經常在變，幾個月前與幾個月後也不盡一致，因此毛、劉二人的境遇也不會一樣。但不難斷定的是，即使在遇到同樣麻煩的時候，由於毛與劉的個性不同，他們處理起來所得到的結果與印象也不會一樣。

由此可見，對中蘇兩黨關係的惡化，毛個人性格的影響是相當大的。毛是那種極好強，易敏感，愛衝動，不大能掩飾其內心感情與好惡的人。早在中共黨內，毛的這種個性就表現得相當突出。一九二五年，因與黨內意見不合，他曾一度負氣回鄉達八個月之久。二十年代

---

❶　〈劉少奇致毛主席並中共中央電〉，1949年7月11日；7月27日。

❷　〈毛澤東與尤金的談話〉，1956年3月31日；〈毛澤東與契爾年科的談話〉，1963年2月23日；師哲，《在歷史巨人的身邊》，中央文獻出版社，1991年版，第431–461頁。

末年在井崗山擔任紅四軍黨代表時，他與朱德、彭德懷都有過嚴重的矛盾衝突。三十年代初在江西蘇區時，他又先後與包括周恩來在內的一批領導人發生過激烈爭執。以致在當時一些中共的文件中，我們就可以看到對他個性問題的一些尖銳批評。比如說他動不動就「咆哮起來」，甚至「罵起娘來」，說他「態度（脾氣）不好」，「好攬權」，「排斥異己」，過於威嚴，使群眾和同志「個個怕他」等等。包括當時共產國際在上海的代表都得出印象，知道毛「好爭吵」，因此告誡中共中央：要儘量發揮毛的作用，但不要讓他進書記處或進常委，因為不能把黨的工作機關變「爭論不休的討論俱樂部」。關於這種情況，毛自己在一九五九年四月的一次談話中也公開承認過，說：「五十歲以前，肝火甚盛，盛氣凌人」。那個時候他的為人之道是：「人不犯我，我不犯人，人若犯我，我必犯人，而且立即當場一秒鐘也不停地就犯過去。你使我下不去，我也使你下不去。我跟我兄弟也是這種關係。其人就叫毛澤東。」❸然而僅僅三個月之後，因為彭德懷上書批評了他倡導的人民公社運動，他就再次當眾罵娘，重申「人不犯我，我不犯人，人若犯我，我必犯人，這個原則，現在也不放棄」。結果，上綱上線，新帳老帳一起算，把彭德懷打成個「右傾機會主義者」了事❹。顯然，毛的脾氣始終沒有太大的變化。

　　人的個性，一半天生，一半也與後天環境和經歷有關。鑒於毛的父親「是個脾氣暴躁的人」，毛那倔強而不服輸的性格，很大程度上恐怕是與生俱來的。身為人子，從小就敢於和父親面對面爭吵，甚至以威脅投水的方式逼迫父親妥協的少年，畢竟不多❺。不過，毛高度敏

---

❸　前引中心檔案，全宗號495，目錄號19，卷宗號217；並見〈毛澤東在中共八屆七中全會上的講話〉，1959年4月5日。

❹　前引李銳書，第193–207頁。

感和天不怕地不怕的特性，卻或多或少地同他的經歷有些關係。這是
因為，毛一向聰明過人，自視甚高，雄心勃勃，從其少年時渴望「指
點江山，激揚文字，糞土當年萬戶侯」，到其壯年時笑談秦皇漢武、唐
宗宋祖、成吉思汗，自詡「風流人物」，都可看出其志向至大至遠。
但毛同時卻又出身卑微，學歷也僅及中專，更沒有喝過洋墨水，與周
圍眾多登科及第，表面上學富五車之輩，形成巨大的反差。這使得他
在理想與現實之間，往往時隱時現地流露出一種不平衡感。結合其先
天的性格特點，遂更加形成他的高度敏感與爭強好勝。再加上投身革
命之後，他雖屢有出色表現與獨到貢獻，卻每每不受重視，甚至還要
遭受那些「洋房子先生」的挖苦和白眼，並倍受排擠與打擊。好不容
易從逆境中崛起，做到中共領袖，甚至在中國打出了一片天地，卻還
是得不到莫斯科的信任，並被疑神疑鬼。毛經常談到俄國人不信任他
的三件事，都表現出他內心的嚴重失衡。一件是講，明明是他對中共
貢獻最大，莫斯科卻長期信任王明等人而不信任他；一件是講，一九
四五年抗戰勝利，中共已經有實力與蔣爭天下，斯大林卻接連來電，
逼迫他去重慶談判，「不許革命」；一件是講，一九四八～一九四九年
眼看中共勝利在望，莫斯科的領導人卻把他同被開除出歐洲共產黨情
報局的南斯拉夫共產黨領導人鐵托相提並論，懷疑他不是真正的共產
主義者。因此，越是在他意氣風發之時，他的內心反而越是感到憤憤
不平。這也就是為什麼，一九四九年十二月十六日，已經做了堂堂國

❺　毛回憶，因為他父親脾氣暴躁，他從小就是造反派，因為他認為：如果
　　保持溫順的態度，父親只會更多地打罵他。見毛澤東：《毛澤東自述》，
　　人民出版社，1993年版，第6–8頁；蕭瑜著，陳重等譯：《毛澤東和我曾
　　是「乞丐」》(中文譯名為《我和毛澤東的一段曲折經歷》)，崑崙出版社，
　　1989年版，第180–181頁。

家主席的他，見到斯大林的第一句話，竟是充滿怨氣的渲瀉。

毛澤東在自身地位很低的情況下都很難壓抑自己的個性，那麼，在他成為中國共產黨至高無上的領袖，甚至是具有四億五千萬人口的亞洲頭號大國的主人之後，他的這種個性特點自然更容易淋漓盡致地表現出來。作為土生土長的中共領導人，接受傳統觀念中的「中國中心觀」的影響是不可免的，地位越高，這種影響也就越大，更何況其所向披靡、過五關斬六將的成功經歷，和不受約束的權力地位，這些都使毛更容易把其強烈自尊心理同「中國中心觀」密切地聯繫在一起，任何對他個人的不尊重，都會很自然地被他視同對中國人的不信任。毛同俄國人之間的許多衝突顯然都是在這種情況下發生的。像毛在莫斯科訪問時幾次發脾氣，幾乎無不是由此而引起的。比如，毛一次發脾氣，是因為發覺斯大林有意怠慢，把他擺在旅館裡一周時間不露面。另一次發脾氣，則是因為約好蘇中兩國以官方名義聲明駁斥美國國務卿的一次談話，蘇聯以外交部長的名義發表了聲明，而毛則習慣性地以中央政府新聞總署署長的名義發表了談話，斯大林和莫洛托夫因此對毛委婉地進行了批評，這使得毛深感自尊心受到傷害❻。

毛第一次當面罵俄國人也是在這樣一種情況下發生的。那是一九五六年，中共第八次代表大會召開期間，蘇共中央派政治局委員米高揚專程前來祝賀，毛注意到米高揚事先交給中共中央傳閱的書面祝詞中沒有像中共自己對自己的評價那樣，提到中共對馬克思列寧主義的

❻ 見Sergei Goncharov著，馬貴凡譯：〈科瓦廖夫談斯大林對中國革命勝利和新中國的最初態度〉，《國外中共黨史研究動態》，1992年第5期；前引《在歷史巨人的身邊》，第437–438、454–458頁；裴堅章主編：《中華人民共和國外交史（1949～1956）》，世界知識出版社，1995年版，第19–20頁。

理論貢獻，因而十分敏感，認為這是有意表示對中共的輕視，故此毛當時就大發脾氣，到米高揚在大會致祝詞的時候故意不出席，以此來「表示抗議」。不僅如此，利用會議敘餐的機會，他更藉著批評斯大林時代黨與黨關係不平等為名，有意當著米高揚的面，大談當年蘇共如何把自己當成「老子黨」，把別人當成「兒子黨」，「一方面發號施令，一方面就得俯首貼耳，唯命是從」。聲稱：「過去我們憋了滿肚子的氣，現在可要出氣了」❼。

　　同樣，像促成毛澤東與赫魯曉夫公開翻臉的聯合潛艇艦隊事件，也是在這樣一種情況下發生的。當時，即一九五八年春，根據蘇聯顧問的建議，為加強海防實力，中國軍方向蘇方提出提供核潛艇的要求。蘇共政治局研究後，提議由兩國建立一支聯合潛艇艦隊。在核武器以及核動力都還屬於世界尖端科技的時期，蘇方如此建議並非不可想像。但毛得知這一消息後，卻大發雷霆，揚言蘇聯方面粗暴地觸犯了他的自尊心。毛厲聲質問蘇聯大使：你們還不是因為核潛艇是尖端科學，有秘密，認為「中國人是下等人，毛手毛腳，所以才產生了合營的問題?」我知道「你們一直不相信中國人」，從斯大林到你們都是一樣。「你們只搞了一點原子能，就要控制，就要租借權，此外還有什麼理由❽?」其實，赫魯曉夫當時的本意並不是要控制中國，若比較斯大林當年迫使毛接受的那些不平等條款，赫魯曉夫這時的建議根本就是

---

❼　參見〈毛澤東接見南斯拉夫代表團的談話〉，1956年9月；〈毛澤東同蘇聯駐華大使尤金的談話〉，1958年7月22日，《毛澤東外交文選》，第324頁。

❽　〈毛澤東接見英共代表團的談話〉，1956年9月18日；〈毛澤東接見德國統一社會黨代表團的談話〉，1956年9月23日；前引〈毛澤東與尤金的談話〉，《毛澤東外交文選》，第323頁。

小巫見大巫。何況要求是中方提的，蘇方提出自己的設想還可進一步交涉與談判。毛發脾氣後，赫魯曉夫匆匆趕來北京，向毛解釋並尋求諒解。可是，毛不僅不給赫魯曉夫臺階下，事後更是耿耿於懷❾。

不過，如果我們因為毛與莫斯科之間存在著種種矛盾衝突，就像 John W. Garver 那樣斷言毛同蔣介石一樣都是民族主義者，卻未免有些失之草率了❿。要知道，毛對民族和國家這一對概念的理解是與眾不同的。毛通常更喜歡用「人民」這個字眼兒來說明他的利益所在和追求的本質。比如說他的軍隊是「人民軍隊」，說他的政權是「人民政權」，　說他的國家是「人民共和國」等等。而「人民」的範疇，在毛的詞典裡也是隨著政治的變動而變動的。嚴格地說，毛所講的「人民」，指的是「勞動人民」。就其民族屬性而言，固然是在中國的範圍以內，但從階級鬥爭的角度，代表勞動人民的共產黨的「中國」與代表剝削階級的國民黨的「中國」卻又不相同。如果不了解這種區別，我們就不能理解，為什麼一九四〇年秋抗日戰爭還在繼續的時候，毛因為估計蔣介石有與日軍聯合夾擊中共的陰謀，會提議派十五萬精兵先發制人地由西北打入國民黨西南基地，抄其老窩⓫。一九四一年皖南事變後，毛會一度不顧一切地主張報復，要求莫斯科「停止接濟重慶武器」，準備「公開接濟我們」，「援助我們奪取蘭州」，接通蘇聯，取得飛機大炮⓬。在這裡，毛澤東形式上的作法似乎不利於當時中國的民族利益，然而在他的觀念裡，這恰恰是最符合民族利益的。因為按照馬克

---

❾　〈毛澤東與赫魯曉夫談話記錄〉，1958年7月29～8月2日。

❿　參見 John W. Garver, Opponent and Ally, *Chinese Soviet Relations*, 1937 ～1945, Princeton University Press, pp. 4–8.

⓫　〈毛澤東致季米特洛夫、曼努伊爾斯基的信〉，1940年11月4日。

⓬　〈毛澤東致恩來電〉，1941年1月30日。

思主義的理解，民族也是有階級的，他要保護的中共，才是真正代表中華民族根本利益的集團；只有保住中共，才能最終為中國勞動人民爭得最大的利益。

　　把中共的軍隊與政權視為中國人民，乃至中華民族的根本利益之所在，這就使得毛對犧牲國民黨政權之下的那個「中國」毫不痛惜。像明顯地有損中國利益的〈蘇日中立條約〉，以及〈雅爾塔協定〉、〈中蘇友好同盟條約〉等等，中共中央當時承認起來並無太多困難。因為在他們看來，這裡損害的根本上是國民黨的利益，是國民黨無能的表現。他們相信，一旦輪到他們掌權之日，所有中國曾經失去的權益都會很容易地被收回，只有到那時，中國才會有真正的獨立與尊嚴。也正因為如此，涉及到他們自己的那個「中國」的時候，即使是對蘇聯，毛也是寸步不讓的。蘇德戰爭爆發後，毛之所以拒絕派他的軍隊去採取牽制行動，就是這種態度的一種反映。

　　既講階級利益，又講民族利益，這看起來似乎有些矛盾。但毛相信它們是一致的，他有一個說法，叫做「國際主義」與「愛國主義」相結合。因為他理解的「國際主義」，概括成一句話，就是「革命時外援，勝利後援外」。這裡的意思是說，一個國家的共產黨在革命過程中，首先是要外部援助而不是去援助外國，但它在勝利之後，就應當責無旁貸地承擔起援助外國無產階級革命的義務。因此，在革命期間，毛格外重視來自蘇聯的援助，而對以犧牲本國革命利益來援助蘇聯不以為然，更不滿意俄國人在援助中共的問題上總是瞻前顧後，斤斤計較。從毛澤東和周恩來等人在五六十年代批評俄國人「自私自利」和「民族主義」時反覆舉的兩個例子可以看出，他所談的「國際主義」和「愛國主義」，其實是特定的中國文化影響的產物。他們經常舉的一個例子，是批評俄國人出於自私的目的，在抗戰期間把武器統統給了蔣介石，

只給延安送了些藥品和馬列書籍。另一個例子是批評俄國人在抗美援
朝的問題上，一面鼓動中國出兵援朝，主動向中國提供大量武器裝備，
一面卻在中國無償地大量損失生命財產的情況下，要求中國為蘇聯的
武器裝備付款❸。出於同樣的道理，毛也始終不能理解，為什麼俄國
人對那些尖端技術總是那麼神神秘秘的，生怕中國人拿了去。不就是
那麼點兒東西嗎，朋友之間，同志之間，有什麼了不起？

　　在這裡，明顯地表現出兩種不同文化背景的差異。就像中國人在
朋友吃飯時習慣於一個人請客，而西方國家一般習慣於各自付款一樣，
對中國傳統文化獨有情鍾的毛澤東，對援助問題的一個基本觀念，就
是應當遵循中國傳統道德中的「重義輕利」的原則。中國的古訓所謂
「不患貧而患不均」，「有力者疾以助人，有財者勉以分人」，講的都是
一個「義」字。朋友之情是為「義」，個人錢財是為「利」，同樣，國
際主義是為「義」，武器技術當為「利」。因此，毛極其鄙視那種重
「利」輕「義」的行為，崇尚「君子不言利」。建國以後，毛的作法自
然與蘇聯極其不同。至少在整個五十年代和六十年代的大多數時間裡，
中國政府為援助亞、非、拉美各國革命運動，不僅傾其所能，而且往

---

❸　根據徐焰披露的資料，整個朝鮮戰爭期間，蘇聯總共向中國提供了六十
　　四個陸軍師和二十二個空軍師的裝備，除二十個陸軍的裝備和三百七
　　十五架米格十五戰鬥機是斯大林無償提供給中國志願軍的以外，其餘都
　　是有償提供的，並且一部分還是第二次世界大戰期間美國給蘇聯的租借
　　物資。這段時期中國僅欠蘇聯的軍火款就有三十億人民幣，約相當於七
　　億美元。見徐焰：《第一次較量——抗美援朝戰爭的歷史與回顧》，中國
　　廣播電視出版社，1990年版，第31–32頁。另外，毛自己講，中國欠蘇
　　聯的帳總共七十多億盧布，其中只有三億美元是借款，其餘都是朝鮮戰
　　爭買武器的錢。〈毛澤東與日共中央委員的談話〉，1964年1月5日。

往不計後果。尤其是在與蘇聯關係破裂後的六十年代，這種援助更是無所不盡其極。就是在六十年代初，中國經濟嚴重困難的幾年裡，其援外金額仍超過其償還蘇聯債務十幾億美元的總額。光是中國援助越南的金額，就超出抗美援朝戰爭費用兩倍還多。在這方面，毛從不講中國國家之「利」。他的原則是：「不論是共產黨，還是民族主義者，只要真正反帝，我們就支持」。即使因此會損害中國的某些外交關係，也在所不惜；中國的建設、老百姓的生活要受影響，勒緊褲腰帶也要幹。毛為此再三向外國黨的領導人說：援助就是無償的，「要買、要還帳，這沒有道理，不是國際主義❷。」

毛在援助問題上的這種態度，反映了其重「義」輕「利」的特點。而這種特點又從一個側面折射出毛所具有的強烈的理想主義的一面。僅以中蘇關係破裂的一九五九～一九六〇年為例，當時中蘇之間的分歧主要其實還是在一些意識形態方面，從國家利益和民族利益的角度，蘇聯並未對中國構成哪些重要的侵犯與威脅。相反，從實際利益的角度，搞好兩者關係，即使像一些弱小國家共產黨那樣，只是表面上對蘇聯表示友好，所得也遠遠大於所失。比如，蘇聯此前立項援助的重大建設項目就有三百零四個，其中在一九五九年底以前已經完成的只有一百零九個，已經交付的設備只有七十三億盧布，大多數尚在進行之中，已立項的設備還有七十九億尚未交付，再加上已經簽訂的原子

---

❷ 在中共黨內的許多年裡，任何敢於對毛這種嚴重損害中國自身利益的對外援助表示異議者，均受到打擊。王稼祥一九六二年就因為寫報告向毛詳細說明這種援助對國家損失太大，而遭到貶斥。當然，在六十年代末和七十年代初，為了對抗蘇聯，毛的一些想法和作法都有所改變。因這裡不涉及與蘇聯決裂之後的問題，故略之。〈毛澤東接見朝鮮代表團的講話〉，1963年4月25日。

能方面的二十九個和導彈設計方面的四個項目，和準備簽訂的導彈研
製方面的其他九個重大項目，假如純粹從實際利益的角度考慮，這個
時候與蘇聯鬧翻，無論如何是划不來的。但毛的考慮顯然與眾不同。
在他看來，如果說民族問題是利害之爭，革命問題則是義理之辯。義
既然高於利，那麼，在毛與蘇聯黨的爭論當中，關於革命理念的爭論
究竟應當占有多重的地位，就不難理解了。

其實，從毛與赫魯曉夫對斯大林問題的不同態度，我們就已經可
以看出，毛所看重的究竟是「利」還是「義」了。無論從歷史上的恩
怨出發，從個人的乃至民族的情感出發，毛對斯大林都有一肚子的怨
氣。照理，赫魯曉夫一九五六年公開反對斯大林，應該得到毛的歡迎
和支持才對。但是，事情恰恰相反，毛堅持要對斯大林「三七開」❶，
明確認為赫魯曉夫公開批評斯大林是錯誤的，是丟了一面革命的旗幟。
結果，歷史上的恩怨也好，個人的或民族的情感也好，統統都成為次
要的了。

毛所以會在厭惡斯大林的同時，堅持對斯大林要採取基本肯定的
態度，根本的原因是因為他們在思想體系上的一致性。這種一致，充
分表現在毛反覆強調的「十月革命一聲炮響，給我們送來了馬克思列
寧主義」這句話裡。因為，有了十月革命這一暴力革命的榜樣，又有
了主張階級鬥爭的列寧主義作為指導，中國才會有共產黨，才會有毛
澤東，才會有它的一九四九年。而不論斯大林有怎樣的問題，不論他
在中國革命問題上犯過多少錯誤，斯大林畢竟是列寧主義的捍衛者，
是少數能夠理解中國革命特殊意義的共產主義運動領袖之一。特別讓
毛欣賞的是，中國革命剛剛取得勝利，斯大林就當著前去訪問的劉少
奇等人的面，高度評價中國革命對落後國家革命的榜樣作用，肯定中

---

❶　即把斯大林的錯誤和功績總和為十，肯定其錯誤只占十分之三。

國革命已經成為世界革命中心，中國應當擔負起領導亞洲國家民族解放鬥爭的歷史責任等等。這樣的評價，對於多少抱有傳統的「中國中心觀」的毛來說，實在是太重要、太精闢了！還在延安整風運動中，不少中共領導人就公開宣傳毛對於中國革命的獨特貢獻，對整個亞洲被壓迫民族的革命具有指導意義，但毛始終不敢加以宣傳，如今能夠得到斯大林的肯定，這無疑讓毛深受鼓舞。毛是那種總是保持著強烈的進取姿態，一心希望對中國、對世界有所貢獻的政治家。因此，毛非常看重他的革命在理論和實際上的歷史貢獻。而這個時候，區別於俄國革命的中國武裝奪取政權的經驗可以說是毛最值得驕傲的成就。毛把他的這一貢獻稱之為「馬列主義與中國革命具體實踐相結合的產物」❶⑥。否定斯大林，否定暴力革命等等，就意味著否定毛的經驗，否定毛的貢獻，這在毛看來，自然也無異於否定他自己。這也就是為什麼，毛一九五六年會對米高揚的祝詞沒有稱讚中國共產黨人關於武裝奪取政權的理論貢獻一事大動肝火。為什麼在赫魯曉夫的秘密報告引發了波蘭和匈牙利由反斯大林主義到反蘇反共的政治事件之後，極力強調「斯大林主義非保持不可」，大聲呼籲「保衛十月革命所開闢的這一條馬克思列寧主義的道路」，斷言：誰不走十月革命道路，誰就不是馬克思主義者❶⑦。

　　顯而易見，毛是相當理想主義的。他認定的道路，就非走到底不可。他的造反精神以及以弱抗強、以小擊大的成功經驗，給了他敢於藐視一切困難的心理資本。像關於「紙老虎」的理論，關於「東風壓

---

❶⑥　前引Sergei Goncharov文。

❶⑦　參見吳冷西：《憶毛主席——我親自經歷的若干重大歷史事件片段》，新華出版社，1995年版，第4、18–19頁。《建國以來毛澤東文稿》，第6卷，第283–284頁；《毛澤東外交文選》，第325頁。

倒西風」的觀點，統統都是建立在毛的這種充滿理想主義色彩的思想
基礎之上的。毛講唯物論，但在他的經驗裡，一定的物質條件具備之
後，卻沒有什麼不是由人心所決定的。「世上無難事，只要肯登攀」心
想，就可以事成。弱小的中國共產黨的勝利，不就是中國的人心向背
決定嗎？那麼，人心向背當然也是決定世界帝國主義的垮臺和世界修
正主義的徹底破產的關鍵。理想主義的這種特質，決定了毛一生倡導
「鬥爭哲學」，強調「造反有理」，相信「壓迫愈深，反抗愈重」，主張
「不怕打爛罎罎罐罐」，不怕撤職、離婚、坐牢、殺頭，不怕死一堆
人，堅持「戰爭解決問題」⓲。因此，我們所見到的即將與蘇聯破裂
關係時的毛澤東，不僅毫無憂慮感和危機感，反而充滿了自豪和挑戰
的精神。謂予不信，有詩為證：

　　　詩一：托洛茨基到遠東，不戰不和逞英雄。
　　　　　　列寧竟撤頭顱後，葉督該拘大鷲峰。
　　　　　　敢向鄰居試螳臂，只緣自己是狂蜂。
　　　　　　人人盡說西方好，獨惜神州出蠢蟲。
　　　詩二：反蘇昔記鬧群蛙，今日欣看大反華。
　　　　　　惡煞腐心興鼓吹，凶神張口吐煙霞。
　　　　　　神州豈止千重惡，赤縣原藏萬種邪。
　　　　　　遍找全球侵略者，僅餘此地一孤家。

　　這裡所錄兩首詩，都是毛讀〈內部參考〉，知道赫魯曉夫罵自己是
「不戰不和的托洛茨基」，有感而發，故均題曰「讀報」。毛在詩中對
赫魯曉夫極盡藐視與嘲諷，對自己則充滿自信與自豪。比較毛在中蘇

⓲　《毛澤東選集》，第2卷，第541–542頁。

關係破裂後的一九六一年冬寫〈卜算子・咏梅〉，一九六二年冬寫〈七律・冬雪〉，以及一九六三年一月寫〈滿江紅・和郭沫若〉，把赫魯曉夫之輩比作幾個「嗡嗡叫」的碰壁「蒼蠅」，自詡為傲雪的「梅花」，高吟「待到山花爛漫時，她在叢中笑」，可知毛的心境確比天高。

　　明知「僅餘此地一孤家」，毛又何以如此自信呢？讓我們讀一讀也是在中蘇關係破裂前夕，即一九六〇年六月十五日毛親筆寫給中共中央各級領導人的一段話吧。他當時滿懷信心地寫道：

> 　　事物是按照自己固有的規律發展的，不依帝國主義、各國反動派、修正主義者和半修正主義的意志為轉移。革命工人、革命的農民、革命的民族資產階級、革命的知識分子，在革命政黨領導之下，如果他們認識了客觀事物（階級壓迫和民族壓迫）的規律，從而採取了正確的鬥爭方法，並將一切可以團結的力量最大限度地團結起來，從事堅決的鬥爭；如果他們是這樣的話，那麼，他們的鬥爭就一定會勝利。階級鬥爭如此，生產鬥爭也是如此。……一切反動派和機會主義者總是脫離人民群眾，違反客觀規律，因而他們遲早要失敗。這一點還有疑義嗎？完全沒有了。全世界的勝利都是我們的。**❶⑨**

　　這就是那個時代的毛澤東。他的一生都是在這種信念的支持下走過來的。他並且始終堅持用這種信念來教育、鼓動他的部下和人民，「其樂無窮」地「與天鬥」、「與地鬥」、「與人鬥」。

---

❶⑨　〈毛澤東對四個文件的批語〉，1960年6月15日。

徵引文獻

中文

一、文獻資料

北京中央檔案館。

上海檔案館。

中央統戰部與中央檔案館合編:《中共中央抗日民族統一戰線文件選編》(中),檔案出版社,1985年版。

中央檔案館編:《中共中央文件選集》,中共中央黨校出版社,1986~1987年版,第1、2、3、4、5、6、9、10、11、12、13、14、15、16、17、18卷。

中央檔案館編:《中共中央文件選集》,中共中央黨校出版社,1991年版,第10~11卷。

中央檔案館:《中共中央政治報告選輯》,(一九二一~一九二六),(一九二七~一九三二),中共中央黨校出版社,1982、1983年版。

中央檔案館編:《中共黨史報告選編》,中共中央黨校出版社,1982年版。

中央檔案館編:《皖南事變 (資料選輯)》,中共中央黨校出版社,1982年版。

中央檔案館黨史研究室編：〈「八七」中央緊急會議記錄〉，《中央檔案館叢刊》，1987年第2期。

中共中央文獻研究室編：《毛澤東文集》，第1～2卷，人民出版社，1993年版。

中共中央文獻研究室編：《毛澤東外交文選》，中央文獻出版社與世界知識出版社，1994年版。

中共中央文獻研究室編：《毛澤東同志在七大的報告和講話集》，中央文獻出版社，1995年版。

中共中央文獻研究室編：《毛澤東年譜》（上、中、下），人民出版社等，1993年版。

中共中央文獻研究室、中國人民解放軍軍事科學院合編：《毛澤東軍事文集》，第1卷，中央文獻出版社等，1993年版。

中共中央毛澤東選集出版委員會編：《毛澤東選集》（合訂本），人民出版社，1964年版。

中共中央毛澤東主席著作編輯出版委員會編：《毛澤東選集》，第5卷，人民出版社，1978年版。

中共中央文獻研究室編：《毛澤東書信選集》，人民出版社，1983年版。

中共中央文獻研究室編：《任弼時年譜》，人民出版社，1993年版。

中共中央文獻研究室編：《周恩來選集》（上），人民出版社，1985年版。

中共中央文獻研究室編：《周恩來書信選集》，中央文獻出版社，1986年版。

中共中央文獻研究室編：《周恩來年譜》，中央文獻出版社，1989年版。

中共中央文獻研究室編：《周恩來統一戰線文選》，中央文獻出版社，1987年版。

中共中央文獻研究室編：《建國以來毛澤東文稿》，第1～8卷，中央文獻

出版社，1987～1993年版。

中共中央文獻研究室編：《張聞天選集》，人民出版社，1985年版。

中共中央文獻研究室編：《劉少奇選集》（上），人民出版社，1984年版。

中共中央馬恩列斯著作編譯局編譯：《列寧全集》，第31卷，人民出版社，1957年。

中共中央馬恩列斯著作編譯局編譯：《斯大林全集》，第7～12卷，人民出版社，1954年中文版。

中共中央黨史資料徵集委員會編：《共產主義小組》（上、下），中共黨史資料出版社，1987年版。

中共中央黨史資料徵集委員會編：《第二次國共合作的形成》（文件選編），中共黨史資料出版社，1988年版。

中共中央黨史資料徵集委員會編：《遵義會議文獻》，人民出版社，1985年版

中國工農紅軍第四方面軍戰史編輯委員會編：《中國工農紅軍第四方面軍戰史資料選編》（長征時期），解放軍出版社，1992年版。

中國共產黨人民解放軍政治學院中共黨史教研室編：《中共黨史參考資料》，第1～10冊，政治學院，1984年印行。

中國共產黨人民解放軍國防大學黨史黨建政工教研室編：《中共黨史教學參考資料》，第14～16冊，國防大學出版社，1989年印行。

中國社會科學院近代史研究所現代史研究室編：《米夫關於中國革命言論》，中國社會科學出版社，1986年版。

中國社會科學院近代史研究所現代史研究室編：《馬林在中國的有關資料》，中國社會科學出版社，1980年版。

中國社會科學院近代史研究所現代史研究室編：《維經斯基在中國的有

關資料》，中國社會科學出版社，1982年版。

中國社會科學院近代史研究所現代史研究室編:《鮑羅廷在中國的有關
　　資料》，中國社會科學出版社，1983年版。

中國社會科學院近代史研究所現代史研究室、中國革命博物館黨史研
　　究室編:《「一大」前後——中國共產黨第一次代表大會前後資料
　　選編》，人民出版社，1985年版。

中國社會科學院近代史研究所翻譯室編:《蘇聯顧問在中國 (1923 ～
　　1927)》，中國社會科學出版社，1980年版。

中國社會科學院近代史研究所翻譯室編:《共產國際有關中國革命的文
　　獻資料》，第1～3輯，中國社會科學出版社，1981、1982、1990
　　年版。

毛澤東:〈毛澤東與蘇聯駐華大使尤金的談話〉，1957年8月22日,《黨
　　的文獻》，1994年第1期。

尤金記，李玉貞譯:〈與毛澤東同志的談話〉，1956年3月31日,《國際
　　社會與經濟》，1995年第2期。

北京市委黨校黨史教研室編:《李大釗文集》（上、下），人民出版社，
　　1984年版。

安徽大學蘇聯問題研究所等編譯：《蘇聯〈真理報〉有關中國革命的
　　文獻資料選編（1927～1937)》，四川省社會科學院出版社，1986
　　年版。

托洛茨基著，佚名譯:《中國革命問題》，上海，1929年印行。

李玉貞譯:《中蘇外交文件選譯》，《近代史資料》第79～80號。

李玉貞編譯:《馬林與第一次國共合作》，光明日報出版社，1989年版。

余子道、黃美真編:《王明言論選輯》，人民出版社，1982年版。

京師警察廳編譯會編:《蘇聯陰謀文證彙編》，沈雲龍主編《近代中國

史料叢刊》第三編，臺北文海出版社出版。

南京中國第二歷史檔案館編：《中國無政府主義和中國社會黨》，江蘇
　　人民出版社，1981年版。

南京中國第二歷史檔案館編：《中國現代政治史資料》(油印)，第3輯。

南京中國第二歷史檔案館編：《中國國民黨第一、二次代表大會史料》
　　(上、下)，江蘇古籍出版社，1989年版。

南京中國第二歷史檔案館編：《蔣介石年譜》，檔案出版社，1992年版。

榮孟源主編：《中國國民黨歷次代表大會及中央全會資料》(上、下)，
　　光明出版社，1985年版。

廣東省檔案館編：《廣東革命歷史文件彙集》(1922～1924)。

秦孝儀主編：《中華民國重要史料初編》，緒編、第三編、第五編、第
　　七編，中國國民黨中央委員會黨史委員會，1984～1987年版。

孫武霞等編：《共產國際與中國革命資料選輯》，第1～2輯，人民出版
　　社，1985年版。

格里高里也夫等編，馬貴凡譯：〈關於俄共(布)中央政治局中國委員
　　會的新材料〉，《黨史資料研究》，1995年第3期。

格盧寧編，馬貴凡譯：〈俄共(布)中央政治局會議記錄節錄〉，《黨史
　　研究資料》，1995年第9期。

馬貴凡譯：〈蘇聯新發表的共產國際有關中國革命的檔案文獻〉，《中共
　　黨史研究》1988年第1～3期。

張聞天選集編輯組編：《張聞天文集》(二)，中央黨史出版社，1992
　　年版。

陸定一文集編輯組編：《陸定一文集》，人民出版社，1992年版。

陳紹著：《王明選集》，第1～5卷，日本汲古書院，1973年版。

榮孟源主編：《中國國民黨歷次代表大會及中央全會資料》(上、下)，

光明出版社，1985年版。

廣東社會科學院歷史研究所等編：《孫中山全集》，第8～11卷，中華
　　書局，1985年版。

廣東省檔案館編：《廣東革命歷史文件彙集》(1922～1924)。

瞿秋白文集編輯組編：《瞿秋白文集》，第2卷，人民出版社，1988年
　　版。

齊赫文斯基編，馬貴凡譯：〈斯大林與毛澤東在一九四九年一月間的電
　　報往來〉，《國外中共黨史研究動態》，1995年第1期。

二、回憶及親歷史料

《文史資料選輯》（合訂本），中國文史出版社，1987年版。

《中共黨史資料》(1～48)，中共中央黨校出版社，1982年版，中共黨
　　史資料出版社，1983～1993年版。

《革命回憶錄》(1～20)，人民出版社，1980～1987年版。

《革命史資料》(1～18)，中國文史資料出版社，1981～1986年版。

王凡西：《雙山回憶錄》，中國現代史料編刊社，1980年版。

王明：《中共五十年》，中國現代史料編刊社，1981年版。

王柏齡：〈黃埔創始之回憶〉，《黃埔季刊》，第1卷第3期，1939年。

王稼祥：〈回憶毛澤東同志與王明機會主義路線的鬥爭〉，《人民日報》，
　　1979年12月27日。

毛澤東：《毛澤東自述》，人民出版社，1993年版。

切列潘諾夫著，中國社會科學院近代史研究所翻譯室譯：《中國國民革
　　命軍的北伐——一個駐華軍事顧問的札記》，中國社會科學出版
　　社，1981年版。

卡圖諾娃著，中國社會科學院近代史研究所翻譯室譯：《加倫在中國》，
　　中國社會科學出版社，1983年版。回憶張聞天編輯組編：《回憶
　　張聞天》，湖南人民出版社，1987年版。

伏拉季米洛夫著：《延安日記》，中國現代史料編刊社，1981年版。

杜平：《在志願軍總部》，解放軍出版社，1993年版。

貝斯朵夫斯基著，蔣廷黻譯：〈鮑羅廷時代之蘇聯遠東政策〉，《獨立
　　評論》，第6號，1932年6月26日。

李銳：《廬山會議實錄》，春秋出版社、湖南教育出版社，1989年版。

李銳：《毛澤東秘書手記——廬山會議實錄》，河南人民出版社，1994
　　年版。

李德著：《中國紀事(1932～1939)》，中國現代史料編刊社，1981年版。

肖勁光：《肖勁光回憶錄》（續），解放軍出版社，1989年版。

科瓦廖夫口述，岡察洛夫筆述：〈斯大林與毛澤東的對話〉，《遠東問題》，
　　1992年第1～3合期。

洪學智著：《抗美援朝戰爭回憶》，解放軍文藝出版社，1991年版。

師哲著，李海文整理：《在歷史巨人的身邊》，中央文獻出版社，1991
　　年版。

徐向前著：《歷史的回顧》，解放軍出版社，1985年版。

埃德加‧斯諾著，董樂山譯：《西行漫記》，中國人民解放軍戰士出版
　　社，1979年版。

埃德加‧斯諾著，奚博銓譯：《紅色中華散記》，江蘇人民出版社，1992
　　年版。

黃平著：《往事回憶》，人民出版社，1981年版。

盛岳著，奚博銓、丁則勤譯：《莫斯科中山大學和中國革命》，中國現
　　代史料編刊社，1980年版。

張國燾著：《我的回憶》，第1～3冊，中國現代史料編刊社，1981年版。

達林著，侯均初譯：《中國回憶錄(1921～1927)》，中國社會科學出版社，1981年版。

崔可夫著，萬成才譯：《赴華使命》，新華出版社，1980年版。

彭德懷：《彭德懷自述》，人民出版社，1981年版。

維什尼亞科娃 —阿基莫娃著，王馳譯：《中國大革命見聞 (1925～1927)》，中國社會科學出版社，1985年版。

赫魯曉夫著，上海市政協編譯組譯：《最後的遺言 —— 赫魯曉夫回憶錄續集》，東方出版社，1988年版。

薄一波：《若干重大決策與事件的回顧》（上、下），中共中央黨校出版社，1991、1993年版。

聶榮臻著：《聶榮臻回憶錄》（上、中、下），解放軍出版社，1985年版。

三、報刊資料

《人民周刊》，1926年。

《文獻和研究》，中共中央文獻研究室編，1984～1987年。

《中央檔案館叢刊》，中央檔案館編，1985～1987年。

《中共黨史研究》，中共中央黨史研究室中共黨史研究編輯部編，1988～1993年。

《鬥爭》（中共中央西北局刊物），1935～1937年。

《共產主義》，中國共產主義同志會編，1922年。

《共產國際》（共產國際執委會機關刊物），1924～1939年。

《嚮導》（中共中央機關報），1922～1926年。

《明報月刊》(香港)，1994年7月、10月號。

《紅色中華》(中共中央機關報)，1936～1944年。

《政治周刊》，1926年。

《救國時報》(中共駐共產國際代表團機關報之一)，1935～1937年在
　　巴黎出版。

《解放》(中共中央機關刊物)，1938～1944年。

《黨史研究》，中共中央黨校黨史研究編輯部編，1980～1987年。

《黨史研究資料》，中國革命博物館黨史研究資料編輯部編，1979～
　　1993年。

《黨史資料通訊》，中共中央黨史資料徵集委員會編，1987年。

《黨的文獻》，中央文獻研究室、中央檔案館合編，1988～1995年。

四、著作傳記

王健民著：《中國共產黨史稿》，第1～3卷，香港中文圖書供應社，1974
　　～1975年版。

中華人民共和國外交部外交史研究室編：《周恩來外交活動大事記》,世
　　界知識出版社，1993年版。

中國人民解放軍軍事科學院軍事歷史研究部編著：《簡明中國人民解放
　　軍戰史》，軍事科學出版社，1992年版。

中國人民解放軍軍事科學院軍事歷史研究部編：《中國人民解放軍六十
　　年大事記》，軍事科學出版社，1988年版。

中國工農紅軍第四方面軍戰史編輯委員會編：《中國工農紅軍第四方面
　　軍戰史》，解放軍出版社，1989年版。

石志夫、周文琪編：《李德與中國革命》，中共黨史資料出版社，1987

　　年版。

卡圖諾娃著，中國社會科學院近代史研究所翻譯室譯：《加倫在中國》，
　　中國社會科學出版社，1983年版。

吳景平著：《宋子文評傳》，福建人民出版社，1990年版。

李雲漢：《從容共到清黨》，臺北中國學術著作獎助委員會1973年版。

拉齊奇著，夏平譯：《赫魯曉夫秘密報告事件始末》，上海人民出版社，
　　1988年版。

金冲及主編：《周恩來傳》，人民出版社等，1989年版。

周文琪等編：《共產國際和中國共產黨》，中央黨校，1985年版。

周文琪等編：《特殊而複雜的課題》，湖北人民出版社，1993年版。

周國全等著：《王明評傳》，安徽人民出版社，1989年版。

胡喬木等：《胡喬木回憶毛澤東》，人民出版社，1994年版。

黃修榮：《共產國際和中國革命關係史》（上、下），中共中央黨校出
　　版社，1989年版。

陳永發著：《延安的陰影》，臺北中央研究院近代史研究所專刊(60)。

郭明：《中越關係演變四十年》，廣西人民出版社，1992年版。

郭恆玉著，李逵六譯：《共產國際與中國革命，一九二四～一九二七年
　　中國共產黨與國民黨統一戰線》，三聯書店，1985年版。

張聞天傳編寫組：《張聞天傳》，當代中國出版社，1993年版。

彭德懷傳編寫組：《彭德懷傳》，當代中國出版社，1993年版。

葛羅米柯主編，韓正文等譯：《蘇聯對外政策史》（上、下），中國人
　　民大學出版社，1988年版。

賈比才著，張靜譯：《中國革命與蘇聯顧問》，中國社會科學出版社，
　　1981年版。

楊奎松著：《西安事變新探——張學良與中共關係之研究》，臺北東大

　　圖書公司1995年版。

楊奎松著：《失去的機會——戰時國共談判實錄》，廣西師範大學出版
　　社，1993年版。

楊奎松著：《中間地帶的革命——中國革命的策略在國際背景下的演
　　變》，中央黨校出版社1992年版。

楊雲若、楊奎松著：《共產國際和中國革命》，上海人民出版社，1988
　　年版。

楊奎松著：《馬克思主義中國化的歷史過程》，河南人民出版社，1994
　　年版。

當代中國外交編輯部編著：《當代中國外交》，當代中國出版社，1990
　　年版。

鮑里索夫、科洛斯科夫合著，肖東川、譚實譯：《蘇中關係》，三聯書
　　店，1982年版。

裴堅章主編：《中華人民共和國外交史(1949～1956)》，世界知識出版
　　社，1994年版。

赫伯特·菲斯著，林海等譯：《中國的糾葛》，北京大學出版社，1989
　　年版。

劉易斯和薛禮泰著，李丁等譯：《中國原子彈的製造》，原子能出版社，
　　1991年版。

劉繼增等著：《武漢國民政府史》，湖北人民出版社，1986年版。

羅伯特·諾思和津尼亞·尤丁編著，王淇等譯：《羅易赴華使命》，中
　　國人民大學出版社，1981年版。

龔育之、逄先之、石仲泉著：《毛澤東小的讀書生活》，三聯書店，1986
　　年版。

五、論文

中央檔案館黨史研究室：〈延安整風中的王明〉，《黨史通訊》，1984年
　　第7期。

中央檔案館黨史研究室：〈關於王明治病和出國的材料〉，《中央檔案
　　館叢刊》，1986年第3期。

李海文：〈中共中央究竟何時決定志願軍出國作戰?〉，《黨的文獻》，
　　1993年第3期。

林軍：〈初期蘇聯對華政策的內部分歧〉，《世界歷史》，1995年第2期。

格里高里也夫著，馬貴凡譯：〈聯共（布）和共產國際領導內部在中
　　國政策問題上的鬥爭(1926～1927)〉，《國外中共黨史研究動態》，
　　1994年第1期。

張培森：〈張聞天與遵義會議〉，《文獻和研究》，1985年第1期。

張培森：〈西安事變中的張聞天〉，《文獻和研究》，1986年第6期。

楊天石：〈「中山艦」事件之謎〉，《歷史研究》，1988年第2期。

楊天石：〈「中山艦」事件之後〉，楊天石：《尋求歷史的謎底》，北京
　　師範學院出版社，1992年版。

熊華源：〈抗美援朝前夕周恩來秘密訪蘇〉，《黨的文獻》，1994年第3
　　期。

薛銜天、李玉貞：〈旅俄華人共產黨組織及其在華建黨問題〉，《近代
　　史研究》，1989年第5期。

外文

The Russian Center for the Preservation and Study of Documents on Modern History.

The Foreign Policy Archives of the Russian Federation.

Bajanov, Evgueni

　　"Assessing the Politics of the Korean War", 1949～1950, *Cold War International History Project Bulletin*, Issue 6–7, Winter 1995/1996.

Churchill, Sir Winston

　　The Second World War, Cassell, 1954, Vol. 5.

Department of State edited

　　Foreign Relations of the United States, (FRUS) 1944, Vol. 6; 1946, Vol. 9; 1948, Vol. 7; 1949, Vol. 8.

Gancharov, Sergei N., Lewis, John W. and Xue Litai

　　Uncertain Partners: Stalin, Mao, and the Korean War, Stanford University Press, 1993.

Garver, John W.

　　Chinese Soviet Relations, 1937～1945,Princeton University Press, 1988.

Kramer, Mark

　　"The USSR Foreign Ministry's Appraisal of Sino-Soviet Relations on the Eve of the Split", September 1959, *Cold War International History Project Bulletin*, Issue 6–7, Winter 1995/1996.

Ledovsky, Andrei

"Mikoyan's Secret Mission to China in January and February 1949" , (Memorandum of A. I. Mikoyan to the Presidium of the CPSU Central Committee on His Visit to China in January and February 1949), *Far Eastern Attairs*, No. 2, 1995.

Lih, Lars T., Naumov, Oleg V. and Khlevniuk, Oleg V. edited

Stalin's Letters to Molotov, Yale University Press, 1995.

Mansourov, Alexandre

"Stalin, Mao, and Kim, and China's Decision to Enter the Korean War" , *Cold War International History Project Bulletin*, Issue 6–7, Winter 1995/1996.

Matray

"An End to Indifference: America's Korea Policy during World War II" , *Diplomatic Histor*, 1978, Vol. 2, No. 2.

Pantsov, Alexander

"From students to Dissidents: The Chinese Trotskyists in Soviet Russia" , *Issue and Studies*, Vol. 30, No. 2–4.

Saich, Tony

The Origns of the First United Front in China, Netherlands, 1991.

Weathersby, Kathryn

"The soviet Role in the Early Phase of the Korean War : New Documentary Evidence" , *The Journal of American-East Asian Relations*, Vol. 2, No. 4.

Weathersby, Kathryn (Introduction and Translations)

"New Russian documents on the Korean War" , *Cold War In-*

ternational History Project Bulletin,Issue 6–7, Winter 1995/1996.

Weathersby, Kathryn

"To Attack,or Not to Attack?Stalin,Kim II Sung, and the Prelude to War", *Cold War International History Project Bulletin*, Issue 5, Spring 1995.

Wilbur, C. Martin and How, Juie Lien-ying edited

Missionaries of Revolution-Soviet Adviser and Nationalist China, 1920～1927, Harvard University Press, 1989.

Auf dem & Plenum der Exekutive der Kommunistischen Internationale Mai 1927, (Hamburg/Berlin, 1928).

Вкп(b), Komиhteph и Китай, *дokymehtы*, T. I. 1920 ～ 1925, Mockba, 1994.

人　名　索　引

二劃

七劃

八劃

九劃

十劃

十二劃

十三劃

十四劃

十六劃

十七劃

十八劃

十九劃

教育叢書書目

中國現代史叢書書目 （張玉法主編）

大雅叢刊書目

法學叢書書目

圖書資訊學叢書書目

三民大專用書書目——教育

書名	著者		服務機構
教育概論	張鈿富	著	政治大學
教育哲學	賈馥茗	著	臺灣師範大學
教育哲學	葉學志	著	彰化師範大學
教育原理	賈馥茗	著	臺灣師範大學
教育計畫	林文達	著	政治大學
普通教學法	方炳林	著	臺灣師範大學
各國教育制度	雷國鼎	著	臺灣師範大學
清末留學教育	瞿立鶴	著	傑克遜州立大學
教育心理學	溫世頌	著	傑克遜州立大學
教育心理學	胡秉正	著	政治大學
教育社會學	陳奎憙	著	臺灣師範大學
教育行政學	林文達	著	政治大學
教育經濟學	蓋浙生	著	臺灣師範大學
教育經濟學	林文達	著	政治大學
教育財政學	林文達	著	政治大學
工業教育學	袁立錕	著	彰化師範大學
技術職業教育行政與視導	張天津	著	臺北技術學院
技職教育測量與評鑑	李大偉	著	臺灣師範大學
高科技與技職教育	楊啟棟	著	臺灣師範大學
工業職業技術教育	陳昭雄	著	臺灣師範大學
技術職業教育教學法	陳昭雄	著	臺灣師範大學
技術職業教育辭典	楊朝祥	編著	教育部
技術職業教育理論與實務	楊朝祥	著	教育部
工業安全衛生	羅文基	著	高雄市教育局
人力發展理論與實施	彭台臨	著	臺灣師範大學
職業教育師資培育	周談輝	著	臺灣師範大學
家庭教育	張振宇	著	淡江大學
教育與人生	李建興	著	臺灣師範大學
教育即奉獻	劉真	著	前國策顧問
人文教育十二講	陳立夫等	著	國策顧問
當代教育思潮	徐南號	著	臺灣大學
心理與教育統計學	余民寧	著	政治大學
教育理念與教育問題	李錫津	著	臺北市教育局
比較國民教育	雷國鼎	著	臺灣師範大學

三民大專用書書目——新聞

書名	著者		學校／機構
基礎新聞學	彭家發	著	政治大學
新聞論	彭家發	著	政治大學
傳播研究方法總論	楊孝濚	著	東吳大學
傳播研究調查法	蘇蘅	著	輔仁大學
傳播原理	方蘭生	著	文化大學
行銷傳播學	羅文坤	著	政治大學
國際傳播	李瞻	著	政治大學
國際傳播與科技	彭芸	著	政治大學
廣播與電視	何貽謀	著	輔仁大學
廣播原理與製作	于洪海	著	中廣
電影原理與製作	梅長齡	著	前文化大學
新聞學與大眾傳播學	鄭貞銘	著	文化大學
新聞採訪與編輯	鄭貞銘	著	文化大學
新聞編輯學	徐昶	著	新生報
採訪寫作	歐陽醇	著	臺灣師大
評論寫作	程之行	著	紐約日報
新聞英文寫作	朱耀龍	著	前文化大學
小型報刊實務	彭家發	著	政治大學
媒介實務	趙俊邁	著	東吳大學
中國新聞傳播史	賴光臨	著	政治大學
中國新聞史	曾虛白	主編	前國策顧問
世界新聞史	李瞻	著	政治大學
新聞學	李瞻	著	政治大學
新聞採訪學	李瞻	著	政治大學
新聞道德	李瞻	著	政治大學
新聞倫理	馬驥伸	著	文化大學
電視制度	李瞻	著	政治大學
電視新聞	張勤	著	
電視與觀眾	曠湘霞	著	中視文化公司
大眾傳播理論	李金銓	著	香港中文大學
大眾傳播新論	李茂政	著	政治大學
大眾傳播理論與實證	翁秀琪	著	政治大學
大眾傳播與社會變遷	陳世敏	著	政治大學
組織傳播	鄭瑞城	著	政治大學

三民大專用書書目——政治・外交

政治學	薩孟武 著	前臺灣大學
政治學	鄒文海 著	前政治大學
政治學	曹伯森 著	陸軍官校
政治學	呂亞力 著	臺灣大學
政治學	凌渝郎 著	美國法蘭克林學院
政治學概論	張金鑑 著	前政治大學
政治學概要	張金鑑 著	前政治大學
政治學概要	呂亞力 著	臺灣大學
政治學方法論	呂亞力 著	臺灣大學
政治理論與研究方法	易君博 著	政治大學
公共政策	朱志宏 著	臺灣大學
公共政策	曹俊漢 著	臺灣大學
公共關係	王德馨、俞成業 著	交通大學
中國社會政治史（一）～（四）	薩孟武 著	前臺灣大學
中國政治思想史	薩孟武 著	前臺灣大學
中國政治思想史（上）（中）（下）	張金鑑 著	前政治大學
西洋政治思想史	張金鑑 著	前政治大學
西洋政治思想史	薩孟武 著	前臺灣大學
佛洛姆（Erich Fromm）的政治思想	陳秀容 著	政治大學
中國政治制度史	張金鑑 著	前政治大學
比較主義	張亞澐 著	政治大學
比較監察制度	陶百川 著	國策顧問
歐洲各國政府	張金鑑 著	前政治大學
美國政府	張金鑑 著	前政治大學
地方自治	管歐 著	前東吳大學
中國吏治制度史概要	張金鑑 著	前政治大學
國際關係——理論與實踐	朱張碧珠 著	臺灣大學
中國外交史	劉彥 著	
中美早期外交史	李定一 著	政治大學
現代西洋外交史	楊逢泰 著	政治大學
中國大陸研究	段家鋒、張煥卿、周玉山主編	政治大學
大陸問題研究	石之瑜 著	臺灣大學
立法論	朱志宏 著	臺灣大學

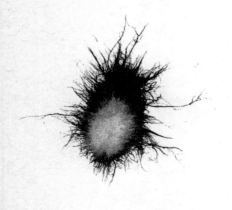